...ELTKARTE"

...ladelphia 1942

E Vereinigte Staaten von Europa
D. Deutschland (sowj.) } gleich Japan entrechtete Gebiete (Quarant.)
I Italien (europ.)
G. Griechenland H Hebräerstaat
S:A Verein. St. v. Süd-Am. B.C. Brit. Besitz

REICHENBERGER / EUROPA IN TRÜMMERN

Stocker

Father E. J. Reichenberger

EUROPA

IN TRÜMMERN

LEOPOLD STOCKER VERLAG
Graz – Stuttgart

Umschlaggestaltung: Atelier Geyer, Albersdorf
Umschlagfoto: Foto-Tropper, Graz

CIP-Kurztitelaufnahme der Deutschen Bibliothek
Reichenberger, Emmanuel J.: Europa in Trümmern/E. J. Reichenberger. – Graz; Stuttgart: Stocker, 1985.
ISBN 3-7020-0489-0

ISBN 3-7020-0489-0

Printed in Austria
Druck: Leykam Universitätsbuchdruckerei Ges.m.b.H., Graz

ZUR NEUHERAUSGABE

Dieses nun wieder vorliegende Werk des 1966 in Wien verstorbenen Father Dr. h. c. E. J. Reichenberger, seinerzeitiger Präses des Kolpinghauses Chicago, erschien ab 1952 in mehreren Auflagen. Zu dieser Zeit erhielt der Autor das „Goldene Ehrenzeichen für Verdienste um die Republik Österreich“ und am 7. Juni 1952 das Ehrendoktorat der Theologischen Fakultät der Universität Graz.

Das Buch war dann Jahrzehnte hindurch vergriffen.

Regelmäßige und nun immer häufigere Anfragen nach diesem Dokumentarwerk haben den Leopold Stocker Verlag schließlich bestimmt, – im österreichischen „Jahr der Zeitgeschichte“ – einen unveränderten Neudruck herauszubringen, wobei ganz bewußt von jedweder Veränderung der ersten Auflage abgesehen wurde, um so nur die bereits zur Geschichte gewordenen dokumentarischen Aussagen vollinhaltlich wiederzugeben.

Es darf daher nicht übersehen werden, daß dieses Buch in den ersten Jahren nach dem 2. Weltkrieg entstanden ist, verfaßt von einem Priester, der sich gezwungen sah, knapp vor Beginn des 2. Weltkrieges außer Landes zu gehen, der seinem Volke aber die Treue gehalten hat.

In den Herzen Ungezählter, denen durch sein Eintreten nach und nach doch Gerechtigkeit widerfahren ist, bleibt er als „Vater der Heimatvertriebenen“ unvergessen.

Im anschließenden Vorwort aus der ursprünglichen Erstfassung sollen Leben und Wirken des Verfassers in Erinnerung gebracht und jüngeren Generationen vorgestellt werden.

Graz, Jänner 1985 *Leopold Stocker Verlag*

VORWORT

Nach dem Ende des zweiten großen Krieges, der nahezu die ganze Welt erschüttert hatte, sprach man überall nur von der Schuld der Deutschen, von den Greueln, die dieses Volk begangen hatte.

Niemandem fiel es ein, niemand hatte den Mut, auch von den Greueln, die an eben diesem Volk begangen wurden, von den Demütigungen, die es in einer Zeit, als das Land verblutend am Boden lag, ertragen mußte, zu reden. Niemand sprach von den vielen Millionen Menschen, die ihre Heimat, alles, was ihnen Leben, Geborgenheit und Sicherheit war, verlassen mußten, niemand vom Unrecht der Teilung Deutschlands.

Ausgeplündert und verachtet, waren die Deutschen zu einem Leben im Elend verurteilt.

Doch da wurde eine Stimme laut, die sich für diese Gedemütigten und Entrechteten einsetzte, für die Sudetendeutschen zuerst, dann für die Ostdeutschen und schließlich für das gesamte deutsche Volk, eine Stimme, die Gerechtigkeit für alle forderte.

Der Mann, der es wagte, in dieser Zeit als Anwalt Deutschlands aufzutreten, war Father E. J. Reichenberger.

Der 1888 geborene Bayer war dem Ruf der katholischen Kirche gefolgt und als Kaplan nach Leitmeritz in Böhmen gegangen – aus einer ländlichen Gegend in ein Industriegebiet.

In Leitmeritz wurde der junge Priester mit den sozialen Problemen der Arbeiter konfrontiert, vor allem aber mit den nationalen Problemen, die damals bei beiden Völkern, bei den Tschechen und Deutschen, vordergründig waren.

Reichenberger, der aus Liebe zu den Menschen Priester geworden war, beschäftigte sich sehr mit dem Los der ihm Anvertrauten. Er gründete einen Arbeiterverein. Von vielen Übelwollenden wurde er daher der „rote Kaplan“ genannt.

Als der erste Weltkrieg verloren und die Donaumonarchie zerstückelt und zertrümmert war, hatten die Deutschen in Böhmen unter großen sozialen Ungerechtigkeiten zu leiden. So gründete Reichenberger den „Volksbund deutscher Katholiken in Böhmen“, dessen vorrangigste Aufgabe es war, diesen Ungerechtigkeiten zu begegnen.

Der Priester war stets bemüht, einen Weg zwischen dem Haß der Tschechen und der Verstiegenheit der „Alldeutschen" zu finden. Diese Alldeutschen waren aus dem 1882 von Georg Ritter von Schönerer gegründeten „Deutschnationalen Verein" hervorgegangen. Schönerers kirchenfeindliche Grundsätze hatten schließlich die „Los-von-Rom-Bewegung" zur Folge gehabt. Diese kirchenfeindliche Bewegung der Alldeutschen und der dadurch bedingte Priestermangel hatten Reichenberger auch nach Böhmen geführt.

Zur Zeit des Nationalsozialismus sah der junge Priester sich wieder kirchen- und christenfeindlichen Bestrebungen gegenüber. Er trat gegen sie genauso vehement auf wie einst gegen die Lehren Schönerers. So hätte er sicher das Schicksal vieler anderer Priester geteilt, wenn er nicht rechtzeitig das Land verlassen hätte.

Reichenberger emigrierte zuerst nach England, später dann nach Amerika. Dort mußte er erfahren, daß das deutsche Volk kollektiv angeklagt und verurteilt wurde, daß man diesem Volk alles Böse zutraute, daß man es aus ganzer Seele haßte.

Durch diese Erkenntnis fühlte sich Reichenberger verpflichtet, für seine Landsleute einzutreten, sich zu seinem Volk zu bekennen. Er sah darin seine menschliche und seine priesterliche Pflicht.

Reichenberger begann nun, für sein Volk zu bitten, zu betteln, zu sprechen und zu schreiben, Gerechtigkeit zu fordern. Er wagte es, der Kollektivschuld der Deutschen die Kollektivschuld aller gegenüberzustellen. Er unternahm den wahrhaft heldenhaften Versuch, die Amerikaner zuerst, später die ganze Welt wachzurütteln, die verschlossenen Ohren auch für das Unrecht, das an seinen Landsleuten, an seinem Volk begangen wurde, zu öffnen.

Das vorliegende Buch entstand aus den Artikeln, Reden, Briefen und Berichten von Augenzeugen der Opfer und Ermahnungen Reichenbergers. Es zeigt den großartigen und bewundernswerten Versuch eines Priesters und Menschen, gegen den Strom zu schwimmen, das Unrecht anzuklagen – aber es ist kein Aufzählen: Soviel Tote hier, soviel Tote ihr! Solche Sklaven wir, solche Sklaven ihr! Es ist kein Abwiegen und Vergleichen des Bösen, es ist der heldenhafte Versuch eines Priesters, das Böse an sich aufzuzeigen und allen ins Gewissen zu reden . . .

Dieser Mann hatte den Mut, sich in einer Zeit, in der sein Volk von allen geächtet und geschmäht wurde, in einer Zeit des größten Unglücks zu seiner Heimat zu bekennen – dafür gebühren ihm Dank und Anerkennung.

INHALTSVERZEICHNIS

Z U G E E I G N E T

den Toten dieses Krieges,
denen, die unschuldig in Ketten liegen,
den Millionen Heimatvertriebenen
und allen jenen in der Welt,
denen Menschenrecht heilig ist.

I

DER DAMM WAR GEBROCHEN

Und wenn das Elend alles mir geraubt,
so preis ich's doch:
Die Wahrheit lehrt es mich.

Goethe.

Sechs Wochen vor Potsdam in einem kleinen Städtchen des Egerlandes ...

Seit Stunden schon stand die lange, trübe Menschenschlange entlang des Gehsteiges. Meist waren es Frauen, die, scheu an die Hausmauer gedrückt, in müder Resignation darauf warteten, daß sich die Schlange in Bewegung setzen würde, daß man endlich die Bäckerei öffnen und ihnen das Brot — seit Wochen das erste aufgerufene Brot — geben würde. Kaum daß jemand ein Wort sprach, so sehr waren sie mit ihren eigenen Sorgen, mit ihrem eigenen Leid beschäftigt. Diese kummervollen Gesichter, die hoffnungslosen, müden Augen hatten alle gemeinsam, die zahlreichen Glieder der wartenden Schlange, und noch eins einte sie: die weißen Armbinden, die sie trugen, die Kennzeichnung der Deutschen, das Stigma der modernen rechtlosen Parias.

Die junge Frau, die ganz am Ende der Kette stand, sie, in deren schmales, blasses Gesicht das Leid auch schon seine Runen gegraben und die man auch ohne weiße Armbinde an ihrem Gesicht als Deutsche erkannt hätte, griff unschlüssig in die Handtasche. Da lagen sie, die drei ärmlichen Wasserkekse, die Ration des heutigen Tages. Sie fühlte, wie ihr der Speichel im Mund zusammenrann, wie der Magen schmerzte, als presse ihn eine brutale Faust zusammen. Heroisch bezwang sie den Wunsch zu essen, wer weiß, vielleicht öffnete der Laden nicht, vielleicht gab es gar kein Brot, es war doch alles möglich in dieser schrecklichen Zeit. Zu Hause warteten die drei hungrigen Kinder, die kranke Mutter — wenn es kein Brot gab, dann konnte sie ihnen wenigstens die Kekse bringen.

Plötzlich wurde die Menschenschlange lebendig. Blasse, verstörte Gesichter wandten sich dem Straßenende zu. Geschrei zerriß die Stille, Flüche, Stöhnen, Jammern, irres Gelächter, Peitschenknallen. Dann wälzte er sich heran, der schreiende Haufen. Noch trauten die Frauen ihren Augen nicht, noch glaubten sie einem Alpdruck zu erliegen, eine gräßliche Vision zu schauen — aber dann hatte er sie erreicht, der Zug aus der Hölle.

Verwundete deutsche Soldaten waren es, die die tschechische Soldateska aus dem Lazarett geholt und nun vor sich hertrieb mit Peitschenschlägen, Fußtritten, Stockhieben, — vorwärts, — irgendwohin in den Tod.

Kalkweiße Gesichter, in denen die Augen wie dunkle Löcher wirkten, aufgerissene Münder, aus denen tierische Schreie quollen, blickten die Frauen an. Blutige, abgerissene Verbände flatterten im Luftzug, schwärende eitrige Wunden klafften aus zerrissenen Uniformen. Da kroch einer auf allen Vieren durch den Staub, schleppte den blutigen Stumpf des amputierten Beines hinter sich her, auf seinen Rücken klatschte die Peitsche eines Tschechen.

„Vorwärts, du Schwein, krepier, du deutscher Hund!"

Die Frau preßte die Handflächen an die Ohren, damit sie nicht mehr die Schreie der gepeinigten Menschen höre. War es Wirklichkeit, was sie da sah? Hatte sich das Dantesche Inferno geöffnet und dieses Pandämonium des Grauens ausgespien? Waren es Menschen, diese Tiere in tschechischen Uniformen, Menschen, für die sich einst Christus ans Kreuz schlagen ließ, weil er sie liebte und erlösen wollte?

Ein blutjunger Soldat humpelte an ihr vorbei. Sein Arm lag im Gipsverband, dunkle Blutsträhnen zogen sich aus einer Platzwunde an der Stirn schräg über das Gesicht. Er war bloßfüßig und hatte einen zerrissenen Spitalsmantel an. In seinen weitgeöffneten Augen spiegelte sich die stumpfe Angst der Kreatur, die man zur Schlachtbank führt.

Heiße Mütterlichkeit stieg in der jungen Frau auf, sie wollte helfen, beschützen; so wie sie hatte auch ihn eine Mutter geboren — eine deutsche Mutter!

Was folgte, war ein Werk von Sekunden. Impulsiv griff sie nach seinem gesunden Arm, riß ihn näher, preßte ihn an die Hausmauer und stellte sich deckend und schützend davor. Die Nachbarinnen rechts und links von ihr begriffen blitzartig die Situation, drückten sich an sie und hinter dem lebendigen Wall der Mütterlichkeit war der Soldat geborgen.

Der brüllende, jammernde, röchelnde Haufen wälzte sich weiter — verschwand um die Straßenecke. Nur das Grauen blieb zurück und der Geruch nach Blut, Eiter und Äther.

Die Frau schloß in einem jähen Schwindelanfall müde ihre Augen. Erst jetzt erfaßte sie voll die ungeheure Gefahr, in die sie sich begeben hatte und die nun vorüber war. Hinter sich hörte sie die keuchenden Atemzüge des Soldaten, den sie vor dem sicheren Tod gerettet hatte. Sie wandte sich rasch um.

„Dank!" stammelte der Soldat mit nassen Augen. „Dank!"

Nun griff sie doch in die Tasche, holte die Kekse, die sie den Kindern zugedacht hatte, heraus und drückte sie ihm in die Hand.

„Dort — in dem gelben Haus am Straßenrande — dort wohne ich. Wenn die Straße ganz leer ist, dann laufen Sie dorthin. Ich werde Ihnen Kleider geben — Geld — —."

Sie brachte den Satz nicht zu Ende, denn plötzlich sah sie, daß eine bewaffnete Gruppe unter Führung eines stadtbekannten Bolschewiken auf das eben bezeichnete Haus zuging.

Mit einem heiseren Schrei preßte die Frau die Tasche an sich und lief wie gehetzt heimwärts.

Die Soldaten waren schon im Flur des ersten Stockwerkes, als sie mit keuchenden Lungen an ihnen vorbeihetzte, sich vor die Wohnungstür stellte und die Hände, den Eingang versperrend, gegen den Türstock preßte.

„Was wollt ihr?" fragte sie heiser in fehlerhaftem Tschechisch.

Der Blick aus den kleinen schräggestellten Kalmückenaugen des Bolschewiken glitt klebrig über ihre schlanke Gestalt. Er lachte häßlich.

„Geh weg, du deutsche Sau!" knurrte er und griff nach ihrem Arm.

„Lassen Sie mich los!" schluchzte sie, aber dann wurde sie nach vorn gerissen und gegen die Wand geschleudert. Unter einem Schulterstoß krachte die Tür auf und die Soldaten stürmten in das Zimmer.

„Wo sind die Männer, he?"

„Waffen her!"

Leichenblaß richtete sich die alte kranke Frau im Bett auf. Die Angst schnürte ihr die Kehle zu, der Schlag ihres müden, schwachen Herzens schien stillzustehen. Gönnte ihr das Schicksal nicht einmal ein ruhiges Sterben nach diesem Leben der Mühe, der Sorge um Kind und Kindeskinder?

„Aufstehen, Alte — Koffer aufmachen! Rychle! Djelej, djelej!"

„Oma ist krank, sie kann nicht aufstehn!" rief mutig der kleine Junge, der sich mit den beiden jüngeren in eine Zimmerecke geflüchtet hatte.

„Kusch!" Die Peitsche des Anführers klatschte über die Schulter des Buben, der den Kopf abwehrend eingezogen hatte.

„Mutti!" schrie die hohe Vogelstimme des kleinen Mädchens.

Jetzt war die junge Frau draußen nicht mehr zu halten. Wie eine Löwin, die ihr Junges bedroht weiß, brach sie durch die Soldaten, die die Türe verstellten.

„Laßt mich hinein!" forderte sie. „Ich habe doch die Kofferschlüssel!"

Die Faust des Anführers schloß sich wieder um ihren Oberarm. Er schüttelte sie brutal.

„Wo sind die Schlüssel? Sperr auf, du deutsche Hure — du Faschistin!"

„Ich bin keine Faschistin!" keuchte sie und versuchte sich freizumachen.

„Du bist eine Deutsche — alle Deutschen sind Faschisten!" Er ließ sie los und sie taumelte in die Mitte des Zimmers. Mit einigen Sätzen war der kleine siebenjährige Junge bei der Mutter und stellte sich mit ausgebreiteten Armen schützend vor sie hin.

Das war zu viel für diesen Menschen. Aller Haß der Minderwertigen, der Außenseiter, der Plebejer gegen die nun Geächteten stieg geifernd in ihm hoch, seine Hand schoß vor, packte den Buben bei der Brust und schleuderte ihn in die Ecke zurück.

Was folgte, war ein wirres, chaotisches Durcheinander. Koffer wurden aufgerissen, Schränke geöffnet, der Inhalt kurzerhand zu Boden geworfen. Alle Wertgegenstände verschwanden in den Taschen der Soldaten, ja sie füllten sogar einige Lederkoffer mit ihnen begehrlich scheinenden Dingen und machten sie zum Abtransport fertig.

„Wo sind die Männer, du deutsche Bestie?“ gröhlte der Anführer, um wenigstens den Schein einer legalen Durchsuchung zu wahren.

„Das fragt ihr?“ schrie die Frau, alle Angst vergessend. „Das wagt ihr zu fragen? Meinen Mann habt ihr unschuldig in das Gefängnis von Pankraz verschleppt, seinen Vater erschlagen — meinen zu Tode gequält —, und da fragt ihr nach den Männern?“ Ihr Haar hatte sich gelöst und hing in wirren Strähnen in das Gesicht.

Die Soldaten hatten die Beute verstaut und zogen sich zur Türe zurück. Auch der Anführer ging zum Ausgang. Im Türrahmen drehte er sich nochmals um, noch einmal hefteten sich die schwarzen Kalmückenaugen auf die Frau.

„Heim ins Reich mit euch!“ zischte er. „Eure Männer werden nachkommen — vielleicht — wenn wir es für gut befinden.“

Kreischend drehte sich die Tür in den Angeln und schlug krachend ins Schloß.

Wortlos setzte sich die Frau an das Bett der kranken Alten, die schweratmend mit geschlossenen Augen im Kissen lag. Die Kinder kamen aus der Ecke und kuschelten sich an die Mutter.

„Warum sind die Tschechen so böse mit uns?“ wollte der Junge wissen. „Was haben wir ihnen getan, Mutti?“

„Wir sind Deutsche!“ sagte sie traurig und schwer. „Wir haben ihnen kein Leid getan — im Gegenteil. Wir bauten ihre Städte, wir brachten die Kultur nach Böhmen und Mähren, wir zahlten Steuern, stellten ihnen Soldaten, taten unsere Pflicht. Das ist nun alles ausgelöscht, mein Junge. Jetzt hassen sie uns, erschlagen uns, jagen uns aus dem Land — ach“, sie strich ihm zärtlich das Haar zurecht, „laß gut sein und frag nicht mehr. Die Frage nach dem Sinn dieses Wahnsinns ist nicht zu beantworten.“

Seufzend stand sie auf und versuchte Ordnung in das Chaos ringsum zu bringen. Als die Koffer wieder halbwegs verpackt waren, fiel ihr das Brot ein, das eben ausgegeben wurde. Hastig rannte sie auf die Straße, von der die Schlange schon verschwunden war und bekam glücklicherweise noch ihre Ration.

Kaum war sie zurückgekehrt und hatte das Brot verteilt, da klopfte es und der Soldat trat ein.

Er bekam das letzte Stück des Brotes. Während er es gierig verschlang, meinte die junge Frau: „Auch zu was gut, diese Hausdurchsuchung; da brauche ich nach dem Anzug für Sie nicht lange suchen." Der Soldat kleidete sich um, der Spitalskittel wurde in den Ofen gesteckt, und mit guten Ratschlägen versehen wanderte er weiter. Die junge Frau und die Kinder schauten ihm vom Fenster aus nach, bis er aus ihrem Blickfeld verschwand. Sie kam nicht dazu, das Zimmer endgültig in Ordnung zu bringen, denn wieder erschollen Lärm, Geschrei und rauhe Flüche.

Dann wälzte sich der zweite Elendszug dieses Tages heran. Wieder war es eine endlose Kolonne Deutscher, die von tschechischen Gendarmen und brutalen Zivilgardisten mit Stockschlägen, Kolbenstößen und Hundspeitschen dem Ortsausgang zugejagt wurde. Zumeist alte Leute, Greise, Greisinnen und blutjunge Menschen — die arbeitsfähigen Männer und Frauen hatte man in Konzentrationslager, in Zuchthäuser oder in Bergwerke als Zwangsarbeiter gesteckt. Wie nach einem schweren Brand, einer Feuersbrunst, in der das letzte Stückchen Liebe, der letzte Rest Menschlichkeit verbrannt war, schleppten sie die spärlichen Reste ihrer Habe in Rucksäcken, auf Handwägelchen oder in Kinderwagen verstaut mit sich.

Über zweihundert Menschen waren es, die wie das Vieh zur Schlachtbank aus ihrer angestammten Heimat getrieben wurden. Müde, zerschlagen, seelisch gebrochen schleppten sie sich dahin, zusammengedrängt, als könne die Nähe der anderen sie vor den Stockschlägen und Peitschenhieben bewahren. In den Toren der Häuser, an denen sie vorbeikamen, standen Verwandte und Bekannte, winkten ihnen verstohlen einen letzten Gruß zu. Sie wußten, daß morgen oder übermorgen dasselbe Schicksal auch ihnen beschieden war: Aus dem Lande gejagt zu werden, dessen Bevölkerung plötzlich die Maske der Kultur und Gesittung fallen gelassen hatte.

Fassungslos betrachteten die Kinder das traurige Bild.

„Warum treibt man die Leute von zu Hause weg?" fragte der Junge verstört. „Was haben sie denn getan?" Er wartete die Antwort nicht ab, sondern schrie auf und beugte sich weit über das Fensterbrett. „Schau, Mutti, der Dorschner-Seff und der Krause-Franzl sind auch dabei, o Mutti, kannst du sie nicht zu uns heraufholen — sie können doch bei uns schlafen!"

Leise strich sie das verstruwelte Haar des Kindes zurecht und zog den Jungen an sich.

„Kind, ich kann nicht!“ sagte sie mit verschleierter Stimme. „Wir sind alle rechtlos — jeder kann mit uns machen, was er will!“

In den erschrockenen Augen des Buben dämmerte erstes Erkennen der Wirklichkeit. Dunkel begann er zu ahnen, daß das Paradies seiner Kindheit, die ganze vertraute Welt, in die er hineingeboren wurde, in der er die ersten Schritte tat, zu zerfallen begann. Doch die Vorgänge auf der Straße unterbrachen seine Gedanken, die sich mit kindlicher Naivität an das gräßliche Geschehen ringsum herantasteten.

„Schau, wie der dicke, blasse Gendarm den alten Mann schlägt!“ schrie er empört und gleich darauf entdeckte er die braunen Uniformen, die an die Fenster eines Gasthofes traten. „Oh, — schau! — dort im Gasthof ‚Zum Ochsen‘ sind Amerikaner, Mutti. Sicher werden sie jetzt die Tschechen davonjagen, gelt, Mutti?“

Auch die Frau blickte in einer atemlosen Spannung zu den Amerikanern hinüber. Sie lehnten lachend an den Fenstern des Hotels und blickten unbeteiligt auf die Schar der Verdammten, die man an ihnen vorübertrieb. Junge, gut gewachsene Männer waren es, mit wohlgenährten, rosigen und glattrasierten Gesichtern.

Was kümmerte sie die Passion der Sudetendeutschen? Wie den Besuchern eines Panoptikums fehlte ihnen die seelische Beziehung zu diesem alten Erdteil, der sich zerfleischte, der in Auflösung begriffen schien, der, seine uralte Tradition, seine Kultur und seine Sendung vergessend, einem Abgrund zutaumelte. Sie lachten, rauchten, boten sich Kaugummi an. Im Hintergrund des Zimmers schmetterte ein Lautsprecher die gellenden Synkopen eines Jazz, die, vermischt mit den rauhen Schreien der Gendarmen, den Peitschenschlägen und dem Wimmern der Deportierten sich zu einer makabren Dissonanz vereinigten.

Der düstere Zug verschwand am Straßenende. Der Junge beugte sich aus dem Fenster und winkte den beiden Freunden nach, die er gar nicht mehr sehen konnte.

„Weißt du, Herbert“, tröstete ihn die Mutter, „vielleicht sind wir schon beim nächsten Transport dabei und dann treffen wir den Franzl und den Seppl wieder.“

„Wo denn, Mutti?“ fragte der Bub wißbegierig.

Ihr Blick irrte über die Dächer der Häuser hinweg —, dorthin, wo sich die Sonne zum Untergehen anschickte.

„Irgendwo in Deutschland — —“ flüsterte sie und es klang, als erzähle sie eins der lieben Märchen der Brüder Grimm. „Irgendwo in Deutschland — —“

„Ist das weit?“ drängte der Bub.

„Weit?“ Sie schüttelte müde den Kopf. „Nein, weit ist es nicht. Aber schwer wird es uns ankommen, die Heimat zu verlassen.“

Der Lautsprecher auf der Straße begann zu krachen und dann plärrte eine Stimme in unbeholfenem Deutsch: „Pozor, pozor! Achtung, Achtung! Ab hejte dirfen die Dejtschen von acht Uhr obends in den Wohnungen keine Belejchtung mehr hobben. Die elektrischen Biegeleisen sind morgen zwischen neun und zehn Uhr auf der Narodni sprava abzugeben. Aus jeddem Haus muß ein Weib mit Hadr und Bäsen um zehn Uhr beim heiligen Nepomuk gestellt sein. Zum Putzen des Sportplatzes für die nächste Vorstellung des Sokol müssen olle Männer um ein Uhr mit Schaufel und Hackl an der Flutbriecke antreten. Pozor, pozor! Achtung, Achtung! Ich wiedrhole . . .“

Die Frau hielt sich die Ohren zu, um die harte und herzlose Stimme nicht mehr zu hören. Jeden Tag diese Demütigungen — jeden Tag erfanden sie neue, um zu erniedrigen und den tschechischen Stiefel spüren zu lassen. Dabei gab es kein Holz zum Feuern und fast nichts zum Essen. Das Holz- und Beerensuchen im Wald war verboten —, kein Radio, keine Bücher, Schreibverbote und Briefzensur, keine Schule, keine Zeitungen, der Gehsteig verboten, Bahn und jedes Beförderungsmittel gesperrt, die weiße Armbinde, ab sechs Uhr Hausarrest, ab acht Uhr finster, nur eine Stunde Einkaufszeit im Tag, kein Geld — dazwischen tschechische Schieber, die für teure Lebensmittel das letzte Schmuckstück erpreßten, ständiger Wohnungswechsel, Unsicherheit bei Tag und Nacht, Haussuchungen am laufenden Band, Taschenkontrollen auf der Straße, überraschende Abtransporte, Verschickungen ins Landesinnere oder nach östlichen Lagern, Verhaftungen, Quälereien, Vergewaltigungen, Erpressungen — eine unmenschliche Marter bei Tag und Nacht!

Doch alle Sorgen um Hadern und Besen, um die Lebensmittel für den nächsten Tag wurden wesenlos. Mit dem Morgengrauen brüllte eine jener heiseren Zutreiberstimmen an der Haustüre:

Okresní správní komise ve Frýdlantě v Č.

n Frýdlant, dne 16. června 194l.

Pan-í

....

ve........................

Ukládám Vám, abyste se i s rodinou připravil - a do 17. června 1945 ve 3 hod. ~~[illegible]~~í k opuštění území republiky Československé. Každá osoba může si vzíti s sebou nejvýše 30 kg zavazadel. Shromaždiště ve 3 ³⁰ hod. ~~[illegible]~~í na nádraží Frýdlant v Č.. Byt případně dům každý uzavře a klíč s příslušen~~[illegible]~~šným označením vlastníka se předá na shromaždišti na nádraží četnické ~~[illegible]~~. asistence

Upozorňuji vás, že jakékoliv poškozování, ničení a p.d. majetku a zařízení domácnosti by bylo potrestáno i smrtí.

Za okresní správní komisi:
V. Kysela, v.r.

Okresní správní komise ve Frýdlantě Č.

Einer der berüchtigten Ausweisungsbefehle, von dem aus begreiflichen Gründen der Name des Ausgewiesenen entfernt wurde. Die handschriftlichen Ausbes-erungen sind auf dem Origiual mit roter Tinte eingetragen. Die Übersetzung des Dokuments ist untenstehend ersichtlich.

Übersetzung.

Bezirksverwaltungskommission in Friedland

Friedland, den 16. Juni 1945.

Herrn, Frau ....

Es wird Ihnen aufgetragen, sich mit der ganzen Familie bis zum 17. Juli 1945, um 3 Uhr nachm., zwecks Abreise aus dem Gebiete der ČSR. vorzubereiten. Jede Person kann höchstens 30 kg Gepäck mitnehmen. Die Sammelstelle ist um 3.30 Uhr am Bahnhofe Friedland. Die Wohnung, bzw. das Haus sind zu schließen und die Schlüssel an der Sammelstelle am Bahnhofe der Gendarmerieassistenz zu übergeben mit der betreffenden Anschrift des Eigentümers.

Ich mache Sie darauf aufmerksam, daß jedwede Beschädigung, Vernichtung u. ä. des Eigentums und der Einrichtung des Haushalts sogar mit dem Tode bestraft würde.

Für die Bezirksverwaltungskommission:
V. Kysela, e. h.

Vyhláška

Nařizuji s okamžitou platností, aby všechny osoby německé národnosti ve stáří od 6 let nosily následující označení: bílý kruh v průměru 15 cm a v něm z černého plátna našité „N“ v síle 2 cm, jehož okraje jsou 1 cm od obvodu kruhu. Toto označení se nosí na levé straně prsou. Němci, kteří byli organisováni ve straně NSDAP, v SA, SS, NSV, NSF, NSKK, Hitlerjugend nebo v jiných složkách NSDAP, musejí nositi tentýž odznak ještě na zádech (tedy dva, jeden na prsou, druhý na zádech).

Všem Němcům se zakazuje jízda dopravními prostředky, návštěva veřejných a zábavních místností a sadů. Vycházeti z bytů po 20. hodině je všem Němcům zakázáno. Při potkání ruského nebo čsl. důstojníka musejí Němci smeknout klobouk nebo čepici a v připaženém postoji přejíti. Návštěva obchodů se povoluje toliko jednu hodinu před uzavřením.

Odznaky podle nařízeného vzoru musí si každý Němec sám poříditi. Neuposlechnutí shora uvedených příkazů je trestné. Trestný je rovněž každý občan jiné národnosti, který jakýmkoliv způsobem bude Němcům nadržovati nebo jim pomáhati.

Rakouští příslušníci podléhají ustanovením této vyhlášky jen pokud byli organisováni ve straně NSDAP, v SA, SS, NSV, NSF, NSKK, Hitlerjugend nebo v jiných složkách NSDAP.

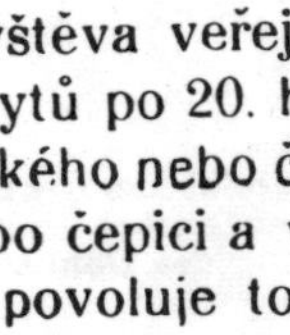

Náčelník Národní bezpečnostní stráže v Opavě:

Dr. Fr. Grim

Übersetzung.

Kundmachung

Es wird mit sofortiger Gültigkeit angeordnet, daß alle Personen deutscher Nationalität vom 6. Lebensjahre an folgende Kennzeichnung tragen: eine weiße Scheibe im Durchmesser von 15 cm und auf ihr aus schwarzer Leinwand aufgenäht ein „N“ in der Stärke von 2 cm, dessen Rand 1 cm von der Umrißlinie des Kreises entfernt ist. Diese Kennzeichnung wird auf der linken Brustseite getragen. Deutsche, die in der Partei der NSDAP, in der SA, SS, NSV, NSF, NSKK, Hitlerjugend oder in anderen Gliederungen der Partei organisiert waren, müssen diese Zeichen auch auf dem Rücken tragen (also zwei, eines auf der Brust, das zweite auf dem Rücken).

Allen Deutschen wird die Fahrt mit öffentlichen Beförderungsmitteln, der Besuch öffentlicher und Unterhaltungslokale und Anlagen (Parkanlagen) verboten. Allen Deutschen ist verboten, ab 20 Uhr ihre Wohnungen zu verlassen. Bei Begegnung eines russischen oder tschechoslowakischen Offiziers müssen die Deutschen den Hut oder die Mütze abnehmen und müssen in entsprechendem Abstand vorbeigehen. Der Einkauf in den Geschäften ist eine Stunde vor der Sperre erlaubt.

Die Abzeichen laut angeordnetem Muster muß jeder Deutsche sich selbst anschaffen. Die Nichtbefolgung dieses Befehles (des obenerwähnten) ist strafbar. Strafbar macht sich ebenfalls jeder Bürger anderer Nationalität, der auf irgendeine Weise die Deutschen begünstigt oder ihnen hilft.

Die österreichischen Staatsangehörigen unterliegen diesen Bestimmungen der Kundmachung nur dann, wenn sie bei der Partei der NSDAP, der SS, SA, NSV, NSF, NSKK, Hitlerjugend oder in einer anderen Gliederung der NSDAP organisiert waren.

Der Hauptmann des nationalen Sicherheitsdienstes
in Troppau:

Dr. Fr. Grim.

„Fertigmachen zum Abtransport — eine halbe Stunde Zeit!"

Nervös hasteten die Hände der jungen Frau über die schon oft vorbereiteten Sachen, griffen auf und warfen weg, zerrten die Kinder hin und her und halfen der kranken Mutter.

„Rychle, djelej! Schnell mach, mach!" —

Der fuchtelnde Pendreck, das Wahrzeichen der angebrochenen Gewalt, wies den üblichen Weg über Kontrollen und Lager in den Viehwagen, der dann in die neue Heimat rollte — nach Deutschland.

Zur gleichen Zeit, Wochen vorher und Monate später, wälzten sich Millionen Volksdeutsche, geeint durch ein gemeinsames Schicksal, auf allen Straßen und Schienenwegen gegen Deutschland. Aus Estland, Lettland, Litauen, aus Ostpreußen, Schlesien und Polen, aus Ungarn, Rumänien und Jugoslawien, aus den entlegensten Winkeln der weiten Welt zwang man sie in ein von Hunger geplagtes, zerbombtes, besiegtes, klein gewordenes, rechtloses Land.

Dieses Drama der Verweisung von 18 Millionen Menschen aus ihrer jahrhundertealten Heimat vollzog sich unter den Blicken einer seelisch völlig verhärteten Welt.

Ob man sich am 17. Juli 1945 in Potsdam bei der Legalisierung dieser politischen Maßnahme, der grauenvollsten, die die menschliche Bestialität je erfunden hatte, darüber klar war, daß mit der Vertreibung dieser Menschen von Haus und Hof, von Familie und Arbeitsplatz jeder vierte Deutsche brot- und bodenlos wurde? Daß alle sozialen und wirtschaftlichen Probleme in Deutschland aus landeseigener Kraft unlösbar wurden? Daß darüber hinaus jedem Demokraten und jedem zur Demokratie Bereiten mit der Faust ins Gesicht geschlagen wurde? Sollte Morgenthau mit seinen Vernichtungsplänen in Potsdam zu Worte gekommen sein? Ähnlich dem Wilsonschen Punkt 10 aus dem Jahre 1918, der das Selbstbestimmungsrecht der Völker dokumentierte, wurde auch in der Atlantik-Charta am 14. August 1941 ausdrücklich festgestellt, daß keine territorialen Änderungen vorgenommen würden, die nicht in Einklang stünden mit den in einer freien Abstimmung zum Ausdruck gebrachten Wünschen der betreffenden Völker.

So wurde das amerikanische Volk in einen Krieg hineingelockt, der die Vier Freiheiten und einen gerechten Frieden schaffen sollte. Aber schon am 11. Februar 1945 legten Stalin, Roosevelt und Churchill in Jalta den Grundstein zu den so tragischen

Potsdamer Beschlüssen, die die gewaltsame Vertreibung und vollkommene Ausbeutung von 18 Millionen Menschen vorsahen.

Fünf Millionen davon haben das ihnen von Potsdam diktierte Ziel nicht erreicht. Wo sind sie? Sie sind den kaum beschreiblichen und unmenschlichen Zwangsmaßnahmen zum Opfer gefallen, sie wurden hingemordet. Das alles in einer Zeit, die für die angekündigten Vier Freiheiten und für einen gerechten Frieden bestimmt war. Und wo sind die noch in die Hunderttausende zählenden zurückgehaltenen Kriegsgefangenen? Müssen auch sie verderben unter den Augen einer Welt, die die verheerende Wirkung der Beschlüsse von Potsdam einzusehen beginnt? Hat man auch sie schon abgeschrieben und zählt sie zu den Millionen von Nachkriegstoten?

Seit Menschen leben, ist Recht und Gerechtigkeit unveräußerlich und ewig gleich. Schuf man in Potsdam ein neues Recht? Ein Recht, das den Machthabern im fünften Jahrzehnt des 20. christlichen Jahrhunderts jede Willkür gewährt und den Besiegten jedes Menschenrecht nimmt? Schon mehren sich, besonders im amerikanischen Volke, die Stimmen, die mit Entsetzen von diesem grauenvollen Nachkriegsgeschehen erzählen und in Wort und Tat das ihre zur Linderung beitragen. Sie wollen sich durch ihr Mitwissen nicht auch zu Mitschuldigen machen. Dies ist um so höher zu werten, als verschiedene Emigranten, besonders die nach 1945 emigrierten Tschechen, alles unternehmen, um die Haßpolitik der offiziellen Stellen gegen alles Deutsche nach wie vor zu schüren. Es bedeutet den ersten Anbruch eines rächenden Schicksals, daß sich jene Aasgeier, die wesentlichen Anteil an der brutalen Austreibung der Sudetendeutschen hatten, nunmehr winselnd in deutsche Obhut begeben, um nicht in dem aus allen Fugen gegangenen böhmisch-mährischen Raum unterzugehen. Feige verstummen die Herren Nationaltschechen, wenn sie nach dem Schicksal der zu Sklavenarbeit zurückgehaltenen Sudetendeutschen gefragt werden. Haben sie in den Revolutionstagen in Prag dagegen protestiert, als die brennenden Menschenfackeln auf Befehl ihres Präsidenten Benesch unter unsäglichen Schmerzen zum Himmel loderten? Fanden sie ein Wort des Widerstandes, als in einer Großschlächterei in Prag mehrere hundert Deutsche mit Fleischhaken am Kinn lebend gehenkt wurden? Haben sie es zu verhindern gesucht, daß tausende Deutsche in Aussig in die Elbe geworfen und zu Tode gequält wurden? Wiesen sie jene Mörder in die Schranken, die in einer böhmischen Stadt mit Frauen- und Kinderköpfen das Wappen des roten Teufels formten? Nahmen sie Anstoß daran, wenn tschechische Jugend mit abgeschnittenen deutschen Köpfen Fußball spielte? Woher nehmen sie den Mut, zu einem Volk zu flüchten, das allen Grund hätte, sie zu steinigen? Im Jahre 1945 zeigte der Masaryksche Bluff eines tschechischen Humanismus, den Benesch weiterspielte, sein wahres Gesicht. Benesch verriet — und das kann nicht oft genug festgehalten werden — den Westen und verschacherte die abendländische Kultur im böhmisch-mährischen Raum an den Osten. Beneschs Pakt mit dem Kreml gab ihm wohl freie Hand zu den Gewaltmaßnahmen gegen alle deutschsprechenden Menschen in der Tschechei, er besiegelte aber zugleich das Schicksal des tschechischen Volkes. Die fast 28.000 Quadratkilometer sudetendeutscher Bodenfläche sind größtenteils Brachland geworden. Die Maschinen großer Fabriken stehen still, die Häuser sind leer, Zigeuner und Huzulen zogen in das ‚befreite' Land ein.

Demgegenüber verelenden in Lagern und menschenunwürdigen Wohnungen im modernen KZ Deutschland Millionen Ausgewiesener und Ausgebombter. Sie bleiben eine lebende Anklage gegen die Unterzeichner von Potsdam. Sie tragen neben allen seelischen Leiden die größte materielle Last eines verlorenen Krieges. Dankbar klammern sie sich an die verschiedenen Aufrufe zur Besinnung und Lösung, die von kirchlichen und weltlichen Stellen an die Vernunft der Machthaber gerichtet werden.

Es scheint, daß Präsident Truman mit seiner Erklärung am 5. Jänner 1949 vor dem Kongreß den gellenden Schrei einer Menschheit in Not zu verstehen begann, als er sagte: „Es soll jetzt schon in allen Ländern klar sein, daß wir nicht auf dem status quo beharren wollen. Wir haben nicht die Absicht, die Ungerechtigkeiten der Vergangenheit zu verewigen . . ."

So bleibt die Hoffnung, daß die Gerechtigkeit siegen wird. Dieser Hoffnung und der Verwirklichung jener Ziele, für die das amerikanische Volk den Krieg führte, dient das Buch.

Die hier angeführten Tatsachenberichte entsprechen in jedem Wort der Wahrheit. Sie sollen keine neue Haßwelle in die Welt tragen, sondern dem Recht, dem unteilbaren Recht zum Durchbruch verhelfen. Den Versuch einer Widerlegung dieser Tatsachen hat noch niemand unternommen. So wird dieses Buch weiterwirken, um die Welt über das größte Verbrechen gegen den Frieden und die christliche Zeitgeschichte aufzuklären.

Sollte die Menschheit später eine objektive, von Wahrheit, Liebe und Gerechtigkeit inspirierte Geschichtsschreibung erleben, dann wird es dem Historiker Mühe kosten, seinen Zeitgenossen zu erklären, daß diese Barbareien nicht in altersgrauer kulturloser Zeit, nicht unter Kopfjägern in den Dschungeln Afrikas sich ereigneten, sondern im Herzen des Abendlandes, zweitausend Jahre nach der Geburt Christi, in einer Zeit, die sich trotzdem nicht schämt, christlich genannt zu werden.

Das Lied des Verarmten

Wänden von Büchern war ich verschworen
Und sie lasteten als ein Fluch.
Aber seit ich die Bücher verloren,
Labt mich wieder ein köstliches Buch.

Hatte die Gaben der Künste erkoren,
Wolken und Blumen sah ich im Bild.
Aber seit ich die Bilder verloren,
Leuchtet mir reicher das weite Gefild.

Wurzeln trieb ich, wo ich geboren,
Haften blieb ich, wo ich stand.
Aber seit ich die Heimat verloren,
Lieb ich noch tiefer mein Vaterland.

War in den Dingen wie eingefroren,
Eingebannt in trübem Kristall.
Aber seit ich alles verloren,
Leb ich und web ich eratmend im All.

Wilhelm Pleyer.

II

DER WEG EINES VOLKES

Ein Volk ist ein Mittel zu den Zwecken Gottes auf Erden. *Sifter.*

„Za plat pan buh, zase německa fura ven ... Gott sei Dank, wieder eine Fuhre Deutscher hinaus — heim ins Reich!"

Spöttisch lachte der tschechische Major, während in langer Folge der 779. Transferzug mit seinen 40 Viehwaggons in „geordneter und humaner Weise" an ihm vorbeiratterte.

Je 30 Menschen mit dem gewogenen, nach den Kontrollen verbliebenen Hausrat tasteten sich in dem stockfinsteren Wagen zu ihren Sachen.

In dem Wagen mit der laufenden Nummer 16 brannte ein Kerzenrest langsam nieder. Sein flackernder Schein huschte über blasse, übernächtige Gesichter, die vergeblich nach Bekannten suchten. Gehörte es doch mit zur humanen Abwicklung dieses Menschentransfers, Verwandte und Familien auseinanderzureißen.

Mit dem Verlöschen der Kerze blieb jeder in eigenen Gedanken hängen.

Die junge Frau breitete eine alte Wolldecke auf zwei Wäschesäcke und brachte ihre müde gewordenen Kinder zur Ruhe. Nachdenklich verharrte sie an ihrem Lager. Warme Ströme sorgender Liebe begleiteten die Kinder in einen geborgenen Schlaf.

Was hätte das Leben für einen Sinn, wenn sie nicht wären! Die Kinder waren es gewesen, die ihr Handeln in den schrecklichen zurückliegenden Tagen bestimmt hatten. Sonst hätte sie gewünscht — wie viele andere — in dem blutigen Chaos auf heimatlicher Erde zu verbleiben. Die Kinder hatten ihr den Mut gegeben, zu kämpfen um jedes Restchen Brot, um jedes Stück der Habe, um das nackte Leben der Kleinen, für die sie dem Vater verantwortlich war, den die Tschechen ins Zuchthaus gesperrt hatten.

Mit einem stillen Seufzer setzte sich die junge Frau neben die Kinder und hing wie die anderen, die eng aneinandergepreßt in die Finsternis hineinhorchten, ihren Gedanken nach. Die Erinnerung an überstandenes unsägliches Leid, an den Verlust der Heimat, der Habe, der Existenz, der erworbenen und überkommenen Werte und aller liebgewordenen Dinge wurde durch die Hoffnung übertönt, in Kürze dem wiedererwachten Hussitentum entronnen zu sein.

Langsam polterte der lange Zug seinen Abschiedsweg durch die Jahrhunderte alte deutsche Heimat.

In die Hoffnung auf Freiheit mischte sich manch bange Frage: Wie würde man sie, die Vertriebenen, in Deutschland aufnehmen? Wo wird man Unterkunft und Arbeitsplatz für das Millionenheer der Heimatlosen finden? Ist Deutschland, das zerschlagene Reich, überhaupt in der Lage, sie zu beherbergen? Sicher wird auch Österreich, getreu seiner alten Tradition, derer nicht vergessen, die durch Jahrhunderte seine Grenzen sicherten. Es ist doch nicht anzunehmen, daß es um einen wohlüberlegten Plan geht, das Chaos zu vergrößern, Europa vor unlösbare Probleme zu stellen und im Transfer jene Quote zu finden, die unausbleiblich zur Vernichtung von Millionen Menschen führen muß.

Kreischen der Bremsen, immer langsamer werdende Fahrt riß all diese Gedanken wieder in die Gegenwart zurück.

Draußen begann der Morgen zu dämmern. Im Waggon wurde es lebendig, als die Lichter eines größeren Bahnhofes zu erkennen waren. Jeder versuchte seine durch Lage und Kälte erstarrten

Glieder beweglich zu machen. Die Räder krachten über zahllose Weichen, die Lokomotive pfiff, die Bremsen sangen ihr Haltelied und der Zug stand. Stand in Deutschland.

Trotz früher Stunde und Kälte wimmelte es am Bahnhof von Menschen. Schwestern vom Deutschen Roten Kreuz, Personal des Bayerischen Hilfszuges und Essenträger standen bereit. Die Organisation der Nächstenliebe, bei zahllosen Transporten bewährt, funktionierte vorbildlich. Essen wurde verteilt, langersehntes warmes Essen. Zum erstenmal nach langer Zeit gab es ein Stückchen Wurst, Butter und Milch für die Kinder.

In der Station war ein längerer Aufenthalt vorgesehen. Die Kinder wurden gewaschen und abgefüttert, die Gepäckstücke so gelagert, daß für die Kleinen wenigstens eine Liegestatt ermöglicht wurde. Man wußte ja nicht, wie lange und wie weit die Fahrt noch weiterging. Der Bahnhof war vollkommen zerschlagen, die umliegenden Stadtteile zerbombt. Man war wieder froh, sich aus der zertrümmerten Verlassenheit, die in der Bahnhofumgebung lag, in seinen schon heimisch gewordenen Viehwaggon flüchten zu können. So fürchterlich wirkte diese vollkommen zerstörte Umgebung.

Ein alter Herr, der schon zu gebrechlich war, um den Sprung aus dem hohen Viehwaggon auf den Bahnsteig zu wagen, war während des ganzen Aufenthaltes auf einer Kiste sitzen geblieben. Seine Aktentasche behielt er auch während des Essens fest unter dem Arm. Sie enthielt ihm noch immer kostbar dünkende Habe. Er hoffte, daß alle verbrieften Rechtsansprüche, Pensionsdekrete, Versicherungspolizzen und Zeugnisse ihren Wert behalten müßten.

Die junge Frau war eine der ersten, die wieder in den muffigen Wagen zurückkehrte und ihre Kinder übernahm, die von dem alten Herrn durch eine packende Märchenerzählung in Schach gehalten worden waren. Der weibliche Ordnungssinn feierte inzwischen Triumphe. Durch Umlagerung der Gepäckstücke sollte mehr Raum und eine bessere Sitzgelegenheit geschaffen werden.

Während des Aufenthaltes war ein ständiges Fragen und Suchen nach Angehörigen von früher Ausgewiesenen, die immer wieder an die Grenze kamen, um Anhaltspunkte zu finden.

Die Frage nach dem Bestimmungsziel des Transportes blieb vorderhand unbeantwortet. Pünktlich zur vorgesehenen Stunde rollte der Zug nach Westen weiter.

Die junge Frau saß auf einer Kiste neben dem alten Herrn,

der freundlich lächelte und sich so dünn wie möglich machte. Bescheiden und unscheinbar war der Alte, den das bittere Zeitgeschehen aus seinem Altherrenstübchen in eine ungewisse Zukunft gejagt hatte. Seine braunen Augen schauten gutmütig durch dicke Brillengläser. Tausend Fältchen durchzogen sein hageres Gesicht.

„So eine herzliche Aufnahme hätte ich nicht erwartet", meinte die junge Frau zu dem alten Herrn.

„Ja! Es gibt kein Land, das sich außerhalb des europäischen Schicksals stellen könnte. Denn die europäischen Völker gehören — wie uns auch die Geschichte beweist — zusammen."

So sagte er wissend und wohlwollend, während er immer noch sein einziges Gepäckstück, die alte Aktentasche, fest umklammert in Händen hielt.

„Aber", fragte die junge Frau, „können die Völker Europas zueinander finden und ein internationales Gefüge aufbauen, wenn ihre Nationen nicht selbsttätig und selbständig sein dürfen? Haben wir denn kein Anrecht auf unseren Lebensraum und auf unsere Lebensgestaltung? Wem ist das Recht gegeben, uns aus unserem Raum, aus unserem durch die Vorsehung bestimmten Leben herauszureißen?"

„Stimmt wohl, liebe Frau. Aber es scheint mir, daß wir kein Recht mehr haben, denn sonst säßen wir heute nicht auf diesen Kisten in einem kalten Viehwagen. Wenn es Sie nicht langweilt", fuhr der alte Herr in sichtlicher Bewegung und in einem Wiedererwachen fort, „will ich als ehemaliger Geschichtsprofessor gerne während der langen Fahrt zu Ihnen von der köstlichen Schale sprechen, die die Geschichte auch unserem Volke gefüllt hat. Wir müssen nur langsam und mit Bedacht und im allgemeinen Verstehen die Jahrhunderte herniedersteigen, um aus dem Zusammenhang für unsere augenblickliche Lage eine Kraftquelle zu erschließen. Der Wermutstropfen am Rande dieser Schale darf uns nicht erschrecken. Er muß uns Lehre und Vermächtnis sein."

Die Jüngeren im Waggon scharten sich neugierig um den alten Herrn, während die Älteren mit ihrem Geschick hadernd sich noch teilnahmslos auf ihren Wäschesäcken zurechtrückten. Inzwischen war der Zug langsam aus den Trümmern in freie Landschaft ausgelaufen.

„Die Geschichte ist wie ein Buch, Toren durchblättern es, aber der Weise liest es mit Bedacht", begann der Alte.

„Unser Geschick war seit der alten Steinzeit, 50.000 bis 10.000 vor Christus, immer auch Österreichs Geschick. Verschiedene Funde weisen Kulturen nach, die um 3000 bis 1800 vor Christus in eine bäuerliche Lebensführung übergingen. Um 2200 herum begann die große Indogermanenwanderung. Ihr Sitz war die ungarische Tiefebene bis über den Brenner hinaus. Ihre bedeutendsten Stämme die Noriker und Illyrer. Eine interessante und reiche Epoche entwickelte sich zwischen tausend und fünfzehn vor Christus. Sie war bestimmt durch die Erschließung des Salz- und Bergbaues, durch Eisen- und Kupferverwertung und die Verbreitung der Produkte auf Handelswegen, bis die keltische Völkerwelle die Illyrer verdrängte oder keltisierte. Die Kelten schufen erstmalig einen politischen Zusammenschluß kleiner Gemeinden und Stämme und formten daraus das Königreich Norikum.

Ein Freund Cäsars, der König Vaccio, war der bekannteste König von Norikum, der seine Herrschaft von den Quellen der Drau und Salzach bis an die Donau und Save ausdehnte. Vom Jahre 129 an unterhielten die Römer mit diesem Staate rege Wirtschaftsbeziehungen und schlossen einen Freundschafts- und Nichtangriffspakt.

Zu dieser Zeit siedelten in Böhmen die keltischen Bojer. Während die Germanen nach Frankreich weiterzogen, haben die Römer in den nächsten hundert Jahren (113 bis 15 vor Christus) die illyrokeltischen Ostalpenländer friedlich durchdrungen. In dieser Zeit wichen die keltischen Bojer vor den Germanen in die Schweiz aus. Kampflos stießen unter Octavianus Augustus die Römer bis zur Donau und besetzten im Jahre 16 vor Christus das keltische Königreich Norikum. Augustus' Söhne Tiberius und Drusus besetzten nach hartem Kampfe das illyrisch-etruskische Rätien. Durch ihren Sieg am Bodensee wurden Vorarlberg und Nordtirol römisch. ‚Es hat Tiberius das Heldenvolk der Räter nach schwerem Kampf besiegt', vermerkt Horaz. Norikum, Rätien und Pannonien hießen die neuen Gaue, die unter den Schutz der römischen Toga gestellt wurden. Schließlich war die Donau nach der unter dem Kaiser Claudius einsetzenden starken Romanisierung (41—51 nach Christus) zur germanisch-römischen Volkstumsgrenze geworden.

Daß die Grenzgebiete staatenbildende Kräfte in sich tragen, wird nirgends so bewiesen wie im böhmischen Raum. Schon 250 vor Christus siedelten vereinzelte Germanen als Vorposten in den von den Bojern freigelassenen Räumen Böhmens. Ungefähr 70 vor Christus wichen die Kelten aus dem durch sie bisher besetzten Bojerland nach Südosten aus. Von Norden kommend, drängten ihnen die germanischen Stämme der Markomannen und Quaden nach und besiedelten unter ihrem König Marbod das Bojerland. Die aggressiven Absichten der Römer durchkreuzte König Marbod mit der Aufstellung der ersten an bedingungslosen Gehorsam gebundenen Armee. Er dachte ihr die Aufgabe zu, dem unerbittlichen Vordringen der Römer nach Mitteleuropa Einhalt zu gebieten. Marbods Befürchtungen bestätigten sich schon im Jahre 9 vor Christus, als Drusus, der Stiefsohn Kaiser Augustus', sich mit seinem Heere auf die Markomannen und Quaden warf. Diesem Vordringen römischer Heere wich Marbod zuerst aus, um sich vorerst mit anderen germanischen Stämmen zu verbinden. Im Jahre 6 n. Chr. gelang es ihm, einerseits durch einen konzentrierten Angriff an der Donau das römische Heer zu binden und andererseits durch einen in dalmatinischem Gebiet entfachten Aufstand gegen das Gewaltregime der römischen Konsuln, Tiberius zu einem Waffenstillstand zu zwingen. Leider verstand es Marbod nicht, die sich ihm bietende Chance auszunützen und den eingedrungenen Römern auf den Fersen zu folgen. Er begnügte sich damit, die Romanisierungsversuche des böhmischen Raumes abgewiesen zu haben. Im Jahre 8 nach Christus schloß Marbod mit Tiberius Frieden, der zur Anerkennung der Donau-Rhein-Grenze durch Rom führte. Marbod blieb mit seinem Volke frei, während den an der Weser und am Rhein siedelnden Germanen von den Römern ein schreckliches Schicksal bereitet wurde. Die einst in Blüte und Freiheit lebenden Völker wurden schonungs- und erbarmungslos römischem Recht unterstellt, ihr Besitz enteignet, die Männer in die Sklaverei geschickt und Frauen und Kinder umgesiedelt."

„Da waren wir ja gar nicht die ersten, an denen die Aussiedlerei erprobt wurde!" warf einer ein.

Die anderen, die noch teilnahmslos ihrem Leid nachhingen und sich innerlich gegen die alten Jahreszahlen zur Wehr setzten, hörten plötzlich ihre geheimen Gedanken gesprochen. Fortab gehörte ihre ganze Aufmerksamkeit den Ausführungen des Professors.

„Ob wohl alle aus unserer Heimat ausgewiesen werden?"

„Einige sollen ja die Tschechen zurückbehalten!"

„Die tun mir jetzt schon leid!" ruft ein anderer dazwischen.

„Ja, es sind auch welche, die freiwillig dem neuen Herrn dienen wollen. Wie kann man das erklären?"

„Wie immer in Zeiten, wenn der Feind im Lande ist, gab es auch damals eine Gruppe, die sich den Römern bedingungslos und willig anschloß, und eine andere, der die Freiheit des Landes vor allen materiellen Vorteil ging. Der Vertreter der ersteren war Segestes, während Hermann der Cherusker die freiheitsliebende Jugend um sich scharte. Nach einem Bankett, das der römische Statthalter Varus gab, rief Hermann zur Schlacht auf. In diesem harten Kampfe, der 9 nach Christus im Teutoburger Walde entschieden wurde, verloren die Römer. Obwohl diese Schlacht im großen betrachtet nur als Teilerfolg gewertet werden kann, führte ihr günstiger Ausgang zur Sammlung und inneren Erneuerung. Zudem wurde durch diese gewonnene Schlacht die römische Expansion aufgehalten. Hermann übersandte das abgeschlagene Haupt des Varus an Marbod, mit der Aufforderung zu einem aktiven Bündnis gegen die Römer. Marbod antwortete mit einer unmißverständlichen Geste. Er sandte den Kopf des römischen Statthalters nach Rom. Diese grundverschiedene Einstellung Hermanns und Marbods führte schließlich im Jahre 17 nach Christus zu einer Bruderschlacht nördlich des Erzgebirges, die für Hermann siegreich verlief. Marbod wurde von seinen eigenen Leuten verlassen und starb in römischer Emigration in den Dreißigerjahren. Bis zum Jahre 165 nach Christus liegt über dem geschichtlichen Geschehen im böhmischen Raum ein Dunkel. 166 nach Christus stießen die Markomannen und Quaden bis Aquilea vor. Unter dem damaligen Kaiser Marc Aurel wurden die Germanen bis in den mährischen Raum zurückgeschlagen. Redner in Rom forderten die Vernichtung aller Germanen."

„Das klingt ja nach Morgenthau!"

„So ist der harte Frieden verständlich, den der sonst so friedliebende und schöngeistige Kaiser Marc Aurel den Germanen auferlegte. Nach dem Tode Marc Aurels in Wien im März 180 erließ sein Sohn Commodus die meisten der harten Friedensbedingungen."

„Ob unsere Sieger das jetzt auch mit uns machen werden?"

„Wir sind eben Besiegte und die vom Sieger gestellten Bedingungen sind nie leicht. So ist es auch mit unserem Schicksal. Fahren wir doch fort. So war also wieder die Donau Roms

Grenze. In der Folgezeit wurde die Stellung des römischen Imperiums durch den ständigen Aderlaß in verschiedenen Kämpfen und die damit notwendig gewordenen Rekrutierungen von Ausländern in die Söldnerstandarten, in diesem Falle Germanen, immer mehr geschwächt. Schließlich wurde die Politik des römischen Imperiums zum Spielball in den Händen germanischer Heerführer, die sich allerdings auch untereinander blutig befehdeten.

Im 5. Jahrhundert begannen die Markomannen, die bis dahin den böhmischen Raum ohne Unterbrechung besiedelt hatten, nach Bayern und in die österreichischen Alpenländer abzuwandern. In diesem leergewordenen böhmischen Raum sammelten sich die Langobarden, bevor sie ihren Siegeszug nach dem Süden antraten. In das freigewordene Österreich stießen von Osten kommend die Awaren und die ihnen zu Kriegsdiensten verpflichteten Slawen. Entlang der Save überfluteten sie die Südsteiermark und besetzten innerhalb von drei Jahrzehnten das ganze Norikum. Einhalt geboten ihnen die durch die Markomannen bedrängten Bayern, die in den Jahren 592 und 610 in der Schlacht bei Linz den slawischen Stämmen unterlagen. Dieser Entscheidungskampf führte zur Besetzung Osttirols, Kärntens, des Lungaues, der Steiermark und Niederösterreichs bis in die Hälfte des 8. Jahrhunderts durch Slawen und Awaren. Eine Kulturübertragung hat es nicht gegeben, weil keine vorhanden war. Unter dem Slawenführer Samo, einem fränkischen Kaufmann, schüttelten die Slawen das Awarenjoch ab und bildeten 625 ein slawisches Königtum.

Noch siedelten in den böhmischen Räumen verschiedene Reste von germanischen Stämmen, die sich laut Tacitus aus Urwald und Sümpfen unter schwersten Bedingungen ihre Lebensmöglichkeiten geschaffen hatten.“

„Aber die Slawen behaupten noch immer, daß sie vollkommen jungfräuliches Land erschlossen hatten.“

„Keineswegs. Von den Resten der Germanen übernahmen die Slawen viele Bezeichnungen für Flüsse, Berge, Täler und Wälder. Eine Fülle von Namensstudien objektiver Geschichtsschreiber könnte man hier anführen. Allein schon die Bezeichnung ‚ihres‘ Landes Böhmen ist einwandfrei markomannischen Ursprunges. Während die germanischen Stämme weiterhin in den gebirgigen Gegenden Böhmens aushielten, siedelten die slawischen Neuankömmlinge an den Ufern der Flußläufe im Innern des Landes.

Trotzdem aber müssen auch größere germanische Siedlungen in Gegenden fruchtbaren Ackerlandes gewesen sein, da die Germanen täglich für zehntausende gefangener Römer aus eigenem die Nahrungsmittel aufzubringen hatten, was wiederum nur die Annahme bestätigt, daß die Germanen seit eh und je ein ackerbautreibendes Volk waren. Als sich die Tschechen mit ihrer Behauptung, damals in ein Neuland gestoßen zu sein, nicht mehr halten konnten, versuchten sie eine Urslawentheorie zu konstruieren, die darauf ausging, die germanischen Markomannen einfach als Slawen zu bezeichnen. Es bleibt nur auffallend, daß der Geschichtsschreiber Tacitus nie von tschechischen Markomannen sprach.

Die Alpenslawen, die hauptsächlich in Karanthanien (Kärnten) wohnten, stießen mit dem Bayernherzog Tassilo 772 zusammen, als ihnen der Herzog das Christentum bringen wollte. Tassilo selbst wurde 15 Jahre später von Karl dem Großen gestürzt. Es kam zur Einverleibung von Bayern und Karanthanien in das Karolingerreich. In den folgenden beiden Jahrhunderten wurde durch wiederholte Ungarneinfälle das deutsche Siedlungswerk zerstört. Erst durch den Sieg Kaiser Ottos des Ersten über die Ungarn in der Schlacht am Lechfeld 955 mußten auch die Slawen aus dem Ostalpengebiet weichen. Es folgte eine friedlichere Entwicklung, die zur Gründung von selbständigen Grafschaften und Marken führte. Nach dem Grafen Steyr erhielt die Steiermark ihren Namen. Sie schließt die Mark Pettau und die bereits unter Claudius 45 nach Christus errichtete Mark Markburg (Marburg) ein.

Nach einem verhältnismäßig kurzen awarisch-slawischen Interregnum erstand auch für Österreich aus den drei starken Wurzeln des Römertums, Germanen- und Christentums die neue Welt im Mittelalter.

Anders lagen die Dinge im böhmischen Raum, wo den Slawen im Fürstengeschlecht der Przemysliden eine starke Führung gegeben war, die ihren Bestand auf Jahrhunderte sicherte. Ihre spätere Abhängigkeit von deutschen Kaisern festigte nur den Bestand Böhmens, da es die Przemysliden verstanden, für die lose Abhängigkeit einen sicheren Schutz und schließlich die Königskrone zu empfangen."

„Die Przemysliden waren ja keine reinen Slawen. Sie haben doch meistens deutsche Fürstentöchter geheiratet."

„Das war ein diplomatisches Spiel, denn nur durch ihre Heirat mit deutschen Fürstentöchtern stärkten die Przemysliden ihr Treueverhältnis zum Reich. Deutsche Adelige, Geistliche, Künstler und Bauern wurden von den Frauen der Przemysliden nach Böhmen gerufen."

„Da haben es ja die Przemysliden wie die Ungarnkönige gemacht, als sie im 12. Jahrhundert zum Schutze gegen türkische Stämme Deutsche aus Mosel und Franken ins Land riefen."

„Sehr richtig", meinte der Professor, „und diese Deutschen waren es, die damals entlang der Donau zogen und schließlich in dem fast menschenleeren Hochland des inneren Karpathenbogens als Grenzwacht siedelten. Sie gründeten Städte, wie Hermannstadt und Kronstadt, viele Märkte und Dörfer, umgeben von festen Wehren und Kirchenburgen. Nach den sieben Burgen wurde das Land Siebenbürgen genannt. Im ungarischen Erzgebirge, der Zips, siedelten die Deutschen unter selbständiger Verwaltung eines deutschen Grafen und trieben Bergbau, und das alles schon im 12. Jahrhundert. Die Deutschen waren schon immer gute Städtebauer.

So verdanken auch fast alle Städte Böhmens ihre Entwicklung deutschem Geist und Gestaltungswillen.

König Przemysl Ottokar der Erste war mit Adele, der Tochter des Markgrafen Otto des Reichen von Meißen, vermählt. Nach glücklicher zwanzigjähriger Ehe entdeckte Ottokar ein altes Verwandtschaftsverhältnis und trennte sich von Adele, um sich mit Konstanze von Ungarn zu verehelichen. Der Sohn aus dieser Ehe, Wenzel der Erste, heiratete Kunigunde von Hohenstaufen, eine Tochter Philipps von Schwaben."

„So ist also Ottokars Mutter eine Deutsche."

„Der Größte aus dem Geschlechte der Przemysliden, Ottokar der Zweite, versuchte den deutschen Osten unter seine Krone zu bekommen und stritt mit dem Deutsch-Ritterorden gegen die Preußen. Durch eine mit Margarete, der Schwester des Babenbergerherzogs Friedrich des Zweiten, eingegangene Ehe fiel ihm Österreich zu."

„Damit wäre ja Österreich von Böhmen abhängig gewesen?"

„Ja, mit Österreich erreichte er nämlich die verbindenden Handelswege zur Adria. In der Steiermark wurden die alten südlichen Straßenzüge neu belebt und es blühten alte Marktorte wieder auf. Da Kaiser Rudolf die an König Ottokar übertragenen Erb- und Besitzrechte Margaretes anfocht, kam es zur Schlacht am Marchfeld im Jahre 1278, in der Ottokar geschlagen wurde.

Böhmen und Mähren verblieben aber noch seinem Hause, das mit Wenzel dem Dritten am 4. April 1306 nach seiner Ermordung in Olmütz ausstarb.

Schon in den Reihen der Markomannen gab es Anhänger des Christentums. Zwei aus Saloniki kommende Mönche, Cyrill und Method, begannen den böhmisch-mährischen Raum dem Christentum zu erschließen. Die Naturverbundenheit der Germanen und Slawen, die ihren Göttern in Wäldern und Hainen dienten, wurde durch die beiden Mönche zur Baukunst gelenkt. Es entstanden die ersten Rundbauten aus Stein im Holzland Böhmen. Der Erzbischof von Mainz, Willigis, setzte den ersten Bischof in Prag ein, den deutschen Benediktinerpater Thietmar aus Niedersachsen. Unter ihm kam das Klosterbauwesen zu einer besonderen Blüte. Ein Beispiel dafür ist das 1259 gegründete Zisterzienserkloster Hohenfurth, das für den böhmisch-südmährischen Raum in kultureller und wirtschaftlicher Beziehung eine besondere Bedeutung gewann.

Bisher hatte man nur in Betrachtung, Beschaulichkeit, Gebet und stiller wissenschaftlicher Arbeit zu wirken versucht. Jetzt setzte sich der Grundsatz des heiligen Benedikt, ‚Bete und arbeite', immer mehr durch. Die Mönche verstanden es, aus dem Volke die begabten Kräfte für alle Handwerkszweige zu schulen. Sehr rege kulturelle und wirtschaftliche Beziehungen bestanden zwischen Böhmen und Niedersachsen, genau so wie zwischen Niedersachsen und den Baltenländern. Bremer Domherren und Kaufleute aus Lübeck segelten um das 12. Jahrhundert entlang der baltischen Küste. Kurz darauf gründeten sie die Städte Riga, Mitau, Reval, Dorpat und andere. Der Schwertbrüderorden sicherte die Herrschaft über Kurland, Livland und Estland. Auch hier war es das 12. Jahrhundert, das über die endgültige Besiedlung entschied. In dem schmalen Küstensaum zwischen Preußen und Kurland wurde die Burg und Stadt Memel angelegt. Ein Jahrhundert später einigte der Hochmeister von Feuchtwangen ein Gebiet von 800 Kilometer Länge, das sich über Preußen, Kurland, Livland und Estland erstreckte, zu einer politischen Macht mit einer hohen wirtschaftlichen Bedeutung. In dieser Zeit gründete der Orden der Hochmeister durchschnittlich alle Monate ein Dorf, alle zwei Jahre eine Stadt. Aus Sümpfen und Wildnis wurde fruchtbares Ackerland. Strenge Ordnung und Zucht, unbedingter Gehorsam, Gemeinschaftsleben ohne Eigenbesitz, vielstündige Gebetsübungen bei Tage und bei Nacht gaben dem Orden eine besondere Befähigung, die gewaltigsten Kulturtaten des Mittelalters zu vollbringen, die Erschließung des östlichen Lebensraumes und seine Festigung im christlichen Glauben.

Bis 1945 wohnte mehr als die Hälfte aller Deutschen auf ostdeutschem Siedlungsboden.

Der heilige Wenzel hat die Verehrung des heiligen Veit aus Niedersachsen nach Böhmen verpflanzt. Nach ihm wurde denn auch der Prager Dom St.-Veits-Dom benannt.

Besonders verdienstvoll war der erfolgreiche Kampf der Mönche gegen den Sklavenhandel, dessen Hauptträger in Prag Ibrahim Ibn Jakub war, der ein reges Tauschgeschäft in Menschen mit Byzanz unterhielt."

„So ist der jetzige Sklavenhandel auch nur eine Wiederholung in der Geschichte?"

„O nein. Die Welt bleibt zwar immer die gleiche, aber die Menschen reagieren anders in ihrem Lieben, in ihrem Empfinden und auch im Hassen. Die Satelliten der Sieger haben in ihrem Haß furchtbar gewütet. Nie wieder gutzumachende Dinge sind geschehen. Sie vergessen nur in ihrer Verblendung, daß Haß den Menschen ganz klein macht vor sich selber und später auch vor einer ganzen Welt. Hätten sie besser die Geschichte ihres Volkes verstanden, so hätten sie es mit Herzog Wratislaw dem Zweiten gehalten, der 1092 den Deutschen in Böhmen und Mähren ein Privileg gab, das sie als freie Menschen bezeichnete und ihnen die Ordnung ihres Gemeinwesens, ihrer Gesetzgebung und Gerichtsbarkeit allein überließ.

In der Folgezeit kam es zur Gründung von Städten als wirtschaftliche Mittelpunkte, die in der Hauptsache von deutschen Kaufleuten angeregt und von den Przemysliden sehr gefördert wurden. Schon damals lebte ein gesunder Sinn, der bei gesunder Erhaltung des nationalen Eigenlebens und Respektierung des Lebens anderer Nationen einen großen europäischen Wirtschaftsraum ahnte, der in glücklicher Wechselbeziehung die Kulturzentren Europas zusammenführen sollte. War es doch so, daß die deutschen Siedler aus dem machtvollen Reiche der Hohenstaufen kamen und keineswegs als Abenteurer, sondern in einer bewußten, aufrechten und gläubigen Haltung dem Rufe der Przemysliden-Könige folgten, das Land rodeten und kultivierten. In nicht endenwollender Kette entstanden Städte, die nur von Deutschen bewohnt waren. Nach Nürnberger und Magdeburger Recht wurde gerichtet und geordnet. Dieses deutsche Recht hatte als obersten Grundsatz die freie Lebensgestaltung. An den Mauern der deutschen Städte endete das slawische Landrecht.

Als die Slawen erkannten, daß das deutsche Recht einen besonderen Anteil am Erblühen der Wirtschaft und Kultur hatte, waren sie bemüht, dieses Recht zu übernehmen.

Die böhmische Krone erhielten die Przemysliden nicht von den römischen, sondern von den deutschen Kaisern zum Lehen, so daß sie Lehenskönige des deutschen Volkes waren.

Die Herrscher im Mittelalter haben es sich nur zu oft geleistet, ganze Länder zu verpfänden, wenn sie mit ihrer Staatskasse in Not kamen. So wechselte auch das Egerland mehrmals seinen Besitzer.

Nach dem Tode des letzten Przemysliden 1306 übernahmen die deutschen Luxemburger das Erbe. Johann von Luxemburg ehelichte Wenzels Schwester Elisabeth. Unter ihm erstreckte sich die böhmische Krone über schlesische Fürstentümer, die durch den Zerfall der polnischen Piastenherrschaft frei wurden. Ihrer deutschen Weiterentwicklung stand nichts im Wege."

„Aber, Herr Professor, Ihre Ausführungen widerlegen die von Palacky aufgestellte Behauptung, daß es im 12. und 13. Jahrhundert keine Deutschen mehr im böhmisch-mährischen Raum gegeben hätte."

„Das ist nur so zu erklären, daß der tschechische Geschichtsschreiber Palacky die von seinem Volk gestellte Forderung mit einer konstruierten Geschichte untermauern wollte. Und dieses Zerrbild von Geschichte mußte natürlich auch an allen deutschen Schulen in der später geborenen tschechoslowakischen Republik gelehrt werden.

Im Jahre 1332 erreichte Johann von Luxemburg die pfandweise Überlassung des Egerlandes. Noch zu Lebzeiten des Vaters übernahm Kaiser Karl der Vierte am 11. Juli 1346 die deutsche Kaiserkrone und die böhmische Königskrone. Während seiner Regierungszeit sprach man vom goldenen Zeitalter. Prag wurde Reichshauptstadt.

Am 8. April 1348 gründete Kaiser Karl der Vierte die erste deutsche Universität in Prag, die Alma Mater Pragensis Germanica. Böhmen rangierte an der Spitze aller Fürstentümer. Der Kaiser war bestrebt, die aufblühenden Städte in den Welthandel einzubeziehen. Es entstanden monumentale Bauten, der Veitsdom von Peter Parler, die Karlsbrücke, das Grabmal Przemysls, die Theinkirche, das Karolinum und viele andere Bauten, die den kommenden Jahrhunderten ein beredtes Zeugnis deutscher Gestaltungskunst und genialen Geistes geben sollten.

Mit der Universitätsgründung in Prag wurden viele Magistri und Scholaren aus weiter Umgebung nach Böhmen gelenkt. Der Kaiser hatte vier Universitätsnationen geschaffen. Zwei deutsche, die sächsische und bayrische, und zwei überwiegend deutsche, die polnische, zu der alle die Schlesier zählten, und die böhmische, die alle Deutschen Böhmens und Mährens und die Deutschen der anderen Luxemburger Länder einschloß.

Nach dem Tode Karls des Vierten zerfiel das Reich. Durch die Spaltung der Tiara — Rom und Avignon — war es Johannes Hus möglich geworden, seine vom Engländer Wiclif übernommene und auf eine slawische Nationalkirche abgestellte Lehre zur fanatischen tschechisch-nationalen Kampfparole gegen die Kirche und das Deutschtum, das Rom treu blieb, zu gestalten.

Der älteste Sohn Kaiser Karls, Wenzel der Vierte, erhielt Deutschland, Böhmen und Schlesien, während das Land Mähren an den Neffen Karls des Vierten fiel. Der siebzehnjährige Wenzel der Vierte war nicht in der Lage, das Reich zusammenzuhalten. Überall begannen blutige Unruhen. Der Adel versuchte, die Vorherrschaft der Städte zu brechen. Alle kirchen- und deutschfeindlichen Kräfte scharten sich um Hus. Die theologischen, politischen und nationalen Gegensätze veranlaßten schließlich den jungen Wenzel zu einem folgenschweren Schritt. Mit dem Kuttenberger Dekret vom 18. Jänner 1409 hob er auf Anraten von Hus die Gleichberechtigung der vier Universitätsnationen auf und sprach der böhmischen Nation, als ‚der echten Erbin', drei Stimmen, den anderen drei Nationen nur eine Stimme zu.

Die meisten deutschen Magistri und Scholaren verließen auf diesen Gewaltakt hin Prag, wanderten nach Leipzig aus und gründeten dort 1409 die Leipziger Universität. Dadurch wurde auf der Prager Universität für die national und religiös verhetzten tschechischen Elemente der Weg frei. Die hussitische Bewegung fand in der verwaisten Prager Universität ihren besonderen Hort. Die einst christliche Weltuniversität von Prag sank zu einer hussitischen Landesuniversität herab.

Die deutschen Kurfürsten drangen auf Wenzel ein, zwischen den beiden Päpsten zu wählen, da die doppelten Anordnungen und Zehentzahlungen die Lage unerträglich machten. Der wankelmütige Wenzel erhoffte sich durch das von ihm vorgeschlagene Konzil von Pisa eine Entscheidung und versuchte, die Universität für sich zu gewinnen. Rektor Baltenhagen von der Universität berief eine Senatssitzung der Dozenten ein, um eine Entscheidung zwischen den beiden Päpsten herbeizuführen. Die drei deutschen Nationen traten für den römischen Papst Gregor den Zwölften ein. In seiner Verärgerung über diesen Universitätsbeschluß ließ sich Wenzel von Hus das Kuttenberger Dekret einreden. ‚Geht's nicht mit dem Gesetz, dann wird es eben geändert.'

Die deutschen Kurfürsten waren über das Prager Spiel empört. Kurzerhand setzten sie am 20. April 1400 Wenzel den Vierten als ‚Unnützen, Versäumlichen, Unachtbaren, Entgliederer und unwürdigen Handhaber des heiligen römischen Reiches' ab und wählten Ruprecht den Dritten von der Pfalz zum Nachfolger.

Das Kuttenberger Dekret mit dem geänderten Stimmrecht an der Universität veranlaßte die Straße, sich einzumengen. Es kam zu wiederholten Zwischenfällen. Der königliche Kanzler Nikolaus von Lobkowitz zwang den Rektor Baltenhagen zum Rücktritt und setzte mit bewaffnetem Gefolge den Hussiten Zdenko von Labaun als neuen Rektor ein.

Zu allen Zeiten und in allen Völkern hat es immer wieder Menschen gegeben, die in schweren und schicksalsentscheidenden Lagen ihre eigenen Vorteile vor die ihres Volkes setzten und so zu Verrätern an der Nation wurden.

Wenn man bedenkt, daß eine Königskrone wegen einer Universität zu Boden fiel, dann kann man begreifen, welche Bedeutung diese Prager deutsche Universität für den ganzen mitteleuropäischen Raum hatte.

Schließlich wurde ja dem wankelmütigen Wenzel schwer ums Herz, als die bedeutendsten Magistri und die meisten der Scholaren Prag verlassen hatten. Es waren ihrer vier Fünftel, die unter dem Steinhagel der Hussiten aus der Stadt gezogen waren. ‚Nach unserer Vertreibung habt ihr Platz, euch auszubreiten. Hoffentlich wird euch der Pelz nun nicht zu groß', so sprachen sie, wie Zeitgenossen berichten.

Schließlich gelang es, die einheitliche machtpolitische Linie wieder zu finden. Wenzels Bruder Sigismund nahm die Geschicke des umstrittenen Raumes in die Hand. Nach Hus' Tode setzten die religiösen Kämpfe mit gesteigerter Heftigkeit wieder ein. Sigismund versuchte, das Hussitentum niederzuhalten, um seine Länder dem Katholizismus zu erhalten. Die Hussiten führten ihren Kampf nicht nur gegen die katholische Kirche. Sie nützten diese Gelegenheit auch dazu aus, um dem Deutschtum im böhmisch-mährischen Raum einen schweren Schlag zu versetzen."

„1945 war den ‚Hussiten' der siegreiche Kampf bei Pankraz viel leichter gefallen, denn hinter ihnen standen die schützenden Bajonette einer Großmacht und vor ihnen eine wehrlose Menschenmenge."

„Laßt mich doch den Satz zu Ende reden. Wir sind noch nicht so weit."

„Wessen das Herz voll ist, des läuft der Mund über. Aber, bitte Herr Professor, fahren Sie fort."

„Also, an dem Ausgang der damaligen Kämpfe war der Adel mitbeteiligt. Er ging auch schließlich als der alleinige Beherrscher des Landes hervor. Zizka, der einäugige hussitische Heerführer, beglückte Südböhmen mit der ‚göttlichen' Wahrheit, überfiel die Stadt Pilsen und mordete in Komotau eine Unzahl deutscher Frauen und Kinder, denen er freien Abzug garantiert hatte."

„Gerade so war es im Mai 1945 im Prager Stadion, als man mehr als 20.000 deutschen Frauen und Kindern einen gesicherten Abzug versprochen hatte und diese wehrlosen Tausende dann einer rasenden tschechischen Menge auslieferte."

„Erst im Jahre 1436 wurde durch die sogenannten Kompaktakte in Iglau ein Religionsfriede geschlossen, der den Hussiten freie Religionsausübung bei Anerkennung des Königs Sigismund und Respektierung der römisch-katholischen Kirche zusicherte. 1437 starb der letzte männliche Luxemburger, Kaiser Sigismund. Unter diesem Herrschergeschlecht erlebte Böhmen seine höchste Blüte und seinen tiefsten Niedergang. Symbolisch dafür sind die Reichskleinodien, die unter Karl dem Vierten in edelsteingeschmückter Kapelle in Karlstein verwahrt und unter Sigismund an einen Nürnberger Händler verschachert wurden."

Die Erzählung des Professors erfuhr eine jähe Unterbrechung. Die sehr kurvenreiche Bahnstrecke hatte die Wagen und Menschen tüchtig durchgeschüttelt. In den überhöhten Kurven legten sich die Waggons immer wieder auf eine Seite, um dann im Auslauf der Kurve recht rücksichtslos auf die andere Seite zu fallen. Die Achsen kreischten in den schlecht geschmierten Lagern.

An der einen Wand des Waggons war ein ganzer Berg von Koffern, Kisten und Säcken aufgetürmt. Oben, in luftiger Höhe, thronte eine ältere Dame. Sie mußte vornübergebeugt sitzen, damit ihr Kopf mit dem schwarzen, zerzausten Kapotthütchen nicht bei jedem Ruck an der Decke anstieß. Ihre weißen, von dicken blauen Adern durchfurchten Hände umschlossen ängstlich eine große Reisetasche, auf die wahrscheinlich eine Tochter oder Enkelin „Gute Fahrt" gestickt hatte. Sie lauschte durch den Lärm der Fahrt hindurch den Worten des Professors, der so anregend erzählen konnte.

Plötzlich trat die Katastrophe ein. In einer jäh angefahrenen Kurve kam der Kofferberg ins Wanken. Erst polterten nur einige Gepäcksstücke herab, dann aber krachte der ganze Haufen zusammen. Die alte Dame stieß einen ängstlichen, spitzen Vogelschrei aus. Dann kam sie auch schon herabgesaust und landete mit lautem Krach zu Füßen des erschrockenen Professors. Die Reisetasche war ihr entglitten, hatte sich geöffnet und der Inhalt kollerte klirrend und berstend über den Boden.

Alle mußten das Lachen verbeißen, als sie die verstreuten Schätze betrachteten. Es waren tausend Nichtigkeiten, die von der Frau in der Panik des Aufbruches zusammengepackt worden waren. Eine Kaffeemühle, eine große Schachtel mit alten, bunten Ansichtskarten, die nun verstreut herumlagen, ein Kaffeetipfel mit der Goldaufschrift ‚Erinnerung an Karlsbad', Lockenwickler, ein zerbrochener altmodischer Spiegel und ein riesiger Bund Schlüssel, zu dem Haus, Türen und Schränke verloren waren.

Schluchzend begann sie unter Mithilfe aller die seltsamen Kostbarkeiten wieder einzusammeln. Auch der Professor bückte sich und hob eine Photographie auf.

Es war das Bild eines vielleicht dreißigjährigen Mannes in Leutnantsuniform, der mehrere Auszeichnungen an der Brust und den Narvikschild am Ärmel hatte.

„Mein einziger Sohn", flüsterte die alte Dame, als er ihr das Bild überreichte. „Er war Assessor beim Amtsgericht in Prag — vor Woronesch ist er gefallen", sie seufzte schwer, kramte den letzten Rest ihrer Habe in die Tasche und zog sich dann in eine gefahrlosere Ecke zurück.

Der Professor ließ sich in seinen Ausführungen nur kurz unterbrechen. Er fuhr fort:

„Da Herzog Albrecht der Fünfte von Österreich mit der luxemburgischen Erbtochter Elisabeth verheiratet war, wurde er nach dem Tode Sigismunds auch König von Böhmen und Ungarn. Nach Albrechts Tode bestieg der unmündige Ladislaus den Thron. Von 1452 an lag die Regentschaft in den Händen Georgs von

Podiebrad, der als Hussitenführer nach dem Tode des legitimen jugendlichen Herrschers König von Böhmen wurde.

Es ist nicht uninteressant, daß die radikale Richtung der Hussiten, Taboriten genannt, schon damals kommunistische Gütergemeinschaft forderte und die Absicht äußerte, alle Standesunterschiede aufzuheben und nationale, soziale und religiöse Forderungen zu verschmelzen.

Als Papst Pius der Zweite die Kompaktakten für ungültig erklärte, fühlte sich Georg von Podiebrad herausgefordert. Das unfreundliche Verhalten des Königs beantwortete der Papst im Jahre 1464 mit einer Aufforderung zu einer befristeten Rechtfertigung. Durch den frühzeitigen Tod des Papstes wurde jedoch das Verfahren eingestellt.

Es folgte eine friedlichere Zeit, die insbesonders für Zunftwesen und Handwerk eine Blüte bedeutete. Viele zu dieser Zeit gebaute Städte wurden durch die blutigen Kämpfe zwischen den Nachfolgern Georgs, nämlich dem Polen Wladislaw dem Zweiten und dem Ungarn Matthias Corvinus, zerstört. 1479 schloß man ein Abkommen, das bestimmte, daß nach dem Tode des einen der andere das gesamte Land erben solle.

Es war ein Glück, daß die deutschen Randgebiete Böhmens in den Streit im Landesinneren nicht unmittelbar einbezogen waren.

Matthias starb 1490, Wladislaw 1516. Den Königsthron bestieg Ludwig der Erste, dem es nicht gelang, die entstandenen Streitigkeiten zwischen Bürgertum und Adel zu beheben. Unter seiner Herrschaft kam es zu weiteren Städtegründungen in den deutschen Randgebieten. Es entstand Joachimsthal, das besonders Graf Schlick seine Entwicklung zu verdanken hat. Der Graf ordnete das Bergwesen, ließ die Silbergruben ausbauen und setzte den Taler von Joachimsthal in Kurs, der als Joachimstaler oder Schlicktaler besonders gerne in den Hansestädten gehandelt wurde. Dieser nordböhmische Joachimstaler wurde ein stiller, aber ehrenwerter Vorfahre des heute in aller Welt spielenden Dollars.

Weit mehr als das Geld waren es damals gesellschaftliche und wirtschaftliche Beziehungen, die immer mehr mit den benachbarten deutschen Ländern erstanden. So war es auch verständlich, daß Luther mit seiner Lehre in Böhmen bekannt wurde und zu Auseinandersetzungen auf religiösen Gebieten Anlaß gab. Nur die Türkengefahr verhinderte den Ausbruch religiöser Gegensätze.

Ludwig der Erste fiel in der Schlacht bei Mohács. Die Nachfolge des Königs wurde sehr schwer, da die Herrscherwahl von religiösen Gesichtspunkten beeinflußt wurde. Schließlich wurde der Habsburger Erzherzog Ferdinand einstimmig gewählt, da die schon zum Teil lutherisch eingestellten Böhmen annahmen, die Habsburger würden den religiösen Streitfragen toleranter gegenüberstehen als die Bayernherzoge.

Mit der Thronbesteigung Ferdinands, der sich seiner Geburt nach als Spanier fühlte, setzten die Auseinandersetzungen mit den Lutheranern verstärkt ein und man schreckte schließlich vor Folterungen und Todesurteilen nicht zurück.

Durch den Augsburger Religionsfrieden im Jahre 1555 wurde ein Kompromiß geschaffen, das die erbitterten Religionsstreitigkeiten der letzten Jahrzehnte vorübergehend beendigte. Die Prager Universität, die immer noch der Sitz der gemäßigten Hussiten (Utraquisten) war, konnte auch durch den Zuzug vereinzelter deutscher Studenten ihre alte Universalität nicht erreichen. Sie wurde vielmehr noch dadurch geschwächt, daß die Utraquisten die andere tschechische Sekte, die Böhmischen Brüder, unterdrückten.

Ferdinand berief zwölf deutsche Jesuiten nach Prag, die unter dem berühmten Pater Canisius 1556 in St. Clement an der Prager Brücke eine Akademie (Prager Clementinum) gründeten und der Carolina durch ihre neuartigen Lehrmethoden und durch ihre vielfache kulturelle und fürsorgliche Tätigkeit empfindlichen Abbruch taten. 1562 erhob Ferdinand das Clementinum zur Hochschule, die nun mit allen Geisteswaffen gegen die tschechisch gewordene Universität ihren Kampf antrat.

1564 folgte Maximilian der Zweite, Ferdinands Sohn, auf dem Thron. Während Maximilians Staatskassen stets leer waren und auf die Kredite der Fugger angewiesen waren, erreichte die sudetendeutsche Exportindustrie einen Weltruhm. Die nordböhmische Stadt Gablonz, der Sitz der sudetendeutschen Glasindustrie, zahlte allein an Steuern für den österreichischen Staat mehr als das ganze Land Dalmatien. Franzosen bezogen ihr Fensterglas aus Böhmen, arme Glasschleifer aus den Sudeten fertigten Thronsessel aus Glas, die indischen Maharadschas einen bequemen und festen Sitz gaben. Obwohl diese Schleifer nie über die Gebirgsgrenzen hinauskamen, hatte das von vortrefflichen Meistern geführte Handwerk in Farbe und Schliff schöpferische Höchstleistungen hervorgebracht.

Unter Rudolf dem Zweiten, der 1576 folgte, konnten die Jesuiten in ihrer weltmännischen Art, die von einem folgerichtigen Denken begleitet und von einem bedingungslosen Glauben geführt war, die Jugend gewinnen. Aber das weltabgewandte Verhalten Rudolfs erregte bei seinen Wiener Verwandten großes Ärgernis, so daß schließlich sein Bruder Matthias als Regent in Mähren eingesetzt wurde. Da die Einwohnerschaft Böhmens Rudolf die Treue hielt, erließ dieser 1609 den Majestätsbrief, der für Böhmen eine allgemeine Religionsfreiheit sicherte. 1612 starb Rudolf. Matthias wurde nun auch zum böhmischen Herrn. Er erkannte die im Majestätsbrief festgelegten Religionsfreiheiten nicht an und kümmerte sich sehr wenig um die wiedererwachten Religionsstreitigkeiten. Matthias' Verhalten wurde zum Anlaß, daß Graf Thurn mit einer Hundertschaft von Protestanten zur Prager Burg zog und nach einem Wortwechsel die kaiserlichen Räte Slawata und Martinitz mit ihrem Schreiber Fabrizius aus der Prager Burg in den tiefen Hirschgraben warf. Dieser Fenstersturz im Jahre 1618 war der Auftakt zu harten Auseinandersetzungen in Böhmen, die unter Ferdinand dem Zweiten zu einer organisierten Ausrottung aller Andersgläubigen führten.

In der Schlacht am Weißen Berge 1620 schlug Ferdinands Heerführer Tilly die Protestanten im Verein mit der ‚Liga' und dem protestantischen Kurfürsten von Sachsen.

Aus den langen Konfiskationslisten ist klar zu ersehen, daß die nun gegen die abtrünnigen Personen diktierten harten Maßnahmen in erster Linie den deutschen Adel und Bürgerstand betroffen haben. Der Kaiser ging sogar so weit, daß er damals Tschechen mit dem geraubten Besitz belehnte.

Unter Ferdinand wurde den Adeligen die freie Königswahl genommen und Böhmen wurde Erbland des Hauses Habsburg. Die vertriebenen Andersgläubigen fanden zum Großteil in der Gegend von Pirna, in Preußen und Holland Aufnahme. Die Gastländer sind mit ihren ‚Refugies' gut gefahren.

Der Prager Universitätsstreit wurde schließlich im Jahre 1654 durch die Vereinigung beider Universitäten zur ‚Karl-Ferdinands-Universität' beigelegt. Es wurde immer klarer, daß Blüte und Sicherheit, Wohlstand und Friede jeder Staatsform zuteil wird, die ihre Gesetzgebung in Freiheit und Wahrung der Menschenrechte verankert.

Doch dieses Ziel war noch lange nicht erreicht. Während der Aufstand in Böhmen zusammengebrochen war, loderte er in verstärktem Umfange in Deutschland auf. Als Ferdinand 1629 das Restitutionsedikt erließ, eilte König Gustav Adolf von Schweden den Protestanten zu Hilfe. Es war zur gleichen Zeit, da Ferdinands größter Feldherr, Wallenstein, auf dem Reichstag von Regensburg abgesetzt wurde. Gustav Adolf landete 1630 in Pommern und zog bereits 1631 in Prag ein. In dieser großen Bedrängnis rief Ferdinand den Herzog von Friedland abermals zu Hilfe. Dieser stampfte wie durch Wunder ein Heer aus dem Boden und schrieb lakonisch nach Wien: ‚Das Heer ist da, nun schickt einen Feldherrn.' So zwang er Ferdinand zu einer neuerlichen Bitte. 1632 trug Wallenstein bei Lützen über die ihres Führers beraubten Schweden den Sieg davon. Wallensteins Rüstkammern lagen in den Sudetengebieten. Er wußte um den hohen Stand des Handwerks Bescheid. So legte er einen Grundstock für die später hochentwickelte Industrie in den Sudetenländern. Da Wallensteins Macht sehr groß war und er in vorausschauender staatsmännischer Klugheit die Duldsamkeit jedem moralischen Druck vorzog, stellte er sich in einen grundsätzlichen Gegensatz zu Ferdinand, der weitere, selbst blutige Auseinandersetzungen in Religionsfragen für notwendig hielt. So kam es zum Äußersten, zur Ermordung Wallensteins. Vierzehn Jahre blutigen Kampfes und sinnloser Not waren noch notwendig, um die Geschichte des Dreißigjährigen Krieges zu erfüllen, der schließlich an Erschöpfung starb. Die Volkszahl sank von achtzehn auf sieben Millionen.

Der Westfälische Friede, 1648 zu Osnabrück geschlossen, brachte die Aufsplitterung des Kaiserreiches in souveräne Fürstentümer und einen überwältigenden Sieg des Katholizismus. Nutznießer des Friedens waren in erster Linie Frankreich und Schweden, die ‚Bürgschaft' für den Frieden übernahmen.

Ferdinand der Dritte, der Nachfolger auf dem Habsburgerthrone, hatte im Süden eine große Aufgabe zu erfüllen, den Schutz Europas, die Verteidigung des Abendlandes gegen die anstürmenden Türken. 1683 wurde das von den Türken belagerte Wien durch Karl von Lothringen mit Hilfe der Deutschen und Polen entsetzt. Ein Bündnis Frankreichs mit dem Sultan stellte Österreich vor schwere Aufgaben, die schließlich mit dem Ausbruch der spanischen Erbfolgekriege zu einem Zweifrontenkampf führten. 1717 zog Prinz Eugen siegreich in Belgrad ein. Er war seinem Grundsatze treu: ‚Alles läßt sich durch Standhaftigkeit und feste Entschlossenheit erreichen.'

In den Jahren 1658 bis 1740 hielten Leopold der Erste, Josef der Erste und Karl der Sechste ununterbrochenen Türkeneinfällen stand und erfüllten damit die ihnen gestellte abendländische Sendung.

Damals waren die Völker viel gescheiter als in unserer Generation. Alle westlichen Staaten entsandten unter der roten Flagge mit dem blauen Kreuz ihre Heere zum gemeinsamen Abwehrkampf gegen die anstürmenden Asiaten. Wer schickte 1945 Verbände gegen den Ansturm Asiens? Man war sich nicht bewußt, daß durch die Zerstreuung der Menschen und die Verschiebung der Länder die Ordnung des Abendlandes gefährdet werden müsse.

Im Lande selbst, besonders in Böhmen, verschlechterten sich die wirtschaftlichen Verhältnisse.

Prinz Eugen war nicht nur der bedeutendste Feldherr seiner Zeit, sondern auch ein tätiger Förderer von Kunst und Wissenschaft. Unter den bildenden Künsten war es vor allem die Baukunst, die eine ungeahnte Höhe erstieg. Erregte doch diese Ausdrucksform des menschlichen Denkens und Empfindens in keiner Weise die religiös noch sehr empfindlichen Gemüter. Von dem sudetendeutschen Balthasar Neumann — dem deutschen Michelangelo —, dem Grazer Fischer von Erlach, der Familie Dinzenhofer erstanden Dome und Paläste: die Czernin- und Kinskypalais, die Niklaskirche auf der Prager Kleinseite, die Dome zu Bamberg, Salzburg und Fulda.

1740 endet mit Karl dem Sechsten die männliche Habsburgerlinie. Mit vieler Mühe war es ihm gelungen, durch die Pragmatische Sanktion vom 19. April 1713 seiner Tochter Maria Theresia die Nachfolge zu sichern. Österreich wurde Kaiserreich. 1718 brachte der Friede von Passarowitz das Banat, Nordserbien und Westrumänien zu Österreich. Die Donaumonarchie erreichte damit ihre größte Ausdehnung.

Bei Karls Tode stellte die Kaiserin fest, daß ihr mit der Pragmatischen Sanktion nur ein Fetzen Papier vererbt worden war. Während ihr vom Westen her durch die bayrischen Wittelsbacher und vom Norden durch Friedrich August von Sachsen das Erbe streitig gemacht wurde, marschierte Friedrich der Große kurzerhand in Schlesien ein. Und Böhmen war wiederum Kriegsschauplatz. 1742 mußte Theresia im Frieden von Berlin auf Herzogtümer und Grafschaften in Böhmen verzichten. In ihrem Kampf gegen die Bayern blieb die Kaiserin siegreich und wandte sich dann wieder gegen Friedrich, um die verlorenen Gebiete zurückzuerobern. Aber diesmal kam Maria Theresia zu spät. Friedrich war schon unterwegs, drang am 16. September 1744 in Prag ein und besetzte ganz Böhmen, während sein General von der Marwitz Mähren wegnahm. Typhusseuchen in Prag und behinderter Nachschub veranlaßten Friedrich zum Rückzug. Die Kaiserin stieß mit ihren Truppen nach, mußte aber schließlich 1745 bei Hohenfriedberg eine Niederlage hinnehmen. Der Friede von Dresden brachte als einzigen Erfolg für die Kaiserin die Anerkennung ihres Gemahls als deutscher Kaiser.

Der aus einer mährischen Adelsfamilie stammende Graf Kaunitz brachte durch einen diplomatischen Schachzug eine Umstellung des europäischen Kräfteverhältnisses zustande. Seiner Diplomatie gelang es, einen Jahrhunderte dauernden Kampf zwischen Österreich und Frankreich zu beenden und überdies ein Bündnis mit Rußland zu erreichen. Aus diesem Kräfteverhältnis resultiert die Umstellung Englands zu Preußen.

Im Siebenjährigen Krieg von 1756 bis 1763 hielt Preußen allen seinen Gegnern auf kleinem Raume stand. Die Tapferkeit Friedrichs rief die Sympathie des neuen russischen Herrschers, des Zaren Peter des Dritten, hervor, der ihm ein Waffenstillstandsangebot machte. Darauf besiegte nun Friedrich in rascher Folge alle seine Gegner und übernahm im Frieden von Hubertusburg endgültig Schlesien in seinen Besitz. Goethe schloß sich den Bewunderern Friedrichs des Großen an und meinte: ‚Wir waren alle fritzisch gesinnt.‘ “

„Herr Professor, ist es richtig, daß Friedrich der Große von England Geldunterstützungen erhalten hatte?“

„Ja, Friedrich mußte dafür einen großen Teil französischer Truppen binden. Außerdem waren es deutsche Söldner, auch Schweizer, die England maßgeblich halfen, Indien und Kanada zu erobern. Im Frieden von 1763 kamen Kanada, Florida, das Land östlich des Mississippi sowie Vorderindien an England. Der damalige englische Premier William Pitt meinte: ‚Kanada und Indien sind auf den Schlachtfeldern Deutschlands erobert worden.‘ William Penn ging 1681 als englischer Siedler nach Amerika und gründete dort das Waldland, Pennsylvanien. Er rief 1683 dreizehn Krefelder Familien dorthin. Diese gründeten Deutschstadt. Weitere deutsche Siedler übernahmen mit Schotten und Iren den Schutz Neuenglands an der Indianergrenze, da die englischen Quäker, denen auch Penn angehörte, aus religiösen Gründen an

Kampfhandlungen aktiv nicht teilnahmen. Deutsche Siedler erhoben als erste Einspruch gegen Menschenschacher und Sklaverei. In deutschen Städten erschien die erste deutsche Zeitung Amerikas. Die erste Papiermühle und die erste Eisenhütte Amerikas wurden 1743 von Deutschen geschaffen. Die englischen Kolonien standen in geschäftlicher Abhängigkeit vom Mutterland. Rohstoffe mußten an England geliefert werden, Siedler durften keine eigenen Industrien entwickeln. Der Handel mußte sich ausschließlich auf englischen Schiffen abspielen. Die Aufbringung der Kriegskosten allerdings wurde den Kolonisten auferlegt.

Dagegen begannen sich die Siedler zu wehren. Am 4. Juli 1776 erklärten sie unter Führung der Deutschen (von 72 Unterschriften waren 48 deutsche Namen) ihre Unabhängigkeit von England. Während von den britischen Siedlern sehr viele ihrem König treu blieben, kämpften die Deutschen geschlossen für ein selbständiges Amerika.

Washington, der Führer des Kampfes, umgibt sich mit einer deutschen Leibgarde und ernennt den alten Stabsoffizier Friedrichs des Großen, Friedrich Wilhelm Steuben aus Magdeburg, zu seinem Militärberater. Der große Einfluß des deutschen Elementes bei der Gründung des amerikanischen Staates ergibt sich aus der geschichtlichen Tatsache, daß in Pennsylvanien bei der Parlamentsabstimmung über die Staatssprache zwischen den englischen und deutschen Abgeordneten Stimmengleichheit herrschte, die durch den deutschen Sprecher des Parlamentes zugunsten der englischen Sprache entschieden wurde. Die Siedler brachten aus ihrer alten Heimat einen lebensgrünen Zweig in die Neue Welt, aus dem der Wohlstand Amerikas erblühte.

Nach den langen Kampfjahren hat sich nun Maria Theresia dem sozialen Ausbau ihres Landes, besonders Böhmens, gewidmet. Planmäßig siedelte sie deutsche Bauern und Handwerker in Galizien, Ungarn, im Banat, in der Bukowina und im Buchenland an. Böhmens Betreuung lag ihr besonders am Herzen.

Dort betrug der bäuerliche Grund 4 Millionen Joch, der herrschaftliche 3 Millionen Joch. Adel und Kirche waren von allen regelmäßigen Steuern befreit, genossen bei den Gerichtstafeln besondere Vorrechte, hatten das Privileg, ihre Untergebenen mit Prügelstrafen und Freiheitsberaubung zur Robot anzuhalten. 1775 erließ nun Maria Theresia das Robotpatent, 1776 schaffte sie die Folter ab und setzte sich mit ihren sozialen Maßnahmen in argen Gegensatz zum Adel.

In der ganzen Zeit lag der Drang nach einem Freimachen des Menschen von allem Zwang. In die letzten Regierungsjahre Theresias flochten sich schon die aufklärenden Gedanken ihres Sohnes Josef, dessen oberster Grundsatz es war, allem die Vernunft voranzusetzen. Durch die Gründung einer k. k. vereinigten böhmisch-österreichischen Hofkanzlei in Prag wurde erstmalig eine einheitliche politische Innenverwaltung geschaffen.

Zur gleichen Zeit rief Katharina die Zweite von Rußland Bauern, Ärzte und Handwerker unter großen Versprechungen in ihr Land und teilte ihnen die mittlere und untere Wolga als Siedlungsgebiet zu. Sie hoffte, damit einen starken Schutzwall gegen andringende Mongolenstämme zu schaffen. 27.000 Menschen aus Schwaben und der Pfalz — die späteren Wolgadeutschen — folgten dem Rufe der russischen Kaiserin.

Im Jahre 1780 bestieg der vierzigjährige Josef der Zweite den Thron. Mit ihm setzte sich der zentral gesteuerte Absolutismus in den Reichsländern durch.

Der Wiener Hof mit seinem beschaulichen Tempo war über die rasche Durchführung aller so tief einschneidenden Neuerungen bestürzt. Josef der Zweite zwang die Jesuiten, die in der Öffentlichkeit eine betonte Stellung einnahmen, zur Aufgabe ihrer Machtposition. 1781 löste er die nur dem Gebete und der Betrachtung gewidmeten religiösen Orden auf. Es ist interessant, daß die Jesuiten und ein Großteil der aufgelösten Orden vom Preußenkönig aufgenommen wurden, der ihnen Schlesien zur Siedlung zuteilte.

Als Josef der Zweite die Zivilehe und Scheidung in seinen Ländern zuließ, reiste der Papst nach Wien (1782), um mit dem Kaiser das weitere Verhältnis zwischen Kirche und Staat zu besprechen. Dabei nannte ihn Papst Clemens der Vierzehnte den besten aller Katholiken, weil er von seiner besten Absicht überzeugt wurde.

Mit der Aufhebung der Leibeigenschaft im Jahre 1781 und mit dem Toleranzpatent von 1783 fand die duldsame Einstellung Josefs zum Menschen schlechthin ihren sichtbaren Ausdruck. Durch die Förderung zeitbedingter und schließlich unabwendbarer Neuerungen haben Josef von Österreich und Friedrich von Preußen ihren Ländern eine Französische Revolution erspart.

1784 ordnete Josef der Zweite als Unterrichtssprache an den Hochschulen statt Latein die deutsche Sprache an und trug damit einem alten Hörer- und Lehrerwunsch Rechnung. Mit der Schaffung des Bürgerlichen Gesetzbuches im Jahre 1786, das unter anderem die Steuerfreiheit von Adel und Kirche aufhob, brachte er im Lande eine weitere Entspannung. Sein Streben ging weiter dahin, über den nationalen Begriff den des Österreichers zu stellen. Während die deutschen Einwohner sich diesem Wunsche gerne unterordneten, waren es vor allem die slawischen Völker, die ihre ersten politischen Erfolge auf das Zuwiderhandeln gegen Josefs wohlabgezielten Wunsch begründeten.

Für das sudetendeutsche Handwerk und seinen Export eröffneten sich um die Jahrhundertwende, besonders durch die von Napoleon erlassene Kontinentalsperre, neue Absatzgebiete, die bisher von den Engländern beliefert waren.

Während der anhaltenden Bedrohung Österreichs und Preußens durch den großen Korsen sammelten sich in Prag Heinrich von Kleist, Freiherr vom Stein, Scharnhorst, Wilhelm von Braunschweig und der Geschichtsschreiber Dahlmann, die auf Metternichs Befehl zum Kampfe warteten. Napoleon ging inzwischen seinen Todesweg in Rußland. Halbzerfetzt und erfroren kamen aufgelöste Truppenteile nach Böhmen und gaben Kunde von der Niederlage Napoleons in Rußland.

Auf die langen Kriege mit den großen Verheerungen öffneten sich der Lebensfreude neue Wege. Nach der vieljährigen Wachsamkeit und Kampfbereitschaft, die Napoleons Angriffslust mit sich brachte, erschlossen sich die Menschen ein behagliches und friedliches Leben. Das westböhmische Bäderdreieck wurde zum Mittelpunkt erholungsbedürftiger und sich freuender Menschen. Unter den Kurgästen sah man den Geheimrat von Goethe, Beethoven, den siegreichen Marschall Blücher, Majestäten, Künstler und Soldaten.

In der 1815 zwischen Rußland, Preußen und Österreich geschlossenen heiligen Allianz, die man wohl als eine Vorläuferin der UNO ansprechen könnte, hatte Metternich Einblick in alle europäischen Fragen. Aber schon verkündeten verschiedene Verbote und Unterdrückungen kommende Ereignisse voraus. Waren doch ‚Nathan der Weise', ‚Faust', ‚Der zerbrochene Krug' usw. verboten und eine freie Entfaltung des Geisteslebens unter Zensur. Der neue, vorgeschriebene Lebensstil sollte die lockere, luftige, gefühlsreiche Biedermeierzeit zum Ausklang bringen. Ihr dichterischer Ausdruck war der Böhmerwäldler Adalbert Stifter.

Von diesem besinnlichen Selbstfinden machten insbesondere

auch die Tschechen Gebrauch. Herders ‚Cid' gab ihnen ein Beispiel dafür. Er glaubte mit ihnen an eine glanzvolle slawische Vergangenheit. Metternichs starre Politik, die jede Initiative lähmte und Zeitproblemen keine Rechnung trug, legte Stein um Stein auf die Barrikaden, die sich gegen ihn richten sollten. Mit dem Sturz des französischen Königs Ludwig Philipp (Februar 1848) war der Auftakt zur neuerlichen französischen Revolution und zugleich zur Auflehnung gegen alles Herrschende gegeben.

Unter den revolutionären Eiferern findet sich natürlich in erster Linie der Tscheche. Während die Sudetendeutschen aus einer selbstverständlichen Einordnung in den österreichischen Raum ohne separate Führung dastanden, verstanden es die Tschechen, ihre nationalen Forderungen auf Kosten der Sudetendeutschen zu erwirken: Der viel zitierte Ausspruch Palackys: ‚Wahrlich, existierte der österreichische Kaiserstaat nicht schon längst, man müßte im Interesse Europas, im Interesse der Humanität selbst sich beeilen, ihn zu schaffen', ist wohl ein Beweis dafür, daß Palacky die Interessen seines Volkes unter den Habsburgern gesichert sah. Mit dem allslawischen Kongreß in Prag wollten die Tschechen einerseits 1848 gegen die Nationalversammlung in Frankfurt aufspielen, andererseits versuchten sie während dieser allslawischen Tagung ihre politische Macht zu erweitern und die österreichische Staatsführung auf ein betont tschechisches Geleise zu bringen. Den diesen Wunsch begleitenden Straßenkämpfen und Aufständen setzte General Windischgrätz ein unerwartet rasches Ende. Zuerst fürchtete man am Hof, daß dieses unerschrockene Eingreifen des Generals die Tschechen verärgern könnte. Als aber der Hof vor den Aufständischen in Wien nach Olmütz ausweichen mußte, war man froh, daß Windischgrätz gegen Wien marschierte und auch dort mit gleicher Energie zur Ordnung rief. Den erst achtzehnjährigen Kaiser unterstützte als Ministerpräsident Windischgrätzs Schwager, Fürst Felix Schwarzenberg. Der Hof kam zurück nach Wien. Windischgrätz beschleunigte die Thronbesteigung Kaiser Franz Josefs, des Neffen Ferdinands III.

Der neugebildete Wiener Reichstag zählte Abgeordnete aller Länder und Nationen zu seinen Mitgliedern. Der fünfundzwanzigjährige Abgeordnete Hans Kudlich setzte das Werk Josefs II. fort und brachte einen Antrag zur Aufhebung der Leibeigenschaft ein, der verständnisvoll in kurzer Zeit Rechtskraft erhielt.

Nach Schwarzenbergs Tod bestieg Alexander Bach den verwaisten Ministersessel. Er hatte seine ganze Kraft auf die Niederschlagung des ungarischen Aufstandes zu konzentrieren. Mit Hilfe russischer Heere schlug er schließlich die Ungarn und schickte ihnen die sogenannten Bach-Husaren, die sich aus minderwertigen Tschechen rekrutierten, in die politische Verwaltung ihres Landes. Die Ungarn lernten diese Tschechen kennen und verachten.

Eine ähnlich ungeschickte Behandlung erfuhren die Oberitaliener, denen Napoleon III. das Rückgrat stärkte. Im falschen Vertrauen auf die Vasallenpflicht Preußens, die im Frieden von Olmütz erzwungen wurde, ließ sich Franz Josef zu einer Kriegserklärung an die verbündeten Italiener und Franzosen hinreißen. In der Schlacht bei Solferino, wo auch viele Sudetendeutsche verbluteten, wurden die Österreicher geschlagen. Die Lombardei und Venetien gingen verloren. Nach dem Tode Friedrich Wilhelms wurde Otto von Bismarck preußischer Staatsminister, der dem Schicksal nicht in die Arme fiel, sondern in aller Stille mit seinem aufgefrischten Heer die Geschicke an sich herankommen ließ. Nach einem gemeinsamen Waffengang in Schleswig-Holstein gegen die Dänen brachen Streitigkeiten über den Ländergewinn aus, die schließlich zur Kriegserklärung Österreichs an Preußen führten. Die für Preußen siegreichen Schlachten wurden im böhmisch-mährischen Raume geschlagen. Der folgende Friedensvertrag brachte den Preußen volle Souveränität im Norden. Österreich mußte aus dem Deutschen Bund ausscheiden und verlor jeden Einfluß auf deutsche Belange.

Während König Wilhelm I. Ansprüche auf Nordböhmen erhob, wußte sich sein verantwortlicher Minister mit dem großen politischen Gewinn zu bescheiden. Mit kritischem Blick stellte Bismarck bei den Sudetendeutschen einen ausgesprochen österreichischen Patriotismus fest, der ihn wohl bei dem Verzicht auf Nordböhmen entscheidend beeinflußte.

Durch den Nikolsburger Vertrag wurde Österreich in eine schwere innerpolitische Krise gebracht, die von den Tschechen bewußt für ihre Autonomiebestrebungen ausgenützt wurde. Am gleichen Tage der Unterzeichnung des Friedensvertrages reisten auch die beiden Tschechenführer Palacky und Rieger zum Wiener Hof, um ihre Forderungen anzumelden. Palacky reifte an Herders Beispiel und versuchte mit aller Gewalt, einen tschechischen Volkstumsbegriff zu konstruieren, um für sein Volk eine geschichtliche Tradition zu finden und ein Volkstumsprogramm aufstellen zu können. Die in Königinhof und Grünberg aufgefundenen alten

Handschriften tschechischer Heldenlieder kamen ihm wie gewünscht. Sie wurden das Fundament seiner durch eine hussitisch geschliffene Brille dozierten Geschichtsauffassung, die heute noch trotz aller einwandfreien Gegenbeweise — ‚alte Kirchenbücher beweisen es doch auch!' — den damals gepflanzten haßerfüllten Chauvinismus untermalt.

Beide Handschriften sind plumpe Fälschungen Hankas und Lindas und wurden als solche auch von den tschechischen Geschichtsschreibern Goll und Pekar bezeichnet. Begreiflich ist, daß das tschechische Volk viel lieber den ihnen einen große Geschichte vorgaukelnden Handschriften als ihren Bekämpfern glaubte. Palacky ging dann sogar so weit in seiner Behauptung, daß es im böhmisch-mährischen Raum vom 11. bis zum 13. Jahrhundert angeblich keine Deutschen gab, es sei denn, sie wären als Gäste gekommen. Demgegenüber geht aus verschiedenen ‚Urbaren' (=Urkunden über Urbarmachung), so z. B. aus der Nikolsburger Urbare hervor, daß die Bevölkerung dieser Gebiete in der angezweifelten Zeit rein deutsch war. Palackys Geschichtsverdrehung wurde später vom Geschichtsphilosophen Thomas Masaryk — wir sprechen noch an anderer Stelle darüber — übernommen und nach der humanitären Seite hin weiterentwickelt. Interessant bleibt, daß schon zu Palackys Zeit Mütterchen Rußland zur allslawischen Patenschaft aufgerufen wurde.

1868 gingen die Tschechen dem Wiener Hof gegenüber so weit, daß sie in einer Deklaration ihr Glaubensbekenntnis und ihren selbständigen Staat in einer ‚Real-Union' verlangten. Vorsichtig wurden in allen Phasen die nationalen Grenzgebiete abgetastet und eventuelle Stellen geringeren Widerstandes von den Tschechen zum Einbruch benutzt. Die anerkannte Gleichwertigkeit der deutschen und der tschechischen Sprache an der Prager Universität mußte die Tschechen ermutigen, 1880 beim Wiener Hof die Forderung auf Aufhebung der deutschen Staatssprache in Böhmen-Mähren durchzusetzen. Nach der tschechischen Mehrheit im Prager Landtag war mit einem weiteren Einbruch der Tschechen in die Prager Universitätsrechte zu rechnen. Um endlich im eigenen Hause unbehelligt zu sein, wurde auch deutscherseits die Teilung der Prager Universität im Jahre 1882 begrüßt. Die beiden gleichberechtigten Universitäten bestanden in dieser Kompromißlösung bis 1920.

Der Bevölkerungsstand der Habsburgermonarchie betrug um die Jahrhundertwende 50 Millionen Einwohner, auf einer Fläche von 670.000 Quadratkilometer. Der Fläche nach stand Österreich-Ungarn an zweiter, der Bevölkerungszahl nach an dritter Stelle Europas.

Nicht weniger als zwölf Nationen gewährte Österreich durch Jahrhunderte sicheren Schutz und wirtschaftliches Gedeihen.

Die Dezemberverfassung 1867, die den Dualismus Österreich-Ungarn brachte, war der Keim für die spätere Zerschlagung der Monarchie. Damals begannen sich Österreichs Nationen in zwei großen Lagern zu sammeln. Auf der einen Seite die Deutschen, Italiener, Ungarn und Polen, auf der anderen die mit geringeren Rechten ausgestatteten Tschechen, Slowenen, Ruthenen und Rumänen.

Um die Jahrhundertwende bekannten die Tschechen auch öffentlich ihre bislang mehr als Untergrundbewegung getarnten Freiheitsbestrebungen durch die Bildung von nationalen Vereinen (Sokol), von wirtschaftlichen Institutionen (Sparkassen, Genossenschaften usw.) und Schaffung eines tschechischen Beamtenapparates. Während der Palacky-Feier im Juni 1898 rief der russische General Komarow in seiner Festrede in die tschechische Menge: ‚Schlagt ihn, den gemeinsamen Feind! Werft sie, die Deutschen, bis dorthin zurück, woher sie kamen!'

Diese auf freier Straße und ungestraft ins Volk geworfenen Worte bestätigten nur, daß die Tschechen in ihrer nationalen Entwicklung durch die kaiserlichen Statthalter nicht behindert waren, und sind überdies ein Beweis dafür, daß Rußland schon damals seine Hände nach den slawischen Völkern der Monarchie ausstreckte.

Klug haben die Tschechen durch Verschickung ihrer Kinder ins deutsche Gebiet schon damals begonnen, Sprache und Arbeitsweise, Sitte und Brauch der Sudetendeutschen kennenzulernen, um dann in ihr Gebiet Eingang zu finden, Minderheiten zu gründen und schließlich eine Vormachtstellung im deutschen Gebiet anzustreben.

Der wankelmütige Statthalter Fürst Thun trägt die Hauptschuld, daß es den Tschechen glückte, ein Staat im Staate zu sein. Der Kaiser äußerte sich einmal über seinen Statthalter: ‚Wenn ich hie und da mit Dr. Kramar sprach, hatte ich es gleich weg, was man für die Tschechen tun könnte und sollte. Beriet ich mich aber darüber mit dem Fürsten Thun, so kannte ich mich dann nicht mehr aus. Er ist bald dafür, bald dagegen und meint zum Schlusse immer, man müsse alles beim alten lassen (wie es die Tschechen wünschen). Das ist seiner Weisheit letzter Sinn. Was wird dabei herauskommen?'

Der Kaiser war durch viele Schicksalsschläge in seiner Familie mutlos und in seiner Nachgiebigkeit von schlechten Ratgebern bestärkt. Ungelöste Nationalitätenkämpfe, das Streben nach Demokratisierung der Verfassung und schwierige außenpolitische Verhältnisse ließen den alternden Monarchen die nahende Katastrophe wohl erahnen, aber nicht mehr abwehren.

Der österreichische Thronfolger Erzherzog Franz Ferdinand von Österreich-Este und seine Gemahlin Sophie, Herzogin von Hohenberg, wurden die ersten Blutzeugen des angebrochenen Völkermordens. Wien sandte an Belgrad ein scharf gehaltenes Ultimatum. Die Serben kamen wegen der Verzögerung durch ihre Anfrage um Rückendeckung in Petersburg und der inzwischen erfolgten Kriegserklärung gar nicht zur Beantwortung. Zur unmittelbaren Kriegserklärung an Serbien wurde der noch immer zögernde Kaiser durch einen bewußt vorgetäuschten Bericht des Grafen Berchthold bewogen, in dem bereits stattgefundene Einfälle serbischer Truppen in bosnisches Territorium erlogen waren. Es ist wesentlich, zu wissen, daß Deutschland von Österreich vor fertige Tatsachen gestellt wurde und keineswegs die unmittelbare Veranlassung zur Kriegserklärung bot, wenn es auch, seiner Bündnispflicht entsprechend, auf die Gefahren eines Krieges aufmerksam gemacht hatte und Wien verhielt, sich für diesen Fall ordentlich zu rüsten.

Die slawischen Völker in der Monarchie waren sich bewußt, daß mit einem Siege der vereinten österreichischen-deutschen Heere für sie eine nationale und politische Katastrophe hereinbrechen würde. Diese Überlegung ließ sie zum Verräter an der österreichisch-ungarischen Monarchie werden.

So waren die Tschechen vom ersten Tage des Weltkrieges an auf Seiten der Feinde.

Während Masaryk, Benesch und Kramar in Wort und Schrift überall in den Feindstaaten im österreichfeindlichen Sinne arbeiteten, liefen tschechische Soldaten der k. u. k. Armee geschlossen zum Feinde über, an ihrer Spitze das Prager Hausregiment Nr. 28. Aller Ziel war die Zertrümmerung der österreichisch-ungarischen Monarchie und die Errichtung eines selbständigen Staates. Dafür hatten die ausländischen Mächte leider sehr viel Verständnis.

Letzten Endes war es die Schwäche der Regierenden, die schon seit Jahren dem Nationalitätenkampf in Österreich lässig freien Lauf ließ und außer der Hofetikette und vielen Kaiserbildern den Völkern der Monarchie kein konstruktives Programm für die Zukunft zu geben hatte."

„Herr Professor, Sie sind ein sehr strenger Kritiker."

„Ja, solange ich mich an Tatsachen halte, kann ich auch über hohe Herren sprechen.

Daß Österreich im Schnittpunkt der politischen Kraftlinien lag, hätte Kraft genug geben müssen, um nach den ersten Erfolgen im Weltkriege sich zu einem Waffenstillstandsangebot zu entschließen und damit im tätigen Sinne abendländischer Kultur das Gleichgewicht Europas zu retten.

Der amerikanische Militärattaché Briggs sah weiter als die unmittelbar Eingeweihten und äußerte sich freimütig:

‚Sehen denn die Österreicher nicht, daß die Russen eine neue große Armee ausgehoben haben und versammeln, um noch einen endgültigen, entscheidenden Schlag zu versuchen? Wenn man diesen erfolgreich abwehren kann, ist der Friede mit Rußland da. Jetzt müssen die Österreicher ihr Möglichstes tun, um die Russen zurückzuschlagen, und dürfen an nichts anderes denken. Statt dessen plagen sie sich mit Italien!'

Diese Besorgnis fand bald ihre Bestätigung. Russische Truppen drangen in Wolhynien ein, rissen die Front breit auf und schnitten die überseeischen Versorgungslinien ab, zumal sich ihnen die Rumänen anschlossen. Als der greise Monarch davon hörte, sprach er den ganzen Ernst der Lage aus: ‚Jetzt bin ich am Ende meiner Kräfte! Was habe ich noch zu erwarten? Vor 60 Jahren war ich der mächtigste Herrscher in Mitteleuropa und jetzt werde ich vielleicht in meinem Reich keinen Winkel finden, wo ich mein müdes Haupt, meinen siechen Leib zur Ruhe legen kann.' Die Versorgung der Bevölkerung wurde immer schwerer. Tschechen und Ungarn hielten ihre Agrarprodukte zurück, während die englische Blockade die Not ins Unerträgliche steigen ließ.

Mit dem Tode Kaiser Franz Josefs I. am 21. November 1916, einem von den Verrätern und Deserteuren schon lange erwarteten Zeitpunkt, wirbelten alle Nationalitätenprobleme von neuem auf. Dazu kam noch, daß sich auch im deutschen Lager die Ansichten für und wider den kriegsbedingten Absolutismus scharf gegenüberstanden. Die tschechischen Überläufer wurden von den schon rechtzeitig ins Ausland emigrierten Politikern zu Legionen zusammengefaßt, die Seite an Seite mit den Feinden gegen

Österreich kämpften. In dieser leidschweren Zeit trat Kaiser Karl ein Erbe an, das, menschlich gesehen, auch bei geschicktester Führung nicht mehr erhalten werden konnte. Dadurch, daß er oft gezwungen war, seine Befehle im Handumdrehen zu ändern, und auf verschiedenste Einflüsse Rücksicht nahm, wurde die schon erschütterte Disziplin noch mehr untergraben.

Die Friedensversuche Karls wurden von seinen Militärs bekämpft. Seine zerfahrene Personalpolitik verschuldete, daß die fähigsten Köpfe nicht oder — wie der Fall Tisza beweist — gegen ihn zum Zuge kamen. Engländer, Franzosen und Amerikaner trafen zur Verstärkung der italienischen Armeen ein. Am 27. Oktober 1918 gelang es den Engländern, an der Stelle des geringsten Widerstandes, das heißt dort, wo tschechische und slowakische Regimenter an der Piave standen, die Front einzudrücken und das österreichische Heer vernichtend zu schlagen.

In der Nacht vom 3. zum 4. Oktober hatten die deutsche, die österreichisch-ungarische und die türkische Regierung dem Präsidenten der USA, Woodrow Wilson, die Bitte um Einleitung von Friedensverhandlungen überreicht.

Aus verschiedenen Geschichtswerken habe ich in den bangen Wochen vor meiner Aussiedlung alle für unsere augenblickliche rechtlose Lage wichtigen Erklärungen und Vereinbarungen der Mächtigen herausgezogen. Ich bin glücklich, diese Aufzeichnungen trotz schärfster Kontrolle in meiner Aktentasche herübergerettet zu haben. Vielleicht gelingt es uns doch einmal, unsere Rechtsansprüche irgendwo anzumelden."

Schon kramte der Professor in seinen paar Habseligkeiten herum und zog liebevoll ein Bündel mit verschiedenen Texten hervor. Umständlich putzte er seine Brille und begann in seinen Skripten zu lesen:

„Schon beim Kriegseintritt Amerikas erklärte Wilson: ‚Wir freuen uns ... zu kämpfen für den endgültigen Frieden in der Welt und für die Befreiung der Völker, das deutsche Volk miteingeschlossen; für die Rechte der Nationen, groß und klein, für das Privileg der Menschen allüberall, ihren Weg des Lebens und des Gehorsams zu wählen. Die Welt muß für die Demokratie gesichert werden. Ihr Friede muß auf den erprobten Grundlagen politischer Freiheit errichtet werden. Wir dienen nicht selbstischen Zielen. Wir streben nicht nach Eroberungen oder Vorherrschaft. Wir verlangen für uns keine Schadloshaltung, keine materielle Kompensation für die Opfer, die wir freiwillig bringen. Wir sind nur einer der Champions der Menschenrechte. Wir sind zufrieden, wenn diese Rechte so gesichert sind, als sie das Vertrauen und die Freiheit der Völker machen kann.' So gesprochen vor dem Kongreß am 2. April 1917.

Es soll hier nicht untersucht werden, ob diese Worte aus ehrlicher Überzeugung stammen oder lediglich die übliche Phraseologie wiederholen, mit der Völker in einen Krieg gelogen werden. Grundsätzliche Erklärungen Wilsons im Verlaufe des Krieges sprechen für erstere Anschauung.

In der berühmt gewordenen Rede Wilsons über die ‚Vier Grundsätze' erklärte er am 11. Februar 1918 vor dem amerikanischen Kongreß:

‚Bevölkerungen und Gebiete dürfen nicht von Souveränität zu Souveränität verschachert werden, als wären sie Güter oder Figuren in einem Spiel und sei es auch das große Spiel des Gleichgewichtes der Kräfte, das heute für immer diskreditiert ist. Es muß vielmehr jede Gebietsregelung im Gefolge dieses Krieges im Interesse und zum Segen der betreffenden Bevölkerung erfolgen, nicht lediglich als Teil einer Regelung oder als Kompromiß mit den Forderungen rivalisierender Staaten. Alle wohlbegründeten nationalen Ansprüche sollen weitmöglichst befriedigt werden, ohne Einführung neuer oder Verewigung alter Elemente der Zwietracht und des Antagonismus, die voraussichtlich im Laufe der Zeit den Frieden Europas und damit der Welt brechen würde.'

Die am 8. Jänner 1918 bekanntgegebenen 14 Punkte Wilsons wurden angenommen. Sie enthielten unter anderem die Forderung nach einer Berichtigung der italienischen Grenze ‚nach dem klar erkennbaren nationalen Besitzstand', ferner die Forderung nach autonomer Entwicklung der Völker Österreich-Ungarns, nach Räumung Rumäniens, Serbiens und Montenegros und Herstellung eines unabhängigen polnischen Staates, beschränkt auf Gebiete mit unzweifelhaft polnischen Einwohnern.

Der Kernpunkt der Wilsonschen Punktierung, die in laufenden Vertragsbrüchen übergangen wurde, war das Recht aller Völker auf freie Selbstbestimmung.

Wilson ging in die Geschichte ein als ein Mann, der wohl Gesetze erließ, sich aber um deren Durchführung nicht kümmerte. Seine 14 Punkte blieben der Köder für eine freie Unterwerfung und wurden zu einer Falle, in der auch die Sieger und Besiegten des Zweiten Weltkrieges hängen.

Am 27. September 1918 ergänzte Wilson seine proklamierten Grundsätze: ‚1. Unparteiische Gerechtigkeit darf in der Anwendung keinen Unterschied machen zwischen solchen, denen gegenüber wir gerecht, und anderen, denen gegenüber wir nicht gerecht sein wollen. Es muß eine Gerechtigkeit sein, die keine Günstlinge kennt und keinen anderen Maßstab als den gleicher Rechte für alle in Frage kommenden Völker.

2. Kein Sonderinteresse eines Volkes oder einer Völkergruppe kann zur Grundlage irgendeines Teiles der Regelung gemacht werden, das nicht mit dem gemeinsamen Interesse aller in Einklang steht.‘

Wilson hatte zu dieser Zeit wohl seine Pappenheimer gekannt. Er sagte nämlich zu seinem Begleiter auf dem Wege zur Kundgebung im Kongreß: ‚Sie (die Alliierten) werden diese Rede nicht gerne hören, denn sie enthält manches, was den Imperialisten in England, Frankreich und Italien nicht gefällt. Die Welt muß überzeugt werden, daß wir keine Günstlinge fördern und daß Amerika seinen eigenen Plan für die Weltordnung hat, einen Plan, der nicht den Keim eines anderen Krieges in sich trägt. Was ich jetzt, da das Ende unvermeidlich scheint, sehr befürchte, ist, daß wir zurückfallen in die alten Tage der Bündnisse und des Welttrustes und der Länderräuberei. Wir müssen darauf sehen, daß nicht ein neues Elsaß-Lothringen entsteht, und daß der Friede ein dauernder, bleibender werde. Wir müssen es nun jedermann klarmachen, daß unsere Ziele und Absichten nicht selbstisch sind. Um das zu tun und um die richtige Wirkung zu erzielen, müssen wir mit Freund und Feind brutal offen sein.‘

Kurz vor der Fahrt zur Pariser Friedenskonferenz sagte Wilson: ‚Nun, Tumulty, diese Fahrt endet entweder mit dem größten Erfolg oder der erschütterndsten Tragödie der ganzen Geschichte.‘ Er fügte die bezeichnenden Worte bei: ‚Aber ich glaube an eine göttliche Vorsehung. Hätte ich diesen Glauben nicht, ich müßte verrückt werden. Würde ich annehmen, daß die Fragen dieser Welt in Unordnung von unserer begrenzten Intelligenz abhängen, ich wüßte nicht, wie die Vernunft einen Weg zur Gesundung finden könnte. Es ist meine Überzeugung, daß keine menschliche Körperschaft, so sehr sie ihre Macht und ihren Einfluß zusammenspielen läßt, diesen großen Weltplan besiegen kann, der schließlich und endlich der Plan göttlicher Barmherzigkeit, des Friedens und des guten Willens ist.‘ — Zu

Mr. Creel, der ihn auf der Europafahrt begleiten sollte, sagte er: ‚Die ganze Welt wendet sich heute an Amerika, nicht allein mit allem Unrecht, sondern mit Hoffnungen und Beschwerden. Die Hungrigen erwarten, daß wir sie speisen, die Heimatlosen schauen aus nach Unterkunft, die Kranken an Leib und Seele erwarten von uns Heilung. Und alle diese Erwartungen sind dringend. Sie dulden keinen Aufschub. Es war immer so. Völker ertragen jahrelang Tyrannen, aber sie reißen die Befreier in Stücke, wenn nicht sofort ein Millenium kommt. Aber Sie und ich wissen, daß altes Unrecht und die gegenwärtige Unzufriedenheit nicht über Nacht oder mit einer Handbewegung geändert werden können. Ich glaube — und hoffe aus ganzem Herzen, daß ich unrecht habe, eine Tragödie der Enttäuschung zu sehen.‘ Das stammt auch aus Tumulty, Seite 335/336.

Wilsons Hoffnung hat sich nicht erfüllt. Die große Tragödie begann mit den Verträgen von Versailles und St.-Germain, die den Grundsätzen Wilsons hohnsprachen.

Die tragischeste Torheit“, so fuhr der Professor fort, „war jedenfalls die Zerschlagung Österreich-Ungarns, dieser wirtschaftlichen, politischen und kulturellen Einheit, die man mit Recht ‚Europa im kleinen‘ nannte. Die Südslawen lösten sich aus dem österreichisch-ungarischen Staatsverband und schufen ihren eigenen vielnationalen Staat. Am 28. Oktober 1918 riefen die Tschechen in Prag ihren ‚Nationalstaat‘ aus. Unter Berufung auf Wilsons Punkte erklärten am nächsten Tage, am 29. Oktober 1918, die sudetendeutschen Abgeordneten das Sudetenland als eine autonome Provinz Österreichs. Schon bei der Überreichung des Waffenstillstandsangebotes an Österreich wurde von den Alliierten den Tschechen und Südslawen die volle Unabhängigkeit gewährt und damit die Auflösung der Monarchie durch die Siegermächte ohne Abstimmung und ohne jede Selbstbestimmung festgelegt.

Man versuchte, sich zu entschuldigen: ‚Österreich-Ungarn lag bereits in Trümmern, ehe die Feindseligkeiten an der Westfront zu Ende kamen... Wir brauchten es nicht zerstören, wir hatten uns vielmehr unter höchst schwierigen Umständen mit den Problemen zu befassen, die bei seinem spontanen Zerfall übrig blieben. Hätten wir es wieder aufrichten wollen, wir hätten es nicht tun können, nicht einmal im November 1918, auf dem Gipfel unserer Macht und Autorität.‘ Soweit Lord Lloyd.“

„Aber mit sehr großen nationalen Schwierigkeiten hatte doch Österreich immer zu kämpfen!“

„Gewiß gab es Spannungen im alten Österreich, wie in jedem vielnationalen Lande, auch manche Verständnislosigkeit gegenüber den Problemen. Das war und ist nicht nur in Österreich so. In Amerika ist Englisch ganz selbstverständlich die Staatssprache, genau so wie in Österreich Deutsch. Jeder Einwanderer hat sich dem anzupassen. Polen, Tschechen, Slowaken, Ungarn, Franzosen pflegen daneben in den USA ihre Muttersprache, im Gegensatz zu den Deutschen, die in der zweiten Generation fast ausnahmslos ihre Sprache und ihre Beziehungen zum Muttervolke aufgeben. Niemand kommt auf die irrsinnige Idee, deshalb Amerika in Nationalstaaten aufzulösen.

Die Alliierten haben offene Hochverräter, wie Masaryk und Benesch, unterstützt, österreichische Völker als Bundesgenossen im Kampf gegen ihren Staat anerkannt und nach dem Kriege als ‚Sieger' behandelt. Wilsons Selbstbestimmungsrecht lieferte den letzten Sprengstoff. Trotzdem gab es auch bei Kriegsende noch viele österreichische Patrioten, nicht zuletzt unter den Tschechen, die sich keineswegs ‚unterdrückt' fühlten. Der beste Beweis, daß auch jedem Tschechen die uneingeschränkte Entwicklung in tolerantester Weise möglich war, ist durch den späteren Präsidenten der Tschechoslowakei selbst gegeben. Als Sohn eines slowakischen Kutschers brachte es Masaryk bis zum Universitätsprofessor in Wien.

Weitreichende Reformpläne innerhalb Österreichs, wie man auch bei einem Manne nachlesen kann, der sich zum bittersten Hasser alles Deutschen entwickelte, Fr. Wilhelm Förster (Europa und die Deutsche Frage, Luzern 1937, S. 225), fanden ihren Höhepunkt in einem Manifest, das Kaiser Karl noch vor der Annahme der Wilsonschen Punkte als Grundlage der Friedensverhandlungen erließ. In diesem Manifest wollte Karl allen Nationen volle Freiheit und staatliche Selbständigkeit zusichern. Daraufhin versammelten sich in Wien freigewählte Abgeordnete aller deutschsprachigen Länder des alten Österreich, legten die Grenzen der deutschsprachigen Teile Österreichs fest und beschlossen, als Deutschösterreichisches Bundesparlament zu fungieren. Die Sudetengebiete und deutschen Sprachinseln in Böhmen und Mähren waren in dieses deutsch-österreichisches Territorium mit einbezogen. All diesen Rettungsmaßnahmen stand nur der gute Wille zur Verfügung. Während sich die Tschechen, Slowenen, Ruthenen, Polen und Italiener der besonderen Gunst der Sieger wegen ihrer ‚braven Haltung' während des Krieges erfreuten, behandelten die Sieger das amputierte Österreich so, als wäre es noch ein Reich von 50 Millionen Einwohnern. Italien dehnte seine Grenzen bis weit über den Brenner aus, in Südkärnten und in der Südsteiermark fielen die Slowenen ein, tschechische Legionäre besetzten zunächst das Elbetal und teilten die neuerrichtete Provinz Deutschböhmen.

Die deutschen Minderheiten in Ungarn und Rumänien schlossen sich zusammen und kämpften um ihre Rechte. Der erste Sloweneneinfall wurde von den Kärntnern mit Gewalt zurückgewiesen. Als dann reguläre serbische Truppen, unter Bruch des Waffenstillstandsabkommens zum zweitenmal in Kärnten einfielen, mußten sich die Freiheitskämpfer einem Wiener Regierungsbefehle fügen und der Gewalt weichen. Mit ihrer Haltung aber hatten sie sich die spätere Volksabstimmung erkämpft.

Das Selbstbestimmungsrecht, das man den slawischen Nationen so großzügig einräumte, wurde den deutschen ‚Minderheiten' verweigert. Ich setze ‚Minderheiten' in Anführungszeichen, weil schon in dem Wort ‚Minderheit' irgendwie eine Verletzung gottgegebener Rechte liegt. Recht kann nicht davon abhängig gemacht sein, ob ich zu einer Mehrheit oder Minderheit gehöre. Mehrheit kann aus sich nicht Recht schaffen, so wenig wie Gewalt oder Sieg im Kriege. Jedes sittliche Recht muß mit dem Naturgesetz, also letzten Endes mit dem Willen Gottes harmonieren. Bei vielen der sogenannten ‚Minderheiten' handelt es sich nicht einmal um Minderheiten. So sind z. B. die Sudetendeutschen mit 3½ Millionen zahlenmäßig Dänemark, Finnland, Irland, Norwegen oder der Schweiz gleichbedeutend, Ländern, deren Eigenstaatlichkeit niemand bestreitet. 36 von den 48 Staaten Amerikas liegen weit unter dieser Bevölkerungsziffer. Wenn man gar bedenkt, daß der sudetendeutschen ‚Minderheit' nur 7 Millionen tschechisches ‚Staatsvolk' gegenüberstand und dazu noch die Slowaken mit ihren 2,309.459 Einwohnern auf dem Bindestrich der Tschecho-Slowakei im Pittsburger Vertrag bestanden, kann man die fragwürdig begründete Vorherrschaft dieses ‚Staatsvolkes' von Alliierten Gnaden so recht verstehen.

1908 vertrat Dr. Eduard Benesch, der spätere Sekretär Masaryks, den Grundsatz, daß eine Versöhnung der zwei Nationen nur möglich sei, wenn für beide eine Autonomie gegeben werde. In St.-Germain war die Stunde gekommen, wo Dr. Benesch sein politisches Konzept nach seinen alten, human klingenden und verlockenden Sätzen hätte durchführen können. Er verstand es aber, die Forderungen des tschechischen Nationalrates, der in St.-Germain wie zu einer Mustermesse vollzählig erschienen war, so zu formulieren, daß die alliierten und assoziierten Mächte den verlogenen Statistiken und Sprachenkarten Glauben schenkten und Benesch als Musterdemokraten und ‚großen' europäischen Staatsmann in die neue Zeit einziehen ließen. Unter anderen Lügen führte Benesch an, daß die zwei statt dreieinhalb Millionen Sudetendeutschen nicht auf geschlossenem Siedlungsgebiete wohnten und den Wunsch hätten, sich in den tschechischen Staat einzugliedern. Thomas Masaryk deckte das raffinierte Spiel der Herren Benesch u. Co. mit seinem Namen.

Der Emigrant Masaryk ging sogar so weit, von den Sudetendeutschen als ‚Immigranten' zu sprechen. Die lügenhafte Geschichtsphilosophie Palackys wurde wohlverstanden von Masaryk fortgesetzt, der sich sogar dazu verstieg, eine demokratisch-humanitäre Sendung der Tschechen vor aller Welt zu behaupten. Bis 1914 vertrat Masaryk die These von der Gleichberechtigung seines Volkes im österreichischen Staatsgefüge. Während des Weltkrieges aber konstruierte er das Märchen von dem Kolonisten- und Immigrantencharakter der Sudetendeutschen und schuf sich damit in Form eines ‚historischen Staatsrechtes' ein scheinbares Anrecht zur Gründung eines selbständigen tschechischen Nationalstaates, der zu fast 50 Prozent aus Minderheiten bestand!

Wenn wir einen Blick ins Leben Masaryks werfen, bleibt uns sein zu allen Mitteln fähiger Deutschenhaß unverständlich. Er hat mit deutschen Stipendien an deutschen Mittel- und Hochschulen studiert, wurde Dozent an der Wiener Universität, schrieb seine wissenschaftlichen Werke überwiegend in deutscher Sprache, verlegte sie durch deutsche Händler und war durch deutsche Vermittlung als Wissenschafter bekannt. Woher dann sein Haß? Wohl aus der klugen Erkenntnis, daß der stärkere Deutsche mit geschickter Hand und regem Geist seinem tschechischen Partner überlegen bleibt. Und dafür hat der Humanist Masaryk seine Humanität geopfert.

Wenn Clemençeau in seiner Nachkriegsbilanz auf einen Überschuß von 20 Millionen Deutschen kommt, war ihm der tschechische Nationalrat in St.-Germain mit der Verschweigung von Millionen Sudetendeutschen schon entgegengekommen.

Man kann dann wohl verstehen, daß diese Herren vor diesem Forum als Spezialisten und Sachverständige gerne gehört wurden.

Unter Berufung auf den Waffenstillstand gab der tschechoslowakische Nationalrat in St.-Germain den tschechischen Legionären in Böhmen und Mähren den Auftrag, ‚strategische Punkte' im Sudetengebiet zu sichern. Damit beginnt ein großes sudetendeutsches Lidice, der 4. März 1919.

Die Tschechen besetzten das Sudetenland und verjagten die sudetendeutsche Regierung. Vertrauend auf das von Wilson verbürgte Selbstbestimmungsrecht in den sudetendeutschen Städten und Landgemeinden, versammelte sich die Bevölkerung, um in friedlicher Willensäußerung ihren Protest gegen die völkerrechtswidrige Besetzung ihrer Heimat zu bekunden. Mitten hinein in die Versammlungen der sudetendeutschen Sozialdemokraten, die die Führung übernommen hatten, schoß die tschechische Soldateska und schuf so die ersten Blutzeugen gegen ihren humanen Masaryk-Staat. Über 750 Opfer bildeten den Auftakt zu dem späteren Ausrottungsplan. Die Tschechen feiern noch heute die Episode von Zborov, wo erstmals tschechische Deserteure der österreichisch-ungarischen Armee 1917 in Galizien auf russischer Seite gekämpft haben. Wo blieben die Garanten des Friedens?

Sie waren unterwegs! Am 27. Jänner 1919 traf eine amerikanische Friedensdelegation in der von serbischen Truppen besetzten Stadt Marburg ein, um sich ein Bild über die tatsächliche Volkstumslage zu machen. Platz und Hauptstraßen waren von Deutschen überfüllt, die den Amerikanern ihren Wunsch nach Einhaltung der Wilsonschen Punkte demonstrieren wollten, daß sie Deutsche sind und in Österreich leben wollen. General Majster konnte nicht verhindern, daß der amerikanische Oberstleutnant Milles eine Abordnung der Deutschen empfing und sich am Balkon der unübersehbaren Menge zeigte. Dies war dem serbischen General zu viel. Als dann die Menschenmenge noch die Abfahrt der amerikanischen Autokolonne abwarten wollte, um den Amerikanern Dank und Vertrauen zu zeigen, ließ der General durch scharfe Schüsse und Mißhandlungen die Menge zerstreuen. 12 Tote und 60 Verwundete waren der vor den Amerikanern sorgsam versteckte Preis für eine durch Wilson garantierte freie Willenskundgebung."

„Ein ähnlich hartes Schicksal erlebten doch auch die Südtiroler?"

„Dort wurde ein über mehr als 1000 Jahre von Deutschen bewohntes und über 600 Jahre zu Österreich gehörendes Land entgegen dem Wunsche der Bevölkerung aus ‚strategischen' Gründen zu Italien geschlagen.

Am 15. Juni 1919 fanden Gemeindewahlen im Sudetenland statt, die im sudetendeutschen Siedlungsgebiet trotz tschechischer Besetzung nur 7½ Prozent tschechische Stimmen verzeichneten. Die Hälfte dieser Stimmen war im Dux-Brüxer Kohlengebiet abgegeben worden. Das Wahlergebnis wurde an Dr. Renner nach St.-Germain depeschiert. Es blieb aber ebenso wie eine umfangreiche Denkschrift von den Alliierten unbeachtet.

Am 18. Jänner 1919 wurden die Friedensverhandlungen in Versailles unter dem Vorsitze Clemençeaus gegen Deutschland und Österreich eröffnet. Über 1000 Vertreter von 27 Feindstaaten, darunter natürlich auch die ‚tschechischen Sieger', saßen beisammen. Die entscheidenden Verhandlungen führten Wilson, Clemençeau, Lord Lloyd George und Orlando. Lloyd George erklärte im britischen Unterhaus: ‚Benesch hat den Sudetendeutschen gegenüber nie sein Wort gehalten.' Auch Wilsons Punkte waren vergessen.

Nachdem die deutsche Nationalversammlung das Friedensdiktat mit 237 gegen 138 Stimmen angenommen hatte, unterzeichneten am Jahrestage von Sarajevo, am 28. Juni 1919, der Sozialdemokrat Müller und der Zentrumsangehörige Dr. Bell das Friedensdiktat. Deutsch-Österreich unterzeichnete am 10. September 1919 in St.-Germain. Es mußte das Wort ‚Deutsch' aus seinem Namen streichen. Mit der Behauptung, daß Deutschland und Österreich (Artikel 231) am Kriege schuld seien, sollte auf ewige Zeit die moralische Untermauerung für die diktierten Friedensbedingungen gegeben sein.

Der Völkerbund in Genf übernahm den organisierten weiteren Ausverkauf von Gerechtigkeit und Vernunft. ‚Der Völkerbund hat die Methoden der alten Diplomatie nicht verbessert', schrieb ‚Le Matin' am 18. April 1936, ‚er hat nur Wortschwall, Humbug, Hinterhältigkeit und das Waschen schmutziger Wäsche vor aller Öffentlichkeit hinzugefügt. Er hat die Zahl internationaler Differenzen nicht vermindert, sondern ihre Bedeutung verstärkt.'

Diese Völkergemeinschaft, in der sich sehr bald der beredte Dr. Benesch zum Sprecher machte, schloß ursprünglich die Besiegten aus und mußte sich später in seine jämmerlichen Bestandteile, ohne jeden Erfolg für den Frieden der Welt, auflösen.

Die Friedensdiktate, die auf Haß, Rache und Gewinnsucht aufgebaut waren, dem einzelnen jede Freiheit, den Völkern das ursprünglich garantierte Selbstbestimmungsrecht nahmen, die die Welt in zwei Teile spalteten und diese Machtverhältnisse verewigen wollten, waren die mittelbare und unmittelbare Ursache für alle kommenden Ereignisse. Ein Volk, und wären es Hottentotten, das unter Vorspiegelung von Selbstbestimmung und Freiheit gedemütigt und schließlich unters Joch gezwungen wird, wird, so lange es lebt, alles versuchen, um frei zu werden.

Abraham Lincolns Worte: ‚Es ist nichts endgültig geschlichtet, es sei denn gerecht geschlichtet', waren der Unterton zur Organisation der Kleinen Entente, die den ungerechten Friedensverträgen von St.-Germain und Versailles den nötigen Nachdruck verleihen sollte. Frankreich hatte bald erkannt, daß mit der Zertrümmerung der österreichischen Monarchie das Gegengewicht gegen Deutschland wegfiel.

Paul Painlevé erklärte während der Versailler Friedenskonferenz, die Zerstörung des Donaureiches sei ‚die größte Eselei, die Frankreich je begangen habe' (la plus grand ânerie qu'ait jamais fait la France).

So wird es erklärlich, daß das damals einen ‚Europarat' suchende Frankreich in der Vereinigung mehrerer kleiner Staaten ein Instrument fand, das mit seiner durch Frankreich garantierten Existenzberechtigung zugleich den französischen Interessen diente.

Die Tschecho-Slowakei, Südslawien und Rumänien schlossen sich zur Kleinen Entente zusammen. Dieses Bündnis stärkte vor allem die Neugeburten Tschecho-Slowakei und Südslawien und ermöglichte ihnen, als vorgeschobene Posten den Panslawismus in die Welt zu tragen.

Die tschechischen Experten bei den Friedenskonferenzen begründeten ihren Anspruch auf das geschlossene deutsche Siedlungsgebiet damit, daß die neue Tschecho-Slowakei ohne das industriell stark entwickelte Sudetenland nicht lebensfähig sei. Einen Beweis dafür liefert der tschechische Volkswirtschafter Jiři Hejda, der im Jahre 1927 folgende Industriestatistik aufstellte, die er bestimmt nicht dem deutschen Elemente zugelogen hat. Danach betrug der sudetendeutsche Anteil an der industriellen Gesamtproduktion in der Tschecho-Slowakei:

Zuckerraffinerien	85%	Hohlglas	80%
Kaffeesurrogate	69%	Kunstdünger	60%
Braunkohlenbergbau	80%	Seifenindustrie	50%
Textilmaschinen	90%	Kerzenindustrie	55%
Waggonbau	75%	Sägen	55%
Porzellan	90%	Musikinstrumente	90%
Flaschenglas	93%	Papierindustrie	80%

Seidenindustrie	100%	Schwerchemie	70%
Baumwolle	75%	Mineralöl	90%
Zwirnerei	50%	Teerderivate	95%
Spitzenerzeugung	85%	Farben und Lacke	70%
Posamente	100%	Holzwaren	55%
Mehlindustrie	64%	Knopferzeugung	90%
Steinkohle	66%	Kunstseide	80%
Hütten- und Stahlwerke	70%	Wolle	85%
Elektrotechnik	70%	Leinen und Jute	85%
Zement	80%	Strickerei und Weberei	95%
Tafelglas	91%	Bleicherei	80%
Gablonzer Erzeugung	88%	Druckerei	85%

Nach einer Erklärung des tschechischen Finanzministers Kalfus haben die Sudetendeutschen im Jahre 1938 60 Prozent des gesamten Steueraufkommens geleistet. Sie haben also mehr geleistet als verbraucht.

Ohne Überprüfung der tatsächlichen Lage und ohne das den Deutschen vorher gewährte Selbstbestimmungsrecht zu achten, erkannten die Großmächte die Tschechen als Herren Böhmens und Mährens an und besiegelten damit die katastrophale Entwicklung, die nun über alle Grenz- und Sprachinseldeutschen hereinbrach.

Die alten Kampfparolen der tschechischen Schul- und Grenzvereine wurden Gesetze. Trotz ausdrücklichen Versprechens wurde die deutsche Sprache nicht zur zweiten Landessprache erhoben. Mit Speck und Peitsche wurden in rein deutschen Gebieten tschechische Minderheiten gezüchtet, die zwar zahlenmäßig lächerlich klein waren, aber trotzdem als Vertreter der neugebackenen Herrenrasse auftraten."

Leicht ironisch unterbrach die junge Frau die in fließender Rede gehaltenen Ausführungen des Professors mit Goethes Worten: „Wer das erste Knopfloch verfehlt, kommt mit dem Zuknöpfen nicht zurecht."

„Ja, so ging es den Tschechen. Sie kamen trotz allen Zuknöpfens schließlich nicht zurecht.

Von den Abgeordneten und Senatoren des Deutschen parlamentarischen Verbandes in der tschechoslowakischen Nationalitätenversammlung wurde durch Abg. Dr. Rudolf Lodgman-Aue in der Sitzung des Abgeordnetenhauses am 1. Juni 1920 und durch den Senator Dr. Moritz Vetter-Lilie in der Sitzung des Senats am 9. Juni 1920 folgende Erklärung abgegeben:

,Als gewählter Vertreter des im tschechischen Staate unterdrückten deutschen Volkes erklären wir bei unserem Eintritt in das tschechoslowakische Parlament feierlich vor der Bevölkerung dieses Staates, vor ganz Europa und vor der gesamten gesitteten Welt:

Durch den Friedensvertrag von Saint-Germain-en-Laye ist mitten in Europa ein Staat entstanden, welcher neben rund 6½ Millionen Tschechen unter anderen auch fast 4 Millionen Deutsche umfaßt. Vergebens waren unsere Vorstellungen, welche wir vor Beginn und während des Verlaufes der Friedensverhandlungen erhoben haben, vergebens war unser einmütiges Bestreben, das Schicksal unseres Siedlungsgebietes selbst zu bestimmen, vergebens haben wir darauf hingewiesen, daß ein so gestalteter Staat nicht den 14 Punkten Wilsons, nicht den Begriffen der Demokratie entspräche, daß er niemals zur Ruhe käme und schon infolge seiner unmöglichen Zusammensetzung eine stete Bedrohung des europäischen Friedens bilden würde.

Wir Vertreter des deutschen Volkes im tschechischen Staate stellen fest, daß die Bedingungen und Grundlagen, von welchen sich die verbündeten Mächte bei Verfassung der Friedensverträge leiten ließen, irrig waren, daß dieser Staat auf Kosten der geschichtlichen Wahrheit entstanden ist und daß die entscheidenden Großmächte über den wahren Sachverhalt getäuscht worden sind. Der Vertrag, welchen die tschechoslowakische Republik, die dabei nur durch Angehörige des tschechischen Volkes vertreten war, mit den alliierten und assoziierten Hauptmächten am 10. September 1919 abgeschlossen hat, geht von den Erwägungen aus, ,daß sich die Völker Böhmens, Mährens und eines Teiles von Schlesien sowie das Volk der Slowakei aus freiem Willen entschlossen haben, sich zu vereinigen und sich tatsächlich in einem dauernden Bunde zur Schaffung eines einheitlichen, souveränen und unabhängigen Staates unter dem Namen ,Tschechoslowakische Republik' vereinigt haben.

Demgegenüber stellen wir fest: Die Deutschen Böhmens, Mährens und Schlesiens und die Deutschen der Slowakei hatten niemals den Willen, sich mit den Tschechen zu einigen und einen Bund zur Schaffung der tschechoslowakischen Republik zu bilden. Dagegen haben die im Jahre 1911 in den deutschen Sudetengebieten gewählten österreichischen Reichsratsabgeordneten als berufene Vertreter ihrer Heimat in Ausführung des allgemeinen Volkswunsches, wie er in unzähligen Volksversammlungen und

Gemeindebeschlüssen unzweifelhaft zum Ausdruck gekommen ist, nach dem Zerfall Österreichs ausdrücklich erklärt, sich an Deutsch-Österreich, und zwar als Deutsch-Böhmen, Sudetenland, Deutsch-Südmähren und Böhmerwaldgau, anzuschließen. Die tschechoslowakische Republik ist daher das Ergebnis eines einseitigen tschechischen Willensaktes und sie hat diese deutschen Gebiete widerrechtlich mit Waffengewalt besetzt. Die deutschen Sudetenländer sind in der Tat um ihren Willen niemals befragt worden, und das Ergebnis der Friedensverträge ist daher mit Beziehung auf sie die Sanktionierung eines Gewalt-, aber niemals eines Rechtszustandes. Selbst der karge Schutz, den die alliierten und assoziierten Hauptmächte dem deutschen Volke zugedacht haben, ist durch das gewalttätige Vorgehen der tschechoslowakischen Revolutionsversammlung zunichte gemacht worden. Die gesamte tschechoslowakische Gesetzgebung, einschließlich der oktroyierten Verfassung, stellt eine offenkundige Verletzung des Minderheitenschutzvertrages dar.

Wir erklären daher feierlich, daß wir keines dieser Gesetze als für uns verbindlich anerkennen. Für uns Deutsche, die wir an keiner Abmachung über die Errichtung dieses Staates Anteil hatten, sind seine Staats- und Regierungsform, sein Verhältnis zu uns und der Nationen zueinander, die staatsgrundgesetzlichen Rechte und Freiheiten seiner Bewohner und seine Stellung zu den übrigen Staaten Europas heute noch ungelöste Probleme, und wir fordern, daß sie einzig und allein vom Gesichtspunkte wahrer Demokratie und ungehinderter nationaler Freiheit gelöst werden.

Wir verwerfen daher die Fabel vom rein tschechischen Staate, von der ‚tschechoslowakischen‘ Nation und von der ‚tschechoslowakischen‘ Sprache als mit den Tatsachen handgreiflich in Widerspruch stehend. Wir werden niemals die Tschechen als Herren anerkennen, niemals uns als Knechte in diesem Staate fügen. Unrecht kann auch durch tausendjährige Übung niemals Recht werden, insolange es nicht von den Betroffenen selbst auf Grund freier Entschließung anerkannt wurde, und wir verkünden demnach feierlich, daß wir niemals aufhören werden, die Selbstbestimmung unseres Volkes zu fordern, daß wir dies als den obersten Grundsatz aller unserer Maßnahmen und unseres Verhältnisses zu diesem Staate, den gegenwärtigen Zustand aber als unser unwürdig und mit den Grundsätzen moderner Entwicklung unvereinbar betrachten. Dies als Vermächtnis jenen zu hinterlassen, welche nach uns kommen werden, halten wir für unsere heiligste Pflicht.'

Daß nach den 20 Jahren tschechischer Besetzung und Gewalt die Sudetendeutschen zahlenmäßig fast unverändert blieben, ist ein Beweis, daß es sich hier um keine verstreute oder immigrierte Minderheit, sondern um ein bodenverwachsenes Volksganzes handelt.

Mit Hilfe des Bodenreformgesetzes beschlagnahmte man deutsche Wälder und Güter gegen lächerliche Entschädigung. Riesige Forstbestände wurden aus ‚strategischen' Rücksichten verstaatlicht und dienten damit ausschließlich tschechischen nationalen Zwecken. Es begann ein harter Kampf um Sprache, Schule, Scholle und Arbeitsplatz. Der wirtschaftliche Aushungerungsprozeß des Sudetendeutschtums wurde eingeleitet. Erst löste man die Kriegsanleihen nicht ein, dann lastete man die altösterreichischen Schulden, die der neue Staat hätte übernehmen müssen, ausschließlich den Sudetendeutschen an und schädigte sie so in ihrem Volksvermögen um 11 Milliarden Kronen. Der deutsche Markt wurde boykottiert, der tschechische subventioniert. Die Arbeitslosigkeit in den deutschen Randgebieten stieg an, die Sterblichkeitsziffern nahmen zu und die Selbstmordstatistik wies unglaubliche Zahlen auf. Trotz aller Gewaltherrschaft verhielten sich die Deutschen loyal und erfüllten gewissenhaft ihre staatsbürgerlichen Verpflichtungen. Die deutsche Jugend oblag befehlsgetreu der tschechischen Militärpflicht.

In der Prager Regierung versuchten deutsche Minister seit 1926 die Bejahung des Staatsgedankens zu festigen, um auch damit einen Beitrag zur Sicherung der deutschen Belange zu leisten. Aber diese Politik der Zusammenarbeit, die unter dem Namen ‚Aktivismus' bekannt ist, war ein endloser Leidensweg für die ‚Minderheiten' und von vornherein aus zwei Gründen zum Mißerfolg verurteilt. Erstens fehlte den Tschechen der ehrliche Wille zur Verständigung und zweitens ließen die Großmächte wiederholt durchblicken, daß diese deutschen Minister mit ihren wiederholten Appellen an die Großmächte ihrer eigenen Regierung gegenüber Verräter seien.

Der Selbstbehauptungskampf der Sudetendeutschen führte seit 1929 zu einer politischen Sammlung um die spätere Sudetendeutsche Partei Konrad Henleins. Dieser forderte am 24. April 1938 mit Unterstützung sämtlicher Parteien die den Sudetendeutschen im Jahre 1919 zugestandene Gleichberechtigung. Auf diese Forderung antwortete die tschechische Regierung mit Terror und Verhaftungen. Diese Tatsachen haben wiederum bewiesen, daß bewußtes Unrecht und ein Zustand anhaltender Unterdrükkung die Massen nur radikalisiert.

Indessen hatte sich auch die internationale Lage verschärft. Die Befürchtungen der Freunde des Friedens traten ein. Der Überfall Italiens auf Abessinien wurde das Vorspiel zu weiteren Angriffsakten. Im Jahre 1936 brach in Spanien der faschistische Aufstand des Generals Franco aus, der von Mussolini und Hitler durch Truppen und Material unterstützt wurde. Ein Jahr später erfolgte der Überfall Japans auf China. Der Faschismus in der ganzen Welt war zum Angriff übergegangen. Es war nur eine Frage der Zeit und Taktik, wann Hitler die Gelegenheit für günstig erachtete, seinerseits loszuschlagen. In diesen kritischen Tagen wurde von der englischen Regierung im Einvernehmen mit den anderen Weststaaten Lord Runciman als Experte in die Tschechei gesandt, um an Ort und Stelle die Lage zu prüfen. Er berichtete an seine Regierung, die Verhältnisse seien so, daß sie unweigerlich zur Revolte der deutschen Bevölkerung führen müssen. Darüber hinaus stellte Runciman fest, daß eine gerechte Lösung der schwebenden Fragen nur in einer Angliederung des Sudetenlandes an das Deutsche Reich zu finden wäre. Um sich gegen die blutigen tschechischen Überfälle, die nun an der Tagesordnung waren, zu schützen, verkündete Henlein das Notwehrrecht. Die tschechische Regierung antwortete am 13. September 1938 mit der Verkündung des Standrechtes. Tschechisches Militär rückte in das deutsche Gebiet und wütete wie in der Hussitenzeit.

Am 15. September 1938 kam es zwischen Hitler und dem englischen Ministerpräsidenten Chamberlain zu einer Unterredung, die Benesch mit dem Verbot der Sudetendeutschen Partei beantwortete.

Ich will nun wörtlich aus dem Buche „Munich Before and After“ von Rupert Ripka, einem der intimsten Freunde des tschechischen Präsidenten Benesch, erschienen in London 1939, zitieren: „Ein Großteil des Sudetengebietes blieb nach der Hitlerrede vom 12. September 1938 völlig ruhig. Mitglieder der Sudetenpartei jagten an einigen Stellen sogar die extremen Agitatoren davon“ (pg. 19). Weiters erklärte Ripka ausdrücklich, daß „die Mehrheit der Sudetendeutschen keine Sympathien für den revolutionären Nationalsozialismus hatte“, daß „die Vereinigung mit dem Reich kein spontaner Ausdruck des Willens der sudetendeutschen Mehrheit war, sondern den Sudetendeutschen durch eine Minderheit alldeutscher Extremisten aufgezwungen wurde" (pg. 20), ja, daß „von verschwindenden Ausnahmen abgesehen, die Sudetendeutschen ohne Zaudern dem Mobilmachungsbefehl der tschechischen Regierung nachkamen, die Antinazis unter ihnen mit derselben Begeisterung wie die Tschechoslowaken" (pg. 137).

Das Buch ist heute natürlich vergriffen, wahrscheinlich zurückgekauft. Doch die Tatsachen stehen. Der Kronzeuge für die Sudetendeutschen ist also ein Tscheche, ein Mitglied der Londoner tschechischen Exilregierung.

In den entscheidenden Septembertagen 1938, noch vor dem Zusammentreffen Hitlers und Chamberlains, forderten die Sudetendeutschen eine Volksabstimmung, die ihnen selbstverständlich wie bislang von Herrn Benesch verweigert wurde. Es ist wichtig zu wissen, daß die Sudetendeutsche Partei von der tschechischen Regierung anerkannt war wie jede andere. Die tschechische Regierung ermöglichte Henleins Propagandareisen ins Ausland. Das Schlagwort „Heim ins Reich!" prägte Henlein erst nach seiner Flucht. Vorher sprach er im In- und Ausland nur von Autonomie, wie etwa beim Empfang durch Churchill und vor den britischen Parlamentariern bei Harald Nicolson, wie ich mir aus dem Buche Nicolson, Why Britain is at War, London 1939, pg. 79, herausgeschrieben habe.

Es sollte bei einer gerechten Beurteilung der Frage nicht vergessen werden, daß Neville Chamberlain bereits am 10. Mai 1938, also Monate vor München, bei einer Luncheon Party bei Lady Astor erklärte: Nichts sei klarer, als daß die Briten nicht für die Tschecho-Slowakei ... das Wort ist ausnahmsweise einmal korrekt und im Einklang mit dem Pittsburger Vertrag Czecho-Slovakia geschrieben ... kämpfen werden. Die Tschechen, falls sie vernünftig sind, müssen sich den deutschen Forderungen anpassen ... Eine verkleinerte, aber gesündere Tschechoslowakei werde sich daraus ergeben ... Die Tschechen sollten praktisch sein und mit Hitler ohne Krieg zu einem bestmöglichen Übereinkommen kommen.

Am 7. September 1938 gab die einflußreiche Londoner „Times" den Tschechen den Rat, die Regierung solle die Grenzstreifen mit andersnationaler Bevölkerung, die an die Völker angrenzen, mit denen sie durch die Rasse verbunden ist, an Deutschland abtreten (ebd. 274). Hätte der Kampf der Sudetendeutschen überhaupt noch einen Sinn gehabt, wenn das britische Empire die Sudetendeutschen bereits an Hitler abtrat? Der Kampf der sudetendeutschen Antinazis war nur noch eine Demonstration für ein Ideal und ein Protest gegen den Verrat der Demokratie — durch die Demokraten, den Verrat der Grundsätze Wilsons.

Am 29. September 1938 trafen die vier Großmächte Europas, Italien, England, Frankreich und Deutschland, in München zusammen und vereinbarten in dem „Münchner Abkommen" die Abtretung des Sudetenlandes an Deutschland. Ob sich die Vertreter der Großmächte bewußt waren, daß sie mit dieser Entscheidung zu der „Minderheit alldeutscher Extremisten" nach Ripka gehören?

Der Münchner Vertrag wurde zur Magna Charta des Sudetendeutschtums.

*

Dr. Lodgman von Auen, Altlandeshauptmann von Deutschböhmen, schreibt über das damalige Geschehen: „In dem Münchner Abkommen wurde ausgesprochen, daß die Tschechoslowakei als ständiger Unruheherd friedenstörend wirkte und daß dies nur durch eine Trennung der Streitteile beseitigt werden könne, da, wie Lord Runciman an die britische Regierung berichtete, die Verhältnisse so seien, daß sie „unweigerlich zur Revolte der deutschen Bevölkerung führten". Wie ich dem damaligen Ministerpräsidenten Milan Hodza im Jänner 1938 vorausgesagt hatte, entschieden sich Frankreich und England für den damals stärkeren Teil, für Deutschland. Heute wird der Vertrag von München von in- und ausländischen Politikern als Verbrechen bezeichnet. Er war es nicht. Er war vielmehr die Richtigstellung des Verbrechens von 1918, das die Sudetendeutschen um ihr Selbstbestimmungsrecht betrogen hatte. Freilich wäre es besser gewesen, der Genfer Völkerbund hätte die etwa 20 Denkschriften, die im Laufe der Jahre ihm zugekommen waren, ernstlich behandelt, statt sie im Papierkorb verschwinden zu lassen. Damals wäre Zeit gewesen, die Tschechen zur Einhaltung ihrer im Friedensvertrag von Saint-Germain niedergelegten Verpflichtung zu verhalten, und es ist nicht die Schuld der Sudetendeutschen, wenn dann die unausbleibliche Entwicklung über den Völkerbund zur Tagesordnung übergegangen ist. Möge die UNO dessen eingedenk sein, daß der Friede zwischen den Völkern zur Voraussetzung hat: die Gerechtigkeit.

In München waren die Sudetendeutschen nur Schachfiguren, die ohne ihr Zutun in Hitlers Reich eingegliedert wurden, wie 1919 in die Tschechoslowakei. Die Gewissenlosigkeit der Zusammenarbeit sogenannter Demokratien mit den Diktatoren Hitler und Mussolini wird nur noch überboten durch die später unter dem Einfluß Beneschs erfolgte Nichtanerkennung des Münchner Vertrages durch England und Frankreich ohne jegliche Rücksicht auf die sich aus dem Münchner Vertrag ergebenden Rechtsfolgen.

Ja, Wilson hatte recht gesehen. Versailles brachte Tragödien der Enttäuschung, vor allem für die deutschen Minderheiten Europas. Der Friedensvertrag trug in sich die Keime neuen Unfriedens und kommender Kriege. Es kam so, wie Wilson in einer vertraulichen Rede vor den Korrespondenten des Weißen Hauses am 8. April 1918 erklärt hatte: „Keine Ungerechtigkeit kann die Basis für einen dauernden Frieden abgeben. Wenn man irgendwo das nagende Gefühl der Ungerechtigkeit hinterläßt, wird es nicht bloß eine offene Wunde erzeugen, es muß irgendwo zum Kriege führen. Die Wunde frißt weiter. Sie ist für Heilung unzugänglich. Es sei denn durch Beseitigung der Ungerechtigkeit. Ich möchte darum für meinen Teil keinen Frieden erleben, der irgend ein Volk, groß oder klein, zwingt, Bedingungen anzunehmen, die es nicht freiwillig übernimmt... Kein Friede ist von Dauer, bis der Grundsatz bei jedermann angenommen ist, daß jedes Volk das Recht hat, sein eigenes Leben zu bestimmen (Tumulty, S. 274)."

Inzwischen hatte der Abend sein beruhigendes Dunkel über Menschen und Landschaft gebreitet. Jeder hing noch den Ausführungen des Professors und eigenen Gedanken nach.

Alle Gedanken zusammenfassend, sprach die junge Frau in die besinnliche Ruhe, die nun im Waggon herrschte, des großen Philosophen Worte hinein:

„Die Wahrheit kann warten, denn sie hat ein langes Leben vor sich."

III

STATIONEN EINES WELTGESCHICHTLICHEN VERRATES

1. Atlantik-Charta

Aus einem Brief Präsident Trumans an den Heiligen Vater im August 1947:

„Wir müssen Glauben haben an den endlichen Sieg der Wahrheit und Sittlichkeit; Glauben, daß die Menschheit in Freiheit leben wird.“ ... „Unser gemeinsames Ziel ist es, diesen Glauben der Menschen aufzurufen und zu stärken, um die ewigen Werte für unser Geschlecht zu sichern — wie groß auch bestehende oder auftauchende Schwierigkeiten auf diesem Wege sein mögen.“

Die Atlantic Charta trägt das Datum vom 14. August 1941. Sie entstand zu einer Zeit, da Amerika noch nicht im Krieg war.

Die Atlantic Charta muß als die bedeutsamste Erklärung der Kriegsziele der Westmächte angesprochen werden. Darum soll sie im vollen Wortlaut wiedergegeben werden, übersetzt nach dem Text, den Sumner Welles in seinem Buch ,The Time for Decision' (New York 1945, S. 176 f.) bietet:

„Der Präsident der Vereinigten Staaten von Amerika und der Erstminister Mr. Churchill, der die Regierung Seiner Majestät im Vereinigten Königreich vertritt, sind zusammengetroffen und halten es für richtig, gewisse Grundsätze der nationalen Politik ihrer Länder bekanntzugeben, auf die sie die Hoffnung für eine bessere Zukunft der Welt gründen.

1. Ihre Länder streben keine Bereicherung an, weder in territorialer noch in anderer Hinsicht.

2. Sie wünschen keine territorialen Veränderungen zu sehen, die nicht in Einklang stehen mit dem in Freiheit ausgedrückten Willen der betreffenden Völker.

3. Sie achten das Recht aller Völker, jene Regierungsform zu wählen, unter der sie leben wollen. Sie wünschen, daß souveräne Rechte und Selbstregierung denen zurückgegeben werden, denen sie gewaltsam entrissen wurden.

4. Sie bestreben sich, mit entsprechender Rücksicht auf bestehende Verpflichtungen, dahin zu wirken, daß alle Staaten, groß oder klein, Sieger oder Besiegte, unter gleichen Voraussetzungen Zutritt zum Handel und zu den Rohstoffen der Welt erhalten, die für ihren wirtschaftlichen Wohlstand nötig sind.

5. Sie erstreben die größtmögliche wirtschaftliche Zusammenarbeit aller Nationen mit dem Ziele, allen bessere Arbeitsbedingungen, wirtschaftlichen Aufstieg und soziale Sicherheit zu bieten.

6. Sie hoffen, nach der endgültigen Zerstörung der Nazityrannei einen Frieden zu schaffen, der es allen Völkern ermöglicht, innerhalb ihrer Grenzen in Frieden zu leben, und der jedem Menschen in jedem Lande ein Leben frei von Furcht und Not gewährleistet.

7. Dieser Friede soll allen Menschen ermöglichen, ohne Hindernisse auf den Meeren und Ozeanen zu reisen.

8. Sie glauben, daß alle Völker der Welt aus praktischen wie sittlichen Gründen zum Verzicht auf Gewaltanwendung kommen müssen. Da kein künftiger Friede erhalten werden kann, wenn die Rüstung zu Lande, zu Wasser und in der Luft durch Nationen weitergeführt wird, die mit Angriffen über ihre Grenzen hinaus drohen oder zu drohen bereit sind, glauben sie, daß die Abrüstung dieser Nationen nötig ist, solange nicht ein umfassenderes und dauerndes System allgemeiner Sicherheit besteht. Sie werden in gleicher Weise alle anderen praktischen Maßnahmen fördern und ermutigen, den friedliebenden Völkern die erdrückenden Rüstungslasten zu erleichtern.

Franklin D. Roosevelt,
Winston S. Churchill.“

Der Atlantic Charta vorangegangen war die Erklärung der „Vier Freiheiten“ Roosevelts: 1. Freiheit der Rede überall in der Welt. 2. Freiheit jedes Menschen, Gott nach seiner Fasson zu verehren, überall in der Welt. 3. Freiheit von Not, d. h. wirtschaftliche Verständigung, die den Bewohnern jedes Landes ein gesundes, friedliches Leben sichert. 4. Freiheit von

Furcht. — Es ist sicher nicht zufällig, daß zwei dieser Freiheiten, die Freiheit der Rede und der Religion, nicht in die Atlantic Charta aufgenommen wurden. Der Name Gottes ist tabu. Der Charta fehlt also von vorneherein die tiefere Begründung und verpflichtende Kraft. Man erinnert sich an das Nietzschewort: „Die letzten Krähen, die hier fliegen, heißen: Warum? und Wozu?"

Die Atlantic Charta wurde wenige Monate später von 26 der Vereinigten Nationen, einschließlich Rußlands, angenommen und unterzeichnet.

Man braucht heute nicht mehr beweisen, daß diese feierliche Erklärung, auf die man sich im Verlauf des Krieges immer wieder berief, von den Siegern in jedem einzelnen Punkte mit Füßen getreten wurde. Die Tatsachen sprechen für sich selber. Es wiederholte sich die Tragödie der „Vierzehn Punkte" Wilsons.

Als die Charta bekanntgemacht worden war, wurde sie von den Lakaien der Demokratie und den Allzuvielen mit überschwenglichem Jubel begrüßt, obwohl der Zweck der Zusammenkunft schon damals offenkundig sein mußte. Ich schrieb darüber in einem Artikel „Pharisäer im Weltmeer" („Nord Dakota Herold" vom 29. August 1941):

„Vor kurzem hörten wir wieder das Evangelium vom Pharisäer und Zöllner. Stinkend von Hochmut und Selbstbewußtsein stellte sich der Pharisäer mitten in den Tempel, nicht um Gott, sondern sich selbst zu preisen: ‚O Gott, ich danke Dir, daß ich nicht so bin wie die übrigen Menschen oder gar wie der Zöllner da hinten. Ich faste, ich gebe den Zehenten.' ... Alles an ihm und um ihn schrie: Ich, Ich, Ich ... Im Halblicht des Tempels steht der Zöllner. Er ist sich seiner Armseligkeit bewußt und betet voll Demut: ‚O Gott, sei mir armem Sünder gnädig.' Der Sohn Gottes gibt die Antwort auf die Gebete: Der Zöllner ging gerechtfertigt nach Hause, der andere aber nicht. Denn wer sich selbst erhöht, wird erniedrigt, wer sich erniedrigt, wird erhöht werden.

Die modernen Pharisäer gehen nicht mehr in den Tempel. Sie vertragen, weiß Gott, die Kirchenluft nicht mehr. Sie stellen sich vor das Mikrophon oder lassen ihre Schreiberlinge ihr Lob singen. Aber die Gesinnung der Pharisäer hat sich nicht geändert: Hochmut, Selbstbeweihräucherung. Alles schreit Ich, Ich, Ich. Das Geschlecht der Zöllner, d. h. der Menschen mit Selbsterkenntnis und dem Bewußtsein der Mitverantwortlichkeit, scheint überhaupt ausgestorben.

Vor wenigen Tagen trafen sich zwei Männer draußen im Weltmeer, behütet nicht von der Liebe ihrer Völker, sondern von Bombern und Zerstörern. Sie kamen nicht zusammen, um etwa ihr Gewissen zu erforschen und nachzudenken, warum nach 25 Jahren wiederum diese Katastrophe über die Welt kam, wie weit sie und ihre Politik daran mit schuld sind, wie man dieser Selbstzerfleischung der Völker, diesem organisierten Massenmord, wie Benedikt XV. einmal sagte, ein Ende machen könne. Sie dachten bei dem Gedanken an ihre Verantwortung vor Gott und ihren Völkern nicht etwa: ‚O Herrgott, sei uns armen Sündern gnädig.' Keine Spur von Selbsterkenntnis, von einer Gesinnung zur Ein- und Umkehr, kein Gedanke von Liebe und Friede und Gerechtigkeit. Nein, sie stellten sich hin vor die Welt und beteten: ‚O Gott' — nein so haben sie nicht gebetet. D e r e i n e v o n i h n e n, C h u r c h i l l, h a t j a o f f e n g e s a g t: ‚I c h b i n k e i n r e l i g i ö s e i n g e s t e l l t e r M e n s c h.' (‚Time Magazine' vom 25. Aug. 1941, S. 13.) Vielleicht gebrauchten sie die Freimaurerphrase: ‚M e i s t e r a l l e r W e l t e n, w i r d a n k e n d i r, d a ß w i r n i c h t s o s i n d w i e d i e a n d e r e n, e t w a g a r w i e d i e v e r r u c h t e n N a z i s.' Ihr Gewissen, das sie doch nicht auslöschen konnten, machte immer Zwischenbemerkungen, wenn sie in ihrem Selbstlob fortfuhren: ‚Wir sind keine Diktatoren (wir fragen zwar keinen Kongreß und kein Parlament und handeln offen gegen den Volkswillen) ... wir geben jedem Freiheit der Rede (natürlich, die Wheelers und Lindberghs usw. müssen wir am Zügel halten, diese Verräter) ... wir kennen keinen Rassenhaß (daß dann und wann so ein Negro gelyncht wird, was liegt schon an einem Schwarzen!) ... unsere Arbeitsverhältnisse sind ideal (wir bauen nun Kanonen und Tanks und Flugzeuge und stecken die Boys in Uniform; es wird bald niemand mehr etwas von den Arbeitslosen sehen. Und wenn einer nicht arbeiten will oder gar auf die Idee kommt, für sein Lebensrecht zu streiken, wozu haben die Boys denn Gewehre?!) ... das Leben der breiten Volksschichten wird von Tag zu Tag leichter und sorgenfreier (und wenn schon einer sich nichts mehr kaufen kann, dank der steigenden Preise und Taxen, uns geht es noch gut, und sterben nicht drüben im alten Europa Tag für Tag Tausende? Was ist schon dabei, wenn so etliche Proleten krepieren!) ... Wir greifen niemanden an (Oran und Dakar und Grönland und Island sind zwar peinlich, aber eben notwendig. Wir müssen doch diese Länder beschützen) ... Wir wollen nur den Frieden (dazu dienen doch unsere Rüstungen; nur schade, daß unsere Provokationen nicht schon lange beantwortet wurden. So wären wir doch um den lästigen Kongreß und sein alleiniges Recht zur Kriegserklärung herumgekommen.)... Das war selbst dem Meister der Unterwelt zuviel. Das starke Kriegsschiff drohte sich von der Verankerung loszureißen.

Verlassen wir Parabel und Bilder und betrachten wir nüchtern die acht Punkte, die in dieser Konferenz auf dem Ozean der Welt vorgelegt wurden. Der Entwurf dazu stammt (nach ‚Time-Magazine' vom 18. August 1941) von Samuel Rosenman. In Kürze sei dazu folgendes bemerkt:

1. Das Programm ist eine Privatarbeit der Herren Roosevelt und Churchill. Es hat weder die vorherige noch nachträgliche Zustimmung des Kongresses oder des britischen Parlamentes. Wenn schon jemand die acht Punkte ernst nehmen sollte, so fehlt bis jetzt jedenfalls die Autorität, sie auch durchzusetzen, einen Sieg Englands dabei vorausgesetzt. Es ist aber sehr fraglich, ob jemand nach dem fatalen Wort von der ‚campaign oratory' und den Hilfsversprechungen Churchills von Polen bis Griechenland noch an Versprechungen glaubt.

2. Die Verfasser des Programms hätten jeden Tag die Möglichkeit, ihr Programm in ihrem Bereiche durchzuführen. Aber — sie denken gar nicht daran. Sie erklären zwar, daß sie keinerlei territoriale oder anderweitige Ausdehnung wünschen, sie hüten sich aber zu erklären, daß sie die Gebiete, die sie heute besetzt halten oder durch frühere Beutezüge wegnahmen, wieder herausgeben. Sie halten fest an ihrer Weltherrschaft. Nur die Nazis sollen die Beute wieder herausgeben.

3. Die Klassifizierung der Welt in friedvolle und Angreifernationen ist absolut unzutreffend. Es steht geschichtlich fest, daß England der größte Angreifer der Weltgeschichte ist. Es hat nicht etwa Buße getan und seine Eroberungen wieder zurückgegeben, sondern verteidigt sie als ganz selbstverständlichen Besitz. — Und das friedvollste Volk kann morgen zu einem kämpferischen werden, wenn es den Militarismus als eine selbstverständliche Einrichtung betrachtet oder von einem Diktator gelenkt wird. Und Churchill ist heute ein Diktator so gut wie Hitler und sein Busenfreund ist der Diktator Stalin. — Es soll sich also die Komödie von Versailles wiederholen: Deutschland soll abrüsten, England wird weiter aufrüsten. Entweder allgemeine Abrüstung, oder der Wahnsinn geht weiter!

4. Wenn ich die Forderung ‚Freiheit der Meere' lese, so kann ich nur dazu denken: Freiheit, wie sie England meint! Die Forderung wurde bekanntlich von Papst Benedikt XV. aufgestellt und ihre Ablehnung in Versailles ist eine der Hauptursachen dieses Krieges.

5. Über das Selbstbestimmungsrecht der Nationen, von dem zwischen den Zeilen die Rede ist, hat sich schon Wilson in seinen Tagebüchern ernste Sorgen gemacht. Dieses Schlagwort hat Europa völlig zersetzt. Man kann nach dem Kriege nicht mit den Dummheiten fortfahren, die man von Versailles bis 1939 begangen hat. Oder will man nichts dazulernen? Die Verhältnisse auf dem Kontinent sind viel zu verwickelt, als daß sie mit Freimaurerphrasen gelöst werden könnten. Die Herren haben schon in Versailles ihre Unfähigkeit und den Mangel an konstruktiven Ideen unter Beweis gestellt. Wir haben heute dafür zu büßen.

6. Das ganze Programm ist rein materialistisch, es redet nur von Politik und Wirtschaft und Macht. Der Geist ist es, der lebendig macht. Und hier ist keine Spur von einem einigenden Geist. Die paar Gedanken sind ein Plagiat der 14 Punkte, neulackiert von Samuel Rosenman.

7. ‚Freiheit der Religion', wovon vorher soviel die Rede war, ist ganz vergessen. Es ist ja auch zu peinlich für Genossen Stalin. Man darf den Teufel nicht ans Weihwasser erinnern. Zudem ist die Walze schon reichlich abgespielt. — Es wird niemand überraschen, daß auf das Friedensprogramm Papst Pius' XII., das selbst die anglikanischen Bischöfe übernommen haben, mit keinem Worte Bezug genommen ist. Vielleicht besteht heute schon ein Geheimvertrag London—Washington—Moskau, daß der Papst von der Konferenz ausgeschlossen wird, in der die kommunistisch-kapitalistische Internationale den Frieden für das christliche Abendland diktieren will.

8. Genosse Stalin war zur Konferenz nicht zugezogen, wie damals in München. Er wird sich aber nicht von einer kommenden Friedenskonferenz abschieben lassen, da er die größten Blutopfer im Dienste Englands zu bringen hat. Und er wird sich nicht mit den Fischen abspeisen lassen, die hier im Weltmeer als Köder für die Dummen und Gedankenlosen in der Welt ausgelegt wurden.

Das ganze ist kein Friedensprogramm, nicht Gerechtigkeit und Liebe sind Pate gestanden, sondern der Haß ... Versailles soll sich wiederholen ... Der Krieg zur Rettung der Demokratie, wie diesmal die Phrase lautet, wird in Diktaturen enden und am Anfang neuer Kriege und verewigter Revolutionen stehen ... Es scheint, der Münchener Philosoph hatte recht, wenn er vom Untergang des Abendlandes sprach.

Dahin muß es kommen, wenn die Welt von Menschen regiert wird, die ‚nicht religiös eingestellt sind', die die Religion nur mißbrauchen, um die Völker niederzuhalten. ‚O, daß du es doch erkannt hättest, was dir zum Heile dient. So aber ist es vor deinen Augen verborgen.' Und in der Parabel, die am Anfang dieser Zeilen steht, heißt es: Wer sich selbst erhöht, wird erniedrigt werden. Ein Programm, das auf Haß und Rachsucht und Gier aufgebaut ist, bringt die Erniedrigung. Friede ist nur den Menschen guten Willens verheißen."

*

In seiner Rede in Ottawa bekannte sich Präsident Roosevelt wieder zu den „Vier Freiheiten" und zur „Atlantic Charta" als seinen Friedenszielen. Er wandte sich erregt gegen jene, die behaupten, daß die „Vier Freiheiten und die Atlantic Charta Unsinn seien, weil sie ein unerreichbares Ziel darstellen". Er meinte, dieselben Leute, die sich dagegen aussprechen, hätten, wenn sie in der entsprechenden Zeit gelebt hätten, auch die Unabhängigkeitserklärung und die Magna Charta lächerlich gefunden ... „Sie hätten Moses verspottet, als er mit den Zehn Geboten vom Berge herabkam."

Überlassen wir es einer späteren Geschichtsschreibung, ob sie die Gemeinplätze der Atlantic Charta mit der Unabhängigkeitserklärung und der Magna Charta auf eine Stufe stellt. Mit den Zehn Geboten wird sie zumindest kein religiöser Mensch vergleichen, nicht bloß deshalb, weil die Zehn Gebote Gottes Gesetz und Willen für die ganze Menschheit darstellen, während die Atlantic Charta die Gleichberechtigung aller Menschen verleugnet und Ausnahmerecht für die „Besiegten" und die nicht Auserwählten schaffen will. Nicht Moses ist der Urheber der Zehn Gebote, sondern Gott. Solange die Zehn Gebote gelten — und sie gelten bis zum Tage des letzten Menschen — wird Gott keinen neuen Moses schicken. Und die Zehn Gebote sind heute noch tausendmal besser als Friedensgrundlage als alle Atlantic Chartas und Erklärungen von Casablanca bis Quebec.

Die Tragik der Gegenwart ist, daß die Menschheit noch heute

nicht nur Moses, sondern die Zehn Gebote verhöhnt und mißachtet. Vielleicht hat der Präsident selber den schönen Aufsatz seiner Frau gelesen, in dem sie schrieb: „Samstagabend nahm ich einige Leute mit zu ‚The Doughgirls‘. Das Spiel ist leicht und unterhaltlich und so gewagt (openly risque), daß man sich wundert, ob die alte Theorie, daß die Sünde verlockend, weil geheimnisvoll ist, völlig aufgegeben ist. Jedenfalls, hier gab es kein Geheimnis, niemand hatte viel Gefühl für Sünde. Die Mädel waren hübsch, das Publikum schien am Spiel Freude zu haben.“

Der Präsident erklärt übrigens selber, warum die Atlantic Charta nicht ernstgenommen wird: „Wir geben zu, daß man heute nicht völlig nach diesen großen Lehren lebt und wir gestehen zu, daß die gute alte Welt nicht über Nacht nach Utopia kommen kann.“ Nun, die Unabhängigkeitserklärung und die Zehn Gebote sind nicht Utopien, sondern Realitäten erster Klasse. Ob die Atlantic Charta eine Utopie ist, wird sich bald zeigen. Den Satz, daß „man nicht nach den großen Lehren lebt“, kann man nur unterstreichen. Man soll den Baum nach den Früchten beurteilen, den Politiker nicht nach schönen Phrasen und wortreichen Versprechungen, sondern nach seinen Taten. Die Atlantic Charta wird sich erst dann durchsetzen, wenn sie zuerst von ihren Vätern ernstgenommen und der Welt vorgelebt wird. Anders besteht dazu keine Hoffnung.

Der Präsident Roosevelt hält unseren Feinden vor, daß sie den „Standard ihrer Moral nach dem Ausmaß von Tod und Zerstörung richten, das sie über ihre Nachbarn bringen“. Aber, nähern w i r uns nicht ganz bedenklich diesem Maßstab in unserer „Expediency“ und mit unseren „militärischen Notwendigkeiten“? Ich habe so oft darauf hingewiesen, daß ich nichts zu wiederholen brauche. Was soll man etwa sagen, wenn Quentin Reynolds in „Collier's Magazine“ (28. August 1943) schreibt: „Give 'em hell! yelled the Catholic chaplain as the big bombers took off for Rome ... These chaplains of ours do not allow their calling to interfere with their honest Americanism and hatred of our enemies.“ Ich denke, der Engländer Father Drinkwater sieht klarer und verteidigt den katholischen Standpunkt, wenn er schreibt: „W i r s i n d i n d e n K r i e g g e g a n g e n, u m s o l c h e D i n g e (Bombardierung von Städten, Sprengung von Dämmen etc.) zu verhindern, nicht um sie selber zu begehen. Wir hätten den Krieg verloren, würden wir uns dazu herbeilassen, und vernünftige Engländer können keinen besseren patriotischen Dienst leisten, als weniger nachdenkliche Landsleute darauf hinzuweisen."

Der Präsident bemerkt dann, daß „unsere Feinde einfach nicht verstehen können, wie es möglich ist, daß anständige, vernünftige Menschenwesen miteinander auskommen und als gute Nachbarn miteinander leben können". Mag sein. Aber der Satz hätte ein homerisches Gelächter gefunden, hätte man ihn etwa Ghandi und Pandit Nehru vorgelesen oder den irischen Katholiken oder unseren Negros. Kommt das daher, daß die „Instinkte und Antriebe" (der herrschenden Klasse) „wesentlich unmenschlich sind", wie der Präsident von den Gegnern behauptet?

Ich wiederhole: Die Atlantic Charta muß erst verwirklicht werden, soweit es in unserer Macht steht — und das ist sehr viel — ehe die Welt daran glaubt. Das gilt auch für den kommenden Frieden. Raymond Daniell schrieb unlängst von London aus an die „New York Times" mit offenem Zynismus: „Wir können uns nicht über die Russen ärgern, wenn sie annehmen, daß die Baltischen Staaten mit der Sowjetunion verschmolzen werden, außer wir sind bereit zu kämpfen, um sie davon abzuhalten. Und wer möchte kämpfen, wenn der Krieg vorüber ist?" Gewiß, niemand. Aber warum hat England den Krieg erklärt, wenn es bereit ist, die Baltischen Staaten, einen Teil Polens usw. Stalin zum Geschenk zu machen? Welchen Sinn hat der Krieg für Polen? Wozu die großen Worte der Atlantic Charta?

Die „News from Belgium" (28. August 1943), die längst alle christlichen Grundsätze über Bord warfen und aus sicherem Hinterhalt den Haß schüren, schreiben sehr wahr: „Jene Kreise, die für einen milden Frieden sich einsetzen, berufen sich auf den christlichen Geist der Bruderliebe. Die kommende Welt soll anscheinend nach christlichen Grundsätzen geführt werden, die gebieten, daß wir unsere Feinde lieben. Von den vier Großmächten, die der Achse gegenüberstehen, sind nur zwei angeblich christlich. Daß Generalissimus Tschiangkaischek Methodist ist, ist rein zufällig. Seine Leute sind es nicht, und soweit wir wissen, besitzt Stalin nicht, was man anima naturaliter christiana (eine von Haus aus christliche Seele) nennt. Besteht da irgendwelche Aussicht, daß christliche Grundsätze — richtig verstanden — die Nachkriegswelt beherschen? Offenbar nicht mehr als zuvor."

Wir haben aus dem Kriege noch nichts gelernt. Ich sehe kein Anzeichen, daß wir lernen würden. So müssen wir den Kelch bis zur Neige trinken.

Was war das Ziel der Atlantik-Erklärung? Sie war zuerst zweifellos gedacht als Propagandawaffe, die den Gegner innerlich zersetzen und zermürben sollte. Der Teufel ist der Vater der Lüge; Krieg ist die Hochzeit des Teufels. Und der Teufel kleidet sich gerne in die Gewänder der Engel des Lichtes. Ein japanischer General sagte nach dem Ersten Weltkrieg dem britischen Journalisten William Teeling: „Wir wußten, daß alles Lügen waren; es zeigte sich aber, daß die Briten bereit waren, alles für ihr Vaterland zu tun, und das bewundern wir über alles. Warum setzen es die Briten nicht fort? Schämen sie sich ihres Landes oder sind sie degeneriert?" (Why Britain Prospers. London 1938, p. 247.) Ob die Japaner heute noch solche Fragen stellen?

Was hatte der Präsident des neutralen Amerika überhaupt bei diesem Treffen im Weltmeer zu suchen und bei der Formulierung der Kriegs- und Friedensziele?

Der Präsident sollte mehr sein als ein Demagoge, der mit Gallup Polls ausfindig macht, was die durch Presse und Radio präparierte Masse denkt, und dann der Masse nach dem Munde redet. Er müßte die Wahrheit sagen, gelegen oder ungelegen, selbst auf die Gefahr hin, daß er unverstanden bleibt, daß er manche enttäuscht, ja daß er nicht mehr gewählt wird. Wir haben unter Wilson erlebt, daß er unter dem Schlagwort gewählt wurde: Er hält uns heraus aus dem Kriege. Noch klingt uns Roosevelts „again and again and again" in den Ohren, das feierliche Versprechen an die Frauen und Mütter, daß ihre Söhne und Männer nicht auf den Schlachtfeldern der Welt fallen würden — ein Versprechen zu einer Zeit, da er uns praktisch längst in den Krieg geführt und der offene Kriegsausbruch nur eine Frage der Zeit war.

Wenn Roosevelt damals schon von Stalins Welteroberungsplänen wußte, warum hat man ihm dann in Teheran und Jalta den ganzen Osten Europas ausgeliefert, darunter die eigenen Bundesgenossen, warum mußten amerikanische Truppen Berlin, Prag und Wien den Bolschewiken überlassen? Warum?

Das mutige Brooklyner „Tablet" schrieb am 16. August 1941: „Man wundert sich, welches Recht wir Amerikaner haben, dieses Programm für die Welt zu formulieren. Wir befinden uns nicht im Kriege und das Volk hat kein Verlangen darnach. Der gegenwärtige Konflikt begann in Europa und gehört dorthin. Achtzig Prozent unserer Bevölkerung wollen unser Eingreifen nicht. Das ganze Acht-Punkte-Programm betrifft auswärtige Länder, Völker und Kriege. Es bietet für die Bewohner Amerikas keinen Grund, einzugreifen. Wenn jemand glaubt, das neue internationale Programm sorge für den Kreuzfahrergeist der Amerikaner, für einen Grund, daß sie ihr Blut auf fremdem Boden vergießen, so täuscht er sich gründlich. Wir wollen Frieden — einen Frieden, gründend auf Gerechtigkeit — nicht einen, der davon abhängt, daß wir unsere jungen Männer in ein imperialistisches Abenteuer mit Sowjetrußland als Bundesgenossen schicken — und den Namen Gottes verpönen."

Tatsache ist, daß Amerika vom ersten Tage an die Neutralität nicht beachtete und aktiv im Kriege stand, längst ehe es zu Pearl Harbour kam. Roosevelt brauchte den Krieg, um die innerpolitischen Schwierigkeiten, vor allem das Problem der Arbeitslosigkeit, zu lösen, aber auch, um seine Wiederwahl zu sichern. Es ist bezeichnend, daß der Veröffentlichung der Charta die Mitteilung vorausging, daß die Herren Churchill und Roosevelt technische Fragen der Hilfe für Sowjetrußland besprachen und daß Lord Beaverbrook nach Amerika komme, um diese Frage zu besprechen. Lenin hat bekanntlich das Wort geprägt, der Erste Weltkrieg sei geführt worden, um die Frage zu entscheiden, wer den Weltmarkt beherrschen soll, die deutsche oder die englische Industrie. Muß man nach den Erfahrungen der letzten Jahre nicht annehmen, daß der Zweite Weltkrieg keinen anderen Sinn hatte? Oder sollte er die Welt reif machen für den Bolschewismus? Hitler wäre ohne Hilfe des Auslandes nicht an die Macht gekommen oder wenigstens nicht an der Macht geblieben. Ich denke immer an ein Wort, das mir der frühere Reichskanzler Wirth einmal in Paris sagte: „Hätte man mir (von seiten der Westmächte) nur einen Bruchteil dessen gegeben, was man später Hitler zugestand — es gäbe keinen Hitler." Die Atlantic Charta sollte brutale imperialistische Ziele mit dem Pharisäermantel des Idealismus verhüllen und den Massen „Kreuzfahrergeist" einträufeln, weil sie für Imperialismus nicht zu gewinnen waren.

Als das erreicht war, ließ man die Maske fallen. Entgegen dem klaren Wortlaut der Charta wurde erklärt, daß sie für die „Feinde" keine Geltung habe.

Wozu braucht es Zeugen? Nehmen wir das Dokument selber zur Hand. 1. Ihre Länder suchen keine Vergrößerung, weder territorial noch sonstwie. — Und ein amerikanischer Außenminister hat die kerndeutsche Saar den Franzosen, Schlesien den

Bolschewiken angeboten (die Charta wurde ja bekanntlich von allen Siegernationen angenommen). 2. Keine territorialen Veränderungen im Widerspruch zu den offenen Wünschen der Bevölkerung. — In Potsdam hat man 15 bis 20 Millionen Menschen wie Hunde verjagt. Glaubt wirklich jemand, daß dieses „größte Verbrechen aller Zeiten" dem freien Willen der Sudeten- oder der Ostdeutschen entspricht? 3. Das Recht der Völker, ihre eigene Regierung zu wählen. — Ist das wirklich so in der Slowakei, in Polen, im Baltikum, in Ungarn? Und wir haben diese Regierungen anerkannt und rieten neuerdings Österreich, „der Sowjetunion Zugeständnisse zu machen" (N. Y. T., 16. Juni 1945). 4. Für Sieger und Besiegte freien Zugang zum Handel und zu den Rohstoffen der Welt. Am 22. Juni 1945 verlangte der vielgefeierte Staatsmann Bernard Baruch, daß jedes deutsche Kapital und jede deutsche Unternehmung „all over the world" ausgerottet werden solle. Man kann auf das Ergebnis der Untersuchung gespannt sein, die Henry Morgenthau beschuldigt — neben seinem irrsinnigen „Plan" — den Russen die amerikanischen Druckplatten zur Geldherstellung — besser gesagt zur Inflation — zur Verfügung gestellt zu haben. Deutsche Industrien wurden inzwischen zerstört oder verschleppt; selbst die Gebäude, als ob die Fabrik nicht wenigstens als Übergangswohnung verwendet werden könnte für Millionen Höhlenbewohner! 5. Verbesserten Lebensstandard, wirtschaftlichen Fortschritt und soziale Sicherheit. Die Wirklichkeit: Wiedereinführung der Sklaverei nicht bloß für die Kriegsgefangenen, sondern für alle arbeitsfähigen deutschen Menschen vom Arbeiter bis zum Universitätsprofessor. 6. Alle Menschen in allen Ländern sollen in Freiheit von Furcht und Not leben. Jeder weiß die Wirklichkeit. Die Gestapo geht wieder um, nur hat sie einen anderen Namen. 7. Alle sollen ohne Hindernis auf den Weltmeeren reisen. Die deutsche Flotte ist zerstört oder weggeschleppt, Flugzeuge verboten, jedes Land sperrt sich ab. Geistige und sittliche Argumente sind durch Dollars und Hochrüstung ersetzt; der „preußische" Militarismus war ein Kinderspiel gegenüber den mit Atombomben und Bakterien spielenden „friedliebenden Nationen". 8. Verzicht auf die Anwendung von Gewalt. Und wir fordern allgemeine Wehrpflicht mitten im Frieden. — Laßt die „Vereinigten" Nationen die Charta abschwören, damit wir wenigstens nicht als Heuchler dastehen!

Roosevelt hatte sogar den traurigen Mut, bei einer Pressekonferenz zu erklären, daß niemand die Charta unterzeichnete, daß es keine offizielle Kopie gebe, daß sie nur aus unverbindlichen Sätzen bestünde, die auf Papierfetzen durch ihn selber, Churchill oder Sumner Welles geschrieben worden seien. (Minneapolis Morning Tribune, 20. Dezember 1944; Time Magazine, 1. Januar 1945). Das hinderte ihn freilich nicht, noch am 12. Februar 1945 zu erklären: „Es ist eines unserer Kriegsziele, wie die Atlantic Charta feststellt, daß die besiegten Völker von heute wieder Herren ihres eigenen Schicksals werden." — —

Die Nichtbeachtung der Charta seitens der Sieger hat weiterreichende Folgen, als sie zugeben möchten. „Wenn wir von der ‚Atlantic Charta' sprechen", schrieb Father James M. Gillis, C.S.P., einer der klarstdenkenden und mutigsten katholischen Journalisten Amerikas, in einer Polemik gegen Walter Lippmann, der die Erregung über diese frivole Behandlung der Charta als Kasuisterei abtun wollte, „so meinen wir nicht die Charta allein. Wir denken an die Heiligkeit all solcher Versprechungen; wir denken an unsere nationale Ehre, die Treue zum gegebenen Wort; wir denken an die Rechtfertigung unseres Kriegseintrittes und unsere Beteiligung daran bis zum Ende. Von der Atlantic Charta sprechen ist gleichbedeutend mit der Frage: Warum kämpfen wir eigentlich? ... Unser Volk fing an zu vermuten, daß wir nun für nichts Heiligeres kämpfen als für die Fortsetzung der Machtpolitik. Es gibt nur einen Weg, den demoralisierenden Verdacht aus unseren Köpfen zu bringen. Grabt die Charta aus. Unterzeichnet sie, wenn es nicht geschehen ist. Bestätigt sie, beschwört sie. Sagt uns, daß sie nicht ein ‚Fetzen Papier' ist, sondern ein heiliger Vertrag. Und seht zu, daß sie verwirklicht wird. Jetzt, nicht später. Später wird es zu spät sein! Das ist nicht Kasuisterei. Es ist die wichtigste Frage seit Kriegsbeginn. Keine wichtigere könnte auftauchen. Es gibt keine wichtigere." Das werden auch die Sieger noch entdecken.

Es ist wichtig, wie bei den Vierzehn Punkten Wilsons zu betonen, daß die Charta Ausdruck des Naturrechtes und darum des göttlichen Willens ist, den zu übertreten kein Sieg berechtigt. Darum müssen die Heimatvertriebenen sich immer und immer wieder auf die Atlantic Charta berufen:

> Keine territorialen Veränderungen, die nicht im Einklang stehen mit dem in Freiheit ausgedrückten Willen der betreffenden Völker;
>
> Recht aller Völker, jene Regierungsform zu wählen, unter der sie leben wollen.

2.
Der Morgenthau-Plan von Quebec

„Ich würde den Grundlagen meiner religiösen und politischen Überzeugungen untreu, würde ich je die Hoffnung — und selbst den Glauben — aufgeben, daß in allen Menschen ohne Ausnahme irgendein Instinkt für Wahrheit, ein Sehnen nach Gerechtigkeit, irgendeine Leidenschaft für Frieden liegt, so tief sie auch im deutschen Volk unter dem brutalen Regime begraben sein mögen. Wir beschuldigen nicht die deutsche Rasse als solche, denn wir können nicht glauben, daß Gott ewig eine Rasse der Menschheit verdammt hätte. Wir wissen, wieviel gute Männer und Frauen deutscher Herkunft sich in unserem Lande als loyale freiheits- und friedenliebende Bürger erwiesen haben. Alle, die in Deutschland für diese Agonie der Menschheit verantwortlich waren, werden strenge bestraft. Das deutsche Volk aber wird nicht versklavt werden, weil die Vereinigten Nationen nicht mit Sklaven handeln."

Aus Roosevelts Vorwort zum Morgenthau-Plan.

„Der Morgenthau-Plan hatte keinerlei Wert. Ich war mit diesem Dokument gar nicht einverstanden, aber wenn Sie mit einem starken Feind Krieg führen, sind Ihre Gefühle zu ihm anders, als wenn er Sie, niedergeschlagen, um Gnade bittet. Heute erkläre ich zum Morgenthau-Plan, daß ich ihn ablehne und es sehr bedaure, meine Unterschrift darunter gesetzt zu haben. Mehr kann ich nicht tun."

Mr. Churchill.

Zwischen der Atlantic Charta und dem Morgenthau-Plan liegt eine Kluft, über die keine Brücke führt. Das „vae victis" — wehe dem Besiegten! — hatte nach beiden verlorenen Weltkriegen für Deutschland einen furchtbaren Klang. Nach dem letzten Weltkrieg aber lastete auf den ersten Verhandlungen der Alliierten über das Schicksal eines besiegten Deutschland ein wirklicher und noch viel furchtbarerer Anschlag gegen das deutsche Volk: der Morgenthau-Plan. Was wollte er? Nun, praktisch die vollkommene Beseitigung der deutschen Industrie, im besonderen der Ruhrindustrie. Über das Ruhrgebiet hieß es im Deutschland-Plan, der von Morgenthaus erstem Assistenten, Dr. Harry Dexter White, am 2. September 1944 dem „Kabinettsausschuß für Deutschland" vorgelegt wurde, wörtlich:

„Aus diesem Gebiet sollten nicht nur alle jetzt bestehenden Industrien entfernt werden, es sollte auch so geschwächt und überwacht werden, daß es in absehbarer Zukunft nicht wieder zum Industriegebiet werden kann. Alle noch nicht zerstörten industriellen Anlagen und Ausrüstungen sollten völlig demontiert und aus diesem Gebiete entfernt oder ganz und gar zerstört werden. Die gesamte Ausrüstung der Bergwerke ist zu entfernen, die Schächte sind völlig zu zerstören."

Man kann den Morgenthau-Plan nur verstehen, wenn man voraussetzt, daß die Westmächte die Charta keinen Augenblick ernst nahmen, sondern darin eben nur ein Propagandainstrument sahen, mit dem man die eigenen Völker für den „Kreuzzug" gewinnen und den Gegner zermürben wollte. Er wird noch leichter erklärbar, wenn man überlegt, daß man unter Umgehung des zuständigen Außenministers ausgerechnet Mr. Morgenthau, den jüdischen Finanzminister, sowohl für die Ausarbeitung des „Friedensplanes" wie zur Konferenz in Quebec heranzog, bei der diese Mischung von „Verrücktheit und Wildheit" (Father Gillis in „This Our Day", New York 1949, p. 448) angenommen wurde. Aus der Konferenz in Quebec am 15. September 1944 ist ein Geheimdokument bekanntgeworden, in dem es unter anderem heißt:

„... Die Deutschen haben viel von der Industrie Rußlands und ihrer östlichen Nachbarn zerstört. Es ist darum nur gerecht, wenn diese geschädigten Länder all die Maschinerie entfernen, die sie zur Wiederherstellung ihres Schadens benötigen. Die Industrie der Ruhr und Saar würde dabei notwendigerweise außer Betrieb gesetzt und stillgelegt. Die zwei Industriegebiete sollten einer Weltorganisation unterstellt werden, die die Abmontierung dieser Industrien überwachen und sich versichern würde, daß sie nicht unter Ausflüchten wieder erstehen. Dieses Programm, die Kriegsindustrien der Ruhr und Saar auszuschalten, erhofft, Deutschland vorwiegend in ein Land der Bauern und Hirten (agricultural and pastoral in its character) zu verwandeln. Der Erstminister und der Präsident stimmten mit diesem Programm überein. O. K. — F. D. R. — W. S. C."

Eines der interessanten Kapitel der Memoiren des Staatssekretärs Hull behandelt die Vorgeschichte, den Inhalt und die letzten Ziele des Morgenthau-Planes, der eine der wesentlichen Ursachen der heutigen Katastrophe Europas und damit des beinahe unvermeidlichen nächsten Weltkrieges ist.

Der „Humanist“ Roosevelt hatte bereits im August 1944 seinen Plan für Deutschland. Er verwarf die Richtlinien für die Militärverwaltung in Deutschland, weil sie den Eindruck gäben, als wollte man „das deutsche Volk“ so rasch als möglich wieder auf die Beine bringen. Ihm schien es von größter Bedeutung, daß jeder einzelne sich klar werde, daß Deutschland geschlagen ist. „Ich will nicht, daß sie verhungern, aber, wenn sie neben dem, was ihnen verblieb, etwas brauchen, um Leib und Seele zusammenzuhalten, dann sollten sie dreimal täglich mit Suppe aus amerikanischen Armeeküchen gefüttert werden. Das wird sie gesund erhalten und sie werden die Erfahrung zeitlebens nicht vergessen. Den Deutschen müsse die Verantwortlichkeit für den Krieg eingeprägt werden. Die Tatsache, daß sie geschlagen sind, als Gesamtheit und als Individuen, muß ihnen so eingebläut werden, daß sie zögern, einen neuen Krieg zu beginnen.“ So der Vater der „Vier Freiheiten“ ohne Maske. Wie glücklich wären doch die allermeisten Deutschen gewesen, wenn sie dreimal, oder auch nur einmal täglich aus der amerikanischen Suppenküche erhalten hätten. Die Wirklichkeit war, daß die Soldaten nicht einmal die Abfälle von den Tischen der reichen Prasser den armen Lazarussen geben durften, sondern sie vernichten mußten.

Am 1. September 1944 wurde der Staatssekretär durch Harry Hopkins unterrichtet, der Präsident wünsche einen Ausschuß des Kabinetts zur Behandlung der deutschen Fragen. Herr Hull legte einen Entwurf vor, der dem Präsidenten übergeben werden sollte. Kriegsminister Stimson wandte sich gegen den Plan, daß der Lebensstandard der deutschen Bevölkerung auf dem Existenzminimum (subsistence level) niedergehalten werden sollte. Bei der Besprechung mit dem Präsidenten überreichte Morgenthau zum erstenmal seinen „Plan“, den das Finanzministerium ausgearbeitet hatte, einen Plan, der mit den Entwürfen des zuständigen Außenministeriums wie des Kriegsministeriums in völligem Widerspruch stand.

So standen die Dinge, als die Konferenz Churchill—Roosevelt in Quebec begann. Herr Hull nahm an der Konferenz nicht teil, weil diese angeblich sich zunächst mit militärischen Fragen beschäftigen sollte. Statt dessen erzwangen die Führer gewisser Gruppen die Einladung Morgenthaus zur Konferenz. Man muß sich wundern, daß Herr Hull, der doch bereits von dem Morgenthau-Plan wußte, nicht stutzig wurde, ob denn nicht doch andere als militärische Fragen behandelt würden. Man muß sich wundern, daß er nicht verspätet herangezogen wurde. Schließlich und endlich sollte doch der Außenminister den Kurs der Außenpolitik bestimmen, nicht der Finanzminister. Die Öffentlichkeit hätte wohl auch ein Recht gehabt zu erfahren, wer denn die Führer dieser pressure groups sind, die soviel Interesse an der Teilnahme Morgenthaus zeigten. Solange das Gegenteil nicht bewiesen wird, kann man wohl annehmen, daß es dieselben Leute sind, die in UN die Teilung Palästinas erzwangen. Sie brauchten einen Mann, der wie Genosse Ilja Ehrenburg in diesen Tagen empfand: „Die Stunde der Vergeltung ist gekommen!"

Vier Tage nach der Konferenz erhielt Herr Hull ein Memorandum des Präsidenten, aus dem hervorging, daß er und Churchill den Morgenthau-Plan angenommen hatten. Darin war vorgesehen, daß „die Industrien der Ruhr und der Saar außer Tätigkeit gesetzt und geschlossen werden... Irgend eine Instanz der Weltorganisation sollte die Abtragung dieser Industrien überwachen und sich vergewissern, daß sie nicht unter irgend einer Ausflucht wieder eröffnet werden. Dieses Programm der Ausschaltung der Kriegsindustrie der Ruhr und Saar hat das Ziel (is looking forward), Deutschland zu einem Lande vorwiegend landwirtschaftlichen und hirtenmäßigen Charakters zu machen". Der Präsident bemerkte noch, daß er von diesem Plan „außerordentlich befriedigt" sei.

Es ist wichtig zum Verständnis der heutigen Entwicklung, zur Feststellung der Verantwortung für das heutige Chaos in Europa und für die Schuld am kommenden Kriege, etwas näher auf den Morgenthau-Plan einzugehen, wie er in Morgenthaus Buch „Germany is our Problem" festgehalten ist in einem als „top secret" bezeichneten Memorandum, das den Titel trägt: Program to prevent Germany from starting a World War III. (Man übersehe nicht den Gleichklang mit der Rachegesellschaft ähnlichen Titels, an der ja Morgenthau beteiligt ist.)

In P u n k t 1 wird zur Entmilitarisierung Deutschlands nicht nur die Auflösung der Armee und der Kriegsindustrie, sondern „die Entfernung oder Zerstörung anderer Schlüsselindustrien gefordert, die grundlegend sind für militärische Stärke“. In der Praxis gehört dazu jegliche Industrie, die eine Konkurrenz ist oder es gewissen Protegees ermöglicht, ihre Industrie aufzubauen. Interessant ist die Parallele, wie sich die „friedliebenden Nationen“ heute entmilitarisieren!

Morgenthau bestimmt Deutschlands künftige Grenzen: Polen soll den Teil Ostpreußens erhalten, den Rußland nicht nimmt, dazu den südlichen Teil Schlesiens. Frankreich erhält die Saar und die anliegenden Gebiete mit Rhein und Mosel als Grenzen. Die Ruhr und die umliegenden Gebiete sollen internationalisiert werden. Anscheinend war in Quebec keine Kopie der Atlantic Charta vorhanden: keine territorialen Ansprüche ohne Zustimmung der ansässigen Bevölkerung! Aber was kümmern sich doch fortschrittliche Liberale um solche Fetzen Papier?! — Man beachte nur, wie dieser Teil der Morgenthau-Rache Schritt für Schritt erfüllt wird. Dafür, und um die Rache wirksamer zu machen, schlägt der Humanist Morgenthau vor, „daß die Polizeigewalt und die Zivilverwaltung vom Militär der Nachbarn Deutschlands, also insbesonders den Russen, Franzosen, Polen, Tschechen, Griechen, Jugoslawen, Norwegern, Holländern und Belgiern übernommen würde“. (Vgl. Morgenthau, Germany is our Problem, New York 1945, wo eine Photokopie des Dokumentes abgedruckt ist, das Roosevelt zur Konferenz nach Quebec 1944 mitnahm.)

Der P u n k t 3 behandelt die Teilung Deutschlands in zwei Staaten. Offenbar hatte Morgenthau vergessen, daß Onkel Joe auch etwas von der Beute wollte. Für das Ruhrgebiet wird gefordert, daß es nicht bloß „von allen derzeitigen Industrien entblößt, sondern so geschwächt und kontrolliert werden müsse, daß es in absehbarer Zeit kein Industriegebiet werden kann“. Die Fabrikanlagen sollen abgebaut und fortgeschafft, die Bergwerke geschlossen werden. Mr. Byrnes in „Frankly speaking“ fügt sogar hinzu, daß sie gründlich zerstört werden sollen (thouroughly wrecked) (Seite 182). Europa trägt heute die Folgen dieses Wahnsinns. England war später etwas klüger und versuchte, durch deutsche Sklaven die Ruhr auszuwerten. Die Deutschen, denen man mit der Ruhr- auch die Saar- und die schlesische Kohle raubte, sollen nicht bloß hungern, sondern auch frieren.

Morgenthau verlangt Reparationen nicht in Zahlungen und Lieferungen (doch nur deshalb, weil alles Gold bereits „beschlagnahmt“ und die Fabriken zerstört oder verschleppt werden), wohl aber durch Überführung deutscher Einkommensquellen (resources) und Gebiete, z. B. Zurückgabe gestohlenen Eigentums in den besetzten Gebieten. (Stehlen dürfen nur „friedliebende Nationen“, wie Polen und Tschechen.) Überführung deutscher Gebiete und deutscher Privatrechte — bitte, Privatrechte in der Industrie. (Die geraubten deutschen Patente werden nicht erst erwähnt. Wer kümmert sich um solche Bagatellen von etlichen hundert Millionen Dollars!) Besonders wichtig aber ist die Forderung deutscher Zwangsarbeit außerhalb Deutschlands. Morgenthau ist also offenbar der Vater der Wiedereinführung der Sklaverei, die von französischen und britischen Sozialisten so gierig aufgenommen und bis gestern praktiziert wurde. Warum klagen wir über die Sklavenlager in Rußland, wenn der Plan die Marke Made in USA trägt? Natürlich ist der kuriose moralische Finanzminister scharf auf alles „deutsche Vermögen ohne Rücksicht auf dessen Charakter“. Man muß konsequent sein, wenn man auf Hitlers Pfaden wandelt.

Morgenthau will alle deutschen Hochschulen bis auf weiteres schließen, bis er die entsprechenden — d. h. seinem Bildungsniveau und seiner Moral entsprechenden — Umerzieher gefunden hat. Ähnliche Pläne für Presse und Radio werden befürwortet.

Von besonderer Bedeutung (auch für uns) ist Morgenthaus Agrarprogramm: „Jeder Großgrundbesitz soll aufgelöst und unter die Landarbeiter (peasants) verteilt werden.“ Abgesehen von dem Wahnsinn, solche Pläne zur Zeit einer Massenhungersnot durchzuführen, ist dies reiner Kommunismus. Die Moskowiter im Osten Deutschlands können sich auf den Vertreter des Kapitalismus berufen. Und in Italien zeigten die Kommunisten, wie man das ganz praktisch durchführt. Sie nahmen die Wähler mit aufs Land hinaus, steckten die Grenzen ab für die kommenden Farmen und versprachen den ahnungslosen Leuten: „Das alles wird euer sein, wenn ihr kommunistisch wählt.“ Und warum sollte in Amerika unrecht sein, was ein „fortschrittliches“ Kabinettsmitglied für Europa empfiehlt, was die Demokraten Roosevelt und Churchill übernehmen?

N u r n o c h e i n e n Punkt will ich herausgreifen, der typisch ist für Morgenthau. Er will die amerikanischen Truppen möglichst bald aus Europa zurückziehen. Damit macht man sich bei Frauen und Müttern populär. Er will dafür die Verwaltung Deutschlands dessen Nachbarn, besonders den Russen, Franzosen, Polen, Tschechen, Griechen, Jugoslawen, Norwegern, Holländern und Belgiern übertragen. Natürlich, wenn schon Rache, dann gründlich; zehn Augen für eines.

Soweit der Plan nach dem Originalentwurf, den Roosevelt mit nach Quebec nahm. Und nun zurück zu dieser Tagung, die als „schwarzer Tag" in die Geschichte der Menschheit eingehen wird wie Teheran, Jalta und Potsdam. Herr Hull berichtet uns, daß Henry Morgenthau nach seiner Rückkunft in wilder Begeisterung über seinen Triumph war und die letzten Kopien des „Planes" freigebig herumreichte.

Herr Hull war anscheinend erschüttert über die „Tragödie für alle Beteiligten". Morgenthau suchte zu erklären, daß die Einladung nach Quebec ohne sein Zutun kam. (Er hatte wohl seinen Plan nur zum Zeitvertreib ausgearbeitet und die pressure groups waren für John Smith engagiert, beileibe nicht für Henry!)

Er plauderte dann wichtige Einzelheiten aus der Schule. Churchill war zuerst absolut gegen den Plan. Er sah darin ein Schema, das England dauernd an eine Leiche (Deutschland) ketten würde. Morgenthau wandte sich an Lord Cherwell und überzeugte ihn und damit Churchill. Und was gab den Ausschlag für Churchill? England würde nach diesem Plan Deutschlands Stahl- und Eisenmärkte erwerben und einen gefährlichen Konkurrenten ausschalten. Noch etwas: Morgenthau versprach den edlen Briten eine Anleihe von sechseinhalb Billionen Dollars, und Mr. Hull läßt keinen Zweifel aufkommen, daß dieses Angebot Churchill für den „sintflutlichen Deutschland-Plan" gewann. Nach Morgenthaus Darstellung stammt der endgültige Entwurf, der mit F.D.R. und W.S.C. unterzeichnet ist, von Churchill. Übrigens war Morgenthau, der harmlose Engel von Quebec, bereits vor dieser Konferenz in London, um bei Anthony Eden und anderen einflußreichen Kreisen vorzuarbeiten. Dort traf er auch General Eisenhower, der erklärte, er sei „an der deutschen Wirtschaft nicht interessiert und würde sie nicht stützen, wenn dadurch die Lage der Deutschen erleichtert würde". — Das sind also die Väter der Atlantic Charta, die fortschrittlichen Liberalen unter sich. Wie mag es wohl gewesen sein, wenn Hitler und Mussolini sich begegneten?? Man muß sich doch wundern, mit welchem Recht Morgenthau den Briten sechseinhalb Billionen versprechen kann, um seinen Plan durchzusetzen, ohne Zustimmung, ja ohne Konsultierung anderer Departements oder des Kongresses. Eine Untersuchung dieser Frage wäre wesentlich wichtiger als die Untersuchung seiner Getreidespekulationen, obwohl auch diese den Mann charakterisieren, der sich brüstet: „Roosevelt zog mich in besonders delikaten Fragen heran, vor allem, weil er mir absolut vertrauen konnte."

Herr Hull sah klar die Folgen des Morgenthau-Planes: 70 Millionen können nicht innerhalb Deutschlands leben. Sie müssen entweder zugrundegehen oder anderen Völkern zur Last fallen. Der Plan würde ewigen Haß (resentment) der Deutschen erregen. Er würde alle, selbst kommende Generationen für die Verbrechen eines Teiles bestrafen. Und nicht bloß Deutschland, sondern der Großteil Europas würde damit bestraft. — In der Aussprache mit dem Präsidenten nach Quebec erklärte Herr Hull den Morgenthauplan als wahnsinnig (out of reason); kein Fachmann, kein Außenamt habe damit etwas zu tun. Der Plan würde alles in Deutschland austilgen außer dem Land, und die Deutschen müßten vom Lande leben, d. h., nur 60 Prozent der Bevölkerung könnten sich selbst erhalten, die anderen 40 Prozent müßten verkommen. — Herr Hull bemerkte überdies, daß es dem Präsidenten, der gerade für seine Wiederwahl agitierte, politisch schädlich wäre, wenn der Plan und die Verbindung des Präsidenten mit ihm bekannt würde.

Ich weiß nicht, ob dieser Hinweis auf die Wiederwahl eine äußerliche Umstellung Roosevelts herbeiführte. Es gab ja schließlich auch deutsche Wahlstimmen und „wir wissen, wie viele tüchtige Männer und Frauen in unserem Land sich als loyale, freiheits- und friedenliebende Bürger erwiesen haben" — eine Tatsache, die anscheinend weder diese Menschen deutscher Herkunft noch die Politiker für gewöhnlich in Rechnung stellen, sonst gäbe es keinen Morgenthau-Plan, kein Potsdam, auch keine Massenaustreibungen!

Es ist ganz unglaubhaft — wie Herr Hull seinen Meister zu entschuldigen sucht —, daß Churchill und Roosevelt sich der Folgen dieses Planes nicht bewußt gewesen sein sollten. Churchills Wort von der Ankettung an einen Leichnam allein beweist das Gegenteil. Kann man es wirklich glauben, daß ein Mann — sagen wir — so leichtfertig war, ein Dokument von solcher Bedeutung „unüberlegt" (without much thought) zu unterzeichnen, also mit Leben und Existenz von 70 Millionen zu spielen?

Wenn man sich freilich an die „Witze“ von Jalta erinnert, die sein eigener Sohn berichtete, dann weiß man, wie tief diese Humanisten Menschenleben und Menschenwürde — anderer — einschätzten. Wenn Roosevelt später sogar die Existenz des Morgenthau-Planes von Quebec ableugnen und den Mann „erwischen und züchtigen wollte“, der das „Geheimnis“ in die Presse brachte — ein dem Morgenthaukreis nahestehender Journalist, der wohl den Ruf seines Heros in die Welt hinausschreien wollte —, so fehlen mir parlamentarische Worte, solches Verhalten zu charakterisieren. — Übrigens trug auch Churchill Anthony Eden auf, bei seiner Rückkehr nach London nichts über den „Plan“ im Kriegskabinett mitzuteilen; Churchill wollte ihn selber durchdrücken — und die winkenden sechseinhalb Billionen auf Kosten amerikanischer Steuerträger sollten es ja den Briten nicht allzuschwer gemacht haben, etliche Unmenschlichkeiten zu schlucken; insgeheim haben sie wohl über Uncle Sam gelacht, der ihnen ausgerechnet die Ruhr als Verwaltungsgebiet zuwies, und sie dachten wohl schon daran, daß sie deutsche Sklaven nicht bloß in England, sondern auch an der Ruhr verwenden würden, gar wenn Amerika die Kosten deckte.

Herr Hull führt noch ein Motiv an, das Roosevelts Handlungsweise erklären soll, das wohl darüber hinaus Amerikas Kriegseintritt überhaupt erklärt. Roosevelt sah Deutschlands und Englands Schicksal innig verknüpft. England mußte nach dem Krieg seine verlorenen Weltmärkte zurückgewinnen; es konnte das nicht mit Deutschland im Wettbewerb. Vielleicht ist selten das wahre Kriegsziel so deutlich ausgesprochen worden: Kreuzzug, Atlantic Charta, Vier Freiheiten waren nur Propaganda für Dumme, Idealisten und staatvergötzende Prediger. Dabei haben diese großen Staatsmänner nur übersehen, daß Deutschland auch einer der bedeutungsvollsten Abnehmer Englands war, daß zudem Deutschlands Industrie — wie sich ja heute zeigt — unlösbar mit Europa verbunden ist. Europa steht und fällt mit Deutschland.

Es ist begreiflich, daß Herr Hull über die Affäre Morgenthau mehr als verärgert war; unbegreiflich ist, daß er nicht die einzige Konsequenz aus dieser Brüskierung seiner Person wie des Außenamtes zog: demonstrativ zurückzutreten und der Öffentlichkeit die Gründe seines Rücktritts bekanntzugeben. Vielleicht hätte das eine Wendung gebracht und Morgenthaus „Philosophie, Deutschland in den Staub zu treten“, verstummen lassen. Und schließlich und endlich, die Öffentlichkeit hatte ein Recht zu wissen, worum der Krieg eigentlich ging. Und der Plan war ja bereits in die Öffentlichkeit gedrungen, stückweise, wie die abgeleugneten Geheimabmachungen von Teheran, Jalta, die Verschacherung der italienischen Flotte an den Kreml, die Auslieferung der Tschechei.

Wichtig ist es auch, den Hull-Plan für Deutschland kennenzulernen, der sich in zwei Punkte zusammenfassen läßt: 1. Deutschland für 25 bis 50 Jahre unter militärischer Besatzung zu halten, bis es den Nazismus und das Herrenrassentum aufgegeben hätte. (Dazu läßt sich nur sagen, daß der Nazismus nach der Katastrophe tot war wie eine ersoffene Maus. Inzwischen haben die Deutschen soviel „demokratisches" Herrenrassentum erlebt, daß Hitler und seine Gangster davon noch hätten lernen können. Und wenn der Nazismus — oder Kommunismus — wieder auflebt, so ist nicht Hitler die Ursache, sondern seine Nachahmer und Nachfolger.) — 2. Der Lebensstandard Deutschlands sollte unter dem Durchschnitt der umgebenden Länder gehalten werden; erst mit einer Gesinnungsänderung der Deutschen von Nazismus, rassischer Überlegenheit zu den Ideen von Menschenrecht, persönlicher Freiheit und zum Frieden sollte er stufenweise gehoben werden. Nach meiner Meinung ist es Nazismus, den Lebensstandard eines Volkes künstlich niederzuhalten, ein Ausfluß des Herrenrassentums. Wie tief steckte auch ein Mann wie Herr Hull in schablonenhaftem Denken und in den Schlagworten seines zynischen Meisters!

Wenn Herr Hull wirklich glaubte, daß Roosevelt sich vom Morgenthau-Plan abwandte oder daß die Erfahrungen der letzten Jahre zu einer Abkehr führten, so kann ich dem nicht zustimmen. Der Plan wird Punkt für Punkt bis heute durchgeführt: Die Industriezerstörung geht weiter, d. h. zur selben Zeit, da man Europa aufbauen will, schafft man Millionen neuer Arbeitsloser, die nur im Kommunismus ihr Heil suchen müssen. — Die Saar und der Osten des Reiches sind abgetrennt, ohne Krieg nicht zurückzugewinnen. Die Ruhr wird internationalisiert, d. h. eine Sklavenkolonie für sozialistische Ausbeuter. — Aus der Zweiteilung des Reiches wurde schließlich eine Vierteilung. Der Osten ist längst kommunistisch aufgezogen; wir lieferten zudem neue Sklaven, wie etwa die 750.000 Sudetendeutschen. Die Sklaverei blühte in England und Frankreich genau so wie im Osten, über den wir so entsetzt tun. — Zerschlagung des Großgrundbesitzes wie „Nationalisierung" der Industrie, die noch verblieb, sind in Schwung. Es ist nicht zu erwarten, daß wir aus dem tschechischen Experiment etwas lernen würden, das uns doch als Ideallösung hingestelllt wurde, als Beweis, daß Sozialismus und Kapitalismus zusammenarbeiten können — bis sie beim Kommunismus landeten.

Man kann Morgenthau wohl auch als Vater der Nürnberger Justiz ansprechen. Im wiederholt genannten Buch von J. Byrnes wird berichtet, daß er vorschlug, die „sogenannten Erz-Verbrecher sollten durch das Militär ohne Gericht lediglich nach ihrer Identifizierung bei der Gefangennahme ermordet (put to death) werden". (S. 182.) Das Schweizer Blatt, das den amerikanischen Ankläger „Menschenjäger" nannte, während andere von der Nürnberger Lynch-Justiz schreiben, hat also die Morgenthauer gar nicht so falsch eingeschätzt.

Merkwürdig, daß selbst Herr Hull in Moskau — unter lautem Beifall der edlen Tafelrunde — vorschlug, Mussolini, Hitler und Tojo vor ein Trommel-Kriegsgericht zu stellen und am nächsten Morgen würde ein geschichtliches Ereignis geschehen, d. h., die Erhängung der Besiegten. Der Vorschlag Morgenthaus, daß die verschiedenen „Kleinen" und Satelliten Moskaus seine Rache ausführen sollten, unterblieb. Die Big Three und die Morgenthauer wollten sich den Nervenkitzel nicht entgehen lassen, ein verhungerndes Volk in seinen Todeszuckungen zu sehen. Ja, sie fügten dem Morgenthau-Plan eine neue Barbarei hinzu: die Austreibung von 18 Millionen aus ihrer angestammten Heimat, natürlich „menschlich und ordentlich".

Die Deutschen wissen wohl heute, was sie von den humanitären Phrasen Roosevelts zu halten haben. Im Vorwort zu Morgenthaus Buch stehen von ihm die Worte: „Wir beschuldigen nicht die deutsche Rasse, denn wir können nicht glauben, daß Gott ewig eine Rasse der Menschheit verdammt hat ... Alle, die direkt verantwortlich sind für diese Agonie der Menschheit, werden hart bestraft werden. Das deutsche Volk wird nicht versklavt — weil die Vereinigten Nationen sich nicht mit Sklavenhandel befassen ..." Mache sich jeder seinen Reim aus den Tatsachen.

Man muß die Heimatvertreibung im Lichte dieses „Planes" sehen: Die 18 Millionen Menschen deutscher Herkunft wurden — und zwar nur, weil sie deutscher Herkunft sind — in das zerbombte, zerstückelte, der besten landwirtschaftlichen Gebiete beraubte, entindustrialisierte, morgenthauisierte Deutschland hineingestoßen, in ein Land, dem jedes Aufkommen unterbunden werden sollte. (Vgl. James F. Byrnes, Speaking Frankly, New York 1947, p. 182 ff.)

Father Gillis, der immer den Mut zur Wahrheit hat und nicht den Cäsar vergöttert, schrieb zu dem Buch „Speaking Frankly“: „Quebec folgte vielen Begegnungen mit den Russen, die jeden Geist von staatsmännischem Format überzeugt hätten, daß wir eines Tages die Deutschen und ihre Industrie in einem wahrscheinlichen Konflikt mit den Russen brauchen könnten. Von Morgenthau, verärgert über die Leiden seiner Rasse unter den Nazis, konnte man nicht Vernunft, geschweige denn Barmherzigkeit erwarten. Daß aber der Präsident, das verantwortliche Oberhaupt einer großen Nation, sich einem Programm der Rache ergeben und für die Tatsache blind sein konnte, daß wir eines Tages die Russen zu Feinden haben und die Deutschen als Freunde brauchen könnten, ist ohne Erklärung und Entschuldigung. Alle, die heute die Legende aufziehen, daß Franklin D. Roosevelt ein großer Staatsmann war, sollten sich an die Morgenthau-Episode erinnern.“ (Cath. World Dezember 1947.)

Father Gillis zitiert im selben Artikel ein Flugblatt, das die Russen verbreiteten: „Eure Zerstörung und Ausrottung war von England und Amerika geplant. Amerikanische Soldaten kämpften für die Kriegsgewinnler. Wer hat eure Städte zerstört? Wer eure Heime vernichtet, eure Familien gemordet, eure Fabriken und Geschäfte vernichtet? Die Amerikaner und die Briten!“ Dann kommt die Einladung zur Zusammenarbeit mit Moskau. Fügen wir hinzu, daß Rußland den stärksten Trumpf in der Hand hat: die deutschen Ostgebiete, die es seelenruhig den Polen wieder abnimmt — im Sinne des ursprünglichen Stalin-Hitler-Planes — wenn es expedient ist. Bis heute will die Mehrheit des deutschen Volkes von der Zusammenarbeit mit Rußland nichts wissen. Geht aber der Wahnsinn des Morgenthauismus weiter, spielt Amerika nicht eine führende Rolle im sozialen Aufbau Europas, nicht bloß des britischen und französischen Sozialismus, zwingt man diese Nationalisten nicht zur Vernunft, erzieht man sie nicht zur Menschlichkeit — dann werden die Sirenengesänge Moskaus überzeugender sein als die Haßschreie und die Rachsucht der

Morgenthauer. „Wenn es zu dieser Zusammenarbeit der Deutschen mit den Russen kommt", schließt Fr. Gillis, „dann geschieht es hauptsächlich wegen des Morgenthau-Planes. Der Plan hat uns schon viel gekostet und kann noch mehr kosten. Dann aber sollten wir wissen, wem wir den Schaden verdanken."

Der Londoner „Cath. Herald" (21. November 1947) brachte einen Artikel über Europa, der in Massen verbreitet werden müßte. Darin wird festgestellt, daß die Demokratien seit Kriegsende alles taten, den Kommunisten in die Hände zu arbeiten. Amerikas Hilfe ist vergebens, solange die Völker Europas nicht hart an einer Neuordnung arbeiten, die mit den Idealen in Einklang steht, die einst die Christenheit verkörperte. Bis jetzt haben anscheinend weder die Zertrümmerung Deutschlands, die Entwaffnung Italiens, die Haltung der Franzosen, die in Parteien zerklüftet sind und nur an nationales Prestige und Bürgerkrieg denken, oder auch die Lage Englands mit dirigierter Arbeit und einem freudlosen Leben uns zur Vernunft gebracht, zum Suchen nach einer Erklärung, warum die Vision von Frieden, Wohlstand und Überfluß verrauchte. Ohne diese Besinnung aber gibt es keine gerechte und freie Welt, die mit eigener Kraft die Drohungen barbarischer Tyrannei zurückdrängen könnte. Die letzte Etappe des Kampfes zwischen Freiheit und Tyrannei hat begonnen. „Die Zeit ist zu Ende, da jeder, der Freiheit schätzt, weiterhin den Kommunismus versöhnen (appease) oder sich Streit erlauben kann unter den Völkern oder zwischen Parteien und Klassen innerhalb eines Volkes."

Was wir heute brauchen, ist nicht ein Marshall-Plan oder ERP, die unter den heutigen Verhältnissen zwangsläufig zu einem kommunistischen Hilfsplan werden. Wir brauchen einen christlichen Erneuerungsplan — für den Einzelnen wie für die Völker. Kein christlicher Plan kann Deutschland, das Herzland Europas, ausschließen, ohne unrealistisch, unchristlich und erfolglos zu werden. Es ist die letzte Stunde für eine Umkehr von der rassischen Rachsucht Morgenthaus zur allumfassenden Liebe Christi. Morgen schon kann es zu spät sein und wiederum zahlen Frauen, Mütter und Kinder und die Blüte der Nation mit „Blut, Schweiß und Tränen" und am Ende steht — das Chaos.

Senator Henrick Shipsteads bezeichnete am 15. Mai 1946 im US-Senat den Morgenthau-Plan als „Amerikas Denkmal ewiger Schande zur Vernichtung der deutschsprachigen Menschen".

3.
„Hiss-et"* die rote Fahne!

Demokratische und volksdemokratische Regierungen spielen mit dem demos, dem Volk, gerne „Blinde Kuh". (Man braucht dabei nicht an die Kälber denken, die sich die Metzger selber wählen!) Meistens fällt die Blende erst, wenn es zu spät ist. Nur ganz wenige kommen zur Erkenntnis Disraelis, daß „die Welt von ganz anderen Menschen geführt wird, als sich die Leute einbilden, deren Augen nicht hinter die Kulissen schauen". Der Völkerbund unrühmlichen Angedenkens und selbst der „Friedens"-Vertrag von Versailles sind nicht in dem Pariser Vorort geboren worden, sondern schon zwei Jahre vorher im Rat der Freimaurerlogen, wie man bei Graf de Saint-Aulaire (Geneva versus Peace, New York 1937) nachlesen kann.

Diese Gedanken kamen mir in den Sinn, als mich eines Tages eine Post-War New World Map (Landkarte der neuen Welt der Nachkriegszeit) erreichte. Diese Karte ist sehr, sehr interessant. Sie erschien nicht 1945, sondern bereits 1942, ist wohl schon 1941 vor dem offiziellen Kriegseintritt Amerikas fertiggestellt worden. Sie enthüllt nicht etwa die Pläne des Nazi-Imperialismus, nicht einmal die Welteroberungspläne des Bolschewismus. Printed in U.S.A., genauer in Philadelphia. Sicherlich ist auch der Name des Herausgebers wichtig und aufschlußreich, der den Begleittext schrieb: Moritz Gomberg, auch wenn man annehmen muß, daß es sich dabei nicht um eine Privatarbeit Moritz Gombergs handelt. Die Landkarte wird präsentiert als „Grundriß einer Nachkriegs-Weltkarte (für den Zeitpunkt), da U.S.A. die Weltführung übernimmt für die Errichtung einer neuen moralischen Weltordnung (zur Erzielung) eines dauerhaften Friedens der Freiheit, Gerechtigkeit, Sicherheit und des Umbaues der Welt."

Die Karte ist „prophetisch", jedenfalls von „Wissenden" inspiriert. Es liegt nicht in meiner Absicht, den amerikanischen Imperialismus zu behandeln, den Moritz Gomberg verfolgt. Nur en passant: Zu U.S.A. and Protectorates zählen auch Kanada, Grönland, Island, die Azoren, die Kanarischen Inseln, ungezählte Inseln bis nahe heran an Australien und Japan. Dem britischen Empire sind Sumatra, Java und Borneo eingegliedert. Das Reich Stalins erstreckt sich von Wladiwostok bis Köln, der Rhein ist

*** Ein Wortspiel mit dem Namen des engsten Mitarbeiters Roosevelts, Alger Hiss, der sich später (Näheres siehe S. 107) als Spion Moskaus entpuppte.**

die Westgrenze der Asiaten. Polen, Tschechei, Ungarn, Jugoslawien, Bulgarien, Rumänien sind als Sowjetrepubliken eingetragen. Deutschland und Österreich stehen im roten Feld „unter Quarantäne“, China erscheint noch unabhängig, dagegen ist Iran als Teil der U.S.S.R. verzeichnet. Japan ist ebenfalls unter Quarantäne. Der dritte Achsenpartner, Italien, soll „eventuell“ mit Belgien, Holland, Luxemburg, der Schweiz, Frankreich, Spanien und Portugal die „Vereinigten Staaten Europas“ bilden.

Ebenso aufklärend wirken die 41 Punkte Moritz Gombergs. Die Achsenmächte müssen völlig zerbrochen werden, „ohne Rücksicht auf Kosten, Mühe und Zeit“; Amerika, England und Rußland garantieren den Frieden der anderen Nationen, die entwaffnet und entmilitarisiert werden. Dafür ist „die Unbesiegbarkeit der U.S.A. als Militär-, See- und Luftmacht eine der ersten Voraussetzungen“. Alle Mächte der westlichen Hemisphäre werden zu diesem Zweck die Kontrolle ihres Besitzes, der umgebenden Gewässer und strategischen Inseln an Amerika übertragen. Besonders wichtig sind die nachfolgenden Punkte:

„14. Die U.S.S.R., die dritte bedeutende Militärmacht von Bedeutung, die mit U.S.A. zusammenarbeitet für Freiheit (!) und Aufrechterhaltung des Friedens, soll die Kontrolle erhalten über die anliegenden befreiten Gebiete sowie über Deutschland und Österreich, die umerzogen und eventuell als gleichberechtigte Republiken der U.S.S.R. eingegliedert werden sollen ...“

26. Das Gebiet des Heiligen Landes der alten Hebräer, derzeit bekannt als Palästina und Transjordanien, und die angrenzenden Gebiete ... sollen aus geschichtlichen Gründen und aus der zwingenden Notwendigkeit, das Flüchtlingsproblem der Nachkriegszeit zu erleichtern, vereinigt werden als entmilitarisierte unabhängige Republik „Judenland“ (Hebrewland) ...

30. Die verbrecherischen Anstifter des schrecklichen Krieges und ihre Mitschuldigen sollen der Gerechtigkeit überliefert und bestraft werden, daß sie es nie wieder vergessen.

31. Alle japanischen Untertanen und alle Personen japanischer Herkunft zweifelhafter Loyalität (wem gegenüber?) sollen dauernd aus der westlichen Hemisphäre vertrieben werden, aus den U.S.A-Protektoraten und strategisch vorgeschobenen Inseln; ihr Vermögen soll für den Nachkriegswiederaufbau konfisziert werden.

32. Alle Untertanen Deutschlands und Italiens und alle deutscher und italienischer Herkunft, die als aktive Förderer der

nazistischen und faschistischen Ideologie bekannt sind, sollen ähnlich behandelt werden.

33. Deutsche, italienische und japanische Einwanderung in die westliche Hemisphäre, ihre Protektorate und vorgeschobenen Inseln soll dauernd eingestellt werden.

34. Alle Personen deutscher Herkunft in Ostpreußen und im Rheinland (!) sollen ins Innere Deutschlands in dauernd entpreußte Gebiete überführt werden.

35. Alle Personen deutscher, italienischer und japanischer Herkunft sollen dauernd aus den heute eroberten Gebieten vertrieben, ihr Vermögen soll für Wiederaufbauzwecke konfisziert werden.

36. Um die Bevölkerung der besiegten Achsenangreifer vom Rausch des militärischen Chauvinismus zu reinigen, um die Entfernung und Zerstörung ihrer potentiellen militärischen Einrichtungen zu erzielen, um die gestohlene Beute wiederzugewinnen und sie für die eventuelle Mitgliedschaft in der Familie der Nationen umzuerziehen, sollen die Gebiete Deutschland-Österreich, Italien und Japan hermetisch und auf unbestimmte Zeit unter Quarantäne gesetzt und von Gouverneuren verwaltet werden, die von der Weltliga der Nationen beaufsichtigt werden.

37. Alle Rohstoffe, die industrielle und Arbeitskapazität der Gebiete unter Quarantäne sollen in den Dienst des Nachkriegsaufbaues gestellt werden.

38. Um die Angreifernationen zahlenmäßig zu reduzieren, soll als potentieller militärischer Vorteil eine Bevölkerungskontroll-Politik ausgearbeitet und in den Gebieten unter Quarantäne eingeführt werden.

Nach etlichen verschleierten kommunistischen Vorschlägen folgt 40: Um den Sieg und die Führung unserer vereinten demokratischen Bemühungen aufrechtzuhalten — deren Ziel nicht Rache und Ausbeutung, sondern Freiheit und Sicherheit aller Völker für friedlichen Fortschritt ist — soll ... ein dauernder höchster Militär- und Wirtschaftsrat eingerichtet werden.

„Für dieses sinnvolle Ziel müssen wir kämpfen bis zum absoluten Siege. Moritz Gomberg."

Soweit Moritz, der moralische Weltreformer, in ungefähr den Tagen, da die Kreuzfahrer der Welt die Atlantic-Charta vordeklamierten, da Roosevelt sein „again and again and again" amerikanischen Müttern vorlog, um seine Wiederwahl zu sichern, obwohl er — wie Churchill eben im 3. Band seiner Memoiren berichtet — längst die Kriegsbeteiligung zugesagt hatte, ja sogar bereit war, ohne Kriegserklärung und Zustimmung des Kongresses einfach „Krieg zu machen". Es scheint fast, als wäre der sadistische Morgenthau-Plan nur ein Plagiat dieser moralischen Ergüsse Moritz Gombergs. Vielleicht haben beide „Pläne" denselben Vater.

Es stünde dafür, daß ein besonderer Kongreß-Ausschuß diese moralische Landkarte und ihre Hintergründe und Hintermänner untersucht, obwohl das Ergebnis nicht mehr überraschen dürfte. Ist denn wirklich jemand so naiv, anzunehmen, wie uns Senator Lucas einreden will, daß sich der gottgleiche F.D.R. nur irrte und täuschen ließ, oder hat Dr. Ruth Alexander recht, die den Krieg „Roosevelts Krieg, um die Welt für den Kommunismus zu sichern" nennt? (Herald American, 19. Februar).

Diese amerikanische Landkarte müßte über ganz Europa plakatiert werden, damit man die roten Fahnen rechtzeitig vorbereitet und hißt. Die Welt muß daraus ersehen, was der Plan derer ist, die in Wirklichkeit regieren, der Plan der Wissenden. Es scheint nicht zufällig, daß heute wieder eine Haßwelle gegen alles Deutsche durchs Land geht. Man will von den wirklich Schuldigen ablenken. Amerika und die Welt sollen den Feind nicht sehen, sie sollen nicht aufwachen, ehe der „Plan" verwirklicht ist: die eine gottlose, kommunistische Welt der Gombergs und Konsorten.

*

Einer der sensationellsten Spionageprozesse in den USA endete anfangs 1950 mit der Verurteilung des hohen amerikanischen Staatsbeamten Alger Hiss. Hiss war die rechte Hand Roosevelts und ein Freund Achesons. Er galt als junges Genie, das auf eine märchenhafte Karriere zurückblickt und eine der höchsten Stellen im amerikanischen Außenamt einnahm. Der Prozeß ergab, daß er seit 1938 für den Spionagedienst der Sowjets arbeitete. Leistete er diesen Dienst noch, als er in Jalta neben Roosevelt stand? Die weltbewegende Frage, wie es kam, daß Roosevelts Diplomatie Stalin gegenüber so entsetzlich versagt hat, würde sich dann auf überraschend einfache Art beantworten. Es ist anzunehmen, daß Stalin durch Alger Hiss mit den Plänen Roosevelts und wohl auch Churchills vertraut war. Denn Hiss war amtlich ununterbrochen in Fühlung mit den russischen Diplomaten.

Alger Hiss war es, der die juridische Grundlage für das Eingreifen Amerikas in den Krieg lange vor Pearl Harbour lieferte. Darauf beruft er sich jetzt übrigens, um seine antikommunistische Einstellung unter Beweis zu stellen. Zur Zeit des Stalin-Hitler-Paktes entsprach es der offiziellen Linie der Kommunistischen Partei, sich gegen die Unterstützung der europäischen Westmächte durch Amerika zu wenden. In Wirklichkeit lief aber die ganze Politik Stalins darauf hinaus, als lachender Dritter aus dem Kriege zwischen den beiden Weltmächten Vorteile zu ziehen. Alger Hiss arbeitete im Außenministerium in der „Abteilung für den Fernen Osten", deren Politik nach Ansicht der republikanischen Gegner Präsident Trumans die Niederlage Tschiangkaischeks beschleunigte. Alger Hiss war es schließlich auch, der (wahrscheinlich auf direkte Empfehlung Achesons) den sterbenskranken Präsidenten Roosevelt neben Harry Hopkins nach Jalta begleitete. In einem der abgelegenen Zimmer des ehemaligen Zarenschlosses Livadia fand die folgenschwere Unterhaltung zwischen Roosevelt und Stalin statt, an der als einziger Zeuge Alger Hiss teilgenommen hat. Hier erlitt der Westen seine entscheidende Niederlage. Der amerikanische Staatschef gab unter anderem in der polnischen Frage nach und besiegelte damit auch das Schicksal des deutschen Ostens.

In die Staaten zurückgekehrt, empfing Hiss seinen Lohn. Einer glanzvollen Karriere schien nichts mehr im Wege zu stehen. Er wurde Generalsekretär der Konferenz von San Franzisko, auf der die „Charta der Vereinten Nationen" ausgearbeitet wurde, durch die Roosevelt den Frieden gesichert glaubte und deren Grundsätze er zum Motiv aller seiner Zugeständnisse gemacht hatte. Für Hiss war diese Zeit der Höhepunkt seines Lebens. Was aber als Beginn einer Glanzperiode angesehen wurde, war in Wahrheit der Anfang vom Ende. Mehr und mehr Gerüchte kreisten um das links orientierte „junge Genie". Freunde der Roosevelt-Administration, die zwar stark links, aber ebenso entschieden antikommunistisch eingestellt waren, warnten vor möglichen Verwicklungen.

Es war Tatsache, daß bereits im Jahre 1940 ehemalige kommunistische Agenten Angaben gemacht haben, daß im State Department und in anderen hohen Stellen kommunistische Zellen bestünden, denen auch die Gebrüder Hiss angehören sollten. Die ehemalige kommunistische Agentin Elisabeth Bentley machte in diesem Zusammenhang ähnliche Äußerungen.

Im Juni/Juli 1948 schritt das berühmte amerikanische „Komitee gegen unamerikanische Umtriebe" ein. Zum erstenmal wurde hier auch Harry D. White mit den Kommunisten in Zusammenhang gebracht, der übrigens als der wirkliche Verfasser des Morgenthau-Planes gilt. White erlag im Verlaufe der Untersuchungen einem Herzanfall und war der erste in einer Reihe mysteriöser Todesfälle.

Die Untersuchungen des Komitees führten zu nichts, und es war den Freunden der Regierung nicht schwer, das ganze Verfahren lächerlich zu machen. Das Komitee hingegen, dem maßgebende Republikaner angehörten, versuchte, die demokratischen Gegner zu diskreditieren. Bei diesem politischen Geplänkel wurde nun der mysteriöse Informator bekannt: Whittaker Chambers, einer der verantwortlichen Redakteure der amerikanischen Wochenschrift „Time" und selber ehemaliger Mittelsmann der Sowjetspionage.

Whittaker Chambers Angaben, Hiss habe Geheimdokumente des Weißen Hauses an die Kommunisten gegeben, schienen erst zu sensationell, um wahr zu sein. Alle Sympathien galten Aiger Hiss. Doch ist auch Chambers keine unbedeutende Persönlichkeit. Als feinsinniger Übersetzer von Kafka und Werfel ließ er während des Prozesses einige seiner Aufsätze verlesen, die selbst die Hiss'schen Verteidiger einschließlich der hinzugezogenen Psychiater als „brillant" bezeichneten.

Hiss war die Umkehrung seines Gegenspielers. Schlank, gut aussehend, vor allem sehr selbstsicher und gefaßt. Er leugnete alles, behauptete beim Anblick einer Photographie Chambers, diesen nie gekannt oder gesehen zu haben. Sogar die radikal-republikanischen Mitglieder des Ausschusses betrachteten den Fall als verloren und wollten das Verfahren einstellen. Einige der Untersuchungsbeamten jedoch ließen nicht locker; unter ihnen ein ehemaliger Parteifunktionär, der seinerzeit Chambers in die Kommunistische Partei aufgenommen hatte und daher von vornherein von der Wahrheit der Aussagen dieses Belastungszeugen überzeugt war.

Es würde zu weit führen, die Untersuchung im einzelnen zu schildern. Hiss und Chambers wurden gegenübergestellt. Hiss leugnete zunächst weiter, gab aber schließlich zu, Chambers unter anderem Namen und nur oberflächlich gekannt zu haben. Plötzlich aber geschah das Ungewöhnliche. Hiss verklagte Chambers wegen Verleumdung, und der zum Äußersten getriebene, nun in den Anklagezustand versetzte Ankläger spielte seine Trumpfkarte aus und legte dem Gericht einen Stapel von Dokumenten und Photokopien geheimsten Materials des Außenministeriums auf den Tisch, von denen noch heute einige nicht zu veröffentlichen sind. Ein großer Teil der Papiere war in der Handschrift von Hiss oder auf dessen privater Schreibmaschine kopiert.

Hiss leugnete. Direkte Zeugen waren nicht vorhanden. Ein in die Affäre verwickelter Parteifunktionär, ein Ungar namens Peters, wurde von den amerikanischen Behörden wahrscheinlich nach Ungarn abgeschoben. Der russische Chef der ganzen Organisation, ein Oberst Bykow, war sowieso unerreichbar. Wort stand gegen Wort. Chambers aber konnte sich auf die Dokumente mit der Handschrift Hiss' oder auf die mit dessen Maschine geschriebenen Schriftstücke berufen, die dieselben Typenzeichen, Tipp- und Schreibfehler aufwiesen wie andere, von der Frau des Angeklagten, Pryscilla Hiss, gefertigte Schriftstücke. Außerdem diente dem Gericht als Beweis ein Teppich, der sich im Besitz von Hiss befand und einer von denen war, die Chambers im Auftrage von Oberst Bykow gekauft und an seine hervorragendsten Washingtoner Verbindungsleute verteilt hatte.

Beim zweiten und entscheidenden Prozeß (14. Dezember 1949 bis 25. Jänner 1950) wurde schlagendes Beweismaterial eingebracht. So trat als Zeugin ein Negermädchen auf, das aussagte, Hiss in Baltimore im Hause Chambers öfter gesehen zu haben. Da half auch nicht mehr der Versuch der Verteidigung, Chambers durch einen in der Gesellschaft New Yorks berühmten „fashionablen" Psychoanalytiker für geistig anormal erklären zu lassen.

Ein entscheidender Faktor war auch das Erscheinen Heda Massings, der früheren Frau Gerhard Eislers, des SED-Propagandachefs der Ostzone, die beim ersten Prozeß vom Gericht als Zeugin nicht zugelassen worden war.

Mrs. Massing gab an, ebenfalls Agentenarbeit für den sowjetischen Nachrichtendienst geleistet zu haben. Im Verlauf ihrer Mission sei sie auch mit Alger Hiss zusammengekommen. Dabei habe ihr dieser Vorwürfe darüber gemacht, daß sie sich bemüht habe, Noel Field, einen Angestellten des State Departments und Mitarbeiter von Hiss, in die Kommunistische Zelle zu ziehen, während er als Freund von Hiss in dessen kommunistischen Kreis gehöre. Das Gericht stand vor neuen Komplikationen.

Noel Field war 1940 nach seinem Ausscheiden aus dem State

Department für eine protestantische Hilfsorganisation nach Frankreich und in die Schweiz gegangen, um dort Flüchtlinge vor dem Hitler-Terror zu retten; auch Eisler und andere führende Kommunisten befanden sich darunter. Der ungarische Kommunist Rajk hat in einem seiner vor kurzer Zeit abgegebenen „Geständnisse" ausgesagt, daß er von Noel Field nicht nur aus einem französischen Konzentrationslager in Le Vernet befreit, sondern von ihm auch für die amerikanische Spionage nach Ungarn geschickt worden sei.

Über Fields Vergangenheit bestehen Zweifel. War er nun Kommunist, war er ein Instrument des Kremls oder war er gar ein Beauftragter des amerikanischen Geheimdienstes oder vielleicht beides? Er konnte keine Antwort geben, da er während des Prozesses mit seinem Bruder und seiner Frau nach Prag abreiste und dort „spurlos" verschwand.

Auch Lawrence Duggon, Leiter des „Instituts für intellektuelle Zusammenarbeit in New York", der in diese Angelegenheit verwickelt ist, konnte nicht mehr verhört werden. Zu Beginn des Hiss-Prozesses fiel er aus dem Fenster seines zwanzig Stockwerke hohen Büros. Das war um die gleiche Zeit, als Sumner Welles, der Chef und Freund sowohl von Hiss wie auch von Field und Duggon, nahe seiner Villa bewußtlos im Schnee liegend aufgefunden wurde. Der schon vorher erwähnte Harry D. White, ein weiteres prominentes Mitglied dieser Gruppe, starb ebenfalls um diese Zeit.

Die volle Wahrheit über den Umfang der kommunistischen Tätigkeit in der hohen Washingtoner Gesellschaft wird nie ganz zu erfahren sein. Schaudernd blicken die Amerikaner in den Abgrund, der da vor ihnen aufgerissen wurde.

4.
Teheran

Aus einer Botschaft Papst Pius XII. an Präsident Truman:

„Wer die Wahrheit besitzt, muß sie gewissenhaft definieren, wenn Feinde sie entstellen; er muß kühn genug sein, sie zu verteidigen, und großmütig genug, das persönliche und völkische Leben nach ihrem Diktat zu regeln. Das erfordert eine Reihe Korrekturen von Abirrungen.

Soziale Ungerechtigkeiten, rassisches Unrecht, religiöse Feindseligkeiten bestehen heutzutage unter Menschen und Gruppen, die sich einer christlichen Kultur rühmen. Und diese Dinge sind eine sehr nützliche und oftmals wirksame Waffe in den Händen derer, die darauf aus sind, das Gute zu zerstören, das diese Kultur gebracht hat."

Die Konferenz von Teheran, Ende November und Anfang Dezember 1943, ist für das profanum vulgus noch mit dem Schleier orientalischer Geheimnisse umhüllt. Warum vermied man es, gewissenhaft zu definieren, wenn man glaubte, die Wahrheit zu besitzen? Die abschließende Erklärung, die ich nach dem Text übersetze, den der Kommunist Earl Browder in seiner Broschüre „Teheran" bietet (New York 1944, p. 12), ist phrasenhaft und verschweigt mehr, als sie sagt, was man nicht allein aus dem damals noch bestehenden Kriegszustand erklären sollte:

„Wir, der Präsident der Vereinigten Staaten Amerikas, der Erstminister von Großbritannien und der Premier der Sowjetunion, haben uns in den vergangenen vier Tagen in Teheran, der Hauptstadt unseres Bundesgenossen, getroffen und unsere gemeinsame Politik besprochen und bestätigt.

Wir bringen die Entschlossenheit zum Ausdruck, daß unsere Völker im Kriege und im kommenden Frieden zusammenarbeiten werden.

Was den Krieg betrifft, so kamen unsere Generalstäbe in Rundtafelbesprechungen zusammen und wir haben unsere Pläne für die Zerstörung der deutschen Kräfte koordiniert. Wir erzielten volle Übereinstimmung über Ausmaß und Zeitpunkt der Operationen von Ost, West und Süd. Diese Übereinstimmung ist die Garantie unseres Sieges.

Was den Frieden angeht, sind wir überzeugt, daß unsere Eintracht einen dauernden Frieden schaffen wird. Wir anerkennen voll und ganz die höchste Verantwortlichkeit, die auf uns und unseren Völkern liegt, einen Frieden zu schließen, der den guten Willen der überwiegenden Masse der Völker der ganzen Welt gebieten und die Geißel und Schrecken des Krieges für viele Generationen verbannen wird.

Wir haben mit unseren diplomatischen Ratgebern die Probleme der Zukunft studiert. Wir werden die Zusammenarbeit und aktive Teilnahme aller Völker, groß und klein, suchen, deren Menschen, so wie die unseren, in Herz und Hirn der Abschaffung der Tyrannei und Sklaverei, der Unterdrückung und Intoleranz gewidmet sind. Sie sind uns, wenn sie sich entschließen, willkommen in der Weltfamilie demokratischer Nationen.

Keine Macht der Welt kann verhindern, daß wir die deutschen Armeen am Land, ihre U-Boote zur See und ihre Kriegsindustrie aus der Luft vernichten. Unsere Angriffe werden unbarmherzig sein und sich verstärken.

Beim Verlassen dieser freundschaftlichen Konferenzen schauen wir mit Vertrauen dem Tag entgegen, da alle Völker der Welt ein freies Leben, unberührt von Tyrannei, und im Einklang mit ihren verschiedenen Wünschen und ihrem Gewissen führen können.

Wir kamen hierher mit Hoffnung und Entschlossenheit. Wir scheiden von hier als Freunde in der Tat, in der Gesinnung und in unseren Zielen." —

Mache sich jeder seinen Reim über dieses Gemisch von Verlogenheit und Heuchelei, Friedenspropaganda und Brutalität. Stalin hat sich verpflichtet zur Abschaffung der Tyrannei und Sklaverei und Intoleranz! Das ist die grausamste Satire auf den politischen und moralischen Tiefstand unserer Zeit. Wahr ist nur e i n Satz der Erklärung: Wir — die westlichen Kreuzfahrer — kamen hierher — zu der Konferenz, die Roosevelt auf ein handschriftliches Bittgesuch an Stalin endlich erreicht hatte, als Freunde in der Tat, in der Gesinnung — d. h. einig in der Gesinnung mit dem Manne, den man vorher „Schlächter", „Verbrecher", den blutigsten Tyrannen genannt — und in unseren Zielen — d. h. dem Verrat aller Grundsätze von Wilson bis zur Atlantic Charta, dem Verrat der abendländischen Welt, des Christentums an den Antichrist im Kreml, der Durchführung der Morgenthau-Teufelei.

Schweigen wir von Stalin, dem Meister in der Kunst der „Expediency". Vom Kreuzfahrer Churchill wissen wir, daß er „selbst mit dem Teufel Freundschaft schließt, wenn er dadurch England retten könnte" (Vincent Sheean, Between the Tunder and the Sun, New York 1944, p. 73). Und Roosevelt, der „mit Hitler nicht Geschäfte machen" konnte, der das kommunistische System „eine Tyrannei so brutal als irgend eine" genannt, der zu Kriegsbeginn den amerikanischen Bischöfen versichert hatte: „Wir werden diesen Krieg gewinnen. Im Siege werden wir nicht Rache suchen, sondern die Errichtung einer internationalen Ordnung, in welcher der Geist Christi die Herzen der Menschen und Völker regieren soll." (Zitiert bei Donald A. MacLean,

A Dynamic World Order, Milwaukee 1945, p. 212.) Wie ist es möglich, daß Roosevelt den Tyrannen im Kreml mit Liebeswerbungen verfolgte und die Stunde nicht erwarten konnte, da er seine blutbefleckte Hand schütteln durfte? Warum hat ihn nicht Selbstachtung, wenn schon nichts anderes, zurückgehalten, die Erklärung von Teheran zu unterschreiben? War er so naiv, anzunehmen, daß Stalin wirklich „Herz und Hirn der Abschaffung der Tyrannei und Sklaverei, der Unterdrückung und Intoleranz gewidmet hatte"? Forrest Davis erzählt in seinen Artikeln „Was sich in Teheran wirklich zutrug" (Saturday Evening Post, 13. und 20. Mai 1944), daß Roosevelt mit dem „großen Plan" nach Teheran ging, die Bolschewiken in die Völkerfamilie, damit zu den „Vereinigten Nationen" zurückzubringen. Er sah nicht, daß er sich mehr verdemütigte als Chamberlain und Daladier in München; er sah nicht, wie ihn der Georgier um die Finger wickelte und seinen Ehrgeiz ausnutzte. Morgenthau, der schon 1933 die Verbindung zu Moskau herstellte, erzählt uns in einer Artikelreihe in Collier's Magazin, daß F. D. R. die fixe Idee hatte, sein Charme könnte jede Frage regeln, so groß die Hindernisse auch sein mögen: „Wenn ich nur einmal, ich selber, mit einem Manne reden könnte, der die Russen repräsentiert, ich könnte die ganze Frage ausgleichen." (Zitiert bei J. M. Gillis, ebd. 442.) — Historiker werden vieles aufzuklären und zu erklären haben. Vielleicht findet sich ein anderer Comte Saint Aulaire, der über die „geheimen Mächte" berichtet, die Plutokratie, Demokratie und Tyrannei zusammenbinden? — —

Aus den verschiedenen Berichten ist wenig über den Inhalt der Verhandlungen zu erfahren. Der Kommunist Browder redet um die Erklärung herum, von der er so begeistert ist, daß er eine kostspielige Pressekampagne für die Wiederwahl Roosevelts zum vierten Male — entgegen allen amerikanischen Traditionen! — veranstaltete. Wenn niemand anders, Browder wußte, daß Stalin, und er allein, der Sieger in Teheran war. — Die „fünfte Teilung Polens" wurde in Teheran beschlossen, natürlich im Sinne Stalins auf Kosten der Polen wie der Deutschen. Von der Austreibung der deutschen Minderheit war anscheinend noch keine Rede. Roosevelt erinnerte sich an die sechs oder sieben Millionen Amerikaner polnischer Abstammung, „deren Meinung respektiert werden muß". Stalin empfahl „Propaganda-Arbeit" unter diesen Leuten. (Vgl. Robert E. Sherwood, Roosevelt and Hopkins, New York 1948, p. 796.) —

Roosevelt präsentierte seinen Plan für die Zerstückelung Deutschlands; er schlug die Bildung fünf autonomer Staaten vor, 1. Preußen, reduziert, 2. Hannover und der Nordwesten, 3. Sachsen und das Leipziger Gebiet, 4. Hessen-Darmstadt, Hessen-Kassel und das Gebiet südlich des Rheins, 5. Bayern, Baden und Württemberg. Der Kieler Kanal, Hamburg, die Ruhr und die Saar sollten unter internationaler Kontrolle stehen. Churchill rief aus: „Der Präsident hat den Mund sehr voll genommen!" Er stimmte zu, daß Preußen abgetrennt werden sollte; für die südlichen Staaten schlug er eine Donauföderation vor. Stalin war für keinen Plan begeistert; er zog aber den Roosevelts vor. (Ebd. 798.) Es ist interessant, einige der Ansichten Stalins über Deutschland festzuhalten: Er schien nicht an die Möglichkeit einer Reform der Deutschen zu glauben, er sprach bitter von der Haltung der deutschen Arbeiter gegenüber den Sowjets. Die deutsche Mentalität der Disziplin und des Gehorsams könne nicht geändert werden. Nur ein fähiger Mensch (Hitler) hätte die Einigung Deutschlands erreichen können, was immer man von den Methoden denke. Der vage Grundsatz der „bedingungslosen Übergabe" diene nur dazu, „das deutsche Volk zu einigen, spezifische Bedingungen, wie hart sie auch sein mögen . . ., würden die deutsche Kapitulation beschleunigen". (Ebd. 782 f.) Roosevelt, sagt uns der Bericht weiter, änderte seine Meinung in dieser Frage nicht. Wir wissen, er war eingeschworen auf Morgenthau. —

Noch eine bezeichnende Bemerkung aus den Artikeln von Forrest Davis, aus denen die Kleinstaaten und die Minderheiten lernen könnten: Die Herren unterhielten sich, wie man die „verrückten" Türken in den Krieg hineinziehen, anderseits Finnland herausbringen könnte. „Finnland", meinte Roosevelt, „gleicht einem einsamen Wanderer, der von fünfzig Banditen mit Gewehren überfallen wird." Wenn er Präsident von Finnland wäre, würde er seinem Volke vorschlagen, Frieden unter Rußlands Bedingungen zu machen, die Armee heimzuschicken, die Ersparnisse für die Verbesserung des Wohlstandes des Landes zu verwenden und sich auf die guten Absichten Rußlands und den mäßigenden Einfluß einer Weltorganisation für Sicherheit zu verlassen.

Es erscheint mir wichtig, kurz darzulegen, wie Teheran aufgenommen wurde. Kein Demokrat regte sich auf über Zusammenarbeit mit der blutigsten Diktatur, kein Christ über Kollaboration mit dem Antichrist. „Roosevelt vermied den geringsten Anlaß, den Kreml zu verletzen . . . Der Kern seiner Politik war, in Stalin unbegrenztes Vertrauen zu wecken ... Unser Versagen, unsere Vermittlung in dem russisch-polnischen Konflikt anzubieten, muß in diesem Lichte gesehen werden. Ebenso unsere Unterstützung für Tito, den kroatischen Kommunisten und Führer der Partisanen in Jugoslawien. So des Präsidenten unmittelbare, großzügige Annahme der Forderung Stalins nach einem Anteil an der übergebenen italienischen Flotte. Unser wiederholt ausgesprochener Rat an die Finnen, sofort den Krieg zu beenden, ohne Rücksicht auf die Bedingungen der Russen, fällt unter dieselbe taktische Linie." (Forrest Davis, ebd.) Kaum jemand sprach von Appeasement; keine Karikatur holte Chamberlains Regenschirm aus der Rumpelkammer. — Ach ja, die verratenen Polen im Exil schrien auf. Sie wurden bald „vernünftig" gemacht. — Noch 1948 schreibt R. E. Sherwood: „Die offiziellen Protokolle sind so verschleiert, daß das dahinterstehende Drama verdunkelt wurde; aber es war viel zu groß, als daß es völlig verkleidet werden konnte. Man kann diese absichtlich nüchtern und vorsichtig gehaltenen Berichte nicht lesen ohne das Gefühl, daß hier Titanen am Werke waren, den kommenden Lauf eines ganzen Planeten zu bestimmen. Es waren in der Tat die ‚Drei Großen'." (L. c. 789.) Churchill erklärte, „der Marschall stehe würdig neben den mächtigsten Gestalten der russischen Geschichte und verdiene den Titel ‚Stalin der Große'" (793). Sherwood meint: „Wenn es einen Höhepunkt in Roosevelts Karriere gab, so müßte man ihn in diesem Zeitpunkt, am Ende der Konferenz von Teheran, sehen" (799).

Radio Berlin erklärte in diesen Tagen, wie Browder zitiert, „Teheran sei die gigantische Auslieferung Churchills und Roosevelts an Stalin" (L. c. 15). Man braucht nicht auf das Urteil der Geschichte zu warten. Bald sehen auch die Blinden. „All die Riesen sind nur Zwerge, all die Herrn nur arme Knechte" (F. W. Weber, Dreizehnlinden).

5.
Jalta

„Bündnisse zwischen grundsätzlichen Feinden führen nie zu etwas Gutem.

Der Grundsatz: ‚Eine Hand wäscht die andere' hat sehr üble Folgen, wenn die eine Hand aussätzig ist. Sie werden es dann nämlich beide."

Julius Langbehn.

Es führt ein gerader Weg von Quebec über Teheran nach Jalta. Ein Abgrund ruft den anderen. In der offiziellen Erklärung der Konferenz berufen sich die „Titanen" zwar auf die Atlantic Charta; die Beschlüsse aber sind ein Faustschlag gegen Geist und Buchstaben der Charta. Der alte Racheschrei barbarischer Zeiten: Unconditional surrender, bedingungslose Übergabe. Was man darunter versteht, soll „erst nach der endgültigen Niederlage" bekanntgegeben werden. Es war aber damals schon klar: Morgenthau hatte gesiegt, und als so langsam verschiedene Geheimabmachungen durchsickerten — obwohl Roosevelt vor dem Kongreß erklärte, es gäbe keine Geheimabmachungen! —, wußte man, daß selbst diesem sadistischen Plan noch etliche Teufeleien angehängt worden waren, die allerdings mit folgendem Satz nach außen gedeckt sein sollten: „Es ist nicht unsere Absicht, das deutsche Volk zu vernichten; aber nur wenn der Nazismus und Militarismus ausgerottet sind, besteht Hoffnung auf ein anständiges Leben für die Deutschen und ein Platz für sie in der Gemeinschaft der Völker."

Man muß die Schlußformel heute, fünf Jahre nach der Abfassung und nach der Beendigung des Krieges lesen: „Unser Zusammentreffen in der Krim hat unseren Entschluß bekräftigt, im kommenden Frieden die Einigkeit des Zieles und des Handelns zu erhalten, die im Kriege den Sieg der Vereinigten Nationen ermöglicht und gesichert haben. Wir glauben, daß dies eine heilige Verpflichtung ist, die unsere Regierungen unseren Völkern und allen Völkern der Welt schulden. Nur durch die fortgesetzte und wachsende Zusammenarbeit unserer drei Länder und der friedliebenden Völker untereinander kann das tiefste Verlangen der Menschheit gestillt werden: ein sicherer und dauernder Friede, der nach den Worten der Atlantic Charta

‚jedem Menschen in jedem Lande ein Leben frei von Furcht und Not gewährleistet'! Der Sieg in diesem Kriege und die Aufrichtung der geplanten internationalen Organisation wird die größte Gelegenheit der Geschichte bieten. in den kommenden Jahren die wesentlichen Voraussetzungen eines solchen Friedens zu schaffen." — Man kann heute nur mit Schmerz und Scham feststellen, daß die Sieger diese „größte Gelegenheit der Geschichte" verpaßten. Sieg und internationale Organisationen sind keine Garantie für den Frieden, nicht der Sieg von 1918 und der Genfer Völkerbund, nicht der Sieg von 1945 und das Theater von San Franzisko. Der Geist ist es, der lebendig macht, der Frieden schafft. Der Geist aber wurde gemordet in Quebec, Teheran, Jalta und Potsdam.

Als der Sohn des schwedischen Kanzlers Graf Oxenstierna Bedenken hatte, ein Amt für die Konferenzen des Westfälischen Friedens (1648) anzunehmen, beruhigte ihn der erfahrene Politiker: „Weißt du nicht, mein Sohn, mit wie wenig Weisheit die Welt regiert wird?"

Dieses Wort kam mir in den Sinn, als ich das Buch „Speaking Frankly" (Frisch von der Leber) des früheren Staatssekretärs J. F. Byrnes durchblätterte. Ich meine nicht, daß dreihundert Jahre nach dem Westfälischen Frieden noch irgend jemand Bedenken hätte, ein Amt anzunehmen, das ihm angeboten wird. Es wimmelt doch nur so von Fachleuten, die sich vom lieben Gott nur dadurch unterscheiden, daß sie alles besser wissen und können als Er. Sie brauchen Betätigung: „Man hat sich durch einen Schwarm von Stellungsjägern dazu verlocken lassen, die UN ins Leben zu rufen, lange bevor es zum Friedensschluß kam, und an diesem Geburtsübel leidet sie und wird weiter leiden, bis es behoben ist", meinte der Leitartikel der „Basler Nachrichten" (17. September). — Ich will nur betonen, was das genannte Buch auf jeder Seite bestätigt, daß die Welt in unseren Tagen nicht bloß mit wenig Weisheit, sondern mit erschreckender Gewissenlosigkeit regiert wird.

Sollte man es für möglich halten, daß Präsident Roosevelt ohne jegliche Vorbereitung nach Jalta fuhr und sich selbst weigerte, auf der Fahrt zur Krim die vom Staatsdepartement vorbereiteten Unterlagen und Dokumente zu studieren, von denen der Friede und das Schicksal der Welt abhingen?

Staatssekretär Hull, Stimson und andere widersetzten sich dem Plan; Roosevelt stimmte zu, und nicht der berufene Fachmann,

Staatssekretär Hull, sondern M o r g e n t h a u ging nach Quebec, die Saat des Hasses und der Rache zu säen. Es scheint, daß Roosevelt die Katastrophe daraus kommen sah; denn drei Wochen nach Quebec leugnete er, daß er den Plan begünstigte; er wünschte, er könne den „erwischen und züchtigen, der solche Berichte in die Presse brachte". Als Hull und Stimson ihn darauf aufmerksam machten, daß der Plan doch mit seinen Initialen gezeichnet sei, meinte er: „Das muß gedankenlos geschehen sein." „Without much thought" handelte der Präsident, wenn es um den Frieden der Welt, um das Leben von Millionen ging! War Morgenthau auch nur gedankenlos? Wiederholen wir: Wenn die Leute wüßten..., sie würden erschrecken!

Es ist ein bekanntes Wort, daß man Gerüchte erst dann glauben soll, wenn sie amtlich dementiert werden. Leider findet man in Byrnes' Buch viele Tatsachen, die zu diesem Schluß führen müssen. Es wird nun bestätigt, daß der Staatssekretär seinerzeit den Präsidenten zwang, entweder Wallace zu entlassen oder seine Resignation anzunehmen. Viel tragischer und folgenschwerer ist es, daß Roosevelt seinerzeit alle Geheimabmachungen von Teheran und Jalta ableugnete, sowohl vor dem Kongreß als auch dem amerikanischen Volk gegenüber. Am 21. Oktober 1944 erklärte er: „Nach meiner Rückkehr von Teheran habe ich offiziell festgestellt, daß keine Geheimabmachungen getroffen wurden. Es geht also um meine Wahrhaftigkeit einerseits, anderseits um die fortgesetzten Behauptungen jener, die außenpolitisch keine Verantwortung tragen." Nach Jalta behauptete er vor dem Kongreß: „Ganz natürlich hat sich die Konferenz nur mit dem Krieg in Europa und europäischen Problemen, nicht mit dem Krieg im Pazifik beschäftigt." In beiden Fällen hatten jene recht, die „keine Verantwortung tragen": Jalta ist der Verrat an Europa und an unseren chinesischen Bundesgenossen, ein Appeasement Stalins, das die Appeasers von München vor Neid vergehen lassen müßte. Daß der damalige Vizepräsident Truman und Mr. Byrnes, der in Jalta anwesend war, von diesen Geheimabmachungen nichts wußten und erst nach Roosevelts Tod davon erfuhren, vermehrt nur die Tragik. Wir sehen hier nicht Demokratie, sondern absolutes Autokratentum am Werk. V i e l l e i c h t w ü ß t e n w i r v o n d e n G e h e i m a b k o m m e n h e u t e n o c h n i c h t s, h ä t t e n i c h t M o l o t o w den Schleier gelüftet, und ich fürchte, wir werden noch andere Überraschungen erleben, wenn einmal alle Rücksichten fallen. Auf alle Fälle ist Jalta die Basis für Potsdam. — Da nun die Geheimabmachungen weitaus wichtiger sind als die offiziellen Erklärungen, können wir darauf verzichten, diese zu wiederholen. Jeder Säugling weiß heute, was „bedingungslose Übergabe“ bedeutet; jeder Mensch spürt die „Befreiung“ in Österreich; die verratenen Polen und die verschacherten Chinesen, die Tschechen, die den Einzug der „Befreier“ nicht erwarten konnten und die heute „heim ins Reich“ fliehen, um sich vor den Befreiern zu schützen, die Ungarn, die Jugoslawen...

Schweigen wir von der Zerstückelung Deutschlands, von der Wegnahme seiner besten landwirtschaftlichen Gebiete, von der Demontage der Friedensindustrie aus Konkurrenzgründen, von der bewußten Herabsetzung des Lebensniveaus eines Kulturvolkes. Halten wir nur fest, daß die „Kreuzfahrer“, die Verkünder des „Friedens Christi“ A. D. 1945 die Sklaverei unter Weißen wieder einführten. (Vgl. James F. Byrnes, Speaking Frankly, p. 29.)

6.
Scandrett-Erklärung

Mr. Scandrett galt als guter Freund der Sowjets. Er war Mitglied der Reparationskommission, die nach Moskau entsandt wurde. Wenige Tage vor seiner Abreise plauderte er etwas aus der Schule. Ich wurde von dem Inhalt der „Plauderei“ wenige Tage später durch einen Teilnehmer der Abschiedsfeier unterrichtet. Später las ich die Erklärungen im „Congressional Record“ vom 7. Juni 1945, wo sie Mrs. Clare Boothe Luce, die Frau des Herausgebers von „Fortune“, „Life“ und „Time“, damals Mitglied des Kongresses, eingeschaltet hatte. Ich zitiere wörtlich nach der Broschüre „Leaning Over Backward in Europa“, in der das Appeasement Stalins bis zum Extrem — so müßte man den Titel frei übersetzen — seitens Amerikas geschildert ist (S. 6):

„Es wird berichtet, daß Mr. Scandrett sehr offen über das Thema Reparationen zu verschiedenen Bekannten sprach, gerade bevor er nach Moskau aufbrach. Nach Mr. Scandretts Ansicht wird die Nachkriegszeit ausschließlich von den Vereinigten Staaten und Rußland beherrscht. Es wird kein Deutschland mehr geben, nur mehr deutsche Provinzen unter russischen, amerikanischen, britischen und französischen „Kolonial"-Verwaltungen. — In diesen vier Provinzen wird der Lebensstandard herabgesetzt auf das Niveau, das heute in den Konzentrationslagern und Verbannungsgebieten Sibiriens besteht. Alle Klassen der Bewohner des früheren Deutschland werden absolut zwangsmäßig gleichgeschaltet. Letzten Endes werden diese Gebiete regiert von der Reparationskommission der Vereinigten Nationen, die entscheiden wird, wieviel Deutsche man gerade in jeder Provinz braucht, um ein Minimum an landwirtschaftlicher Produktion aufrechtzuhalten. Alle männlichen Deutschen zwischen 15 und 35 Jahren, die für diese Minimalproduktion nicht gebraucht werden, werden zu Sklavenbataillonen eingezogen, die unter Order Amerikas und Sowjetrußlands abtransportiert werden, mit besonderem Nachdruck auf ihre Verwendung in der Wiederherstellung der kriegszerstörten Gebiete Rußlands. Rußland fürchtet ja nicht — im Gegensatz zu Frankreich, Großbritannien oder Amerika — die innere Konkurrenz der Sklavenarbeit, die dort längst hergebrachte Innenpolitik ist.

Bei der Versklavung wird keine Rücksicht genommen auf Erziehung, Familienverbindungen, auf abhängige Frauen oder Kinder der deutschen Deportierten. Für Priester oder Pastoren werden keine Ausnahmen gemacht. Ja, es wird berichtet, es sei zwischen Amerika und U.S.S.R. eine völlige Übereinstimmung erzielt worden in der Frage der Berücksichtigung der Religion in Osteuropa. Nach diesem angeblichen Übereinkommen wird die russisch-orthodoxe Kirche, unlängst vom Kreml in Gnaden wieder aufgenommen, den Status als offizielle Religion in den Baltischen Republiken, in Polen, Ostdeutschland, der Tschechoslowakei, Rumänien, Bulgarien, Ungarn und Österreich erhalten. Römische Katholiken werden von jeglicher pastoraler Verbindung mit Rom abgeschnitten."

Soweit die Mitteilung von Mrs. Luce. Sie hat nicht einen Schrei des Entsetzens und der Entrüstung hervorgerufen, weder unter „Demokraten" noch unter Christen. Niemand forderte wenigstens eine Untersuchung oder Richtigstellung. Sie wurde einfach totgeschwiegen. Es will mir scheinen, daß hier der Schlüssel zum Verständnis der Nachkriegspolitik liegt bis herauf zu den Religionsverfolgungen. Daß manches anders kam, ist wahrhaftig nicht das Verdienst der „Planer". Mrs. Luce scheint an der Wahrheit der Erklärungen nicht zu zweifeln, so wenig übrigens wie ich selber. Sie bemerkt noch, daß sie identisch sind mit der offiziellen Sowjetpolitik, wie sie aus der fast gleichzeitig erschienenen Broschüre von einem V. J. Jerome „Die Behandlung des besiegten Deutschland" (New York 1945) ersichtlich ist. Die beiderseitigen Reparationskommissäre dürften also nicht auf Schwierigkeiten stoßen. Abschließend sagt sie: „Ich weiß nicht, wie viele Amerikaner mit Mr. Scandrett und Mr. Jerome übereinstimmen. Jeder aber muß zustimmen, daß die Feststellung des amtierenden Staatssekretärs Mr. Grews richtig ist, daß wir uns halsbrecherisch bemühen, Rußland nicht zu beleidigen, soferne die Auswahl der führenden Männer in Frage kommt, die wir zu unseren Verbündeten in Moskau schicken."

Es ist wohl nicht unrecht, wenn man rückschauend auch die in Potsdam beschlossene Heimatvertreibung von Millionen deutscher Menschen im Lichte dieses „Planes" beurteilt: Hilfe für Stalin! — —

Man greift sich an den Kopf, wenn gestern noch der vor kurzem verstorbene Edward R. Stettinius, der als Staatssekretär in Jalta zugegen war, die Vereinbarungen einen „diplomatischen Triumph für Amerika und Großbritannien" nennt. (Look, 21. Juni 1949.) Noch einige dieser „Triumphe", und Amerika und England sind am Ziele, d. h. Satelliten der „Einen Welt" Stalins. — Damals war das Triumphgefühl allgemein. Der Kongreß applaudierte Roosevelts Bericht, wie seinerzeit das britische Parlament Chamberlains „Triumph" in München. „Frieden und Sieg sind nun gesichert", überschrieb z. B. die „Minneapolis Morning Tribune" (14. Februar 1945) ihren Leitartikel. — Es gab etliche klardenkende Menschen, wie etwa Karl H. von Wiegand, die dafür lächerlich gemacht und indirekt als „Nazis" gebrandmarkt wurden. (Vgl. Time, 26. Februar 1945.) Wiegand sah klar, daß es nach dem Zusammenbruch Deutschlands für die rote Flut kein Hindernis mehr geben werde, daß Rußland der wirkliche Feind Amerikas sei: „Mit dem bevorstehenden Zusammenbruch Deutschlands und seiner Ausschaltung als Damm gegen den Kommunismus werden erst Spanien und Portugal, tausend Meilen weiter westlich, die nächsten Hindernisse für die rote Flut ... Es gibt Amerikaner, die inmitten der grausamen, schrecklichen Wirklichkeiten Europas noch immer schlafwandeln ... Senator Arthur Vandenberg ignoriert in seiner Rede in Detroit völlig, was hier ganz natürlich ist, daß nämlich der Krieg die mächtigste imperialistische Macht seit Napoleon auf Europa losließ, das totalitäre kommunistische Sowjetrußland ..."

Aus den wenigen vernünftigen Stimmen jener Tage seien zwei Artikel eines jüdischen Autors, Milton Mayer, herausgegriffen, der mit beißendem Sarkasmus schrieb: „Es brauchte unsere Liberalen, um zu entdecken, daß Jalta tatsächlich das moderne Bethlehem ist. Nur sind diesmal nicht drei Weise gekommen, das Wunder aller Wunder anzubeten, sie produzieren es selber ... Die Heuchelei, die Atlantic Charta — wohl besser bekannt als die Charta am Grunde des Atlantic — ist in den letzten drei Jahren nichts Neues mehr ... Es ist etwas unverfroren im Hinblick auf die Tatsache, daß Jaltas einziges positives Ergebnis die Teilung Polens war und die Charta feststellt, daß keiner der Unterzeichner territoriale Vergrößerungen anstrebt ... Shocking war — oder sollte sein — die Ekstase, mit der geschlagene und blutende Liberale die Nachricht von ihrem und der Welt gräßlichem, schrecklichem Schicksal aufnahmen. Wie ein Mann, besser gesagt, wie ein Sklave schwelgte dieser Teil der Presse im Delirium über die Weisheit und Güte der Großen Drei — nicht mehr der Drei Großen Völker, sondern der Drei Großen Männer. Das, meine Freunde, ist unconditional surrender, bedingungslose Übergabe freier Männer und freier Geister an die Theorie der Göttlichkeit der Könige ... Wer sind denn eigentlich diese Großen Drei? Der eine ist ein Diktator-Tyrann, fast wie Hitler, abgesehen von der Länge seines Schnurrbartes und der Religion seiner Opfer; der andere ein atavistischer Imperialist, der das Wort „Demokratie" gebraucht wie Perikles vor ihm, um eine Aristokratie zu beschreiben, die auf einem Sklavenreich in fremden Ländern basiert; einer ein politisches Chamäleon, sentimental, gutherzig, bald für New Deal, War Deal, Old Deal, je nachdem, wer gerade obenauf ist, ohne die gewinnende Charakteristik des einheitlichen Zielstrebens der beiden anderen." (From Yaweh to Yalta, in The Progressive, 5. März 1945.) — In einem zweiten Artikel „Unconditional Compromise" (ebd., 12. März 1945), schreibt derselbe Autor bezüglich der Behandlung Deutschlands: „Die zweite Entscheidung, die Roosevelt ankündigte, ist die Tortur des geteilten, darniederliegenden Rumpfdeutschlands. Der deutsche Krebs ... soll entfernt werden durch die ‚friedliebenden Völker', einschließlich, natürlich, der friedliebenden Person, deren Regierung 1938 Finnland und im Bunde mit Hitler 1939 Polen angriff. Die Wundermänner von Jalta werden der übriggebliebenen deutschen Rübe das Blut auspressen. Reparationen in Gütern und Arbeit ... ist das Programm, verbunden mit der Zerstörung oder „Kontrolle“ der Industrien, die für den Krieg umgebaut werden können, was notwendigerweise die Industrie zur Erzeugung von Kinderwagen und landwirtschaftlichen Hilfsmitteln einschließt. Sklaverei wird der Sammelruf des kommenden österreichischen Tapezierers sein, wenn man nur einen Versuch mit diesem Programm macht. Worin bestand das Kompromiß in dieser Frage? Die Marter des geschlagenen Deutschland war seit Jahren das ausdrückliche Programm Roosevelts und Churchills. Stalin hat interessanterweise immer zwischen der Naziregierung und dem deutschen Volke unterschieden und seine Liebe zu ihm betont in auffallendem Gegensatz zum Haß der Roosevelt-Churchill. Mag sein, daß der Große Vater aller Russen seine christliche Liebe dem Kannibalismus der Anglosachsen auslieferte. Mag sein, daß er dem Blutdurst der Churchill und Roosevelt eine Konzession machte. Oder mag sein, daß Stalin darauf wartet, daß das Churchill-Roosevelt-Programm Deutschland kommunistisch macht, so daß es in seinen christlichen Schoß fällt ... Wenn Freiheit wertvoller ist als das Leben, Gerechtigkeit wertvoller als Friede, so ist ein Kompromiß mit der Sklaverei niemals ein Kompromiß, es ist bedingungslose Auslieferung. Sobald der erste Schuß im Dritten Weltkrieg gefallen ist, sind wir wieder am selben Karussell ohne Aussicht auf Freiheit und Frieden. Noch ist es nicht zu spät, diesen Krieg zu gewinnen, zu dem die Saat in Jalta ausgestreut wurde.“

Schärfer noch hat Father James Gillis den „aufgelegten Irrsinn“ der Pläne von Morgenthau-Quebec und Jalta verurteilt; seine Worte haben prophetischen Klang; sein Mut in dieser Hochflut des Hasses — wenn Christen glauben, den Mut den Mameluken überlassen und selber dem Caesar gehorsam sein zu müssen, auch wenn es um die Dinge geht, die Gottes sind — ist geradezu heroisch. „Der Versuch, Hirten, Bauern und Häusler aus Millionen Menschen zu machen, die als Ingenieure, Kaufleute, Fabrikanten und Bankfachleute ausgebildet wurden, ist ein Verbrechen gegen die Natur. Er würde unsere Kultur zerstören und doch bieten ihn seine Proponenten an als Mittel zum Wiederaufbau der Welt. ‚Sie schaffen eine Wüste und nennen das Frieden‘, sagte der Häuptling der Caledonier den Römern. Mit demselben Wahnsinn wollen die Eroberer Europa kurieren. Sie führen Plattheiten im Munde über die ‚Eine Welt‘; sie sagen uns, daß kein Teil der Welt gesund sein kann, solange ein anderer nicht wohl ist, was sie aber für Zentraleuropa planen, ist nichts als Paralyse. Weil ich diese Dinge ausspreche und im allgemeinen versuche, etwas gesunden Hausverstand ins politische und wirtschaftliche Denken zu injizieren, um nicht zu sagen etwas Menschlichkeit und ein Modicum von Religion in den Verkehr von Volk zu Volk, wird man mich wohl als Nazi, Faschist oder Anwalt eines ‚sanften Friedens' beschimpfen ... Wenn ich mich aber entscheiden muß, so möchte ich lieber so genannt werden, oder, wenn es sein muß, lieber ein Nazi oder Faschist sein, als mich selbst einen Humanisten nennen und gleichzeitig Rachsucht bis zum Sadismus praktizieren. Wenn wir Deutschland vernichten, vernichten wir uns selber ... Ob wir Deutschland und Österreich lieben oder hassen, die Tatsache bleibt bestehen: Wenn Deutschland und Österreich im Einklang mit dem Roosevelt-Churchill-Plan von Quebec entindustrialisiert werden, wird die westliche Kultur zerstört und das Tor nach Europa steht offen für das Einströmen orientalischer Barbarei. Wer glaubt, über diese Vorhersage spotten zu müssen, braucht nur nach Nordafrika von Alexandrien bis Tanger schauen. Diese zweitausend Meilen waren einst hochkultiviertes Land. Heute sind sie barbarisch. Das kann auch weiter im Norden geschehen. Und es wird geschehen, wenn dort, wo einmal Deutschland und Österreich waren, ein kulturelles Vakuum geschaffen wird ... Seit wir nicht nur die Hilfe eines Mörders von Millionen von Menschen annahmen, sondern mit ihm zusammensaßen und über die Aufteilung der Welt und die Verteilung der Beute konspirierten, dürfen wir uns nicht wundern, wenn die Welt sagt: ‚Sie sind alle gleich. Amerikaner, Russen, Engländer haben alle Pech an den Händen.' Wir haben unser moralisches Prestige verloren." (Ebd. S. 311—314.)

Karl Marx hat klarer gesehen als seine spätgeborenen Anhänger, Staatsmänner und Salonbolschewiken von heute. 1853 schrieb er von London aus einen Artikel über die „Ostfrage" für die New Yorker „Tribune": „So sicher als Eroberung auf Eroberung folgt, Annektierung auf Annektierung, ebenso sicher würde die Eroberung der Türkei durch Rußland nur das Vorspiel sein für die Annektierung Ungarns, Preußens, Galiziens und für die endgültige Verwirklichung des Panslawischen Imperiums, von dem gewisse fanatische panslawistische Philosophen träumten ... Es ist eine Frage von höchster Bedeutung, die russischen Annektierungspläne aufzuhalten." Stalin hat die wildesten Träume der Panslawisten verwirklicht. Im Januar 1945 regierte Stalin 190 Millionen, im Juni 1948 450 Millionen, im November 1949 800 Millionen, also etwa ein Drittel der Menschheit. Und er verdankt es den „Kreuzfahrern", den „Titanen von Teheran".

Ist das das Ende? Am 6. September 1946 schrieb ein Neutraler, K. v. S., im Leitartikel der Schweizer „Weltwoche" unter dem Titel „Menschlichkeit statt Politik" u. a.: „Der Traum ist aus, die Nacht noch nicht... Der Krieg ist zu Ende, aber der Alpdruck der Unruhe wuchtet weiter auf uns... Im Hintergrund lauert der Konflikt zwischen den Russen und Angelsachsen. Kann dieser Konflikt überhaupt noch beigelegt werden? Kaum in einer Welt, die keine übernationale Ordnung akzeptiert! Das hat wahrscheinlich Roosevelt verstanden, darum seine Versuche, Rußland, selbst unter Opferung Europas (Von mir gesperrt. Der Verfasser) innerlich für den Beitritt zu einem Weltordnungsplan zu gewinnen.

Roosevelts Pläne gingen wohl dahin, den Russen auf dem europäischen Kontinent überhaupt keine Schranken zu setzen. Darüber hinaus wollte er noch durch gigantische Kredite ihre Wirtschaft ankurbeln. Der große Idealist, der Roosevelt war, hoffte so, den russischen Imperialismus von innen heraus entgiften zu können. Er wollte die russischen Forderungen dadurch gegenstandslos machen, daß er Rußland überhaupt alles gab..." Wahrhaftig, ein noch nie dagewesenes staatsmännisches Genie!

Opferung Europas! Dazu war also nach neutralem Urteil Roosevelt bereit. Das ist der Verzicht auf alle Ideale Wilsons, das ist der Sieg Stalins. Ob es dazu kommt? Eines ist sicher: Man kann den Teufel nicht mit Beelzebub austreiben, Materialismus nicht mit Materialismus überwinden. Das angelsächsische Denken ist genau so materialistisch wie das kommunistische. Es scheint bisweilen, daß selbst Christen mehr Vertrauen zu Dollars und Atombomben haben als zu den Kräften aus der Überwelt. Karl von Wiegand schrieb am 18. Dezember 1949: „Die christliche Ära nähert sich dem Ende."

IV

GESETZE WIDER DAS RECHT

1.
Potsdam

Englands Außenminister Ernest Bevin charakterisierte die Auswirkungen der Potsdamer Beschlüsse vom 17. Juli 1945 im englischen Unterhaus folgendermaßen:

„Wahrhaftiger Gott, das ist die Höhe des menschlichen Wahnsinns. Es war ein fürchterliches Schauspiel."

„Time" vom 5. November 1945, S. 30.

Potsdam ist die Verwirklichung und Legalisierung der bereits in Jalta gefaßten Beschlüsse. Die Voraussetzung für Potsdam ist das Dogma, daß es keine „guten Deutschen" gibt. Das Potsdamer Dokument bestimmt:

„Die drei Regierungen (besser gesagt: drei Männer: Truman, Attlee, Stalin) haben die Frage nach allen Gesichtspunkten erwogen und kommen zur Erkenntnis, daß die Überführung der deutschen Bevölkerung oder ihrer Teile, die noch in Polen, der Tschechoslowakei und Ungarn sich befinden, nach Deutschland durchgeführt werden muß. Sie stimmen überein, daß jeglicher Transfer in geordneter und menschlicher Weise durchgeführt werden sollte."

Durch die Potsdamer Beschlüsse wurden folgende deutsche Menschen — und nur weil sie von einer deutschen Mutter geboren wurden — der „geordneten und humanen Aussiedlung" unterworfen: 2,3 Millionen Ostpreußen, 0,6 Millionen Danziger, 3,1 Niederschlesier, 3,4 Oberschlesier, 0,9 Brandenburger, 1,0 Pommern, 0,3 Westpreußen, 1,0 Posener und 1,0 aus dem Warthegau, insgesamt also 13,6 Millionen deutscher Menschen. Dazu kommen über 3 Millionen Sudetendeutsche, 1,5 Millionen aus Ungarn, Jugoslawien und Rumänien. Das ergibt zusammen über 18 Millionen deutscher Menschen.

Man muß die Zahlen in Parallele zu anderen Ländern stellen, um das Ausmaß des Verbrechens von Potsdam zu erkennen. Die skandinavischen Länder Dänemark, Schweden und Norwegen haben zusammen eine Bevölkerungszahl von etwa 15 Millionen. Frankreich zählt 41, Italien 45 Millionen, die Schweiz hat nur 4,5 Millionen. Die Potsdamer haben also die Austreibung einer Bevölkerung im Ausmaße der Hälfte Frankreichs oder Italiens, oder der Gesamtbevölkerung von Dänemark, Schweden, Norwegen und der Schweiz beschlossen!

Nehmen wir einen etwas anderen Vergleich: Die Austreibung von 18 Millionen bedeutet dasselbe, als wäre die gesamte Bevölkerung von folgenden 22 Staaten der USA. vertrieben worden: Arizona, Colorado, Connecticut, Delaware, Idaho, Iowa, Maine, Montana, Nevada, New Hamsphire, New Mexico, Nord-Dakota, Oregon, Rhode Island, Süd-Dakota, Utah, Vermount, Washington, West-Virginia und Wyoming oder etwa die Bevölkerung der Staaten New York und Kalifornien.

*

Das Bonner Flüchtlingsministerium stellte eine graphische Informationsschrift her, die es seinem Referenten Middelmann auf eine Amerikareise mitgab. Bis dahin waren alle Veröffentlichungen und Statistiken über Deutschlands Flüchtlingsproblem leere Theorie geblieben und kaum beachtet worden. Referent Middelmann ging neue Wege. Er übertrug Zonentrennung und Flüchtlingsdruck zahlenmäßig und raumgerecht auf Amerika: Zonentrennung etwa nach dem Schema „Nordwesten bis San Franzisko russisch besetzt; Südwesten (Texas, Kalifornien, Mexiko) französisch besetzt; Südosten (Florida, Georgia, Alama, Mississippi, Louisiana) japanisch besetzt und Pennsylvania mit Neu-England-Staaten englisch besetzt. Damit rüttelte Middelmann die amerikanischen Hörer auf. Auch der Gedanke, daß man beispielsweise die gesamte Bevölkerung von Kanada (12,8 Millionen) vertreiben und auf die Staaten Massachusetts, Connecticut, Rhode

Island, New Jersey und New York verteilen könnte, war ihnen unvorstellbar. Genau so unvorstellbar wie etwa die Aussiedlung der Gesamtbevölkerung New Yorks mit 8 Millionen Menschen nach Kalifornien unter Zurücklassung ihres gesamten Eigentums.

Will uns denn wirklich jemand einreden, die „Potsdamer“ hätten nicht gewußt, welche Tat sie begingen oder wären sich über die Auswirkungen nicht klar gewesen? Es muß doch in der Wein-Wodka-Stimmung und den Verbrüderungen mit dem guten Joe auch nüchterne Momente gegeben haben! Und wozu war denn die Legion von „Sachverständigen“ anwesend? Man hat doch sonst ein so hochmoralisches Empfinden, wenn es sich um displaced persons anderer Nationalität handelt.

Es handelte sich bei den Massenausweisungen ganz klar und eindeutig um das Verbrechen des Rassenmordes (genocide), wie sowohl aus dem Wortlaut des Potsdamer Dokumentes als auch aus der Barbarei der Durchführung hervorgeht. Der Entwurf der UN unterscheidet: 1. physischen Rassenmord, d. h. die Tötung oder Versetzung von Menschengruppen in Verhältnisse, die ihren Tod oder schwere Schädigung ihrer Gesundheit zur Folge haben müssen; 2. biologischen Rassenmord, d. h. die „retardierende“ Tötung einer Gruppe durch Sterilisierung, Auseinanderreißung der Familien, Verhinderung von Eheschließungen, Deportationen und Zwangsarbeit; 3. kulturellen Rassenmord durch Vernichtung des geistigen und kulturellen Lebens einer Gruppe.

Wenn es noch eine Gerechtigkeit gibt, kann das Verdikt in allen drei Punkten nur lauten: Schuldig! Galgen vorbereiten! — Die „Potsdamer“ stehen in der vordersten Front der Christenverfolger aller Zeiten. Nero und Diokletian waren Stümper im Vergleich mit ihnen!

Hitler hatte bekanntlich erklärt, die Umsiedlung von sieben Millionen Tschechen erfordere ein Jahrhundert! Die Potsdamer „Humanisten“ vertrieben die doppelte Zahl in kaum einem Jahre! Die Sieger tragen die ausschließliche Verantwortung für dieses Verbrechen des Rassenmordes.

Der Beschluß der Massenaustreibung konnte kein anderes Ergebnis zeitigen als die Ausrottung einer Volksgruppe. Alle historischen Parallelen verblassen: die Hinmordung der Armenier durch die Türken, die Ermordung einer Million Moslems in Indien, die Naziverbrechen an Polen und selbst an den Juden.

Es ist müßig, darüber zu streiten, wer Urheber des Planes ist: Benesch, Stalin, Morgenthau. Die Namen derer, die den

GEZ W.WOLF 1950

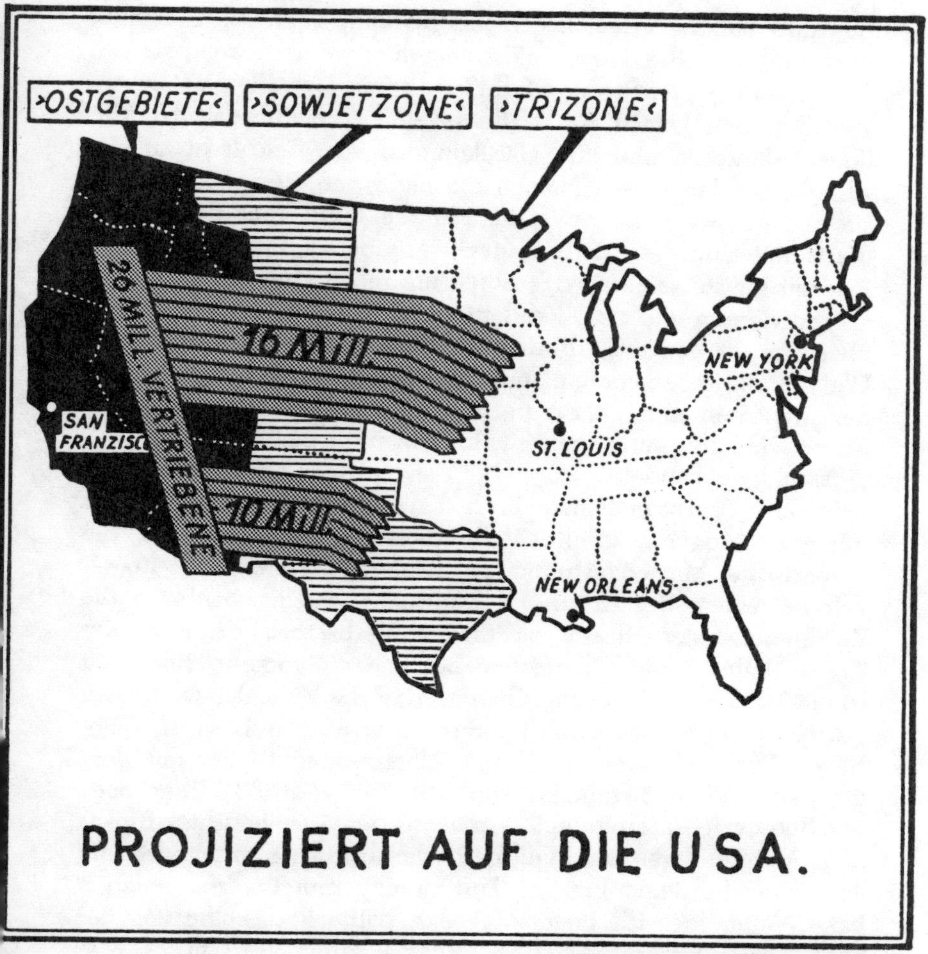

AUS „DER SPIEGEL" 2. DEZ. 1949

Beschluß sanktionierten, liegen fest bis zum Tage des Gerichtes, dem auch die „Big Three“ nicht entgehen werden, wenn sie sich auch mit dem „Recht der Macht“ irdischen Gerichten entziehen. Wir brauchen keinen F. D. Roosevelt-Tag einführen! 18 Millionen Menschen und ihre Nachkommen von Geschlecht zu Geschlecht werden diesen Namen nie mehr vergessen. Was sollen sie denken, wenn sie etwa die Phrasen hören, mit denen man die Einführung des F.D.R.-Tages begründete: „Im Krieg wie im Frieden kreiste seine einzige Sorge um die Rechte des Menschen als Individuum und als Glied der Gesellschaft. Mit ganzem Herzen übernahm er den unsterblichen Grundsatz, daß die Rettung der Welt in der Anerkennung und Verwirklichung der Bruderschaft der Menschen unter der Vaterschaft Gottes sei. Und was mehr ist, er handelte mutig und entschlossen nach diesem Prinzip ...“

Jawohl, er handelte.

Benesch bringt in seinem Buch den Beweis, daß er mit einem infamen Trick das größte Verbrechen der neuesten Zeit, die barbarischen Massenaustreibungen, einleitete. Er erzählte Roosevelt bei einem Besuch am 12. Mai 1943, daß er sozusagen die Zustimmung der Russen zu diesem Verbrechen schon in der Tasche habe, und er berichtete bei seiner Rückkehr, Roosevelt stimme mit der Auffassung überein, daß die Zahl der Deutschen durch „Transfer“ wesentlich reduziert werden müsse. In demselben Buch wird aber auch eine Unterredung Ripkas mit dem Sowjetgesandten Bogomolov vom 29. Mai — also 17 Tage nach der Roosevelt-Unterredung! — erwähnt. Darüber berichtet Ripka: „Ich knüpfe daran an, daß nach der britischen nun auch die amerikanische Regierung ihre Zustimmung zum Transfer gegeben hat. Weiter lege ich Bogomolov dar, daß wir dasselbe von der Sowjetregierung erwarten.“ Die Russen hatten also am 29. Mai noch keine Zustimmung gegeben; erst am 6. Juni telegraphierte Ripka, daß Bogomolov die russische Zustimmung meldete.

Verteidiger und Kritiker der Aussiedlung der Ostdeutschen führen diese lawinenartig zu einem Weltproblem angewachsene Aktion immer wieder auf den Artikel XIII der Potsdamer Beschlüsse zurück. Obwohl — wie jüngst auch Dr. Rudolf Lodgman v. Auen in „Nordamerika“, 7. Oktober 1948, mit Recht aufzeigte — die gewaltsame Austreibung der Ostdeutschen an der ganzen Front von der Ostsee bis zur Adria Monate vor Potsdam schon begonnen hatte und dabei als zusammenhängende Aktion auf eine viel weiter zurückliegende Planung zurückweist, ist es zweifellos, daß in Potsdam eine rechtliche Sanktion der schon begonnenen Aktion versucht wurde, wobei man an die Stelle der wilden „expulsion“ einen geregelten „transfer“ treten lassen wollte. Ebenso klar ist aber auch, daß die Potsdamer Beschlüsse über wichtigste Grundfragen sich nur allgemein und verschwommen ausdrückten. Wer sollte unter der „deutschen Bevölkerung“, die auszusiedeln war, inbegriffen sein? Die in die Ostgebiete nach 1938 zugewanderten Altreichsdeutschen oder auch die dort seit Generationen und Jahrhunderten alteingesessenen Deutschen?

Das Dokument, das letztlich darüber entschied, war nicht der sehr allgemein gehaltene Beschluß von Potsdam, sondern der „Plan für die Überführung der deutschen Bevölkerung, die aus Österreich, der Tschechoslowakei, Ungarn und Polen in die vier Besatzungszonen ausgesiedelt werden soll“. Dieser Plan wurde vom Interalliierten Kontrollrat in Berlin am 20. November 1945 beschlossen. Aber auch er hat nicht die Gruppen von Deutschen, die von der Aussiedlung betroffen sein sollten, definiert und juristisch umschrieben, sondern seine Entscheidung einfach dadurch gefällt, daß er die Zahlen der Auszusiedelnden angab. Auf diese für uns Deutsche sehr interessante Feststellung hat M. E. Rojek, ein Auslandspole, in der Londoner polnischen Zeitung „Dziennik polski i dziennik zolnierza“ vom 15. Dezember 1947 hingewiesen. Er stellt nämlich hinsichtlich des von den Polen besetzten und ausgesiedelten Schlesien fest: Erst durch die Kontrollratsentscheidung mit der Zahlenangabe von dreieinhalb Millionen auszusiedelnden Deutschen aus Polen war klar ausgesprochen, daß nicht nur die innerhalb der früheren polnischen Grenzen wohnenden Deutschen, die keinesfalls so viel zählen konnten, sondern auch die in den polnisch besetzten Gebieten zurückgebliebenen Ostdeutschen ausgesiedelt werden sollten.

Man kann das gleiche auch für die Sudetendeutschen behaupten: denn erst durch die dortige Zahlenangabe wurde entschieden, daß nicht nur etwa die politisch Kompromittierten bestraft werden sollten, wie es Benesch den Westmächten gegenüber gelegentlich dargestellt hatte.

Dieses wichtige Dokument vom 20. November 1945 aber gibt zugleich auch Aufschluß über eine schwerwiegende Frage, die bei den Potsdamer Beschlüssen unklar blieb: ob unter den auszusiedelnden „Germans“ nur die nach 1938 zugezogenen oder auch die alteingesessenen Deutschen gemeint sind. Der Plan vom 20. November 1945 geht nämlich in einem Punkt über die Potsdamer Beschlüsse hinaus: er umfaßt auch die „Aussiedlung der Deutschen aus Österreich", und er nennt diese Gruppe von Auszusiedelnden durchaus in einer Linie und ohne Unterscheidung mit den „Deutschen aus der Tschechoslowakei und aus Ungarn". Die „Deutschen aus Österreich" sind aber eindeutig nur die nach 1938 dorthin zugezogenen Altreichsdeutschen.

Hätte man in Österreich die „Aussiedlung der Deutschen" nach demselben Maßstab durchgeführt wie in der CSR, d. h., auch alle Alteingesessenen miterfaßt, die 1938 durch die politischen Änderungen deutsche Staatsangehörige geworden waren, so wären in Österreich nur die wenigen rückkehrenden Emigranten als alleinige Einwohner übriggeblieben. Hätte man umgekehrt aus der CSR auch nur dieselbe Kategorie Deutscher ausgesiedelt, die Österreich verlassen mußten, so wären es nur die 200.000 nach 1938 zugezogenen Altreichsdeutschen gewesen und nicht dreieinhalb Millionen.

So beweist diese kleine Beobachtung an dem „Plan" vom 20. November 1945, daß auch ein Vierteljahr nach den Potsdamer Beschlüssen von maßgeblichen Faktoren die aus Polen, Tschechoslowakei und Ungarn auszusiedelnden Deutschen unbedenklich mit den aus Österreich zu „Repatriierenden" in eine Liste gestellt wurden. Zugleich aber bestimmte der Plan durch Aufnahme der offenbar von polnischer, tschechischer und ungarischer Seite gelieferten Zahlen die rechtliche Handhabe, auch das alteingesessene Deutschtum dieser Staaten auszusiedeln.

Dieser Plan vom 20. November 1945, der also nur nach außen hin sich als einen Verteilungsschlüssel für die anfallenden Mengen ausgesiedelter Deutscher ausgibt, tatsächlich aber indirekt durch seine Zahlenangaben eine weitreichende Entscheidung traf, ist ein wichtiges Dokument, mit dessen Entstehung sich einmal die Forschung zu befassen haben wird.

Es ist bekannt, daß die Tschechen in ihren „Forderungen" an Deutschland verlangten, das Münchener Abkommen von 1938 dürfe nicht anerkannt werden.

Demnach besteht also das Münchener Abkommen noch zu

Recht als internationaler Vertrag. Wir haben immer betont, daß ein Vertrag nicht einseitig unwirksam gemacht werden kann. Die Tschechen selber haben übrigens das Abkommen damals dadurch anerkannt, daß sie ihre Truppen aus dem Sudetengebiet zurückzogen und das Gebiet nach dem Hitler-Mussolini-Chamberlain-Daladier-Plan räumten. Besteht aber der Vertrag zu Recht, dann haben die Tschechen — mit Zustimmung von Potsdam — aus einem fremden Staat ein fremdes Volk in brutalster Weise vertrieben und einen in der Geschichte unerhörten Raub begangen. Die Tschechen haben sich also durch diesen Akt eines Verbrechens gegen die Menschheit schuldig gemacht — nach dem Nürnberger Gesetz! — Wäre der Münchener Vertrag de jure ungültig, so sind die Sudetendeutschen genau so wie die Tschechen Bürger der Tschechei. Selbstverständliche Pflicht der Regierung von Kulturstaaten ist es, für die Bürger des Landes Sorge zu tragen. Die tschechische Regierung aber hat ihre eigenen Bürger beraubt und mit Hilfe eines Teiles anderssprachiger Bürger vertrieben. In Kulturstaaten war es bisher wohl möglich, einzelne Menschen wegen schwerwiegender Verbrechen des Landes zu verweisen, nicht aber ein ganzes Volk ohne Überprüfung oder Nachweis von Schuld aus rassischen Gründen. Wie immer man die Frage betrachtet: Benesch und seine Regierung haben sich nach internationalem Recht und internationalen Sittlichkeitsbegriffen eines Verbrechens gegen die Menschheit schuldig gemacht. Als Hitler die Juden auswies — viele von ihnen konnten übrigens den Großteil ihres Vermögens mitführen —, zog die Welt in den Krieg, um solche Verbrechen unmöglich zu machen. Was wird die UN unternehmen gegen Staatsmänner, die desselben Verbrechens schuldig sind?

Aller errechenbare Schaden, der durch die tschechischen Verbrechen entstanden ist, muß in vollem Umfange und restlos gutgemacht werden. Die „New York Times" klagte unlängst mit Recht über die Konfiszierung jüdischer Vermögen in der CSR. Aber was für die Juden recht ist, ist für die Deutschen billig. Wir stimmen übrigens ganz der „New York Times" zu, daß man diese neuen Regierungen für die Fortsetzung von Praktiken, die die Welt als außerhalb des Gesetzes (outlawed) stehend bezeichnet hat, zur Verantwortung ziehen muß.

Weder durch das Potsdamer Schanddokument noch durch die Beschlüsse des Interalliierten Kontrollrates in Berlin vom 20. November 1945 erhalten Rumänien und Jugoslawien die Legalisierung zur Deutschenvertreibung. Daß Väterchen Stalin mit den Deutsch-Rußländern und Baltendeutschen nach eigenem Rezept verfuhr, nimmt nicht wunder.

Moskau kalkulierte, daß 20 Millionen vertriebener, heimatloser, proletarisierter Menschen einen bolschewistischen Nährboden abgeben könnten — es dürfte sich in diesem Fall verrechnet haben.

Dem Alter nach entfielen die Vertriebenen auf folgende Altersstufen: in der amerikanischen Zone von 0—15 Jahre: 24 Prozent; (britische: 27,3 Prozent), von 15—20: 8,6 Prozent (8,1 Prozent); von 20—30: 16,8 Prozent (15,5 Prozent); 30—49: 29,7 Prozent (29,7 Prozent); von 50—65: 14,1 Prozent (14,1 Prozent); über 65 Jahre: 6,6 Prozent (6,0 Prozent). Auffallend ist der geringe Prozentsatz der Altersstufen von 15—30, der wohl aus den Kriegs- und Gefangenschaftsverlusten erklärbar ist. Der geringe Prozentsatz der über 65 Jahre alten (9,7 Prozent für die Einheimischen, resp. 9,2) deutet hin auf die Brutalitäten der Austreibung, denen ältere Menschen nicht mehr gewachsen waren — die Menschen im Alter Trumans und Churchills. Unter den Weltpriestern sind 17 über 80 Jahre alt, 169 über 70, 782 über 60, der Rest unter 50.

Die Bevölkerungsdichte am 1. Jänner 1947 war in der britischen Zone von 203,0 pro Quadratkilometer im Jahre 1939 auf 228,0, also um 25 pro Quadratkilometer angewachsen, in der amerikanischen Zone von 133 auf 160, also um 27, in der russischen von 141 auf 161, also um 20. Bezeichnenderweise ist die Zahl in der französischen Zone von 145 auf 139 gefallen, also um 6 pro Quadratkilometer. Für ganz Deutschland berechnet, stieg die Bevölkerungsdichte von 168 auf 185, also um 17 pro Quadratkilometer. Der Anteil der Vertriebenen in der Bevölkerung betrug am 1. Juli 1948 in Bayern 22,2 Prozent, in Bremen 5,9 Prozent, Hessen 16,9 Prozent, Hamburg 8,0 Prozent, Niedersachsen 29,4 Prozent, Nordrheinland-Westfalen 8,4 Prozent, Schleswig-Holstein 38,1 Prozent, Württemberg-Baden 17,7 Prozent.

Die durchschnittliche Bevölkerungsdichte Amerikas betrug 1940 44,2 Personen pro Quadratmeile, in Wyoming nur 2,6, in Montana 3,8, in Süd-Dakota 8,4, Nord-Dakota 9,2, Utah 6,7 usw. Man stelle sich einmal vor, daß in das reiche, in weiten Teilen schwach besiedelte Amerika ohne jegliche Vorbereitung 17—38 Prozent neue Siedler kämen, nicht etwa um alles beraubte, sorgen- und leidzerquälte Menschen wie die Opfer des Sadismus von Potsdam. Und man verfolge mit diesem Vergleich die Verhandlungen über das Gesetz für die DPs, gar nicht zu reden von der Tatsache, daß man die 18 Millionen Potsdam-vertriebener Christen völlig ignoriert, als gingen sie uns nichts an, als wären sie nicht eben einmal Menschen! Welche Abgründe tun sich auf bei dem Anblick dieser — Humanität und dieses — Liberalismus!

Deutschland hat ein Drittel seiner Äcker im Osten verloren, die Hälfte seiner Maschinen und Werkzeuge und Betriebseinrichtungen sind zerstört oder demontiert. Dieser Wahnsinn geht noch immer weiter! Die Frucht eines halben Jahrhunderts erfinderischer Arbeit ist durch den Raub seiner Patente dahin. Es ist ein entsetzlich armes Deutschland geworden.

Und in diese Armut eines Landes werden noch Millionen seelisch zerschlagener und materiell bis auf die Haut Beraubter hineingepreßt.

In der Durchführung der geordneten und humanen „Aussiedelung" behielten die Vertriebenen aus der CSR je RM 1000.— (die meisten später RM 500.—) und 50 kg, bzw. 70 kg von ihrem ehrlich erworbenen Eigentum. Die Geldablöse macht nun nach der Währungsreform 100.— oder 50.— DM. Daß damit ein Besitz, der in Friedenszeiten zehntausende DM wert war, nicht abgegolten sein kann, ist klar.

Die Durchführung einer Bewertung des Rücklasses hat seine Schwierigkeiten, das sei zugegeben. Aber es gibt doch Schulfälle. Im kleinen hat sich eine Aussiedlung abgespielt, als 1918 hunderte oder tausende Familien aus dem Elsaß ins Reich übersiedelten. Sie wurden bestimmt nach einem anderen Maßstab entschädigt als die Volksdeutschen 1945/46. Ein zweiter Schulfall war die Umsiedlung von Griechen und Türken nach dem griechisch-türkischen Kriege, wo im Frieden von Lausanne 1922 die volle Entschädigung des Privateigentums ausdrücklich anerkannt wurde. Den dritten Fall von Anerkennung des Privateigentums bei einer Aussiedlung berichtet Herr Schacht in seiner „Abrechnung mit Hitler". Darnach hatte Schacht von Hitler die Zustimmung zu einer wirklich ordentlichen und humanen Aussiedlung der Juden erwirkt und im Dezember 1938 in London mit führenden Finanzleuten Englands, Amerikas und Vertretern des Judentums einen Plan fertig, der den Ausgesiedelten anständige Mittel zum Aufbau eines neuen Arbeitsplatzes gegeben hätte. Vielleicht erinnern sich auch die Unterzeichner von Potsdam an den Vorschlag, den Herr Schacht im Auftrage von Hitler im Dezember 1938 in London fast zu einem guten Ende geführt hätte und veranlassen auch sie für uns aus unserem einstigen Vermögen die Sicherung eines Milliardenfonds und die Begebung einer internationalen Anleihe auf dieser Grundlage für den Beginn eines neuen Lebens.

Wahrscheinlich waren die Potsdamer Abmachungen als ein Rechtsakt gedacht. Die Worte „ordentlich und human" konnten das vermuten lassen. Aus diesem gedachten Rechtsakt aber ist die größte Brutalität der Jahrhunderte geworden.

Die Torheit von Potsdam hat tragische Konsequenzen für Europa. Sehen wir von dem panischen Schrecken Mr. Bidaults ab, der Frankreichs Sicherheit von den Millionen der Ausgewiesenen bedroht sieht — von Frauen, Kindern, Greisen und Krüppeln; denn die Gesunden, Arbeitsfähigen hält die CSR als Sklaven zurück. Der Haß, mit dem die Vertriebenen aus ihrer Heimat weggingen, die Erinnerungen an die Verbrechen, deren Zeugen sie waren, wird nie ersterben und wird von Generation zu Generation weitergetragen. Man kann ruhig behaupten, daß der Haß der Juden in aller Welt gegen das Nazisystem wesentlich den letzten Weltkrieg beschleunigt hat. Die Morgenthauer leben noch heute von diesem Haß. Es braucht ganz große Menschen und eine fast heroische Charakterstärke, um auf Haß mit Liebe und Verständnis zu antworten, es braucht Charaktere wie etwa Victor Gollancz. Morgenthau hat diese seelische und sittliche Größe nicht; wir finden sie nicht bei der Vorsitzenden der Kommission für Menschenrechte, Frau Roosevelt, die ja immer mit den Morgenthaus, Beneschs, Masaryks aufgetreten ist und nur nervös wird, wenn wirklich einmal ein großer Mensch den Boden Amerikas betritt. Sollten diese Ausgewiesenen nun in ihrer Masse Heroen sein? Nein, es ist so, wie der Präsident in seiner Rede betonte: „Die Saat eines totalitären Regimes gedeiht bei Elend und Entbehrung. Sie breitet sich aus und wächst im üblen Boden der Armut und des Haders. Sie kommt zur Reife, wenn die Hoffnung des Volkes auf ein besseres Leben erstirbt." Ein Mensch mit gesunden Sinnen kann nicht fassen, wie man in das zerbombte, ausgehungerte Reich 20 Millionen Bettler jagen konnte. Nur ein Psychiater erklärt, wie jemand diese größte Barbarei der Weltgeschichte noch „ordentlich und menschlich" nennen kann. Welchen Begriff vom Menschen müssen die Väter von Potsdam haben und welche Vorstellung von den gottgegebenen, unabdingbaren Rechten eines jeden Menschen, von der die Väter

Amerikas einmal — in sagenhafter Vorzeit, als es noch keine „Liberalen“ gab — geschrieben haben?? —

„Wir müssen die Hoffnung lebendig erhalten“, meinte der Präsident. Tun wir das? Als einmal im Senat über IRO, die Internationale Refugee-Organisation, verhandelt wurde, leuchtete durch, daß die IRO genau so wie die UNRRA nur einer gewissen Gruppe zu Hilfe kommt, daß Personen deutscher Abkunft weiterhin dem Hungertod preisgegeben bleiben. (N. Y. T., 25. März.) Es ist darum dringendst notwendig, daß die Deutsch-Rußländer und alle die Potsdam Displaced Persons offiziell als displaced anerkannt werden. Sonst kommen wir Amerikaner deutscher Herkunft neuerdings in die Lage, daß wir zwar IRO mitbezahlen müssen, daß aber unser eigen Fleisch und Blut trotz unserer Hilfe verhungert. Man muß Senator Vandenberg sehr deutlich daran erinnern, daß die amerikanische Flagge, nicht bloß — wie er sagte — über 600.000 Displaced Persons in Deutschland und Österreich weht, sondern auch über den Millionen der Potsdam Displaced Persons und daß wir für sie mehr als für alle anderen verantwortlich sind, weil sie nur durch unsere Mithilfe in diese Lage kamen.

In einer Ansprache an die amerikanische Baptistengemeinde führte Präsident Truman aus: „Es gab tausend Verträge in der Weltgeschichte, die momentan expedient waren. Die Verträge aber sind nicht gut, wenn sie nicht durch Herz und Sinn des Volkes gedeckt sind.“

Ist Potsdam durch Herz und Sinn des freiheitliebenden amerikanischen Volkes gedeckt?

Nein!

Das freiheitliebende amerikanische Volk hat nicht gewollt, was „Time Magazine“ am 15. Oktober 1945 schon und mit Recht feststellen mußte:

„Europa ist vom schrecklichsten Kriege der Geschichte in den erschreckendsten Frieden der Geschichte übergegangen.“

2.
Potsdam Displaced Christians

An den Früchten kann man sie erkennen.

„Unter ‚Displaced Person' versteht das Gesetz 774 ‚Displaced Persons Act of 1948' (Law 774) jede displaced person und jeden refugee (Flüchtling), wie sie im Anhang I der Verfassung der International Refugee Organisation (IRO) definiert sind und mit denen sich die IRO befaßt."

Im Anhang der Verfassung der IRO werden als „Flüchtlinge" anerkannt: a) Personen, „die Opfer des nazistischen oder faschistischen Regimes sind, oder eines Regimes, das an ihrer Seite am Kriege teilnahm, oder eines Quislingregimes, das ihnen gegen die Vereinten Nationen half, gleichgültig ob sie sich eines internationalen Status als Flüchtlinge erfreuen oder nicht; b) Spanische Republikaner (!) (d. h. Kommunisten oder ihre Mitläufer!) und andere Opfer der Falange in Spanien."

Als „displaced" gelten also jene Personen, die durch diese Regime „aus ihrem Heimatland deportiert wurden oder gezwungen waren, es zu verlassen, die Zwangsarbeit leisten mußten oder aus rassischen, religiösen und politischen Gründen deportiert wurden."

Die 18 Millionen Ostdeutscher wurden sicherlich nur aus rassischen Gründen deportiert. Die Urheber dieses „Vorgehens" waren nicht Nationalsozialisten, Faschisten oder die Falange, sondern die großen „Demokraten" Roosevelt (Truman), Churchill (Attlee) und Stalin.

Die Lage der offiziell, wenn auch absolut willkürlich als „displaced" anerkannten Personen ist nicht ideal, aber immerhin hundertfach besser als die der Potsdam Displaced Christians; UNRRA sorgte für sie, heute IRO: die Militärverwaltung sorgt besser für sie als selbst für deutsche Schwerarbeiter. Für sie, vor allem für die jüdischen D.P's., bestehen umfangreiche Hilfsstellen. Überall entstehen Komitees, die sich um sie und ihre Zukunft sorgen. Was geschieht für die Potsdam Displaced Christians? Nichts, so gut wie gar nichts, es sei denn von einzelnen gutgesinnten Menschen.

Viele glauben, daß in der Gruppe der D.P's. auch die Opfer von Potsdam eingerechnet sind. Das ist unzutreffend, da man ja nur etwa eine Million Menschen als displaced anerkennt. Wissen denn die amerikanischen Katholiken, die jetzt sich überall für die Zulassung der D.P's. einsetzen und zum Einsatz aufgefordert werden, nichts von der Existenz der 18 Millionen Potsdam Displaced Christians? Solches Nichtwissen wäre unentschuldbar. Oder schweigen sie darüber, weil man in Washington nicht gerne an die Barbarei von Potsdam und noch weniger an die Billionen, die es kostet, erinnert sein will? Wie will man diese Feigheit, dieses Schweigen zu einem weltgeschichtlich unerhörten Verbrechen, diese Verleugnung der Lehre des Barmherzigen Samaritans am Tage des Gerichtes entschuldigen — vor dem allmächtigen Gott, nicht vor servilen Rechtsverdrehern?

Es ist eine gewisse Genugtuung, daß die Existenz der Potsdam Displaced Christians allmählich auch im Kongreß bekannt wird, und daß Männer von Charakter sich von dem Verbrechen von Potsdam distanzieren, und, soweit es noch möglich ist, das Unrecht wieder gutmachen wollen.

Durch eine Reihe führender Zeitungen und Zeitschriften lief kürzlich ein ganzseitiges Inserat, das zu einer Sammlung von 170,000.000 Dollar für die überlebenden Juden Europas aufrief. Dazu wäre nichts zu bemerken, es sei denn, daß man endlich einmal genaue Zahlen über die wirkliche Zahl der jüdischen Opfer angibt, und zwar sowohl der Opfer Hitlers wie unseres Bundesgenossen Stalin und seiner Trabanten. Vielleicht tun wir Katholiken auch gut daran, unsere Forderungen für karitative Zwecke für die verfolgten und notleidenden Katholiken in der Welt zu vergleichen. Hätte jemand den Mut, 170,000.000 Dollar als „national goal" für ein Jahr aufzustellen? Und was wäre das Ergebnis eines solchen Appells?

Der jüdische Aufruf erschien mit dem Titel „Born branded" und zeigt einen nackten Säugling, dem die Buchstaben D. P. (Displaced Person) in den Rücken eingebrannt sind. Wer nur das Bild anschaut, ohne den Begleittext zu lesen, muß auf den Gedanken kommen, er hätte das Photo einer Nazibarbarei vor sich. In Wirklichkeit aber ist das Bild die Ausgeburt einer perversen Phantasie. Wir haben ein neues Beispiel, daß man böse Instinkte aufruft, um Liebe zu wecken. Vielleicht genügt zur Erklärung, daß Henry Morgenthau, dessen Vater übrigens noch in Deutschland geboren war, den Aufruf unterzeichnete.

Niemand wird bestreiten, daß das Los der D.P's. unendlich hart und leidvoll ist. Niemand kann und wird bestreiten, daß ehestens eine Lösung des Problems gefunden werden muß. Es muß betont werden, daß es sich bei den D.P's. nicht nur um Juden handelt. Die D. P's. sind keineswegs ausschließlich Opfer der Naziverfolgung, wozu noch zu betonen ist, daß nicht alle Arbeiter, die Hitler während des Krieges vom Ausland holte, Sklavenarbeiter waren — wie etwa verschiedene Demokratien nach dem Kriege deutsche Kriegsgefangene verwendeten und noch immer verwenden. Viele kamen freiwillig, angezogen durch hohe Löhne, verhältnismäßig gute Versorgung und durch die Möglichkeit, dem Kriegsdienst an der Front zu entgehen. Über 9000 tschechische sogenannte Kollaborateure wurden 1945/46 von Volksgerichten schwer bestraft, weil sie freiwillig in Deutschland Arbeit genommen hatten. Daß sie heute als Märtyrer posieren, ist verständlich, aber nicht recht; in Wahrheit sind sie „Kollaborateure".

Dazu kommen die Menschen aus den Baltischen Staaten, aus Polen östlich der Curzon-Linie, die in Jalta großmütig mit ihrem Lande an Onkel Joe verschenkt wurden. Nach Angabe des genannten Aufrufes hat sich die Zahl der jüdischen D.P's. von 85.000 zu Anfang 1946 auf 245.000 im Jahre 1947 gesteigert, das heißt also seit Kriegsende, sicherlich nicht unter dem Druck der Nazis, sondern eben der Bolschewiken, obwohl man uns alle Tage erzählen wollte, daß es bei Väterchen Stalin so etwas wie Antisemitismus gar nicht gibt.

Am 7. September liefen drei Dampfer die Elbe entlang. Ihr Ziel war Hamburg, gelegen in der britischen Zone. Sie hatten 4311 Juden an Bord. Zwei Monate vorher hatte diese Gruppe ohne Bewilligung der britischen Mandatsbehörden versucht, in Palästina zu landen. Ihr Schiff „Exodus 1947" wurde von der britischen Blockadekontrolle angehalten; die Passagiere wurden auf britische Dampfer umgebootet und nach Frankreich, dem Ausgangsland, zurückgebracht. Die Gruppe weigerte sich, an Land zu gehen; Frankreich weigerte sich, irgend einen Druck auszuüben. England entschloß sich daher, sie nach Deutschland zurück und in Lagern unterzubringen. Die Ausbootung der meisten erfolgte reibungslos, etliche hundert wurden durch Militär aus den Schiffen geschleift und mit Holzknüppeln traktiert.

Das ist in kurzen Worten die Geschichte vom „Exodus 1947", nach jüdischen Berichten erzählt. Der Vorfall erregte in der jüdischen Öffentlichkeit begreiflicherweise ungeheure Erregung. Der frühere Gouverneur von New York, Herbert Lehmann, erklärte: „Die Gewalttat von Hamburg ist ein schrecklicher Flecken für die Geschichte eines großen Landes und hat das Gewissen der Welt entsetzt. Sie ist der brutale und grausame Höhepunkt einer Reihe illegaler und unmenschlicher Handlungen. Sie verletzt die Grundsätze der Gerechtigkeit; sie ist nicht bloß eine Verleugnung der Juden, sondern der Menschheit... Zur ewigen Schande der britischen Regierung wurden diese Leute behandelt wie Verbrecher oder Vieh."

Dasselbe Echo kam während der jüdischen Feiertage von ungezählten jüdischen Synagogen. Rabbi L. J. Newman erklärte: „Es kann für England kein Leben geben, keine Erneuerung der Wohlfahrt und der Stabilität, die gutes Leben mit sich bringt, wenn England dem jüdischen Volke nicht Gerechtigkeit bezüglich Palästinas widerfahren läßt." Rabbi Goldensohn erklärte, daß „Englands Beitrag zum ‚Dunkel unserer Tage' unerklärbar und unentschuldbar" sei. Eine Botschaft des Rabbinerrates der Vereinigung orthodoxer Juden erklärte: „Laßt uns beten, daß die Briten von Dünkirchen jenes England überwinden, das schamlos und ruchlos gequälte Seelen in den Tod treibt, die auf der ‚Exodus 1947' Freiheit suchten."

Verschiedene Erklärungen wiesen auf die Auswirkung dieser britischen Aktion hin. Rabbi Lookstein sprach davon, daß das Schicksal des „Exodus 1947" „auf den schlichten Menschen abschreckend wirken müsse, rechtschaffen, barmherzig und anständig zu bleiben. Wer in einer verderbten Welt rechtschaffen bleiben will, muß bereit sein, dem Bösen zu widerstehen, auch wenn es erfolgreich ist, und dagegen kämpfen, auch wenn er zeitweilig unterliegt." Elisha M. Friedman schreibt in einem Briefe: „Der tiefe sittliche Stand der Welt zeigt sich in der Tatsache, daß keine Kirche, keine politische Partei, keine Gruppe zur Verteidigung der Freiheit protestiert." Derselbe Schreiber spielt deutlich darauf an, daß man Englands finanzielle Lage ausnützen solle zur Lösung der Palästina-Frage. Er zitiert einen Brief von W. H. Page, in dem von der „salbungsvollen Rechtschaffenheit" die Rede ist, mit der England „Kontinente stiehlt", meint freilich, „das Eindringen in die Rechte anderer und die Verschiebung der Grenzen sei eine alte menschliche Schwäche". Moses aber habe vor etlichen tausend Jahren, als die ethischen Grundlagen des Abendlandes gelegt wurden, festgelegt: „Du sollst deines Nächsten Grenzsteine respektieren." Rabbi B. Lander erklärte Palästina als „den Prüfstein für das Überleben der Vereinten Nationen".

Es liegt mir durchaus fern, gegen die hier ausgesprochenen

Anschauungen zu polemisieren. Ich unterstreiche, daß politische Unmoral private Unmoral herausfordert. Benesch, der Meisterdieb, konnte sich der „Goldgräber" nicht erwehren; er, der hunderttausende Menschenleben auf dem Gewissen hat, starb in den Fängen seiner blutroten Volksdemokratie. Wo immer Menschenleben und Menschenrechte mißachtet werden, offenbart sich der religiöse und sittliche Tiefstand unserer Zeit, ob es sich um Christen oder Juden, um Deutsche oder Zionisten handelt. Die Klagen und Anklagen wären nur eindrucksvoller und wirksamer und ehrlicher, hätte man dieselbe Sprache von denselben Stellen gehört, als der Exodus von Potsdam beschlossen wurde: Hier wollte man die Welt erregen für viertausend Zionisten — in Potsdam wurden achtzehn Millionen Christen aus der Heimat verjagt unter Begleiterscheinungen, gegen die die Vorfälle in Hamburg ein Kinderspiel sind. Leider muß man auch feststellen, daß gerade der Morgenthaukreis diese Barbareien förderte und bis heute nicht genug hat, auch wenn nicht bloß Deutschland, sondern Europa darüber zugrunde geht. Schließlich haben nicht bloß Juden, sondern auch Deutsche Lebensrechte. Wer sie einer Gruppe verweigert, darf sich nicht wundern, wenn sein Gesetz gegen ihn angewendet wird. Es gibt nur eine Menschheit, ein Recht und eine Sittlichkeit.

Ein Gutes haben die Ereignisse von Hamburg jedenfalls, wären sie nicht so niederdrückend und beschämend: Die Welt hat wieder einmal erfahren, daß all die großen Parolen der Sieger Phrasen und Heuchelei sind. Um Ölquellen, Uranium, Baumwolle, Gummi verschreiben „Staatsmänner", wenn schon nicht ihre Seele, so doch ihre Ehre dem Teufel. Es ist doch lächerlich, zu sagen, daß England für diese viertausend Zionisten „keine Wohnungsmöglichkeiten" hätte. Wenn man in das zerstörte Deutschland achtzehn Millionen Bettler hineintreiben konnte — wie es durch Potsdam geschah —, sollte England nicht etliche Tausende beherbergen können? Die ganze Frage wäre längst gelöst, wäre der Wille vorhanden.

Während der jüdischen Feiertage sprach Henry Morgenthau jun. über einen Kurzwellensender zu 250.000 (??) Lagerinsassen und erklärte, die Juden Amerikas werden „jede nur mögliche Anstrengung machen, euch für immer aus den Reihen der Heimatlosen und Hilflosen zu befreien". Die amerikanische Luftwaffe flog aus Marseille „zweitausend Zitronen und zweitausend Palmzweige nach Frankfurt, um die ‚displaced' Juden mit ritualen

Dingen zu versorgen". Das jüdische Arbeiterkomitee empfing Hilfsversprechungen von den Präsidenten der AFL und CIO.

Kein vernünftiger Mensch wird behaupten, daß das Leben in einem Lager ideal sei. Übrigens leben viele dieser „Displaced Persons" nicht in Lagern, sondern in vielen von der Zerstörung verschonten Häusern, aus denen Deutsche — gleichgültig ob Nazis oder nicht — vertrieben wurden. Wie lebt demgegenüber die Mehrzahl der Deutschen in den Städten? Welche Vorsorge hat man für die Potsdamvertriebenen Christen getroffen? In einem Brief aus dem Lager Tutzing bei München lese ich: „Die Zustände hier sind furchtbar. In der Stube, in der wir mit einem älteren Ehepaar untergebracht sind, regnet es zur Decke herein, daß der Fußboden trieft. Wanzen gibt es im ganzen Lager. In einer Nacht hatte ich zwanzig Wanzenstiche im Gesicht." — Und die Verpflegung: UNRRA durfte nicht, IRO darf weiterhin nicht helfen — es sind ja deutsche Christen. — Wird die amerikanische Luftwaffe zum Palmsonntag Palmzweige aus Frankreich bringen, damit die Christen Palmsonntag feiern können? — Wird NCWC zu Weihnachten über einen Kurzwellensender zu den Potsdamvertriebenen achtzehn Millionen Christen reden und ihnen sagen, daß das Corpus Christi Mysticum Wahrheit ist? Daß die Katholiken Amerikas jede nur mögliche Anstrengung machen, ihre verzweifelten Brüder in Christus „aus den Reihen der Heimat- und Hilflosen zu befreien"? — Wird AFL und CIO auch für die Potsdamvertriebenen Christen Verständnis und Hilfe übrig haben? — Der Berichterstatter der „New York Times" hat recht: „Der Lebensstandard (der jüdischen Gruppe) ist im allgemeinen weit höher als der der deutschen Flüchtlinge — bitte fälschen wir nicht Begriffe und Tatsachen: der Potsdam-Vertriebenen! — aus Polen, Ostpreußen und dem Sudetenland, deren Wohnungen ich ebenfalls sah."

Die jüdische Gruppe hat wenigstens die Hoffnung auf Auswanderung. Hr. Rosenwald erklärte, daß jährlich 25.000 Juden Amerika betreten. Nach jüdischen Statistiken waren von 1937 bis 1943 mehr als sechzig Prozent aller Emigranten Juden. — Die Potsdamvertriebenen Christen haben keine Aussicht. Eine hochstehende, wohlinformierte amerikanische Persönlichkeit schrieb mir dieser Tage: „Solange die ‚Displaced Persons' nicht neu angesiedelt sind, wird es schwer sein, die Bewilligung zur Auswanderung für deutsche Vertriebene zu erhalten." Also sie dürfen nicht einmal heraus, auch wenn sie irgendwo in der Welt eine Heimstatt fänden. Und man nimmt es einfach als vom Cäsar diktierte Tatsache, daß die Deutschen Menschen ohne Menschenrechte sind.

Noch mehr. In der Münchener „Neuen Zeitung“ vom 8. August 1947 stand die Notiz: „Interne Ausweisung in der Tschechoslowakei. Um dem katastrophalen Arbeitermangel abzuhelfen, wird nach Meldungen der tschechoslowakischen Presse die in den Grenzgebieten verbliebene deutsche Minderheit (etwa 200.000 Menschen) in das Innere des Landes gebracht. Diese Umsiedlung spielt sich in derselben Form ab, wie die Ausweisung nach Deutschland. Lastwagen mit Anhängern befördern die Deutschen, die fünfzig Kilogramm Handgepäck bei sich haben dürfen. Den 30.000 Antifaschisten wird gestattet, einen Teil ihres Mobiliars mitzunehmen.“ Benesch — der Quisling und Erzkollaborateur Stalins, der noble Friedens-Nobel-Kandidat — setzte seinen Raubzug an wehrlosen Deutschen fort und verschickte sie in die Sklaverei.

Haben wir je gehört, daß von einer Kanzel des Landes, ich sage nicht von allen, gegen dieses Verbrechen an Potsdamverdammten Christen protestiert wurde? Wahrhaftig, die Juden könnten uns ein Beispiel von Solidarität geben!

Noch mehr. Das gleiche Blatt meldet: „Sonderfriedhof für Flüchtlinge. Laufen. In der bayerischen Stadt Laufen wurde die Schaffung eines eigenen Friedhofes für Flüchtlinge — sagen wir wiederum: Vertriebene — damit begründet, daß selbst für die Beerdigung Einheimischer nicht genügend Platz auf der Friedhofsanlage vorhanden ist. Der Flüchtlingsfriedhof liegt in einer größeren Entfernung von der Stadt, so daß es den Flüchtlingen aus dem Altersheim fast unmöglich gemacht ist, an Beerdigungen teilzunehmen. Der Friedhof bietet in Anlage und Pflege ein trauriges Bild. Von zufällig anwesenden Besuchern aus der Schweiz wurde sein Zustand als Kulturschande bezeichnet.“

Kulturschande? Wieso doch! Der Schindanger ist ein Beweis der Kulturhöhe und Demokratie, welche die Morgenthauer und Potsdamer nach Europa brachten. Oder wiederholen wir Gouverneur Lehmans Wort: ein Schandfleck an der Ehre, ein Höhepunkt einer Kette von ungesetzlichen und unmenschlichen Handlungen, eine Verleugnung der Gerechtigkeit und der Menschenrechte. Da die Christen der Welt zu all diesen Verbrechen schweigen, da das christliche Weltgewissen in Agonie liegt —, bleiben die Verbrechen an den Potsdamvertriebenen Christen ein Schandfleck an der Ehre und am Gewissen eines jeden Christen. Und schließen wir mit einigen Sätzen aus dem erschütternden „Vaterunser", das der deutsche Jesuit Alfred Delp wenige Tage vor seiner Hinrichtung durch die Nazis schrieb: „Der Mensch der bloßen Humanität und Naturalität ist ein gnadenloses Geschöpf, und sein Weg durch die Welt ist immer gnadenlos und unbarmherzig. Auf die Dauer wirkt er für sich und andere zerstörerisch. Er bleibt trotz aller prometheischen Deklamationen den Dingen, den Aufgaben und Problemen unterlegen. Das ist der Schlüssel zur Geschichte der letzten Epoche."

Die Frage der Potsdam Displaced Christians ist die Schicksalsfrage der Welt!

Halten wir fest: Die Ostvertriebenen gehören nicht zu den sogenannten Displaced Persons. Sie sind de facto displaced. Die Bezeichnung Flüchtlinge ist durchaus unzutreffend: Die allermeisten von ihnen sind nicht geflohen, sondern vertrieben. Ich ziehe vor, sie im Unterschied zu den DP's Potsdam Displaced Christians zu nennen.

Displaced, weil es sich um Vertriebene handelt,
Christians, weil es fast ausschließlich Christen sind und
Potsdam, weil dort dieses ungeheuerliche Verbrechen legalisiert wurde.

Die Amsterdamer Konferenz des Protestantismus hat einen Skandal vor das Forum der Welt gebracht. In einem Bericht heißt es: „Auf einer Vollsitzung am 30. August wurde zum erstenmal vor einem großen internationalen Forum — mehr als 150 Presse- und Rundfunkvertreter sind aus allen Erdteilen hierhergekommen — das deutsche Flüchtlingsproblem in seiner furchtbaren Realität und in seinem ganzen Umfang geschildert. Der Leiter der Flüchtlingskommission im Ökumenischen Rat, der Engländer Elfan Rees, trug einen Bericht vor, der als eines der wichtigsten Dokumente über die Verantwortung der Kirchen gegenüber dieser brennenden Not in verschiedenen Sprachen verbreitet werden soll. Die peinliche Bestürzung, mit der die Ausführungen von Rees aufgenommen wurden, zeigt, wie wenig Kenntnis die Welt über den Umfang des deutschen Flüchtlingsproblems hat. Nach der Kapitulation, führte er aus, haben in Europa neun Millionen Displaced Persons gelebt, von denen bis heute wieder über sieben Millionen in ihre Heimat zurückgebracht seien. Gleichzeitig aber sei durch die Politik der Alliierten ein noch viel größeres Problem geschaffen worden: 12 bis 14 Millionen deutsche Flüchtlinge, die eine ständige Gefahr für den Frieden überhaupt bilden. Rees forderte die Gleichstellung der deutschen Flüchtlinge mit den DP's durch die IRO." (Christ und Welt, 4. September 1948.)

Die Weltkonferenz verdient für diese Stellungnahme aufrichtigen Dank aller, denen Menschenrecht und Menschenwürde nicht Fremdworte sind.

Der Kongreßabgeordnete H. F. Youngblood erklärte am 20. Januar 1948 vor dem US-Kongreß: „Das Los der heimatvertriebenen Deutschen ist ebenso hart und unverdient wie das der DP's. Hinzu kommt, daß ihre Zahl weit größer ist. Ich fordere auch für sie all das, was den DP's in Bezug auf die Einwanderung und die Betreuung durch die IRO zugestanden wird."

Das ist auch uns gesagt, die wir uns Christen nennen und glauben es zu sein. Die durch Potsdam vertriebenen Christen dürfen nicht länger totgeschwiegen werden. Reden und schreiben wir mindest soviel von ihnen wie von den „Displaced Persons". Wenn Kongreß und Präsident — trotz aller Phrasen über Christentum, Demokratie, Humanität — sie als Parias behandeln, dann rühren wir an dieses Problem umso lauter, eindringlicher und immer wieder. Es hilft. Abgeordneter Youngblood hat den ersten Vorstoß gemacht und die Vertriebenen sind ihm unendlich dankbar.

Hinzuzusetzen ist jedoch: Die 12 bis 14 Millionen sind nicht Flüchtlinge, sondern Vertriebene: Potsdam Displaced Christians!

3.
Kriegs- und Zivilgefangene

„Wenn sich der Staat mit Ausschluß Gottes zur Quelle der Menschenrechte macht, dann ist der Mensch herabgedrückt zum Los des Sklaven oder eines Gebrauchsgegenstandes, den die Gruppe selbstsüchtig ausnützt, die gerade an der Macht ist." Papst Pius XII. an Präsident Truman.

Die Einführung der Sklaverei trägt nicht die Marke „Made in Germany", wie die derzeitige Haßpropaganda glauben machen will. Das sollte man besonders in Amerika wissen. Noch im Jahre 1776 wurde die Sklaverei als gesetzmäßig in den Nord-

und Südstaaten anerkannt. Washington selber hielt noch Sklaven, er bestimmte aber in seinem Testament, daß sie nach dem Tode seiner Frau freigelassen werden müßten. Erst Abraham Lincoln proklamierte am 1. Februar 1863 die Freilassung der Sklaven: aus humanitären Gründen sowohl wie als politische Waffe im Bürgerkrieg. (Vgl. Beard, History of the United States, S. 276 u. a. O.) Die 12. Ergänzung der Verfassung hat das Datum vom 18. Dezember 1865.

Für das heidnische Altertum war die Unterscheidung zwischen Freien und Sklaven geradezu selbstverständlich. Selbst der geistig und sittlich hochstehende Aristoteles rechtfertigt die Sklaverei damit, daß es geborene Sklaven gebe, und daß der Sklave ein beseeltes Werkzeug, das Eigentum seines Herrn sei. Der eine Mensch sei geboren zu herrschen, der andere beherrscht zu werden. Für den letzteren sei es besser und gerechter, beherrscht zu werden, als zu herrschen; denn er habe an der Vernunft nur soviel teil, daß er sie vernehmen, aber nicht selber besitzen kann. (Pol. 1, 3.5.)

Erst das Christentum legte die geistige Grundlage zur Überwindung der Sklaverei. Als der heilige Paulus den ersten Gemeinden zurief: ‚Ihr seid alle Kinder Gottes durch den Glauben an Jesus Christus. Es gibt da keinen Sklaven, keinen Freien; denn ihr seid alle eins in Jesus Christus" (Gal. 3, 26—28; Col. 3, 11; 1. Cor. 12, 13) — war dies eine revolutionäre Botschaft. Es war ein langer, dornenvoller Weg von dieser Lehre bis zur praktischen Abschaffung der Sklaverei. Leo XIII. gibt einen Abriß dieser Leidensgeschichte in seinem Rundschreiben „In Plurimis" vom 15. Mai 1888, in dem er seiner Freude Ausdruck verleiht, daß „die Brasilianer die Ungeheuerlichkeit der Sklaverei von Grund aus aufzuheben gewillt sind". Es schien damals, daß die Sklaverei als Einrichtung wenigstens unter der weißen Rasse und besonders unter Christen ausgerottet sei. Der Papst betont aber seine Sorge, „die ihm unablässig zu schaffen macht und ihn nicht zur Ruhe kommen läßt, daß nämlich der Menschenhandel mit Übersee aufhörte, aber auf dem Festland noch häufig zu finden ist und besonders von den Mohammedanern in gewissen Teilen Afrikas niederträchtig geübt wird".

Hilaire Belloc stellt lediglich eine geschichtliche Wahrheit fest, wenn er schreibt: „Es ist Tatsache, daß die Einrichtung der Sklaverei langsam verschwand, wo katholische Kultur sich entwickelte; es ist ebenso Tatsache, daß sie wiederkehrt, wo und wenn katholische Kultur im Rückgange begriffen ist." (The Servile State, p. 14.) Diese Erscheinung ist geradezu zwangsläufig. Das Heidentum hat eben keine Antwort auf die Frage: Was ist der Mensch? Was ist seine Aufgabe und sein Ziel? So war es gar nicht überraschend, daß Rußland unter den Bolschewiken zum „Sklavenstaat" wurde.

Es war bewußt oder unbewußt die Stimme des Christentums, die gegen diesen Rückfall in die Barbarei rebellierte. Die Verurteilungen decken sich mit Leo XIII., der in dem genannten Rundschreiben die Sklaverei eine „schmutzige Pest", „schändlichen Menschenhandel", eine „entsetzliche Schmach", ein „scheußliches, verbrecherisches Geschäft" nannte.

Die Sklaverei lebt weiter, sie soll eine der Säulen der neuen „Ordnung" werden. Hitler rechtfertigte sie als „Kriegsnotwendigkeit", jetzt wird sie zum Instrument des „Friedens". Dieselben, die sich vorher nicht genugtun konnten. „Nazibarbarei" zu verdammen, finden nun Hitlers Ziele und Methoden „not a bad idea" — keine schlechte Idee!

Mr. Stokes, ein Mitglied des britischen Unterhauses, erklärte unlängst: „Ich denke, die Bedingungen, welche die Verbündeten Deutschland auferlegen wollen, sind so schandvoll (disgraceful), daß sie es nicht wagen, das Volk darüber zu unterrichten." (N. Y. Times, 12. April 1945.) Langsam sickert die Wahrheit über die Abkommen von Jalta durch. Der verstorbene Präsident machte die erste Andeutung über die geplante Sklavenarbeit in einer Pressekonferenz am 2. März. Das russische Gewerkschaftsblatt „Trud" stellte zum ersten Male ausdrücklich fest, daß in Jalta bestimmte Vereinbarungen über die Verwendung deutscher Arbeiter in Rußland gemacht werden. (Ebd., 21. April.) Später wurden die Angaben etwas genauer: Man sprach von 2 Millionen, später sogar von 5—10 Millionen deutscher Sklaven für Rußland; Frankreich verlangte 2 Millionen; (Ebd., 7. Mai); Italien soll wenigstens 200.000 erhalten (ebd., 16. Mai); der tschechische Erziehungsminister Zd. Nejedly erklärte: „Deutsche Männer werden nach Rußland geschickt, alle ausgerüstet mit Spitzhacken für schwerste Arbeit." (Ebd., 12. Juni.)

In der wichtigen 13. Verbesserung zur amerikanischen Verfassung heißt es: „Weder Sklaverei noch unfreiwillige Knechtschaft, ausgenommen als Strafe für Verbrechen, deren die Partei im ordnungsmäßigen Gerichtsverfahren überführt wurde, soll innerhalb der Vereinigten Staaten herrschen oder in einem Territorium, das ihrer Jurisdiktion untersteht." Man könnte es vielleicht verstehen, wenn „überführte Verbrecher" in die Sklaverei verschickt würden; alle bekanntgewordenen Vereinbarungen — und sie sind noch lange nicht vollständig bekannt! — sprechen aber nicht von Verbrechern (ein Wort, das zu leicht mit Besiegten verwechselt wird!), sondern schlechthin von „Deutschen". Es ist tief beschämend und erschütternd, daß ein „Katholisches Komitee für Menschenrechte" sich für Verwendung „der deutschen Bevölkerung in Arbeitsbataillonen" aussprach — ja, ein „katholisches" Komitee. (Ebd., 3. Mai 1945.)

Hätten wir noch eine einheitliche Moral oder auch nur primitive Vorstellungen über Menschenrechte, dann müßte es unmöglich sein, daß man das bewußt praktiziert, was man am Gegner als unsittlich, verbrecherisch, barbarisch verurteilt. Aber die modernen Heiden wissen so wenig Antwort wie die von ehedem auf die Frage: „Was ist der Mensch? Wohin führt sein Weg?" Der Mensch ist nichts als ein Tier. Die Bruderschaft der Menschen wird trotz allen humanitären Geschwätzes zur Phrase, weil die Vaterschaft Gottes nicht mehr anerkannt ist.

Bischof J. F. A. McIntyre spricht für die Menschheit und das Christentum, wenn er erklärte: „Sklavenarbeit ist gegen die Menschenwürde. Sie ist ungerecht. Sie ist Tyrannei. Man kann dem Allgemeinwohl nicht mit Ungerechtigkeit dienen." (Ebd., 13. März.) Das war die Sprache derer, die aus humanitären Gründen oder aus christlichem Gewissen gegen die Schmach der Sklaverei kämpften.

Man kann aber mit modernen Heiden nicht mit christlichen Argumenten sich auseinandersetzen. Diese Sprache findet kein Echo in ihren Seelen. Vielleicht macht es mehr Eindruck, wenn man feststellt, daß die Sklaverei im absoluten Gegensatz zu den feierlichen Erklärungen von der Atlantic Charta und den „Vier Freiheiten" steht, zu den Versprechungen eines Friedens im Geiste Christi. Demokratie und Sklaverei schließen sich gegenseitig aus, wie die besten der amerikanischen Freiheitskämpfer wohl erkannten. Wenn Lincoln erklärte: „This government cannot endure permanently half slave and half free" — wie wäre es möglich, daß die Welt zur Ruhe kommt, solange ein Großteil Europas in Sklaverei gehalten wird. Die moralischen Folgen sind nicht auszudenken. Die Blüte der deutschen Jugend starb auf den Schlachtfeldern; das Reich erlebte alle Greuel der Verwüstung; Greise, Frauen und Kinder führen ein schauerliches Dasein. Arbeiterführer verweisen darauf, daß die Versklavung von Millionen den Arbeitsmarkt drückt und die Arbeiterschaft notwendigerweise schädigen muß.

Noch eine Frage: Glaubt jemand wirklich im Ernst, daß Rußland — trotz aller Verwüstungen des Krieges — Arbeiter braucht, ein Land, in dem jeder Arbeiter ein Sklave ist? Ich denke, es braucht Agitatoren, Sendboten des Kommunismus, Menschen, die sich „umerziehen" lassen, die mehr als die Sklavenhalter jene hassen, die sie in die Sklaverei verschickten. Warum? Für den, der den Kommunismus kennt, kann die Antwort nicht fraglich sein.

Wir haben die Macht, die Ausführung der Jalta-Pläne zu verhindern. Wir haben die Pflicht, sie zu verhindern, wenn Christentum noch etwas gilt. Ist es wieder notwendig, daß der Papst die Exkommunikation über die modernen Sklavenhalter verhängt wie ehedem (1537) Paul III.? Soll nach 50 Jahren ein anderer Papst eine Enzyklika über diese tiefste Verirrung schreiben wie Leo XIII. und seiner Freude Ausdruck geben, daß die Welt anfängt, wieder christlich zu denken und zu handeln?

Es ist nicht opportun, für die Menschenrechte der Besiegten einzutreten. Aber ich halte es mit Lovell's Stanzas on Freedom:

„There are slaves who fear to speak
For the fallen and the weak;
They are slaves who dare not be
In the right with two or three."

Es war ein deutscher Immigrant, Carl Schurz (1829—1906), der mit allem Nachdruck für die Aufhebung der Sklaverei in Amerika kämpfte. Was würde er heute schreiben, wenn er erlebt hätte, daß 80 Jahre nach Lincolns Erklärung Land und Volk seiner Väter versklavt werden sollen? Er würde wie damals klare Entscheidung fordern zwischen „advancing civilization and retreating barbarism; between the human conscience and a burning wrong." (J. H. Fichter, S. J., Roots of Change, S. 254.)

*

Georges Bidaults Gebet, veröffentlicht in seiner Zeitschrift L'Aube 1939.

„. . . O Herr, komme zu Hilfe irrenden Geistern und schwachmütigen Herzen, so daß die bewaffnete Verteidigung der Gerechtigkeit, zu der eine eiserne Zeit uns gezwungen hat, nicht übergeht in Instinkte der Gewalt bei denen, die bewußt oder unbewußt, oft unter Namen, die die letzte Wahrheit mit falschem Schein verhüllen, für das Kommen Deines Reiches kämpfen. Hilf denen, die der lebendige Schild aller heiligen Freiheit sind, nichts in ihre Herzen zuzulassen, das ihrer Sache unwürdig ist. Gib uns, daß dieser gerechte Krieg, in den wir verwickelt wurden, ehestens mit einem gerechten Frieden ende ... Sei mit uns, o Herr, im Kampf und leite uns im Frieden ... Gib, o Herr, daß der Konflikt der Waffen und die Prüfungen der Kleinen zu Ende kommen. Zu lange haben die Frechheit der Starken und das Elend der Schwachen Dein Gesetz verhöhnt. Gib uns den Mut, eine bessere Zukunft für eine Welt zu schaffen, die unter der Last ihrer Sünden niedergedrückt ist. Gib, daß jene, die Dich nicht kennen, Dich wiederfinden, daß jene, die Dir dienen, Dich nie mehr verraten. Gib unseren schwachen Händen Kraft, Mut und Ausdauer unseren zerrissenen Herzen, so daß wir die Gesellschaft von üblen Menschen und Europa von der Gewalt freimachen und so verdienen, vor unseren Augen die Verheißung einer neuen Christenheit leuchten zu sehen."

So das Gebet Bidaults. Und wie handelte Frankreich nach dem Kriege, nach dem Siege?

Wer immer sich noch einen Rest von Menschentum bewahrt hat, muß der „Chicago Tribune" dankbar sein, daß sie in gründlichen Untersuchungen an Ort und Stelle und in verschiedenen Leitartikeln auf den Weltskandal der Behandlung deutscher Kriegsgefangener hingewiesen hat (30. Mai bis 6. Juni 1946).

Es sollte bereits allgemein bekannt sein, daß die Behandlung der Gefangenen-Sklaven im „katholischen" Frankreich, dem Lande Kardinal Lavigeries (wie Father Markert in einem ausgezeichneten Aufsatz betonte), einen Tiefstand erreichte, der nicht mehr unterboten werden kann. Viele meldeten sich „freiwillig" für die Fremdenlegion, um einem langsamen Hungertod und der Erschöpfung in den Lagern zu entgehen. Schließlich hat dann Frankreich dem „Roten Kreuz" versprochen, „60.000 deutsche Veteranen freizulassen, die in den Lagern verfaulen an Wunden, unheilbaren Krankheiten, Amputationen oder aus anderen Gründen, die sie arbeitsunfähig machen". Verfaulen bei lebendigem Leib — im katholischen Frankreich! Bis heute hat niemand den Beweis versucht, daß die Nazis ihre Arbeitssklaven derart behandelten. Die Parallele ist nur in den KZ's — für politische und weltanschauliche Feinde ihres Systems. Selbst die alten Heiden haben in der Regel ihre Arbeitssklaven nicht derart behandelt wie die „Grande Nation".

Die Verhältnisse in Frankreich waren skandalös. Es hatte selber während des Krieges nur 250.000 Gefangene gemacht, hielt aber dann 750.000 deutsche Soldaten als Sklaven: 200.000 in der Landwirtschaft, 50.000 in Kohlengruben, 38.000 in der Forstwirtschaft, 60.000 für Wiederaufbau, 43.000 für Abräumen der Minen etc., 20.000 in Nordafrika. Selbst französische Blätter vergleichen die Behandlung der Gefangenen mit den Konzentrationslagern der Nazi. Hunderttausende sind unter dem Regime des „Katholiken" De Gaulle und seiner Nachfolger zu Krüppeln geworden. Die Gefangenen erhielten 10 bis 15 Francs täglich (etwa 8—12 cents). Der Staat machte also ein ausgezeichnetes Geschäft. Auch private Geschäftstüchtigkeit kam auf die Rechnung. So ließ sich damals eine französische Gesellschaft für die Wegschaffung von 10.000 Minen bezahlen, die überhaupt nicht vorhanden waren. Vive la France! Frankreich hat auch dem Genossen Stalin das Jagdrecht auf Russen und Polen eingeräumt, die aus dem Sowjetparadies entlaufen waren. Zudem versuchte die kommunistische Clique alles, um Spanien in einen neuen Bürgerkrieg zu verwickeln und damit den Westen Europas zu beschäftigen. Aber Frankreich ist nun einmal das Land der „Freiheit, Gleichheit und Brüderlichkeit" und Onkel Sam muß schon deshalb die Billionengeschenke bereithalten. Vive la France!

So entsetzlich diese Dinge sind — die Verwendung von Kriegsgefangenen zu gesundheitsschädlichen und gefährlichen Arbeiten ist zudem nach dem Genfer Übereinkommen verboten — die erschütterndste Tatsache bleibt, daß Amerika an der Spitze des Sklavenhandels stand und den Sklavenhandel geradezu organisierte. Nach amtlichen Zahlen wurden 1,700.000 Gefangene an andere Nationen ausgeliefert, darunter allein 700.000 nach Frankreich, obwohl die unmenschlichen Verhältnisse ausdrücklich bekannt waren. Das geschah zur selben Zeit, da die Naziführer wegen dieser Verbrechen vor Gericht standen.

Und die Begründung für dieses Vorgehen? „Arbeitskräfte sind verzweifelt notwendig in den Ländern, die die Kriegsgefangenen zurückhalten." Mit den Worten der „New York Times" vom 7. September 1945 ausgedrückt: „... diese Männer arbeiten schwer und erfolgreich. Wenn sie weggehen, fehlt es an örtlichen Arbeitskräften, sie zu ersetzen; der Ausfall würde sich zeigen in nicht heimgebrachten Ernten und ungeförderter Kohle." So ungefähr haben Hitler und Sauckel die Notwendigkeit begründet, fremde Arbeitskräfte heranzuziehen, nur sind etliche Unterschiede festzuhalten: 1. geschah dies während des Krieges, nicht in einem sogenannten christlichen Frieden; 2. kamen viele dieser Arbeiter durchaus freiwillig der guten Bezahlung wegen oder auch, um dem Kriegsdienst zu entgehen; sie wußten, wann sie wieder heimkehren könnten; sie konnten zu dieser Zeit ihren Lohn verwerten, soweit es etwas zu kaufen gab; die Kriegsgefangenen aber werden um den Lohn, den sie hart und schwer erarbeitet haben, den man ihnen zurückhielt, einfach betrogen; sie können die Dollars und Pfunde nicht verwenden; sie können dafür nicht einmal Liebesgabenpakete kaufen; sie erhalten zu einem Scheinkurse Papiermark, für die nichts zu kaufen ist. Vorenthaltung des verdienten Lohnes gilt, christlich gesehen, als himmelschreiende Sünde —, aber die Welt ist nicht christlich. 3. Die Sieger ließen die Ausrede der Nazis nicht gelten; Sauckel wurde in Nürnberg wegen dieses Verbrechens gegen die Menschlichkeit gehenkt. Kann jetzt gebilligt werden, was als Verbrechen erkannt worden war?

Stellen wir nur fest, daß die demokratischen Führungen grundsätzlich und praktisch nach dem Leitsatz: „Der Zweck heiligt die Mittel" handeln. Es gibt kaum jemanden, der sich noch entsetzt, daß im Lande des Sklavenbefreiers Lincoln der Sklavenhandel wieder aufgenommen wurde.

Es erreicht mich die kurze Nachricht: „Fred L. ist am 15. August gestorben." Weiter nichts. Warum sollte man sich dabei aufhalten? Der Sterbefall betrifft eine mir eng befreundete Familie, die Familie eines katholischen Journalisten von untadelhafter Gesinnung, von mutigster grundsätzlicher Haltung während der Nazidiktatur, Potsdamvertriebene Christen. Weiter nichts? Es sind doch Tausende Opfer der Barbarei von Potsdam geworden, warum einen Fall herausgreifen? Der Fall ist einer von Tausenden, ja, einer von den Tausenden von Kriegsgefangenen, die unsere Morgenthauer schamlos und brutal an Frankreich und England verschacherten, die dort zu Krüppeln wurden, die man dann siech und krank und arbeitsunfähig in die Heimat entließ — genau so wie die Bolschewiken, über deren Haltung derzeit von Washington Entrüstung vorgeschrieben wird. Der Fall betrifft die Heuchelei der „Kreuzfahrer", die Verleugnung aller Grundsätze der Menschlichkeit und des Christentums, den Sinn des Krieges und des Friedens, betrifft unser persönlichstes Gewissen: Es ist nicht ein Todesfall; es handelt sich um Mord; und wir, die Christen, die diesen Verbrechen applaudieren, die feige dazu schweigen, wir sind die Mörder, wir tragen das Kainszeichen des Brudermordes auf der Stirne wie die Mörder in den KZ, in den Sklavenlagern der östlichen und westlichen „Demokratien". Mörder, Mörder, Mörder! Laßt das nachklingen und revoltieren in Herz und Hirn und Gewissen.

Und nun erzähle ich die Geschichte nach dem Briefe des Vaters, der mir schon im Dezember 1947 zuging: „Die Ursache der Erkrankung ist in den Leiden und Entbehrungen zu suchen, denen der kaum Achtzehnjährige in seiner Kriegsgefangenschaft in Frankreich ausgesetzt war. Das Kapitel ist typisch für unsere Tage. Mein Sohn geriet am 28. Februar 1945 in die Hände der Amerikaner. Damals war der Zusammenbruch der deutschen Front schon unverkennbar gezeichnet durch gewaltige Gefangenenzahlen. Mit Tausenden von Kameraden wurde unser Sohn bis Namur gebracht. Dort sammelten sich im Laufe weniger Stunden ungezählte Massen von zerrissenen, verhungernden Menschen an, die in den letzten bitteren Stunden des Krieges noch das ganze Elend des Zusammenbruches zu verkosten hatten.

Ich lasse nun meinen Sohn selber berichten: Nach kurzer Zeit wurden wir wie das Vieh in Wagen hineingestopft, wenigstens 80 Mann in einen Viehwaggon. Wir standen so dicht gedrängt, daß sich keiner setzen oder gar legen konnte. Der Wagen wurde dann von außen versperrt. So blieben wir drei Tage ohne Essen und Trinken zusammengepfercht. Was das bei dem erbärmlichen Gesundheitszustand der meisten von uns bedeutete, vermag sich kaum jemand vorzustellen. Der Wagen wurde ja nicht einmal geöffnet, um den Insassen die Möglichkeit zur Verrichtung der Notdurft zu geben, und nun litt ein Teil der Eingepferchten auch noch an Dysenterie. Es herrschte daher nach wenigen Stunden eine unvorstellbare Atmosphäre. Da den Gefangenen bei der Untersuchung nicht nur Taschenuhren, sondern vor allem auch Messer abgenommen worden waren, bestand kaum eine Möglichkeit, in die Holzwände Löcher zu bohren; doch hatten einige Konservenschlüssel, die mit dem fieberhaften Eifer der Verzweiflung in stundenlangem Bemühen ins Werk gesetzt wurden und wenigstens denen, die an der Wand standen, die Erleichterung schafften, daß sie die Nase an die winzige Öffnung, die etwas frische Luft in das heiße, stickige Innere gelangen ließ, drücken und so etwas freier atmen konnten. Schlimmer als der Hunger, der uns wegen der viel ärgeren Qualen des dreitägigen Martyriums weniger zu Bewußtsein kam, wütete der Durst; bei manchen zeigten sich Tobsuchtsanfälle, andere versanken in Lethargie. Als wir am Ende einer langen, vielfach unterbrochenen Fahrt in Attichy ankamen, wurden 60 Tote festgestellt.

Attichy war ein Sammellager riesigen Ausmaßes, schlecht organisiert und bis zum äußersten überfüllt. Die Verpflegung bestand zumeist aus Rüben, ohne Fett gekocht. Noch erbärmlicher war die Wasserversorgung. Das Wasser lief tagelang nicht, und wenn sich einmal, vielleicht gerade mitten in der Nacht, die Kunde verbreitete, strömte alles zu den wenigen Wasserhähnen; die Durstigen standen stundenlang Schlange, meistens ohne daß alle das begehrenswerte Naß erhalten konnten, sei es, daß das angesammelte Wasser erschöpft war oder Bosheit den Zufluß hemmte. Jedenfalls haben wir in diesen Märztagen bereits einen Begriff bekommen von der humanen Behandlung, die die Haager Konvention den Kriegsgefangenen zusichert. Wir lernten in drei Wochen in Attichy aber auch jene Methoden kennen, die wir sonst etwa in Äußerungen des Abscheus in ausländischen Blättern über die Schrecken deutscher KZ hatten lesen können.

Wer sich von den Gefangenen aus irgend einem Grund eine Strafe zugezogen, wurde nachts barfüßig in eine Grube gesteckt, in der er bis zum Morgen bleiben mußte. Wer nicht eine eiserne Gesundheit hatte, mußte damit rechnen, zeitlebens einen Denkzettel zu bekommen. Auch alle anderen nahmen Erinnerungen fürs Leben mit. Die meisten schlichen mit grimmigem Hunger in den Eingeweiden herum, nur darauf bedacht, etwas Eßbares zu finden. Besonders die Abfallgruben der Küche wurden bis ins letzte Eckchen durchsucht.

Nach dreiwöchiger Hungerkur wurden die Gefangenen auf Arbeitskommandos verteilt; ich kam mit etlichen Dutzend Kameraden nach Flize, einem primitiven Lager bei Sedan. Die Baracken bestanden aus Bretterwänden, mit einer Zeltbahn überdacht; man kann sich denken, daß wir in den kühlen Nächten, am Boden schlafend, nicht wenig froren. Polnische Posten suchten uns das Leben so sauer als möglich zu machen, und — es ist ihnen gelungen. Die wenigen Facharbeiter konnten von Glück reden, weil sie meist in unmittelbarem Verband mit den Amerikanern tätig waren. Aber wir anderen konnten alle Schrecken der KZ auskosten. Eines der schlimmsten Kommandos war

Gruppe 418. Sie arbeitete in einem Steinbruch, wo alle Arbeiten nach dem Muster Hitlerscher KZ im Eiltempo vor sich gehen mußten, so das Zerschlagen oft riesiger Steinblöcke oder der Transport der schweren Gesteinsbrocken zum Lastauto, das Entladen und Verlegen der Steine im Fluß. Aus unerfindlichem Grunde wurden die Steine ins seichte Flußbett getragen, so daß wir mit unserem minderwertigen Schuhzeug bis zu den Waden im Wasser standen, wo wir unsere Lasten zu einer Art Furt zusammenlegen mußten, um dann im Laufschritt zum Wagen zurückzukehren und neue Lasten zu holen.

Wer es wagte, der Müdigkeit nachzugeben und im Schritt zu gehen, erhielt sofort von einem der polnischen Posten einen Hieb mit dem Kolben, so daß er sich das Laufen nicht zweimal sagen ließ. Ich erhielt einmal, als ich einen Augenblick stehen blieb, einen so starken Schlag in den Nacken, daß ich aufs Gesicht fiel. Im Nu war ich freilich wieder in der Höhe, um den Lauf fortzusetzen. Am Abend war der Feldweg von den schweren Lastwagen so zerfahren, daß tiefe Furchen in den ungeschotterten Grund gerissen waren. Diese hatten wir mit bloßen Händen wieder zu ebnen, wobei es ohne Kolbenschläge und andere Quälereien nicht abging.

Ähnlich wie bei Kommando 418 erging es den zu den Bunkerbauten Kommandierten, die 50 kg schwere Zementsäcke im Laufschritt zu tragen hatten. An einem anderen Platz hatten drei Mann eine Egge über ein Feld zu ziehen, wobei der auf dem Gerät stehende Pole auf die menschlichen Zugtiere einhaute wie auf müde Ackergäule. In dauernder Erinnerung wird mir auch die Arbeit im Walzwerk bleiben ... Die Erschöpften wurden von den rohen Wächtern immer wieder mit Schlägen und Zurufen: ‚Du arbeit!' angetrieben. Infolge der geringwertigen, meist flüssigen Nahrung gab es natürlich viele Kranke. Nicht selten erschienen die Peiniger morgens in den Baracken und trieben die Fiebernden aus den Lagern. Das Schinder- und Antreibertum der Polen hat in kurzer Zeit alle körperlich und seelisch so ruiniert, daß es nicht einmal zu Fluchtversuchen kam. Mancher wurde vom Platz getragen auf Nimmerwiedersehen. Einige SS-Leute, die man bei der Untersuchung durch ihre Tätowierung als solche erkannte, wurden gleich zu Anfang ‚erledigt'.

Der Kommandant der Polenwache hieß Sikorski. Er konnte es sich nicht versagen, die Gefangenen selbst mit Fußtritten zu behandeln. Eine besondere Schikane waren die nächtlichen Zählappelle. Mitten in der Nacht wurden wir aufgetrieben, bekleidet oder nicht, und mußten in der Kälte in Reih und Glied stehen, bis die sehr umständlich durchgeführte Prozedur zu Ende war. Manche der zu Skeletten abgemagerten Gefangenen haben sich bei diesen Quälereien ein Lungen- und Nierenleiden zugezogen, das oft erst in der Heimat zum Ausbruch kam. Eine teuflische Erfindung war der Karzer in Flize, eine Reihe nebeneinandergestellter Kästen aus starken Brettern, mit einer versperrbaren Türe. Wer in diese Marterkästen kam, konnte darin nicht aufrechtstehen, sondern mußte stunden-, selbst tagelang in gebückter Stellung verharren. Er konnte sich aber auch nicht setzen, weil das Gelaß zu enge war. Zwischen Rückwand und Tür gestemmt verbrachte der arme Teufel, bei dem vielleicht ein streng verbotenes Taschenmesser gefunden worden war, seine Strafzeit. Täglich erhielt er zweimal Brot und Wasser. Mittags wurde er herausgelassen zur Verrichtung der Notdurft; am Abend durfte er sich waschen. Wenn er schließlich aus dem Kasten freikam, war er restlos fertig; mußte er gar wieder schwere Arbeit antreten, war der Zusammenbruch unvermeidlich. Während der Wochen, die ich in Flize verbrachte, verschwand ein Teil der Insassen für immer..."

Soweit der Bericht Fred L's. So hat ein junger, idealer Mensch die Befreiung vom Joch des Nazismus, die neue Demokratie, den Anbruch der neuen Zeit erlebt in den Lagern der Grande Nation. Krank, befallen von Tbc, gezeichnet mit dem Tod, kam er „heim" — nein, nicht „heim" — inzwischen hatten die „Kreuzfahrer" seine Heimat und sein Elternhaus gestohlen.

*

Der ehemalige Außenminister Eden hat die Behauptung, daß Rußland die S k l a v e r e i wieder einführte, offen zurückgewiesen. Er erklärte im Unterhaus: „Es gibt eine Tatsache, die ich aus Anständigkeit gegenüber unserem Bundesgenossen zurückweisen muß. Die Sowjetregierung hat in Jalta gar nie verlangt, daß die Frage der Einsetzung der deutschen Arbeitskraft zu Reparationszwecken diskutiert werde. Sie beschäftigte sich vielmehr mit dem Bezug von Reparationen in Naturalwerten. Es war auf die Veranlassung der britischen Regierung, daß die Frage angeschnitten wurde." (Basler Nachrichten, 2. 4. 1947). Also England hat den traurigen Ruhm, die Sklaverei wieder eingeführt zu haben. Roosevelt meinte damals, es sei „keine schlechte Idee".

Das sozialistische England war einer der größten Sklavenhalter. Es gab kaum einen Arbeitszweig, wo die deutschen Sklaven nicht eingesetzt wurden, von den Farmen bis zu den Minen und Ziegeleien. Wie mit UNRRA-Geldern das kommunistische Experiment in der Tschechei und anderwärts gefördert wurde, so baute England den Sozialismus mit den Blutgeldern der Sklaverei, in Fortsetzung einer Tradition von Indien bis Afrika. Da die Sklavenhalter, d. h. die Labour-Regierung, den deutschen Gefangenen nur 10 Cent im Tage bezahlten, anderseits den Unternehmern den üblichen Stunden- und Tageslohn anrechneten, ging der Gewinn in Hunderte von Millionen Dollars — bei etwa 400.000 Sklaven.

Die „Chicago Tribune" schrieb am 4. Juni 1946 in einem Leitartikel:

„Die Sklaverei hat jedermanns Moral in England verdorben, bei der Regierung angefangen. Das ist charakteristisch für die Sklaverei, wo immer sie besteht. Unsere Regierung ist daran mitschuldig, weil mehr als 100.000 Opfer, die von den Amerikanern gefangengenommen wurden, dank einer lend-lease-Vereinbarung in England sind."

Ein Jahr nach Beendigung der Feindseligkeiten befanden sich auch noch Hunderttausende Gefangener in amerikanischen Händen. So arbeiteten 60.000 allein im Bezirke Reims in Frankreich für Amerika, etwa dieselbe Zahl in Italien. Es ist durchaus glaubwürdig, daß sich die Gefangenen in Frankreich und England zurücksehnen nach den Tagen in Amerika, wo die Behandlung in der Mehrzahl der Lager zumindest im Einklang mit internationalen Abmachungen und zumeist menschlich war — was unparteiische Beobachter übrigens auch aus den Gefangenenlagern im Reich berichteten. Von Wissenden, die Dutzende von Lagern besuchten, bin ich freilich unterrichtet, daß die gute Behandlung während des Krieges rasch ins Gegenteil umschlug, als man keine Repressalien mehr zu fürchten hatte.

*

Eine ungeheuerliche Schuld Amerikas liegt aber in der Tatsache, daß es den Sklavenmarkt stellte und den Sklavenhandel organisierte: Frankreich hatte 700.000 versprochen, angeblich aber nur 90.000 erhalten. Das sollte nun aufhören — da man Frankreich mit neuen Lieferungen von Menschenfleisch zum Westen halten wollte. England „schuldeten" wir 75.000 Mann von

Rommels Afrikakorps, die wir während des Krieges füttern durften, damit sie wohl bei Kräften blieben. Jene Unglücklichen, die ihre Heimat in der russischen Zone hatten, wurden an der Grenze der Roten Armee überliefert. Soweit es sich nicht um Krüppel handelte, kamen sie sofort wieder in ein Internierungslager, „weil sie nach ihrem Aufenthalt in Amerika und England politisch als unzuverlässig galten". Es ist eine bekannte Tatsache, daß viele in die russische Armee eingereiht wurden.

Die Sklaverei wurde durch die Humanisten Roosevelt und Churchill wieder eingeführt. Man erzählte uns, Amerika hätte seine Kriegsgefangenen alle heimgeschickt. Das ist nicht wahr. Wir haben sie nicht heimgeschickt, sondern an die Sklavenmärkte nach London, Paris, Prag, Belgrad geliefert; Benesch verwendete Hunderttausende, die von den westlichen Humanisten und den östlichen Demokraten nicht mehr in die verschiedenen Zonen zugelassen wurden, als Sklaven, darunter auch Priester. Ein priesterlicher Freund schrieb mir: „Pfarrer W. geht in die Kalksteinmühle, um leben zu können... Mein Apotheker ist Knecht in der Nähe Prags, seine Frau Magd, zwölf bis sechzehn Stunden tägliche Arbeit... Die Kinder sind in Bayern." — Menschenrechte?

Zurück zur Frage der Sklaverei. Jüngst demonstrierten Tausende amerikanischer Soldaten in der ganzen Welt für eine Rückkehr in die Heimat. Jeder wird das verstehen. Die Trennung von Frau und Kind, von Beruf und Heimat ist widernatürlich. Der Grund für ihr Verlangen, zurückzukehren, liegt aber tiefer: Diese Soldaten wissen nicht, warum sie Krieg führen mußten; sie haben es hingenommen, daß man sie (wie die Menschen überall) in Uniform steckte, weil sie an die großen Ideale glaubten, für die wir angeblich Krieg führten. Nun erlebten sie die Wirklichkeit, zu der ihr Patriotismus mißbraucht wurde. Sie sahen mit eigenen Augen die Brutalität, mit der Frauen und Kinder vertrieben, Fabriken zerstört wurden zu einer Zeit, da Millionen kein Dach über dem Kopf hatten; sie sahen Hitlers Erben am Werk. Da helfen keine Filme zur Umerziehung, wie die „New York Times" vorschlug, und auch keine Weihnachtsreden, sondern nur der Beweis, daß wir die Ideale von der Atlantic Charta bis San Francisco verwirklichen, nicht aber verraten und verschachern. Wir müssen dem Krieg einen Sinn geben. Die Morgenthauer sind die letzte Ursache der Unruhe unter den Soldaten. Ich will jedoch damit die Rückziehung unserer Truppen, auf die ja Stalin nur wartet, keineswegs befürworten. Es war bezeichnend, daß die Kommunisten hierzulande für die Rückkehr demonstrierten!

Nun, die Soldaten in Übersee haben ihre entsprechende Verpflegung, sie haben ihre freie Zeit, sie erhalten regelmäßig Post, auf sie wartet die Heimat, die Familie. Wie stand es um die Kriegsgefangenen, die sich hier befanden? Ich rede nicht von den fanatischen Nazis, sondern von den vielen Deutschen, die guten Willens sind. Sie haben auf unseren Farmen und in den Fabriken gearbeitet, in den Baumwollfeldern von Texas und in der Rüstungsindustrie. Und von vielen Seiten wird bestätigt, daß sie gute Arbeit leisteten, dem Land Tausende von Dollars ersparten. Viele unter den Gefangenen waren Katholiken. Ich habe von verschiedenen Priestern gehört, daß ihr religiöses Leben vorbildlich war. (Vgl. Father Stedman, „Liturgy in Military Life".) Manche von diesen Gefangenen waren seit 1939 weg von daheim: Sie hörten und lasen von den ungeheuren Verwüstungen in der Heimat ... sie wußten um die Massenaustreibungen ... sie machten sich Sorge, ob und wann und wie sie ihre Familien in diesem Chaos wiederfänden. Wer da das gemütstiefe Volkslied kennt: „Wenn ich den Wanderer frage, wo gehst du hin? Nach Hause, nach Hause, spricht er mit frohem Sinn", der kann sich vorstellen, wie es diese Menschen mit allen Fasern ihres Herzens nach Hause zog, auch dann, wenn sie sich eingestanden: „Ich kann nicht nach Hause, hab keine Heimat mehr ..." Und dann die große nagende Sorge: Man hatte ihnen oft versprochen, wenn sie sich gut hielten, kämen sie ehestens heim. Würden sie heimkommen oder würden sie aus der Gefangenschaft in russische oder französische Sklaverei verschickt werden?

Nach den Plänen unserer Hetzapostel und „Streichers" sollte die Sklaverei folgen. Aber die Frage ging nicht bloß die Politiker an: Wir alle haben die Folgen zu tragen. Viele der Gefangenen haben ein gutes Bild amerikanischer Demokratie und Humanität bekommen. Mit der Auslieferung in die Sklaverei wäre die Arbeit gewissenhafter Lagerkommandanten mit einem Schlag aufgehoben worden. Aus Freunden Amerikas wären Hetzer und Hasser, willige Werkzeuge des Bolschewismus geworden. — Eine andere Rückwirkung: Father (Captain) Grimmins, S. J., der frühere Präsident der Universität St. Louis, der dem zum Tode verurteilten deutschen General Dostler die letzten Sakramente reichte, erklärte dieser Tage, daß unsere War-Crimes-Prozesse sich einmal als Bumerang herausstellen könnten. „Auch unser

Militärsystem ist auf Gehorsam gegenüber den Oberen aufgebaut. Sollte eine Zeit kommen, da wir die Unterlegenen sind, so würde unser eigenes Verfahren sich gegen uns auswirken. Unter einem System, bei dem der Sieger über die Kriegsschuld entscheidet und bestimmt, welche Nation der Angreifer war, könnten alle unsere Führer, vom Präsidenten angefangen, als Kriegsverbrecher angeklagt werden." Und logischerweise: wenn wir jetzt die Sklaverei wieder einführen ...

Zu unserer Ehrenrettung machte Eugène Lyons den Vorschlag, eine „Gesellschaft zur Bekämpfung der Sklaverei" zu gründen, die die Tatsachen feststellen, bekanntmachen und Vorschläge zur Behebung des Übels unterbreiten soll. Das Komitee sollte aus 25 Männern und Frauen aller Nationen bestehen, deren Name und Geschichte die Garantie für Redlichkeit (integrity), Anständigkeit (decency) und Intelligenz bietet.

Der Vorschlag erschien für den ersten Augenblick plausibel. Er erinnerte mich aber an das alte Wort: Wenn man sich keinen Rat mehr weiß, gründet man ein Komitee, und ein Komitee ist zumeist ein Begräbnis erster Klasse. Und haben wir denn nicht Komitees, Ligen für Menschenrechte, sogar Komitees in den UN — sogar unter dem Vorsitz Frau Eleonores? Bis heute haben sich diese — wer zweifelt? — ehrlichen, anständigen, weisen Männer und Frauen noch auf keine Formulierung der Menschenrechte festlegen können, so wie diese Menschenrechtler die Existenz der Sklavenlager, den Rassenmord am deutschen Volk, das Verbrechen von Potsdam totschweigen; ja, die Urheber der Verbrechen sind genau so mitberufen, Programme zu formulieren wie die „Ehrlichen, Anständigen und Weisen".

Ich will nicht zweifeln, daß es sogar noch 25 Männer und Frauen in der Welt gibt, die nicht bloß die genannten Eigenschaften haben, sondern, was noch wichtiger ist — Mut. Aber man muß sie suchen mit der Laterne des Diogenes. Die Mehrheit auch der „Führer" denkt und handelt: Right or wrong — my country. Man hat derzeit etwas Mut — ferne vom Schuß — gegen die Bolschewiken. Wie lange ist es denn her, und sie wurden in allen Tonarten als Menschheitsbeglücker, als Retter der abendländischen Kultur, als Edeldemokraten gefeiert? Und geistliche und weltliche Stellen waren in voller Harmonie. Zirkulierte nicht ein Bericht der sieben Weisen, die sich von Tito einladen ließen und „alles in Ordnung" fanden? Wo erhob sich denn eine Stimme der Anklage und der Verurteilung gegen die in Potsdam eingeleitete größte Christenverfolgung aller Zeiten? Wo blieben denn die Bischöfe in Polen und der Tschechei, die doch angeblich so mutig gegen die Nazis waren; warum schwiegen sie zu den Verbrechen der Bierut, Tito und Benesch? Und die verschiedenen Radioten: erlebten wir nicht, wie sie mit der Konjunktur ihre Anschauungen änderten? Finden sich nicht immer Wissenschaftler, die den Mantel der Mächtigen tragen und jeden Unsinn und jedes Verbrechen verteidigen, wenn ihre Existenz davon abhängt. Sie beweisen, daß man auch ohne Kalorien leben kann; daß dies der Gesundheit förderlich ist; daß der Mord ja eigentlich eine Wohltat für die Gemordeten ist usw. usw. Man hat so verächtlich auf deutsche Wissenschaftler, Ärzte herabgeschaut, weil sie so willig Hitlers Brot aßen. Wir finden dieselbe Erscheinung über die ganze Welt verbreitet. Erst langsam erfahren wir die Wahrheit über Roosevelt, seine diktatorialen und inhumanen Geheimabmachungen — und nicht bloß von den Domestiken, sondern von Männern in Verantwortung, die zu feige waren zu reden, solange es Zeit zum Reden und Handeln war. Es gibt keine Johannesnaturen; es gibt nur Weichlinge, Schilfrohre, die der Wind der Konjunktur treibt. Das ist eine der tiefsten Ursachen der Zeitnot. Deutschland hatte immerhin etliche Männer, die Faulhaber, Galen, Preysing... aber sie hungerten mit den anderen...! Es fehlt das Verständnis für menschliche Größe. Es gelten nur Typen wie Emil Ludwig, Thomas Mann... Und wenn sich ein Mann findet, der die Sklaverei brandmarkte, wie etwa Senator Shipstead, der bereits im Oktober 1945 im Congressional Record die hier behandelten Fragen anprangerte (sogar mit einem Zitat aus dem „Wanderer"), dann verschwindet er in der Versenkung oder man hängt ihm zumindest das Schlagwort „Nazi", „Faschist" oder „Kommunist" um den Hals, je nach Konjunktur. Sklavenseelen werden die Sklaverei nicht aufheben; es fehlt ihnen der Sinn für Freiheit; wer die Freiheit anderer mit Füßen tritt, hat keine Achtung für die Freiheit und Menschenwürde — ob er sich Demokrat oder Republikaner, Präsident oder Diktator nennt.

*

1947: „Sie wollen ins Reich? Kommt nicht mehr in Frage! Was glauben Sie, kein Deutscher kommt hinaus. Wir brauchen euch notwendiger als Salz, im Gegenteil, wir werden noch einige Tausend zurückfordern." An der Spitze dieser Propaganda stand kein anderer als der Außenminister Jan Masaryk. Das war ja auch der Grund, weshalb viele nicht mehr herauskamen, obwohl sie alle Papiere längst in Ordnung hatten.

Die Situation zu Beginn des Jahres war so, daß man offen davon sprach, daß die größte Niederlage, die je eine Partei in der Tschechoslowakei erlitten habe, die der kommunistischen Partei in der CSR sein werde. Tatsächlich waren auch allseits derartige Austritte aus dieser Partei zu verzeichnen, daß diese Prognose berechtigt war. Dies merkten natürlich auch die Russen und sie beschlossen zu handeln.

Eines Tages, es war so Mitte Januar 1948, war ich zufällig mit einem LKW in Beneschau bei Prag, um Pferdefleisch für das Lager zu holen. Da sprach man ganz offen davon, daß in allen größeren Industriestädten schon Russen zu „Lehrgängen" versammelt wären. Auch in Beneschau waren schon welche einquartiert. Ja, es war schon so arg, daß diese „Kursteilnehmer" von russischen Soldaten begleitet wurden. Von der kommunistischen Partei wurden diese Umsturzspezialisten in eigene Lager gebracht und warteten dort auf den Einsatzbefehl. Jedem Blinden war da klar, daß nun etwas geschehen werde. Nach einigen Tagen flaute die Aufregung ab und man ging zur Tagesordnung über.

Und so kam der 18. Februar 1948, ein Tag wie jeder andere. Da, um 4 Uhr nachmittags, ertönten die Sirenen und traten die Spezialisten in Tätigkeit. Es klappte wie am Schnürchen. Zunächst Spruchbänder, Sprechchöre, dann drohende Haltung. Und dann kam der entscheidende Moment. Was machte die Gegenseite? Gar nichts!!! Die Rolläden wurden heruntergezogen, niemand eilte auf die Barrikaden. Also auf zum Hradschin. Dort wurden Benesch einige Forderungen ultimativen Charakters unterbreitet. Unter der Drohung des Generalstreiks und diplomatischer Verwicklungen mit der UdSSR sah sich Benesch gezwungen, die Regierung an die Kommunisten und Sozialdemokraten abzutreten.

Mit einem Male stand bis an die Zähne bewaffnete Volkswehr zur Verfügung und die Kasernierung der Polizei wurde angeordnet. Alles hoffte auf die Amerikaner. Aber ihrerseits Stillschweigen und keinerlei Aggression. Es war gelungen.

Sofort kamen Erhöhungen der Brot-, Zucker- und Nahrungsmittelquoten und daran anschließend vier Wochen vollkommener Ruhe.

Da, eines Tages, es war Mitte März, im Lager Lesany (deutsches Internierungslager) Großalarm! „Alles antreten!" Nun wurden die kräftigsten und tüchtigsten Leute ausgesucht, egal, ob Barackenkommandant wie ich oder Handwerker. Nur die Köche und das Sanitätspersonal wurden nicht ausgewählt. Befehl: „Morgen um 6 Uhr gestellt! Nichts mitnehmen! Abends kommt ihr wieder zurück." Tatsächlich, am nächsten Morgen standen alle vier Lager-LKWs bereit und außerdem rollten LKWs aus allen Richtungen an. Etwa 120 Mann wurden verladen und auf gings in Richtung Prag. Vor Pankraz standen noch eine Menge LKWs und ein großes Gendarmerieaufgebot. Wir wurden aufgeteilt: je vier auf einen bis 3 Tonnen, je sechs auf einen bis 5 Tonnen. Wir fuhren nach Bubentsch. Und nun, lieber Freund — wie dreht sich doch das Rad der Welt —, an diesem Tage wurden 180 tschechische Ministerialsekretäre und -Räte aus ihren Wohnungen geschmissen. Und so ging es dann Tag für Tag, allerdings nicht mehr mit Großeinsatz, aber immer waren es mehr als zehn LKWs, die diese Arbeit hatten.

*

„Amerika" brachte einen Brief von Mr. Fr. E. Whelan mit der Mitteilung eines Moskauer Diplomaten, daß in den Sklavenlagern in Rußland und Sibirien etwa 8,000.000 Menschen verkommen. Von 1,700.000 deportierten Polen waren bereits 400.000 Männer, Frauen und Kinder umgekommen. Die Berichte über die Heimkehr der Stalingradarmee sind noch in Erinnerung. Es handelt sich hier also nicht bloß um versklavte Kriegsgefangene, sondern um Zivilpersonen, nicht bloß um Deutsche, sondern auch um „befreite" Nationen. In der Taschenausgabe des „Roten Paradieses" — ich meine die Tschechei — sind die Mehrzahl der Sudetendeutschen ohne Unterschied auf Stellung, Alter und Geschlecht als Sklaven tätig, soweit sie nicht schon „ordentlich und menschlich" dem Tod im Niemandsland ausgeliefert wurden, wie soeben wieder der frühere Generalpräses der katholischen Jugendvereine, F. Edilbert Telgmann, O.Cap., mein Freund und Mitarbeiter durch 20 Jahre.

Und als Christen? Das Wort: „Ich war gefangen und ihr habt Mich getröstet", steht noch immer in der Bibel der Christen sowie der Paulus-Brief an Philemon. Wir müssen als Menschen und Christen fordern: S c h i c k t d i e G e f a n g e n e n h e i m ! V e r s ü n d i g t e u c h n i c h t a n d e n B r ü d e r n C h r i s t i d u r c h d i e V e r b r e c h e n d e r S k l a v e r e i ! Es war und ist bis heute der Ehrentitel Amerikas, das Land der Freien zu sein. Lassen wir es durch Hetzer und Racheapostel nicht zu einer Nation von Sklavenhändlern herabwürdigen! Und wir haben etwas mitzureden, wenn wir nur wollen und uns unserer Verantwortung bewußt sind. J. Edgar Hoover erklärte in New York: „Komme was mag, wenn dreißig Millionen Katholiken Amerikas sich rühren, dann muß die Nation innehalten und aufhorchen." Vergessen wir das nicht!

V

DIE HÖLLE IST LOSGELASSEN

Aus dem Vertreibungsdekret des Präsidenten Benesch:

„Die Deutschen und die Magyaren sind staatlich unzuverlässig. Verwaltung und Vermögen ist ihnen zu entziehen. Nehmt den Deutschen alles bis auf ein Taschentuch, damit sie weinen können.“

Der Prager Sender begleitete dieses Dekret und seine Durchführung mit der täglichen Aufforderung: „Tod allen Deutschen!“

Mit dieser Aufforderung zum Tanz plauderte der Prager Sender aus der Schule.

Aus Tausenden von Einzelberichten, die der Menschheit wahrheitsgetreu Kunde geben sollen von grausamen Verbrechen und ebenso brutalem, gegen jedes Sitten- und Naturgesetz verstoßendem Verhalten, sind hier nur einige wenige, für den Leser noch tragbare Durchschnittsberichte veröffentlicht.

Sie stammen aus den verschiedensten Gegenden, die im Potsdamer Abkommen an den Osten verschachert wurden.

Sie beweisen ein einheitliches, festgefügtes System, das schon lang vorher besprochen und vereinbart gewesen sein mußte, da es schlagartig überall einsetzte und in gleicher Weise zur Anwendung kam.

Das Blut unschuldiger Kinder schreit zum Himmel und klagt die Herodesse an.

Diebe, Räuber, Mörder und ein unsittlicher Ausbund der Menschheit hat hier mit List, Gewalt und Grausamkeit vorsätzlich und in klarer Erkenntnis des Sachverhaltes eine Kette von schwersten Verbrechen begangen, die noch ungesühnt sind.

Nur langsam beginnen sich die abgebrühten Gewissen der Schwerstbelasteten zu rühren. Keine Zeit — das sollen die Verantwortlichen wissen — wird diese Wunden heilen. Während die einen als die Verantwortlichen nur ungern von den Geschehnissen hören, meiden die andern, von Tatsachen zu sprechen, die sie als schweigende Mitwisser belasten. Nur ganz wenige haben den Mut, unermüdlich und ungeachtet aller Nachteile, die schon immer das Eintreten für Arme und Schwache mit sich brachte, die Welt aufzurufen und gutzumachen, was noch gutzumachen geht!

Sie rufen nach einer Welt der Gerechtigkeit, mehr — nach einer Welt der Liebe.

„Wir sind alle des Todes"

Im Gedenken an die Toten des Lagers Hodolein 1945/46 von der Lagerärztin Dr. F.

Advent! Vor mich treten zwingender noch als sonst all die Gestalten, die meine Seele mit Leid erfüllten, als noch der Atem des Lebens ihre Brust bewegte. Nun verfolgen mich ihre Schatten und verdunkeln meinen Willen zum Leben. Ihre Leiber siechen in unbekannten Kerkern dahin oder verwesen in namenlosen Gräbern.

Vielleicht endet euer Ruf nach mir, wenn ich euch einmal noch meine Seele ganz eröffne, wenn ich euch voll in mein Bewußtsein hole und ein letztesmal Qual, Not und Bedrängnis der vergangenen Zeit erbarmungslos in aller Grausamkeit lebendig werden lasse?

*

„Lasciate ogni speranza voi ch'entrate."

Dante.

Das große Tor hatte sich hinter mir geschlossen. Jenseits des Stacheldrahtes wohnten glückliche, strahlende Menschen, die der Rausch eines jungen, neuen Vaterlandes umfangen hielt, tschechische Menschen, die mir langsam fremd wurden und denen ich plötzlich verhaßt war. Vor mir lag eine abgeschlossene kleine Welt voll Kummer und Trauer. Hier siechten Menschen dahin, der Freiheit beraubt, denen ein Leben eingestürzt war, die ein Vaterland verloren hatten, die nicht einmal die Heimat mehr besaßen und zu denen ich auch gehörte.

Sie waren meinem Herzen nahe wie Kinder einer Mutter. Sie lernten mich lieben, weil ich ihnen alles gab, was an Kraft, Mut und Hoffnung in mir lebendig war.

Mitten im Nichts war ich erfüllt von einem neuen Anfang, von der Kraft zum Guten, vom Glauben an die Wiedergeburt des Schönen und von der Hoffnung auf Freiheit.

Gewiß, was bevorstand, mußte durchlitten werden. Aber eines Tages mußte sich uns das Tor wieder öffnen.

*

Nu laßt uns den leib begraben,
Dran gar kein zweivel haben.
Er werd am Juengsten tag aufstehn
Und unverweslich herfuer gehn.
Luther.

Ich schreckte hoch, als hätte mich jemand gerufen; wild klopfte mein Herz. Um mich lagen alle in tiefem Erschöpfungsschlaf, schwarze Bündel auf blankem Boden. Durch die Fensterritzen strich die kalte Novemberluft. Ich sehnte mich plötzlich nach Licht, Wärme, einer fühlenden Menschenbrust. Wenn ich Licht machte, ob der Posten draußen es wohl gleich merkte und käme und schrie? Es würden dann alle dreiundvierzig aufwachen aus dem wohltätigen Nichts, würden lange nicht wieder einschlafen können, nur wegen der menschlichen Regung eines einzelnen, dem Angst, Einsamkeit und ein Unerklärliches die Kehle schnürten. Hier war nicht der Ort für Gefühle.

Vorsichtig kroch ich über die Leiber hinweg, die Längsseite des Raumes entlang, die Querseite beim Fenster vorbei, hinüber, im Eck — leer —, hier schlief doch immer die zarte Lehrersfrau, die tapfer und verbissen alles tat, was ihr aufgetragen wurde, die nie sich am Gespräch beteiligte, die nur mir einmal ihre Gefangennahme erzählt hatte: Mitten beim Einkaufen waren zwei Posten gekommen, hatten ihr die Tasche entrissen und sie ihrem kleinen Jungen in die Hand gegeben. Ungezählte Male hatte sie sich nach dem weinenden Kinde umgeblickt. Dieses Schauen sei mit dem letzten warmen Gefühl verbunden gewesen, bevor sie das Dunkel eines Viehwagens verschlang, der sie zu uns gebracht hatte.

Sie war vor Tagen geschlagen worden, zerrissen in Erniedrigung und Scham hatte sie mir im Dämmern des vergangenen Abends die aufgeplatzten Striemen auf ihrer Brust gezeigt; mit einem Wehlaut war sie mir in die Arme gesunken: das ist mein Tod, hatte sie geschluchzt. Ich hatte über ihr Haar gestrichen, in dem die ersten weißen Fäden waren und hatte sie an mein Herz gepreßt, an mein Herz, das selbst so sehr des Trostes bedurfte.

Ihre Worte fielen mir ein, wieder begann mein Herz zu klopfen, ich schob mich vorsichtig ganz zu ihrem Platz hinüber. Ihr Kleiderbündel war ordentlich zusammengerollt und lag auf der zusammengelegten dünnen Wolldecke. Nun richtete ich mich auf, ohne Rücksicht auf die anderen lief ich zur Tür, den Gang entlang in den Waschraum. — Sie hing am Fensterkreuz...

Kaum hatte ich gemerkt, daß der Raum sich gefüllt hatte mit halbbekleideten Frauengestalten, die die Posten vergeblich zu verscheuchen trachteten. Ich kniete am Boden und glaubte, es zwingen zu müssen, daß die Brust von neuem mit Atem sich füllte und tat alles nur mit halbem Bewußtsein.

Als alles wieder erbarmungslos klar in mir war, lag ich wieder im Zimmer an meinem Platz am Boden und hörte den wachen Atem der anderen. Wie ich meine trockenen Lippen feuchtete, schmeckten sie nach Schweiß und Tränen.

*

Kinder sind eine Gabe des Herrn,
und Leibesfrucht ist ein Geschenk.
Psalm 127

Heute morgen lag der erste Reif auf den Dächern. Ich sah auf die Straße hinunter und jäh wurde sie zur Lagergasse und die Häuser zu Baracken.

Damals begann das Sterben der Kinder mit dem ersten Reif. Damals, ja damals wollte ich auch am liebsten sterben; mein Herz brannte wie eine offene Wunde, in die Salz gegossen war. Mein Mut, meine Hoffnung und meine Kraft, sie waren wie ausgelöscht.

Wie war ich stolz gewesen, es erlernt zu haben: das Stehen auf hoher Warte, das Stehen über den Dingen, das klare Denken, das „Bereithalten der Vernunft als Scheidewasser auf das Gefühl". Nun war ich von der Höhe meiner selbstgewählten Einsamkeit hinabgeglitten zu euch allen und habe mit euch gelitten und geweint. Und habe mit Gott gehadert und allen Glauben verloren.

An jenem Tage glitzerte der erste Reif in der fahlen, blassen Novembersonne, als ich die Barackentür hinter mir ins Schloß fallen ließ. Meine Arme schließen sich fest um den kleinen starren Körper. Ich trage ihn dahin, wo alle zu liegen kommen: auf das kahle, blutbespritzte Brett mitten im Freien, am Rande, wo der Stacheldraht das Lager beschließt; wo im Sommer das Fliegengeschmeiß sich brummend umhergetrieben und reichlich Nahrung gefunden hatte. Jetzt war der Vorwinter gekommen und hatte gnädig Reif über das Grauen des Ortes gedeckt.

Du warst ein süßes kleines Kind mit großen Braunaugen, die vor Tagen noch lebhaft in die Welt geschaut hatten, bis — ja bis die mütterliche Brust keine Milch mehr gab.

Schwarzer, dünner Kaffee dreimal am Tage? —

Nun sind deine Augensterne erloschen, tief liegen sie in den Höhlen; wesenlos bist du geworden. Du bist nur noch ein Schrei der Anklage gegen Gott und die Welt.

Gott kommt, aber er läßt sich nicht rufen...

Aber ihr, Herren, die ihr euch vermeßt, in euren gierigen Händen Schicksalsfäden von Millionen Menschen zu knüpfen und zu verwirren zu heillosem Wirrsal, tretet ein in dieses Inferno und seht die Früchte, die ihr einst gesät!

Zweckloses Denken!

Wieder blicke ich auf das Kind, das ich zu meinen Füßen auf das Brett gelegt habe. — Meine Augen irren umher, wieder überfällt mich jäh das Sehnen nach einem Menschen, an dessen Brust ich mich bergen, in dessen Umschlingung ich mein Grauen vergessen könnte, dessen gütige Hand die Qual auslöschte, die mich erfüllt.

Doch meiner harrt eine Mutter, der ich eben ihr totes Kind genommen habe.

Ich ging zurück. Wieviele Stunden waren eigentlich vergangen, seitdem sie mich zu dem sterbenden Kinde gerufen hatten und das tot war, als ich kam. Es schien ein Jahrtausend zu sein.

In den Morgenstunden war's. Die Wache holte mich und ich gehe zur Kinderbaracke. In dem trüben, kahlen Raum sitzt die Mutter, ein Bild aus Stein, ohne Tränen, ein hingebendes Lächeln um die Lippen gefroren. Gelblich schimmert der Leichnam in ihren Armen. Zwei größere Kinder stehen daneben und weinen. Ringsum knien die übrigen Frauen, junge und alte, jede eine

Schmerzhafte Mutter Gottes, dazwischen liegen kreuz und quer Kinder, schlafend, unberührt von menschlichem Leid.

Macht die Roheit vor den Müttern Halt, gibt es doch eine Schwelle, die selbst in dieser Hölle nicht überschritten wird? Denn kein Posten stört uns. — Die Stunden verrinnen. Der lebenden Kinder denkt keine von ihnen. Ich sehe die Kleinen aufwachen, eins nach dem anderen, wasche hier eins, gebe jenem ein wenig vom kalten, dünnen Kaffee, ziehe diesem die Strümpfchen an und starre wieder auf das Bild des Jammers. —

Dann werden die Kinder ungeduldig, sie haben die Scheu überwunden und drängeln an ihre knienden Mütter heran, und langsam treten diese aus der Geschlossenheit des Leidens in den gewohnten Gang des Tages. Die Suppe wird geholt, die Kleinen gefüttert, die Säuglinge gestillt. Das Klappern des Blechgeschirrs, das Schlurfen der vielen derben Schuhe, das hungrige Greinen der Kleinsten dringen grell ins Bewußtsein und fesseln wieder an das Leben.

Jetzt mußte es sein — ich trete an die Mutter heran, strecke zögernd die Hände nach dem Kinde aus — mein Herz schlägt bis zum Hals, ich sammle meine ganze Kraft, mich zu wappnen gegen Unvorhergesehenes. Aber willig überläßt sie mir den Leichnam. Keine Spur von Leben bewegt die Frau, nicht ein Zug im Gesicht hat sich geändert. — So war es."

Aber die Starre mußte sich lösen, ich muß noch einmal zu ihr.

Mit dem letzten Rest meines Willens betrete ich wieder den Raum. — Eine tiefe Ohnmacht hatte die Mutter in ein gnädiges Nichts entführt. Kurz ins Bewußtsein zurückgeholt, fiel sie in einen unruhigen Schlaf.

Als sie mich nachts zu ihr holten, war sie tobend erwacht. Ihre Sinne hatten sich verwirrt.

Früh sahen zwei Kinder weinend dem Irrenwagen nach, der ihre Mutter ins Irrenhaus brachte.

*

Et voilà justement
comme on écrit l'histoire.
Voltaire.

Als ich an einem der nächsten Tage durch die Baracken zur Ungezieferkontrolle ging, rief mich aus der Ecke jemand an. „Wie kann ich Ihnen helfen?" — Ich hatte mir diese Fragestellung angewöhnt als Balsam auf den ätzenden Hohn und das rohe Schreien der Wachen. — Eine junge Frau lag auf einer Decke, das Gesicht gedunsen und mit Eiterpusteln bedeckt. Ich hockte mich bei ihr nieder.

„Erkennen Sie mich nicht wieder?" — Jäh überkam mich die Erinnerung. Bevor die Russen kamen, hatte sie mich zu ihrem Kinde geholt; sie wollten weg in eine deutsche Nachbarstadt und das Kleine hatte Fieber. — „Entschuldigen Sie, eben weiß ich wieder Bescheid; wie ist es Ihnen denn ergangen?" Gern hätte ich nach Mann und Kind gefragt. Aber solche Fragen unterließ man besser.

Sie hatte sich ganz zu mir gedreht. Zur Ermunterung, sich das Herz zu erleichtern, wollte ich ihre Hand in die meine nehmen. „Nicht anrühren, bitte", sagte sie schmerzlich und eine Röte überflog ihren Hals bis in die Haarwurzeln. Verwirrt zog ich meine Hand zurück und schwieg.

Eintönig, wie auswendig gelernt, begann sie: „Mein Kind war am nächsten Tag gesund, wir fuhren ab. — Nach dem Einmarsch der Russen kam doch der Befehl, alle mußten an ihre Wohnorte zurückkehren. — Wissen Sie, mein Mann hatte seinen Revolver behalten; denn wir hatten besprochen, wenn sie uns trennen sollten, uns lieber umzubringen. — Zurückgekehrt, faßte uns gleich am Bahnhof eine Streife der Nationalgarde und brachte uns zur Polizeidirektion. — Wir sollten in getrennte Lager. Da raunte ich meinem Manne zu: Schnell, bevor es zu spät ist! Er zog den Revolver — wurde mißverstanden — bevor er sich zu mir gedreht hatte, traf ihn ein Schuß ins Herz. Der Beamte war schneller gewesen. — Ich wurde mit dem Kinde nach Hause entlassen. In meiner Wohnung waren Russen."

„Lues", sagte sie nach einer Pause und wies mit dem Finger gegen ihr Gesicht.

„Nach jener Nacht habe ich mich und mein Kind mit Veronal vergiftet. Mein Kind starb, ich wurde durch die Kunst der Ärzte" — zynisch verzogen sich ihre Lippen zu einem grauenvollen Lächeln — „gerettet".

„Ich bleibe nur bis morgen, ich stehe nämlich unter Mordanklage wegen meines Kindes und komme ins Gefängnis." Ein hohles Schluchzen erschütterte ihre Brust.

„Wir sehen uns noch", konnte ich nur hervorwürgen; schwankend wie ein Betrunkener erreichte ich noch die Tür und erbrach mich.

„Wir haben leidend miterfahren."

Goethe.

Elend nach dieser Begegnung, traf ich an der Tür zur Krankenbaracke auf Pio, unsern Zahnarzt, meinen Freund, der mich immer verstand. „Kind", sagte er und nahm mich schützend in seine Arme, führte mich ins Zimmer und schob mir einen Sessel hin. Dann ging er zu seinem Bett, zog unter der Matratze ein Fläschchen Kognak heraus und gab mir zu trinken. Unser Lord, wie er scherzend genannt wurde, hatte immer von allem ein bißchen. Wie er es anstellte, wußte keiner.

Dann setzte er sich mir gegenüber. „Kind, du mußt mehr in der Nabe dieses verrückten Rades leben, glaub mir altem Manne, ich hab's im Weltkrieg in russischer Kriegsgefangenschaft gelernt. Das Herz muß immun sein, die Seele anästhetisch. Sonst geht man vor die Hunde." „Ach, Pio, du sagst das so, weil du aus diesen vier Wänden kaum herauskommst als beschäftigungsloser Zahnarzt. Zähne zu sanieren, wäre hier doch unerhörter Luxus, wo es um das nackte Leben geht. Wir anderen als Kliniker stehen aber bis an den Hals im fremden Elend. Man wird ersaufen drin, wenn's nicht bald endet."

„Du ja, die anderen zwei, da hab ich keine Bange; die beziehen denselben Standpunkt wie ich. Nenn's Egoismus, Härte, Abgebrühtheit, nenn's wie du willst. Alles ist erlaubt, wenn's um die Selbsterhaltung geht. Oder glaubst du, du kannst mit deinem Mitleiden, mit deinen tröstlichen Worten, mit deinen Nachtwachen auch nur eine Unze Leides den anderen ersparen? Verhinderst du damit das Morden, Quälen, Foltern?" „Darum geht es nicht. Aber ich fühlte doch selbst, wie tröstlich es war, als du vorhin den Arm um mich gelegt. Allein die animale Nähe eines anderen ist Trost und Schutz. — Sag mal", fuhr ich fort, denn hier verstand er mich doch nicht, vielleicht weil er ein Mann ist — „hast du einmal darüber nachgedacht, warum wir hier eigentlich gefangengehalten werden?" „Natürlich, wer hätte das nicht! — Revolutionszeit! Es war nie anders in der Geschichte. Die Schuldigen machen sich rechtzeitig aus dem Staub und die Unschuldigen, die keinen Grund zur Flucht zu haben glaubten, bleiben und büßen. — Es hat bald ein Ende, glaub mir; ich freue mich so auf meine Praxis nach dieser langen Untätigkeit." Ich sah ihn entgeistert an: „Pio, du glaubst im Ernst daran, daß wir in Amt und Würden wieder eingesetzt werden? Hast du denn nicht gehört, was die Steinbrucharbeiter erzählen? Daß die Alliierten eine

Abmachung unterzeichnet hätten, wonach wir der Heimat verlustig gehen und alle nach Deutschland müssen?" „Ich hörte davon, es ist Unsinn, eine der vielen Parolen, die täglich umlaufen, ohne wahr zu sein. Ich kann hier nicht fort", sagte er mit Nachdruck, „ich bin hier zum alten Manne geworden und wünsche, hier auch einmal zu sterben." „Es würde mich freuen, wenn die mal wieder so menschlich werden und nach deinen Wünschen fragen. — Nun muß ich aber gehen, die ersten Kolonnen kommen von der Arbeit zurück, bald wird es drüben voll von Kranken sein. Ich danke dir auch schön." — —

Und nun zu Allerheiligen, vier Jahre später, halte ich den Brief mit schwarzem Rand. Pio ist gestorben — in Deutschland. Auch er hatte mit uns allen gehen müssen. Auf dem bayrischen Dorf hatte er sich nicht zurechtfinden können, unser Lord, der die Großstadt gewohnt war; er, der ein echtes Herrentum gelebt hatte, mußte ohne Beruf — wo fände ein alter Arzt hier in solcher Zeit Arbeit! — verlassen und einsam von der öffentlichen Fürsorge leben.

Coronarthrombose hieß die ärztliche Diagnose. Ich weiß, daß er an gebrochenem Herzen starb.

*

Der Hüter aber sprach:
Wenn der Morgen schon kommt,
so wird es doch Nacht sein.
Jesaja 21, 12.

Fünf Uhr morgens. Ein Gewehrkolben hämmerte gegen die Tür. Ich stand auf: „Vor dem Tor liegt einer, Ohnmacht, als er zur Arbeit gehen sollte mit seiner Kolonne", sagte der Posten gleichmütig. Ich eilte mich. Dreißig Schritte vom Tore entfernt, lag eine zusammengesunkene Gestalt. Der Posten leuchtet ihr ins Gesicht. Es ist der alte Schneidermeister von Baracke 7, herzkrank; er war oft bei uns in der Krankenbaracke zur Behandlung. Ich knie bei ihm nieder ins feuchte Gras am Rande der Straße und bette seinen Kopf in meinen Arm. — Hilfe ist hier keine mehr. — Blau sind seine Lippen, rasselnd schwillt der Atem auf und ab. — Dann schlägt er die Augen auf. Erst suchen sie ängstlich den Posten; der steht abseits, dem Lager zugewandt und kümmert sich nicht um uns.

Mühsam und zitternd führt der Sterbende die Hand zum

Mund, entfernt unter keuchendem Atem seine Zahnbrücke aus Gold, drückt sie mir in die freie Hand und lallt unzusammenhängend: „Da — und im Rock zehn Kronen — im Gaswerk verdient — meine Frau Sakandergasse 3 — Hunger — bitte hinausschmuggeln — —"

Seine Pupillen werden unnatürlich groß, der feuchte Glanz der Augen weicht der matten Starre des Todes. Im letzten Hauch des Atems höre ich noch sein „Danke". Erschüttert drücke ich ihm die Augen zu.

Langsam kommt der Morgen. Auf der Bahre helfe ich ihn zurücktragen. An uns vorbei ziehen die grauen Kolonnen unserer arbeitenden Kameraden. Scheue, liebe Blicke streifen uns.

So begann ein neuer langer Tag.

*

„Wer ein fröhlich Herz hat,
der weiß sich in seinem Leiden zu halten;
wer kann's tragen?

Salomo 18, 4.

Die tschechische Gesundheitsbehörde und die Politkommission waren gestern abend das erste Mal zusammengetreten. Es war mir gelungen, die erste Bresche zu schlagen: alle mit aussichtsloser Tbc und alle Kranken aus dem Altreich sollten nach politischer Überprüfung nach und nach entlassen werden.

Den ersten Entlassungsschein hielt ich in den Händen. Froh betrat ich das Tbc-Zimmer und gab ihn dem, der schon vom Tode gezeichnet war, bei dem es am schnellsten zu handeln gegolten hatte.

Abgezehrt lag er auf der Matratze, die eingefallenen Wangen hektisch gerötet. Zitternd hielt er das Papier in Händen; er konnte es nicht fassen, daß da wirklich sein Name stand. Die Augen liefen ihm über. Auch alle andern Männer konnten ihre Tränen nicht verbergen.

Ich hockte mich zu ihnen und mußte erzählen, wie sich alles gestern abend abgespielt. Bei der Umschreibung des Wortes „aussichtslos" geriet ich ungeschickt ins Stocken; da hub der Entlassene mit erregter, aber leiser Stimme — er hatte hier zu seinem Lungenbefund eine Kehlkopftuberkulose hinzubekommen — an: „Ich weiß, daß jetzt mein Leiden unheilbar ist, nur bitt' ich den Herrgott, er soll mich noch bis nach Hause kommen lassen — zu Frau und Kindern. Doktor, du brauchst es nicht zu glauben, aber gerade unser Leiden ist ganz mit dem Seelischen verbunden. Wir wären alle noch gesund geworden — daheim! Ich will dir erzählen, wie es schrittweise bergab mit mir ging, alle Schritte tiefer in die Krankheit waren äußerlich Tote, Blut und Folter und wieder Tote, Hunger und Tränen." Erschöpft hielt er inne und wischte sich den Schweiß von Stirn und Hals. Dann fuhr er fort: „Als sie damals den Magistratsdirektor dieser Stadt mitten unter uns blutig schlugen und ihm den Darm mit Wasser füllten und dabei johlten und gröhlten und nicht abließen, bis er tot war und der letzte dieser Folterknechte ihm mit dem Stiefel ins Gesicht trat, um ihm die Augen zuzudrücken, wie er zynisch sagte, da bekam ich den ersten Blutsturz; wenige Tage darnach sagtest du mir, ich sei positiv. Dreißig Jahre leide ich an dieser Krankheit, niemals spuckte ich Blut und niemals war ich positiv. Sechs Wochen später, als sie nebenan in zwei aufeinanderfolgenden Nächten die mehr als sechzig Frauen aus dem Altersheim zum „Todesbunker" und zum „Brett" geschleift, geschleppt und an den Haaren gezerrt haben, um sie blindlings mit Pistolen niederzuknallen, weil sie unnütz waren, wie sie höhnend sagten, da schrie ich eine ganze Nacht in diese Matratze — ich kann dir nicht sagen, warum, ich mußte einfach schreien. Am nächsten Morgen war ich heiser und blieb es; dann hast du meinen Kehlkopf gespiegelt und gesagt, daß sie auch da sitzt — die Tbc. Und wenn dir's nicht gelungen wäre, uns endlich zu isolieren von den Gesunden und den Scheußlichkeiten — dann wäre ich heute schon tot. Nur weil ich hier in Ruhe liegen kann und nur an gute, kleine Dinge denke, an daheim, mein' ich, deswegen hält die Krankheit ihren Pestatem an." Vor Erschöpfung schloß er nun die Augen.

Ich sah, daß nur die Aussicht, in wenigen Stunden daheim zu sein, ihn fähig machte, zu stehen und zu gehen; ich hatte ihm einen Stock besorgt. In einem Kartoffelsack hatte er seine Kleinigkeiten verstaut, mit Spagat machten wir ihm einen Rucksack daraus und endlich war's soweit. Er gab jedem die Hand, mir hat sie dieser einfache Mensch geküßt: „Dich hätt ich gern zum Abschied auf den Mund geküßt, du Gute, aber du weißt ja; vielen Dank, und kommt bald alle nach!"

Vom Fenster sahen wir ihm nach. Langsam ging er mitten auf der Lagerstraße. Zehn Meter vor dem Tor tat er noch zwei, drei hölzerne Schritte, stand, warf plötzlich die Arme hoch — wie

Christus am Kreuz haftet dieses Bild in meiner Erinnerung — und brach zusammen. Als Leiche trugen sie ihn zurück.

Am Weihnachtstag kam ein Päckchen für ihn. Die Krankenbaracke erhielt alle Sendungen, deren Empfänger nicht mehr am Leben waren. Die Kleinigkeiten verteilte ich an seine Zimmerkameraden, obenauf das Blatt behielt ich für mich: eine ungelenke Kinderhand hatte mit bunten Stiften gezeichnet: einen Tisch mit dem Christbaum und leuchtenden Kerzen, fünf Stühle. Darauf saßen die Mutter und drei Kinder, der fünfte war leer. Über diesem stand in Druckbuchstaben: Vati, komm bald zu uns.

Sechs Monate später, als ich nach meiner eigenen Entlassung die zwölfhundert Menschen des dritten Aussiedlungstransportes untersuchte, fiel mir der Name auf: Mutter, zwei Buben und ein Mädelchen. Unsicher fragte ich: „Und Ihr Mann?" „Ja, ich wollte Sie eben fragen, was ich tun soll; es heißt doch immer, die Familien dürfen nur geschlossen aussiedeln; aber mein Mann ist doch im Lager und krank." „Entschuldigen Sie mich, bitte, einen Augenblick." Ich ging und holte die kleine Weihnachtszeichnung, in deren Eck ich den Namen, ein Kreuzchen und den Sterbetag vermerkt hatte. Stumm gab ich sie der Frau zurück. Wir sahen uns in die Augen — sie verstand —, schützend schlang sie die Arme um die Kinder.

*

Er wird deinen Fuß nicht gleiten lassen;
und der dich behütet, schläft nicht.

121. Psalm, 3.

Schüsse peitschten durch die Nacht. Grauenhaft fiel die Angst über mich her. Wen von uns hatte es diesmal getroffen? Mit angehaltenem Atem versuchte ich die Geräusche von draußen zu unterscheiden. Knarrende Stiefel, ein lauter Fluch in fremder Sprache, da — ein Stöhnen, Stille; — dann hörte es sich an, wie wenn ein Sack über Sand geschleift wird. Leiser und leiser wurde das Geräusch, entfernte sich in in der Richtung zum „Brett".

Es litt mich nicht im Zimmer, dessen Fensterladen allabendlich von außen verschlossen wurden; ich zog mich an und trat vor die Baracke; blickte zum Wachturm hinauf, Stille, vielleicht schlief der Posten. Angelehnt an die Tür rauchte ich in tiefen Zügen meine letzte Zigarette. Die Novemberkälte hatte den kalten Schweiß der Angst getrocknet und ich war ruhig geworden. Vom

Dom aus der Stadt schlug es Mitternacht. Ein Tag schied sich vom andern; der einhunderteinundsechzigste von der einhundertsechzigsten Nacht.

Und doch war jäh in meinem Herzen nur Tröstliches und Zartes: Frühlingswind im Dämmern, Sommersonne am blauen Himmel, Moos und Vergißmeinnicht am klaren Bach, Zitronenfalter auf blauen Scabiosen; Mondlicht im Birkenwald, blühende Kirschbäume in Löwenzahnwiesen, roter Mohn im Kornfeld ... Ein Sehnen nach Freiheit und Leben hält mich gepackt; mein ganzes Herz ist erfüllt von einer grenzenlosen Liebe zu allem Sein.

Dann trifft mich vom Wachturm das grelle Licht des Scheinwerfers, der mitten auf mich gerichtet ist. Der Posten hat mich erkannt, das Licht verlischt wieder. — Mich friert, ich gehe hinein, sehe noch einmal nach den Kranken. Alle schlafen, nur unser Kleinster wendet den Kopf nach mir und winkt mich zu sich. Er ist aus Köln, erst sechzehn Jahre, hat ein Bein verloren bei der Flak und hat oft Sehnsucht nach der Mutter: „Ich kann heute nicht schlafen, meine Mutter hat Geburtstag und sie weiß doch gar nicht, wo ich bin. Mein Vater hat auch heute Geburtstag, er weiß auch nicht, wo ich bin und ich weiß nicht, wo er ist mit der Mutter." „Sei nicht traurig, Kleiner, bald kannst du mit den Krücken laufen und darfst nach Hause fahren. Ich erreiche es ganz bestimmt für dich. Fährst mit unserm ‚Grafen', der ist aus Hamburg. Schlaf jetzt wieder." „Aber du mußt meine Hand halten! Immer hielt mir meine Mutter die Hand, wenn ich krank war, und gleich konnt' ich einschlafen."

Es war eine Kinderhand, die in der meinen lag; sein Bein hatte er als Mann opfern müssen.

*

It is the course of kings
to be attended
By slaves, that take their
humours for a warrant.
Shakespeare.

Am Tage nach dieser Nacht ging ich um sechs Uhr morgens nebenan in die Kommandobaracke, das Apothekenbuch zur Unterschrift zu bringen. Zwei Einzelzellen waren dort untergebracht. Die Tür der einen war offen, zwei Männer von uns begannen eben zu tünchen. — Die Wände blutbespritzt, am Boden Lachen von Blut, Schleifspuren zur Tür. —

Nun wußte ich, wem die Schüsse in der Nacht gegolten. Und wußte, daß es durch meine Schuld geschehen war. Ich hatte ein Menschenleben auf dem Gewissen. Ich bin der eigentliche Mörder.

Ich war nicht fähig, mich zu rühren, bis der eine der Männer flüsterte: „Wir haben ihn gesehen, am ‚Brett', sind hingeschlichen heute morgen, sechzehn Schüsse hab ich in der Nacht gezählt, vom Kopf ist nichts mehr da, ein Brei von Hirn und Knochensplittern nur. 's war der, der in der Einzelhaft gesessen, der ohne den rechten Arm."

Was quält der Mann mich so? Ich kannte den andern besser doch als er. Wie mit glühenden Nägeln ist dieser Name in mein Gehirn gehämmert. Und jeden Tag beginne ich mit diesem Namen und ende ihn mit diesem Namen.

Ich wollte ihm zu seinem Recht verhelfen und hab ihn in den Tod geschickt. Heinz Fließgarten hieß er und war ein deutscher Soldat. Deshalb kam er so schimpflich um.

Man kann Soldaten mit Orden und Litzen schmücken oder ihnen wie diesem das Hirn zu Brei schießen; beides für das nämliche: um der Pflicht willen, in den Krieg gezogen zu sein und gekämpft zu haben. Auch im Kriege „entscheidet der letzte Schritt und tilgt die Frevel aller früheren, wenn er das Ziel erreicht". Nämlich den Sieg! Ein Held ist der Sieger, der Besiegte bleibt ein Frevler!

Die Schimpflichkeit des Mordes haben jene zu verantworten, sein Tod an sich wird in mein Schuldbuch eingeschrieben sein.

In seiner Einzelhaft war er erkrankt und hatte um ärztliche Hilfe gebeten. Ich hatte ihn untersucht und ambulante Behandlung im Krankenhause vorgeschlagen. Sie war bewilligt worden. Er hatte sich dem Zuge der Kranken eingeordnet. die täglich mit Bewachung zum Krankenhause in Behandlung gingen. Als ich am nächsten Morgen aus dem Fenster sah, als unsere Kranken eben abgehen sollten, da fehlte er. Ich lief hinaus und bat die Wachen, noch zu warten.

Vor der Einzelzelle fragte ich nach dem Verbleib des Soldaten den Posten. Er war der Meinung, Männer dieser Art bedürften keiner ärztlichen Hilfe. Es sei mir erspart, mit welch schmählichen Worten er dieser Meinung Ausdruck verlieh. Nur mit Mühe vermochte ich zu schweigen. Da der Kommandeur des Lagers selbst die Behandlung gestattet hatte, wandte ich mich an diesen. Vor mir erhielt der Posten Unrecht und Verweis und mußte die Zelle öffnen.

Die Schmach, vor einem Deutschen für einen Deutschen unrecht bekommen zu haben, die wusch er mit Blut ab. Mein Blut war gemeint, als das des Bruders floß. Daß es so schimpflich floß, geschah, weil er Soldat gewesen.

„Bitte, noch einen Schuß!"

Am 4. Juli 1945 schaufelten Johann Partsch und weitere 24 Häftlinge im Lager Freudenthal unter ständigem Prügeln eine Grube. Dann bildeten sie einen Kreis. Aus einer Baracke wurden 20 halb entkleidete Männer geführt. Zehn von ihnen mußten sich vor das Loch knien. Zehn Tschechen zogen an dem Abzug ihrer Maschinenpistolen. Die toten Körper fielen in die Grube. Darunter befand sich auch der des Radiofachmannes Fachler, der als Antifaschist der deutschen Revolutionsgarde angehört hatte. Nach drei Minuten erhob sich aus dem Erdloch ein blutender Körper. Es war Gustav Riedl, im Zivilberuf Totengräber. „Bitte, noch einen Schuß!" flehte er. Wieder klinkte der Hahn einer Maschinenpistole. Nach wenigen Minuten erhob sich Riedl abermals. Dritter Schuß. Zitternd umstanden die Männer das Massengrab. Dann wurden sie abgeführt. Noch waren sie nicht an der Reihe. Zwei blieben zurück, um die Grube zu schließen. Schaudernd sahen sie, daß Riedls und einiger anderer Körper noch zuckten. Die tschechischen Aufseher machten mit ihren Gewehrkolben dem grausigen Spiel ein Ende.

„Sie war im achten Monat"

Im Hankelager in Mährisch-Ostrau erzählte eines Abends der Bauer Kritschke aus Klantedorf bei Fulnek seinem Freunde Ernst Schorz das Ende seiner Frau, das er mitangesehen hatte. Seine Stimme zitterte, und über das schmutzige, unrasierte Gesicht liefen Tränen, als er, immer leiser werdend, zum Schluß kam: „Sie war im achten Monat schwanger und mußte sich nackt an die Wand stellen. Dann schlug man sie mit Knüppeln so lange auf den Leib, bis die Frucht abging und sie nicht mehr atmete."

Behandlung von Amputierten

Der katholische Pfarrer F. K. Halm lag mit 48 amputierten Invaliden auf einer Stube im Konzentrationslager Neu-Rolau und wurde Zeuge, wie der Student Günther aus Gottesgab mit Gummiknüppeln so lange auf seine beiden Beinstümpfe geschlagen wurde, bis das Blut herausspitzte.

Ärztliche Hilfe verboten!

Dezember 1945. Die Straße nach Prag, auf der Grete Singbartl mit ihrem dreijährigen, fiebernden Kind ging, war vereist. Das Kind hatte Diphtherie. Zu Tode erschöpft erreichte sie Prag. Sie klopfte an das Krankenhaus Bulowka. „Helfen Sie meinem Kind, es stirbt"; bat sie. Man zuckte die Achseln: „Für Deutsche ist ärztliche Hilfe verboten." Zweieinhalb Stunden stand sie in der Kälte und flehte vergebens jeden vorübergehenden Arzt, Krankenwärter und jede Schwester des Krankenhauses an. Dann war das fiebernde Kind in ihren Armen tot. Der tote Körper blieb im Krankenhaus.

Wie man Frauen durch Prag führte...

„Hier bring ich euch die deutschen Säue", sagte der Prager Professor Zelenka und übergab zwanzig Frauen, darunter 60- bis 70jährige, einer haßberauschten Menge. Helene B..... vernahm unter den klatschenden Schlägen der Latten und Gummiknüppel den Befehl: „Kniet nieder, ihr deutschen Huren!" Die zwanzig Frauen fielen auf die Knie,. und Bajonette schnitten ihnen die Haare ab. Dann wurde Helene B..... ohnmächtig. Eiskaltes Wasser brachte sie wieder zum Bewußtsein. Um sie herum lagen einige ihrer Leidensgefährtinnen mit erstarrten Gliedern. Totgeprügelt. Weiter ging es durch das blutdürstige Prag. Ein Fußtritt brach Helene zwei Rippen. Wieder verlor sie die Besinnung. Als sie wieder erwachte, blutete ihr Fuß. Man hatte ihr ein vier Zentimeter großes Stück Fleisch herausgeschnitten. Als sie am Abend nach Hause zurückkehrte, kannten ihre Kinder sie nicht mehr. Das Gesicht war mit Blutkrusten bedeckt, die Kleider hingen in blutigen Fetzen an ihrem zerschlagenen Körper herunter. Zwei ihrer Nachbarinnen hatten inzwischen Selbstmord verübt. Eine andere war irrsinnig geworden. Nach drei Wochen kam Helene B..... in das Lager Habigot. Dort waren 1200 Menschen in vier Baracken untergebracht. Eine tschechische Rot-Kreuz-Schwester sortierte die hübschen und jungen Frauen. Nachts führte sie dann zurückgebliebene russische Soldaten in die Baracken. Manche Frauen wurden bis zu fünfundvierzigmal in einer Nacht vergewaltigt.

Hilferufe und Verzweiflungsschreie drangen durch die dünnen Wände. Niemand hörte sie. Am anderen Morgen lagen die Frauen apathisch auf dem dreckigen Fußboden mit abgebissenen Nasen und zerkratzten Gesichtern. Ärztliche Hilfe gab es nicht.

So vegetierte Helene B..... mit 120 anderen Deutschen dreieinhalb Monate in Habigot. Von Sonnenaufgang bis Sonnenuntergang schwer arbeitend, ständig mißhandelt und beschimpft, ohne nennenswerte Verpflegung, die Kinder ohne Aufsicht und Pflege, die Erwachsenen verlaust und verkrustet, in der Nacht den Soldaten ausgeliefert. Die Säuglinge starben. Fast alle Kinder bekamen Rachitis. Nässende Ausschläge, Tuberkulose, Flecktyphus, Blattern, Scharlach, Diphtherie und andere Krankheiten hielten reiche Ernte.

Angeschossen, gequält, ermordet...

Der Ingenieur Franz R...., der dem Beerdigungskommando in Prag-Boskowitz zugeteilt worden war, schreibt: „Ich sah dort, wie Tausende deutscher Soldaten und Zivilisten, Männer und Frauen, darunter Jungen von zehn Jahren, auf die grausamste Weise ermordet wurden. Die meisten wurden erst angeschossen, um sie zu quälen. Ihre zerschlagenen Körper wurden häufig mit Salzsäure eingerieben. Anderen wurden die Ringe von den Fingern gerissen. Erst dann wurden sie erschlagen. Im Straflager Kladno sah ich später, wie Häftlingen heißer Teer auf die nackten Rücken gestrichen wurde. Anschließend wurden sie verprügelt. Drei Tage später verübten in dem Städtchen Iglau ungefähr 1200 Deutsche Selbstmord. Der größte Teil der übrigen Bevölkerung kam zunächst in das Lager Helenental. Der Rest wälzte sich in einem Todesmarsch über die Landstraße nach Tangen. Peitschenhiebe trieben die Alten und Kranken von Kilometerstein zu Kilometerstein. 350 Iglauer erreichten das Ziel nicht mehr.

„Ich kann diese Aussagen beeiden..."

Der Fabrikant K.... war in Iglau zurückgeblieben. Er wurde im Gerichtsgebäude skalpiert. Am 10. Juli krachten im naheliegenden Ranzerwald 19 Schüsse. 19 Iglauer lagen mit dem Gesicht zur Erde. Darunter der alte Stadtpfarrer Honsik. „Ich kann diese Aussagen beeiden", steht unter diesem Protokoll, das am 2. September 1946 in Augsburg von Franz Kaupil unterzeichnet wurde. Dreizehn Tage später, am 26. Mai, lag im

Gerichtsgebäude von Nikolsburg der Deutsche M. K.... über einem Stuhl. Fünfzigmal klatschte ein Gummischlauch auf seinen Körper, um ein Geständnis zu erpressen. Er hatte nichts zu gestehen, als daß er von einer deutschen Mutter geboren war. Nach dieser Tortur mußte er sich entkleiden und wurde in den Hof geschickt, wo 12 bis 15 Tschechen mit Gummiknüppeln, Schläuchen, Stecken und Kabeln bewaffnet, eine Gasse gebildet hatten. Spießrutenlaufen. Die Männer schlugen auf den Magen und die Geschlechtsteile. K.... brach zusammen. Als die Dämmerung hereinbrach, wurden drei weitere Tschechen auf ihn aufmerksam. Sie schlugen weiter. Wieder Ohnmacht. Eiskaltes Wasser. Wieder Schläge, Schläge... Die Wunden eiterten vier Monate.

Herr, ich bereue es nicht!

In diesen Tagen schrieb mir eine Mutter etliche Andeutungen über ihr Erleben: „Wir sind nicht nur Ausgewiesene, sondern auch Flüchtlinge, die ihr Haus von den Tschechen besetzt vorfanden und nichts mehr retten konnten. Auf meine Bitte hin — ich spreche ja perfekt Tschechisch — durfte ich unser Holzkreuz mitnehmen. Höhnisch lachend meinte unser ‚Nachfolger', Ing. Mozdiak, der Leiter des Elektrizitätswerkes in J.: ‚Den Mist können Sie haben!' Wir haben unter diesem Kreuz täglich gemeinsam den Rosenkranz gebetet; mehr als 40 km wanderte ich mit dem Kreuz im leeren Rucksack zurück zu meiner Familie. Dieser Ingenieur, der zur Zeit der deutschen Besatzung einen sehr guten Posten in Wiener-Neustadt hatte, meinte zu mir: ‚Wie konnte eine intelligente Frau einen solchen Kerl heiraten?" Als ich ihm sagte, daß er doch meinen Mann nicht kenne, meinte er: ‚Es genügt, daß er ein Deutscher ist.' Ich hätte dem Schuft an die Gurgel springen können; so konnte ich nur sagen: Pane, ja toho nelituji (Herr, ich bereue es nicht!)"

Seine 83jährige Mutter

Aus einem Brief eines Pastors an den Bischof von Chichester aus der Russenzone des Reiches: „Ich kannte all die Leiden der Juden und habe die Martern eines Konzentrationslagers erduldet. Was sich aber augenblicklich vor unseren Augen abspielt, stellt alles Vergangene in Schatten. Ich denke z. B. an jene, die sich selber das Leben nahmen. Tausende von Leichen baumeln an den Bäumen um Berlin, niemand nimmt sich die Mühe, sie abzuschneiden. Tausende treiben in der Elbe und Oder hinab zum

Meere, niemand kümmert sich darum, Tausende und Zehntausende gehen auf der Landstraße zugrunde vor Hunger und Erschöpfung. Andere Tausende wissen nicht, wo sie je in der Welt wieder ein Heim finden." Ein anderer „Fall" im selben Briefe: „Zwei Töchter von Pastor S. und eine zehnjährige Enkelin leiden an Gonorrhoe infolge einer Schändung. Ärzte können sie nicht weiter behandeln wegen Mangels an Arzneien. Seine dreiundachtzigjährige Mutter starb an den Folgen einer Schändung."

1050 Tote bei einem Transport

Eine Abordnung von Priestern aus dem Sudetenland, die sich nach Berlin um Hilfe wandte, stellte fest: „Ende August kam ein Transport von Sudetendeutschen in Berlin an. Er kam aus Troppau (Tschechisch-Schlesien) und war achtzehn Tage unterwegs. Ehe der Transport von Troppau auslief, zählte man 2400 Frauen, Kinder und alte Leute. 1350 waren noch am Leben als der Transport ankam. 1050 Frauen, Kinder und Greise starben vor Erschöpfung während der achtzehntägigen Reise in offenen Bahnwagen."

Friedhofschändung

Aus Brünn berichten die Blätter unterm 2. September, daß diesen Hussiten selbst der Friedhof nicht heilig ist: Die dortigen Deutschen dürfen kein Familiengrab mehr kaufen. Grabsteine mit deutscher Aufschrift müssen innerhalb dreier Monate entfernt werden oder sie werden durch die Beneschisten gestohlen. Inschriften dürfen ohne Bewilligung nicht geändert werden, und diese Bewilligung wird nur Tschechen erteilt (die oftmals deutsche Namen tragen). — Man will damit natürlich die Erinnerung auslöschen, daß Brünn einmal eine deutsche Stadt war. Es könnte vielleicht eine internationale Kommission auf die Idee kommen, auf dem Friedhofe festzustellen, wie weit die Geschichte der Tschechen eigentlich zurückreicht. Die Verbrecher suchen ihre Spuren zu verwischen. Nicht einmal Hitler hat die Friedhöfe angetastet. Nur Mussolini hat den traurigen Ruhm der Grabschändung in Südtirol erworben.

„Leutln, weint nicht, 's geht heim...!"

Am 20. Juli 1945 um 20.35 Uhr fielen auf der Anhöhe oberhalb der Maria-Hilf-Kirche zu Wekelsdorf jene drei mächtigen

Salven, denen einige Minuten darauf zwei Einzelschüsse folgten, die den Martertod des greisen und hochverdienten Vikärs und Pfarrers Cölestin Baier, seiner Pflegeschwester Theresia Prochaska und zwei weiterer Personen aus Merkelsdorf besiegelten.

Der hochwürdige Dechant Baier ist im wahren Sinn des Wortes der Märtyrer der Gemeinde, in der er 44 Jahre „guter Hirte" war.

Ich kannte ihn von Kindheitstagen an. Ob ihn alle kannten, denen er Seelsorger sein sollte oder vielmehr wollte? Ich fürchte, so manchem seiner Pfarrkinder ist seine Seelen- und Priestergröße erst dann aufgegangen, als er für seine Gemeinde starb. Mir war es vergönnt, die Herzenstiefen des Volkspriesters, der aus sich so gar nichts machte, früher kennenzulernen, er führte mich ja in die Nähe des Heiligtums. Nach dem 8. Mai 1945 besuchte mich Vikär Baier jede Woche einigemale. Sein Gruß war immer: „Ich muß ein wenig zu Dir kommen." Bei diesen oft ganz kurzen Besuchen erschloß er mir seine ganze Seele. Nur ich weiß, wie er in jenen Tagen mit seiner Gemeinde litt, man konnte an ihm zur Höhe wachsen. Damals ging es mir auf, daß sein in der Kirche gesprochenes Priesterwort nie leerer Schall gewesen sei. Sein in den vielen Predigten und Ansprachen immer wieder durchklingendes Hauptthema war das Heilandswort gewesen: „Liebet einander!" Noch in seiner letzten Sonntagspredigt rief er, wie mir Kirchkinder erzählten, diesen „Gedanken mit flehender Stimme in die Schar der ihn ängstlich Umstehenden. Keiner schade dem anderen durch Wort oder Handlung", sagte er, und wies auf den unschuldig leidenden Heiland hin. Ahnte er, daß er sich diese Aufforderung als Parole für seine „Große Woche" sprach? Nun, er lebte schon immer in dieser Gedankenwelt. Wie vielen hatte er schon in den Wochen vorher auf der Gemeindestube durch Intervention und Aufklärung geholfen! In einem Falle hatte er scheinbar vergebliche Fürbittworte gesprochen. So kam er nach Wekelsdorf und ich mußte als Dolmetsch mit ihm zu einem Finanzwachtmeister, der vor 1938 in Merkelsdorf stationiert war. Ich wurde hierbei Zeuge der vielen guten Worte, die er dem Manne gab, um ein Unheil für eine Familie in Merkelsdorf abzuwenden.

Die große Sorge um die Seinen, die sich in den Ohren der blutrünstigen tschechischen Machthaber sehr schlecht ausnahm, war der erste Grund für seinen qualvollen Tod.

Der zweite Grund reichte in das Jahr 1938 zurück. In den

kritischen Septembertagen jenes Jahres hatten Merkelsdorfer Bürger ohne Wissen des Pfarrers Waffen in der Kirche versteckt. Pfarrer Baier hatte sich damals über diese Handlungsweise seiner Pfarrkinder sehr ereifert, und der Mann, der sich damals mit Leichtigkeit als großen Patrioten hätte feiern lassen können, sagte mir bei meinem ersten Besuch nach der Befreiung des Sudetenlandes im November 1938: „Meine Merkelsdorfer haben mir einen Streich gespielt, den ich fürwahr nicht verdient habe. Denke dir, sie haben Waffen in der Kirche versteckt!"

Nach dem Zusammenbruch des Jahres 1945 kam die Zeit der Verantwortung für diesen Bubenstreich. Vikär Baier sollte die Namen der Bürger nennen. An die Passionsgeschichte Jesu Christi werden wir durch die Haltung dieses „Guten Hirten" gewaltsam erinnert. Auch bei ihm hieß es: „Er aber schwieg." — Er schwieg noch da, wo man in einem letzten Verhör im Maidenlager zu Wekelsdorf von 7 bis viertel 9 Uhr abends unter Anwendung von Gewalt — (die ihn auf dem letzten Gang zur Todesstätte sahen, sagen aus, der Tod war für ihn nur eine Erlösung) — sein Geheimnis erpressen wollte. Seine edle Gesinnung ließ es nicht zu, daß Menschen ob ihres zwar ungezogenen, doch niemand schädigenden Streiches nun durch seine Aussage ihr Leben verloren hätten. So mußte er sich selbst sein Grab schaufeln.

Der dritte Grund zu seinem furchtbaren Tod war die Hausdurchsuchung am 10. Juli 1945. Ein Bürger von Merkelsdorf hatte in der Pfarrscheuer, die stets vermietet war, ohne Wissen des Pfarrers sein Jagdgewehr versteckt. Bei der Durchsuchung der Räumlichkeiten wurde es aufgefunden und mit tschechischer Übertriebenheit bis zu einer Panzerfaust aufgebauscht, die man neben seinem Bette gefunden haben wollte. Daraufhin wurde im Pfarrhaus zu Merkelsdorf alles drüber und drunter geworfen. Wer es gesehen hat, wird bestätigen, es war ein Greuel der Verwüstung, wie man sich ihn nicht gründlicher vorstellen kann. Die Wertsachen — auch Kelche — wurden gestohlen und bis auf einen Kelch nie mehr zurückgestellt. Der Pfarrer, der tschechischen Sprache unkundig, konnte sich nicht verteidigen. Er wurde abgeführt und für die Nacht in den Gemeindearrest gebracht, dessen Fenster, wiewohl mit Gitterstäben versehen, noch mit Brettern verschlagen wurden. Am Mittwoch den 11. Juli wurde der Pfarrer mit viel Aufsehen und starker Bewachung durch seine Gemeinde ins Lager nach Nieder-Adersbach geführt. Dort gab es viele Verhöre, bei denen der 68jährige wohl seine geistige Haltung bewahrte, jedoch, wie mir ein Mitgefangener erzählte, physisch den Eindruck eines gebrochenen Mannes machte. Am 12. Juli, Donnerstag, brachte man Vikär Baier mit dem Mittagszug in das Gefängnis nach Wekelsdorf. Durch ein kleines Zettelchen verständigte er mich von seiner Anwesenheit und bat um Essen und Wäsche wie auch um eine Aussprache. Mit den ersten Dingen konnten wir ihn tagtäglich, wenn auch mit vielen bösen Flüchen von seiten der teuflischen Wachmannschaft versorgen, zu ihm jedoch konnte ich nie vorstoßen. Nur ein einzigesmal war es mir gelungen, unbemerkt den Gefängnisgang entlangzulaufen. Ich mußte aber gerade in dem Augenblick schleunigst den Ausgang suchen, wo ich neben dem Pfarrer stand. Hoffentlich mußte der Arme meine Unverfrorenheit nicht mit Schlägen büßen. Immer wieder versuchte ich zu intervenieren, besonders beim Arzt des Lagers, der im Hedwigsheim seine Wohnung hatte und sich als guter „Lidovec" ausgab. Ich hatte auch den Eindruck, er hätte sich noch etwas wie menschliches Fühlen bewahrt. Nach einigen Tagen kam er mit dem Resultat seiner geleisteten Arbeit. „Dustojni pan mlci", ja, der Pfarrer schwieg, er schwieg über alles, was anderen schaden konnte. So kam der 20. Juli 1945 herbei. An diesem Tage besuchte mich ein Studienkollege von Königgrätz, der tschechische Priester Matêna, der mit seinen Kindern auf dem Wege zum Marienbrünnl bei Deutsch-Wernersdorf war. Als Tscheche war er in Wekelsdorf wärmstens begrüßt und mit neuesten Nachrichten überschüttet worden. So brachte er mir brühwarm die neueste Sensation, die die tschechischen Gemüter eben erregte: „Der Pfarrer von Merkelsdorf wird jetzt erschossen." Ich frug ihn bloß noch: „Wo?" und ließ ihn stehen. Hinaus zur Henkerhütte, dem Maidenlager in der Nähe der Maria-Hilf-Kirche. Und richtig, kaum war ich auf der Höhe von Stegreifen und bog den Weg zum Lager ein, sah ich die Opfer auf dem Sportplatz der Reihe nach angestellt, den Vikär als ersten. Ihnen gegenüber standen viele Soldaten mit Maschinenpistolen. Da hatte man mich bemerkt. Über den Abhang herunter stürzten wie Besessene einige Soldaten, die Gewehre drehten sie um und holten zum Kolbenschlag aus. Ich weiß nur, wie der eine noch schrie: „Vzdycky za stareho pana!" Ich mußte umkehren. Durch das wilde Geschrei und die schrecklichen Gebärden der Soldaten hatten sich auch die Opfer mit einer kleinen Kopfwendung zu mir gekehrt. So begegneten sich auf diesem furchtbaren Platze unsere Blicke, für dieses Leben zum letzten Male. Ich merkte nur noch, wie der Pfarrer mit seiner rechten Hand ganz tief und verstohlen eine Handbewegung machte. Sie sollte wohl besagen: „Geh heim! Auf Wiedersehen!" Das alles hatte sich in wenigen Sekunden abgespielt. Ich mußte ja zurück, eine wilde Horde stand ja nur noch wenige Meter vor mir, ich sprang über die jähe Abfallschanze bei der Mauer der Maria-Hilf-Kirche hinab, denn man verfolgte mich.

Scheinbar war es der Partisanenbande unangenehm, daß ich Zeuge ihres Blutdurstes geworden war. So führte man die Opfer neuerdings ins Gefängnis. Ihrem Schicksal aber sollten sie nicht entkommen. Fünf Minuten vor 7 Uhr abends führte man sie neuerdings aus ihren Zellen. Im Lager war noch ein letztes, scheinbar schreckliches Verhör. Die noch auf den Feldern von Stegreifen arbeitenden Deutschen trieb man nach Hause. Nur dem einen oder anderen war es gelungen, sich hinter den Sträuchern der Schrebergärten zu verstecken. Sie gaben uns den letzten Bericht über Pfarrer Baier und seine Gefährten. Zirka ¼9 Uhr abends führte man die Opfer aus dem Lager. Der Pfarrer soll sehr übel ausgesehen haben, die Frauen weinten. Auf dem Wege zur Richtstätte tröstete sie der Priestergreis mit Worten, wie er sie oft in einem langen Priesterleben heimwärtsziehenden Seelen zum Troste für die große Reise gegeben hatte, wie er Hinterbliebene an Gräbern aufgerichtet und Verzagte an toten Punkten ihres Lebens mit neuer Zuversicht erfüllt hatte. Heute bedurfte es nicht vieler Worte, um seines hohen und stets mit Erfolg gekrönten Trösteramtes zu walten. Er sagte nur: „Leutln, weint nicht, 's geht heim, 's geht heim.' Sein aufrechter Gang und seine zuversichtliche Haltung erlaubte keinen Trostzuspruch. Es ging auf den Kuhberg hinauf. Die Opfer mußten sich das Grab selbst schaufeln. — Es liegt auf dem Kuhberg. Kommt man ins Birkenwäldchen am Abhang, so geht man den linken Weg auf mittlerer Anhöhe hinauf. Tritt man aus dem Walde heraus, so steigt man die steile Böschung hinauf. Der linke Grabeshügel ist die Ruhestatt der Opfer des 20. Juli 1945. Rechts davon ist das Grab des von den Tschechen erschossenen Schuljungen Herbert Giebner. Der Pfarrer von Merkelsdorf mußte nach Angabe derer, die es gesehen haben wollen, die Toten ins Grab betten, er soll als letzter erschossen worden sein. Als die Salven — weithin über Wekelsdorf hörbar — ertönten, ging ich gerade mit meinem Brevier im Pfarrhof auf und ab. Ich wußte seit 7 Uhr abends, was nun geschehen wird. Helfen konnte ich nicht mehr, so mußte man beten. Nun schaute ich auf die Uhr. Es war 20.35 Uhr. Im Nu war mein Pfarrhof voller Leute, die nach der Bedeutung der schrecklichen Schüsse fragten. Nur mit Ergriffenheit konnte ich Aufschluß geben. Wir waren alle bleich ob des furchtbaren Geschehens. Noch an diesem Abend wußten es alle Wekelsdorfer, daß Pfarrer Baier, der weit über seine Pfarrgemeinde hinaus als Volkspriester bekannt und geschätzt war, nicht mehr lebe.

Aus dem Erlebnisbericht einer ostpreußischen Landfrau

Auf der schrecklichen Flucht überraschte uns am 10. März, kurz vor Stolp in Pommern der Russe. Zunächst verloren wir unser sämtliches Hab und Gut. Drei Wochen zirka irrten wir umher, immer bemüht, uns vor den Russen versteckt zu halten, da die Vergewaltigungen an der Tagesordnung waren. Am 31. März 1945 wurden wir von den Polen festgenommen, nur weil wir Deutsche waren, und auf die Kommandantur Konitz geschleppt. Dort wurden wir einzeln vernommen und marschierten am 6. April mit Hunderten anderer Deutscher ins Gefängnis nach Krone an der Brahe. Schon bei unserer Ankunft erhielten wir dort Schläge mit dem Gummiknüppel, und so ging es weiter. Die Behandlung war sehr schlecht, dazu schwere Arbeit und ganz unzureichende Kost. Mein Mann kam in ein Arbeitslager, wo er im Herbst an Typhus gestorben sein soll. Trotz vieler Bemühungen ist es mir nicht gelungen, eine Sterbeurkunde von der polnischen Behörde zu bekommen.

Ich wurde am 9. Juni 1945 von meinem 8. Kinde, einem Jungen, entbunden und kam nach vier Wochen in ein Arbeitslager Potulice, Kreis Bromberg. Dort starb mein Junge am 25. August 1945 an Unterernährung. Die Säuglinge und stillenden Mütter erhielten zunächst, wie alle im Lager, nur Wassersuppe und trockenes Brot, später täglich 1 Tasse Magermilch und etwas Zucker. Alle Säuglinge und Kleinkinder verhungerten buchstäblich und in der Säuglingsbaracke gab es nur ein Jammern. Das Wimmern dieser unschuldigen Kleinen gellt mir noch heute in den Ohren.

Bei unserer Ankunft in Potulice wurden uns die Haare kurz geschoren, auch wenn wir keine Läuse hatten. Ich habe dann bis Februar 1946 in der Korbflechterei des Lagers gearbeitet.

Neben dem Hunger, der Kälte und der erniedrigenden Behandlung quälte mich so sehr die Ungewißheit über das Schicksal aller meiner Lieben.

Im Februar 1946 kam ich mit acht anderen Frauen auf das Gut Ostroweck, Kreis Wirsitz, zur Arbeit. Auch dort waren Unterbringung (wir schliefen im Keller auf Steinfußboden; nur eine dünne Schicht Stroh; als Decken unsere dünnen, fadenscheinigen Mäntel), Verpflegung und Behandlung sehr schlecht. Die Sehnsucht nach unseren Lieben und der Freiheit wurde immer größer. Infolge unvorsichtiger Bemerkungen (an eine Flucht konnten wir nicht denken, da wir immer streng bewacht und eingeschlossen wurden, die polnische Sprache nicht beherrschten und auch keinen Pfennig Geld hatten), die eine junge Berlinerin und ich getan hatten und die der Miliz zu Ohren kamen, wurden wir beide am 25. Juni 1946 wieder ins Arbeitslager Potulice gebracht und kamen wegen Fluchtverdacht 15 Tage in den Bunker. Seit einiger Zeit herrschte im Lager ein polnisch-jüdischer Arzt, ein ganz besonders arger Deutschenhasser, und der diktierte uns die Strafe. Splitternackt wurden wir in einen Kellerraum gestoßen, in dem sich außer einem Eimer, worin wir unsere Notdurft verrichten konnten, nichts befand. Jeden zweiten Tag gab es acht bis zehn Hiebe mit dem Gummiknüppel und jeden Tag wurden wir mit kaltem Wasser vollständig übergossen und standen dann Tag und Nacht in dem nassen Keller. Zur Abwechslung wurden wir zur Nacht in einen ganz kleinen, engen Raum gesperrt, in dem wir zu ersticken glaubten und bis an die Knöchel im Wasser standen. Etwa am 10. Tage erhielten wir mit dem Gummiknüppel 20 Hiebe auf die nackten Fußsohlen, so daß unsere Füße vollständig dick und blutig waren und wir uns kriechend in unsere Zellen schleppen mußten. Dann wurde nicht mehr geschlagen.

Wir haben, um nicht vollständig zu erstarren, uns gegenseitig unsere Körper massiert und leichte Turnübungen gemacht, soweit unsere Kräfte dazu noch ausreichten.

Nachdem wir aus dem Bunker entlassen waren, kamen wir sofort in die Strafkolonne und mußten, obgleich unsere Körper sehr geschwächt und unsere Füße stark geschwollen und wund waren, täglich 14 Kilometer zum Kanal marschieren (etwa fünf Frauen und 16 Männer) und dort, zum größten Teil im Wasser stehend, schwer arbeiten. Die junge Berlinerin kam schon nach zwei Wochen mit schwerem Gelenkrheuma ins Spital, wo sie sechs Wochen mit hohem Fieber gelegen hat. Ich habe dank meiner gesunden Natur, der sichtbaren Hilfe Gottes und unter Aufbringung aller Energie (ich mußte mich unbedingt meinen Kindern erhalten) die schweren Monate einigermaßen überstanden. So ging es bis Ende Oktober, bis die kalte Witterung dieser Arbeit Einhalt gebot."

Erst im Mai 1947 wurde diese fleißige, tüchtige Frau, deren einziges Verbrechen war, daß sie Deutsche war, nachdem sie weiter schwer hatte arbeiten müssen, mit über 2000 Männern und Frauen ins Reich abtransportiert. Im März 1947 hatte sie sich noch bei ungeheizten Baracken und sehr schmaler Kost eine schwere Erkältung zugezogen und hatte drei Wochen hohes Fieber. „Das Spital war überfüllt und in der Baracke durfte man auch mit hohem Fieber nicht im Bett liegen. Damals wurden uns wieder die Haare kurzgeschoren."

Die gleichfalls in polnische Gefangenschaft geratene älteste Tochter war trotz aller Bemühungen der Mutter noch im Dezember 1948 nicht aus ihrer harten Sklaverei entlassen.

Wer steckt wen an?

Das Entsetzlichste war, wie die Russen sich auf die Frauen stürzten. Mädchen von 11 Jahren ab und Frauen bis zu 60 Jahren waren nicht mehr vor den Zugriffen der in diesem Punkte fast alle gleich hemmungslosen Russen sicher. Es half nichts, daß sich die Frauen verkleideten, in Lumpen umhergingen und sich das Gesicht mit Asche bestrichen. Manche russische Offiziere bezeichneten diese hemmungslosen Vergewaltigungen als die von Stalin befohlene Antwort auf Hitlers Rassengesetze.

Eine besondere Aufgabe der neu errichteten russischen Kommandanturen bestand darin, in Dörfern und Städten Frauen und Mädchen zusammenzutreiben. Nur selten machte man sich die Mühe, das als Arbeitseinsatz zu tarnen, für Kartoffelschälen oder Waschen. Die meisten der Opfer wurden am Schluß in Lager gesperrt und dann nach Sibirien gebracht. —

Etwa 30 deutsche Mädchen arbeiteten in meinem Lager. Auf den drei in der Nähe liegenden Gehöften hatten die Russen ebenfalls Mädchen zusammengezogen. Wie bei uns, drangen auch dort jeden Abend auf Lastwagen herbeigeschaffte Soldaten und Offiziere aus der Garnison und dem Lazarett Seeburg in den Raum der Mädchen und mißbrauchten alle in brutalster Weise. Als einzigen Ausweg wählten einige Mädchen einen gesunden

Russenposten, dem sie sich ganz übergaben, um wenigstens vor Ansteckung sicher zu sein.

Traurig war es, im Krankenhaus Bischofstein zu sehen, wie mehrmals in der Woche die Russen Fuhren mit Mädchen brachten, die sie auf den Kolchosen festhielten und öfter zur ärztlichen Untersuchung schickten. Das widerliche Spiel: Wer steckt wen an? —

Bis Oktober 1945 war kein Arzt im Kreis Sensburg. Das Krankenhaus leer und ausgeplündert. Oft kam ich in Häuser, in denen alle Einwohner typhuskrank darniederlagen. Die Frau des verschleppten Arztes, die sich um die Kranken sehr mühte, sagte mir, daß 90 Prozent der Frauen und Mädchen im Kreise geschlechtskrank geworden seien! Medizin war keine vorhanden. Zeigte sich die Krankheit schon weit fortgeschritten, dann wurde von den Russen als Behandlung ein Kopfschuß gegeben, wie es mehrfach im Kreis bezeugt ist. Und überall handelte es sich nicht um Ausschreitungen einiger wüster Einheiten, sondern bis zu meiner Ausweisung im Oktober 1945 galt alles Weibliche für die Russen als Freiwild.

In Sensburg haben sie die Frauen und Mädchen auf Kohlenhaufen geworfen und dann Schlange gestanden, Kranke in den Betten mißbraucht, Großmutter, Mutter und Kind wurden eine in Gegenwart der anderen mißbraucht. Im Südwestteil des Kreises wurden den Frauen Holzstücke in den Leib getrieben. Ich fand ein sterbendes junges Mädchen, das über siebzigmal an einem Tage vergewaltigt war. Ich sah, wie auf dem Sarg seiner Mutter ein Mädchen von einer ganzen Horde mißbraucht wurde. Vor der Stadt Sensburg wurden auf einem Gehöft dreizehn- bis vierzehnjährige Mädchen eingesperrt. Dort mußten sie Schnaps trinken und den Russenhorden zur Verfügung stehen.

So sahen die „Befreier“ Deutschlands vom Osten her aus. Kein Wunder, daß die Einwohner in Massen vor dem Morden, Schänden, Rauben nach Westen flohen, wenn sie nicht nach Sibirien als Sklaven verschleppt werden oder in Ostpreußen Hungers sterben wollten.

Kaplan E. W., Ermland.

Drei Jahre Bergwerk

Nach drei schicksalsvollen Jahren bin ich nun wieder in Deutschland gelandet. Ich sage nur: „Gott sei Dank!“ Ich habe fast nicht geglaubt, daß ich die Heimat nochmals sehen würde.

Unendlich Bitteres und unsagbar Schweres habe ich durchmachen müssen.

Am 9. April 1945 wurde unser Transport fertiggemacht und los ging die Fahrt ins Ungewisse. Ich ahnte schon, wohin, und betete im Stillen. Die Fahrt war katastrophal. Zusammengepfercht, schlechte Verpflegung, keine körperliche Reinigung, Klosett mitten unter uns, und alles andere Scheußliche und Schreckliche mehr. So mußten wir fünf Wochen ausharren. Anfang Mai kamen wir am Ziel an. Zu 200 kamen wir in Erdbaracken. Kahle Bretter nur usw.

Nach einigen Tagen Erholung kam ich in Gruppe T, Arbeit im Bergwerk, 400 Meter unter der Erde, täglich 12 bis 14 Stunden, bis zu den halben Waden im Wasser stehend und triefend naß von oben. So habe ich volle drei Monate Kohlen gesprengt, gehackt und gefördert. Wenn ich mir das Bergmannslämpchen umhing und mit Picke und Schippe im Fahrstuhl in die Tiefe fuhr, kamen mir allerlei Gedanken. Und war die Schicht zu Ende und sahen wir beim Hochfahren den ersten Schein des Tages, dann betete ich meist kurz ein Ave Maria. Das Bergwerk war eine richtige Todesgrube. Überall lauerte der Tod. Viele haben dort ihr Leben lassen müssen oder sind als Krüppel nach Hause gefahren. Wenige und miserable Verpflegung und Überanstrengung warfen auch mich aufs Krankenbett. Mit 39 Grad Fieber, kaum auf den Füßen stehend, trug man mich eines Tages ins Lager. Keine Medikamente, keine Decken, alles aufs primitivste, so sah unser Krankenhaus aus. Als eine Typhus-Epidemie dazukam, war es ganz aus. Ich blieb davon verschont, war aber ganz entkräftet, konnte nicht mehr in die Grube. Mit anderen Leidensgenossinnen wurden wir in ein anderes Lager gefahren und dort etwas angefüttert, bis wir wieder allein gehen und stehen konnten. Drei Monate Erholung taten uns sehr gut.

Am 26. November 1945 wehte der Steppensturm, schaurig kalt, den Schnee über den Lagerhof, daß wir weder die Hand vor den Augen sehen konnten noch den Weg zum Klosett fanden. Da hieß es: antreten. Niemand hatte Schuhzeug und Pelz. So gingen die meisten in Holzpantoffeln oder niedrigen Strohschuhen in heulendem Sturm, metertiefem Schnee, und finsterer Nacht in ein drittes Lager.

Erschöpft kamen wir an. In ganz niedrigen Erdhöhlen, vollständig unsauber und viel zu klein, bei einer funzeligen Lampe, mußten wir uns häuslich niederlassen. Über dem Eingang fand ich eine Einzelpritsche und sank nieder, weinte herzzerreißend. Nächsten Morgen wieder Gruppe T, los in schwerste Ziegelarbeit. Meine erste Arbeit war Waggonladen. Einen 60-Tonnen-Wagen, auf den ein Wolkenkratzer von Ziegelsteinen hinaufging, mußten wir beladen. Sämtliche Steine auf Holzgestellen auf dem Rücken tragend, schleppten wir von 8 Uhr morgens bis 8 Uhr abends. Es war so kalt, daß man es kaum aushalten konnte. Deshalb ging ich einmal mit zwei Kameradinnen auf ein paar Minuten in den Betrieb, um uns aufzuwärmen. Mongolen waren unsere Aufseher. Unser Brigadier, ein Teufel in Menschengestalt und Pole, erwischte uns und am Abend wurde uns dann das Brot entzogen. Ob Lehmschicht, Presse, Ein- oder Ausfahrt, alles habe ich durchkostet. So grimmig kalt es im Winter war, so erbärmlich heiß im Sommer. Von der glühenden Asche im Ziegelofen mit Brandblasen unter den Füßen, das Blut aus den Fingerspitzen tropfend, kamen wir abends dreckverklebt im Lager an und wuschen uns dann zehn bis zwölf Frauen in einem Gefäß, einer Träne Wasser. Im Winter war es stets gefroren. Im Sommer kam ich dann als Waschfrau nach dem Hauptlager. 40 Stück Soldatenwäsche am Tage ohne Seife reinigen, war keine Kleinigkeit. Grün und blau wurde uns vor Augen und Ohnmachtsanfälle waren an der Tagesordnung. Aber es war immerhin Frauenarbeit und man hatte Gelegenheit, sich selbst zu waschen und sauber zu halten.

Dann wurde ich Leiterin der Wäscherei, jedoch bald wieder krank. Gelenkrheuma und Nervenentzündung und Entlassung. Am 25. Oktober 1947 abtransportiert, am 23. November 1947 in Frankfurt angekommen.

Studienrätin E. J. aus Ostpreußen.

Mit Worten nicht mehr zu beschreiben

Ein Priesterfreund, ein Opfer von Potsdam, schrieb mir: „Pfarrer K. wurde derart verprügelt, daß ihm die Hautfetzen herunterhingen. Zuletzt mußte er einem Ruhrkranken den Kot vom ... ablecken, dann wurde er erschlagen und die Leiche in ein Schachtloch geworfen. Was die Tschechen an Grausamkeit geleistet haben, läßt sich nicht beschreiben. Auch sie gehören vor das Nürnberger Tribunal wie andere Verbrecher ... In Teplitz zählte man gegen 800 Selbstmorde, im Bezirk gegen 4000. Ich habe einmal in einem Massengrab 165 Leichen eingesegnet, ein anderesmal 60 ...“

In den Folterkammern der Goldenen Stadt

Seit November 1944 lag ich als verwundeter Leutnant mit zerschmettertem linkem Unterarm im Reservelazarett VII, Prag, Kleinseite, ehemals Tyršhaus. Im April durfte ich schon mit dem Arm in der Schlinge ausgehen. In Prag herrschte damals friedliche Ruhe. Bei meinen Ausgängen war ich ganz ungefährdet, die Tschechen zeigten überall freundliche Mienen und Entgegenkommen.

Die ersten Anzeichen einer Stimmungsänderung bemerkte ich in den letzten Apriltagen, als auf dem Vorstadtbahnhofe Bubna, gegenüber unserer Wohnung, ein Zug mit KZ-Häftlingen einlief. Dieser Zug wurde nicht weitergeleitet. Man bemerkte vielmehr nach einiger Zeit, wie die Häftlinge den Wagen verließen und vor den Augen der Bewachungsmannschaft auf die Straße gingen. In wenigen Minuten hatte sich eine große Menge von Zuschauern angesammelt, welche sich lebhaft mit den Häftlingen unterhielten und diese mit Lebensmitteln beteilten. Nach einigen Stunden hatte sich die Menge samt den Häftlingen verstreut. Polizei und Bewachungsmannschaft war nicht eingeschritten.

In den folgenden Tagen bis zum 4. Mai 1945 herrschte vollkommene Ruhe in der Stadt, auch die vom Staatsminister K. H. Frank angeordnete dreitägige Trauerbeflaggung anläßlich Hitlers Tod wurde überall ohne Zwischenfall durchgeführt.

In den Abendstunden des 4. Mai 1945 begannen die Tschechen in Prag die deutschen Tafeln und Aufschriften abzunehmen und verweigerten Antworten auf deutsche Fragen. Die gesamte Polizei verhielt sich dabei passiv.

Noch am Morgen des 5. Mai war überall vollkommene Ruhe, so daß ich keine Gefahr dabei sah, mich von unserer Wohnung, wo ich mich wegen Überfüllung des Lazaretts in häuslicher Pflege befand, in Uniform zwecks Verbandwechsel ins Lazarett zu begeben. Gegen 11 Uhr war ein großes Geschrei von der Straße zu hören, die Häuser zeigten plötzlich überall tschechischen Flaggenschmuck, Leute umarmten einander und schwenkten Blumen und tschechische Fähnchen.

Ich verließ das Lazarett mit dem Arm in der Schlinge, drängte mich durch die Menge, bestieg eine vorbeifahrende Straßenbahn und fuhr quer durch die Stadt nach Hause. Außer einigen Schimpfworten und Flüchen gegen mich, erlebte ich weiter keine Feindseligkeiten.

Während dieser Zeit wurden, wie ich dann daheim hörte, im Bahnhofgebäude Bubna Waffen an die Tschechen verteilt und ein dort stehender deutscher Lazarettzug beschossen.

Inzwischen hatten die Tschechen den Sender Prag-Stadt überrumpelt und forderten nun in ständigen Aufrufen die Bevölkerung zum Aufstand auf. Dabei wiederholten sie dauernd die aufhetzenden Worte: „Smrt Němcum!“ (Tod den Deutschen!)

Nach meiner Heimkehr bemerkte ich aus dem Fenster der elterlichen Wohnung einen blutüberströmten deutschen Soldaten, welcher in greller Sonnenglut im Bahnhofsgelände lag und von einem tschechischen Aufständischen bewacht wurde. Gleich darauf drangen bewaffnete Aufständische in unsere Wohnung ein und suchten nach Waffen.

Ich hatte mich vorher in Zivil umgezogen und gab mich für einen Studenten aus. Den Hausinsassen wurde nichts angetan und außer den vorhandenen Kleinwaffen und den Zigaretten nichts genommen.

Die Nacht und der darauffolgende Sonntag (6. Mai) brachten keine besonderen Ereignisse, außer der kurzen Heranziehung zum Barrikadenbau und dem Befehl, die Wohnung zu verlassen und den Luftschutzraum aufzusuchen.

Erst in den späten Abendstunden des 6. Mai kamen einige Männer in den Keller mit dem Ruf: „Alle Männer sofort mitkommen!“ — Meine Mutter, die sich an mich, den einzigen bei ihr weilenden Familienangehörigen klammerte und mitkommen wollte, wurde von meiner Seite weggerissen und zurückgestoßen. Ohne Abschied ging es fort. —

Wir wurden zunächst in das Kino „Oko“ (Orion) gebracht und dort mit Männern, Frauen und Kindern aus anderen Straßenzügen eingesperrt. Die Behandlung war anfangs nicht schlecht, die Wachen kümmerten sich nicht viel um uns; wir bekamen etwas Brot und Suppe zu essen.

Der 8. Mai brachte uns die Hoffnung auf eine baldige Befreiung, denn das ständige Schießen in der Nähe verstärkte sich, und die Wachen zeigten wachsende Nervosität und Angst. Einige begannen sogar mit den Deutschen zu reden und ließen sich die Versicherung geben, daß sie ihnen nichts getan hätten, damit die deutschen Soldaten, welche schon bis in die nächste Nähe vorgedrungen waren, auch milde mit ihnen verführen. Doch die Nacht brach herein, ohne daß sich an unserer Lage etwas änderte — jene Nacht, die den Schluß des Krieges, damit auch den Schluß der Kämpfe um Prag, die Ankunft der ersten Russen und den Beginn des Mordens und der Quälerei brachte.

In den Mittagstunden des 9. Mai stürmten bewaffnete Burschen mit roter Armbinde brüllend in den Kinosaal, trieben mit Kolbenstößen und Fußtritten Gruppen zu 10 bis 15 Männern (und später auch Frauen) zusammen und jagten sie hinaus zum Barrikadenabbau. Ich stand mit einigen Österreichern beisammen und rief jedem zu, wir seien Österreicher. Doch auch das half nicht viel. Wir wurden trotzdem zusammen hinausgetrieben. Der „Posten“ sagte allerdings, er werde darauf Rücksicht nehmen, daß wir Österreicher seien. Mit erhobenen Händen ging es im Laufschritt durch die Straßen; die ersten Schläge der Menge sausten auf uns nieder. Einige Straßenzüge weiter stand die große Barrikade, die von uns abgeräumt werden sollte. Sie war 2.50 bis 3 Meter hoch und bestand hauptsächlich aus aufgeschichteten großen Pflastersteinen mit Eisenstangen und Stacheldraht. Wir bauten sie ab und pflasterten die Straße.

Eine große Zuschauermenge sammelte sich an, auf den Rücken wurden uns mit Kalk und auf die Stirn mit heißem Teer Hakenkreuze geschmiert, zum Teil die Schuhe und besseren Kleidungsstücke ausgezogen. Ich konnte den ganzen Nachmittag nur mit der rechten Hand arbeiten, denn ich hatte ja noch vor wenigen Wochen den linken Arm im Gipsverband gehabt, die große Wunde war noch nicht vollständig verheilt und eiterte noch. Der ständige Hinweis darauf, daß ich Österreicher sei, und meine tschechischen Sprachkenntnisse bewahrten mich vor dem Schicksal der vielen Erschlagenen dieses Tages.

Vorbeifahrende Russenautos mußten durch Hinknien und Senken des Kopfes bis zur Erde gegrüßt werden. Schweiß und Blut klebten am Körper, die Zunge war kaum noch des Sprechens mächtig, denn die Sonne brannte vom Himmel, und an ein Aufrichten oder gar Ausruhen und Wassertrinken war nicht zu denken. Dabei ein ständiges Antreiben durch Schläge und Fußtritte. Gegen Abend waren wir mit unserer Arbeit fertig. Im Laufschritt mit kurzem Hinlegen und Hüpfen in tiefer Kniebeuge ging es zurück. Unterwegs erhielt ich von einer tschechischen Frau mit einer Zaunlatte gegen den verwundeten Arm einen so heftigen Schlag, daß der Arm für eine Zeit bewegungsunfähig blieb. Es kam aber nur ein Teil der herausgeholten Arbeitskommandos wieder zurück. Die meisten Menschen waren verwundet, die Frauen hatten kahlgeschorene Köpfe.

Doch auch die erhoffte Ruhe während der Nacht blieb aus. Russen und Tschechen holten die deutschen Frauen und Mädchen heraus, aus dem Vorraum waren Verzweiflungsschreie zu hören, Männer, die ihre Frauen schützen wollten, wurden niedergeschlagen, Kinder, die sich an ihre Mütter klammerten, wurden mitgenommen und man ließ sie bei den Schändungen zusehen. Meine ehemalige Tanzlehrerin wurde bei der Vergewaltigung geistesgestört. Mehrere Menschen verzweifelten und suchten sich durch Öffnen der Pulsadern, Erhängen oder Herabstürzen vom Kinobalkon das Leben zu nehmen. Ich selbst beschützte ein 16jähriges Mädchen, indem ich es unter den heruntergeklappten Stühlen in der Mitte einer Sitzreihe verbarg und mich auf die Stühle darauflegte.

Unter Todesandrohung wurden uns in den nächsten Tagen sämtliche Habseligkeiten, vom Taschenmesser bis zur Nagelfeile und Kamm abgenommen. (Geld selbstverständlich zuerst!) Täglich wurden Männer und Frauen zu irgendwelchen Arbeiten geholt, und oft kam nur ein kleiner Teil derselben zurück. So kam nach 14 Tagen das Pfingstfest heran. In der Prager Innenstadt hat man an diesem Tage, wie mir später ein Mitgefangener, Dr. K. aus Halberstadt, erzählte, in der Reithalle am Hybernaplatz Deutsche zu Tode gequält. In die Todeschreie mischte sich der feierliche Orgelklang aus der nahen Kirche, wo dasselbe Volk „innig“ zum Gott der Nächstenliebe und der Barmherzigkeit betete! Doch keine einzige Stimme dieses Volkes, das von all diesen Grausamkeiten wußte (denn diese waren ja zum großen Teil auf offener Straße geschehen in Anwesenheit tausender Zuschauer) regte sich dagegen. Alle hießen es gut und glaubten, ein Gott wohlgefälliges Werk zu vollbringen — das ist meiner Ansicht nach der Unterschied zu unserem Volke, vor dem die Grausamkeiten der KZ's verborgen werden mußten.

Man konnte selbst nichts tun, als sich in den Willen Gottes fügen und mit größter Selbstüberwindung dulden, wollte man sich nicht in den qualvollsten Tod stürzen. Oft habe ich darüber nachgedacht, woher denn der abgrundtiefe Haß dieses Volkes so plötzlich kam? Es hatte doch den ganzen Krieg so gut überdauert wie kaum ein zweites Volk in Europa. Von den Deutschen waren die Tschechen als gleichberechtigtes Volk behandelt worden, standen ernährungsmäßig wohl besser da als so mancher Deutsche. Man saß in der Eisenbahn, im Kino oder Kaffeehaus neben dem Tschechen — es gab keinen Unterschied als den, daß die Tschechen nicht einzurücken und keine Gefallenen zu beklagen brauchten.

Sollte etwa dieser Haß gegen alles Deutsche, der sich in der böhmischen Geschichte schon öfters ausgetobt hat (z. B. Hussitenkriege, Beginn des 30jährigen Krieges, 4. März 1919, Sommer 1938), angeboren sein?

In der Woche nach Pfingsten wurden wir alle aus dem Kino in die ehemalige Scharnhorstkaserne in Prag-Dejwitz getrieben. Am Eingangstor leuchtete uns schon die verheißungsvolle Aufschrift „Koncentračni tábor", d. i. Konzentrationslager, entgegen.

Man bemühte sich auch dort nach Kräften, möglichst alles, was man an Erzählungen über KZs gehört hatte, zu übertreffen. Wir lagen dort in den leeren Klassenzimmern auf dem blanken Fußboden. Es gab keine Seife, keinen Kamm, dafür aber 25 Prügelschläge für eine gefundene Laus, welche Warnung am Gang angeschlagen stand. Täglich beim Antreten wurde geschossen und geprügelt. Sank jemand mit Bauchschuß zusammen, so mußte der Nebenmann unbeweglich stehenbleiben. Die Leichen lagen stets mehrere Tage auf dem Hof, bevor man sie irgendwo verscharrte. Kleine Kinder und alte Leute starben, denn die Verpflegung war sehr schlecht und gering.

Ich war froh, als eines Tages der Abtransport zur Landarbeit begann und mir auf meinen Hinweis, ich sei verwundeter Offizier, gesagt wurde, ich käme in das Kriegsgefangenenlager. Freilich brüllte mich der Lagerkommandant, ein Stabskapitän der tschechoslowakischen Wehrmacht an, diese Kriegsverwundung sei eine Schande und nicht eine Ehre für mich.

Mit neuer Hoffnung marschierte ich am 2. Juni 1945 mit einigen deutschen Soldaten, die längere Zeit als Kraftfahrer bei der russischen Wehrmacht verwendet worden waren und nun von den Russen entlassen waren, von den Tschechen aber festgehalten wurden, unter Bewachung in das Kriegsgefangenenlager Prag-Motol. Nun, so dachte ich, müßten doch die Bestimmungen der Genfer Konvention eingehalten werden, ich müsse wieder als Mensch und nicht als ein unter dem Niveau des Tieres stehendes Etwas behandelt werden. Diese Ansicht erhielt den ersten Stoß, als ich am Eingang des mit Stacheldraht umgebenen Barackenlagers einen Mann mit roter Armbinde und Gummiknüppel bemerkte.

Wir wurden im Hofe aufgestellt und genauestens untersucht.

Bei mir war nicht mehr viel zu finden. Den ehemaligen Russenfahrern aber nahm man alle Reste von Tabak, Konserven, Brot, Geld usw. ab. Dann wurde, ebenso wie bereits in den vorigen Lagern öfter geschehen, der Oberkörper entblößt und nachgesehen, ob nicht etwa unter der linken Achsel die Blutgruppe eintätowiert sei. Unter den Soldaten befand sich einer, der sofort von dem Lagerkommandanten, Stabskapitän M a ž a n k a, persönlich verprügelt wurde. Als der mißhandelte Soldat schwörend die Finger hob und bei Gott beteuerte, er sei gar nicht SS-Angehöriger gewesen, sondern er hätte als Rücksiedler aus dem Osten die Blutgruppe erhalten, schlug ihn der „Stabsoffizier" ins Gesicht mit den Worten: „Bei Gott? Deutsche haben keine Gott!" — Der Ärmste verschwand daraufhin im „SS-Keller", aus dem es kein lebendes Entrinnen mehr gab, wie wir später sehen sollten.

Behandlung und Verpflegung im Kriegsgefangenenlager waren ebenso schlecht wie vorher im KZ. Wir fanden morgens Männer, welche in der Nacht zur Latrine gegangen waren, angeschossen und verblutet vor dieser liegen. Die einzige Änderung gegenüber dem vorigen KZ war die, daß wir nun Männer unter uns waren, die das Ertragen von Strapazen und Not im Kriege gelernt hatten, und daß zu dem eigenen Leid nicht noch das Mitansehen der Qual von verzweifelten Frauen und unschuldigen Kindern kam.

Ich selbst wurde, wie die meisten Offiziere, oft zu den schwersten Arbeitskommandos eingeteilt, mußte trotz meines halbinvaliden Armes in der Stadt Schränke tragen und wurde u. a. von einem Praporčik (Stabsfeldwebel) K u z b a c h mit Riemen mehrere Male ins Gesicht geschlagen.

Die Gefangenen waren schon so ausgehungert, daß bei vielen alle Hemmungen fielen, und sie sich bei „Arbeitskommandos" über jeden Mülleimer hermachten und ihn nach verschimmelten Brotrinden oder Kartoffelschalen durchwühlten, sofern sie kein Posten daran hinderte.

Bei einem Arbeitskommando lernte ich einen 21jährigen tschechischen Posten kennen, der ausnahmsweise freundlich war, und mit welchem ich mich in tschechischer Sprache über verschiedene Dinge unterhalten konnte. Er sagte u. a., die jetzigen Machthaber in der CSR. sollten sich ja nicht einbilden, sie könnten wieder dasselbe Regime errichten, wie es vor 1939 bestand. „Wir haben", so meinte er, „in Deutschland gesehen und selbst erhalten, was wir Arbeiter zu fordern haben und was man uns geben muß! Deshalb gehöre ich auch keiner der alten Regierungsparteien an, sondern bin Kommunist." — Dies war wohl der erste Tscheche, der während des Krieges in deutschen Fabriken gearbeitet hatte, glänzend bezahlt und gut verpflegt wurde und nicht wie andere behauptete, er wäre dort im KZ gewesen. Dieser junge Mann erzählte auch von einem erschütternden Mord während der Maitage.

Nach seinen Angaben wurde in Prag-Weinberge ein tschechisches Mädchen, welches die Geliebte eines SS-Mannes und nun schwanger war, von den Tschechen auf die Straße geschleppt und dort bestialisch ermordet. Mit abgeschnittenen Brüsten und aufgeschlitztem Bauche lag sie da. Herbeigerufene Pressevertreter (auch ausländische!) stellten an Hand von Ausweisen fest, daß es sich um eine Tschechin handelte und zogen die Folgerung, daß nur die Deutschen diese Greueltat begangen haben konnten. So entstanden Nachrichten über Bestialitäten der Deutschen während der sogenannten tschechischen Revolution.

Leider kam ich schon nach drei Tagen nicht mehr zu diesem einzigen mir wohlgesinnten und gerecht denkenden Tschechen, den ich in der Gefangenschaft kennengelernt habe. Er trug, wie ich mich noch entsinne, einen deutschen Handwerksnamen, und sagte selbst, daß seine Großeltern Deutsche gewesen seien.

Durch die schwere Arbeit und die schlechte Verpflegung verschlimmerte sich der Zustand meiner Verwundung sehr. Die Narbe war bald in ihrer ganzen Ausdehnung (12 × 6 cm) geöffnet und eiterte wieder stark. Auch andere kleine Wunden am Körper eiterten und heilten nicht zu. Schließlich konnte ich nicht mehr arbeiten und wurde in das etwa 300 Meter entfernte sogenannte Krankenlager Motol gebracht.

Dieses bestand aus mehreren Steingebäuden um einen Hof. Wir Kranken und Verwundeten schliefen auf dem ehemaligen Heuboden über einem leeren Pferdestall auf den blanken Ziegelsteinen ohne irgendwelche Unterlage, ich wie die meisten auch ohne Decke. Dort lagen wir dicht gedrängt Mann neben Mann. Die mitgefangenen Ärzte konnten kaum helfen, da sie so gut wie keine Mittel, nicht einmal genügend Papierbinden hatten. Der Unterschied zwischen Offizier und Mann bestand lediglich darin, daß die verwundeten und kranken Offiziere beinahe täglich zum Kohlenschaufeln oder Straßenkehren herangezogen wurden. Dabei wurde zur Unterhaltung noch Exerzieren mit den aus Zweigen hergestellten Besen durchgeführt. (Gewehr über! Gewehr ab!)

Im gegenüberliegenden Gebäude befand sich der bereits erwähnte berüchtigte SS-Keller. Dort waren in einem kleinen Kohlenkeller 80 bis 100 Menschen zusammengepfercht, die täglich herausgeholt und gepeinigt wurden. Als die Posten des Schlagens müde waren, stellte man die Gefangenen einander gegenüber und ließ sie sich gegenseitig ohrfeigen. Manchmal mußten sie sich nackt ausziehen und sodann wurden sie geprügelt. Sie sahen aus wie Skelette, denn sie waren dazu bestimmt, langsam zu verhungern. Die Rückkehr in den Keller spielte sich manchmal so ab, daß man einen Mann nach dem andern an den Eingang stellte und mit einem Fußtritt hinunterbeförderte. War einer so geschickt und hatte noch soviel Kräfte, um unten gut zu landen, ließ man ihn wieder heraufkommen und wiederholte dasselbe oder man ließ ihn an der Schwelle mit dem Gesichte nach außen niederknien und den Kopf senken. Dann bekam er einen Fußtritt ins Gesicht, so daß er nach rückwärts die Treppe hinunterstürzte. Während dieser Handlungen durften wir unseren Dachboden nicht verlassen, vermochten aber, sofern uns das Grauen nicht zurückhielt, durch Ritzen im Dach und in der Tür die Ereignisse zu beobachten.

Die Zahl der Insassen des SS-Kellers nahm ständig zu, es waren sogar auch 14jährige Jungen vom HJ-Volkssturm dabei! Als auch ein zweiter Raum vollgestopft war, ging man daran, „Platz zu schaffen". Unter dem Vorwand, etwas gegen Ansteckungen der Posten vor den im Keller überhandnehmenden Krankheiten zu tun, streute man öfters durch das vergitterte Fensterchen Chlorkalk zu den armen Gefangenen in den Keller. Auch wurde manchmal mit Maschinenpistolen blindlings hineingeschossen.

In der Nacht wurden regelmäßige Massenhinrichtungen vorgenommen. Zunächst waren Verwundete mit Gipsverbänden an der Reihe. Alle Insassen standen vor dem sicheren Tode. Kein Wunder, daß zwei junge Burschen, die den Unrateimer heraustragen mußten, diesen plötzlich auf die Erde stellten und mit dem Rufe an uns: „Grüßt uns die Heimat! Grüßt uns Deutschland!" fortliefen, so schnell sie ihre schwachen Beine noch tragen konnten. Sie rannten in den Tod, denn einen offenen Ausgang aus dem Lager gab es nicht. Bald knallten mehrere Schüsse und die beiden hatten schnell ausgelitten.

Die zu Liquidierenden wurden meist nicht durch Genick- oder Kopfschuß, sondern durch Bauchschüsse erledigt, um sie noch stundenlang leiden zu lassen. Während dieser Zeit, meist in der Nacht, durften wir unseren Bodenraum nicht verlassen, obwohl wir alle, nierenkrank durch den kalten Ziegelboden, uns an der Türe drängten. Als einer doch hinauszugehen versuchte, wurde heraufgeschossen. Einen Unrateimer durften wir nicht haben! — Später, nach vollbrachter Exekution, wurde meist aus uns ein Kommando von zehn Mann herausgeholt, um die Leichen auf einen Pferdewagen zu laden und zu verscharren und um die großen Blutlachen im Hofe mit Sand zu bestreuen. Längere Zeit war ein Arbeitskommando tagsüber tätig, um große Massengräber auszuschaufeln.

Mein Zustand hatte sich, wie der vieler Verwundeter, durch die weiterhin schlechte und ungenügende Verpflegung so verschlechtert, daß ich lange apathisch dalag. Um diese Zeit, es war Mitte August 1945, erhielt ich auf dem Umweg über meine Verwandten im Sudetenland, denen ich ein Lebenszeichen hatte hinausschwindeln können, die Nachricht, daß mein Vater und meine Mutter noch lebten. Dies ließ meinen Lebensmut wieder neu erwachen und gab mir die Pflicht auf, selbst als letzter übriggebliebener Sohn weiterzuleben. Ich suchte verzweifelt nach einer Möglichkeit, meine Lage zu verändern und diesem langsamen Absterben zu entrinnen. Schließlich ergriff ich die einzige Gelegenheit, die sich uns bot: Ich meldete mich zur Bauernarbeit.

Es war dies mein Glück. Denn schon einige Tage nach meinem Abgang brach im Lager Motol außer den schon grassierenden Krankheiten wie Ruhr, Typhus usw. auch noch Fleckfieber aus, und es wurde eine Quarantäne verhängt, die sich schließlich über drei Monate erstreckte. Während dieser Zeit raffte die Krankheit oder der Hunger im Lager viele Kameraden dahin.

Was ich erwartet hatte, das trat ein. Wir drei, die wir zum Bauern Bohumil Holecka nach Vrbčany (40 km ostwärts Prag) kamen, waren nun wenigstens auf das Niveau des Viehes gestiegen. Man verlangte zwar viel, sehr viel von uns, beschimpfte uns in allen Tonarten und mit Ausdrücken, die man ins Deutsche gar nicht übersetzen kann, weil die germanischen Sprachen nicht so reich an abscheulichen Schimpfworten sind wie die slawischen, aber man gab uns doch genug zu essen, so daß wir allmählich wieder zu Kräften kamen. Der Magen mußte sich erst wieder an das Essen gewöhnen, und wir hatten gleich am zweiten Tage derartige Magenkrämpfe, daß wir uns wie die Irren mit verzerrten Gesichtern am Boden wälzten, obwohl wir absichtlich mäßig gegessen hatten. Das war schon einer der ersten Gründe zu einem Wutausbruch des Bauern.

Wir brachten ihm die ganze Weizen- und Roggenernte herein. Erst im September wurden ihm sieben weitere Arbeitskräfte (verschleppte Sudetendeutsche aus dem Kreis Tetschen a. d. Elbe) zugeteilt. Wir schliefen zunächst in einem kleinen Kämmerchen auf Stroh, später, als es kalt wurde, und wir nicht heizen durften, im Pferdestall.

Die Arbeit begann um 4 Uhr morgens mit dem Misten und Füttern der 30 Stück Rindvieh und endete gegen 9 Uhr abends. Mittagspause gab es keine. Oft wurden wir schon beschimpft, weil wir zu lange beim Essen saßen oder ausgetreten waren. Unsere Schuhe waren indessen entzweigegangen, und ich mußte im kalten Spätherbst barfuß arbeiten, obwohl der Bauer genügend Schuhe besaß. Endlich erhielt ich dann Holzschuhe. Auch unsere Kleidung, die für den Sommer gerade noch ausgereicht hatte, war sehr mangelhaft. Ich besaß zum Beispiel nur eine dünne Tropenbluse, seitdem man mir den guten Zivilrock genommen hatte. Wären nicht die verschleppten Sudetendeutschen gewesen, die uns selbstlos mit dem wenigen aushalfen, das sie in der großen Eile der Austreibung aus ihrer Wohnung mitnehmen, das heißt, zusammenraffen konnten, so hätten wir ruhig erfrieren können, denn die Bäuerin weigerte sich sogar, uns irgend einen alten Fetzen zum Ausbessern der zerrissenen Hemden zu geben. Ab und zu kam ein Gendarm an, verwarnte uns und drohte uns mit der Pistole. Eine ärztliche Betreuung gab es nicht. Meinen Verband wusch und erneuerte ich mir selbst. Die Wunde hatte sich etwas verkleinert, eiterte aber immer noch.

Kurz nach Weihnachten 1945 brach ich zusammen und lag mit 40 Grad Fieber im Pferdestall — ein Grund zu einem neuerlichen Wutausbruch des Bauern gegen mich. Endlich durfte ich in den Nachbarort zum Arzt, der mich ins Krankenhaus der Kreisstadt Böhmisch-Brod überwies. Ich überstand den längeren Fußmarsch und die Autobusfahrt, bei der ich als Deutscher natürlich stehen mußte, und wurde im Krankenhaus abgeliefert. Die Unterbringung hier war menschenwürdig. Nach einigen Tagen wurde der linke Arm, in welchem sich eine Phlegmone gebildet hatte, aufgeschnitten, und zwar ohne Narkose, denn „die tapferen deutschen Soldaten müßten doch so etwas aushalten können". Ich habe mich bemüht, dem jungen Arzt zu zeigen, daß er bei diesen Worten durchaus nicht ironisch zu grinsen brauchte.

Schon am 31. Jänner 1946 (zwei Wochen nach meiner Einlieferung, holte mich der Bauer Holecka wieder ab und brachte mich direkt ins Lager Motol zurück. Meine wenigen Habseligkeiten, die ich noch hatte, bzw. wieder angesammelt hatte — es handelte sich um einige Hemden, Socken usw. — blieben zum Großteil in Vrbčan. Ich durfte sie mir nicht holen, und sie wurden mir auch nicht, wie versprochen, vom Bauern nachgeschickt.

Im Barackenlager Motol, in welchem ich schon im Juni 1945 gewesen war, hatten sich die Zustände inzwischen nicht wesentlich gebessert. Bloß Prügel gab es nun seltener, und die mitgefangenen Wehrmachtspfarrer durften allsonntäglich nach Arbeitsschluß eine heilige Messe lesen. Im berüchtigten „SS-Keller" befanden sich nun keine SS-Angehörigen mehr. Nach und nach waren, gemäß einer Erzählung des cand. med. Feldunterarzt K. H. aus Schorndorf/Württemberg, welcher die ganze Zeit hindurch dem deutschen Lagerarzt geholfen hatte, mindestens 1200 SS-Angehörige abgeschlachtet worden! Dabei nannte er nur die Zahl seiner eigenen Beobachtungen! Die letzten SS-Männer brachte man zu Beginn des Winters, als der Besuch des Internationalen Roten Kreuzes zu erwarten war, in das Gefängnis Pankraz. Der Keller wurde nun nur noch als Arrestlokal verwendet.

Am 19. März 1946 ging endlich unser Invalidentransport von über 100 Mann per Bahn in Richtung Bodenbach-Tirna in Begleitung eines Stabskapitäns ab. An der sächsischen Grenzstation Schöna saßen wir den ganzen nächsten Tag über fest, denn die Formalitäten mit der russischen Grenzwache waren zu erledigen. Da sich die Angelegenheit bis zum Abend hinauszog, wurden wir zur Übernachtung nach Bodenbach zurückgefahren und dort im Hause „Makosa", welches als Aussiedlungslager diente, untergebracht.

Doch der nächste und auch der folgende Tag vergingen, ohne daß wir über die Grenze gebracht wurden. Der begleitende tschechische Offizier verließ uns und fuhr wieder nach Prag zurück. — Nun vergingen viele Wochen in ständigem Hoffen und Bangen. Wir „anerkannten Invaliden" wurden wieder zu kleineren Arbeitskommandos eingeteilt und mußten auch Holz und Kohle verladen. Mehreren Kameraden gelang es, über die Grenze zu entfliehen.

Im Mai versuchten einige invalide Ärzte, denen zuvor ihr gesamtes Ärztebesteck abgenommen worden war, Zahnzangen an sich zu nehmen, die aus deutschen Beständen stammten und im Keller verrosteten, während sie bei uns dringend benötigt wurden. Nach längerer Zeit entdeckten die Tschechen zufällig den Verlust und sperrten die Ärzte in den Keller. Mit vorgehaltenen Maschinenpistolen und Schlägen wollten sie Namen von „Mitschuldigen" aus ihnen herauspressen. Als dies nichts half, wurden einfach ihre besten Freunde, darunter auch ich als Freund Dr. K's, mit in den Keller gesperrt.

Dort saßen wir sieben Mann vier Wochen lang auf engstem Raume und konnten uns kaum zum Schlafen ausstrecken. Es war vollkommen dunkel, denn der Keller hatte kein Fenster. Wir konnten uns nicht waschen, hatten zum Verrichten der Notdurft bloß eine große Konservenbüchse bei uns, die Luft war stickig, die Kleider begannen am Körper zu verschimmeln, die ohnedies kleinen Verpflegsrationen waren uns auf die Hälfte gekürzt worden. Dabei gab es ständige Drohungen mit Militärgericht, Hinrichtung usw.

Nach vier Wochen erst wurden wir aus dem Keller herausgeholt, denn unser Invalidentransport wurde in ein anderes Lager verlegt. Wir mußten uns erst allmählich wieder an das Tageslicht gewöhnen, denn wir waren nach dieser langen, völligen Dunkelheit wie geblendet.

Am 2. Juli 1946 verließen wir alle endlich das Land, in welchem wir so viel erlebt hatten. Wir wurden einem sudetendeutschen Aussiedlertransport angehängt. Jeder hatte seine Entlassungspapiere in der Hand. Als wir in Bad Schandau vernahmen, daß wir nochmals in ein russisches Lager kämen, und dort die Offiziere aussortiert werden sollten, verließ ich mit meinen „Kellergenossen" heimlich den Zug, und es gelang uns bei Ölsnitz-Hof auf legalem Wege, mit unseren Entlassungspapieren, die in die amerikanische Zone lauteten, die Zonengrenze zu überschreiten.

Ich hatte nun doch mein nacktes Leben gerettet, wenn ich auch noch nicht wußte, wohin ich mich nun wenden und was ich beginnen sollte.

Lebende Fackeln am Wenzelsplatz in Prag

Ein in Kärnten lebender Honvedoffizier war Zeuge der grauenhaften Vorfälle, die sich im Frühjahr 1945 in Prag zutrugen:

Die im Herzen Böhmens liegende Hauptstadt hatte den Charakter einer Lazarettstadt angenommen. Von der Ost- und Nordostfront wurden die Verwundeten nach Prag gebracht und im April zählte man in den verschiedenen Lazaretten bereits an die 60.000 deutsche und ungarische Verwundete. Der deutsche Stadtkommandant ließ Prag im Sinne der internationalen Bestimmungen zur Lazarettstadt erklären. Die tausende Verwundeten, besonders die ans Bett gefesselten, hofften, daß die amerikanischen Truppen die Stadt als erste erreichen und sie in ihre Obhut nehmen würden. Das Schicksal entschied jedoch anders.

Um den internationalen Bestimmungen Genüge zu leisten, wurden gleichzeitig mit der Erklärung Prags zur Lazarettstadt die bewaffneten deutschen Truppen abgezogen. Diese Situation benützten die Tschechen dazu, um vor der Welt — zwar sehr verspätet — ihren „Heldenmut" zu beweisen. Dieselben Tschechen, die während des Zweiten Weltkrieges die deutsche Kriegsmaschinerie in der servilsten Weise bedienten, inszenierten fünf Tage vor der offiziellen Waffenniederlegung einen bewaffneten Aufstand, zu einer Zeit, als es in Prag keine bewaffneten deutschen Truppen mehr gab. Am Vormittag des 1. Mai hörten wir eine wüste Schießerei und in unser Lazarett flüchteten Verwundete und Zivilisten. Wir hörten die ersten Schreckensnachrichten. Auf dem Wenzelsplatz wurden deutsche Soldaten an den Laternenmasten aufgeknüpft und Feuer unter die Unglücklichen gelegt, so daß sie als lebende Fackeln eines gräßlichen Todes starben.

Auf den Straßen überfiel der Mob verwundete Soldaten, die kurzerhand erschlagen oder erschossen wurden. Die Stadt war von bewaffneten tschechischen Truppen besetzt, die mehrere Lazarette erstürmten, die Verwundeten ermordeten, in deutsche Wohnungen und Geschäfte einbrachen und unter der nichttschechischen Bevölkerung ein furchtbares Blutbad anrichteten. Als uns diese Nachrichten erreichten, blieb uns nichts anderes übrig, als uns für die Verteidigung einzurichten. Alle verfügbaren Waffen wurden an die einigermaßen geh- und überhaupt bewegungsfähigen Soldaten verteilt. In den acht Tagen bis zum Einmarsch der Sowjets war unsere Lage schrecklicher als je die Grauen des Krieges. Unser Lazarett war von den Tschechen umzingelt und stand unter dem Feuer der Angreifer, die es aber nicht wagten, das Lazarettgebäude zu stürmen. In den umliegenden Straßen lagen Massen von Leichen der den Tschechen zum Opfer gefallenen deutschen und ungarischen Verwundeten, Zivilisten, Frauen und Kinder. Die unglücklichen Menschen wurden aus den Fenstern ihrer Wohnungen aus dem dritten oder vierten Stockwerk einfach auf die Straße geworfen. Tag und Nacht waren die Todesschreie der unglücklichen Menschen zu hören.

Nackte deutsche Frauen und Mädchen trieben diese Unmenschen vor sich her als Panzersperre gegen die zu Hilfe zurückgekehrten deutschen Panzer. Einigen dieser unglücklichen Frauen und Mädchen gelang es, in unser Lazarett zu fliehen. Sie hatten die Gewalttätigkeiten der tschechischen Soldateska zu erdulden gehabt, wurden dann mit Kolbenschlägen und Peitschenhieben, vollkommen unbekleidet, durch die Straßen getrieben und gezwungen, Barrikaden zu errichten und Leichen wegzuräumen. Viele dieser geschändeten Frauen und Mädchen mußten die ermordeten eigenen Angehörigen in die Massengräber werfen. Bei der Scharnhorst-Kaserne wurden nicht weniger als 4000 Verwundete, die man zusammengetrieben hatte, erschossen ...

Am 7. Mai näherten sich die sowjetrussischen Truppen der Stadt. Tschechen forderten uns auf, die Waffen niederzulegen und gaben uns die Versicherung, daß sie uns als unter dem Schutz des Internationalen Roten Kreuzes stehend betrachten und die tschechische Regierung die Verantwortung für unsere Überführung in das Deutsche Reich übernehme. Wir unterschrieben hierauf im Beisein von zwei Bevollmächtigten des Roten Kreuzes die Kapitulationsurkunde und folgten den Tschechen sämtliche Waffen aus. Als sich nun die Tschechen überzeugt hatten, daß wir aller Waffen ledig waren, zog derselbe Stabskapitän, mit dem wir wegen des Schutzes durch das Rote Kreuz verhandelt hatten, die Pistole und forderte uns auf, alle Wertsachen abzugeben, uns zu entkleiden und unser Gepäck auszuliefern.

Kurze Zeit später drangen bewaffnete Tschechen in das Lazarett und trieben die Gehfähigen mit Gewehrkolben und Fußtritten in den Hof. Die bettlägerigen Schwerverwundeten wurden in ihren Betten erschossen. Wir wurden dann gezwungen, in das 15 Kilometer entfernte Sammellager Podol zu marschieren, ungeachtet dessen, daß sich unter uns erst kürzlich amputierte Verwundete befanden. In den Straßen des „Goldenen Prag" wurde die traurige Kolonne von den Tschechen — ohne Unterschied des Geschlechts — mit Steinen, Stöcken und Schirmen, auch mit siedendem Wasser, dauernd attackiert, wodurch viele von uns neuerliche schwere Verwundungen erlitten. Einige inzwischen eingetroffene Sowjetsoldaten schritten gegen diese viehischen Brutalitäten ein und bahnten uns mit ihren Waffen den Weg durch die rasende Menge. Unterwegs schlossen sich uns aus verschiedenen anderen Lazaretten mehrere ähnliche Verwundetengruppen an. Wer nicht mehr weiterkonnte, wurde erschossen, und so säumten Leichen unseren Leidensweg. Aus den in dem Lager befindlichen deutschen Krankenschwestern wurden Gruppen ausgewählt und den in der Nähe untergebrachten Truppen „zur Verfügung gestellt". Die „glücklicheren" unter ihnen kehrten lebend, allerdings in einem fürchterlichen Zustand, in das Lager zurück, viele von ihnen blieben jedoch verschollen. In den Nachtstunden überflutete wildgewordene Soldateska das Lager, raubte die Gefangenen aus, mißhandelte sie auf grausame Art. Die Schwestern vom Roten Kreuz wurden vor den Augen der Lagerinsassen öffentlich vergewaltigt.

Die Bestialitäten wurden — kein Mensch mit einem fühlenden Herz in der Brust hielt dies für möglich — noch gesteigert. Wir mußten den grausamen Tod von 800 ausgewählten deutschen Offizieren und Mannschaften miterleben, der von den Tschechen in direkt teuflischer Weise in Szene gesetzt wurde. Zwei dazu bestimmte Gefangene mußten einen dritten mit starken Knüppeln so lange schlagen, bis er kein Lebenszeichen mehr von sich gab. Wenn sich einer der Gefangenen weigerte, seinen Kameraden zu erschlagen oder nicht kräftig genug zuschlug, war er das nächste Opfer. Diese furchtbare Schlächterei von Menschen dauerte einen ganzen Tag.

„Ich klage an!"

Anklage gegen die tschechoslowakische Regierung, gegen das gesamte tschechische Volk wegen Mord, Unterstützung von Mördern, Beihilfe zum Mord, Diebstahl und Vergewaltigungen, begangen an Kindern, Frauen und Männern ohne Unterschied des Alters.

Am Anfang meiner Anklage will ich erwähnen, daß ich weder ein Nationalsozialist noch ein deutscher Soldat war, sondern seit Januar 1935 in Frankreich gelebt habe, den Krieg 1939—1940 in der französischen Armee mitgemacht habe, im Mai 1940 in deutsche Gefangenschaft kam und nach Deutschland deportiert wurde, wo ich sechs Monate in den Konzentrationslagern Schirmeck (Elsaß) und Kisslau verbracht habe.

Was ich hier schriftlich niederlege, habe ich persönlich gesehen und miterlebt, und ich bin bereit, an jedem Ort und zu jeder Zeit diese meine Aussagen unter Eid zu bestätigen und auch Zeugen dafür zu stellen.

Als Hauptzeugen für meine Anklagen führe ich die tschechische Zeitung „Obzory“, Zeitschrift für Politik und Kultur, an, die zum großen Teil viele meiner Aussagen bestätigt, bzw. sogar übertrifft. Diese Zeitung war eine christlich-demokratische Zeitung und wurde später von der kommunistischen tschechischen Regierung verboten, weil man befürchtete, daß durch sie den Deutschen schriftliches Material in die Hände fallen könnte, das einmal gegen den tschechischen Staat als Belastungsmaterial verwendet werden könnte. Zu meiner Erklärung will ich hier ein Schreiben einer gewissen Frau A. Kubova aus Prag 7 anführen, das diese Frau am 20. November 1945 an die oben erwähnte Redaktion der Zeitung „Obzory“ gerichtet hatte. Ich bringe diesen Brief in wörtlicher Übersetzung. Original befindet sich in meiner Hand:

„Verehrte Redaktion!

Zu Ihrer Aufforderung am Ende des Artikels ‚Was geschieht in der Welt‘, muß ich Ihnen zu meinem Bedauern mitteilen, daß ich mit Ihnen nicht übereinstimme, und zwar deswegen, weil es nicht diplomatisch ist, Sachen auf das Weltforum hinauszutragen, die unsere Geheimnisse bleiben sollten, auch wenn wir sie verurteilen. Daß es sich hierbei größtenteils um Leute handelt, die Ihnen unsympathischen Parteien angehörten (die diese Verbrechen begangen haben), entschuldigt Sie nicht. Sie wissen ganz genau, daß Sachen, die geschehen sind und die noch heute teilweise geschehen, nicht mehr gutzumachen sind und die Leute, die diese Sachen machen, sich durch Ihren Artikel nicht ändern werden. Sie haben dadurch den Deutschen lediglich gedrucktes Beweismaterial in die Hände gespielt, welches sie später einmal gegen uns selbst mit Sicherheit verwenden werden. Und ich weiß dann nicht, wie sich unser Volk dann bei Ihnen bedanken wird. Den größten Schaden werden Sie dadurch haben, denn die Sympathie, die Ihre Zeitung bei vielen Leuten unseres Volkes genossen hat, wird dadurch auf Null sinken.“

Da nun in der ganzen Welt Menschen wegen Kriegsverbrechen und Verbrechen gegen die Menschlichkeit verurteilt werden (gemäß Artikel I des Gesetzes des Alliierten Kontrollrates), verlange ich im Namen von Tausenden hingemordeter unschuldiger Frauen, Kinder und Männer, daß auch diese Verbrechen verurteilt werden und daß die gesamte tschechische Nation genau so der Verbrechen wegen angeklagt wird, deren man das deutsche Volk anklagt. Denn alle haben davon gewußt und alle haben diese Verbrechen stillschweigend gutgeheißen. (Siehe die damaligen Artikel der Zeitungen aller Richtungen.)

In einer seiner Reden betonte der Staatspräsident der tschechoslowakischen Republik, Benesch, daß er die Verantwortung über alle Taten, die verübt wurden und werden, nicht auf sich nehme, sondern daß die gesamte tschechoslowakische Nation dafür verantwortlich sei.

Um es noch einmal zu wiederholen: Die hier angeführten Details beruhen auf Tatsachen, und ich führe nur solche Begebenheiten an, die ich persönlich erlebt und gesehen habe.

Am 5. Mai 1945 ging in Prag die Revolution los. Die deutsche Zivilbevölkerung wurde in Luftschutzbunkern und Schulen interniert. Kinder, Frauen und Greise wurden blutig geschlagen, alles wurde ihnen abgenommen. Auf Grund meiner französischen Militärpapiere gelang es mir, mich in den ersten Tagen frei in Prag zu bewegen. Was ich in diesen wenigen Tagen in den Straßen von Prag gesehen und erlebt habe, wird nicht einmal in den Berichten, die man von Konzentrationslagern hört, annähernd ausgesagt. Vielen Frauen wurden die Kinder aus den Armen gerissen und vor den Augen der Mütter mit den Köpfen an die Wand geschlagen, mit der Begründung, dies sei deutsche Kultur. Frauen, Kinder und Männer wurden an den Füßen aufgehängt, unter ihnen wurden Filmrollen angezündet, die Menschen wurden dadurch lebendig verbrannt. Anderen wurden Stricke um den Hals gelegt und sie an Autos angebunden, wodurch sie zu Tode geschleift und erdrosselt wurden. Andere wurden gesteinigt und zu Tode geprügelt. Das Erstaunlichste war die Tatsache, daß sich unter diesen Opfern keine Gestapoagenten oder sonstige führende Persönlichkeiten der Nazis befanden, sondern lediglich unschuldige Menschen, da sich die Nazi-Persönlichkeiten rechtzeitig in Sicherheit gebracht hatten.

Ich klage die tschechischen Offiziere sowie die gesamte Wachmannschaft der Nusler Schule in Prag XIV wegen Massenmordes und Vergewaltigungen an vielen jungen Mädchen und Frauen an. Es war am 10. Mai 1945, als ich mich vormittags in der Nähe der Schule befand. Ich sah, wie auf einem großen Lastwagen gräßlich verstümmelte Mädchen und Frauen, die, wie zu sehen war, vorher auf die abscheulichste Art und Weise vergewaltigt worden sein mußten, von Deutschen aufgeladen wurden.

Unter dem Gejohle der zuschauenden Volksmenge fuhr der Lastwagen, auf dem sich die deutschen Häftlinge auf die Leichen niederlegen mußten, davon und kam etwa nach einer halben Stunde wieder zurück, um von neuem mit dieser furchtbaren Fracht beladen zu werden. Ich fragte den tschechischen Chauffeur, wo man denn diese Leichen hinbringe, und er sagte mir unter Lachen, daß man diese deutschen Schweine in die Müll-Verbrennungsanstalt nach Prag-Holleschowitz bringe, wo sie dann mit dem Müll verbrannt würden. Viermal sah ich denselben Wagen, beladen mit menschlichen Leichen, kommen und wieder abfahren.

Ich begab mich auch in die Nusler Schule. Die Keller fand ich förmlich im Blut schwimmen und an verschiedenen Leichen fand ich Einschußlöcher im Genick. Ich selber wurde am 11. Mai in Prag XII verhaftet — auf Grund der lächerlichen Beschuldigung, ich sei SS-Obersturmbannführer, weil ich mitunter am Flugplatz eine abgefärbte blaue Reithose getragen hatte. Daß man mich nicht auf der Stelle erschossen hatte, war darauf zurückzuführen, daß man sich wegen meiner französischen Militärpapiere nicht im klaren war, welch einer Nationalität ich eigentlich angehöre. Ich wurde von dem Polizeirevier, wo ich blutiggeschlagene Leute sah, nach der Polizeidirektion Prag I, Bartholomäusgasse, gebracht. Dort mußte ich mit dem Gesicht zur Wand und erhobenen Händen mit anderen Leidensgenossen zusammen stundenlang stehen, von sogenannten Partisanen bewacht, die nichts anderes waren als entsprungene Verbrecher. Von einer sogenannten Widerstandsbewegung konnte in der Tschechoslowakei keine Rede sein, da nicht eine einzige Brücke in der Umgebung von Prag gesprengt wurde und auch, solange die deutsche Wehrmacht sich noch in Prag befand, nicht viel „Widerstand" zu bemerken war. Erst als die deutsche Wehrmacht von Prag abrückte, sah man plötzlich an allen Ecken und Enden Leute mit Waffen herumlaufen. Wenn die Tschechen Verluste an Menschen zu beklagen haben, so ist das darauf zurückzuführen, daß sie durch das unfachmännische Manipulieren mit Panzerfäusten etc. sich selbst umbrachten. Es stimmt ja, daß in verschiedenen Prager Bezirken Kämpfe stattfanden, aber das war nur darauf zurückzuführen, daß die deutschen verwundeten Soldaten sich naturgemäß zur Wehr setzten, als sie sahen, daß sie umgebracht wurden. Ich sah selbst, daß am 5. Mai viele deutsche Soldaten den Tschechen ihre Waffen übergaben, mit denen sie dann später niedergemacht wurden. Ebenso lagen in Prag XIII in zwei Kasernen ein kampfstarkes Polizei-Bataillon und ein Infanterie-Bataillon, und in einer zweiten Kaserne ein Infanterie-Bataillon, die, ohne einen Schuß abzugeben, ihre Waffen ablieferten und abmarschierten, so daß den Tschechen für die nachfolgenden Massaker kein Anstoß gegeben worden war. Wie mir später führende tschechische Persönlichkeiten mitteilten, die dann auch ins Gefängnis eingeliefert worden waren, wurde dieser blutige Widerstand nur aus dem Grund inszeniert, um vor der Weltöffentlichkeit zu dokumentieren, daß die tschechische Nation auch ihr Teil am Widerstand gegen den Faschismus beigetragen habe; denn der tschechische Arbeiter und auch der Intellektuelle hat für den Sieg des deutschen Faschismus bis auf geringe Ausnahmen fast ebensoviel geleistet wie der Deutsche selbst. Und Tschechen waren es, die ihre eigenen Landsleute denunziert und verkauft haben, was mir Hunderte von französischen Arbeitern bestätigt haben, die das Vergnügen hatten, mit tschechischen Arbeitern in den deutschen Betrieben zu arbeiten.

In der Polizeidirektion wurden die Leute am laufenden Band erschossen, einzelne Männer wurden aus den Zellen herausgerufen und auf dem Hof unter Aufsicht der staatlichen Polizei umgelegt, bis sich ein höherer Polizeioffizier fand, der brüllend erklärte, daß mit der Mörderei endlich aufgehört werden müsse. Ob und wie die Lage sich dann änderte, weiß ich nicht, da ich nach dreitägigem Aufenthalte mit vielen anderen, Frauen, Kindern und Männern, in das Gerichtsgefängnis am Karlsplatz (Prag) gebracht wurde. Daß man uns natürlich zuerst ein großes Stück zu Fuß gehen ließ, damit das herumstehende Volk Gelegenheit habe, uns noch verschiedentlich mit Knüppeln auf die Köpfe zu schlagen, war klar. Dann erst verlud man uns auf einen offenen Wagen, und wir erreichten unter einem dichten Hagel von Flüchen und Steinen unseren Bestimmungsort. Beim Betreten des Gefängnisses am Karlsplatz wurden uns alle Sachen abgenommen, was ja normalerweise in jedem Gefängnis der Fall zu sein pflegt, ohne aber, wie es in den anderen Gefängnissen und auch in den deutschen KZ's üblich war, die Sachen irgendwo einzutragen. Als Begrüßung wurden wir mit Faustschlägen und Fußtritten von den Gefängnisaufsehern empfangen, die keinen Unterschied darin machten, ob man jung oder alt, Frau oder Mann war. Daraufhin wurden wir in Zellen gejagt, in denen sich schon eine Unmenge anderer Häftlinge befanden. In Zellen, in denen normalerweise fünfzehn bis zwanzig Personen höchstens untergebracht werden konnten, wurden achtzig bis hundert Leute hineingepfercht. Hier traf ich Herrn Oberstleutnant Fuhrmann, der sich einmal für eine tschechische Familie eingesetzt hatte, deren Mann als tschechischer Offizier (vermutlich General) in der englischen Armee gedient hatte. Er hatte die Familie durch seine Intervention vor dem KZ gerettet. Außerdem befand sich ein gewisser Herr Ing. Schenk unter den Häftlingen, der von dem deutschen Sondergericht in Prag im Jahre 1939 zu zehn Jahren Zuchthaus und totaler Enteignung seines Besitzes verurteilt worden war, nachdem er von seinen tschechischen Mitarbeitern denunziert worden war, weil er in seinem Betrieb zwei Juden angestellt hatte. Dieser Herr Schenk verbrachte die gesamten sechs Jahre bis zu seiner Befreiung in einem großen KZ in Deutschland. Nach seiner Befreiung durch die Amerikaner begab er sich in seine Heimatstadt Prag zurück, meldete sich bei der dortigen Polizei und wurde sofort inhaftiert. Dies deshalb, weil er Volksdeutscher aus Prag war, obzwar Staatspräsident Doktor Benesch in seinen Radioreden und in den Zeitungen erklärt hatte, daß jeder Deutsche, der aktiv gegen den Nationalsozialismus gekämpft, bzw. unter dem Nazismus zu leiden hatte, dieselben Rechte hätte wie jeder tschechoslowakische Staatsbürger. Trotz alledem wurde er genau so behandelt wie der größte Nazi und die Intervention ehemaliger tschechischer KZ-Kameraden, u. a. des Leiters der Vereinigung der ehem. KZ-Häftlinge, eines Generals, nützte nichts. Ferner befand sich unter den Häftlingen ein gewisser Herr Major Jindra (ehemaliger tschechischer Offizier) mit seinem Sohn, der schwer zuckerkrank war. Als dieser mitunter Anfälle bekam, baten wir die Aufseher, ihm aus seinem mitgebrachten Gepäck Injektionsmittel gegen seine Krankheit zu geben, was verweigert wurde. Die Ampullen wurden sogar vor seinen Augen zertreten. Dieser junge Mann starb, wenn man das so nennen darf, infolge der Verweigerung dieser primitivsten ärztlichen Hilfe. Herr Major Jindra befindet sich jetzt auch sicherlich irgendwo in Deutschland, nachdem es seiner Frau, einer Tschechin, gelungen war, ihn aus dem Gefängnis zu befreien, da sie das in ihrem Besitze befindliche Haus in Prag an einen Beamten des Nationalen Ausschusses (Narodni Vybor) als Gegenleistung für die Befreiung ihres Gatten verschenkte. Ferner befanden sich in meiner Zelle lediglich Intellektuelle, von denen kaum einer bei einer Gliederung der NSDAP Mitglied war.

Als Verpflegung bekamen wir je zwei Mann zusammen ungefähr: zum Frühstück einen halben Liter warmen sogenannten Kaffee und hundert Gramm Brot, das für den ganzen Tag reichen mußte, zu Mittag erhielten wir pro Person zwanzig Eßlöffel Wassersuppe und abends wieder je zwei Mann zusammen einen halben Liter sogenannten Kaffee. Diese Verpflegung änderte sich nicht bis zu dem Tage meiner Entlassung, das war am 20. Dezember 1945.

Was die Hygiene anbetrifft, so erhielten wir für die gesamte Zelle und für den ganzen Tag einen Krug Wasser mit zirka zehn Liter Inhalt. Sich zu waschen war also absolut unmöglich. Es war natürlich selbstverständlich, daß wir in kürzester Zeit total verlaust waren. Ferner befanden sich in der Zelle Tausende von Wanzen, was dazu beitrug, die verschiedensten Krankheiten unter den Häftlingen ausbrechen zu lassen. Ich kann sogar mit Bestimmtheit sagen, daß man das Trinkwasser mit Typhusbakterien infiziert hatte, da mich ein junger Aufseher, der später seinen Dienst quittiert hat, weil er diese Sachen nicht mit ansehen konnte, sogar darauf aufmerksam machte, daß wir das Wasser nicht genießen sollten. Trotz meiner Reden gelang es mir nicht, die Leute davon abzuhalten, das Wasser zu trinken. Der Erfolg war, daß in kürzester Zeit Typhus ausbrach. Da das nicht nur bei uns, sondern in den meisten der Internierungslager der Fall war, bin ich fest davon überzeugt, daß es Absicht der tschechischen Regierungsstellen war, uns auf diese Art und Weise in ein besseres Jenseits zu bringen. Ich kann mit ruhigem Gewissen sagen, daß fast die Hälfte aller Insassen des Gefängnisses am Karlsplatz infolge Typhus, Ruhr und Unterernährung gestorben ist. Unter den Verstorbenen, um nur ein paar zu erwähnen, deren Namen mir im Gedächtnis haften geblieben sind, befanden sich Herr Oberstleutnant Fuhrmann, Herr Wolfgang Ritter, Herr Pohle (Direktor der Deutschen Bank in Prag) und andere mehr. Was die Behandlung anbetrifft, gab es Prügel und Mißhandlungen Tag für Tag. Ich will hier nur einen Fall erwähnen: Ein deutscher Eisenbahner, der in schwarzen Hosen, Stiefeln und Hemd in das Gefängnis eingeliefert wurde, wurde eines Tages aus der Zelle geholt und mit der Begründung, er sei der Henker vom Pankraz, mit Knüppeln so geschlagen, daß er die Arme und Beine an mehreren Stellen gebrochen hatte. Dieser Mann wurde in die Zelle zurückgeworfen, und sechs Wochen lang siechte er dahin, bis er starb. Aus seinen Armen und Beinen sickerte der Eiter, und er lag die ganze Zeit auf nackten Brettern.

Obwohl wir Ärzte in der Zelle hatten, konnten wir ihm nicht helfen, da es an den primitivsten Hilfsmitteln fehlte.

Ein anderer Fall war der eines deutschen Soldaten, der einen Genickschuß erhielt. Die Kugel war ins Genick eingetreten, durch den Mund herausgekommen und hatte ihm den ganzen Unterkiefer zerschmettert. Da er nicht sofort tot war, brachte man ihn auch in die Zelle, und es gelang dem bekannten Prager Chirurgen Dr. Rösler, den Mann zu retten, indem er ihm mittels Urin und seines Taschentuches mehrmals am Tage die Wunden auswusch und ihn mit der flüssigen Suppe, die er erhielt, nährte, so daß der Betreffende am Leben blieb; nach zwei Monaten wurde er, da er eigentlich Kriegsgefangener war, in ein Kriegsgefangenenlager gebracht. Diese Fälle, die ich bis jetzt erwähnte, sind nur einzelne Mißhandlungen und wurden alle unter Aufsicht der tschechischen Polizei- und Gerichtsorgane ausgeführt.

Wenn Präsident Benesch in seiner Weihnachtsrede vom 24. Dezember 1946 erklärt hatte, „daß es nur im Anfang zu einigen kleinen Ausschreitungen gekommen sei und diese von Elementen ausgeführt wurden, die mit den staatlichen Organen nicht auf eine Linie zu bringen sind“, möchte ich ihm darauf erwidern, daß alle diese Greueltaten und Verbrechen unter Aufsicht der tschechischen Polizei stattfanden und von Vertretern des tschechischen Innenministeriums sowie von Vertretern des Justizministeriums erlaubt und geduldet wurden.

Ich frage die ganze Welt, wie kann ein Staat Menschen das gesamte Hab und Gut wegnehmen und sie einfach über die Grenzen jagen, obzwar die Mehrheit mit dem Nazismus nichts Gemeinsames hatte, ja im Gegenteil viele alte Sozialdemokraten waren, die unter den Nazi mehr zu leiden gehabt hatten als die Mehrzahl der Tschechen. Wo bleibt da das internationale Recht? Ist das kein Verbrechen gegen die Menschlichkeit?

Sollten diese Verbrechen als Recht gelten und die Handlungsweise der Tschechen vor der Welt legalisiert werden? Wenn ja, so kann die Welt überzeugt sein, daß dies den Anlaß zu einem neuen Kriege geben würde.

Das Sudetengebiet wurde laut Beschluß von England und Frankreich und mit Zustimmung der ganzen Welt an Deutschland abgetreten (man verfolge nur die Zeitungen der damaligen Zeit), ohne die Sudetendeutschen zu fragen, ob sie damit einverstanden seien. Die Mehrheit der Sudetendeutschen war mit einem Anschluß an Deutschland nicht einverstanden. Sie verlangten nur eine Autonomie im Staatengebilde des tschechoslowakischen Staates. Wenn nun die Tschechen mit den Deutschen nicht in einem Staate leben wollen, so mögen die Großmächte die Grenzgebiete internationalisieren.

Zum Schluß möchte ich noch zu der Rede des Präsidenten der tschechoslowakischen Republik vom 24. Dezember 1945 Stellung nehmen, worin Benesch sagte: Wir müssen erwarten, daß sie (die Sudetendeutschen) in der gleichen Art von dem Unrecht sprechen werden, welches an ihren Stammesgenossen verübt wurde, die aus unserem Lande abgeschoben wurden. Dagegen müssen wir unser ganzes Material aller unserer Leiden, unserer Erschlagenen und Gefolterten usw. sammeln, um uns dagegen vorzubereiten.

Auf diese Rede von Benesch möchte ich antworten:

Man verfolge nur die Prozesse, die sich seit 1945 in der Tschechei abspielen. Zum größten Teil sind es die Tschechen, die angeklagt sind, ihre Leute der Gestapo angezeigt zu haben. Wie war es in Lidice? Wer hat die Spur auf Lidice gelenkt und die Gestapo aufmerksam gemacht? Es waren Tschechen. Und was war Lezaky? Wieder war es ein Tscheche, der alles an die Gestapo verraten hat. So hat der eine zehn Leute, der andere siebzig Leute am Gewissen. Würde man darüber eine Statistik aufstellen, so würde man auf die wahre Summe kommen. Die Tschechen behaupten, die Deutschen hätten während der Protektoratsregierung 200.000 Tschechen ums Leben und in die Konzentrationslager gebracht. Da will ich als Gegenbeweis einen Auszug aus der Rede des Innenministers Nosek bringen, die er in Karlsbad hielt und worin er sagte:

Von den dreieinhalb Millionen Sudetendeutschen sind von uns zweieinhalb Millionen ausgebürgert, 800.000 sind entweder vermißt, im Kriege gefallen und einige sind frühzeitig über die Grenze. Laut Statistik sind 200.000 Sudetendeutsche im Kriege gefallen. 200.000 sind geflüchtet, so verbleibt eine erschreckende Zahl von 400.000 Deutschen, die innerhalb eines halben Jahres oder noch weniger von den Tschechen umgebracht wurden. Das sind wohl die Toten, die zu Bergen in den böhmischen Flüssen in meist nacktem Zustand stromabwärts getrieben wurden, bzw. in den Müllverbrennungsanstalten in Prag und anderen Städten verbrannt wurden. Was ist also dagegen die sehr fragliche Zahl von 200.000 Tschechen, die während der sechsjährigen Protektoratsregierung ums Leben gekommen sein sollen?

Die ganze Welt ist in den Krieg gegangen, Millionen von Menschen sind gefallen, um den Nazi-Terror zu bekämpfen. Und was war der Erfolg? Ein größerer Terror wurde hervorgerufen und unter dem Mantel der Demokratie wurden und werden noch Verbrechen begangen, auf deren Verurteilung Millionen von Hinterbliebenen der Opfer des tschechisch-kommunistischen Verbrechersystems warten.

Wie man sieht, geschahen die Greueltaten nicht nur in den Tagen der Revolution, wie Benesch behauptet, sondern dauerten noch sehr lange an. Originale befinden sich in meinem Besitz und können zu jeder Zeit vorgelegt werden.

R. F., jetzt Karlsruhe-Weiherfeld.

Eine Brünnerin erlebt Prag 1946...

Auf der Fahrt von Brünn begegneten wir einem Ausgewiesenen-Transport. Aus den Luken des Viehwaggons blickten bleiche Kindergesichtchen, teils verängstigt, teils neugierig. Ich beobachtete die Mitreisenden unseres D-Zuges. Beide Züge standen einander gegenüber, etwas vor dem Hauptbahnhof der Station. Einige der tschechischen Fahrgäste schwiegen, andere wieder konnten es nicht unterlassen, ihre hämischen Bemerkungen zu machen. Vielleicht aus dem Unterbewußtsein einer Schuld? Einer machte die Bemerkung: kolo se toči. Wie er das meinte, weiß ich nicht. Jedenfalls hat die Zukunft gelehrt, daß er recht hatte, denn: „Das Rad dreht sich!"

In Prag selbst herrschte wieder das alte Leben der Großstadt. Man sah wieder in den Läden alles, wie es vor dem Kriege war. Kriegsschäden sah man nur sehr wenige, am Wenzelsplatz war es ein Eckhaus und in der Altstadt war man daran, das beschädigte Rathaus am Altstädter Ring wieder in Ordnung zu setzen. Die ganze internationale Welt war dort mit ihren phantastischen Autos vertreten, man hörte alle Sprachen, nur das Deutsche schien wie ausgelöscht. Damals, in der Zeit der Wahlen, wimmelte es von Russen, der Ausgang der Wahlen stand bereits fest. Ich pendelte durch die Stadt und kam mit einer Frau ins Reden, deren Tochter in der Kanzlei eines Internierungslagers für Deutsche angestellt war. An uns vorbei wurde eine Arbeitskolonne Deutscher ins Internierungslager zurückgetrieben. Ich hatte das Gefühl, als müßte ich mich zu ihnen bekennen, als müßte ich mit in den Reihen jener gehen, die ausgestoßen waren, weil eine deutsche Mutter sie geboren hatte.

Vielleicht sah diese ältere Frau, wie mir zumute war. Sie fragte mich ganz unvermittelt, vielleicht deshalb, weil ich mein Gefühl der Zugehörigkeit zu dieser Kolonne schwer verbergen konnte, wie ich denn gewählt hätte. Sie muß mich für eine Tschechin gehalten haben. Es gab ja auch keine Deutschen mehr in Prag! Als ich ihr zur Antwort gab, daß ich die Lidova strana (Volkspartei) gewählt hatte, war sie glücklich, da auch sie ihre Stimme der christlichsozialen Volkspartei gegeben hatte. In unserem weiteren Gespräch schilderte sie die entsetzlichen Vorkommnisse in Prag. Sie selbst hatte am Wenzelsplatz gesehen, wie man deutsche Menschen lebend verbrannt hat. Wörtlich erklärte sie: „Noch heute gellen die Schreie der unschuldigen Menschen in meinen Ohren und nie mehr komme ich davon los. Ich bin damals gelaufen, nur um diese Stätte unmenschlichen Grauens hinter mich zu bekommen. Mein Gott, was soll aus uns Tschechen einmal werden, wenn sich das alles rächt. Und solche Verbrechen bleiben nicht ungerächt." Die Frau erzählte mir weiter, daß sie und ihre Bekannten es unter der deutschen Besetzung gut gehabt hätten und in keiner Weise klagen konnten. Im Gegenteil, aus einer bekannten deutschen Familie sei der Sohn ins KZ gekommen. Wer sich loyal verhalten habe, dem sei nichts widerfahren. Tränenden Auges erzählte sie von den armen Hitlerjungen, die ja gar nichts dafür konnten, daß sie in dieser Organisation waren, wie sie bis zum Halse eingegraben und so lange mit Gewehrkolben geschlagen wurden, bis eine blutige Masse auf dem Erdreich lag. Dann von den Schwerverwundeten, die man aus den Fenstern auf die Straße geworfen hatte, weiters von Häusern, die man mit Deutschen vollgestopft und dann in Brand gesteckt hatte. Diejenigen Deutschen, die sich zu retten versuchten, wurden bei ihrem Ausbruch aus den Flammen von den Tschechen bestialisch umgebracht. Andere wieder trieb man in Keller zusammen, die man voll Wasser laufen ließ, bis sie qualvoll ertranken. Immer wieder rief sie: „Jeziz, Maria, Josef... to byla hruza! (Jesus, Maria, Josef, das war ein Grauen!)."

Nur fort aus jener Stadt, die die Maske der Kultur trug!

Zwei Monate später fuhren wir nach 9 Uhr abends wieder durch Prag, über die Moldau. Es regnete diesmal in unseren Viehwaggon hinein. Rote Blitze zuckten über dem Hradschin und tauchten auch die Moldau in rotes Licht. Schicksalsgenossen meinten, es sei das unschuldige Blut, das zum Himmel riefe. Ich kann nie mehr so froh und frei lachen, wie es einst war.

Nicht nur das eigene Schicksal unserer Familie bedrückt mich, ich denke auch immer wieder an die vielen unschuldigen Kinder, die auf die furchtbarste Weise ihr Leben lassen mußten, nur weil sie von einer deutschen Mutter geboren wurden. Ich habe nie, schon meiner tschechischen Verwandten wegen, nationales Bewußtsein gekannt und habe auch während des letzten Krieges geholfen, soviel ich nur konnte. Aber ich glaube, damals, in jener Zeit, da habe ich erkannt, daß ich Deutsche bin und wußte auch, welchen Weg ich zu gehen habe.

Die Austreibung der Brünner

Aus Brünn, der zweitgrößten Stadt des ehemaligen Protektorates, der Hauptstadt des Landes Mähren, mit rund 260.000 Einwohnern (zirka 80.000 Deutsche), wurden die Deutschen am 31. Mai 1945 unter dem Vorwand, daß eine dreitägige Internierung in einem Lager vorgesehen sei, ausgetrieben. Um 19 Uhr, als die Frauen von ihrer Zwangsarbeit (sämtliche deutschen Frauen vom 14. bis zum 60. Lebensjahre mußten ab 1. Mai 1945 unentgeltliche Zwangsarbeit, wie Schuttabräumung, Kasernenreinigung usw., leisten) heimkamen, erging seitens des tschechischen Blockwartes der Befehl, innerhalb einer Stunde unter Mitnahme von Proviant für drei Tage an einem bestimmten Platz gestellt zu sein. Da es hieß, daß alle Deutschen lediglich auf drei Tage in ein Arbeitslager kommen, unterließen es die meisten, ihre Dokumente, wie Taufscheine, Trauungsurkunden, Zeugnisse usw. mitzunehmen, und begnügten sich mit dem Arbeitsausweis, den sie bei ihrer Zwangsarbeit bei sich tragen mußten. Ein Umstand, der sich in vielen Fällen äußerst ungünstig auswirkte. Auf den Sammelplätzen erfolgte eine Aufnahme des Nationale, während Geld, Schmuck, Messer, Scheren, bessere Kleidungsstücke und gute Koffer abgenommen wurden. In einigen Gruppen (zum Beispiel Hussowitz) wurden die Frauen in einer großen, offenen Halle bis auf die Genitalien untersucht und aller Schmuckstücke beraubt. Dabei wurden die Untersuchungen nicht von einem Arzt, sondern in Anwesenheit von etwa vierzig halbwüchsigen Burschen und jungen Männern von einer angeblichen Hebamme durchgeführt, die sich nicht einmal die Hände wusch. Da man auf dem Weg zu den Sammelplätzen bereits von den halbwüchsigen Aufsichtsorganen sowie von der tschechischen Bevölkerung beschimpft, bespuckt und geschlagen wurde, war die allgemeine Furcht und Niedergeschlagenheit so groß, daß man es nicht wagte, sich diesen Grausamkeiten und Vergewaltigungen zu widersetzen. Eine vollkommene Mutlosigkeit hatte sich aller bemächtigt, denn man wußte nicht, was die nächste Minute bringen werde.

Der Abmarsch von den Sammelplätzen erfolgte nicht gleichzeitig, doch trafen beim Morgengrauen die einzelnen Gruppen beim Brünner Zentralfriedhof zusammen, und die dortige Zählung ergab 35.000 Menschen. Es waren meist Frauen, Kinder und Greise, denn die deutschen Männer befanden sich teils in Kriegsgefangenschaft, teils in den Konzentrations- und Arbeitslagern, da jeder Volksdeutsche, gleichgültig, ob er Parteimitglied gewesen war oder nicht, von der Narodni stráž, einer Art nationaler Polizei, in ein Lager abgeführt wurde.

Beim Zentralfriedhof setzte nun die Abwanderung ein, wobei die Betroffenen noch immer nicht wußten, daß sie aus dem Lande getrieben würden, sondern annahmen, daß sie in die ländlichen Vororte Brünns zum Arbeitseinsatz kämen. Als Mödritz passiert war und die Massen, die von der durchwachten Nacht übermüdet waren, immer wieder nach einer Ruhepause fragten, hieß es, daß Reigern das Ziel sei. Da sich dort ein großes Kloster befindet, nahm man an, daß dieses die Unterkunft bieten solle, und durch Beschimpfungen, Schläge und Pistolenknallen getrieben, bewegte sich der unendliche Zug in Fünferreihen weiter. Reigern wurde aber auch beiseite gelassen und Pohrlitz als das heutige Marschziel bekanntgegeben. Hier langten wir am späten Abend des 1. Juni 1945 in unendlich langen Kolonnen bei strömendem Regen an und wurden in einem Massenlager untergebracht, das ein völlig zerstörtes Dach hatte, so daß die todmüden Menschen neuerlich der Nässe und der infolge des Regens und der Nacht eingetretenen Kälte ausgesetzt waren. Ein Verlassen des Lagers war streng verboten, doch wurde weder ein warmes Getränk, noch Brot, ja nicht einmal Wasser gereicht, und die Frauen mit Säuglingen und kleinen Kindern befanden sich in einer verzweifelten Lage. Hier setzten dann auch die Erkrankungen ein, für die es aber in den ersten Tagen keinerlei Hilfe gab, es brachen unter den Ausgewiesenen, die infolge Übermüdung nicht weiterkonnten, innerhalb kurzer Zeit Typhus und Ruhr aus, und so starben hier Tausende von Menschen.

Am Morgen des 2. Juni wurde der Marsch fortgesetzt, ständig unter Bewachung der Narodni stráž, die mit Gummiknüppeln nachhalf, wo die Menschen nicht mehr weiterkonnten. Herzkranke

Menschen, die unterwegs zusammenbrachen, bei denen auch keine Schläge eine „Aufmunterung“ brachten, blieben im Straßengraben liegen und sind so gestorben. Mütter mußten ihre toten Kinder im Straßengraben zurücklassen, der ganze Weg von Brünn bis an die Grenze und weiter hinein nach Österreich ist mit Tränen der Verzweiflung getränkt. Die in Aussicht gestellten Rastplätze Unter-Tennowitz, Nikolsburg mußten wiederum durchwandert werden, ohne daß es erlaubt worden wäre, hier zu übernachten. Es hieß, daß die Deutschen am 2. Juni über die Grenze gebracht werden müßten, koste es, was es wolle. Dabei wurde aber gesagt, daß wir in Wien übernommen und gegen die dort lebenden Tschechen ausgetauscht werden würden, da diese in die nun befreite Heimat zurückkehren sollten. Vor der Grenze wurden nochmals alle aufgefordert, Schmuck, Banknoten, Messer usw. abzugeben und an der österreichischen Grenze, vor Drasenhofen, auf einer triefnassen Wiese vor dem Zollgebäude, wurde ein Massenlager ohne Bewachung und ohne jeden Schutz errichtet. Trotz der furchtbaren Übermüdung und der ungewissen Zukunft, der jeder entgegensah, ging es doch wie ein Aufatmen durch die Masse, als uns die Bewachungsorgane, die zum Großteil wahre Peiniger gewesen waren, verließen und wir auf freien Füßen standen. Auf dieser nassen Wiese wurde nun hungernd und frierend die Nacht verbracht, wobei es zu Überfällen seitens der vorbeiziehenden Russen kam, die nach Plünderungsgut suchten. Am 3. Juni begannen nun die einzelnen den Weitermarsch, und es konnte jetzt jeder den Weg nehmen, der ihm am geeignetsten erschien. Die überwiegende Anzahl hatte sich Wien zum Ziel gesteckt, da — wie bereits erwähnt — ständig von einem Austausch der Wiener Tschechen mit den Volksdeutschen die Rede gewesen war und wir wirklich an eine in Wien bestehende Organisation, die unsere Belange vertreten werde, glaubten. Nun waren wir wohl von unseren Bewachungsorganen befreit, wir konnten auch rasten, soviel wir wollten, aber es kamen neue Sorgen insoferne, als jeglicher Proviant aufgezehrt und jeder nur auf das angewiesen war, was er erbettelte. Das Land war von den Russen überschwemmt, die Bauernhöfe ausgeplündert, die Felder leer, die Leute mißtrauisch. In den einzelnen Gemeinden wurde den Ausgewiesenen nur höchst ungerne Quartier gegeben, es war schon ein Glück, wenn die Gemeindevorsteher zugaben, daß in der Dorfschule ein Massenlager für eine Nacht errichtet werden dürfe. Dort bestand dann wieder die Gefahr des Russen-Einbruches, so daß niemand zur Ruhe kam. In manchen Orten wurden den Flüchtlingen Kartoffeln oder Suppe, auch schwarzer Kaffee, gereicht, im allgemeinen aber waren alle dem Hunger ausgesetzt, da es unmöglich war, so vielen Menschen zu helfen. Besonders tragisch war das Schicksal der Mütter mit Säuglingen und der alten Menschen, die buchstäblich verhungerten, bzw. vor Übermüdung zusammenbrachen und auf der Landstraße den Tod fanden.

Die Entfernung Wien—Brünn beträgt 130 Kilometer, und diese Strecke wurde von den einzelnen ganz unterschiedlich zurückgelegt. Tatsache ist aber, daß alle in Wien zutiefst enttäuscht waren, als sie hörten, daß sie unwillkommen seien, daß von einer Organisation gar keine Rede sei und auch noch keinerlei Verhandlungen wegen eines Austausches der Wiener Tschechen bestünden. Bedrohlich war aber der Umstand, daß den Eingewanderten keine Lebensmittelkarten zugebilligt wurden, so daß in den ersten Junitagen 1945 das Gespenst Hunger greifbare Formen annahm. Auch diejenigen ausgewiesenen Volksdeutschen aus der Tschechoslowakei, die Anverwandte und Bekannte in Wien hatten, wären erbarmungslos verhungert, wenn nicht Erzbischof Innitzer eine Hilfsaktion ins Leben gerufen hätte, die einmal täglich ein Eintopfgericht, 20 Deka Brot und eine Schale Kaffee oder Tee an jeden Ausgewiesenen und ordnungsmäßig in einem der schnell errichteten Lager (Postgasse, Fichtegasse, Hackengasse usw.) gemeldeten Volksdeutschen verabreichte. Wie allgemein bekannt, hat Erzbischof Innitzer diese Aktion aus eigenen Mitteln finanziert und die erforderlichen Lebensmittel von seinen Gütern zur Verfügung gestellt. Der Dank der Deutschen aus der Tschechoslowakei ist ihm sicher. Als dann der Bescheid kam, daß man gegen Bestätigung des Arbeitsamtes, daß man im Arbeitseinsatz stehe, Lebensmittelkarten zugewiesen bekomme, bemühten sich die Ausgewiesenen, Arbeitsplätze zu erhalten. Eine neuerliche Schwierigkeit ergab sich insoferne, als den zugewanderten Deutschen nur untergeordnete Arbeitsplätze zugewiesen werden dürfen, also Stellungen als Hilfsarbeiter bei den Männern, Posten als Hausgehilfinnen und Bedienerinnen bei den Frauen, während gehobene Stellungen den Österreichern vorbehalten sind. Auch diese Härte mußte hingenommen werden.

In den ersten Wochen des Wiener Aufenthaltes hieß es von Woche zu Woche, daß wir aufgeteilt und nach dem Burgenland, bzw. in die Steiermark verschickt würden. Alle diese Mitteilungen erwiesen sich als unrichtig, und so mußte jeder, der sich aus dem Lagerleben loslösen wollte, trachten, irgendwie sein Dasein zu fristen. Im Sommer war es unter den Betroffenen zu infektiösen Darmkrankheiten gekommen, die Lager waren wiederholt wegen aufgetretener Typhusfälle gesperrt und das Lager in der Postgasse wurde dann auch geräumt und in den Auhof nach Hütteldorf verlegt.

Am kläglichsten war das Los der alten Leute, die tatsächlich darauf angewiesen waren, im Lager auf den Tod zu warten. Ebenso bitter erging es den Frauen mit kleinen Kindern, die ihren Mann entweder im Kriege verloren hatten oder im unklaren waren, ob er noch lebte, bzw. ihn in einem der tschechischen Konzentrations- oder Arbeitslager wußten. Diese Grausamkeit, die Frauen mit den Kindern hinauszutreiben und die Männer zurückzubehalten, blieb den Tschechen vorbehalten. Die aus der Slowakei ausgetriebenen Deutschen konnten den Marsch gemeinsam machen, das heißt, die internierten Männer wurden freigegeben und konnten noch vor dem Abmarsch zu ihren Frauen und Kindern stoßen.

Unter den Ausgewiesenen befanden sich nicht nur Deutsche, sondern auch solche, die eigentlich Tschechen waren, durch Heirat mit Deutschen aber die reichsdeutsche Staatsangehörigkeit erlangt hatten.

Allen diesen armen, gepeinigten, gemarterten, geschlagenen und mißhandelten Märtyrern und Opfern dieser Grausamkeiten widmete die Schweiz eine Broschüre: „Der Hungermarsch der Brünner nach Wien." In Österreich wurde diese Broschüre unter dem Titel: „Der Todesmarsch der Brünner nach Wien" herausgegeben.

Mährisch-Schönberg

Rentmeister A. K. berichtet über sein Erleben aus dem Raume Mährisch-Schönberg. W. ist ein junger tschechischer Forstbeamter, der beim Forstamt Jägerndorf angestellt war und der bis vor Mai 1945 unbehelligt in deutschen Diensten stand.

„Am 15. Juni früh erschien W. mit sechs Partisanen bei mir. Meine Frau und Tochter waren vor einigen Tagen von Schönberg, wo sie sich seit sechs Monaten aufhielten, zurückgekehrt. Beide mußten sofort die Wohnung verlassen und kamen ins Lager. Ich wurde erst in die Kanzlei geführt, mußte an W. die fürstliche Kasse mit RM 54.000.— übergeben. Dann mußte ich alles, was ich bei mir hatte, auf den Schreibtisch legen. Meine Uhr, zwei Goldfüllfedern, die Brillen, Zigaretten samt Silberetui, Brusttasche usw. Ich wollte mir aus der Kasse meine Pensionsdokumente mitnehmen, doch W. meinte: „Das werden Sie alles nicht mehr brauchen." Und so mußte ich alles dortlassen. Er führte mich nun in Begleitung der Partisanen in meine Wohnung. Auch das tschechische Bürofräulein und der Chauffeur gingen mit. In der Wohnung verlangte W. den Film, den ich bei seiner Trauung, bei der ich doch Trauzeuge war, aufgenommen hatte. Da ich denselben nicht gleich fand, ließ er mich von den Partisanen auf den Fußboden werfen und schlagen. Vier Partisanen schlugen mit Peitschen, Gummischläuchen und Knüppeln auf mich ein. Zwei ohrfeigten mich, bis mir das Blut aus Mund und Nase kam. Ich gab ihm dann irgend einen verpackten Film und meinte, der ist es. Dann sollte ich meinen Photoapparat und die Leica suchen. Ich meinte, den haben bei den vielen Plünderungen doch schon andere mitgenommen. Ich wurde abermals zu Boden geworfen, W. schlug mir eine Decke über den Kopf, damit man das Schreien nicht so hörte, und die Prügelei ging von neuem los, so lange, bis ich nichts mehr von mir wußte. Ich kam erst zu mir, als ich in der Küche unter der Wasserleitung lag. Vor dem Weggehen aus der Wohnung verteilte Wittkowsky noch einige Sachen von mir. Dem Chauffeur gab er meinen Regen- und Hubertusmantel samt Hut, meine Aktentasche, enthaltend die Sparbücher und Wertpapiere. Dem Bürofräulein gab er Sachen von meiner Frau. Meine Dokumente warf er auf den Boden und meinte wieder: „Das werden Sie nicht mehr brauchen." Hierauf wurde ich ins Gericht abgeführt. In der Aufnahmekanzlei war ein zirka zwanzigjähriger Bursche, der jeden als Empfang ohrfeigte und mit einer Stahlrute schlug. (Ich erkannte ihn, er war bei der Firma Prachowny, Troppau, Verkäufer gewesen.) In der Kanzlei wurde mir alles, was ich noch bei mir hatte, abgenommen, RM 120.—, Paß, Legitimation, Führerschein II und III, Zusatzführerschein für Holzgas, Jagdkarte u. a. m. Im Gefängnis ging es mir so, wie jedem, der eingeliefert wurde. Man wurde auf die Erde geworfen, vier Partisanen packten dann zu. Jeder erhielt fünfzig Schläge, mit Peitsche, Gummischlauch, Stahlrute und einem Stuhlbein. Man wurde solange geschlagen, bis man den ganzen Körper blau hatte und bis man keinen Ton mehr von sich gab. Auch auf die nackten Fußsohlen und Hände wurde man geschlagen.

Ich kam erst zur Besinnung, als ich in der Waschküche in einer großen Tonne mit kaltem Wasser lag. Sodann wurde ich in einen Sträflingsanzug gesteckt. Mein guter Anzug, die Wäsche und Schuhe wurden mir weggenommen, ich wurde an die Wand gestellt, der Revolver wurde mir an die Brust gehalten und so wurde ich verhört. Ich sollte auch über andere aussagen, was ich wußte, und wo sie sich befinden. Ich tat es aber nicht. So wurde ich mit dem Gesicht zur Wand gestellt, der Revolver wurde mir ins Genick gesetzt und das Gefrage ging von neuem an. Ich wußte natürlich nichts und sagte auch über niemanden etwas aus. Dann wollten sie auch wissen, ob ich im Jahre 1938 Photographien über die Grenze nach Deutschland schmuggelte. Ich konnte das mit ruhigem Gewissen verneinen. So bekam ich endlich mehrere Fußtritte und wurde in meine Zelle, welche schon überfüllt war, gesperrt. Erst später erfuhr ich, daß Krätzl in der Kanzlei Wittkowsky allerlei Wahrheiten und Unwahrheiten aus dem Jahre 1938 erzählt hat, nicht nur von mir, sondern auch von anderen fürstlichen Angestellten aus den Revieren. Wahrscheinlich glaubte er, dadurch im Dienste verbleiben zu dürfen. Als ich in der Zelle langsam zur Besinnung gekommen war und Gefühl in den zerschlagenen Körper bekam, merkte ich, daß ich den linken Arm nicht bewegen und nur schwer atmen konnte. Ich meldete mich nächsten Tag zum Arzt. Tierarzt Langer aus Braunsdorf war auch hier und mußte die Zelleninsassen behandeln. Seine Vorschläge wurden jedoch nicht anerkannt. Sein einziges Medikament war pulverisierte Tierkohle. Bei der Untersuchung am Zelleneingang stellte Tierarzt Langer bei mir fest: Linker Oberarm und Schulter zerschlagen, eine linke Rippe gebrochen, Steißbein zerschlagen, ebenso das Nasenbein, das rechte Auge stark angeschwollen und blau geschlagen und wahrscheinlich einige innere Verletzungen. Eine Einlieferung ins Krankenhaus wurde von Dr. Langer dreimal beantragt und jedesmal abgelehnt. Ich wurde also wieder in die Zelle zurückgebracht. Diese war laut Anschrift an der Tür dreizehneinhalb Quadratmeter groß, nur für vier Personen bestimmt. Wir waren aber 24 Männer darin untergebracht, es kam also pro Mann zirka ein halber Quadratmeter. In der Zelle war ein Kübel als Klosett und ein Krug Wasser für alle 24 Mann. Der Kübel durfte nur zweimal täglich hinausgetragen werden. Auch der Krug durfte nur zweimal am Tage mit Wasser gefüllt werden. Dieses Wasser gehörte zum Trinken und Waschen für 24 Mann. Täglich wurden

Männer aus Jägerndorf und dem Kreis eingeliefert. Als die Zellen nicht mehr ausreichten, wurden die Männer in den Keller gepfercht. In den Zellen hörten wir alles, was sich auf dem Gange abspielte. Jeder Eingelieferte mußte sich auf den Boden legen und wurde von vier Partisanen derart verprügelt, daß einige tags darauf tot aus der Zelle geschleppt wurden. Wir zählten stets über 200 Schläge. Die Männer wurden am ganzen Körper, an den Händen und Fußsohlen geschlagen, so daß man dann in der Zelle weder liegen noch stehen konnte. Hat nun ein Mann — was nicht selten vorkam — während der Prügelei den Gang mit Kot verunreinigt, so mußte er dies alles auflecken. So oft sich die Zellentür öffnete — das war sehr oft am Tage — mußten wir die Arme hochheben und auf tschechisch sagen: „Wir danken unserem Führer Adolf Hitler, daß wir hier sind! Deutschland, Deutschland unter alles!“ Hierauf mußten wir die Deutschlandlieder usw. singen. Dabei wurde immer mit Peitschen auf uns eingeschlagen. Täglich früh kam der Partisanenkommandant in die Zelle, schlug auf jeden mit der Peitsche und versetzte uns mit seinen Stiefeln Fußtritte in den Magen. Da ich nur den rechten Arm heben konnte, erhielt ich als Zugabe immer noch einen Hieb auf den kranken Arm mit den Worten: „Was, du Schwein, du kannst den Arm nicht heben?!“ Geprügelt wurde auf dem Gang den ganzen Tag, von früh bis abend. Das Prügelkommando wurde immer abgelöst. Die Männer wurden einzeln aus den Zellen geholt und im Gang geprügelt, in den Zellen geohrfeigt, Nasen und Zähne blutig geschlagen und sie auf alle mögliche Art und Weise mißhandelt. Einige dieser Männer kamen nach diesen Prügeleien nicht mehr in die Zelle zurück, andere starben in der Zelle, wieder andere, welche die ständigen Schmerzen nicht ertragen wollten, hängten sich nachts auf.

Einmal wurde ich wieder aus der Zelle geholt. Am Gang sagte man mir, daß ich heute keine Schläge bekomme, wenn ich ein schönes Walzerlied singe. Am Gang standen zwei Männer, welchen man die Füße so verprügelt hatte, daß sie kaum stehen konnten. Diese Männer mußten tanzen, während ich den Donauwalzer sang, so lange, bis sie umfielen. Die Partisanen schlugen während des Tanzens mit Peitschen auf sie ein, wie in einer Zirkusarena. Jeden Sonntag nachmittags brachten die Partisanen ihre Mädel mit und diese konnten uns wie bei einer Tierschau besichtigen. Wer ihnen paßte, wurde aus der Zelle geholt, und die Mädel konnten sich im Prügeln produzieren. Sie schlugen ziemlich fest drein. Während der ganzen Zeit mußten wir mit erhobenen Händen allerlei nationale Deutschlandlieder singen.

Die Suppe und den Kaffee mußten wir am Gang holen. Beim Abtreten mit dem Topf Suppe erhielten wir vom nebenstehenden Partisanen einen Peitschenhieb. Wer dabei Suppe verschüttete, mußte sich hinknien und dieselbe sauber auflecken. Wegen Läusegefahr wurden wir wöchentlich einmal „gebadet". Wir kamen in die Waschküche, mußten uns nackt ausziehen und wurden mit einem Schlauch angespritzt, der Strahl war sehr scharf. Einige mußten den Mund öffnen, in welchen ihnen das Wasser hineingespritzt wurde, bis sie keine Luft mehr bekamen. Einigen wurde ein zweiter Schlauch in den After gesteckt und so der Körper mit Wasser gefüllt.

Am 4. Juli 1945 früh wurden wir in den Gefängnishof geführt. Das erste Mal nach drei Wochen an die frische Luft. Dann wurden wir verlesen, die anderen mußten in die Zellen zurück. Wir bekamen die Haare ganz kurz geschnitten, den Bart mußten wir von den drei Wochen behalten. So wurden wir, zirka 200 Mann — vor dem Gericht auf der Straße aufgestellt und nochmals verlesen. Es regnete. Ich hatte sonst nichts an als eine Hose und Jacke. Keine Wäsche. Dann ging es zum Bahnhof. Links und rechts vom Zug gingen Partisanen, welche ständig mit den Peitschen dreinschlugen, während wir die Deutschlandlieder singen mußten. Dann wurden wir einwaggoniert. Mit erhobenen Händen mußten wir stehen und ständig singen. Die Deutschlandlieder, immer vom Anfang, bis wir endlich in Mährisch-Ostrau ankamen. In den meisten Stationen blieb der Zug stehen, und hier mußten wir besonders laut singen. Die tschechischen Reisenden bekamen natürlich eine Wut und beschimpften uns, während sie die Partisanen aufforderten, noch mehr auf uns einzuschlagen. Einige Partisanen gingen von Mann zu Mann und spuckten ihnen dreimal in den Mund. Mit der Peitsche in der Hand blieben sie stehen, bis alles hinuntergeschluckt war. Als einer zu mir kam und sah, daß ich nur den rechten Arm hebe, sagte ich ihm, daß der andere Arm kaputt sei. Daraufhin schlug er mehrmals auf den kranken Arm und unterließ bei mir das Spucken in den Mund. Wer den Arm nicht mehr hochhalten konnte, wurde ebenfalls geschlagen. So kamen wir endlich in Ostrau an und wurden in das Lager beim Hauptbahnhof geführt. Die Partisanen übergaben uns der Lagerwache und versetzten jedem von uns beim Eingang durch das Tor noch einen Peitschenhieb.

5. Juli. Im Lager wurden wir dann sortiert. Parteifunktionäre, wie Ortsgruppenleiter usw. sowie alle Angehörigen von Formationen, SS, SA usw. kamen in das Internierungslager nach Kunschitz hinter Stacheldraht, für sehr schwere Arbeiten. Wir anderen, Parteimitglieder und auch Nichtparteimitglieder, blieben im Arbeitslager der CSD (Staatsbahn). Hier wurde uns erst einmal der Bart abgenommen. Dann wurden uns die Baracken zugewiesen. Wenigstens hatten wir jeder eine Schlafstelle. In jedem Raum wurden 18 bis 20 Männer untergebracht. Auch bekamen wir Holzschuhe, da die meisten doch bloßfüßig waren. Sodann wurden wir dem Arzt vorgeführt, der auch im Lager interniert war, welcher uns nach der Arbeitsfähigkeit zu sortieren hatte. Hier traf ich wieder einen Bekannten. Als Arzt arbeitete hier Herr Dr. H., der Sohn des Karlsberger Forstdirektors, der ja oft zu uns zur Jagd kam und mich auch gleich erkannte. Er untersuchte mir auch gleich den Arm und schickte mich ins Ostrauer Krankenhaus zur Durchleuchtung. Einer von der Lagerwache ging mit mir. Ich voran, er mit dem Gewehr hinter mir. Ich durfte jedoch nur auf der Straße gehen. Im Krankenhaus wurde ich wohl durchleuchtet, da ich die Anweisung hatte, es wurde mir aber weder etwas gesagt, noch gemacht. So konnte ich wieder den halbstündigen Rückweg in meinen Holzschuhen, hinter mir das aufgepflanzte Gewehr, antreten. Ich wurde somit zu leichter Arbeit zugeteilt, da ich doch nur mit der rechten Hand arbeiten konnte. Früh um fünf Uhr mußten wir aufstehen. Zum erstenmal nach drei Wochen konnten wir uns waschen. Um 5.30 Uhr war Frühstück. Schwarzer Kaffee und für den ganzen Tag 200 Gramm Brot. Um 4 Uhr nachmittags waren wir von der Arbeit zurück und bekamen das Mittagessen. Eine Suppe und Kartoffeln. Wir hatten von den Russen weggeworfene Konservenbüchsen gesucht und das war unser Eßgeschirr. Nach dem Essen bekamen wir in die Konservenbüchsen etwas schwarzen Kaffee, welcher das Nachtmahl vorstellte. Erst machten wir das Kommando für leichte Arbeiten, Aufräumungsarbeiten bei den Werkstätten des Hauptbahnhofes. In der Nähe standen oft Russentransporte. Wir krochen unter die Waggons und suchten nach Nahrungsabfällen. Auch gaben uns die Russen hie und da etwas Brot, wenn auch verschimmelt, und mitunter etwas Suppe. Dann übersiedelten wir in ein großes Magazin von Oderfurt nach Ostrau. An Stelle von Pferden wurden wir an die Wagen gespannt. Auch eine Drogerie übersiedelten wir. Der Lageraufseher,

der uns bewachte, gab mir eine große Eisenbahnertasche und gab mir den Auftrag, verschiedenes, was man für das Lager brauchen kann, zu stehlen und die Tasche zu füllen. Er meinte, für seine Frau und Tochter Creme, Puder, Haarwasser, Parfüm, Verbandzeug und was mir noch sonst in die Hände kommt. Auch waren dort drei Paar Ski, die mußte ich unauffällig entwenden und ins Lager tragen. Und da ich schon vom Stehlen schreibe ... Einmal ließ uns der Lagerkommandant antreten und sagte uns, wir sollen aus den Privatgärten, wo wir vorüberkommen, Zwiebeln mitbringen, da er für die Küche welche braucht. Zur Gemüsezeit bekamen wir hie und da zu den Kartoffeln Gemüse. Wir mußten jedoch dasselbe tags vorher früh vor 4 Uhr auf die Felder stehlen gehen. Für den Lagerkommandanten bauten wir ein schönes Wochenendhaus. Das viele Holzmaterial, Bretter, Balken usw. mußten wir bei den Bahnwerkstätten, wo auch eine große Säge und Tischlerei war, an Sonntagen, wo niemand dort arbeitete, stehlen! Im Lager selbst bauten wir eine große Waschgelegenheit mit Heizkessel, alles aus gestohlenem Material. Im Winter bekamen wir eine Belobung, wenn wir von der Bahn recht viel Kohle ins Lager brachten. Die Lagerverwaltung steckte natürlich das Geld, das zum Ankauf dieser Sachen gehörte, ein. Die Unternehmer, bei welchen wir arbeiteten (wir waren zirka 400 Mann und 150 Frauen), mußten für uns den normalen Stundenlohn an das Lager bezahlen. Wir bekamen aber vom 4. Juli 1945 bis Ende Februar 1946 gar nichts bezahlt. Ab 1. März 1946 erhielten die Schwerarbeiter 10 Kronen und die Leichtarbeiter 2 Kronen am Tag. Zahlen mußten die Unternehmer 90 Heller pro Stunde, das heißt, 9 Kronen für zehn Stunden. Wir bekamen auch Lebensmittelkarten für Schwerarbeiter, wir mußten monatlich den Erhalt bestätigen. Alle 550 Lebensmittelkarten behielt jedoch die Lagerverwaltung und stellte uns dafür diese unzureichende Kost her. Später wurde die Kost etwas besser, da wir keine Kraft mehr zum Arbeiten hatten, und, wie durchsickerte, eine amerikanische Kommission im Lager war. Das Schreiben und Lesen war im Lager streng verboten. Wer dieses Verbot übertrat, wurde bestraft und unter Umständen auch aufgehängt. Während der 11 Monate, die ich im Lager zubrachte, wurden in Ostrau 70 Männer aufgehängt. Der Henker war ein Deutscher namens K l o s s, im Zivilberuf Krankenwärter.

Im Februar 1946 mußte ich in einer Werkstätte am Gerüst arbeiten. Das Gerüst brach zusammen und ich zog mir am linken

Fuß einen doppelten Knöchelbruch zu. Mit dem gebrochenen Fuß mußte ich dann ohne Stock bis ins Lager humpeln (eine halbe Stunde). Dr. H. war unterdessen aus dem Lager geflohen, da er ja als Arzt ohne Bewachung von einem Lager ins andere gehen konnte. Er sagte einmal, daß sein Weg nach Österreich führe. Wir hatten dann eine Ärztin, deren Mann im Gericht saß, da er Betriebsleiter eines Kohlenbergwerkes war. Die Ärztin durfte mich nicht ins Krankenhaus schaffen, da dort nur Schwerkranke aufgenommen und im Keller untergebracht wurden, bis sie starben! Ich bekam daher statt eines Gipsverbandes nur einen gewöhnlichen Verband, so daß der Bruch schlecht verheilt ist. Durch drei Wochen hatte ich diesen Verband und durfte während dieser Krankheitszeit in der Lagerküche von 6 Uhr früh bis 3 Uhr nachmittags Kartoffeln schälen. Sodann wurde mir der Verband abgenommen und ich mußte wieder an die Arbeit gehen."

Das Geheimnis des Fasanengartens

Als ich in meiner Heimat anlangte, war ich ein Fremder. Kein bekanntes Gesicht, kein Gruß, nichts als die altvertrauten Gassen, in welchen die Häuser stumm und verlassen in den schönen Maienhimmel schauten.

Endlich traf ich einen ansässigen Tschechen. Er erkannte mich und wollte gar nicht glauben, daß es noch lebende deutsche Männer in dieser Umgebung gab. Als er sich von seinem Staunen erholt und die Sprache wiedergefunden hatte, waren seine ersten Worte: „Rache ist süß!" Denn auch er hatte Postelberg mitgemacht, nicht als Sieger, sondern als „Besiegter", weil er 1938 den von den Tschechen verbreiteten Tatarengerüchten nicht geglaubt hatte und ruhig in Postelberg geblieben war, wo er unter seinen deutschen Mitbürgern ruhig weitergelebt hatte. Was er mir erzählte, hätte ich nie geglaubt, wenn ich nicht selbst bereits die sogenannte „Revolution" in Prag mitgemacht hätte. Dieser Mann, der einst stattlich und groß gewesen war, kam mir mit seinen 45 Jahren wie ein achtzigjähriger Greis vor: er war durch die Hölle von Postelberg gegangen.

... Ich bemühte mich nun, etwas über diese unglücklichen Menschen zu erfahren. Ich habe mit vielen Frauen, denn Männer fand ich nicht mehr vor, gesprochen, aber alle Aussagen endeten mit der Nacht vom 28. auf den 29. Juni, denn in jener Nacht marschierten 3000 Männer, welche in der Kaserne gesammelt worden waren, durch die Kasernengasse in Richtung Bahnhof oder

Fasanengarten — und seither hat man nie mehr etwas über ihr Schicksal erfahren. Eine Frau, welcher es noch gelungen war, am Tage vorher ihrem ebenfalls eingesperrten Mann etwas Essen durch ein Fenster zuzustecken, was immer mit Lebensgefahr verbunden war, erzählte, daß ihr Mann ihr zuflüstern konnte: „Nun lassen sie uns Wasser herein, wir stehen schon bis zum Bauch im Wasser." Andere Frauen berichteten, daß es vorgekommen war, daß die Männer das herumgespritzte Gehirn ihrer erschlagenen Kameraden auflecken mußten, so daß viele vor Ekel und Grauen Selbstmord begangen hatten.

A. K. aus Postelberg, dzt. Malzbach.

Aussiger Bluttag — von den Tschechen geplant

„Nach dem Einmarsch der Deutschen in den Sudetengau wurde mein Vater und alle Familienangehörigen als Antifaschisten auf die Schwarze Liste gesetzt. Ich selbst erhielt 1941 als 21jähriger im Kerker eine Zuschrift der Reichsschrifttumskammer, daß mir jede Art schriftstellerischer Tätigkeit verboten sei. Später wurde ich im Zusammenhang mit dem Hitler-Attentat grausam gefoltert und zum Tode verurteilt, doch konnte ich im Februar 1945 fliehen. Mein Vater und ich standen zur Zeit des Hitler-Regimes mit demokratischen Tschechen in Verbindung und leisteten illegale Aufklärungsarbeit. Diese Tschechen boten uns später ihre Hilfe an, als sich die panslawistische Soldateska wie eine gräßliche Woge über alles stürzte, was deutsch hieß.

So geschah es auch, daß am 27. Juli 1945, es war nachmittags fünf Uhr, ein bekannter Tscheche, dessen Namen ich nicht nennen will, die Wohnung meiner Eltern in Schreckenstein sehr erregt betrat und diese eindringlich bat, Aussig möglichst schon am nächsten Tag zu verlassen. Er war Mitglied des Narodny vybor und kam gerade von einer geheimen Sitzung. Mit beschwörender Geste sagte er wortwörtlich in Gegenwart meines Vaters und meiner Mutter:

‚Ich bitte Sie, fliehen Sie so schnell als möglich! Verlassen Sie am besten morgen schon die Stadt. Es wird mit den Deutschen in den nächsten Tagen etwas Furchtbares passieren! Heute um zwei Uhr (vierzehn Uhr) wurde in einer Sitzung alles beschlossen.' (Der Tscheche hatte an dieser Sitzung selbst teilgenommen.)

‚Fragen Sie mich nicht mehr', entgegnete er meinem Vater, als dieser sich bestürzt nach näheren Einzelheiten erkundigen wollte.

‚Fragen Sie mich nicht, Herr König, ich kann Ihnen nur sagen, daß heute um zwei Uhr im Narodny vybor etwas Furchtbares beschlossen wurde. Mir stehen die Haare zu Berge, wenn ich daran denke. Fliehen Sie morgen! Mehr kann ich für Sie nicht tun!‘

Nun geschahen aber der Greueltaten gegen die Sudetendeutschen so viele, daß meine Eltern dieser Warnung nicht den Wert beimaßen, der ihr zukam, wie sich später herausstellte. Die Tage vergingen und es kam der 31. Juli. Gegen halb vier Uhr nachmittag stand mein Vater mit dem jetzt in Schweden lebenden Architekten Hans Schembera auf der Terrasse der Elbvilla, die hundert Meter hinter der Schleuse lag. Von dort aus konnte man nach beiden Richtungen weit in das Elbtal hinausblicken. Aufmerksam beobachteten sie ein Flugzeug kleineren Typs, das aus Richtung Bodenbach etwa hundert Meter über dem Elbtal gegen Aussig flog. Über Schönpriesen verminderte die Maschine merklich Höhe und Geschwindigkeit und steuerte etwa vierzig bis fünfzig Meter über dem Erdboden auf die elbabwärts zur linken Seite des Stromes liegenden Fabrikkomplexe zu. Mein Vater, der Architekt und auch andere Personen, die in der Nähe das Auftauchen des Flugzeuges beobachteten, sahen deutlich, wie es an jener Stelle, wo die Zuckerfabrik lag, eine Bombe abwarf und sofort in einer steilen, fast rechtwinkligen Kurve über die Elbe nach Schreckenstein abbog. (Mein Vater ist über die Lage der Zuckerfabrik genau orientiert, da er jahrelang fast täglich in deren Nähe geschäftlich zu tun hatte.) Gleich darauf ertönten von jenem Ort, wohin man ganz deutlich die Bombe hinabfallen sah, zwei gewaltige Detonationen, Stichflammen schossen in die Luft und Rauchsäulen stiegen wie riesige Pilze zum Himmel auf. Das Flugzeug flog hinter dem Schreckenstein in das Protektorat ab.

Erstaunlich schnell wußten die Wannower Tschechen (es handelte sich fast ausschließlich um nach dem Umsturz zugereiste Tschechen, die von der Existenz der Schönpriesener Zuckerfabrik und der dort gelagerten Munition keine Ahnung hatten), daß in Schönpriesen ein Munitionslager von den verfluchten Deutschen in die Luft gesprengt worden sei und daß ein Aufstand der deutschen Bevölkerung drohe, denn schon durch den dumpfen Donner der ersten Detonationen hörte man tschechische Gewehre knattern, deutsche Hilferufe und gellende Schreie. Hellseherische Fähigkeiten aber besaßen jene Rowdies, die zum Schutze des Vaterlandes zur gleichen Zeit alle Straßenbahnen besetzten und ahnungslose Deutsche wie Karnickel auf die Fahrbahn warfen.

Jedenfalls klappte der Plan genau nach der Stoppuhr. Das stellte auch am nächsten Tag eine hohe tschechische Kommission fest, die mit General Swoboda und Innenminister Nosek an der Spitze alles in bester Ordnung fand, trotzdem sie auf Schritt und Tritt über vergossenes deutsches Blut schritten.

Leider aber begann die Niedermetzelung von mindestens viertausend deutschen Männern, Frauen und Kindern auch nach der Stoppuhr. Hier lag ein Regiefehler, der die sonst so vortrefflich inszenierte Tragödie zu einem wüsten Tendenzstück stempelte.

Vielleicht will nun immer noch jemand diese Tatsachen mit dem Zufall erklären. Es war aber bestimmt kein Zufall, daß mein Vater wenige Minuten nach der Schönpriesener Katastrophe am Schreckensteiner Ufer von einem ihm befreundeten Tschechen an der Wannower Fähre abgeholt und unter seinem Schutz mit einigen anderen Deutschen nach Hause gebracht wurde.

Durch die vorhergegangene Warnung doch zur Vorsicht gemahnt, hatte mein Vater in jenen Tagen nur selten sein Haus verlassen und hatte meiner Mutter jedesmal hinterlassen, wohin er gehe und wann er heimzukehren gedenke. Nur dieser Tatsache hatte er es zu verdanken, daß jener Tscheche wußte, wo er ihn abholen könne. Wenn dieser Tscheche aber vorher meiner Mutter zu verstehen gab, daß er ‚heute' (am 31. Juli) seine Existenz und sogar sein Leben aufs Spiel setze, wenn er einem Deutschen Hilfe leiste, dann wird er wohl gewußt haben, woher ihm diese Gefahr drohte. Daß er wußte, warum er meinen Vater zum ersten Male und gerade an diesem Tag holte, liegt wohl noch klarer auf der Hand. Ich muß selbstverständlich auch den Namen dieses zweiten Tschechen verschweigen.

Der Bluttag soll in seinen Einzelheiten hier nicht geschildert werden. Zusammenfassend wäre vielleicht noch zu betonen, daß er die Schrecken von Lidice an Grausamkeit und Heimtücke weit übertraf. Die Tschechen hätten sonst wohl kaum feststellen können, daß Lidice gerächt sei. Allerdings entzog es sich damals noch der allgemeinen Kenntnis, daß die staatlich sanktionierte Blutrache an unschuldigen Menschen im Bedarfsfalle auch ein Bestandteil des demokratischen Lebens ist.

*

Herr Sch., der Beamter in leitender Stellung in den großen Schichtwerken war, berichtet über das „Blutbad von Aussig-Schreckenstein" vom 31. Juli 1945.

„Tag um Tag mehrten sich die Gewalttätigkeiten der Tschechen gegen alles Deutsche, seit sie in das sudetendeutsche Gebiet eingeströmt waren. Man trieb die deutsche Bevölkerung ganzer Ortschaften, Kinder und Greise, Kranke und Halbwüchsige nicht ausgenommen, fast ohne jedes Gepäck über das Erzgebirge, wo man sie dem Elend des Landstraßenlebens überließ. So geschah es mit Karbitz in den ersten Junitagen, dann folgte Pockau am 11. Juni, Türmitz am 19. Juni, Aussig-Nord und Kleische am 27. Juni, Schreckenstein am 10. Juli. So ging es Woche für Woche weiter. Keiner wußte, wann er daran kommt. Tag und Nacht wurden deutsche Männer und Frauen jedes Alters verhaftet und in das Lager Lerchenfeld gebracht. Ihre Zahl erreichte bald 2000 und stieg weiter an. Gewalttätige Vertreibungen aus ihren Wohnungen in Mansarden und Kellerräumlichkeiten waren an der Tagesordnung. Man nahm den Deutschen ganze Wohnungseinrichtungen, Wäsche und alles, was den Tschechen gut schien, kurzerhand weg.

Alle diese Gewalttätigkeiten verblassen aber gegen das furchtbare Blutbad, das die Tschechen am 31. Juli 1945 gegen unschuldige Deutsche in Aussig-Schreckenstein verübten. Nichts deutete darauf hin, als wir früh zur gewohnten Arbeit in die Schichtwerke gingen. Da, um 4 Uhr nachmittags erfolgte eben in dem Augenblick, als ein Flugzeug über Schönpriesen schwebte, eine furchtbare Explosion in der dortigen Zuckerfabrik, wo russische Munition lagern sollte. Eine ungeheure Feuersäule strebte gegen den Himmel, der eine Explosion folgte. Scheiben zitterten und mehrere Gebäude wurden zum Teil in Brand gesetzt, zum Teil zerstört. Explosion folgte auf Explosion und das Feuer breitete sich mehr und mehr aus.

Was mag da geschehen sein? So fragten wir uns. Wir ahnten noch immer nicht, daß dieses Fanal ein dem tschechischen Mob gegebenes Zeichen war, gegen die Deutschen unter dem Vorwand, daß es sich um einen Sabotageakt handelt, vorzugehen und seinen Haß zu kühlen. Die tschechischen Angestellten steckten die Köpfe zusammen und wir vernahmen, daß wir am Heimweg nichts Gutes zu erwarten hätten. Und richtig, als wir uns nach Büroschluß auf den Heimweg machten, waren alle Straßenkreuzungen von tschechischen Soldaten und „Partisanen" besetzt, die alle vorbeigehenden Deutschen nach Waffen durchsuchten. Ich ging mit zwei Kollegen und einer Kollegin und kam bis zur ersten Kontrolle beim Ratsstüberl.

Bei der Durchsuchung schrie einer von den Partisanen das mit mir gehende Fräulein an, woher sie als Deutsche noch Zigaretten habe. Auch ich hatte gerade an diesem Tage meine zwei letzten Zigaretten zu mir genommen und überlegte, ob ich weitergehen sollte. Lieber nicht, sagte ich mir, sonst könnte ich mich auch einer rohen Behandlung durch die Tschechen aussetzen und kehrte um, um die Zigaretten ins Büro zurückzutragen. Das war meine Rettung. Meine Kollegin und Kollegen, die weitergegangen waren, gingen einem sicheren Tode entgegen. Nachdem ich meine Zigaretten zurückgebracht hatte, trat ich allein meinen Heimweg an.

Beim Ratsstüberl kam ich wohl durch die Kontrolle, sah aber, als ich die Mozartstraße gegen den Heimatblock ging, wie Tschechen mit Stöcken und Prügeln auf vorbeigehende Deutsche losschlugen. Ich wich daher gegen die Schule aus und kam bis an die Ecke am Schillerplatz, wo sich in kurzer Zeit gegen zehn Deutsche zusammenfanden, die nicht weitergehen wollten, da auf der Elbebrücke der sichere Tod drohte. Was wir hier sahen, macht das Blut in unseren Adern erstarren. Wir glaubten unseren Augen nicht zu trauen, als wir sahen, wie Deutsche, die über die Brücke gehen wollten, von Tschechen über das Geländer in die Elbe geworfen und von den Maschinengewehren, die auf der rechten Seite des Brückeneinganges aufgestellt waren, so lange beschossen wurden, bis ihre von Kugeln durchbohrten Körper in den Fluten versanken. Deutsche, die bis zur Brücke gekommen waren, sich aber weigerten weiterzugehen, wurden von Partisanen und tschechischen Soldaten mit vorgehaltenen Pistolen auf die Brücke getrieben, wo sie von den wahnsinnig gewordenen Wütern mit Geheul empfangen und ebenfalls in die Elbe geworfen wurden. Nicht einmal vor Frauen, Müttern und sogar Säuglingen in Kinderwagen machten diese Unmenschen halt. Sie erlitten denselben Tod.

Wir hatten uns inzwischen in ein Haus in der Brückengasse geflüchtet und wollten uns eben in den Luftschutzkeller begeben, als wir über uns das Gejohle von heranstürmenden Tschechen vernahmen, die uns entdeckt hatten und hinter uns herliefen. „Hier sind die deutschen Schweine! Erschlagt sie!‘ Nur hier heraus, war unser nächster Gedanke, denn sonst hätten wir hier in dem Keller unser Leben lassen müssen. Ich entging nur dem Umstand, daß ein Österreicher vor mir ging, den man schonen wollte, den Schlägen der Unmenschen, kam ohne Schaden auf die Straße, wendete mich nach rechts gegen den Steinberg und erreichte trotz vieler Schwierigkeiten gegen 18 Uhr die Wohnung meines Bruders in der Schubertstraße. Hier fühlte ich mich endlich geborgen. Von der Brücke her schallte noch immer ununterbrochen Maschinengewehrfeuer herüber, ein Zeichen, daß das furchtbare Morden unschuldiger Deutscher noch immer kein Ende gefunden hatte. Erst gegen 19 Uhr wurde es stiller. Wie viele Hunderte von Deutschen mögen dieser furchtbaren Blutgier zum Opfer gefallen sein? Wie viele von meinen bekannten Kollegen fehlten am nächsten Tage im Büro! Ihre blutigen Leichname schwammen jetzt die Elbe hinab und kamen nie mehr zum Vorschein. Und unter ihnen auch meine drei Begleiter vom Vortag."

Bestien ohne Maulkorb

Der Verfasser dieses schonungslos offenen und ungeschminkten Erlebnisberichtes, Dr. Rudolf T...., verbürgt sich persönlich für die volle Wahrheit des Geschilderten.

Neben mir hält mit knirschenden Bremsen ein offener Lastwagen; er ist vollgestopft mit tschechischer Jugend im Siegestaumel. Ohne zu fragen, streckt man die Hände zu mir herunter und zieht mich auf den Wagen hinauf. Alle reden auf mich ein. Ich kann nur mit dem Kopfe nicken und ja sagen, weil ich von ihrem schnell gesprochenen Tschechisch nichts verstehe. Der Wagen hält. Wir sind am Prager Krematorium, von wo die breite Schwerinstraße in die Stadt hineinführt bis zum Wenzelsplatz; heute ist sie ein einziges Vergnügungsetablissement. In offenen Fenstern stehen Grammophone. Musik dröhnt auf die Straße hinaus, böhmische Tanzmusik, nach der sich russische Soldaten mit den Prager Mädchen auf dem glatten Asphalt der Straße im Tanze drehen. Wodkaflaschen gehen um. Nach wenigen hundert Metern stadteinwärts die ersten Panzersperren. Habe ich Halluzinationen? Deutsche Frauen — ganz nackt und das Gesicht mit Teer beschmiert — müssen das Gewirr der Barrikaden von den Straßen räumen. Auf den Rücken hat man ihnen das Hakenkreuz mit roter Farbe aufgepinselt. Ihre Aufseher treiben sie mit Fußtritten und Schlägen mit der Drahtpeitsche an. Das Gejohle des Straßenmobs ist hierzu die Begleitmusik — und das blecherne Geräusch der abgeleierten Schallplatten aus den offenen Fenstern der Prager Bürger. Das schrille Bild wiederholt sich, bis mitten in die Stadt hinein. Ungezählte der gepeinigten Frauen springen vor Verzweiflung in die Moldau. Hunderte werfen sich, halb irrsinnig vor Scham und Qual, vor die russischen Panzer. Und die Menge quittiert mit gröhlendem Applaus.

Allmählich merke ich, wie sehr ich Aufsehen errege, trotz allen Tumultes, der die Straßen erfüllt. Keiner außer mir, der nicht voller Stolz die tschechischen Nationalfarben Blau-weiß-rot am Hut trägt, am Jackett, als papierenes Fähnchen in der Hand. Man folgt mir. Ich bin verdächtig, ein Deutscher zu sein, Freiwild also in dieser turbulenten Stadt. Wenn man mich zur Rede stellt, wird man mich wahrscheinlich lynchen. Der Versuch, quer durch die Stadt zu den Wohnungen meiner Prager tschechischen Freunde zu kommen, ist aussichtslos. Kein Verkehrsmittel ist in Betrieb; ich müßte zu Fuß gehen. Das wäre gleichbedeutend fast mit Selbstmord. Nur eine Ausflucht gibt es noch vor den Schatten meiner zähen Verfolger: Ich gehe zum Polizeipräsidium und stelle mich als Deutscher. Das Haus ist wie ein Bienennest. Es birst vor Überfüllung. In allen Räumen sind Verhöre, mit Torturen, ohne Torturen. Am meisten drangsaliert man die Angehörigen der Polizei und der Gendarmerie. Man exerziert das Verfahren der Schnelljustiz. Schwerwiegende Fälle werden gleich an Ort und Stelle abgeurteilt. Auf den Fluren sitzen Blitzmädel. Ihre Gesichter sind kohlschwarz vom Pulverdampf der letzten Kämpfe in der Stadt. Sie warten auf ihre Aburteilung. Man weist mich zu irgend einem Sachbearbeiter; ich muß drei Stunden warten. Dann ruft er mich in sein Zimmer hinein; ich weise eine Bescheinigung des narodny vybor, Deutsch-Brod, vor, der tschechisch-kommunistischen Befreiungsorganisation. Der Bamte zuckt bedauernd die Achseln. Die Bescheinigung hätte mir in Deutsch-Brod genützt. Dort kannte man mich; dort hätte man mir die Freiheit garantieren können. In Prag indes bin ich ein Unbekannter, einer von hunderttausend Deutschen, belastet also. Ich komme in eine Zelle im Keller des Gebäudes. Es ist eine Massenzelle.

Längs der Rückwand steht eine lange Pritsche. Sie hat Platz für sechzehn Häftlinge. Aber über hundert sind bereits in ihr zusammengepfercht. Die Luft ist völlig verbraucht. Der Raum hat keine Fenster, nur einen Luftschacht, durch den an hellen Tagen das stumpfe Grau eines halben Lichtes in die Zelle sickert. Unentwegt brennt eine trübe Lampe an der Decke. In einer Ecke steht ein Eimer. Er stellt das WC dar. Für sechzehn Häftlinge wäre er unzureichend gewesen. Für hundertzwanzig Häftlinge, die man schließlich in sie hineinstößt, ist er ein Hohn. Aber da wir nichts zu essen und nichts zu trinken bekommen, ist er gottlob fast überflüssig. Täglich kommt Zuwachs. Die meisten Neuen sind verwundet, angeschossen oder durch Schläge verletzt. Sie haben sich verborgen gehalten oder zu fliehen versucht. Ein Clown ist unter ihnen; in irgend einem Zirkus machte er den Dummen August. Mit ihm beginnen die versagenden Nerven. Viele Stunden lang schreit und zetert er, bis ihm ein Kamerad eine Ohrfeige gibt, weil wir alle dieses sinnlose Geschrei nicht mehr ertragen konnten. Da stürzt er sich wie ein Berserker auf uns; er hat Schaum vor dem Munde und plötzlich ein Messer in der Hand. Ein Amokläufer ist unter uns. In der überfüllten Zelle bricht eine Panik aus. Wir trommeln mit erbitterten Fäusten von innen gegen die Zellentür. Niemand kommt. Drinnen wogt der Kampf weiter. Es gelingt uns nicht, den Rasenden zu bändigen. Einige sind durch Messerstiche schon verwundet. Der Amokläufer stürzt sich auf den Eimer und schüttet ihn über unseren Köpfen aus. Er fällt zu Boden. Ehe er von den Mithäftlingen totgeschlagen wird, kommen die Gefängniswärter und schleppen ihn ab. Wir hören ihn in einer Nachbarzelle toben, bis der Lärm unter fortgesetzten Schlägen langsam verebbt.

Am nächsten Morgen haben wir die ersten Toten in unserer Zelle. Zwei Mann. Sie haben sich vergiftet, mit Veronal oder Luminal. Abends schleift man sie hinaus. Neue kommen herein. Durch den Luftschacht hören wir unentwegt Motoren knattern. Fahrzeuge rollen auf einen Hof. Türen werden aufgemacht, zugeschlagen. Vor Angst und Todesnot berstende Schreie um Hilfe dringen zu uns herunter; sie scheinen sich an den hohen Wänden eines schmalen Hinterhofes zu brechen. „Pomos, pomos!" (tschechisches Wort für Hilfe). Hohl und dumpf kommt es — von hochaufragenden Wänden vielfältig zurückgeworfen — zu uns herab, als wären es Schreie aus einer abgründigen Gruft. Für Augenblicke verstummen dann die zaghaft geflüsterten Gespräche der bleichen Häftlinge im Halbdunkel der Kellerzelle. Alle hören wie gebannt auf die Verzweiflungsschreie. Meistens sind es Frauenstimmen. Neue Häftlinge kommen, blutend, mit zerfetzten Kleidern. Die Berichte von draußen werden immer düsterer. Alle Wohnungen, in denen Deutsche vermutet werden, werden jetzt durchgekämmt. Alle Gefängnisse sind vollgestopft, alle Säle der Stadt überfüllt, alle Heizungskeller der großen Kinos zu Massengefängnissen umgewandelt, vollgepfercht mit Deutschen aller

Altersstufen. In diesen Stätten des Elends reißt der Erfindergeist im Quälen nicht ab. Man zwingt die verstörten Gefangenen, sich gegenseitig brennende Streichhölzer in den Mund zu halten, sich gegenseitig totzuschlagen. Am maßlosesten tobe sich, erzählen einige neue Eingelieferte, der Haß in den Lazaretten der Wehrmacht aus. Die wenigsten der Verwundeten wären lebend herausgekommen, die meisten wären zu Tode gemartert. Einer war Augenzeuge, wie man einer Gruppe junger Verwundeter mit Rasiermessern Hakenkreuze in die Rücken schnitt und mit Salzsäure ausgoß. Dann hat man sie die Hand zum Hitlergruß erheben lassen und sie mit Salven aus Maschinenpistolen umgelegt.

Die Nerven vieler Gefangener sind der unablässigen Angst nicht mehr gewachsen; sie schneiden sich die Pulsadern durch, sie hängen sich auf, am Leibriemen, an Hosenträgern, am Hemd. Niemand kümmert sich um diese Toten, niemand schafft sie aus der ohnehin verpesteten Luft der überfüllten Massenzellen hinaus. Täglich durchwühlen Suchkommandos den namenlosen Brei der Gefangenen. Man fahndet nach politischen Führern, den Offizieren der Polizei und des SD, den Beamten der Justiz und anderer Verwaltungen. Wer belastet oder verdächtig erscheint, wird herausgezerrt und in einen Nebenraum gestoßen. Verhöre gibt es nicht. Nach wenigen Minuten peitschen Schüsse durch die Gänge. Vor Angst kriechen die Gefangenen noch enger zusammen. Am nächsten Tag klebt nur noch das geronnene Blut am kalkigen Verputz der Kellerwände.

In den frühen Morgenstunden des Pfingstsonntag wird die Tür der Zelle aufgeschlossen. Ein Gefängniswärter fragt nach einigen jüngeren Arbeitskräften — für leichte Arbeit. Sieben melden sich. Für eine flüchtige Weile ist man versucht, sie zu beneiden; sie sehen die Sonne scheinen und den Flieder blühen — und festlich gekleidete Menschen auf den blanken Straßen. Vielleicht sehen sie die Türme des St.-Veits-Doms auf dem Hradschin vor dem wolkenlosen Maienhimmel und schmale Ruderboote auf dem blitzenden Spiegel der Moldau. Abends kommen von den sieben vier zurück. Drei hat man erschlagen und die übrigen vier beinah erschlagen. Die leichte Arbeit hat darin bestanden, daß sie den ganzen Tag in der sengenden Hitze der Prager Landschaft im Laufschritt schwere Pflastersteine schleppen mußten, die zu einer Barrikade aufgetürmt gewesen waren. Als die Qual auf ihrem Höhepunkt war, hat einer der Gefangenen irgendeinem seiner

Peiniger einen dieser schweren Pflastersteine auf den Kopf geschlagen. Der Mann hat sein Bewußtsein verloren. Ein anderer Aufseher legt sofort den deutschen Häftling mit der Pistole um. Zwei weitere wurden von der aufgeregten Menge gelyncht.

Eines Morgens durften wir uns waschen. Dann werden wir auf den Flur gestellt. Wir warten. Gegen Mittag fährt man uns, weit über hundert Häftlinge, mit offenem Wagen in das Prager Stadtgefängnis St. Pankraz. Mich weist man zu fünf Tschechen in eine Einzelzelle. Man hatte sie wegen Zusammenarbeit mit den Deutschen eingesperrt. Nun überschlägt sich ihr Haß gegen alles Deutsche. Den Fußboden der Zelle haben sie unter sich bereits bis auf den letzten Zentimeter aufgeteilt. Mir bleibt für die Nacht nur noch ein schmaler Raum für meine Füße, auf dem ich in einer Ecke stehen kann. Ich lerne es, stehend zu schlafen, viele Nächte lang.

St. Pankraz ist der Mittelpunkt der Exekutionen. Die Verhöre werden von russischen Kommissaren, Angehörigen des NKWD, durchgeführt. Immer rasseln Schlüsselbunde, immer werden Zellentüren aufgeschlossen, zugeschlagen. Namen werden aufgerufen, Menschen über den Boden gezerrt, verzweifelte Menschen, die in ihrer Todesangst einen sinnlosen Widerstand leisten, weil sie wissen, daß es zur Schlachtbank geht. Hoffnungslose Schreie um Hilfe gellen die hallenden Zellengänge entlang. Unter Peitschenhieben und Fußtritten der Wärter verebben sie zu einem winzigen Wimmern. Dann ist atemlose Stille, auf den Gängen und in allen Zellen, bis draußen auf dem Hofe des Gefängnisses das Bellen der Schüsse Antwort gibt. Und wieder Schlüsselrasseln, Aufruf der Namen von Todeskandidaten, und wieder Schreie, Schläge und Schüsse auf dem Hof.

Besonders berüchtigt waren die beiden Wärter Obergrieß und Horak, die sich als die ärgsten Folterknechte gebärdeten.

An einem Juniabend geht die Zahl derer, die man aus den Zellen zerrt, in die Hunderte. Man treibt sie auf den Gefängnishof und stellt sie ringsum an den Wänden auf, mit erhobenen Händen, das Gesicht der Wand zugekehrt. Es regnet. Aus den Lokalen der Stadt weht der warme Regenwind Fetzen slawischer Tanzmusik herüber. Die Prager wurden nicht müde, ihren großen Sieg zu feiern. Von den Türmen der Kirche schlägt es die zwölfte Stunde. Den Gefangenen im Hofe von St. Pankraz sind längst die Arme abgestorben, deren bizarre Schatten im blauen Lichte frostiger Bogenlampen wie die Klauen großer Raubvögel an den dunklen Wänden des Gefängnisses hängen. Der Regen hält beharrlich an. Das Wasser rinnt den Häftlingen aus den Haaren, in den Rock hinein, aus den Hosen, den zerfetzten Schuhen. Gegen Morgen Kommandos. Die Gefangenen gruppieren sich. An dreihundert sind es, immer sechs in einer Reihe. Es wird hell. Prag erwacht. Die Häftlinge warten immer noch. Schon hebt sich die Sonne über die Dächer der goldenen Stadt. Die großen Tore des Gefängnisses öffnen sich. Dreihundert graue, verschmutzte, bärtige Gestalten jagt man unter Bewachung der „ruda garda", Angehörigen der kommunistischen Revolutionsgarde, mitten durch das im Rausche seines Sieges, seiner Schönheit und der Junipracht taumelnde Prag hindurch dem Hyberna-Bahnhof zu. Nur ein paar hundert Meter hetzt man sie, und schon fliegen die ersten Pflastersteine in die Reihen dieser dreihundert Wracks. Immer größer wird die Lawine der aufgeputschten Menge, die diese Karawane des Jammers begleitet, singend, johlend, gestikulierend, Flintenweiber Arm in Arm mit Zuhältern, Studenten und Marktweibern. Immer dichter wird der Hagel der Steine und der Regen des Straßenkots, der auf die Gefangenen niedergeht. Immer mehr von ihnen werden angespien, beworfen, getroffen, kommen zu Fall, werden von der nachrollenden Lawine zermalmt, bis am Hyberna-Bahnhof der Bann vollends gebrochen ist. Die begleitende Wachmannschaft wird zur Seite gerissen. Triumphierend stürzt sich der Mob auf die wehrlosen Gefangenen, reißt ihnen die Kleider vom Leibe, die Brillen vom Gesicht, zertrümmert ihnen mit Stöcken und Steinen die Schädeldecke. Wer dem Massaker entkommt, rettet sich in die Viehwagen des Gefangenentransportes. Die Türen werden zugeschoben und verriegelt. Der Mob verläuft sich. Die Stille kehrt zurück. Ängstlich hören die Gefangenen auf die ein- und ausfahrenden Züge, auf das Fauchen der Lokomotiven, auf das unermüdliche Auf und Ab der Schritte von den Wachen und auf die gutturalen Laute, mit denen sie sich ihre unflätigen Witze zurufen. Der Tag vergeht. Aus den schmalen, vergitterten Luken der Viehwagen weicht allmählich das letzte Licht. Zögernd wagen die Gefangenen untereinander zu flüstern. Die Kühle der Nacht dringt in die Waggons, in denen die Häftlinge hungrig, zitternd und müde am Boden kauern. Mitternacht ist vorüber, als die Türen aufgestoßen werden und betrunkene Soldateska hereindringt. Jeder von den Häftlingen, der noch eine Jacke hat, eine Hose, ein Paar Schuhe, muß sie hergeben, auf der Stelle hergeben. Neben mir zögert ein älterer

Pensionär aus Prag, seine schönen Lederschuhe auszuziehen; er muß die wenigen Sekunden dieses Zauderns mit dem Leben bezahlen.

Endlich rollt der Zug durch die helle Juninacht nach Norden. Im ersten Lichte der Frühe hält er in Theresienstadt, dem großen Ghetto aus der Zeit des deutschen Protektorats. Hunderttausend Juden lebten hier, zusammengedrängt auf einen Raum, der zu normalen Zeiten fünftausend Menschen Platz bot. Die Deutschen hatten dem Ghetto ein KZ angeschlossen, das berüchtigte Lager Theresienstadt. Zu Maria Theresias Zeiten und später war es Festungsgefängnis gewesen. Viele politische Verbrecher, darunter auch der Attentäter von Sarajewo, hatten in der Haft seiner dunklen Verließe die restlichen Tage ihres Daseins hingebracht. Inzwischen stockt der Gespensterzug aus dem Hades — einige hundert schwankende Schatten in Unterhosen und Strümpfen — vor einer Zugbrücke. Hinter der Brücke ragt ein finsteres Tor auf: das Eingangstor zum KZ Theresienstadt. Über dem Tor weht eine gelbe Flagge: Seuchengefahr. Der Typhus geht im Ghetto und im Lager um; das Fleckfieber grassiert.

Lautlos — wie von Geisterhänden aufgetan — öffnen sich die beiden großen Flügel des dunklen Tores. Der Zug der Gefangenen gleitet in die beklemmende Stille des Lagers hinein. Hinter ihnen schlägt das Tor zu, mit einem dumpfen Laut, als schlüge man einen Deckel auf einen Sarg. Es ist die Pforte zur Unterwelt, die sich hinter den Gefangenen geschlossen hat. Für eine Weile hört man dann nichts als das monotone Schurren der Füße auf dem Sand, kein Kommando, keine Rufe, nichts — bis sich plötzlich an der Spitze des Zuges ein Schrei aufhebt, der der Angstschrei angesichts des Todes ist. Den Gefangenen lähmt er für die kurze Weile eines Atemzuges den Schlag ihrer verstörten Herzen. Die Spitze des Zuges ist an einem langen, dunklen, gewölbeartigen Gange angelangt, der unter dem Festungswall hindurchführt. Beiderseits seines höhlenhaften Eingangs haben sich verwegene Mordgesellen postiert, Wegelagerertypen, mit Keulen bewaffnet, mit denen sie nach den Köpfen der Gefangenen zielen, die man wie eine irre Herde Schafe in den zwielichtigen Gang hineintreibt. Die Häftlinge fallen wie Ährenhalme unter dem Sensenschnitt. Und als die letzten des Zuges den Gang erreichen, ist er bereits von einem Hügel von Menschenleibern versperrt, einem zuckenden, stöhnenden Hügel, unter dem hinweg schmale Rinnsale von Blut im Boden versickern. Atemlos hasten die Gefangenen, die den Schlägen der Keulen entkommen, den finsteren Gang entlang, in wilden Sprüngen und mit unartikulierten Schreien, als säße ihnen der Beelzebub im Genick.

Am Ende des dunklen Gewölbes weitet sich ein Hof, ein leerer, trostloser Hof. Geradeaus eine hohe, graue Mauer, übersät mit den Spuren der Einschläge vieler Geschoße aus Karabinern und Pistolen. Und an der linken und rechten Seite des Hofes eine gähnende Reihe von Zellentüren, roh und monoton in die schmutzig-grauen Wände eingelassen. Tür neben Tür — und dann und wann ein schmales, vergittertes Fenster, das wie ein erloschenes Auge auf die Einsamkeit des Hofes starrt. Und darüber hebt sich das Viereck des Festungswalles auf, mit Wachtürmen besetzt, aus denen am Tage die Läufe der Maschinengewehre drohen und nachts die bleichen Finger der Scheinwerfer über den Hof tasten.

*

Man bedeutet den Gefangenen, sich in einer langen Reihe aufzustellen. Ein kleiner, gedrungener Mann erscheint, in einer Phantasieuniform, mit einem listigen, verschlagenen Gesicht; er wirkt wie eine Miniaturausgabe Mussolinis. Er gibt sich als der Kommandant des Lagers aus und hält als ehemaliger Häftling aus Theresienstadt eine Ansprache; er und seine Kameraden, die neben ihm stehen, hätten sich geschworen, für jeden im KZ umgekommenen Tschechen fünfhundert Deutsche zu erschlagen. Bei diesem ersten Transport wollen sie mit ihrem Schwur beginnen. Und sie beginnen, die untersetzten Athleten mit den aufgekrempelten Hemdsärmeln und den weißen Metzgerschürzen. Ihr Handwerkszeug hierfür sind eisenbeschlagene Keulen. Und mit einer kühlen, gelassenen Geschäftigkeit, als vernichteten sie lästiges Ungeziefer, zerren die brutalen Henkersknechte ihre Opfer aus den Reihen der Häftlinge heraus und schlagen sie mit ihren Keulen tot, wahllos und erbarmungslos, bis nichts mehr bleibt von den Erschlagenen als ein Haufen blutgetränkten Fleisches, vermengt mit den Fetzen von Stoffen und Wäsche. Derweilen stehen oben auf dem Festungswalle die tschechischen Sieger, Männer und Frauen; sie betrachten das kurzweilige Schauspiel da unten in dem düsteren Hof und sie ermuntern die amüsanten Mörder von oben her durch Beifall und Zuruf.

Dann stehen die Gefangenen, die übriggeblieben sind, bebend mit erhobenen Armen vor den tristen Wänden ihres Grabes.

Hinter ihnen gehen ihre Mörder auf und ab; ihre Arme und Schürzen haben sich rot gefärbt von dem Blut ihrer Opfer. Noch sind deren nicht genug. Denn wem unter den Gefangenen die Arme müde werden und zu sinken beginnen, der wird aus der Reihe seiner Kameraden herausgerissen und wird erschlagen, wie eine Ratte, mit wohlgezielten Schlägen, die die Nierenkapseln zertrümmern, das Rückgrat brechen, den Schädel spalten.

Einige aber springen aus der Reihe ihrer Kameraden aus; mit hingelallten Worten drehen sie sich im Kreise wie ein Schaf, das einen Wurm in seinem Hirn hat. Greise sind darunter und Blinde, die nicht begreifen, wo sie sind und was sich zugetragen hat, die nur das Stöhnen der Verendenden hörten und das Krachen der Keulenschläge, das klirrende Splittern der Knochen und das dumpfe Röcheln der in ihrem Blute Erstickenden. Sie wissen nicht, daß jeder Schritt aus der befohlenen Reihe einen Schritt in das sichere Grab bedeutet. Das grausige Inferno, das sie miterlebten, hat ihnen den Verstand geraubt. Sie laufen ziellos in der Runde, wie ein abgetriebenes Karussellpferd, bis ihre Henker auf sie zuspringen und sie zu Boden schlagen. Nicht eher lassen sie von ihnen ab, bis nicht mehr erkennbar ist, daß der winzige Hügel Fleisch, der im grauen Staube des düsteren Hofes liegt, vor wenigen Minuten noch ein Mensch war, der atmete und redete und dessen Augen den Himmel schauten, ein Mensch, von dem die Bibel sagt, daß er das Ebenbild Gottes sei.

Abends treibt man die Häftlinge in eine Massenzelle. Vierhundert Menschen können in ihr liegen, auf rohen Holzbrettern, in vier Stockwerken übereinander. Eng aneinander gedrückt müssen sie liegen, so eng, daß sie sich des Nachts nicht wenden können. Und das ist gut so. Denn die Nächte sind kalt. Die Zellen bekommen Luft und Licht durch ein Glasdach, das an den Seiten offen ist. Der Wind stößt hinein und schlägt den Regen in Böen in den Raum hinunter. Und die Häftlinge haben nichts als das dünne, blau-weiß gestreifte Sträflingsgewand.

Die Nächte sind unruhig. Von jenseits des Hofes hört man aus den Einzelzellen Stunde um Stunde die Schreie derer, die dort gemartert werden. Draußen zerfetzen in ungewissen Intervallen Schüsse die Stille der Nacht. Und in den Zellen sind ohne Unterlaß die Rufe der Typhuskranken, die im Fieberdelirium nach Wasser verlangen. Ihrer werden immer mehr. Aber niemand kümmert sich um sie. Immer länger wird die Schlange derer, die die ganze Nacht hindurch geduldig wartend vor der einzigen

Toilette des Raumes stehen; meistens ist sie verstopft. Das Wasser läuft über das Becken und bedeckt als trübes, übelriechendes Spülicht den Boden der Zelle.

Die Gefangenen werden gezeichnet, damit sie nicht entfliehen können. Mit der Haarschneidemaschine schert man ihnen einen Streifen quer über den Schädel. Und auf den Rücken ihrer Jacken und auf die Hosenbeine ihrer gestreiften Sträflingsmontur pinselt man ihnen in Schwarz oder Rot das Hakenkreuz.

Allmählich muß so etwas wie ein geordnetes Lagerleben in Gang kommen. Der Kommandant des Lagers erscheint in unserer Zelle; er sucht sich Handwerker heraus, Schuster, Schneider, Friseure und so fort. Auf seine Frage, wer kochen könne, melde ich mich. Mit fünf weiteren Häftlingen beordert er mich in die Lagerküche. Anfänglich ist nicht viel zu kochen; morgens um vier Uhr der sogenannte Kaffee, zu Mittag eine Suppe, in die in den ersten Wochen verdorbenes Pferdefleisch hineingeschnitten wird, das aber später fortfällt. Die Lagerleitung, heißt es, könne es nicht mehr bezahlen. Auch Salz gibt es nach einigen Wochen nicht mehr. Schließlich bleibt nichts als abgekochtes Wasser, in dem manchmal ein paar blaue Kohlblätter, manchmal einige Graupen schwimmen.

Täglich kommt neuer Nachschub; ein buntes Gemisch von Menschenwracks, Strandgut der Revolution, wie man es in Prag in Kellern und Kasernen, in Stadien und auf Flugplätzen zusammengekehrt hat; Menschen, die wochenlang bei Tag und Nacht unter freiem Himmel leben mußten; unschuldige Männer und Frauen, Kinder und Säuglinge, Kriegsversehrte, Blinde und Amputierte. Insgesamt sind es rund dreitausend Häftlinge, der Willkür und dem Terror einer hemmungslos gewordenen tschechischen Kommunistenclique ausgeliefert.

Mit den vielen Gefangenen wächst der Hunger. Immer erbitterter wird der Kampf um einen Löffel Wassersuppe. Von Hunger zerquält, versucht ein Häftling eines Tages, als der Kapo, der ein Deutscher ist, sich für die Dauer eines Augenblicks abgewendet hat, sich einen zusätzlichen Schöpflöffel dieser faden Brühe in seinen Blechnapf einzufüllen. Der Kapo sieht es. Er zwingt ihn daraufhin, das laue Spülwasser in solchen Mengen in sich hineinzugießen, daß er ganz aufgedunsen wird und ihm die Suppe zum Halse wieder herausläuft. Am gleichen Abend stirbt der Häftling. Die übermäßige Menge Flüssigkeit hat ihm seine Därme zerrissen. Ein anderer Inhaftierter stiehlt einem Kameraden eine Tagesration Brot. Der Fall wird der tschechischen Lagerleitung gemeldet. Gleichen Abends noch wird der Dieb vom Hofkommandanten zum Essen beordert. Es gibt: Bratkartoffeln mit Gurkensalat und Glassplittern, Spargel mit Kartoffeln und zerkleinerter Kohle, hinterher eine Nachspeise mit Schuhnägeln, alles in unvorstellbaren Mengen. Der Häftling muß alles vertilgen. Auch er ist selbigen Abends noch ein toter Mann.

Die Fälle von Hungerödemen steigen erschreckend an. Das Essen ist das einzige Gesprächsthema. Einer ist der Vorbeter; er weiß, wie man Sahnebraten zubereitet und Buttercremetorte bäckt. Endlos leiert er seine Kochrezepte herunter; die anderen hängen an seinem Munde, als spräche ein Prophet zu seinen Jüngern Worte ewiger Weisheit. Ihre Augen sind so groß wie die von Verzückten und ihre Beine so dünn wie die von Krähen. Eines Nachts sterben sie, lautlos und unbemerkt, als schlichen sie sich heimlich aus einem schlafenden Haus. Vor Schwäche bleibt ihnen das Herz stehen — und am Morgen, wenn man sie auf den Schinderkarren hinausträgt, der jeden Tag die Toten aus den Zellen sammelt, sind sie so leicht, daß ein Kind sie heben könnte.

Bald sind mehr Kranke als Gesunde im Lager. Die Einrichtung eines Reviers ist unumgänglich. Ein Seitengang der Einzelzellen wird hierfür geräumt. Die Zellen sind zwei Meter lang und einen Meter breit. Dahinein legt man jeweils drei Schwerkranke oder Sterbende. Sie müssen auf dem Betonfußboden liegen. Betten sind nicht vorhanden. Ein deutscher Arzt aus Prag wird der Leiter des Reviers. Er ist Morphinist. Aber niemand weiß das. Auch im Lager kann er von seiner Sucht nicht lassen. Es ist schwierig, sich hier Rauschgift zu beschaffen. Er findet eine Quelle, wo er es gegen reines Gold bekommt. Das Problem ist jetzt für ihn, Gold zu beschaffen. Eines Tages ist es kein Problem mehr, ist es im Gegenteil sehr einfach. Unter den inhaftierten Kameraden, die ihn um seinen Rat, seine ärztliche Hilfe bitten, sind genügend, die Gold im Munde haben. Er bestellt sie zu später Stunde zur Behandlung. Um diese Stunde ist niemand von seinem Hilfspersonal mehr wach; er legt den Patienten auf einen Tisch, gibt ihm eine Zyankalispritze — wenige Minuten später ist der Patient tot. Mit raschen Griffen bricht der Arzt dem Toten das Gold aus dem Munde. Am nächsten Morgen handelt er es gegen Rauschgift ein. Da fast alle Kranken des Reviers sterben, wird die Sache ruchbar. Der Arzt wird verhaftet. Man legt ihm weit über hundert Morde zur Last. Er erhängt sich in seiner Zelle.

Inzwischen ist es August geworden. Wie Mückenschwärme stieben die Gerüchte über Entlassung durch das Lager. Das ist nichts Neues. Vom ersten Tage unserer Inhaftierung in Theresienstadt an war das schon so. Immer wollten die Neunmalklugen wissen, daß ganz bestimmt in dieser Woche mit den Entlassungen begonnen würde. Aber nichts deutete darauf hin. Inzwischen kamen in diesem turbulenten Lager die ersten Kinder zur Welt. Denn eine ganze Anzahl schwangerer Frauen hatte die Sturmflut des revolutionären Umbruchs in das Lager hineingespült. Der Nachfolger des morphinistischen Lagerarztes ist ein sudetendeutscher Arzt aus Leitmeritz geworden, ein Mann mit einem Herzen voller Menschlichkeit und gütiger Hilfsbereitschaft. Dreimal gelingt es ihm, einen flehentlichen Hilferuf an das Internationale Rote Kreuz in Genf aus dem Lager hinauszuschmuggeln. Genf sendet Kommissionen, die das Theresienstädter Lager überprüfen sollen. Der tschechische Lagerkommandant übernimmt persönlich die Führung der Gäste aus der Schweiz. Er zeigt ihnen das, was die Augen neutraler Besucher sehen dürfen. Nichts erscheint also beanstandenswert. Nichts ändert sich auch. Nur einen Erfolg zeitigt der Besuch der Kommissionen: die schwangeren Frauen, die stillenden Mütter und die Säuglinge erhalten eine Zusatzverpflegung. Die tägliche Zubereitung dieser Zusatzkost weist man mir zu.

Jeden Mittag kommt eine Beauftragte vom Hof der Frauen, um das zusätzliche Essen zu holen. Über sie tut sich für mich die Möglichkeit auf, eine Nachricht aus der Festung hinauszubringen; ich schreibe einen Brief an tschechische Freunde und gebe ihn der freundlichen Vermittlerin mit. Selbigen Abends noch wird der Brief gefunden. Am nächsten Morgen vor fünf Uhr früh holen mich vier tschechische Wachtposten aus der Küche heraus. Einige Minuten später bin ich in eine Einzelzelle eingesperrt. Jetzt erfahre ich in bitteren Wochen am eigenen Leibe, daß dies des Lagers gräßlichste Einrichtung ist. Ihre Insassen sind entweder politisch verdächtig oder in den tschechischen Augen besonders belastete Häftlinge oder — wie ich — Inhaftierte, die gegen eines der vielen Verbote der Lagerordnung verstoßen haben.

Ich sehe mich in meinem neuen Gehäuse um. Das einzige Licht für diesen schmalen, feuchtkalten Raum fällt durch ein kleines Guckloch in der Zellentür. Es ist fast ein mittelalterliches Verließ.

Mein Zellennachbar auf der einen Seite ist der über siebzig Jahre alte Graf von Ledebur; er ist im Theresienstädter Lager umgekommen. Auf der anderen Seite hat man den Chauffeur des SS-Sturmbannführers Jäckel, des früheren deutschen KZ-Kommandanten von Theresienstadt, eingesperrt; sein Name ist Matz; er ist Sudetendeutscher. Noch vor dem Zusammenbruch Deutschlands fährt er seinen damaligen Chef in die Sicherheit der deutschen Heimat; er selbst kommt in sein sudetendeutsches Heimatdorf zurück. Dort wird er in den wilden Tagen des Aufruhrs und Umbruchs verhaftet. Man bringt ihn nach Theresienstadt. Er wird verhört, ob er an irgendwelchen Exekutionen gegen Tschechen teilgenommen hat. Matz streitet ab. Er war Chauffeur, aber kein Mitglied eines Exekutionskommandos. Es war die Wahrheit. Man glaubt sie ihm nicht und schlägt auf ihn ein, mit Ochsenziemer und Drahtpeitsche. Matz bleibt standhaft; er hält seine Aussage aufrecht. Seine Peiniger setzen ihre Methode fort. Nacht für Nacht. Denn allnächtlich um die zwölfte Stunde macht die diensthabende Gruppe der Wachtmannschaften — trunkene Burschen im Alter von 19—25 Jahren — ihre nächtliche Visite in den Einzelzellen. Es ist unausgesprochenes Gesetz, daß hierbei e i n Häftling mit der Drahtpeitsche erschlagen wird. Wahrscheinlich ist das für die tschechischen Wachtposten eine kurzweilige Allotria, für den Betroffenen aber eine qualvolle Prozedur. Manchmal dauert sie eine halbe Stunde, manchmal länger. Während dieser Zeit ist der ganze Einzelzellenbau von den Verzweiflungsschreien des Gemarterten erfüllt, vom heiseren Gebell der Hunde, die durch den Tumult und den Geruch warmen Blutes erregt werden, vom pfeifenden Krachen der Schläge, die blindlings auf den Körper des Häftlings niedergehen, und schließlich von dem immer matter werdenden, langsam verebbenden Röcheln des Sterbenden.

Matz ist jede Nacht und jeden Tag unter den Opfern, die geschlagen werden. Aber ihn schlägt man nicht tot. Man will Geständnisse von ihm. Und eines Tages ist er mürbe geschlagen. Er gesteht, was seine Peiniger wollen. Über hundert Eingeständnisse von Morden an Tschechen schlagen sie aus ihm heraus. Nicht bei einem war er beteiligt. Jede Nacht höre ich ihn stöhnen. Der Betonfußboden ist so hart und der arme Matz weiß nicht mehr, wie er liegen soll. Aus seinem Rücken hängt das rohe Fleisch heraus und die Seiten seines Körpers sind wund von Peitschenhieben. Überall sind blutunterlaufene Stellen von Fausthieben und Fußtritten. Eines Morgens, nach einer schrecklichen Nacht, ist das eine seiner Augen ausgelaufen, das andere so verschwollen, daß er damit nicht sehen kann. Er tastet sich den Gang entlang. Beim Waschen flüstert er mir leise zu: „Glaubst du, daß wir aus dieser Hölle lebend herauskommen?“ Ich glaube es nicht. Von diesem Tage an tritt Matz in den Hungerstreik, um seine Qual abzukürzen. Das bißchen Wassersuppe, das man ihm mittags durch einen schmalen Spalt der Tür hereinschiebt, schüttet er in die Toilette. Die schmale Brotration versteckt er in der dunklen Ecke seiner Marterzelle. Seine Qual nimmt kein Ende. Durch eine der vielen offenen Wunden seines Körpers zieht er sich eine Blutvergiftung zu. Eine Sepsis bildet sich. Eines Morgens ist sein Oberschenkel so dick wie das Bein eines Elefanten. Sein übriger Körper ist jetzt so schmal wie der eines achtjährigen Kindes. Bei ihrer nächtlichen Visite entdecken seine Peiniger sein deformiertes Bein. Sie zwingen ihn, hundert Kniebeugen zu machen. Nicht eine bringt sein zerquälter, bresthafter Leib zustande. Die Wachtposten schütteln sich vor Lachen. Dann schlagen und treten sie ihn, daß er in seiner Zelle herumfliegt wie eine Kaffeebohne in der Mühle. Zwei Tage darauf ist Matz tot.

*

Man macht in Aussig Jagd auf Werwölfe, fünfzehn- bis siebzehnjährige ehemalige HJ-Angehörige. Ein Teil von denen, die man einfängt, wird nach Theresienstadt geschafft. Wenigen glückt es, auf dem Transport dorthin zu entkommen. Einer wird eingeholt und wieder eingefangen, ein blasser, schmaler Bursche von fünfzehn Jahren, mit einem weichen Muttersöhnchengesicht. Er scheint der Lagerverwaltung in Theresienstadt gefährlich. Deshalb steckt man ihn in eine Einzelzelle. Immerhin könnte er auch daraus wieder ausbrechen. Also legt man ihn vorsichtshalber in schweres Eisen. Aber immer noch nicht genug der Sicherheit. Man schmiedet an seine Fußeisen eine große eiserne Kugel. So gefesselt muß der blasse, unterernährte Junge jeden Tag eine halbe Stunde auf dem Hofe des Lagers „spazierengehen“, eine gespenstische Vision aus dem tiefsten Mittelalter. Und wenn er sich nachts auf dem Fußboden seiner Zelle wendet, klirrt das Eisen an seinen Füßen durch die Stille der Gänge, als schriebe man das Jahr 1400, und als wüßte die Zeit noch nichts von Humanismus und Aufklärung, von Menschlichkeit und Toleranz.

Im Spätsommer 1945 kommen die Russen nach Theresienstadt. Mit den Russen beginnt die Tragödie der deutschen Frauen in Theresienstadt. Abend für Abend kommen russische Kommandos aus der Stadt in das Lager, um Frauen zu holen — zum Waschen, wie sie sagten, in Wahrheit für die Nacht. Einige Frauen bleiben in den Kasernen und bei den Russen; sie bekommen Schnaps und Zigaretten — bis bei ihnen die ersten Anzeichen der Syphilis offenbar werden. Dann werfen die Russen sie hinaus. Die Frauen erscheinen im Revier des Lagers. Da kann man ihnen nicht mehr helfen. „Keine Medikamente", sagt mit verzweifeltem Achselzucken der menschenfreundliche Revierarzt.

Die meisten Frauen bangen allabendlich vor dem Augenblick, da draußen die wilden, angetrunkenen Stimmen der Naturburschen von jenseits des Urals laut werden. Sie wissen sattsam, wie wahllos in der Liebe die Herren der Steppe sind, denen das Alter ihrer „Paninka" gleichgültig ist und die es nicht weiter kümmert, ob ihre Freundin einer Nacht solchen Anstrengungen gewachsen ist. Die Mehrzahl der Frauen wäscht sich nicht mehr, kämmt sich nicht mehr, zieht sich das Haar in Strähnen ins Gesicht, und bindet sich ein altes, möglichst zerfetztes Tuch um den Kopf — wie die Weiber in Polen es tun. Es hilft ihnen nichts. Wenn die Russen abends auf den Frauenhof kommen, kriechen die Insassinnen der Zellen wie ein Knäuel verängstigter Tiere in einer Ecke der Zelle zusammen, hoch oben auf dem vierten Stock ihrer Holzpritschen. Aber behende wie Katzen springen die Russen hinterher, reißen mit gierigen Händen und wildem Lachen den ineinanderverkrampften Haufen Frauen auseinander und stoßen ihre Opfer für die Nacht auf den Boden der Zelle hinunter.

August 1945 stößt man auf die Massengräber aus der deutschen KZ-Zeit. Für die Exhumierungen werden die SS und Häftlinge der Einzelzellen kommandiert, soweit sie überhaupt arbeitsfähig sind. Früh um vier Uhr reißt man uns aus unseren dunklen Verließen und stößt uns auf den sogenannten Sklavenmarkt. So nannten wir den morgendlichen Appell auf dem Hofe des Lagers, bei dem die Arbeitskommandos für den Tag gebildet wurden. Wir Schwerverbrecher aus den Einzelzellen stellen das berüchtigte Leichenkommando. Die Leichen in den Gräbern sind mit Chlorkalk bedeckt, schwarz und im Zerfall begriffen. Ein erwürgendes Gas, ein Gemisch aus Chlorkalk und Verwesungsdünsten, steigt schwelend aus den Gruben auf, die man freigelegt hat. Unter Peitschenhieben und Fußtritten holen wir mit bloßen Händen die Leichen aus der Tiefe. Vorsichtig heben wir sie empor, damit sie nicht zerbrechen und das verweste Innere nicht ausläuft. Die Presse ist zahlreich vertreten. Filmkameras schnurren. Das Ganze ist eine groß aufgezogene Propagandaaktion. In der grellen Spätsommersonne werden die Leichen nebeneinander aufgereiht. Am Abend zwingt man uns Häftlinge, die Reihen der Leichen zu küssen. Viele sterben daraufhin an Leichengift.

Im Oktober 1945 wird vor den Mauern des Internierungslagers Theresienstadt der Friedhof eingeweiht, auf dem die ausgegrabenen Leichen einzeln beigesetzt werden. Viele Hunderte sind es, ein Wald von Kreuzen. Staatspräsident Benesch hält persönlich die Rede zur Einweihung. Er nennt den Friedhof den Kalvarienberg des tschechischen Volkes. Der letzte Deutsche, sagte er, müsse den Boden der tschechoslowakischen Republik verlassen, und wenn daraufhin auf den Äckern dieser Republik Unkraut wüchse. Die Deutschen haben die Republik verlassen, und auf den Äckern Böhmens wächst das Unkraut, wie tschechische Flüchtlinge berichten, die ihre Heimat verließen und sich vor der roten Flut nach Westen wandten. Im Anschluß an die Rede des Staatspräsidenten Benesch wird das Internierungslager Theresienstadt zur Besichtigung freigegeben. Eintritt 10 Kronen. Ungezählte tausende Neugieriger zahlen 10 Kronen, um sich die Sensation zu verschaffen, die blassen Gesichter fast verhungerter deutscher Häftlinge hinter Gittern zu sehen.

Es ist wie in einem Zoologischen Garten.

Eines Morgens liegt beim Frühappell dichter Nebel über dem Lagerhof; ich nutze diesen Wink des Schicksals, mich heimlich von dem Leichenkommando wegzuschleichen. Es ist ein Wagnis auf Leben und Tod; aber es muß unternommen werden. Denn jeder weitere Tag beim Leichenkommando kann ebenso das sichere Ende des Daseins bedeuten. Das Wagnis glückt. Ein junger Russe nimmt mich mit einem Leidenskameraden als Elektriker — Spezialisten, wie er sagt — in sein Arbeitskommando auf. Unbemerkt kommen wir aus dem Lager heraus und bleiben bei den Russen in deren Kasernen draußen in der Stadt.

Das Lager hat mich nicht wiedergesehen bis zu meiner Entlassung im Herbst 1946.

Bluttag in Landskron (Ostsudeten)

Ein Landsmann, der das Inferno von Landskron mitgemacht hat, berichtet: „Auf den Höhen von Landskron fanden die letzten Kampfhandlungen statt. Ein Teil der Molkerei wurde in Brand geschossen. Die deutschen Truppen zogen sich fluchtartig zurück. Nun wurde die Bevölkerung mißhandelt, Türen und Fenster erbrochen, Vieh weggeschleppt, viele Deutsche eingekerkert oder verschleppt, Frauen und Mädchen vergewaltigt.

Die männliche Bevölkerung wurde zu Aufräumungsarbeiten kommandiert. Ich gehörte einem Arbeitskommando an, welches in der Ziegelei Wehrmachtsausrüstung ordnete und verlud. Am 17. Mai 1945 ging ich mit meinen Zwangsarbeitskameraden gegen 11.30 Uhr nach Hause und hörte an einer Wegkreuzung, wie ein bewaffneter tschechischer Partisane sagte, daß heute das große Gericht beginnen werde. Knapp vor meiner Wohnung wurden wir von wild herumschießenden Partisanen abgefangen und, nachdem etwa 50 Deutsche zusammengetrieben waren, im Laufschritt auf den Marktplatz gepeitscht, wobei die tschechische Begleitmannschaft unablässig auf das Straßenpflaster schoß. Dadurch erlitten mehrere deutsche Männer Gellerverletzungen. Ich selbst wurde durch eine abprellende Pistolenkugel an der rechten äußeren Fußkante erheblich verletzt.

Auf dem Marktplatz waren inzwischen etliche Hundert deutscher Männer zusammengetrieben worden, die in Reihen formiert wurden. Bis 7 Uhr abends des 17. Mai und den ganzen 18. Mai 1945 haben Tschechen ein Blutgericht gehalten, das in allen seinen Spielarten offenbar bis ins Kleinste vorbereitet gewesen ist.

Die Männer mußten über 6 Stunden ununterbrochen die Arme hochhalten. Jede Reihe war von Partisanen flankiert. Wer die Hände auch nur sekundenweise sinken ließ, wurde mit dem Gummiknüppel über den Kopf oder die Arme geschlagen. Ununterbrochen schossen die Partisanen knapp über unsere Köpfe hinweg. An den Fenstern der Häuser des Marktplatzes durfte sich niemand zeigen. Geschah dies trotzdem, schossen die Partisanen in die Fenster. Plötzlich ertönte das Kommando: „Alles zusammen und nieder!“ Die Hunderte von Menschen drängten sich wie ein Bienenklumpen zusammen und versuchten vergeblich, sich auf die Erde zu legen. Es entstand ein wildes Durcheinander, über welches hinweggeschossen wurde. Ob und wer dabei verletzt wurde, konnte ich nicht feststellen. Eiligst mußte dann die Reihenordnung wieder hergestellt sein. Dies wiederholte sich einige Male.

Zivilisten gingen die Reihen ab und suchten sich entweder besondere Opfer heraus, die „bevorzugt“ vor den unter freiem Himmel auf dem Marktplatz aufgestellten „Richtertisch“ geschleift wurden, um anschließend gehängt oder erschossen zu werden. Oder sie zogen bekannte Sozialdemokraten und Kommunisten heraus. Diese mußten sich abseits vor dem Rathaus hinsetzen und das Gemetzel den ganzen Tag mit ansehen. Jeder angehaltene Deutsche mußte vor den Richtertisch treten, die letzten zwanzig Schritte auf den Knien rutschend. Jeweils der erste rechte Mann der Reihe trug mit erhobenen Händen ein Hitlerbild, das die Partisanen mit Speichel oder abgezogenem Schleim bespuckten. Der Nebenmann mußte diesen Auswurf jedesmal ablecken und hinunterschlucken.

Dieses Blutgericht verurteilte die herangeschleppten Deutschen entweder zu Prügelstrafen zwischen 10 bis 100 Schlägen oder zum Tod durch Erschießen oder Erhängen. Die zum Prügeln Verurteilten wurden in die Toreinfahrt des Gemeindehauses geschleppt, auf ein Brett geworfen und ohne zu zählen mit Gummiknüppeln, Ochsenziemern, Gewehrkolben, Stöcken und mit Schuhen über den ganzen Körper geschlagen. Ein Gaskandelaber beim Gasthaus Sch. war als Galgen eingerichtet. Ich sah, wie der Installateur J. gehenkt wurde. Er eilte selbst auf den Galgen zu, legte sich die Schlinge um den Hals und ein Partisane stieß den Hocker weg. Der Gehenkte blieb den ganzen Tag am Galgen hängen.

Links vom Aufgang zum Rathaus befindet sich ein Luftschutz-Wasserbassin. In dieses wurden mehrere Deutsche hineingeworfen, worauf die Partisanen hineinschossen. Die am Leben Gebliebenen wurden herausgezogen, über das Geländer geworfen, mit Feuerspritzschläuchen angestrahlt, so daß sie umfielen, sodann wurden die meisten von ihnen an die Mauer gestellt und aus Maschinenpistolen mit ganzen Ladungen erschossen. Bald lagen dort mehr als 10 Ermordete auf einem Haufen. Diese wurden gegen Abend auf einen Plateauwagen des Roßschlächters geworfen, auf den Friedhof abgeführt und, wie ich später erfuhr, in einem Massengrab eingescharrt. Nach jedem Mord trat ein Partisan an den Toten heran und gab ihm aus der Pistole einen Fangschuß mit der zynischen tschechischen Bemerkung: ‚Ted ma dost! Jetzt hat er genug!‘

Zwei starke deutsche Männer mußten den Oberkörper entblößen und einen Boxkampf ausführen. In der irrigen Hoffnung, sich das Leben zu erkämpfen, schlugen die beiden mit bloßen Fäusten aufeinander los, bis sich der eine von ihnen im Staube wälzte. — Mir wurden 30 Schläge zudiktiert. Bei dieser Mißhandlung wurde ich zweimal ohnmächtig. Nach der Exekution wurde ich zum Eckhaus H. geschleppt und dort sitzend an die Mauer gelehnt. Gegen 19 Uhr wurden wir, etwa 40 Mann, in das Gerichtsgefängnis abgeführt. Die Schießereien hörten wir noch bis spät in die Nacht. So endete der erste grause Bluttag."

Den Postelberger Massengräbern entstiegen

Am 15. Juni 1945, zwischen 18 und 19 Uhr, wurden die restlichen Männer unseres Ortes verhaftet.

Wir wurden von zwei Soldaten nach Postelberg geführt, und zwar in die Durchfahrt von Herrn Krotsch, wo bereits 30—40 Männer versammelt waren; auch eine Frau war dabei. Nach kurzer Zeit erschien ein Offizier in Begleitung von Soldaten und forderte alle auf, sämtliche Sachen abzugeben. Ich sah ganz genau, wie sich der hohe Herr von den Sachen Uhren, Eheringe, Geld usw. in die Tasche steckte. Ich selbst hatte gar nichts bei mir.

Der Zeit unseres Wartens nach zu schließen (Sitzen mit verschränkten Beinen) mochte es 24 Uhr gewesen sein, da erschienen zwei Soldaten und fragten, wer bei der SA. gewesen war. Ich kann nicht mehr mit Bestimmtheit sagen, ob sich jemand gemeldet hat; jedoch mußten daraufhin zwei Männer von uns mitgehen, und zwar Alois Mach von Priesen und Herr Simatschek von Ferbenz. Kurze Zeit darauf kam Herr Simatschek wieder; dafür mußte Herr Tischer mitgehen. Ich hörte Schreie. Die Ursache war mir nicht bewußt; erst bis die Männer, vollkommen erschöpft, mit blutüberströmten Gesichtern und Händen, begleitet von einem Posten mit Maschinenpistole, zurückkamen. Sie mußten sich uns gegenübersetzen. Derselbe Posten nahm wieder zwei Mann mit. Dies geschah so lange, bis die Reihe an mich und meinen Schwager kam. Wir wurden in das gegenüberliegende Gebäude von Herrn Schneider geführt, und zwar in den 1. Stock. Den Anblick des Zimmers, in das wir geführt wurden, kann ich schlecht wiedergeben. (Dem Blute nach zu schließen, ist der Vergleich einer Folterkammer des Mittelalters ein gelinder Ausdruck.) Die Tür wurde hinter uns geschlossen, und es erscholl Hohngelächter von etwa 15 bis 20 Mann, darunter zwei Offizieren. Der Aufforderung, unseren Oberkörper zu entblößen, mußten wir nachkommen. Während sich der besoffene Haufen gleich auf meinen Schwager stürzte, wurde ich von einem Offizier pro forma vernommen. Die Dauer der Mißhandlung meines Schwagers kann ich nicht bestimmen, da gerade solche Stunden zur Ewigkeit werden. Die Tür wurde aufgeschlossen, und mein Schwager flog durch einen Fußtritt zur Tür hinaus.

Was mir nun blühte, ahnte ich, jedoch nicht in dem Ausmaß, wie es mir geschah. Durch einen Stoß, den mir der Offizier gab, taumelte ich in den Haufen trunkener Menschengestalten. „Da habt ihr einen deutschen Offizier!" Das war der Befehl zu dem, was ich nicht mehr imstande bin, genau zu berichten. Schläge mit der Hand, Faust, mit Stecken, Hundepeitschen, Umschnallkoppeln mit und ohne Schnalle oder Schloß brachten die Haut auf dem Rücken und der Brust zum Platzen. Dies war noch nicht genug. Sie mußten mit ihrem Opfer spielen wie die Katze mit ihrer Beute. Ich mußte mich mit dem Gesicht gegen die Wand stellen und mit der Nase ein Blatt Papier an der Wand festhalten. Dabei sollte ich sagen: „Hitler je vul." Worauf ich schwieg, nicht etwa, um dem toten Mann ein Ehrenmal zu setzen, sondern um ihnen meinen Unwillen gegen ihre Willkür zu zeigen. Mein Schweigen entfachte die Wut noch mehr. Obzwar ich ihnen schon vollkommen wehrlos gegenüberstand und mich ruhig verhielt, mußte ich Schuhe und Socken ausziehen. Darauf bekam ich Handschellen, die Füße wurden mit einem Riemen zusammengeschnallt, und einen meiner Socken stopfte man mir in den Mund. Daß ich jetzt unter dem erneuten Segen zusammenbrach und mir die Sinne schwanden, war nicht verwunderlich. Der Kopf wurde, so gut es ging, verschont, außer einem Schlag ins Gesicht, daß mir gleich die Lippen platzten. Was noch geschah, weiß ich nicht mehr. Ein Glas Wasser hielt man mir zum Munde. Das war wieder mein erster Eindruck. Ich wollte trinken, es wurde mir jedoch ins Gesicht geschüttet. Ich mußte mich wieder anziehen. Das erste, was ich sah, als ich wieder auf den Flur hinaustrat, war der Lauf einer 08-Pistole. Mein Schwager mußte auf mich warten. Wir wurden auf unseren alten Platz zurückgeführt. Hier wurde ich von meinem Schwager getrennt und kam zu denen, die dem großen Haufen gegenübersaßen. Jetzt erst wurde alles in mir wach. Ich fühlte, wie mir das Blut über Rücken und Brust rann. Die Fußsohlen begannen zu schmerzen, denn auch sie blieben von den Schlägen nicht verschont. Zu alledem ein quälender Durst. Ich saß neben Herrn Fischer, einem Mann im Spätherbst seines Lebens. Er war nicht imstande, seinen Körper in sitzender Stellung zu halten, er stöhnte und röchelte wie ein zu Tode gehetztes Wild. Von den Händen des Herrn Mach hörte man in gleichen Abständen das Blut auf den Boden tropfen, so beklemmend war die Stille, die ab und zu durch das Schreien aus dem Nebengebäude unterbrochen wurde. Plötzlich befiel mich eine Müdigkeit, die mich für einige Stunden der Schmerzen enthob.

Lauter Lärm rief mich wieder zum Bewußtsein zurück. Das kleine Häuflein „Separatisten" oder „die Auslese", wie man uns nannte, mußte heraustreten. Ich übersah das kleine Häufchen, es waren vier Rotten zu je drei Mann. Einander untergehakt und mit der Warnung „Wer davonläuft, wird erschossen" mit zwölf Mann Bewachung, jeder mit einer russischen MPi, ging der Marsch dem Windberg zu. Daß dies der letzte Gang sein sollte, das ahnte ich nicht. Es wurde mir aber klar, als wir hinter der Gastwirtschaft Renner auf der Komotauer Straße rechts einbogen in den Weg, der zu einer Sandgrube führt. Mein Kamerad, in den ich eingehakt war, flüsterte mir zu: „Wir werden erschossen!" Wer es war, weiß ich nicht. Einen halben Meter hinter meinem Rücken hörte ich das Spannen der MPi. In Erwartung dessen, was jetzt geschah, stand ich mit gesenktem Haupt. War mir das Glück bis zu dieser Stunde hold gewesen, ja während des ganzen Krieges, so sollte mich eben jetzt der Schatten der Vergänglichkeit streifen. An was ich dachte? An nichts.

Ein Klingen im Kopf — ich stürzte zusammen. Während ich den 3—4 Meter hohen Hang hinunterrollte, kam ich wieder zur Besinnung. Schon während des Rollens war ich darauf bedacht, eine möglichst gute Stellung einzunehmen, um mich tot zu stellen. Ich lag auf dem Bauch, den Kopf auf den Unterarm gelegt. Jetzt hörte ich auch das Schießen; es rollte einer nach dem andern den Abhang hinunter. Ich war mit Toten bedeckt. Ich fühlte, wie mir das Blut ins Gesicht rann, fühlte die letzten Bewegungen, hörte das letzte Röcheln der Toten. Das Schießen war zu Ende. Ich hörte die Vollstrecker sprechen. Da — wieder zwei Schüsse — und wieder rollten zwei Mann den Abhang herunter. Ein Glück, daß ich unten war, denn ein erneuter Wutanfall äußerte sich durch Hineinschießen in den Haufen toter Männer. Dann zogen sie ab.

Die Stimmen verhallten. Selbst mit dem auf den Boden gelegten Ohr hörte ich keine Schritte mehr. Es war im wahrsten Sinne des Wortes totenstill. Ich befreite meinen Körper von der drückenden Last meiner toten Kameraden und sah mich vorsichtig um. Da bemerkte ich, wie sich unter den kreuz und quer liegenden Körpern etwas bewegte. Ich rief ihn an. Er hob den Kopf und fragte: „Lebst du auch noch?“ Darauf flohen wir gemeinsam immer querfeldein der Komotauer Straße zu bis zur Ziege. Hier verbrachten wir den Tag in einem Kornfeld. Ich fragte nach seinem Namen. Er verschwieg mir denselben mit der Begründung, daß, wenn einer gefangen wird, er den andern nicht verraten könne. Auch den Ort nannte er nicht. Seine Verwundung war dieselbe: Streifschuß über dem linken Ohr. Wir berieten, was zu machen sei. Er sagte: „Ich bin hier in der Nähe zu Hause. Nachts gehe ich nach Hause und hole mir Geld, Essen und ein Paar Schuhe.“ Er war barfuß. Als es finster war, zogen wir los. Vor einer Ortschaft hielten wir. Er versicherte mir, in einer Stunde wieder zurück zu sein. Was es für eine Ortschaft war, weiß ich nicht. Wittosess, Tattina oder Nehasitz. Ich wartete bis zum Morgengrauen, aber mein Leidensgenosse kam nicht mehr.

Te Deum laudamus

Ich war am 1. Oktober 1941 auf Anordnung meines H. H. Bischofs nach Glaserhau gekommen und fand dort ein armes, aber arbeitsames, strebsames Volk vor, das man bald gern haben mußte und mit dem man zufrieden sein konnte. — Für die große Politik hatten sie nicht viel übrig. So lebten wir zufrieden und hatten nur einen Wunsch, daß der Krieg bald zu Ende gehen möge.

Ende August 1944 wurde gerüchtweise bekannt, daß da und dort Partisanen aufträten und daß an verschiedenen Orten geplündert und gemordet würde. Wir wollten es nicht glauben, bis wir selbst davon aufs bitterste überzeugt wurden und es am eigenen Leibe zu spüren bekamen. In der Nacht vom 28. auf den 29. August rückten zum ersten Male Partisanen bei uns ein, sprengten den großen Tunnel auf der Straße Oberstuben—Krickerhau und zogen wieder ab.

Erst am 1. September, nachdem bereits alle umliegenden slowakischen und deutschen Gemeinden besetzt waren, kamen sie wieder zu uns, und nun begann die eigentliche Schreckensherrschaft. Innerhalb einer Stunde mußten Radiogeräte, Photoapparate, Waffen, Munition u. dgl. abgeliefert werden. Jeden

Tag etwas anderes. Einmal verlangte man Brot, einmal Milch, einmal Schlachtvieh, dann wieder Kleider usw. Unser Kirchweihfest Mariä Geburt — am 8. September — feierten wir in Angst und Sorge. — Die Männer mußten schwere Zwangsarbeit leisten. Doch blieb es ziemlich ruhig bis zum 20. September. Gegen Abend dieses Tages rückten ganze Scharen von Partisanen in den Ort ein. Sie waren schwer bewaffnet und führten auch schwere Geschütze mit sich. Auch sahen wir die ersten Flintenweiber. Sie zogen durch die ganze Gemeinde in den Oberort, wo sie in dem Gebäude der katholischen Bürgerschule ihr Lager aufschlugen. Ständig gingen auf den Straßen und Wegen Streifen. Wir durften ohne Ausweis nicht vor die Haustür.

Hatten wir schon die ganze Woche in Angst gelebt, so steigerte sich diese an diesem Tage, ließen uns doch die kommenden Stunden nichts Gutes ahnen. Leise fiel die Nacht in das Dorf, die Leute begaben sich zur Ruhe, doch hat wohl in dieser Nacht außer den kleinen Kindern niemand geschlafen. Und dann kam das Schreckliche. Noch nachts wurden die meisten Männer aus den Betten geholt und teils zum Bahnhof, teils in die Bürgerschule geschleppt. Ins Pfarrhaus selbst kam niemand, obwohl ich schon von einem Slowaken gewarnt worden war. Am Morgen des 21. September ging ich ruhig zur Kirche, um meinen täglichen Gottesdienst zu halten. Eine besondere Unruhe lag über der Gemeinde. Verschiedentlich wurde geschossen und man hörte Frauen- und Kinderschreie. Nach dem Gottesdienst wollte ich in mein Pfarrhaus zurückkehren, da wurde vermeldet, daß alle Männer von 15 bis 60 Jahren sich zur Arbeitsleistung stellen müßten. Daraufhin ging auch ich, mit mir auch mein Vater und mein Knecht. Ich wurde auf das Hauptquartier geführt und der Partisanenbürgermeister, ein Kutscher, bat noch für mich, daß ich doch daheim bleiben könnte. Das wurde aber glatt abgeschlagen. Von der Bürgerschule wurden die Männer in zwei Kolonnen zum Bahnhof geführt und dort in bereitstehende Güterwagen verladen. Ich selbst kam in den ersten Wagen. Meinen Vater sah ich hier nicht mehr. Gegen Mittag setzte sich der lange Güterzug in Bewegung in Richtung Oberstuben. Wir waren im ersten Wagen ca. 45 Mann. Beim Wächterhäuschen im „Ebenen Walde" hielt der Zug und es wurden etwa 12 bis 15 junge, starke Männer ausgeladen, mit Hacken und Schaufeln versehen, sie marschierten in den nahen Wald und mußten dort graben.

Wir nahmen an, daß es Stellungsgräben sein sollten. Der Zug

fuhr einige hundert Meter weiter, so daß wir nicht mehr das Gelände einsehen konnten. Nach etwa einer halben Stunde wurden die ersten zwei Wagen aufgerissen und wir mußten aussteigen. Zu zweit marschierten wir dorthin, wo die ersten bereits gegraben hatten. Hier sah ich meinen Vater wieder. An der Stelle angekommen, wo die 12 bis 15 Mann gegraben hatten, war nun für uns kein Zweifel mehr, daß es unser letzter Weg war. Wir mußten in die fertige Grube — rund 100 Mann —. In einer Entfernung von ca. 6—8 Metern waren fünf Maschinengewehre aufgestellt, die alsbald das Feuer auf uns eröffneten. Was sich in den wenigen Minuten des Mordens abspielte, ist nicht zu schildern, und ich bringe es auch nicht fertig. Ich selbst hatte mich fallen lassen und war so von den MGs nicht getroffen. Als die MGs mit ihrer Arbeit fertig waren, wurden noch Lebende mit Handgranaten und Pistolenschüssen erledigt. So erhielt ich einen Splitter in die rechte Lunge und einen Schuß in den linken Unterarm. Ich wurde nicht bewußtlos, sondern konnte alles hören, was gesprochen wurde, obwohl ich unter Leichen lag. Dann plünderte man die Leichen und suchte mich, da man bei mir eine wertvolle Uhr und andere Wertsachen vermutete. Man fand mich auch und beraubte mich all meiner Sachen. Ich spürte alles und hörte alles, konnte mich jedoch tot stellen. Man begann die Leichen mit Erde zu bedecken. Ich war schon ziemlich verschüttet, als ich noch einen Befehl hörte, den ich aber nicht mehr verstand.

Gleich darauf vernahm ich, daß sich die Partisanen entfernten. Diese Gelegenheit benützte ich und floh. Ich sah noch nach meinem Vater. Er lag zwei Schritte von mir, durch einen Kopfschuß getötet. Ich hetzte wie ein wildes Tier über die Ebene. Durch eine Frau verständigte ich meine Mutter und Geschwister und bewog sie zur Flucht. Wir trafen uns auf den Pfarrfeldern und flohen in die Wälder, in der Hoffnung, aus dem Partisanenkessel herauszukommen. Wir kamen nur langsam vorwärts, da ich aus der Lunge stark zu bluten begann. Lange waren wir schon gewandert, als wir im Dunkeln wieder einer Gruppe in die Hände fielen, die uns festnahm. Die Frauen wurden in einem Waldhegerhäuschen eingesperrt — man ließ sie den anderen Tag frei — mich aber und einen 16jährigen Burschen schleppten sie mit fort. In der Nacht wurden wir etwa 60 km über Stock und Stein nach Kremnitz getrieben. In Kremnitz selbst gab es erst einmal tüchtig Prügel, von dort wurden wir nach Neusohl eskortiert und von der GPU übernommen. Nach einem zweistündigen Verhör — Pistole im Nacken und Gummiknüppel im Gesicht — wurden wir ins Gefängnis der Stadt Neusohl abgeführt. Dort bekamen wir auf meine Bitten seit Mittwoch abends — jetzt war es Freitag abends — das erste Mal zu essen, aus dem Priesterseminar, in dem ich die letzten zwei Jahre meiner Studienzeit verbracht hatte. Samstag, den 23. September, wurden wir auf ein Auto verladen und weiter ging es ostwärts in das KZ Slov. Lupca. Dort folgten bittere Wochen: Hunger und ständige Bedrohung des Lebens. Ich war der besondere „Liebling", denn die ersten zwei bis drei Wochen wurde ich jeden Tag nachmittags geholt, mit MP bedroht und erhielt meine Portion Prügel.

So lebten wir dort, etwa 600 Menschen, einen Monat, Frauen mit Säuglingen, Männer, Greise, alles durcheinander. Am 25. Oktober verließen uns die Wachmannschaften. Daraufhin brachen wir aus, bekamen des Nachts, als wir vom Schloßberg stiegen, schweres MG-Feuer, wurden wieder geschnappt, an die Wand gestellt und sollten — 6 Mann, 1 Frau — sofort erschossen werden. Da kam uns wie durch ein Wunder ein slowakischer Leutnant zu Hilfe, der uns abführte und am anderen Tage laufen ließ. Noch zwei Tage waren wir bei guten slowakischen Leuten versteckt, bis die deutschen Truppen einzogen und wir wieder heimdurften. Am 29. Oktober, etwa um 10 Uhr, stieg ich vor meiner Kirche aus dem Auto, das mich heimgebracht, von niemandem erkannt, an Leib und Seele ein Wrack. Mein Pfarrhaus war geplündert, ich nannte keinen Löffel, keinen Fetzen mehr mein eigen, alles war gestohlen. Es war gerade Christkönigsfest. Ich mußte an Christus, den sterbenden König, denken, an seine Armut und Schmach. Als mich die Mörder und Räuber unten den Toten fanden und mich aller Sachen beraubten, stieß ein Partisane gotteslästerliche Worte und Flüche gegen mich aus und sagte: „Dir hilft auch dein schwäbischer Christus nicht mehr" („A teraz uz ani ten svabsky Kristus nepomoze")! Dieser Christus hat geholfen. Wir zogen alle in die Kirche und lobten Gott und sangen aus dankbarstem Herzen unser „Te Deum".

Dem Blutbad entkommen

August L. gibt folgende Schilderung:

„Am Morgen des 21. September 1944, um 4 Uhr, holte mich Hacaj in Begleitung von zwei slowakischen Partisanen, die bewaffnet waren, aus dem Bett. Hacaj war ortsansässiger Slowake, der eine Glaserhauerin zur Frau hatte. Von den Partisanen wurde ich aufgefordert, warme Wäsche und Kleidung anzuziehen, Essen mitzunehmen und mit ihnen zu gehen. Auf meine Frage, wohin, bekam ich zur Antwort, daß wir auf Arbeit verschickt würden. Ohne mich zu weigern, ging ich mit. Als ich auf meinen Hof kam, sah ich, daß mein Haus von Partisanen umstellt war. Unter diesen Partisanen befand sich auch der Sohn des bereits genannten Hacaj, der damals ungefähr 19 Jahre alt war. Als meine Nachbarn Johann L..... und Anton L...... aus ihren Wohnungen geholt waren, trieben sie uns zur Schule, wo wir angeblich vernommen werden sollten. In der Schule waren schon viele männliche Einwohner unserer Gemeinde vom 14. bis 60. Lebensjahr festgenommen. Um 9 Uhr mußten wir vor der Schule antreten und es wurde uns gesagt, wir würden zur Arbeit verschickt. Einige Kranke meldeten sich, sie wären arbeitsunfähig, worauf sie zur Antwort bekamen, daß vorerst alle in Oberstuben verhört und ärztlich untersucht würden, wobei die Arbeitsunfähigen zurückgestellt würden; desgleichen auch jene, die sich Slowaken und Juden gegenüber nichts hätten zuschulden kommen lassen. Nun ging es zum Bahnhof, da wurden wir in Gruppen zu ungefähr 40 Mann in die schon bereitstehenden Güterwagen einwaggoniert. Die Waggons wurden von außen zugeriegelt. Ungefähr zwei Kilometer vom Bahnhof entfernt, beim Wächterhaus, hielt der Zug an. Die Partisanen sprangen aus dem Zug, umstellten diesen und fragten, wer sich freiwillig zu Erdarbeiten melde. Dann wurden 40 Mann herausgeholt, die den Auftrag erhielten, im Ausmaß von dreieinhalb Meter Länge, Tiefe und Breite die Erde auszuheben. Als wir dies hörten, wußten wir, daß es sich nicht um Schützen- und Laufgräben handle. Die Grube hatte noch nicht das befohlene Ausmaß, als plötzlich den Männern befohlen wurde, die Geräte abzulegen und in der Grube zu verbleiben. Unterdessen wurden aus zwei Waggons noch ungefähr 80 Mann zur Grube getrieben und schon ratterten einige Maschinengewehre auf die Wehrlosen. Von diesen 120 Mann kamen nur drei mit dem Leben davon. Dies sind: der Pfarrer Josef Pöß, Stefan Antoni und Johann Bielesch. Die drei waren unter den Leichen im Massengrab. Die beiden ersten waren verwundet. Nun kam die Reihe an unseren Waggon. Sie ließen uns zu zweit aussteigen, nahmen uns Papiere und Wertsachen ab. Schon vorher hatten wir aus ihren Gesprächen vernommen, daß sie unsere Erschießung beim Zug vornehmen wollten. Dann ließen sie uns doch antreten und zum Grab marschieren. Da angekommen, wurde uns „Halt“ befohlen. Gleich darauf ergriff Josef Daubner, zur Zeit wohnhaft im Kreis Uelzen, die Flucht. Die Partisanen eröffneten auf ihn das Feuer. Bei seinem Rennen ums Leben machte er plötzlich nieder und da schrien die Partisanen: „Recht geschieht es diesem deutschen Schwein“, in der Meinung, er wäre getroffen. Er sprang aber gleich wieder auf und entkam in den nahegelegenen Wald. Da rief Elias Daubner: „Rette sich, wer kann!“ Nun begann eine Jagd auf Leben und Tod, bei welcher nur 25 Mann (von ungefähr 120) mit dem Leben davonkamen. Wir flüchteten auch in den nahegelegenen Wald und schlugen uns bis zum „Heuberg“ durch, wo wir uns bis zum 2. Oktober verborgen hielten, an welchem Tage deutsche Truppen unser Gebiet besetzten.“

Regensburg, den 24. August 1949.

Hochwürdiger Herr Father Reichenberger!

Unter höflicher Bezugnahme auf die mit Ihnen gehabte kurze Aussprache im bischöflichen Palais zu Regensburg gestatte ich mir, Ihnen nun die betreffenden Photokopien mit Übersetzungen zukommen zu lassen.

Die Belege stammen aus einer abgelegten Mappe mit Mahnkorrespondenz, wohin sie anscheinend durch Zufall geraten waren, denn derartige Sachen pflegte man bei der Direktion für staatliche Sicherheit auf übliche Art verschwinden zu lassen, resp. zu vernichten.

Was die Massengräber anbetrifft, so befinden, bzw. befanden sich diese in der Gegend um das Wittighaus im Isergebirge, wohin viele Sudetendeutsche nach dem Zusammenbruch vor dem tschechischen Raubgesindel (Nationale sowie Kommunisten in sogenannten Partisanenrudeln), aus dem Reichenberg-Gablonzer als auch Friedland-Neustädter Gebiete in den Isergebirgswäldern Schutz suchend, flüchteten. Diese kleinen Gruppen wurden allem Anscheine nach aufgestöbert und bis auf die letzte Seele bestialischst zu Tode geschlagen. Vorher hat man sie sicherlich zunächst gründlichst ausgeraubt und dann in mehreren Massengräbern verscharrt. Nach vorsichtiger Umfrage sollen sich hiebei besonders die Horden aus Jungbunzlau, Bakov und Turnau hervorgetan haben; übrigens geht auch schon daraus einwandfrei hervor, daß es vorwiegend nationalchauvi-

Pohřební ústav a krematorium statut. města Liberce, Ludmilina 5 - Filiálka: Frýdlantská 1

Telefon úředna 3407
filiálka 3364

Účet čís.: 398.

Tit.

Opis

Sberne stredisko,

L i b e r e c .

Zpopelnení 62 mrtvol z hromad. hrobu /Smedava/

Děkujeme za projevenou nám důvěru a za provedení pohřbu účtujeme:

Účet je splatný do 8 dnů u pokladny ústavu nebo u Poštovní spořitelny v Praze, č. 59.913, Liberecké spořitelny sporožiro 105130, Legiobanky, fil. Liberec, č. účtu 3439	10.6.47. Placení poplatků z účtů paušálem povoleno výměrem okres. finanč. ředitelství v Liberci ze dne 24. V 1946 č. j. 2705/46	I hřbitovní poplatky ÚNV		Splatno a žalovatelno v Liberci. Reklamace se přijímají do 8 dnů od data účtu. Při korespondenci uveďte vždy lask. č. účtu a dat
		kremační poplatky ÚNV	45.880,--	
		náhradu průběžných výdajů za Vás vyplacených	4.960,--	
		II položky pohřebního ustavu za výpravu a obstarání všeho		
		/Zpopelnení 62 mrtvol prevezených od Smedavy v mes. prosinci 1946/ Účet nebyl vydán dríve s ohledem na okolnost, že bylo pocítano, že pocatkem r. 1947 budou ku zpopelnení predany dalsí z jiného hromadného hrobu. Pohřební ústav a krematorium statut. města Liberce		
		Sa	50.840	

Vytiskla „SVOBODA", Liberec

POHŘEBNÍ ÚSTAV A KREMATORIUM
STATUT. MĚSTA LIBERCE
Ústřední kancelář Ludmilina ul. 5 - Telefon 3407
Pobočný závod Frýdlantská ul. 1 - Telefon 3384

V LIBERCI dne 24.10.1947

dne 30.10.47 lelef o zaplacení

P.T.
Sberné stredisko,
L i b e r e c .

Odd.: Účtárna.

Dovolujeme si Vás zdvořile upozorniti, že náš účet
č. ..... 398,357 nedoplatek
není dosud vyrovnán.
Stalo se tak jistě jen nedopatřením a prosíme proto,
abyste nám příslušnou částku
Kčs 50.909,—
přiloženou složenkou lask. poukázali.
Poroučíme se Vám

s veškerou úctou
Pohřební ústav a krematorium
statut. města Liberce

Ředitelství národní bezpečnosti Liberec
Sběrné st...
Došlo dne 31.10.47
č. j. 2195 Přílohy 1

Auszugsweise Übersetzung der linksseitigen Dokumente:

Bestattungsanstalt und Krematorium der Privilegierten Stadt Reichenberg

Tit. Sammelstelle — Internierungslager R e i c h e n b e r g.

Rechnung Nr. 398
Einäscherung von 62 Leichen aus dem
Massengrabe (Obere Wittig) Isergebirge.
Ausstellungsdatum: 10. Juni 1947.

Einäscherungsgebühren UNV (Zentral-National-Ausschuß)	. . .	45.880.— Kčs
Ersatz sonstiger Kosten	. . . .	4.960.— Kčs
	Sa.	50.840.— Kčs

(Einäscherung von 62 Leichen, überführt
von der Oberen Wittig im Dezbr. 1946.)

Die Rechnung ist nicht früher erstellt worden mit Rücksicht auf den Umstand, weil damit gerechnet wurde, daß Anfang 1947 noch weitere (Leichen) aus einem anderen Massengrabe zur Einäscherung übergeben werden.

Stampiglie
Svoboda, e. h.

Bestattungsanstalt und Krematorium der Privileg. Stadt Reichenberg

24. Oktober 1947.

30. 10. 47 telef. Spezifikation angefordert.

P. T.

Sammelstelle — Internierungslager
R e i c h e n b e r g.

Abteilung: Buchhaltung.
Übliches Mahnschreiben zur Begleichung
der unbezahlten Rechnung.

Auf Grund dessen wurde die Zweitausfertigung des bereits vorher vernichteten Beleges bei der staatl. nationalen Sicherheits-Direktion auf dem ehemaligen Ausstellungsgelände in Reichenberg ausgestellt, was übrigens aus der Bleistiftnotiz hervorgeht, derzufolge am 30. 10. 47 telephonisch um Spezifikation der Forderung nachgesucht wurde.

nistische Elemente waren, da in den erwähnten Städten der Kommunismus eine vollkommen untergeordnete Rolle gespielt hat. Es sind daher Gesinnungspartner der Herren Zenkl, Papanek, Ripka, Majer u. a. m., denen die nunmehrigen Machthaber die Beute nach den Sudetendeutschen streitig machten.

Für den Beweggrund zur Ausgrabung und Verbrennung der bedauernswerten Opfer sind zwei Möglichkeiten:

1. Man dachte an Katyn und befürchtete, daß doch einmal auf Grund der Bruchstellen an den Schädel- oder anderen Knochen die Bestialität festgestellt werden könnte;

2. hatte man sich erinnert, daß wohl die Opfer des Schmuckes restlos beraubt worden sind und dann schnell eingescharrt, doch daß hiebei der Großteil Bessersituierter mit Goldzähnen, ja überhaupt mit dem Zahngold verscharrt in den Massengräbern lagen, darauf kamen später diese geschäftstüchtigen Banditen, allerdings als staatliche Funktionäre! Auch da hätte man eventuell später feststellen können, daß diese Massengräber nach dem Zahngold durchwühlt wurden, deshalb all die Knochen einäschern lassen.

Und 3. war das Reichenberger Krematorium damals schon passiv, da die zugezogenen Innertschechen sich diese Bestattung doch nicht leisten konnten, und sanierte sich auf diese Art, wobei ich noch bemerke, daß ausnahmslos alle in den Lagern Reichenberg, Habendorf und Gefängnis am Keilsberg sowie der Laufergasse verstorbenen!?! Sudetendeutschen im Krematorium verbrannt wurden. Bezahlt wurden diese immensen Summen im Wege des Zwangsarbeitseinsatzes von den Lagerinsassen der erwähnten Lager.

Ich hoffe, damit einige ergänzende Aufklärungen gegeben zu haben, und empfehle mich Ihnen mit dem Ausdrucke vorzüglicher Hochachtung

W. W.

„Mit Ihnen ist ein Irrtum geschehen!"

Am 5. Juli 1945 gegen 1 Uhr mittags fuhr bei meinem Haus ein Lastwagen vor. Es stiegen 12 Partisanen aus, welche zu mir ins Geschäft kamen. Hier fragten sie, ob da E. M. wohnt. Ich bejahte die Frage und sagte, das bin ich. Sie befahlen mir, mich anzuziehen und mitzugehen. Ich folgte und mußte mich sofort auf den Lastwagen begeben. Die Partisanen blieben jedoch im Hause und hielten Hausdurchsuchung. Alles, was in meinem

Zimmer und Geschäft war, bezeichneten sie als gestohlenes Gut. Meine Frau war im Schlafzimmer anwesend, wo sie mit eigenen Augen sah, wie ein Partisane ein Magazin mit 10 Schuß Revolvermunition aus seiner Tasche herausnahm und in den Wäscheschrank legte. Meine Frau fragte den Mann, was er da tue. Darauf bekam sie einen Fußtritt in die Hüfte und eine Ohrfeige, daß ihr ein Zahn aus dem Munde flog. Man holte mich wieder vom Wagen hinein, hielt mir die Munition vor Augen, brüllte mich an, daß ich erschossen werden müßte, nachdem in meinem Hause Munition gefunden wurde. Ich erwiderte in tschechischer Sprache: Es ist ausgeschlossen, ich habe weder Waffen noch Munition in meinem Hause. Hierauf bekam ich einen Schlag ins Gesicht, daß ich oberhalb des rechten Auges eine vier bis fünf Zentimeter lange Wunde hatte. Blutüberströmt stand ich vom Fußboden auf, worauf ich sofort einen Schlag mit einer Hundepeitsche über den Hals bekam. Ich beteuerte von neuem, daß ich keine Waffen besitze, darauf erhielt ich sofort wieder einen Schlag mit einem Gummiknüppel über den Kopf, wo ein ziemlich großes Loch blutend zurückblieb. Man jagte mich mit vorgehaltener Pistole wie einen Hund aus dem Hause zum Lastwagen, wo ich unter Gummiknüppelhieben aufsteigen mußte. Inzwischen hatten die Räuber noch zwei bekannte Männer, Z. aus T. und meinen Nachbarn V. herbeigeholt. Wir drei Mann mit 15 Mann Bewachung fuhren nun nach Tannwald in die Bürgerschule. Dort angekommen, wurden wir in den Keller gejagt. Hier erwarteten uns sechs Partisanen. Wir mußten uns mit dem Gesicht zur Wand jeder unter eine Dusche stellen und man ließ kaltes Wasser über uns nieder. Dann schlugen auf jeden von uns zwei dieser Räuber los; diese Marter dauerte meines Erachtens ungefähr 20 Minuten. Die Kerle schlugen, wo es hintraf, ganz durchnäßt wälzten wir uns unter den Hieben auf dem Pflaster. — Eine Tür ging auf. Man rief meinen Namen. Ich mußte allein in einen Kellerraum. Dort waren etwa 10 bis 15 Partisanen anwesend. Man riß mir alles vom Körper. Ganz nackt mußte ich mich auf die Bank legen. Man forderte mich auf, zu gestehen, daß die Munition mir gehöre, und ich sollte dies unterschreiben. Ich verneinte und sagte, daß ich solche nie in meinem Hause hatte. Da nahmen sie meine Unterhose, wickelten sie mir um Hals und Mund und nun ging die eigentliche Marter los. Zu beiden Seiten schlugen sie von den Fußsohlen an bis zum Kopf auf mich los. Bis zu etwa 100 Schlägen mit Gummiknüppeln kann ich mich erinnern. Als ich aus meiner Ohnmacht erwachte, zog man mich, an einem Fußgelenk gehalten, am Pflaster schleifend unter die Dusche, ließ viel kaltes Wasser auf mich strömen und dann mußte ich aufstehen und mich wieder auf die Bank legen. Hier gingen die Schläge von neuem los. Dabei stellte sich jedoch noch einer auf meine Beine. Nach dieser Marter wieder unter die Dusche, und diese Folter wiederholte sich viermal. — Jetzt mußte ich mich in der Ecke an die Wand stellen. Man setzte mir einen Revolver ins Genick und verlangte, daß ich doch endlich gestehen solle, wo ich die Munition herhabe. Meine Minuten, die ich noch zu leben habe, seien doch gezählt, hier an dieser Stelle sei schon vielen solcher Hunde das Licht ausgeblasen worden. Ich verneinte wieder und sagte, man möge mich doch erschießen. Aber Munition hatte ich keine. Nun ging man mit mir eine Weile auf den Gang. Dort band man mir die Hände auf dem Rücken zusammen, zog mich am Strick rücklings hoch und schlug von allen Seiten auf mich ein, dann band man mir die Füße zusammen, zog mich an diesen hoch, so daß ich mit dem Gesicht nach unten hing und schlug ohne Unterbrechung auf mich ein. Als ich dann zur Besinnung kam, lag ich wieder unter der Dusche. Man band mich wieder und zog mich neuerdings hoch, und auch diese Folter wiederholte sich dreimal. Zuletzt bekam ich mit einer Schaufel noch vier Schläge auf den Rücken, dann ließ man mich herunter, wo ich am Pflaster zusammenbrach. Ich bekam Fußtritte und eine Kanne Wasser. Ich stand auf. Man gab mir eine große, ganz faule Kartoffel in beide Hände, die mußte ich essen und dabei das Deutschlandlied singen. Mit dem Essen fertig, mußte ich wieder unter die Dusche. Dann stellten sich die Folterer mit brennenden Zigaretten um mich herum und brannten mir eine Wunde um die andere in meinen wunden, zerschlagenen Körper, über hundert an der Zahl. Jetzt befahl man mir, ich solle mich rasch anziehen. Die Hände wie gelähmt, ging ihnen mein Anziehen zu langsam, sie schlugen deshalb ohne Unterbrechung mit Hundepeitschen auf mich ein. Angezogen, führte man mich in den Keller zurück, wo die anderen beiden, Herr V. und Herr Z., waren. Ich brach an der Wand stehend einigemale zusammen und bat, mich setzen zu dürfen. Nach wiederholtem Bitten gab man mir eine Sitzgelegenheit. Nach einer Weile trieb man uns drei Mann über die Stiegen hinauf und schlug mit Gummiknüppeln auf uns ein. Im Vorhaus der Bürgerschule kam ein tschechischer Offizier und besichtigte uns lachend. Durch Fußtritte erwachte ich, lag auf dem Pflaster und wurde angebrüllt: Ich sollte aufstehen. Ich bat die beiden Herren Z. und V., sie möchten mir helfen. Unter die Arme gefaßt, wankten wir drei unter starker Bewachung zum Bezirksgericht. Nach der Aufnahme führten mich die beiden Leidensgenossen bis zur Zellentür und lehnten mich an die Wand. Es kam der noch anwesende deutsche Gefängniswärter namens Grulich, der mir in die Zelle hineinhalf. Ich bekam neben der Tür auf dem Fußboden einen Strohsack, wo mich die anderen in der Zelle anwesenden Leidensgefährten darauflegten und mit ihren Decken zudeckten. Als ich wieder erwachte, fragte ich, wo ich sei. Sie sagten, ich sei schon zwei Tage hier. Man reichte mir etwas zu trinken, aufstehen konnte ich nicht. Mein Körper schmerzte furchtbar. Mit diesen Schmerzen lag ich noch einen Tag, den Kot unter mir, da ich keinen Stuhldrang fühlte. Meine Leidensgenossen haben mich gereinigt und trockengelegt, wie ein kleines Kind. Wie ich später erfuhr, hat meine Folter drei volle Stunden gedauert. Am 8. August 1945 rief mich der Gefängniswärter, ich solle zum Kommissär kommen. Alle Kräfte zusammennehmend, folgte ich dem Aufseher fast kriechend. Dort angelangt, wo der gleiche Offizier mit zwei Mann und ein Kommissär namens Reinisch anwesend waren, bat ich, mich setzen zu dürfen, was auch gebilligt wurde. Ohne jede Einleitung und Fragen sagte der Kommissär auf Tschechisch: „Mit Ihnen ist ein Irrtum geschehen. Sind Sie froh, daß Sie leben."

Aus einem Brief des letzten Abtes von Ossegg

Am 1. Juli 1945 um 3 Uhr früh versuchte man, meine Zimmertüren in der Prälatur einzuschlagen; als ich öffnete, standen vier Svobodici = Soldaten der Armee des Generals Svoboda, die aus Rußland zurückgekehrt waren, da und verlangten das Inventarverzeichnis, durchsuchten und durchwühlten alle Räume, dann mußte ich mein persönliches Eigentum an Kleidern, Wäsche etc. in einem Zimmer auf einen Haufen zusammenwerfen, mußte sie in die Küche führen, wo sie sich vollaßen und noch mehr vollsoffen und um zirka fünf Uhr wurde mir kommandiert, mich ziviliter anzuziehen, da ich verhaftet sei. Im Auto wurde ich dann nach Maria-Ratschitz gefahren, wo die Kommandantur dieser Svobodici war. Als ich mich umblickte, erkannte ich, daß ich auf den Kleidern des Pfarrers von Maria-Ratschitz, P. Nivard Krakora, saß, der in derselben Nacht ausgeplündert worden war. Auf dem Tische lag das Kirchensteuergeld in der Höhe von 28.000.— RM. Zu mittag wurde ich in ein Zimmer gesteckt, wo ein kranker SS-Mann lag, der sich aber als Spitzel entpuppte, und gegen Abend kam ich in das neueröffnete KZ in Liquitz. Dieses war am 8. Mai von den russischen Kriegsgefangenen dort vollständig ausgeplündert und zur Hälfte verbrannt worden. Bei der Einlieferung wurde Mantel, Hut, Uhr, Ring, Geld und sonst alles abgenommen, was man in der Tasche hatte. Kein Bett, keine Decke, nichts, nur unendlich viele Wanzen und Mäuse. In der Nacht um 11 Uhr, um 1 Uhr, um 3 Uhr wurde ich zum Verhör geholt. Die Fragen waren: Wo ist im Stift der Geheimsender, wo sind im Stift die 200 SS-Leute versteckt, wo ist die fünfte Kolonne im Stifte versteckt, wo ist die geheime Gold- und Silberkammer, wo ist das Geheimarchiv, wo ist der geheime Gang, der zur Riesenburg führt, wo sind die Sachen versteckt, die von der deutschen Bevölkerung dem Stift zur Aufbewahrung übergeben wurden? usw.

Auf dem Rückweg in die Zelle mußte ich nach jedem zweiten Schritt über einen toten oder halbtoten Menschen schreiten. Zurückgekehrt in die Baracke, hörte ich, wie hinter der Barackenwand die alten deutschen Männer von Maria-Ratschitz niedergeschossen wurden, darunter fast alle die alten christlichsozialen Parteimitglieder. Die Frauen wurden furchtbar verprügelt, so daß alle mit verbundenen Köpfen herumliefen und kaum aus den Augen schauen konnten. Alle Frauen waren vergewaltigt, vielfach angesteckt und innerlich schwer verletzt worden. Als die Svobodici nicht mehr vergewaltigen konnten, haben sie die Frauen und Mädchen mit Flaschenhälsen bearbeitet. Als ich im Oktober aus diesem Lager fortging, sind noch viele dieser Frauen in der Sanitätsstube gelegen, obwohl sie schon zwei- oder dreimal im Duxer Spital behandelt wurden. Am 4. Juli wurde ich nach Ossegg in den Kasernenarrest geschafft. Dort war auch schon der Stiftprovisor Dechant P. Dionys Heger und der Stiftsrentmeister mit seinem Sohn, der damals im Rentamt Beamtendienste leistete. Es wurde also die ganze Stiftsverwaltung verhaftet, damit die Stiftsverwaltung von Tschechen besetzt werden konnte. Zum Glück hatte ich schon 14 Tage vor meiner Verhaftung schriftlich den Regens des Stiftes Ossegg, einen tschechischen Mitbruder, zum Prior eingesetzt. Am 7. Juli wurden wir aus dem Kasernenarrest in den Ossegger Polizeiarrest geschafft. Dort mußten wir zu unserem Glück vom Stift aus verköstigt werden.

Jeden Tag wurden wir um 8 Uhr früh in das Stift geführt und mußten die Vermögensaufstellungen fertigstellen, da damals die Geldsperre und Geldumwechslung im Gange war. Am 9. August wurden wir in den Polizeiarrest nach Dux geschafft. In einer Zelle, wo höchstens Platz für 10 Personen war, waren wir 30 bis 40 Mann zusammengepfercht. Am 14. August wurden wir wieder in das Liquitzer KZ geschafft. Bei der Einlieferung wurde jeder geprügelt. Als ich zum Verprügeln geholt wurde, war der Polizist (die Svobodici wurden durch Polizisten ersetzt) ein ehemaliger Schüler von mir. Als er mich sah, erschrak er und schob mich hinters Barackeneck. Auf diese Weise wurde ich nicht verprügelt. Dort hörte ich aber gerade, wie unser Provisor geschlagen wurde. Bei jedem Hieb schrien die Polizisten: „Wo ist im Stift der Wein?" Den Stiftskeller hatten am Einmarschtage die Russen mit den Tschechen zusammen vollständig ausgeplündert. Am nächsten Tag, dem 15. August, Fest Mariä Himmelfahrt, wurden wir in den Schacht kommandiert. Ich auf Kohinoor II in Maria-Ratschitz, P. Dionys auf Pluto in Wiesa, der Rentmeister mit seinem Sohn auf Venus bei Brüx. Ich mußte Hunte, die aus der Förderstrecke in die Hauptstrecke einliefen, in die Hauptstrecke einseilen. Diese Arbeit hat mir gut gefallen, weil ich allein auf der Figur war, gute Luft hatte und besonders nach der Schicht mich baden und an einer zusätzlichen Mahlzeit sättigen konnte, denn der Hunger war unsagbar groß. Im Liquitzer Lager bekamen wir zu Mittag einen Schöpflöffel voll in Wasser gekochte Möhren, ein Kilo Brot in der Woche, früh und abends schwarzen Kaffee oder Tee. Als ich von der ersten Schicht zurückkehrte, wurde mir mitgeteilt, daß unser Stiftsprovisor P. Dionys Heger auf der ersten Schicht im Pluto-Schachte vom Schlage getroffen und gestorben war.

Leider durfte ich nach einigen Wochen nicht mehr in den Schacht einfahren, sondern mußte im Lagerhof arbeiten: Holz machen, Mauern einreißen, Ziegel putzen, pflastern, Tote verscharren, tote Russen ausgraben und im neuangelegten Russenfriedhof wieder eingraben. Die Arbeit im Lager war grauenhaft, weil man den ganzen Tag den Verhöhnungen und Beschimpfungen der Aufseher — meistens 18jährigen — ausgesetzt war. Das Schrecklichste im Lager war das Abendturnen. In drei Minuten mußten 600 bis 800 Mann in Dreierreihen angetreten sein. Das Kommando war tschechisch, über die Hälfte der Angetretenen verstand es nicht. Die meisten waren Krüppel. Bei jedem Kommando war natürlich der Sauhaufen fertig, wer falsch exerzierte, wurde niedergeschlagen oder sonst malträtiert. Einmal waren wir nur noch 25 Mann übrig. Ein 18jähriger Bursche hatte es besonders auf mich abgesehen und kommandierte ununterbrochen weiter. Die beim Turnen Niedergeschlagenen mußten wir dann in den Waschraum schaffen und solange mit Wasser aus Schläuchen begießen, bis sie wieder aufstanden oder tot waren.

Im September wurde ich dann in die Lagerkanzlei kommandiert und mußte dort die Lagerabrechnungen seit Errichtung fertig machen. Die besoffenen tschechischen Polizisten haben diese Arbeit nicht zustandegebracht. Als ich immer nach zwei Tagen eine Monatsabrechnung ablieferte, räumte mir der Kommandant verschiedene Begünstigungen ein: ich brauchte nicht mehr beim Abendturnen anzutreten, kam in eine bessere Baracke, wo nicht mehr soviel Putzarbeit notwendig war. Der Kaplan von Maria-Ratschitz konnte mir ein- bis zweimal in der Woche ein Mittagessen ins Lager bringen. Als ich mit den Abrechnungen fertig war, bekam ich die Verwaltung des Magazins. Kaum hatte ich in zweiwöchiger Arbeit das Magazin inventarisiert, wurde ich nach Ossegg geschafft, um die Vermögensaufstellungen des Stiftes fertigzumachen. Das war am 3. Oktober. Am 26. Oktober mußten meine Mitbrüder: P. Johann, Ubald, Norbert, Ewald, Bruno, Fr. Theobald über die Grenze nach Sachsen. Am 29. November wurde ich wieder verhaftet und in das KZ nach Dux geschafft. Dort waren auch einige Mitgefangene, die den furchtbaren Tag in Bilin mitmachten. Aus der weiten Umgebung von Bilin wurden Männer und Frauen auf den Marktplatz zusammengetrieben, mußten sich nackt ausziehen und wurden dann beim Einzelmarsch von der Bevölkerung geschlagen. Dann mußten besonders die Männer auf allen Vieren hintereinander wie Hunde kriechen, dabei wurden sie solange geschlagen, bis sie sich bekackten, der Hintermann mußte dem Vordermann die Kacke ablecken, bis alle so ziemlich erschlagen waren, darunter auch der Pfarrer Köckert von Radowesitz. Was dort mit den Frauen aufgeführt wurde, kann man wegen der sadistischen Ungeheuerlichkeit einfach nicht beschreiben. Am 8. Februar 1946 wurde ich aus dem Duxer Lager entlassen und vom Arbeitsamte der Brettsäge ehemals Grohmann & Troppschuh in Janegg als Hilfsarbeiter zugeteilt. Die neuen Besitzer, drei tschechische Juden, haben mich allerdings nicht angenommen, sondern auf den Wisch des Arbeitsamtes geschrieben: Einen 59jährigen, chronisch rheumatischen und herzkranken Menschen, der in seinem Leben keine körperlichen Arbeiten vollbrachte, können wir für unsere schweren Arbeiten auf der Brettsäge nicht gebrauchen. Sie gaben mir den Rat, mich krank zu melden. Ein slowakischer Arzt in Ossegg hat mir auch ein ärztliches Zeugnis ausgestellt und vier Wochen Krankenurlaub gegeben. Gerade zu dieser Zeit hat der Bezirksausschuß in Dux eine Neuanfertigung des Stiftsinventars gefordert. Der Prior hat mich verlangt, da nur ich diese Arbeit fertigmachen könne. Auf diese Weise konnte ich im Stifte wohnen und unter Polizeiaufsicht die Inventurarbeiten fertigmachen. Am 19. Juni wurde ich wieder verhaftet und über Dux in das Kreisgerichtsgefängnis nach Brüx geschafft. Die Sekkatur war dieselbe wie im Lager, ebenso der Hunger. Wir mußten Puppen erzeugen. Bin also auf diesem Gebiet Fachmann geworden. Wäre hier nicht die Währungsreform gewesen, hätte ich hier schon eine Puppenfabrik aufgemacht. Nach unsagbaren Bemühungen gelang es mir, die Einreisebewilligung für mich und noch sechs andere Mitbrüder nach Österreich zu erreichen. Am 15. Oktober 1946 wurde ich mit dem letzten österreichischen Transport mit den andern Mitbrüdern nach Österreich gebracht.

In alter Treue grüßt Sie Ihr im Gebete verbundener

† Eberhard Harzer, S. O.Cist.,
Abt von Ossegg-Raitenhaslach.

Bericht aus Jägerndorf 1945

Am 22., 23. und 24. Juni 1945 wurden überfallsartig alle Bewohner der Kreisstadt Jägerndorf (Ostsudeten), 26.000 Einwohner, von tschechischen Soldaten in drei große Lager getrieben. Eine Decke, einen Topf und einen Löffel durfte man mitnehmen. Schwerkranke durften in ihrer Wohnung bleiben, jedoch ohne Hilfe. Da von den Tschechen erklärt wurde, es geht nach Sibirien, haben viele Selbstmord verübt. Zwei Tage blieben wir ohne Essen, am dritten Tage gab es mittags Suppe. Viele sahen ihr Heim nicht mehr. Wenn es vor der Austreibung ausnahmsweise gestattet wurde, noch einmal die Wohnung zu betreten, war sie schon ausgeplündert oder von Tschechen besetzt. Denn kaum waren wir in das Lager getrieben worden, als auch schon die Tschechen aus Mähr.-Ostrau und Umgebung scharenweise nach zweistündiger Bahnfahrt Jägerndorf heimsuchten und, sofern sie kein passendes Haus fanden oder wollten, alles Tragbare aus den Wohnungen wegschleppten. So wurden in den ersten Wochen große Vermögenswerte gestohlen, ohne daß die Behörde dagegen einschritt oder es später feststellen konnte. In wenigen Tagen war die Jahrhunderte alte deutsche Tuchmacherstadt Jägerndorf, die ihre Tuche vor allem nach England und in alle Welt lieferte, ausgeplündert und der Tummelplatz einiger tausend Tschechen geworden.

Eine Szene aus dem Lager Türmitzstraße: Frau O., eine über 80jährige Frau, die sichtlich an marasmus senilis litt, mußte zwei Stunden lang ein Plakat im Hofe des Lagers auf der Türmitzer Straße herumtragen, und an den vier Hofecken laut vorlesen. Vier Soldaten trieben sie vor sich her. Wenn sie vor Schwäche stürzte, wurde sie mit Gewehrkolben und Gummiknütteln traktiert und zum Weitergehen gezwungen. Einige Tage später war sie bei den ersten, die ausgetrieben wurden. In den Baracken, die im Lager an der Troppauerstraße lagen, waren Prügelszenen, von denen ich selbst einige mitansehen mußte, an der Tagesordnung. Neuangekommene, die den Gliederungen der Partei angehörten oder irgendeine Stellung darin innehatten, wurden einige Male von drei bis vier Lagerwächtern und dem Lagerkommandanten selbst so lange mit Gummiknütteln und Fausthieben traktiert, bis sie ohnmächtig liegen blieben. Den meisten war das Trommelfell geplatzt. Viele Lagerinsassen, die die täglichen Martern nicht mehr ertragen konnten, machten ihrem Leben durch Erhängen ein Ende.

Am 22. Juni 1945 wurden die Arbeitsunfähigen aus den Lagern herausgesucht: alte Leute, Mütter mit kleinen Kindern, schwangere Frauen, Kranke, Schwerkriegsbeschädigte, darunter Beinamputierte, und zu Tausenden in Marschkolonnen eingereiht. Tagelang dauerte der Marsch. An einigen Grenzorten versuchte man, die Menschen abzuschieben, überall vergebens. Zum Schluß wurden sie mit der Bahn bei andauerndem Regen auf offenen Kohlenwagen bis Teplitz-Schönau gebracht. Dort kamen sie über die sächsische Grenze. Während des Marsches wurden die Kranken, die nicht weiter konnten, durch Genickschuß getötet. So im Straßengraben bei Kronsdorf, Kreis Jägerndorf, der Aushilfskirchendiener Robert Thrul, der infolge einer Kopfgrippe linksseitig gelähmt war.

Am 13. August 1945, bei dem üblichen Abendappell der Männer, ließ der kommunistische Lagerleiter alle Lehrer, Beamten und Kaufleute vortreten, auch mich rief er in diese Reihe, pferchte uns in Baracken, wo wir die Nacht stehend zubrachten, und übergab uns am nächsten Morgen der Wache des Witkowitzer Eisenwerkes. Wir kamen nach Witkowitz ins Lager und wurden am nächsten Tag den einzelnen Betrieben zugeteilt. Alle Wertgegenstände wurden abgenommen und blieben verschwunden: Kleidungsstücke, Wäsche, Geld, Uhren usw. Schwerste Arbeit und völlig unzureichende Nahrung, vor allem auch der Gummiknüttel bewirkten, daß viele der Arbeitsgenossen in wenigen Wochen starben. Beim Morgenappell anfangs September bat ein über 60 Jahre alter Arbeitskamerad, daß man ihn wegen seines hohen Fiebers von der Arbeit dispensiere. Dafür wurde er einige Male mit dem Gummiknüttel um die Arbeitskolonnen getrieben, bis er zusammenbrach. Als wir von der Arbeit abends zurückkamen, war der Mann bereits begraben.

Als ich im Mai 1946 zur Aussiedlung nach Jägerndorf entlassen wurde, hatten sich der katholische tschechische Pfarrer Kupka und sein Kaplan Ladislav Schneider (Friedek), ebenfalls ein Tscheche, die inzwischen die Seelsorge übernommen hatten, meine Sachen geteilt. Meine Dreizimmerwohnung war bis auf einen Bücherkasten ausgeräumt. Möbel, Einrichtungsgegenstände, Kleidung, Wäsche, wertvolle Bücher, ein Leica-Apparat, Lederkoffer u. a. hatten sich meine tschechischen Amtsbrüder angeeignet und erklärten, mir nichts herausgeben zu können, da die Liste meines Eigentums der tschechischen Behörde überreicht und alles beschlagnahmt wurde. Gute Menschen schenkten mir etwas an Wäsche und Kleidung, wovon mir das beste noch im Aussiedlungslager („Muna") in Niklasdorf, Kreis Freiwaldau, von den tschechischen Lagerangestellten bei der Kontrolle weggenommen wurde.

Flüchtlingspfarrer A. L.

Von KZ zu KZ

Am 13. Oktober 1948 sind wir lange Vermißten in Fürth i. Wald eingetroffen. Hinter uns liegen drei bittere Jahre. Von Lager zu Lager geschleppt, Demütigungen aller Art, Rechtlosigkeit, auch Prügel, Hunger und Kälte und alle seelischen Qualen haben wir ertragen müssen. Es war eine harte Zeit, die nur ertragen werden konnte aus der schmerzlichen und zugleich tröstlichen Gewißheit, daß Gott die einzige Sicherheit ist, die es auf der Welt gibt.

Einige Stationen unseres Leidensweges:

23. November 1945: Aus der dritten Ausweichwohnung in

Niesnersberg ins KZ nach Adelsdorf (fast gleichzeitig mit Doktor Schlögl).

29. Mai 1946: Frau und Kinder in die „Muna“ geschleppt mit der Lüge, ich wäre schon dort und wir könnten zusammen aussiedeln.

29. August 1946: Auflösung des KZs in Adelsdorf, Fahrt nach Troppau zum Volksgericht.

15. November 1946: Nach 2½ Monaten Kerker — Verhandlung, Freispruch und Haftentlassung. Nächster Tag Wiedersehen mit Frau und Kindern in der „Muna“; einer der glücklichsten Tage meines Lebens; ich hatte die Kinder ein Jahr lang nicht gesehen, nun fand ich sie wieder mit Hungerekzemen am ganzen Körper — aber sie lebten! Leider war ich um vier Wochen zu spät gekommen, denn der letzte Transport nach Bayern war am 16. Oktober 1946 aus der „Muna“ abgegangen.

16. Dezember 1946: Fahrt ins Lager Lešany, Bezirk Beneschau, südlich Prag — ein Todestransport: bei 26 Grad Kälte in ungeheizten Wagen 60 Stunden unterwegs, ohne Essen, ohne einen Tropfen heißen Getränks. Die Kinder an der Waggonwand angefroren, beim Ausladen — nach drei Tagen und drei Nächten — ein Mann Eßler, Schmied aus Groß-Krosse — tot, erfroren. Das Lager — ein Zwangsarbeitslager — ruhr- und typhusverseucht. Peterle bald schwer an Ruhr erkrankt, fünf Wochen in der Isolierbaracke zwischen Tod und Leben. 16 Menschen in einer Stube zusammengepfercht, hungernd und frierend, die Männer von den Frauen und Kindern getrennt; nicht einmal am Heiligen Abend durften wir zu unseren Kindern: die schrecklichsten Weihnachten meines Lebens.

Endlich, Ende Februar 1947 — Schweizer Zeitungen beschäftigen sich mit dem berüchtigten Lager Lešany, der „Grünen Hölle“, wie sie es nannten, das Internationale Rote Kreuz verlangt Abhilfe. Daraufhin endlich Absetzung des betrügerischen Kommandanten, der in drei Monaten um 5 Millionen Kč an Lebensmitteln und Waren auf Kosten der hungernden und frierenden Lagerinsassen verschoben hatte. In allen Lagern die gleiche Feststellung: Kommandant, Gendarmerie und Aufseher stets ein Gesindel von Dieben, Lumpen und Verbrechern.

15. April 1947: Über Anregung des Internationalen Roten Kreuzes erteilt mir das Innenministerium den Auftrag, eine Volksschule und einen Kindergarten für die mehr als 300 deutschen Kinder des Lagers einzurichten. Das war unsere Rettung.

12. Mai 1947 übersiedelten wir in die Schulbaracke, hatten endlich eine Stube für uns allein. 1½ Jahre lang leitete ich die Schule und unterrichtete auch bis zu unserer Aussiedlung. Leider jedes Frühjahr Verschickung Tausender deutscher Lagerinsassen, die ständig wechselten, als Arbeitskulis zu tschechischen Bauern, nach Dux und Kladno, unter sklavenmarktähnlichen Begleitumständen. Alle immer wieder um die Aussiedlung belogen und betrogen. Gar seit der kommunistischen Feberrevolte fühlt sich drüben niemand mehr sicher. Man kann auch hier nicht so ganz froh werden, wenn man an das Schicksal der Tausende denkt, die noch in der CSR schmachten müssen.

Sie werden begreifen, lieber Herr Pfarrer, daß wir seelisch noch viel zu vergessen haben und körperlich Erholung brauchen. Meine arme Frau war tapfer die ganzen drei Jahre hindurch, wie es niemand diesem zarten Geschöpflein zugetraut hätte.

Nun sind wir wieder freie Menschen, können uns schlafen legen, ohne befürchten zu müssen, daß es nachts klopft und man ins Ungewisse abgeholt wird; das ist wie ein Wiedergeborensein, Gnade und Glück zugleich.

Pfarrer Franz Brenner

berichtet unter anderem seine Erlebnisse in tschechischen Kerkern

Die armen Opfer mußten ihre Köpfe durch die für die Speisereichung bestimmten Öffnungen der Türen stecken, dann wurde solange auf ihre Hinterköpfe und Nacken zugeschlagen, bis sie ohnmächtig umkippten; durch einen Eimer Wasser zum Bewußtsein gebracht, begann die Prügelei von neuem.

Diejenigen, die den Tschechen besonders verhaßt waren, wurden gar nicht in die Präsenzliste eingetragen; und wenn ich nach einigen Tagen fragte, was mit dem oder jenem wäre, man müßte ihn doch endlich eintragen, grinste man höhnisch und gab zur Antwort, dies wäre nicht mehr notwendig. Wohin diese Menschen kamen, danach durfte ich nicht fragen.

„.. weil ihr Bestien seid“

Als sich einmal ein aus der Reichenberger Gegend stammender, von den Russen entlassener Kriegsgefangener, der von den Tschechen wieder gefangengenommen wurde, bei einem tschechischen Posten wegen Mißhandlung deutscher Soldaten beschwerte und sich auf das Genfer Abkommen berief, sagte der tschechische Posten zu ihm: „Ihr Deutschen seid keine Gefangenen im Sinne des Genfer Abkommens und wir haben Weisung, euch wie Bestien zu behandeln, weil ihr Bestien seid." Dieser tschechische Posten hatte sogar einen deutsch klingenden Namen, er hieß Hopfinger. Soweit der Bericht über die tschechische Gefangenschaft, die oftmals schlimmer war als die russische. Gerhard B.

„Wasserkuren" für Deutsche

Eine beliebte Folterübung war folgende: Man führte die Häftlinge in einen Raum, der einer Waschküche glich. Dort wurde ihnen gewaltsam der Mund geöffnet und eine Art Schlauch in den Mund eingeführt und mit Hochdruck betätigt. Was das für eine Kraft hat, ist unvorstellbar. Die meisten bluteten aus Mund, Nase und Ohren. Häftling Seifert bat die Peiniger, ihm endlich den Gnadenschuß zu geben.

Im Lager Tremosna bei Pilsen wurden verschiedene Deutsche, darunter mein Onkel H. Kauer aus Nürschan, jeden Tag über einen Tisch geschnallt und mit Riemen und Stöcken bearbeitet. Dann wurden sie losgeschnallt, der Tisch gekippt, so daß die Häftlinge mit dem Kopf in einen bereitstehenden Schlackenhaufen hineinstürzten. Dieser Tortur waren sie zirka 14 Tage bis drei Wochen ausgesetzt.

Eine gewisse Frau Böhm, früher wohnhaft in Pilsen, Dvorakgasse, erzählte mir, daß sie zusehen mußte, wie man einem SS-Soldaten am DTJ-Turnplatz bei der Kalikenmühle das Herz bei lebendigem Leibe herausschnitt. Gerhard B.

G. W. im Klattauer Zuchthaus

Mich haben die Tschechen neun lange Monate wegen angeblicher Spionage gequält, geschlagen, in die Wunden und in den After Siegellack geträufelt, alles im Klattauer Zuchthaus. Hunger, geistige Not, Todesfurcht, Krankheit wechselten ab. Nach neun Monaten wurde ich wegen Mangels jeglicher Beweise entlassen, durfte mir aus meiner Wohnung ein paar Kleidungsstücke und Bücher holen und fühlte mich nach all der schweren Not nach der Aussiedlung endlich wieder frei, als Mensch unter Menschen.

Dokument 17

21. September 1948.

Fast dreieinhalb Jahre nach dem schrecklichsten Kriege, den unsere Welt bisher gesehen hat, herrschen Unsicherheit und

Furcht vor einem neuen, noch entsetzlicheren Krieg, als sollte die gequälte Menschheit überhaupt nicht mehr zu Ruhe und Frieden kommen. Wenn man die Entwicklung der weltpolitischen Lage aufmerksam verfolgt, kann man sich des Eindruckes nicht erwehren, als zöge sich quer über den Erdball eine Grenzscheide des Geistes und der Sprache, über die hinweg eine Verständigung schlechthin nicht mehr möglich sei. Beide Seiten gebrauchen die gleichen Worte und doch versteht jeder etwas anderes darunter. Wenn der eine Frieden sagt, versteht der andere Krieg. Freiheit im Ohr des einen wird zu Unterdrückung im Ohr des anderen, gleichsam als verkehrten sich Worte und Begriffe auf dem Weg zwischen den Gesprächs- und Verhandlungspartnern in ihr Gegenteil. Mit Worten ließ sich freilich schon immer trefflich streiten, wenn auch die Entwertung und willkürliche Umkehrung der Begriffe zu keiner Zeit so weit getrieben wurde wie gegenwärtig. Wo aber die Begriffe und rechten Worte fehlen, sprechen unwiderlegliche Tatsachen noch immer die deutlichste Sprache und sind am ehesten geeignet, erkennen zu lassen, wer die falsche Wortmünze in den Verkehr bringt. Die Tatsachen, die unser nachstehend im Auszug veröffentlichtes Dokument 17 als Dokument der Verteidigung im Fall 12 vor dem Nürnberger Tribunal bekundet, zeigen eindeutig, von welcher Art die Freiheit und der Frieden sind, mit denen die eine Seite der streitenden Parteien die Welt beglücken will. Das, wovon hier ein Mann unter Eid zeugt, dessen Glaubwürdigkeit keinem Zweifel unterliegen kann, haben Millionen Heimatvertriebener erlebt und durchgemacht und Millionen — nicht überlebt! Es handelt sich hier nicht um Sensationen für geruhsame Spießbürger, die sich hinter ihrem warmen Ofen daran ergötzen, wenn „hinten weit in der Türkei die Völker aufeinanderschlagen", sondern darum, aufzuzeigen, warum angesichts der drohenden Gefahr das äußerste Maß an Festigkeit und Kraft aufgebracht werden muß, warum die Millionen Heimatvertriebener, die solches erlebt haben, trotz ihrer teilweise unvorstellbaren Not vom Kommunismus nichts wissen wollen. Es möge aber auch eine tiefernste Warnung für jene satten Egoisten sein, die allem persönlichen Leid und Unglück bisher entronnen sind und nun in geradezu tragischer Verblendung daran sind, durch ihre Profitgier und intransigente Haltung die Heimatvertriebenen zum Äußersten zu drängen. Wer in blinder Verkennung der Gefahr nicht bereit ist, den Stubenbrand zu löschen, muß damit rechnen, unter dem Brandschutt seines

Hauses begraben zu werden. Mag dieses Dokument mithelfen, allen die Augen zu öffnen, die noch nicht sehend geworden sind, damit sie erkennen, worum es im letzten Grunde geht, und bereit sind, alles in ihren Kräften Stehende zu tun, um ein ähnliches, noch größeres Unglück zu verhüten. Denn jetzt dürfte auch dem Verzweifeltsten klar sein, daß wir noch immer sehr viel zu verlieren haben und daß es daher besser ist, das Äußerste an Mäßigung und Verständigungsbereitschaft aufzubringen, um den Frieden doch noch zu erhalten. Mögen die Millionen Unglücklichen, die solch unvorstellbare Gewalttaten und Brutalitäten über sich ergehen lassen mußten, die letzten Opfer tierischer Grausamkeit gewesen sein, dann wäre ihr namenloses Leiden und Sterben am Ende doch nicht vergebens gewesen.

*

Dokument Verteidigung No. 17
Exhibit No. ... — Abschrift

Bonn-Dransdorf, den 11. Februar 1948.

Ich, Ernst Woelki, katholischer Geistlicher, Bonn-Dransdorf, erkläre folgendes an Eides Statt, nachdem ich darauf hingewiesen worden bin, daß meine Erklärung dem Amerikanischen Militärgericht in Nürnberg, Fall 12, als Beweismittel vorgelegt werden soll und die Abgabe einer falschen eidesstattlichen Versicherung strafbar ist:

Seit August 1939 war ich Geistlicher in Sensburg, Ostpreußen, und habe dort von Juni 1940 ab das katholische Pfarramt verwaltet. Da beim Einbruch der Russen Ende Januar 1945 dem größten Teil der Gemeinde eine Flucht nicht mehr möglich war, blieb ich dort. Als Kolchosarbeiter habe ich bis zu meiner Rückkehr nach Sensburg im August 1945 auf mehreren Kolchosen im Kreise Roessel und bei Heilsberg gearbeitet. Jede Nacht habe ich dort heimlich Gottesdienst gehalten, und immer in einem anderen Gehöft. So kam ich mit sehr vielen Menschen der Umgebung zusammen. Oftmals von den Russen verschleppt, aber jedesmal entwichen, bin ich in fast allen Ortschaften der Kreise Roessel, Heilsberg und Sensburg gewesen. Darum kann ich die Verhältnisse in diesem mir schon von früher her gut bekannten Raum genau darstellen.

Über folgende vier Punkte will ich meine Aussage machen: 1. Mord, 2. Mißhandlung, 3. Deportation, 4. Plünderung.

1. Mord

Von den etwa 1200 im Kreise Sensburg gebliebenen Katholiken unserer Gemeinde wurden in den ersten drei Wochen 82 (zweiundachtzig) erschossen, erstochen oder zu Tode gehetzt. Die in den letzten Monaten aus den Kreisen Johannisburg und Treuburg Evakuierten eingerechnet, betrug der Anteil der Katholiken an der Bevölkerung etwa fünf Prozent. Da die Katholiken über den ganzen Kreis verteilt waren, gewinnt man ein richtiges Bild von der Mordwut der Russen, wenn man hört, daß von den 82 Ermordeten nur vier Männer im Alter zwischen 16 und 65 Jahren standen. Bei den anderen 78 handelt es sich um Frauen, Kinder und Greise. Völlig klar ist damit erwiesen, daß nicht militärische Gründe oder sogar Notwendigkeiten eine Rolle spielten. Viele sind erschossen, weil sie einer der vielen Russenhorden keine Uhr mehr geben konnten. Vor allem geschahen viele Morde bei den Vergewaltigungen, wenn die Frauen sich weigerten oder die Angehörigen ohne Waffe oder Stock dazwischentraten. Noch am 30. September 1945 wurden in unserer Gemeinde zwei Männer erschossen, weil sie ihre Töchter schützen wollten. (Bothau und Rechenbergg.)

Aus persönlichen Gesprächen mit Überlebenden, vor allem solchen, die die Ermordeten in Massengräbern beerdigt haben, kann ich bezeugen, daß in den Kreisen Roessel und Heilsberg die gleichen Untaten verübt wurden. Aus genauer Kenntnis, weil ich dort zwei Monate auf einer Kolchose arbeitete, weiß ich, daß im Dorfe Prossitten, Kreis Roessel, zweiundvierzig Menschen, in den kleinen Nachbardörfern Plausen und Ploessen auch je vierzig umgebracht wurden. In einem anderen Nachbardorfe, Schulen, Kreis Heilsberg, das früher etwa 400 Einwohner zählte, wurden gegen 90 (neunzig) Menschen ermordet. Die Zahl der Toten wird wohl nie präzise angegeben werden können, da in allen Dörfern noch Flüchtlinge anderer Gegenden von den Russen überrascht wurden, die niemand der Einheimischen kannte. Fast alle katholischen Geistlichen dieser Gegend sind ermordet oder verschleppt worden. All diese angegebenen Opfer sind nicht bei Kampfhandlungen umgekommen.

2. Mißhandlungen

Nur über die wahnsinnigen Vergewaltigungen der Frauen will ich hier sprechen. Jeder, der die Zeit dort mitmachte, kann als Zeuge für hunderte Fälle vernommen werden. Von 12 Jahren ab war kein Mädchen und keine Frau sicher, auch wenn sie schon

70 Jahre alt war. Auch vor Ordensschwestern machten diese Bestien nicht halt. Es muß aber eigens betont werden, daß diese Dinge nicht nur in den ersten 14 Tagen geschehen sind. Je länger die Besatzung dauerte, um so schlimmer wurde es. Eine Hauptaufgabe der Kommandanturen in den Kreisen Roessel und Heilsberg bestand darin, junge Frauen und Mädchen zusammenzutreiben. Man gab sich gar keine Mühe, das als Arbeitseinsatz zu tarnen. Verseucht und seelisch gebrochen, kamen sie nach einigen Tagen zurück, um dann doch bald verschleppt zu werden. Tag und Nacht stürzten sich die herumziehenden Russenhorden auf die Häuser, in denen die Deutschen zusammengedrängt wohnten, und fielen über alles Weibliche her. Vergebens war alles Verkleiden und Verstecken. Typisch auch, was ich ungefähr 14 Tage lang beobachten konnte, in Lockau, Kreis Roessel, wo alle Bauern erschossen waren.

Auf jedem der drei zu Kolchosen eingerichteten Abbaugehöfte waren etwa 30 Mädels beschäftigt, die aus der ganzen Gegend zusammengeholt waren. Abends wurden sie auf jedem der Gehöfte in ein Zimmer eingeschlossen. Auf LKW herbeigeschaffte russische Soldaten drangen für die Nacht in die Zimmer ein. Im Kreise Sensburg die gleichen Verhältnisse. Die Frau des verschleppten Arztes Dr. K......, die sich der Kranken annahm, sagte, daß nach ihren Untersuchungen 90 Prozent der Frauen des Kreises geschlechtskrank seien. Medizin war keine vorhanden. Zeigte sich später, als nur noch wenige Frauen übriggeblieben waren, die Krankheit weit fortgeschritten, dann schossen die Russen aus Angst vor Ansteckung die Frauen über den Haufen.

3. Deportationen

Vierzehn Tage nach Einbruch der Russen mußten sich laut Befehl am 15. Februar alle Männer zwischen 18 und 50 Jahren stellen, mit Ausnahme einiger auf Kolchosen beschäftigter Arbeiter. In Verbindung mit der Roten Armee sollten diese Männer beim Aufbau zerstörter Brücken und Anlagen in Ostpreußen helfen. Alle aber wurden über die Lager Preußisch-Eylau und Insterburg in vernagelten Viehwaggons nach Sibirien oder ins Donezbecken befördert. Systematisch wurde die Menschenjagd nach dem 15. Februar von der GPU betrieben. Etwa alle 14 Tage ließen sich größere Abteilungen in den Städten oder in mehreren Dörfern zugleich nieder und kämmten die ganze Gegend aus. Alles, was über 15 Jahre alt war, ob Junge oder Mädel, wurde verschleppt. Frauen und Männer bis 60, ja sogar bis 70 Jahre.

Im Juli noch wurden aus der Stadt Bischofstein und den anliegenden Dörfern Schöneberg und Glockstein zwei LKW voll 13- und 14jähriger Jungen verschleppt. Die Menschen wurden von ihrer Arbeitsstelle oder aus ihren Verstecken weggerissen und auf Nimmerwiedersehen abgeführt. Parteizugehörigkeit spielte gar keine Rolle. Die Verschleppten haben in den Lagern oder in Kellern ein russisches Schriftstück unterschreiben müssen, ohne den Inhalt zu kennen. Aus den Kreisen Sensburg, Roessel und Heilsberg haben sich achtzehn verschleppte Zivilpersonen nach ihrer Rückkehr aus Sibirien oder Karelien bei mir gemeldet. So kenne ich das Schicksal von achtzehn Transporten und weiß, daß bei der Verschleppung nach Sibirien schon 20 bis 30 Prozent auf dem Transport dorthin erfroren oder verhungert sind. Zwei Transporte als Beispiel:

Hedwig und Magdalena D. aus Weißenburg, Kreis Sensburg, wurden von ihrer Zwangsarbeitsstelle in Pfaffendorf, Kreis Sensburg, nach Insterburg gebracht. Von dort wurden sie am 16. April in einem Transport von 1300 Mädchen und Frauen zum Ural gebracht. Anfang September lebten nur noch 600. Im dortigen Lager hatten die Russen keine Papierlisten, sondern schrieben auf Holz...

Frl. Th. aus Raunau, Kreis Heilsberg, geb. 1926, fuhr mit einem Transport von 2400 Frauen im März von Insterburg nach Sibirien. Auf dem langen Transport kamen 650 um. Fast alle haben dann im Schacht gearbeitet. Als sie Anfang September 1945 wegen Krankheit entlassen wurde, lebten noch 500. Von diesen 500 konnten mit ihr 200 die Reise zur Heimat antreten.

Die anderen 16 Heimkehrer berichten gleiches von der Art des Transportes, der Zwangsarbeit und des großen Sterbens.

4. Plünderung

Sofort nach Einfall der Russen wurden die Deutschen in den Städten auf wenige Gassen zusammengedrängt. (Sensburg, Bischofstein.) In Roessel, Seeburg, Bischofsburg und Heilsberg wurden die Einwohner auf eine Stadtrandsiedlung getrieben. Die verlassenen Häuser wurden dann systematisch ausgeräumt. Mehrere Monate stürzten sich bei Tag und Nacht die Russen auf die in den Siedlungen zusammengedrängten Deutschen und plünderten sie restlos aus. Nach Abzug der Banden versuchte man zunächst, die über den Boden verstreute letzte Habe zu ordnen. Das wurde aber nach kurzer Zeit als vergebens unterlassen. Sogar die Stiefel von den Füßen, die Kleider vom Leib wurden genommen, so daß im März schon die Deutschen nur noch in Lumpen gehüllt waren. Und in den Dörfern der Kreise? In den ersten Tagen schon wurden alle Kühe auf die als Kolchosen bestimmten Gehöfte getrieben. Da zunächst nicht genügend Raum war, standen die Viehherden bei 20 Grad Kälte tagelang ungemolken im Freien. Pferde, Schweine und Hühner wurden auch bald aus den Ställen geholt und weggeschafft. Im März besaß kaum noch jemand ein Tier im Stall.

In der ersten Woche schon wurden die Abbaugehöfte geräumt und leergefahren. Die auf einigen Gehöften im Dorf Zusammengedrängten konnten dann leicht beraubt werden. Daraufhin wurden die Übriggebliebenen mehrerer Dörfer in einem Dorf zusammengelegt (zum Beispiel Lokau, Prossitten). Fast alle verloren dabei ihre letzte Habe, die sie bei sich trugen. Zusammengepfercht wohnten die Leute dann in diesen Dörfern. In Prossitten lebten wir mit 32 Menschen in einem Zimmer, in dem gekocht und auch geschlafen wurde. Die aus den Häusern der Städte und Dörfer herausgeschleppten Möbel wurden in Kirchen und Sälen gelagert und dann zum Abtransport auf die Bahnhöfe geschafft (Bischdorf) ... So geschah es mit dem Getreide. Von Anfang April an wurde das gesunde Vieh über die Landstraßen nach Osten abgetrieben. Nur wer auf der Kolchose arbeitete, bekam Getreide und Kartoffeln. Für andere in der Stadt und am Land gab es bis zu meiner Ausweisung im Oktober nichts zu essen. Der Kommandant von Bischofstein äußerte sich Mitte Juli: „Wir geben den Schweinen schon sechs Monate nichts zu fressen, und sie krepieren immer noch nicht."

gez. Ernst Woelki, Kaplan.

URNr. 153/1948.

Ich beglaubige hiermit die vorstehende Unterschrift des Herrn Ernst Woelki, Kaplan zu Bonn-Dransdorf.

Bonn, 12. Februar 1948. Der Notar:
gez. Dumoulin.

Notariatssiegel:
Hermann J. Dumoulin, Notar in Bonn.

Die Richtigkeit vorstehender Unterschrift wird hierdurch bescheinigt.

Nürnberg, 15. Juli 1948.

Verteidiger am Militärtribunal Nürnberg.
Dr. Friedrich Frohwein.

Flucht, Heimkehr, Verbannung, Vertreibung

... Es war ja purer Wahnsinn, die armen Frauen und Kinder auf Pferdelastfuhrwerken mitten im Winter zur Flucht auf die Straße zu treiben, zumal es mehr als fraglich war, der Umklammerung bei Danzig zuvorzukommen. Aber noch war die Erinnerung an die erlebten Schrecken der Heimsuchung Ostpreußens vom Jahre 1914 zu lebendig im Volke, um zu bewirken, Hals über Kopf die Rettung in der Flucht zu versuchen. So kam es dann zu dem großen Winterdrama auf Ostpreußens Straßen. Kinder erfroren den Müttern auf den Armen, wurden von berstenden Bomben zerrissen, blieben liegen und wurden von rasenden Fahrzeugen zermalmt. Rückwärtsflutende Kolonnen, Völker vieler Nationen strebten westwärts und versperrten den Weg. Auf diese Weise ging es im Schneckentempo bis Landsberg/Ostpreußen, wo der weiteren Flucht durch einen russischen Fliegergroßangriff ein jähes Ende bereitet wurde. Die notdürftigste, auf dem Wagen mitgeführte Habe mußte nun im Stich gelassen und die persönliche Sicherheit mit den Kindern im Busch gesucht werden. Hier erfüllte sich nun vollends das Schicksal von Hunderten von Familien, da der aufflammende deutsche Widerstand die aufgestauten Massen ganze 14 Tage zum Ausharren zwischen den kämpfenden Truppen zwang. Der Tod durch Beschuß, Frost und Schnee hielt reiche Ernte. Endlich rückten die Russen vor und bereiteten diesem Zustand ein Ende. Bis dahin hatte es die Vorsehung gut mit mir und den Meinigen gemeint. Wohl haben wir restlos alles verloren, außer den Kleidern auf dem Körper hatten wir nichts mehr, aber die Gewißheit, Frau und Kinder geborgen, tat gut. Doch es sollte auch bei uns anders kommen. Während Landsberg brennt, Frauen und Kinder in Todesfurcht jammern, werden auch unsere Kinder unserer Obhut entrissen und verschwinden im Chaos des Durcheinanders, fünf Kinder im Alter von zwei bis achtzehn Jahren. Unsere älteste Tochter Waltraud, im Alter von 16 Jahren, ereilte das grausige Los unzähliger ostpreußischer Mädchen. Ihr Aufenthaltsort ist uns bis heute unbekannt. Nachdem alle Versuche, die Kinder wieder aufzufinden, scheiterten, pilgerten wir, gebrochen an Leib und Seele, gefühllos gegen alle äußeren Gefahren, den langen Weg von über 150 Kilometer zu Fuß nach Hause zurück. Mitte Februar trafen wir dortselbst ein und fanden zu unserer Freude wenigstens den zwölfjährigen Sohn Friedrich, gleichfalls zu Fuß heimgekehrt, vor.

Der Zustand unserer über 100 Morgen großen Bauernmusterwirtschaft ist kaum wiederzugeben. Milchvieh, Schafe, Schweine und Geflügel sind restlos abgeschlachtet, das tote Inventar verschleppt oder zerstört. Tage hat es bedurft, bis das Wohnhaus in bewohnbaren Zustand gebracht werden konnte.

Von der Kommandantur wurden wir nun erfaßt, registriert, vernommen und zur Arbeit eingeteilt. Ich hatte meinen Platz als Schmied auszufüllen und habe dabei Gelegenheit gehabt, den Kommandanten über den tragischen Verlust der Kinder zu unterrichten und dabei die Gunst, Urlaub und Passierschein für den Versuch ihres Wiederauffindens zu erhalten. Meine Frau traf gerade die Vorbereitungen für den Aufbruch, als am 18. März 1945 plötzlich die GPU auftauchte und ca. 50 Personen, darunter auch mich, festnahm und nach auswärts entführte. Von da wurden wir durch die Hölle der ostpreußischen Gefängnisse nach Insterburg und von hier weitere vier Wochen nach Sibirien transportiert und im Lager Tscheljabinsk untergebracht. Hier erkrankte ich an Ruhr, Hungerrachitis und Ödem und erlitt einen Nervenzusammenbruch. Als arbeitsunfähig wurde ich dann im November desselben Jahres nach Deutschland in Marsch gesetzt. In Frankfurt a. d. Oder wurden wir mit dem Ziel Westen entlassen. Heimat Ostpreußen bleibt für uns gesperrt. In Lumpen notdürftig gehüllt, fand ich im Februar 1946 nach langer Irrfahrt in Gelsenkirchen-Buer i. W. meine erste Aufnahme. Meine eingeleiteten Bemühungen zur Auffindung der Meinigen hatten im Juni erst den ersten Erfolg. Ein Brief durch das Rote Kreuz erreichte meine Frau in Ostpreußen. Sie stellte mir ihre baldige Ausreise in Aussicht. Von den vier verlorenen Kindern hat eine Familie eine Woche nach meiner Internierung zwei, den zweijährigen Reinhard und die zehnjährige Edith, meiner Frau gesund zurückgegeben. Diesem Glücksumstand hatte sie es zu verdanken, daß sie von der Erduldung meines Schicksals verschont geblieben ist. Trotzdem hat sie Menschenunmögliches ertragen müssen. Von Banden wurde sie geschlagen und des öfteren vollständig ausgeplündert. Im Juli traf sie im Lager und bald darauf hier bei mir ein, und zwar in vollständig unbrauchbarer Bekleidung. Es folgte dann Weihnachten und ein Lebenszeichen unseres Ältesten, Walter, so daß wir jetzt außer Waltraut alle wieder zusammen vereinigt sind.

Hart hat die Vorsehung uns mitgespielt. Unsere Heimat haben wir verloren, Vertriebene sind wir und werden es bleiben müssen, bis eines Tages die Erlösung erfolgt. Arm sind wir geworden, so arm, wie ja ein Mensch nur sein kann und doch so reich in der Gewißheit und Erkenntnis, daß unser Gott allen nahe ist, die ihn im Ernst anrufen eingedenk seines Wortes: „Rufe mich an in der Not, so will ich dich erretten und du sollst mich preisen."

Die Ausweisung der Schlesier

Die westliche Neiße — so nannte die Potsdamer Konferenz die Lausitzer oder Görlitzer Neiße — ist zum Schicksalsfluß der Schlesier geworden. An ihren Ufern spielte sich eine Tragödie ab, die mit zu den grausamsten Geschehnissen der Weltgeschichte gehört. Die Allgemeinheit weiß noch wenig von den brutalen Ausweisungen und Unmenschlichkeiten, von der Not, dem Hunger und dem Elend, von dem grausigen Massensterben, welche die Schlesier ertragen mußten. Was ich in meiner schlesischen Heimat erlebte, hat mich tief erschüttert, und ich halte es für meine Pflicht, meine Erlebnisse schriftlich niederzulegen, in der Hoffnung, daß berufene Menschen davon Kenntnis nehmen und bereit sind, mit allen Kräften sich helfend einzusetzen. Ich war sieben Wochen an der Neiße und bin am 16. August 1945 nach meinem derzeitigen Wohnsitz W. in Bayern zurückgekehrt.

Auf meinem Wege nach Schlesien traf ich auf den Straßen durch Bayern, Thüringen und Sachsen große Trecks nach Osten ziehender Schlesier, die nun, nach Abschluß des Krieges, wieder nach Hause zurückkehren wollten. Im Raum von Dresden begegneten den in östlicher Richtung sich bewegenden Trecks der heimziehenden Schlesier zuerst einzelne kleinere, dann größere und später endlose Kolonnen, die von Schlesien aus westwärts zogen. Während die in der Richtung Schlesien ziehenden Trecks noch mit hochbepackten Planwagen die Straßen entlang fuhren und voller Hoffnung waren, bald in der Heimat neu beginnen zu können, kam von Schlesien her ein Elendszug der Ausgewiesenen: niedergeschlagene, halbverhungerte Menschen schleppten sich über die Straßen. Sie zogen auf Handkarren und schoben auf Kinderwagen armselige Gepäckstücke. Ich sah ein Fuhrwerk ohne Pferde, vor das sechs Kinder gespannt waren und an dem eine schwangere Frau schob. Ich sah Siebzigjährige, die sich mit einem Handwagen abquälten. Ich sah Borromäerinnen, die an Stricken, die sie sich um die Brust gelegt hatten, Wagen zogen. Ich sah ehrwürdige katholische Geistliche, die mit ihren Gemeinden daherkamen und ebenfalls Wagen zogen und Karren schoben. Und immer riefen die hoffnungslos Gewordenen den nach Schlesien Zurückziehenden zu: „Kehrt um! Es hat keinen Zweck weiterzufahren. Ihr könnt nicht über die Neiße! Der Pole nimmt euch alles weg. Er wird euch ausplündern wie uns und aus Schlesien hinauswerfen. Geht wieder dorthin zurück, wo ihr hergekommen seid!" Überall entstand Ratlosigkeit und Verwirrung. Viele glaubten nicht und fuhren weiter; andere fuhren ihre Wagen auf Seitenstraßen und warteten; wieder andere kehrten um.

Ich kam Görlitz, der großen Stadt an der Neiße, näher. Zehntausende von Menschen stauten sich hier auf den Straßen. Ein unbeschreibliches Bild des Jammers! An Bäumen und Telegraphenmasten klebten Zettel: „Görlitz steht vor der Hungersnot! Trotz der seit Wochen bestehenden Zugangssperre in Görlitz-Stadt und -Land steigt die Bevölkerungszahl katastrophal. Allein im Landkreis beträgt der Zustrom 20.000 Menschen. Weder der Landkreis noch der Stadtkreis haben Lebensmittel für die Flüchtlinge. Mit einer Öffnung oder Lockerung der jetzigen Sperre nach dem Osten ist nicht zu rechnen. Alle Versuche, das Flüchtlingsproblem örtlich zu lösen, sind gescheitert. Die Frage wird höherenorts entschieden. Rückwanderer und Flüchtlinge, sucht sofort andere Orte auf, in denen die Not nicht herrscht! Beachtet ihr diese Warnung nicht, so setzt ihr euch der Gefahr aus, Hungers zu sterben. Görlitz, den 21. Juni 1945. Stadt- und Kreisverwaltung."

Niemand war da, der die Flüchtlingsströme leitete. Man fand nur folgenden Aushang: „Flüchtlinge dürfen nicht hier bleiben, sie müssen weiterfahren nach Brandenburg, Mecklenburg und Pommern." Aber auch aus diesen Gebieten kamen bereits Flüchtlingsgruppen zurück mit den Berichten, daß dort kein Platz sei, weil diese Gebiete überfüllt seien von ausgewiesenen Ostpreußen, Westpreußen und Pommern aus dem Gebiete östlich der Oder und daß man sie für neu hinzukommende Flüchtlinge gesperrt habe. „Weiterfahren! Weitergehen!" lautete überall die Parole. Aber wo ein Unterkommen finden, wo ein Essen für die verhungernden Menschen, das konnte einem niemand sagen. Ich sprach mit Pfarrer Wendelin Siebrecht in Jauernik bei Görlitz, der immer führend in der Caritas tätig war. Er hatte zusammen mit dem Bürgermeister sein Dorf abgeriegelt und gegen neuen Zuzug gesperrt. Auf meine Vorhaltungen hin sagte er: „Wir können nicht mehr anders. Wir müssen hart sein. Unsere Lage ist diese: Ein Rettungsboot, das sechs Leute faßt, ist schon mit zehn Leuten besetzt. Zwanzig weitere kommen angeschwommen und wollen sich an das Boot anklammern. Wenn wir die zehn Leute, die wir schon im Boot haben, retten wollen, müssen wir den zwanzig anderen verweigern, zuzusteigen, weil sonst alle ertrinken müssen." Das ist richtig und doch grausam für die Menschen, die sich aus eigener Kraft nicht helfen können.

Die Straßen in Görlitz werden beherrscht durch die Flüchtlingsgruppen, die in endlosen Reihen von der Neiße-Oder-Niederung, aus verschiedenen Richtungen kommend, durch die Stadt ziehen. Abgerissene, verhungerte und ausgeplünderte Menschen, die ihr weniges Gepäck auf Handkarren hinter sich herziehen oder vor sich herschieben; Pferdewagen ohne Pferde, die von Menschen gezogen werden.

Die Einwohner von Görlitz sehen aus wie wandelnde Leichen. Wachsbleich, eingefallen und abgemagert zu Skeletten. Die Normalverpflegung in Görlitz zur Zeit meines Dortseins: pro Woche 250 g Brot, 50 g Fleisch, 3 Pfund alte oder 1 Pfund neue Kartoffeln. Ich sprach mit dem Wohlfahrtsdirektor Stadtrat Giese, mit den Leuten des Wohlfahrtsamtes, mit den Pfarrern der zwei katholischen Gemeinden, Erzpriester Bollmann, Pfarrer Buchali, Kustos Gebel. Alle waren verzweifelt, niemand kann mehr helfen. Alle örtlichen Hilfsquellen sind erschöpft. Den Männern sah man an, daß sie selbst am Ende ihrer Kräfte waren. Ich ging durch die Flüchtlingslager: Den Flüchtlingen kann hier nur ein Dach überm Kopf geboten werden; sie dürfen nur einen Tag bleiben, dann müssen sie weiterziehen. Irgendwelche Verpflegung kann ihnen nicht gegeben werden. Aber es gibt viele Menschen, die nicht weiterziehen können, deren Kräfte am Ende sind und die hier hinsiechen. Täglich kommen Rollwagen und holen die Leichen der Verhungerten ab. 16 Särge zählte ich auf einem Rollwagen, Särge von Erwachsenen und Kindern. Und ich traf diesen Rollwagen mehrmals täglich in der Stadt. Eine Aufnahme, die ich in der Nikolaikirche von Görlitz machte, zeigt 114 Särge, die Toten von zwei Tagen! Ich sah Menschen auf der Straße zusammenbrechen, weil sie vor Hunger nicht mehr weiter konnten. Ich sprach mit Menschen aus meinem Heimatsort, meiner eigenen Schwester, meiner Schwägerin mit ihren fünf Kindern, die seit fünf Wochen kein Stück Brot mehr gesehen hatten und nur von Rüben lebten, die sie sich von den Dörfern aus den Mieten holten. Meine eigene Mutter ist an Entkräftung gestorben. Das Vieh aus den Dörfern ist von den Russen und Polen abgetrieben worden und deshalb sind die Runkelrüben, die als Viehfutter dienen sollten, noch in den Mieten. Aber, wenn es kein Vieh mehr gibt, gibt es auch keine Milch mehr für die Kinder. Natürlich gibt es auch kein Fleisch mehr und keine Butter. Vor den Geschäften, in denen Lebensmittel verkauft werden, stehen Schlangen in einer Länge und Breite, wie ich sie noch nie gesehen hatte.

Grausig sind die Bilder an der Neiße. An jedem Baum, an jedem Haus hängen Zettel, Suchzettel, z. B.: „Wohlauer! Familie Richard Höhne ist in der Richtung Niesky weitergezogen. Wer unsere Tochter Marianne Höhne findet, gebe ihr Nachricht!“ In solchen Fällen handelt es sich um Mädchen, die von Polen an den Neißebrücken angeblich für Ernteeinsatz zurückgehalten wurden, während die verzweifelten Angehörigen oder ihre Eltern weiterziehen mußten. Oder der zurückgekommene Soldat, der nicht über die Neiße nach Schlesien kann, sucht Frau und Kinder. Oder Frauen und Kinder, die weitergezogen sind, geben die Richtung an, in der sie sich bewegen, damit andere Familienmitglieder, zumeist heimkehrende Soldaten, sie finden sollen.

Die Brücken, die über die Neiße führen, sind gesprengt. Über eine Notbrücke flutet der Strom der Flüchtlinge, von den Polen ausgewiesen, in endlosen Zügen. Man sieht, wie polnische Soldaten am Ostufer die Züge anhalten, die Wagen ausplündern, den Menschen Gepäckstücke wegnehmen, die Pferde ausspannen. Laut schimpfend über diese Rechtlosigkeit ziehen sie nach Görlitz ein, in die Stadt, in der sie Rettung erwarten. „Wenn wir nur erst mal über der Neiße sind!“ hieß es auf dem langen Weg von Gleiwitz nach Beuthen, von Brieg und Ohlau, von Breslau, Öls und Namslau, von Militsch und Trachtenberg, von Liegnitz, Schweidnitz und Buntzlau und aus den Orten des schlesischen Gebirgslandes. Hunderte von Kilometern wurden sie über die Straßen getrieben und immer wieder ausgeplündert, aber die Neiße war ihnen Ziel, dort hofften sie auf Hilfe und Rettung. Nun bricht hier für sie alles zusammen. Niemand ist da, der ihnen helfen kann. Keiner weist ihnen einen Weg in die Sicherheit und zu einer vorläufigen Unterkunft. Sie bleiben sich selbst überlassen, sie werden mitleidslos weitergetrieben wie Aussätzige von Ort zu Ort. Ich hörte eine Frau sagen: „Treibt uns doch auf große Koppeln zusammen, stellt rings um uns Maschinengewehre auf und schießt uns nieder, aber macht es kurz.“ Ich hörte, wie ein Mann aus Myslowitz sagte: „Dieser Strick ist das letzte, was sie mir gelassen haben, an dem ich mich heute noch erhängen werde.“ Ungeheuer steigt die Zahl der Selbstmorde.

Am Westufer der Neiße stehen Tausende von Menschen, in der Hoffnung, doch noch einmal über die Brücke zu können. Meist sind es Soldaten, die zurückkehren und in die Städte und Dörfer wollen zu ihren Angehörigen. Immer wieder versuchen es die Wagemutigen, über die Neiße zu kommen. Tag und Nacht hallen die Schüsse der polnischen Posten, die rücksichtslos auf jeden schießen, der sich dem Ufer nähert. Ich habe es selbst erlebt, wie drei Frauen aus meiner Heimat an der Neiße erschossen wurden.

Ich ging an der Neiße mehr als 100 Kilometer entlang und sah überall das gleiche Bild. Am furchtbarsten waren die Zustände am Neißeübergang zwischen Görlitz und Penzig bei den Orten Lissa und Zodel. Hier wurde den Flüchtlingen fast alles weggenommen. Die Pferdewagen mußten stehenbleiben, Wagen stand an Wagen, ein unübersehbarer Zug, kilometerlang. Die Ausgetriebenen und Ausgeplünderten kamen nach dem Westufer. Hier war es auch, wo bei fast allen Trecks die Mädchen zurückgehalten wurden. Aber ich sah ähnliche Bilder in Rothenburg und am Neißeübergang in Muskau, wo die Flüchtlingszüge durch die Stadt Weißwasser kamen. Millionen von Schlesiern sind in den letzten Wochen ausgewiesen worden. Ich selbst gehöre dazu und habe von meinem Besitztum, einer größeren Glashütte, nichts anderes als einen auf einem Vervielfältigungsapparat abgezogenen Zettel: „Bescheinigung. Der Inhaber dieser Bescheinigung R. S. und vier Personen aus Penzig in Schlesien sind Flüchtlinge und wurden durch die polnische Kommandantur am 20. Juni 1945 ausgewiesen und enteignet. Stempel. Unterschrift." — Ich sprach während meines siebenwöchigen Aufenthaltes in Schlesien mit Tausenden von Flüchtlingen, keiner glaubte, daß die Grenzziehung eine endgültige ist, daß man ganz Schlesien, vor allem das rein deutsche Niederschlesien bis an die Görlitzer Neiße, den Polen übergeben könnte. Keiner glaubt an diesen Wahnsinn und alles klammert sich an die Hoffnung, daß eine Vernunftslösung kommen muß und daß man wieder zurück kann. Mir gelang es, zweimal über die Neiße zu kommen. Ich ging durch menschenleere Orte östlich der Neiße. Ich war in meiner zerschossenen Heimatstadt, in der nur wenige Polen und einige zurückgehaltene deutsche Handwerker und Bauern lebten. Die Häuser sind ausgeplündert. Die Lastkraftwagen der Polen rollten die Möbel ab. In den Gärten hingen Bäume und Sträucher voller Obst. Die Ernte auf den Feldern wurde nur notdürftig geborgen, während westlich der Neiße Menschen verhungerten.

In meiner Heimat erfolgte die Ausweisung folgendermaßen: Die wiedergekehrte Bevölkerung, etwa 4000 Personen, wurde morgens 8 Uhr auf den Marktplatz bestellt. Es wurde verkündet, daß die Einwohner ausgewiesen seien. Sie hätten sich nach 1½ Stunden mit 40 Pfund Gepäck pro Person auf dem Marktplatz wieder einzufinden. Der Platz war umstellt von polnischen Soldaten mit Maschinengewehren. Polnische Soldaten gingen mit den Bewohnern in die Häuser. Sie ließen kaum mehr als 30 Minuten, in den meisten Fällen nur 15 Minuten zum Einpacken der Habseligkeiten und trieben die Menschen zum Teil mit Schlägen zurück zum Sammelplatz. Der Zug wurde zum Ortsausgang geführt und das Gepäck kontrolliert. Dabei wurden die Menschen ausgeplündert und nicht nur Uhren und Schmuck, nicht nur Geld und Lebensmittel, auch Eßbestecke, Betten und Decken wurden ihnen genommen. Bei der ganzen Aktion wurde mit Knuten auf die Menschen eingeschlagen und scharf geschossen, und zwar so, daß die Einschläge kurz vor den Füßen der Leute in die Erde gingen.

Ich sprach mit polnischen Soldaten und Offizieren über die brutale Ausweisungsmethode. Immer wieder hörte ich: „Die SS hat es noch viel schlimmer getrieben." Ich entgegnete darauf: „Die SS hat sich zum Heidentum bekannt, während ihr doch katholische Christen seid." In einem Falle wurde mir darauf geantwortet: „Jetzt sind wir Polen!" Der schlesische Mensch, der zum großen Teil katholisch ist, ist für die angeführten Übergriffe der SS am wenigsten zur Verantwortung zu ziehen. Es ist bekannt, daß gerade die Katholiken eine geistige Front gegen den Nationalsozialismus und seine Methoden gebildet haben. Aus den verzweifelten Aussprüchen der vertriebenen Schlesier ist immer wieder folgendes tief beeindruckend: Warum kümmert sich niemand um uns? Warum werden wir wie Aussätzige über die Straßen gejagt? Warum sterben Tausende, Zehntausende, vielleicht Hunderttausende, vielleicht Millionen an den Straßenrändern, in den Flüchtlingslagern? Und oft hörte ich: Wo ist die Kirche? Wo ist die Caritas? Wo ist das Rote Kreuz?

20. August 1945. R. S., früher P., Schlesien.

Im Walde von Rainiai

Aus „Der Wanderer"

Der Verfasser dieses Artikels, ein Student der Theologie, ist ein Augenzeuge der unten geschilderten blutigen Tragödie. Er möchte seinen Namen der Öffentlichkeit nicht angeben, weil er in seiner Heimat L i t a u e n, wo die Tragödie sich am 24. Juni 1941 abspielte, Angehörige hat, die wegen der Namenangabe von den Bolschewisten irgendwie behelligt würden. Der erwähnte Verfasser erlebte die grausame Okkupation Litauens durch die Bolschewisten vom Juni 1940 bis zum 22. Juni 1941 und ist während der zweiten Okkupation 1944 vor den Roten nach Westen geflohen, von wo er vor sechs Monaten als DP nach den Vereinigten Staaten kam.

St. Paul, Minnesota, 26. Jänner 1950.

Während der ersten Okkupation Litauens lebte ich in meiner Heimatstadt Telsiai, die in West-Litauen liegt und 11.000 Einwohner zählt. Dieses Okkupationsjahr war das traurigste in der Geschichte des litauischen Volkes. Für mich persönlich war diese Zeit die schlimmste in meinem Leben. Obwohl seitdem schon acht Jahre vergangen sind, so stehen doch die blutigen Ereignisse, die verbrecherischen Taten der russisch-asiatischen Barbarei heute noch unverblaßt vor meinen Augen. Das Verbrechen gegen die Menschlichkeit hat seinen Höhepunkt in der Tragödie, die sich in einem Walde, Rainiai genannt und drei Kilometer von der Stadt Telsiai entfernt, abgespielt hat, erreicht.

Ungefähr ein halbes Jahr nach der Besetzung Litauens hatten die Russen zweihundertsiebzig Litauer aus der erwähnten Gegend verhaftet und eingekerkert, worunter sich zwei meiner Schulkameraden befanden. Nicht wenige von den Verhafteten waren Bauern, die der Sabotage beschuldigt wurden, weil sie die widersinnig hohe Pflichtlieferung an Getreide und Vieh dem Staate nicht leisten konnten. Die kommunistische Regierung verlangte absichtlich von den Bauern so viel, daß es sich nicht mehr lohnte, selbständig zu wirtschaften. Man wollte sie dadurch zwingen, mit Hab und Gut dem kollektiven Wirtschaftssystem beizutreten, wo alles gemeinschaftlich verwaltet wird und der Mensch nichts mehr sein eigen nennen darf. Wer aber sich dennoch weigerte, dem wurde die Sabotage zur Last gelegt und er wanderte ins Gefängnis. Die anderen von den Verhafteten waren Beamte, besonders ehemalige Polizeibeamte, die nur deswegen verhaftet waren, weil sie während der Unabhängigkeitsperiode Litauens „der Bourgeoisie gedient hatten".

Nach Verlauf einiger Wochen fand das Verhör statt und dabei wurde eine Methode angewendet, die der zivilisierten Welt aus dem Verhör S. E. Kardinal Mindszentys bekannt ist. Die russischen Rechtsprinzipien sind einfach: der Beschuldigte muß seine Schuld auf Biegen oder Brechen eingestehen. Auch in diesem Falle haben alle die zweiundsiebzig sich für schuldig erklärt und sogar alles schriftlich bekräftigt. Über die unmenschliche Behandlung der Häftlinge beim Verhör erfuhr man von einem der Gefangenen, namens Tervainis, meinem Freunde. Er hatte den Bericht auf einem Metallteller mit einem harten Gegenstande eingraviert und nachts durchs Fenster auf die Straße geworfen. Zum Glück fand den Teller ein Litauer, Mitglied der Untergrundbewegung.

Am 22. Juni 1941 brach der Krieg zwischen Deutschland und der Sowjetunion aus. Die russischen Truppen hatten eine Niederlage erlitten und zogen sich zurück. Man rechnete mit einem Angriff der Deutschen in wenigen Tagen auf unsere Stadt. Die Russen begannen sie zu räumen. Der Bürgermeister dieser Stadt, ein ausgesprochener Kommunist, befleißigte sich, alle Wertsachen und Papiere der Kommunistischen Partei aus der Stadt zu entfernen. Inzwischen wurde die Lage kritischer. Die russische Kommandantur verzog sich und überließ alles der Partei, an deren Spitze der Bürgermeister stand. Seine Sekretärin hat später berichtet, er habe mit seinen Parteigenossen eine Beratung, die zweiundsiebzig politischen Gefangenen betreffend, gehalten. Er meinte, die Hunde freizulassen käme überhaupt nicht in Frage. Sie zu erschießen wäre ein zu mildes Vorgehen. Man müsse sie so hinrichten, daß ihre Mütter sie nicht mehr wiedererkennen könnten, denn dadurch werden sie dem Volke als ein gutes Beispiel dienen, wie die Feinde der „demokratischen“ Arbeiterklasse gemaßregelt werden.

Während dieser Beratung wurde dem Bürgermeister gemeldet, die Kommunisten hätten erfahren, daß die litauischen Patrioten Vorbereitungen träfen, das Gefängnis anzugreifen und die Gefangenen zu befreien. Es war tatsächlich so, denn ich war selbst bei der Rettungsaktion beteiligt. Wir ahnten, daß es den politischen Gefangenen sehr schlecht ergehen werde. Wahrscheinlich hätten wir unseren Plan verwirklicht, denn in der Stadt waren nur sehr wenige Russen und unsere Gruppe war stark. Zum Unglück aber kamen inzwischen viele russische Panzer in die Stadt, die auf dem Rückzug waren, und machten hier halt. Der Bürgermeister suchte sofort den russischen Major auf, der als Chef dieser Panzereinheit mitgekommen war, und berichtete ihm über das

Vorhaben der litauischen Untergrundbewegung dieser Stadt. Auf Befehl des Majors umringten die schweren Panzer das Gefängnis, um etwaige Angriffe der Litauer abzuwehren. Wir waren entsetzt, als wir das sahen. Unser Plan war vereitelt, denn wir hatten zu lange gezögert, den gefährlichen Schritt zu wagen.

Was jetzt im Gefängnis geschah, wurde von einem Gefangenenwärter später berichtet. Der Major untersuchte in der Gefängnisschreibstube die Akten der Gefangenen, worin die zweiundsiebzig ihre „Schuld" unterschrieben hatten. Der Bürgermeister war sehr nervös. Von Westen her hörte man das Donnern der Kanonen und er ermahnte den Major, er müsse sich beeilen, sonst würde man in die Hände der Nazis geraten. Er (der Major) ließ sich die größeren Räume des Gefängnisses zeigen und sagte: „Zu wenig Platz ist hier für die Exekution. Laßt uns die zweiundsiebzig litauischen Hunde in den naheliegenden Wald Rainiai bringen und sie dort hinrichten, wie es sich gehört." Dem Bürgermeister gab er Anweisungen, was er vorzubereiten habe. Dann ließ er die Gefangenen einzeln zu sich in die Schreibstube führen und stellte ihnen irgendwelche harmlose Frage. Anschließend befahl er dem Gefangenen, den Vokal „A" laut auszusprechen. Wenn er das tat, steckte ihm ein hinter ihm stehender Russe ein Tuch in den Mund und ein anderer band seine Hände mit einem Draht. Dann wurde er weitergegeben, nach draußen getragen und wie ein Mehlsack in einen dazu bereitstehenden Lastwagen geworfen. Auf diese Weise wurden alle zweiundsiebzig schnell verladen. Die Lastwagen wurden mit Decken zugedeckt. Während dieser Aktion durfte sich niemand in der Nähe des Gefängnisses aufhalten oder aus einem Fenster zum Gefängnis hinschauen. Wenn jemand es tat, wurde daraufgeschossen.

Ich habe aber doch mit einigen Kollegen aus einem Dachfenster eines in der Nähe liegenden Hauses alles dies beobachtet. Wir sahen, daß hinter dem Wagen mit den Gefangenen ein anderer Wagen stand, der mit verschiedenen Instrumenten beladen war, wie z. B. vielen Spaten, zwei Kesseln. Der Wagen wurde auch zugedeckt. Jetzt erschien draußen vor dem Gefängnis der Major selbst und erteilte Befehle, daß alle russischen Wehrmachtsangehörigen mit der motorisierten Kolonne, die jetzt abfahrtbereit stand, mitkommen sollten. Die Stadt werde vollständig geräumt. Am Schluß fügte er noch hinzu: „Drei Kilometer von hier, im Rainiai-Walde, werden wir einen einstündigen Aufenthalt haben." Uns war jetzt alles klar. Die Kolonne setzte sich in Bewegung. Die Panzer, die bis jetzt das Gefängnis bewacht hatten, fuhren mit. Ihnen schlossen sich Infanteristen mit schußbereiten Gewehren an. Die zwei Sadisten, der Major und der Bürgermeister, bestiegen einen Personenwagen und fuhren der Kolonne voraus. Man konnte sehen, daß die Russen einen Angriff fürchteten. Ein Wehklagen und Schimpfen auf die Asiaten entstand unter der Bevölkerung dieser Stadt. Wir waren aber machtlos und konnten den Unglücklichen nicht helfen. Oh, hätten wir den Rettungsversuch gemacht, bevor die Panzer in die Stadt kamen!

Von weitem sahen wir, daß die Kolonne am Walde hielt und die Wagen mit den Opfern in den Wald hineinfuhren. Ein Bauer, der in der Nähe des Waldes wohnte, hat später berichtet, er hätte ein entsetzliches Schreien und Stöhnen im Walde gehört. Nach ein paar Minuten hätten die Russen die Maschinenmotoren angelassen, mit einigen Musikinstrumenten gespielt, gesungen und sonst viel Lärm gemacht, so daß das Schreien der Gemarterten übertönt wurde. Die Exekution habe eineinhalb Stunden gedauert. Als die letzten russischen Truppen in wilder Flucht vor den heranrückenden Nazis durch die Gegend zogen, verließen auch die Sadisten den Wald und verzogen sich in Richtung Osten. Ihr Werk war vollbracht.

Erst am nächsten Tage durften wir uns zu diesem schauerlichen Orte begeben. In der Waldlichtung sahen wir auf der Erde verschiedene Instrumente herumliegen: einige Zangen, Messer, vier Äxte und eine Dynamomaschine, mit deren elektrischem Strom die Opfer gepeinigt wurden. Weiter waren zwei Feuerstellen, worauf Kessel mit etwas Wasser gestellt waren. Auf der Erde waren große Blutflecken zu sehen. Einige Meter weiter fanden wir zwei Massengräber, worin die Ermordeten ruhten. Ein schrecklicher Anblick bot sich uns, als wir sie ausgegraben hatten. Sie waren derart durch die Tortur entstellt, daß ihre Angehörigen sie nicht mehr wiedererkennen konnten. Bei einigen waren die Schädel mit Gewehrkolben oder Äxten zerschmettert. Bevor wir sie ausgegraben hatten, fanden wir auf der Erde einige Schädelteile. Ich habe einen von meinen Kollegen wiedererkannt, sein Schädel aber war leer, ohne Gehirn. Verbrannte Gesichter und haarlose Köpfe zeugten davon, daß die Opfer mit siedendem Wasser gemartert wurden. Einer war skalpiert worden. Bei allen waren die Zungen herausgerissen, Augen ausgestochen, und das Abscheulichste war für uns, daß bei den jüngsten Märtyrern die partes sexuales abgeschnitten und in deren Mund gesteckt waren. Beim Anblick dieser bestialischen Tat fielen einige Frauen in Ohnmacht. Zwei ältere Frauen wuschen sorgfältig eine jede Leiche mit Wasser ab, um dadurch ihre Söhne erkennen zu können. Die eine hat ihren Sohn nur am Muttermal erkannt und die andere an seinem Hemd, das sie selbst für ihn gemacht hatte. Sie umarmten weinend die entstellten Leichen ihrer Kinder und brachen ohnmächtig zusammen. Es waren mehrere Angehörige der Märtyrer dabei und lautes Weinen und Klagen erschallte im ganzen Walde.

Ich verließ schnell den schauerlichen Ort, denn es begann mich zu ekeln und mir wurde schwindlig. Immer dachte ich, es kann dies keine Wirklichkeit sein, es muß ein böser Traum sein.

Während der Nazi-Okkupation hatten wir ein schönes Denkmal für die Opfer des Bolschewismus errichtet, und zwar am selben Orte, wo sie gelitten hatten. Als die asiatischen Horden im Herbst 1944 Litauen wieder besetzten, wurde es in die Luft gesprengt.

Diese blutige Tragödie, die sich am 24. Juni 1941 abgespielt hat, ist und bleibt lebendig im Gedächtnis eines jeden Litauers. Beim Rückzug 1941 haben die Russen an mehreren Orten in Litauen ähnliche Verbrechen begangen, z. B. bei Panevezis haben sie sämtliche Arbeiter einer Zuckerfabrik erschossen. Einige Priester sind grausam hingerichtet worden. Das Gefängnis in der Hauptstadt Kowno war mit politischen Gefangenen überfüllt. Als der Krieg ausbrach, wurden sie nach Rußland transportiert. Bei Minsk in Rußland konnte der Transport nicht mehr weiter, weil die Eisenbahn von den Fliegern zerstört wurde. Die Gefangenen wurden im Walde in Reihen ausgerichtet und mit automatischen Gewehren umgelegt. Nur einigen gelang es, dem Blutbad zu entkommen, worunter ein litauischer Priester war. Er wohnt jetzt in Chikago und heißt Rev. P. Petraitis.

Der zivilisierten Welt wird es vielleicht unglaublich vorkommen, daß so etwas im 20. Jahrhundert möglich ist. Es gibt für mich nichts Leichteres, als die Wahrheit dieser Tatsachen zu beweisen, besonders was die Tragödie zu Rainiai angeht. Ein anderer Augenzeuge dieser Tragödie wohnt in New Haven, Conn.

Es gibt aber sonst viele litauische Dokumente, wie z. B. das während der Nazi-Okkupation herausgegebene vierbändige Buch „Archyvas", welches den Vorfall klar erläutert.

Titos „Ozna" am Werk

Wie in vielen anderen Orten Jugoslawiens wurden im Oktober 1944 auch in Neusatz, der Hauptstadt der Wojwodina, nahezu alle Volksdeutschen durch Organe der neuen jugoslawischen Behörden aus ihren Wohnungen geholt. Man hielt sie einige Zeit im Gebäude der Marine an der Donau gefangen. Von dort wurden sie dann gruppenweise zur Nachtzeit weggeführt und in der Nähe der Schlachtbrücke ohne Verfahren erschossen. Der bekannte Neusatzer Ingenieur Wilhelm Weiß, der Rechtsanwalt Dr. Leopold Veith und Pater Weinert von Palanka wurden so liquidiert.

Das Konzentrationslager in Neusatz befand sich im Sumpfgebiet an der Donau. Obwohl sich gegen 2000 Volksdeutsche ständig im Lager befanden, bestand es nur aus zwei Baracken. Eine war für die Frauen und Kinder, die andere für die Männer bestimmt. Besonders schlecht hatten es die Frauen. Gegen 700 und noch mehr befanden sich in einem Raum, welcher kaum für 100 Menschen Platz bot. Sie mußten durch drei Jahre in zwei Etagen übereinander auf Brettern liegen, konnten sich nicht waschen und waren meist so zusammengepfercht, daß sie sich nicht einmal ausstrecken konnten. Die Baracken hatten natürlich keine Fenster und waren dumpf und finster. Dieses Neusatzer Lager hieß trotz alledem amtlich Zentrallager, und obwohl es nur aus zwei schäbigen Baracken, einem Schweinestall und einem Bunker bestand, ist dennoch fast die Hälfte der damals in Jugoslawien lebenden Volksdeutschen durch dieses Lager gegangen. Wenn durch viele Todesfälle irgendein anderes Lager nur noch wenige Überlebende hatte, löste man es auf und schickte diesen Rest hieher.

Als das Konzentrationslager Betschkerek am 22. Mai 1947 aufgelassen wurde, haben sich tags zuvor Organe der Ozna fünf deutsche Mädchen und drei Frauen aus diesem Lager bringen lassen. Sie wurden zuerst eingesperrt. Zur Nachtzeit wurden sie dann aus dem Gefängnis in die Kanzlei geholt. Dort mußten sie sich vor den Funktionären dieser berüchtigten Polizeiorganisation nackt ausziehen. Die Organe der Ozna hielten dann einzelnen von ihnen brennende Zigaretten an die nackten Brustwarzen, rissen ihnen Haare aus der Gegend der Geschlechtsteile, trieben mit ihnen Spott und befriedigten an diesen unschuldigen Menschen auf solche und ähnliche Art ihre perversen Gelüste.

Aus Neusatz trieb man Lagerinsassen auch ständig auf Zwangsarbeit. So führte man auf einmal in einem Transport 875 Volksdeutsche gleichzeitig weg. Man brachte sie nach Mitrowitza in Syrmien, wo sie längere Zeit beim Eisenbahnstreckenbau arbeiten mußten. Sie mußten schwere Eichenschwellen auf weite Strecken im Laufschritt tragen und wer nicht mehr konnte, wurde erschossen. Die Kranken aber wurden abends immer weggeführt, erschossen und in die Save geworfen. Nur 300 von den 875 Neusatzern sind nach Beendigung dieser Zwangsarbeit aus Mitrowitza in das Lager zurückgekehrt.

Jeden Morgen, bevor es noch dämmerte, wurden die Lagerinsassen, die sich nicht irgendwo auswärts auf ständiger Zwangsarbeit befanden, aus den Baracken getrieben und mußten sich, die Frauen von den Männern getrennt, aufstellen und stundenlang warten. Dann kamen die Sklavenhändler. Sie gingen die Front ab und kauften sich für den betreffenden Tag oder auch für längere Zeit die Männer, aber auch jene Mädchen und Frauen, welche ihnen am besten gefielen. 80 Dinar hatten sie für so einen Menschen zu bezahlen und dann gehörte er für diesen Tag ihm. Stattlicher aussehende Frauen und Mädchen wurden zu prominenten Vertretern der neuen Behörden und zu kommunistischen Parteigrößen zur Besorgung von Arbeiten im Haushalt wie Sklavinnen abgegeben. Sie mußten gehen, selbst auf die Gefahr hin, als Mädchen für alles benützt zu werden. Eine Deutsche hatte sich einmal geweigert, so eine zweifelhafte Stellung anzunehmen. Sie wurde in den Bunker geworfen und vergewaltigt.

Daß man selbst bei den höchsten Stellen die deutschen Frauen nur als Objekte für niedere Zwecke betrachtete, geht daraus hervor, daß auch der Sektionschef über alle Lager persönlich einer solchen hübschen jungen deutschen Frau namens Olga R. einen derartigen unsittlichen Antrag stellte. Sie hat sein Ansinnen mit Entrüstung zurückgewiesen. Da sie dafür böse Folgen befürchtete, ist sie aus dem Lager entwichen. Es ist ihr auch gelungen, über die Staatsgrenze nach Ungarn und später bis Österreich zu gelangen.

Die Verpflegung war in Mitrowitza sehr schlecht. Sie bestand entweder aus Gerste oder aus Erbsen und einem ganz kleinen Stück gebackenen Maisschrot statt des Brotes. Im Sommer 1947 gab es Monate lang nur verdorbene, verschimmelte und übelriechende Gerste, deren Genuß schwere Erkrankungen verursachte.

Brutale Mißhandlungen der Lagerinsassen, der Frauen wie der Mädchen, waren an der Tagesordnung. Alles dies geschah mit Wissen der höchsten Regierungsstellen. Durch besondere Grausamkeit zeichnete sich der damals kaum 19jährige Bruder des Innenministers der Wojwodina aus. Viele Frauen wurden von ihm geprügelt und noch im Frühjahr 1948 hat dieser Ministerbruder, mit der Pistole in der Hand deutsche Frauen und Mädchen, auch die dort internierten österreichischen Frauen, bedroht, gequält und im Lagerhof umhergetrieben.

Wegen dieser ständigen unmenschlichen Behandlungsmethoden sandte Dr. Wilhelm Neuner eine schriftliche Beschwerde direkt an den jugoslawischen Ministerpräsidenten nach Belgrad. Es kam darauf ein Vertreter des Belgrader Innenministeriums und führte eine Untersuchung. Im Laufe dieser erhob Dr. Neuner diesem Regierungsvertreter gegenüber in Anwesenheit des verantwortlichen Sektionschefs Klage darüber, daß trotz der Beendigung des Krieges noch immer Volksdeutsche grausam behandelt und ohne Verfahren erschossen würden. Seitens der behördlichen Vertreter wurde n i c h t in Abrede gestellt, daß bereits gegen 20.000 deutsche Zivilpersonen in Jugoslawien in den Lagern liquidiert wurden. Der Belgrader Regierungsvertreter versprach jedoch für die Zukunft Abstellung der bisherigen Ungesetzlichkeiten in den Lagern der deutschen Zivilpersonen.

Stalin wird dafür sorgen!

Eine Frau, die sich mit ihrer Familie nach Amerika retten konnte, schreibt nachfolgendes unter eidesstattlicher Erklärung. E. J. R.

Ich bin in der Batschka geboren, einer Gegend, die unsere Vorfahren in mehr als dreihundertjähriger Arbeit kultiviert haben. Und der Dank —? 1938 hörte ich auf dem Wege nach Belgrad beim Anblick des schönen Semun: „Ja, das ist Semun. Hier werden wir bis zu den Knien in deutschem Blute waten! Stalin wird dafür sorgen." Ein anderer sagte: „Wir werden die deutschen Frauen mit dem Kopf nach unten eingraben, sie schänden und dann in Stücke reißen." Eine Frau sagte darauf: „Ich bin mit einem Paar Handschuhen und einem Gürtel aus deutscher Haut zufrieden." Ich dachte, ich sei unter Irrsinnigen und verließ den Wagen. Ich konnte nicht verstehen, daß ein Volk Mordgedanken hegen konnte gegen ein anderes, das ihm soviel Gutes getan hat.

Im Oktober 1944 verließ ich mit meinen zwei Kindern mein Heim. Wir wanderten von Platz zu Platz, von Lager zu Lager, hungrig und halb erfroren. Ich verlor den Glauben an die Menschen, bis wir am 10. Februar 1945 in Proschwitz bei Arnau, Sudetenland, ankamen. Es war ein kalter Tag; wir hofften, wenigstens ein Strohlager zu finden, auch wenn es nichts zu essen gäbe. Wir machten einen kurzen Besuch in der Kirche und baten um Gottes Beistand. Als wir herauskamen, nahmen uns Stadtbewohner freundlich auf, ohne nach unserer Nationalität oder Religion zu fragen. Obwohl sie bereits Heimatlose bei sich hatten, teilten sie mit uns ihr Lager und ihr Brot. Ich konnte nicht glauben, daß jemand diese Menschen nicht lieben könnte. Wenige Tage später sprach ich, der slawischen Sprache mächtig, mit Tschechen und ich fand denselben Haß gegen die Sudetendeutschen wie 1938 in dem Zug in Jugoslawien.

Im März 1945 ging es wieder weiter. Bei einem kurzen Aufenthalt in Prag am 19. März 1945 erlebte ich einen anderen kommunistischen Traum. „In sechs Monaten", sagte einer, „werden die Deutschen Sklaven sein; in fünf Jahren sind wir Herren des Vereinigten Europa; dann wird Amerika von uns Befehle entgegennehmen, nicht wir von ihm."

Am 6. Juni 1945 wurden wir in Steyr, Österreich, in Viehwagen verladen, zum Abschub nach Ungarn. Wir brauchten zwölf Tage für 600 Kilometer. Es war nicht mehr das alte Ungarn. Untertags standen wir gewöhnlich auf einem Bahnhof herum und wurden von Kommunisten beschimpft. Bei Einbruch der Nacht fuhr der Zug einige Stunden weiter und hielt dann wieder an. Russische Soldaten mißbrauchten Kinder von 13 Jahren und alte Frauen, wer ihnen eben gerade in die Hand fiel. Als wir uns der jugoslawischen Grenze näherten, sagte man uns, daß alle Leute mit deutschen Namen im KZ seien. So blieb ich in einer ungarischen Stadt. Auch hier wurden deutsche Priester und Nonnen von den Kommunisten gehaßt und gehetzt. Zumeist zur Nachtzeit wurden sie mitten im Winter aus ihren Wohnungen verjagt. Um nicht den Russen in die Hände zu fallen, schlief ich auf einem Strohhaufen.

Anfang Februar 1946 gelang es mir, unbemerkt von den Wachen, die jugoslawische Grenze zu überschreiten und ins KZ in Gador zu kommen. Hier hatte ich einen Anblick, der mir zeitlebens unvergeßlich bleiben wird: Einen Schweinetrog, gefüllt mit gemahlenem Mais und Wasser, aus dem die Menschen mit ihren Händen essen mußten. Sie waren am nächsten Morgen tot. Einem kommunistischen Soldaten, der das Essen verdorben hatte, war dies nicht genug. Kinder aus einem anderen Lager wurden, nur halb bekleidet, an diesem kalten, schneeigen Tag hiehergebracht. Man sah nur Haut und Knochen, Beulen am Kopf, geschwollene Ellbogen und eingefallene Augen. Die Soldaten stießen sie herum, wenn sie sich nicht aufrechthalten konnten. Man brachte sie zu einem von Stacheldraht umgebenen Platz. Der schneebedeckte Grund war blutbefleckt. Als einige von ihnen gegen den Zaun rannten und nach ihren Müttern riefen, wurden sie geschlagen. Die Toten unter ihnen warf man am nächsten Morgen in Gruben, nachdem man ihnen zuerst jedes Kleidungsstück abgenommen. Ich sah halbbekleidete Frauen und Mädchen, die im knietiefen Schnee Mais auflesen mußten. Dann kam ich wieder zurück nach Ungarn.

Jetzt bin ich in Amerika. Und ich kann die Drohungen nicht vergessen, die man damals gegen Amerika und seine Bewohner ausstieß.

Aus polnischen Sklavenlagern

S . . . ., 4. Dezember 1949.

Lieber Bruder!

Sonntag ist heut. Der Sturm peitscht um unseren Stall. Es ist ein Wetter, in dem man keinen Hund vor die Tür jagt. Und morgen beginnt wieder eine neue Woche. Eine Woche, die nur Sorge und Qual bringt. Keine Aussicht, wann einmal das Ende kommt. Trotzdem ich Deine Post schon beantwortet habe, sitze ich hier und schreibe an Dich. Schreibe, daß das Herz ruhiger wird und die Nerven sich beruhigen und keine Dummheiten machen. Ja, Sonntag ist heut, der zweite Adventsonntag. Ihr sitzt bestimmt alle zusammen. Uns Arme trieb man heute raus zur Hasenjagd. Schon das zweite Mal. Wir baten um etwas auf die Füße. Die Antwort war eine Tracht Prügel. Nicht die erste und nicht die letzte, und wir mußten gehen. Trotz aller Pein wollte uns doch das Glück etwas hold sein. Es war eine U.-B.-Jagd; als die Herren kamen, hatten sie doch etwas mehr Verstand als unser Herr und frugen erstaunt, was wir Frauen hier machten. Wir sind immer die einzigen Frauen von den vielen Gütern, die hier in der Umgebung sind und zu allem herangezogen werden. Woanders haben sie's mit allem besser. Gerade wir armen acht Erwachsenen und vier Kinder sind in diese Hölle geraten. Man ist zu allem fähig und ich glaube, Gott würde es verzeihen.

Zehn Kilometer gingen wir zu Fuß nach Hause. Die Tränen rannen uns das Gesicht herunter. Gott, wie lange noch —? Wann schlägt die Stunde unserer Erlösung? Alles nur, weil wir Deutsche sind, rechtlos und preisgegeben... Bruder, Du bist doch in der englischen Zone. Hast Du keine Verbindung mit einer Behörde? Es sind doch schon fünf Jahre nach dem Krieg. Gibt es denn keine Hilfe? Dann ist schon keine Rettung mehr. Besser, ein Ende mit Schrecken als kein Ende. Wenn wir in diesem Monat nicht fahren, im Jänner bei 10 Grad Kälte geht schon kein Transport. Kannst Du mich nicht vom Konsulat anfordern und die Erlaubnis besorgen, daß ich fürs eigene Geld fahre? Bis zur Grenze würde es mir doch langen.

Wir werden hier als Saisonleute behalten. Bei der zweiten Aufschrift wurde nur unsere 71jährige Oma aufgeschrieben und wir nicht. Lieber Bruder, versteh doch meine Briefe und meine Not. Alles habe ich verloren, aber meine Knochen sollen sie nicht haben. Ich will es wenigstens dorthin schaffen, wo meine liebe Muttel ist. Bitte, schreibe zu Weihnachten an G. und T. Ich möchte mit meinem Leid nicht ihre Herzen beschweren.

Es grüßt Dich Deine traurige Schwester X.

Nachschrift: Verzeih die Fehler. Hier dürfen wir deutsch sprechen. Fünf Jahre habe ich schon keine Uhr und kein Buch. In einer Nacht bekam ich zweimal den Krampf im Gesicht, so daß ich gar nicht rufen konnte.

*

Eine Mitgefangene schreibt dazu:

Lieber Herr X.!

Wir sitzen heute abend hier alle beisammen beim Schreiben, weil wir heute früh geprügelt wurden und schon das zweite Mal zur Hasenjagd rausgetrieben. Da es uns doch an allem fehlt, besonders an Fußbekleidung, da wollten wir auf die Füße haben, dann wurden wir noch geschlagen und genau so rausgetrieben. Auch eine Mutter von zwei Kindern wurde geschlagen und genau so rausgetrieben, weil es eine U.-B.-Jagd war. Und die Herrschaften hatten doch mehr Verstand und wiesen uns erst nach Hause. Es wird uns hier von unseren kein gutes Wort gegönnt; es wird nichts anderes gesagt, als ihr verfluchten Krüppel oder ihr verfluchten Tatten und Huren. Lieber Herr X., bitte um

Verzeihung, daß ich auch ein paar Zeilen geschrieben habe; muß es leider tun, damit sich ein bißchen die Nerven beruhigen.

Es grüßt die Freundin Ihrer Schwester X.

Polnische Grausamkeiten

Im Jahre 1945 errichteten die Polen im Bauerndorf Lamsdorf im deutschen Oberschlesien ein Konzentrationslager, dem es vorbehalten blieb, alle in Nazi-KZ-Lagern bekanntgewordenen Greueltaten weit zu übertreffen.

Die hieher gelangten Schlesier aller Kreise und Altersklassen erfuhren gleich am ersten Tage, was sie erwartete, denn jeden neu ankommenden Trupp empfing der Lagerkommandant „Gimborski" mit den Worten: „Hier werdet ihr ein Lager kennenlernen, das euch deutschen Schweinen zeigen wird, was für Schwächlinge eure SS-Männer gegen meine Partisanen gewesen sind."

Viele Häftlinge hielten dies für eine übertriebene Drohung, sie wurden bald eines Besseren belehrt. Nicht umsonst wurde dieses oberschlesische Lager selbst von den neuen polnischen Siedlern als das Blutlager, als die Hölle von Lamsdorf bezeichnet.

Die Lagerleitung setzte sich aus dem bereits genannten Kommandanten „Gimborski", einem polnischen Major und 50 Milizmännern zusammen. Die meisten von ihnen wurden den — „davongekommenen" Häftlingen nur mit dem Vornamen oder Spitznamen bekannt. Die berüchtigtsten waren: „Ignatz", der Mörderling, der „wilde Antek" und der „Neunfingerige". Die Miliz unterstand offiziell dem Starosten (Landrat) von Falkenberg, der die Polizeigewalt im Kreise ausübte. Verbindungsmann zur BUP (polnische Geheimpolizei) war „Leutnant" Kuczmerczik, ein ebenso feiger wie blutdürstiger Bandenführer.

Die Lagerinsassen waren zu 98 Prozent Schlesier, die man meist nachts aus ihren Häusern gejagt, ihrer gesamten Habe beraubt und nach Lamsdorf getrieben hatte. Die wenigsten von ihnen waren politisch belastet, der überwiegende Teil von ihnen setzte sich aus friedlichen Handwerkern, Bauern, Arbeitern, Geschäftsleuten, Beamten und Angestellten zusammen.

Oft wurde gleich die gesamte Einwohnerschaft eines Dorfes, vom Säugling bis zum 92jährigen Greis, auf der dunklen Straße zusammengetrieben, von der Miliz ausgeplündert und ins Lager geschafft. So geschah es z. B. mit den Ortschaften Bielitz, Neuleippe, Ellguth-Hammer, Steinaugrund, Lippen, Jatzdorf, Groß-

Mangerdorf, Goldmoor, Hildersdorf, Arasdorf und Lamsdorf selbst.

Kranke legte man im Lager einfach auf die Straße, wo sie häufig bald starben — wenn man sie nicht sofort tötete. Wurden sie wirklich in die Krankenbaracke geschafft, so gingen sie dort aus Mangel an Nahrung, Pflege und Medikamenten zugrunde.

Die Aufnahme im Lager Lamsdorf vollzog sich in der Regel etwa folgendermaßen: Die Neueingelieferten standen den Ankunftstag über bei Wind und Wetter vor dem Büro und warteten auf ihre Vernehmung und Registrierung. Dabei wurde jedem einzelnen das Letzte abgenommen, Mäntel, Kleider, Anzüge, Schuhe.

War diese Prozedur beendet, so schlug die Miliz mit Bleikabeln, Ketten oder Gummiknuten auf den Registrierten ein, bis man den Blutüberströmten mit gebrochenen Rippen oder Gliedern durch Fußtritte zum Büro hinaustrieb. Tag für Tag gellten markerschütternde Schreie durch das Lager. Oft wurden Männer vor der Aufnahme hinter eine Baracke gestoßen und dort erschlagen oder erschossen! Wer sich zur Wehr setzte, erhielt einen Hieb gegen die Halsschlagader, der ihn zu Fall brachte. Durch Fußtritte auf den Leib oder auf die Kehle wurde er dann schnell erledigt.

Zur Erpressung von Geständnissen bei politisch verdächtigen Personen bedienten sich die Polen grausamster mittelalterlicher Methoden. Sie fesselten die Gefangenen, darunter auch Frauen, hängten sie mit dem Kopf nach unten an einen Pfosten und schlugen auf die unbekleideten Körperteile, bis das Blut in Strömen floß. Oder sie steckten die Finger der Gefangenen zwischen Tür und Angel und zerquetschten sie durch Öffnen und Schließen!! Anderen trieben sie wiederum Holzkeile oder Nägel unter die Finger- oder Zehennägel oder sie traten den Gefolterten auf die Zehenspitzen oder schlugen mit Bleikabeln oder Stahlfedern auf ihre bloßen Fußsohlen und erpreßten so Geständnisse niemals begangener Taten, die dann entsprechend durch Erschlagen gesühnt wurden.

Vier Unterbringungsabteilungen erwarteten die Häftlinge, eine für Männer, eine für Frauen mit Kindern, eine für Frauen oder Kinder oder Mädchen und eine für Knaben von zehn bis fünfzehn Jahren. Als Verpflegung erhielten sämtliche Insassen täglich drei bis vier Kartoffeln und etwas warmes Wasser, das einmal „Tee“, das anderemal „Suppe“ genannt wurde. Mehr nicht! Vielfach waren die wenigen Kartoffeln noch ungenießbar.

An hohen Festtagen wurde überhaupt k e i n e Verpflegung ausgegeben! An den Fingern einer Hand läßt sich errechnen, wie lange die meisten Lagerinsassen zu leben hatten, wenn sie nicht aus irgendwelchem nichtigen Grunde oder auch völlig grundlos von den Bestien in Menschengestalt erschlagen wurden.

Diese Aushungerungstaktik wirkte sich besonders unter den Kindern furchtbar aus. Tag und Nacht wimmerten viele von ihnen vor Leibschmerzen! Andere brachen in die Nachbarstuben ein und versuchten durch Diebstahl zu etwas Eßbarem zu gelangen. Täglich sah man Kinder durchs Lager schleichen, die sich vergeblich von Fenster zu Fenster bettelten — niemand konnte ihnen etwas geben.

Mit müden und schleppenden Schritten, oft bis zum Skelett abgemagert, die Augen tief in den Höhlen, im Winter barfuß in Eis und Schnee, nur mit Kleiderfetzen bekleidet, manchmal noch den Rosenkranz ihrer im Lager gemordeten Eltern um den Hals, wankten sie an den Baracken vorbei, bis sie vor einem Fenster oder mitten am Wege zusammenbrachen und ihr qualvolles Leben still aushauchten. Hunderte von Kindern starben so!

Sicher gab es auch Krankenstuben. In ihnen verrichteten deutsche Sanitäter und Hilfsschwestern, die selber Gefangene waren, ihre aufopfernde Tätigkeit.

Eine weithin sichtbare Tafel mit dem Genfer Kreuz kennzeichnete diese Einrichtung, die weniger der Gesundheit als dem Sterben diente. Das Zeichen der Menschlichkeit hinderte die politischen Milizianten jedoch nicht, in diesen Räumen zu jeder Tages- und Nachtzeit mit unvorstellbarem Sadismus auch die Schwerkranken und Sterbenden zu martern. So holte einmal der polnische Milizmann Ignatz eine alte Frau, die sich gerade beim Arzt befand, kurzerhand aus dem Untersuchungszimmer heraus, um sie draußen über den Haufen zu schießen. Grund: die ärztliche Überweisung der altersschwachen und übel zugerichteten Frau in ein Krankenhaus.

Eines Tages beschlossen die Polen kurzerhand, sämtliche Kranke hinauszuführen und zu erschießen, um für die aus einem Nachbardorf gejagte Bevölkerung Platz zu schaffen. Nur dem selbstlosen Einsatz des Beuthner Arztes Dr. Heinz Esser, der in dieser Zeit die Betreuung dieser Krankenstube leitete, war es zu verdanken, daß diese Bluttat unausgeführt blieb.

Lassen wir einen Gefangenen, der im Lager Lamsdorf mehrere Monate als Sanitäter arbeitete, selbst über die dortigen Zustände berichten:

„Während meines zehnmonatigen Lageraufenthaltes gab es nur drei Tage, an denen wir im Revier keine Toten hatten. Meist bewegte sich die tägliche Ziffer zwischen vier und acht Toten. In der Epidemiezeit zwanzig und mehr an einem Tag. Vom hygienischen Standpunkt betrachtet waren die Zustände geradezu katastrophal. Wie alle übrigen Internierten lagen die Kranken oder Verletzten auf zweistöckigen Holzgestellen, die mit etwas Stroh ausgelegt waren. Zum Zudecken gab es zerfetzte Militärdecken.

Für das ganze Lager war nur eine Injektionsspritze, ein Thermometer, drei Pinzetten, einige Salbenreste und ein Küchenmesser, das auch zum Operieren dienen mußte, vorhanden. Betäubungsmittel gab es nicht, nur zum Desinfizieren waren einige Lysoltabletten vorhanden. Man hatte zwar größere sanitäre Bestände des hier früher bestehenden Kriegsgefangenenlagers gerettet — aber davon hatten die Polen das Beste auf dem Schwarzen Markt in Oppeln und Breslau verschachert. Da Laken oder dergleichen nicht vorhanden waren, lagen sich die Kranken auf dem harten Lager bald durch. Die Krankenstuben umfaßten normal 200 Kranke, oft genug aber mußten 300 Menschen aufgenommen werden. Noch grausiger war es in der Ruhrbaracke. Lebend verließ diese Baracke kaum e i n Kranker! Die Verpflegung bestand aus der gleichen Ration wie die der anderen Lagerinsassen. Von der polnischen Lagerleitung erhielten wir keine Unterstützung. Ihr Interesse beschränkte sich darauf, daß die tägliche Sterbeziffer nicht hoch genug wäre, und dies wurde wütend bemängelt.

Eines Tages begegnete mir der berüchtigte ‚Ignatz' vor der Baracke und fragte mich nach der Zahl der Toten im Revier. Als ich fünfzehn nannte, sagte er: ‚Wenn ihr nicht bis heute abend zwanzig habt, kommst du selber dran, du Kurpfuscher, verfluchter!'

Und das war nicht etwa ein roher Scherz, denn einige Tage vorher hatte der Verbrecher meinen Vorgänger niedergeschossen. Er hieß Scholz. Nur deswegen niedergeschossen, weil er ihm zu alt schien. Die Rote-Kreuz-Binde am Arm störte ‚Ignatz' nicht im mindesten.

Die Nichtbeachtung des Genfer Abzeichens war überhaupt ganz

allgemein. Oft genug kam es vor, daß Milizposten ihre Waffen entsicherten und sie auf den Arzt, die Schwestern oder mich anlegten, wenn wir uns nur am Fenster des Untersuchungszimmers zeigten. Mißhandlungen der im Revier Untergebrachten und Vergewaltigungen der hilflosen Frauen und Mädchen in den Krankenbetten waren an der Tagesordnung. In den meisten Krankenstuben fehlte die Beleuchtung. Fensterscheiben waren kaum vorhanden, so daß man die Öffnungen mit Kistenbrettern vernageln mußte. Trotzdem herrschte ständig Zugluft. Das machte sich ganz besonders in den Wintermonaten bemerkbar, in denen die Räume höchstens eine Stunde lang mit feuchtem Holz kümmerlich geheizt werden konnten. Viele Kranke erfroren buchstäblich in den Betten.

Ein besonders trauriges Kapitel waren daher die Entbindungen. Die Frauen, selbst halb verhungert, konnten ihre Säuglinge nicht ernähren. Ersatznahrung war nicht vorhanden. Bademöglichkeiten für die Neugeborenen gab es nicht. So starben die meisten schon nach wenigen Tagen — und ihre Mütter folgten ihnen nach."

Nicht weniger grauenhaft war im Lamsdorfer Lager die Läuseplage, die durch die Polen und durch die erzwungene Unsauberkeit geradezu entsetzliche Formen annahm und gegen die jeder Kampf von vornherein aussichtslos war. Der Gesunde konnte sich vielleicht in den wenigen freien Stunden des Tages noch etwas Linderung verschaffen. Wehe aber dem hilflosen Kranken. Millimeterdick bedeckten die Parasiten seinen ausgemergelten Körper und fraßen die Haut bis auf die Knochen.

Ein Totengräber des Lagers beobachtete, wie die Läuse auf einzelnen Toten in Schichten von zwei Zentimeter Stärke saßen und den Brustkorb fast freigelegt hatten. Unter solchen Verhältnissen war es nicht verwunderlich, wenn immer wieder Seuchen, wie Typhus, Flecktyphus und Ruhr, ausbrachen. Ihnen standen der Arzt und die unermüdlich schaffenden Helfer völlig machtlos gegenüber, obwohl sie Wunder an Aufopferung und Selbstüberwindung vollbrachten.

Unter den polnischen Wachmannschaften des Lagers gab es Männer, die in deutschen KZ-Lagern interniert gewesen waren. Selbst diese Leute erklärten, daß unsere Krankenreviere mit denen der deutschen KZ's keinen Vergleich aushielten.

Besonders beliebt waren die Freiübungen für alle, die nicht bettlägerig waren. Dieser Frühsport bestand aus raffiniert ausgesuchten Quälereien. Da gab es Liegestütz mit Armbiegen und Strecken, unzählige Kniebeugen, Hüpfen in der Kniebeuge und Robben. Übungen, während der die polnischen Milizsoldaten von Gruppe zu Gruppe gingen, lauernd, ob sie nicht bald ein Opfer fänden, das sie heute fertigmachen konnten.

Ehe es sich einer der Geschundenen versah, sprang ihm einer der polnischen Teufel beim Robben oder beim Liegestütz auf den Rücken, trat ihm mit der Stiefelspitze in die Nieren oder schlug ihm mit dem Gewehrkolben in die Rippen. Außerdem hagelte es von allen Seiten Knutenhiebe, bis genügend Männer bewußtlos liegen geblieben waren, denen dann einfach mit einem dumpfen Kolbenschlag der Schädel zertrümmert wurde, um sie dem Beerdigungskommando übergeben zu können.

In den ersten Wochen gab es auf diese Weise regelmäßig zehn bis fünfzehn Tote allein beim Frühsport! Die alten Männer, die zu keiner Sportbetätigung mehr fähig waren, wurden fast alle auf diese bestialische Weise umgebracht.

An die Bodenübungen schloß sich ein ausgiebiger Dauerlauf um den Appellplatz. Kam einer nicht mit, wurde er durch Knutenhiebe und Kolbenstöße zu größerer Schnelligkeit angetrieben. Blieb einer liegen, so hörte man bald die entsetzlichen dumpfen Schläge und das Wimmern und Stöhnen der Sterbenden!

Das Übungsfeld wurde so zum Schlachthof.

Aus der russischen Meisterschule

Brief einer Barmherzigen Schwester

Meine lieben Eltern! Nun gibt sich doch eine Gelegenheit, Euch ein Lebenszeichen zu schicken. Aber ob mein Briefchen ankommt? Ob Ihr mich schon gestorben glaubtet? Es ist ja schon so lange her, daß wir Schwestern nach Rußland verschleppt wurden. Aber spürt Ihr nicht, wie oft mein Heimweh und meine Sehnsucht bei Euch anklopft? Manchmal möchte ich schreien: „Vergeßt uns nicht! Betet für uns! Helft uns! Wir sind so arm, so verlassen, im tiefsten Elend. Vergeßt uns nicht! Betet für uns!"

Es ist so furchtbar, was wir etwa 1600 Schwestern durchmachen. Wir werden wie Tiere behandelt, mit Schlägen zur Arbeit und von ihr zurückgetrieben. Wir gelten weniger als Tiere, denn auf uns wird gar keine Rücksicht genommen, ob wir zusammenbrechen und tot liegen bleiben oder ob uns eine Wache zu Tode prügelt, ist ganz gleichgültig. Wortlos, mit mutlosem Herzen, fast stumm, wanken wir zur Arbeit. Und wenn die Arbeit nicht rasch genug vorangeht oder die Wache schlecht gelaunt ist, dann saust die Peitsche auf uns. Erst hatten wir an einer großen Brücke über den Dnjepr gearbeitet, schwerste Männerarbeit. Eisenbalken tragen und schieben, hoch über dem breiten Fluß. Wer zusammensank, bekam die Peitsche, wer liegenblieb, den stieß der Wärter hinunter in den Fluß. Den ganzen Tag schwerste Arbeit bei ganz trauriger Ernährung, nur etwas schlechtes Brot und eine dünne Suppe. Viele erliegen den Anstrengungen, und wir beneiden sie um den Tod. Gegenwärtig arbeiten wir in einem Bergwerk, den ganzen Tag unter der Erde, in schlechter Luft. Viele starben.

Wenn wir nur jemand hätten, der uns ermutigte, aufrichtete, ein wenig helfen würde. Aber wir haben gar niemand. Wir sind ganz verlassen und vereinsamt. Kein Sonn- und Feiertag, nur Arbeit, Hunger, Schläge, eine armselige, kalte Arbeitsbaracke, eine harte Pritsche ohne Wärme, alles voll Schmutz und Ungeziefer, wir selbst in Lumpen gekleidet. Und immer schwerste Arbeit und ungestillter Hunger. Wir sind kaum mehr Menschen. Der Kampf um das Leben und etwas Nahrung beginnt.

Ach, liebe Eltern, wenn Ihr wüßtet, wie hart unser Leben und wie groß unsere Not. Wir geben uns alle Mühe, den Glauben an die Vorsehung hochzuhalten, immer wieder zu beten: „Ich glaube, ich vertraue." Aber es ist so dunkel in der Seele, so tiefes Dunkel. So einsam, so verlassen sind wir. Keine geistliche Übung stärkt uns, keine hl. Kommunion seit zwei Jahren. Wir sind verlassen und vergessen von allen. Und die Seele schreit: „Mein Gott, mein Gott, wie hast Du uns verlassen!" Es ist so schwer, keine Hoffnung zu sehen, keinen Stern. Mutter, begreifst Du mich, wenn dann die Frage kommt: „Wie kann Gott das zulassen? Warum denn? Wie lange noch? Wir gehen ja alle zu Grunde." Und dann will die Verzweiflung uns umkrallen — o Mutter, ahnst Du unsere Seelenqualen? Und niemand hilft. Aber wir glauben an Gott und vertrauen auf die Vorsehung. Trotz allem. Wir alle tragen noch das Kreuz auf unserer Brust, und inmitten aller Not und Verlassenheit bekennen wir uns zu Ihm, dem wir doch die Treue halten wollen bis zum Tod. Aber betet für uns, bitte, bitte, betet für uns!

Wie manchmal meinte ich im Kloster, das oder jenes sei schwer und hart, lieblos und ungerecht, meinte, es nicht tragen zu können. Was wir jetzt Tag für Tag erfahren, ist nicht zu sagen, und doch glauben wir, daß Gott alles zum Heile unserer Seele lenke. Ich kann Dir nicht alles sagen, wie man uns Frauen erniedrigt, uns die Ehre nimmt und mit Füßen tritt. Und wir sind doch alle Schwestern, die sich dem Heiland geweiht, und die trotz allem Ihm allein gehören. Aber die Not, die Seelennot, ich kann es nicht sagen. Wir sind ohne jedes Recht, sind der gemeinsten Willkür wehrlos ausgeliefert. O diese Nächte, wenn wir trotz Übermüdung dann nicht schlafen können — und noch immer wartet der Tod und erlöst uns nicht. Ach, Mutter, ich will es Dir nicht schwer machen, ich sage ja nur den kleinsten Teil.

Und doch murren wir nicht gegen Gottes Führung, gegen diese Sklaverei für Leib und Seele. Aber ich beschwöre Dich: Betet, betet für uns, daß wir arme Seelen Gottes Pläne erfüllen. Wie ist doch klein und unbedeutend, was ich früher durchmachte, so armselig klein gegen die Last, die wir jetzt tragen, diese Tage und Nächte, diese Not und Verlassenheit. Erbarmt Euch unser und betet für uns, daß Gott diese Tage abkürze. Daß Er uns beistehe mit seiner Hilfe, Er, der Einzige. Denn wir glauben trotz allem an Ihn und an Seine Liebe zu uns. Und wenn wir abends auf die Pritsche sinken, todmüde an Leib und Seele, befehlen wir uns doch in Seine Hände und in den Schutz und Schirm unserer Mutter Maria. So hoffen wir, daß der himmlische Vater in Gnaden herabschaue auf uns arme, verstoßene, zertretene Schwestern, die trotz allem an Ihn glauben, Ihn lieben und um seinetwillen aushalten in diesem ständigen Sterben.

Aber nun habe ich Euch schwer gemacht, liebe Eltern. Ich wollte aber nur eines, betet viel für uns, daß wir alles Leid ertragen in Vereinigung mit Christi Leiden und Tod. Betet für uns! Auf Wiedersehen im Himmel!

Euer armes Kind

K. R.

„Und das geht uns alles nichts an?"

Aus einem Brief eines greisen Kapuzinerpaters, der den Auszug der Potsdam-Opfer aus Reichenberg miterlebte:

„Am Tage meiner Jubelprofeß wurde mir alles genommen, auch das, was ich an Geld und Kleidern für die Armen aufgespart hatte. Wegen meiner Sachen habe ich Gott gedankt, daß ich so arm wurde wie bei meinem Eintritt ins Kloster ... Das ist wohl das große Unrecht, daß man die Unschuldigen aus der

Heimat verjagt, ihnen alles wegnimmt, an der Grenze oft das letzte Hemd, und ihnen nur noch einige alte Fetzen läßt, und so müssen sie sich kümmern. Anfangs waren wöchentlich in der katholischen Pfarrei Zittau (Sachsen) bis hundert Begräbnisse; noch mehr bei den Protestanten; die Mütter haben ihre Kinder selber begraben, mit eigenen Händen das Grab gemacht. Sie durften sich nur vierundzwanzig Stunden an einem Ort aufhalten und nur bis Dresden gehen. So sind sie im Kreis herumgezogen und haben vielfach von Feldfrüchten und Gras gelebt. So war es von der Grenze angefangen von Eger bis nach Mähren und Schlesien. Gute, gläubige Menschen haben noch die heiligen Sakramente empfangen und sind dann freiwillig in den Tod gegangen, weil sie nicht auf der Straße sterben wollten. Du kannst mir glauben, lieber Freund, wie mir das Herz blutete, wenn man hunderte bei der Kirche vorbeitrieb wie eine Viehherde; ich stand im Kloster und habe alle gesegnet. Sie sind auf der Straße niedergekniet und riefen: ‚Helft uns . . .!' — Und das geht uns alles nichts an? Dieses Verbrechen von Potsdam dürfen wir totschweigen? Das ‚Helft uns!' — klingt uns nicht in den Ohren und im Gewissen: Dann sind wir nicht mehr Christen, auch wenn wir die heiligen Sakramente empfangen oder gar Gelübde in einem Orden ablegten."

In dieser schweren Zeit

Herr, gib mir helle Augen,
Die Schönheit Deiner Welt zu sehn.
Herr, gib mir feine Ohren,
Dein Rufen zu verstehn,
Und leichte, linde Hände
Für unsrer Brüder Leid,
Und klingende Glockenworte
In dieser schweren Zeit.

VI

KZ DEUTSCHLAND

1.

Nur ein paar Zahlen

Richard Law, M. P., erklärte im englischen Unterhaus:

„Die Situation (in Deutschland) ist ernst; wir haben im Herzen West-Europas zwanzig bis dreißig Millionen Menschen, die vor unseren Augen verkommen. Die Situation ist ernst, weil wir durch unseren Wirrwarr, unsere Unfähigkeit (mismanagement) und unsere guten Absichten die Saat eines dritten deutschen Krieges anhäufen."

(„New York Times", 6. Februar 1947.)

Clemençeau hatte nach dem Ersten Weltkrieg das Wort geprägt von den 20 Millionen Deutschen, die zu viel in der Welt seien. Potsdam sollte das Todesurteil werden für die 20 Millionen, das aber zu einem Gutteil bereits vollstreckt war.

Der wüste Wunschtraum des einstigen französischen Ministerpräsidenten war zu einer seine Phantasie furchtbar übersteigenden Wirklichkeit geworden. Die Geister, die man gerufen hat, man wird sie nicht so leicht los werden.

Die amerikanische Zeitung für Deutschland veröffentlicht im Dezember 1949 eine Statistik über das Schicksal der 18 Millionen durch Potsdam Vertriebenen: „Ungefähr 12 Millionen Vertriebene wurden in den vier Zonen Deutschlands und auch in Österreich aufgenommen. Die übrigen 6 Millionen sind verschollen oder tot, niemand kennt ihren Aufenthaltsort oder ihre Sterbestätte. Die 12 Millionen Überlebenden verteilen sich folgendermaßen:

Schleswig-Holstein	956.100	Vertriebene
Hamburg	86.500	„
Niedersachsen	1,812.400	„
Nordrhein-Westfalen	1,094.700	„
Bremen	31.000	„
Hessen	656.700	„
Württemberg-Baden	697.700	„
Bayern	1,912.900	„
Südwürttemberg	55.000	„
Südbaden	50.000	„
Rheinland-Pfalz	70.000	„
Russische Zone und Berlin	4,520.000	„
	11,943.000	Vertriebene

In Schleswig-Holstein sind 35.2% der Gesamtbevölkerung Vertriebene, in Niedersachsen 26.4%, in Bayern 20.7%.

Die Unterbringung bereitete fast unüberwindliche Schwierigkeiten. In Westdeutschland entfielen auf einen Wohnraum zwei Personen, in Bayern auf einen Vertriebenen oft nur 3 Quadratmeter Wohnraum. Einem Strafgefangenen stehen 6 Quadratmeter zu. Hier gab es nur einen Ausweg: die Massenunterkunft. Diejenigen, die schon drei Jahre in solchen Massenlagern lebten, waren abgestumpft.

Die bayrische Flüchtlingsverwaltung hat 208 Massenlager und 288 Wohnlager eingerichtet, dazu 8 Grenzlager.

40% des großstädtischen Wohnraumes in Bayern wurden im Kriege vernichtet, so daß die Masse der Vertriebenen, drei Viertel davon, in bäuerliche Gemeinden unter 4000 Einwohnern gelegt werden mußte. Dort fand sie behelfsmäßige Unterkunft ohne ausreichende Arbeit. Jeder vierte Landbewohner Bayerns ist Vertriebener.

520.000 Vertriebene stehen in Arbeit, davon
67.000 in berufsfremder Tätigkeit.

150.000 Vertriebene waren 1949 gemeldete Arbeitslose; der Prozentanteil an der Arbeitslosigkeit ist bei den Vertriebenen doppelt so hoch wie bei der einheimischen Bevölkerung. Der Anteil an selbständigen Berufen beträgt 5%, bei der einheimischen Bevölkerung 21%.

In Niedersachsen ist das größte Flüchtlingslager mit 2000 Personen belegt. Darüber hinaus existiert eine Vielzahl Sammelunterkünfte in den Gemeinden und Kreisen.

Schleswig-Holstein unterhält 501 Flüchtlingslager, in denen 100.000 Vertriebene leben. In Hessen gibt es 10 große Lager mit 5300 und 17 Bunker mit 2200 Vertriebenen.

In 260 Lagern und Massenunterkünften leben in Nordrhein-Westfalen 21.300 Vertriebene.

Deutschland verlor durch den Machtspruch der Sieger 23% seines geschichtlichen Lebensraumes. Auf dem verbliebenen Restgebiet, das durch den Krieg selbst aufs schwerste mitgenommen ist, wurden die 12 (anderen fachkundigen Schätzungen nach 14 bis 18) Millionen Ausgetriebenen zusammengepfercht. Das menschliche Elend, das dem weitaus größten Teile dieser Vertriebenen damit als Dauerschicksal auferlegt wurde, braucht nicht näher beschrieben zu werden; es läßt sich überall in allen deutschen Ländern von jedermann mit den Augen ansehen. Der überwiegende Teil dieser Menschen entstammt dem bäuerlichen Berufsstand. Es ist wohl jedem Einsichtigen klar gewesen, daß die Bodenreform auch nicht annähernd eine Basis für die Unterbringung dieser Millionen in ihrem Berufe schaffen konnte, und es war ebenso unzweifelhaft, daß der den industriellen Berufszweigen entstammende Teil der Vertriebenen in einer durch Krieg, Demontage, Zwangsbeschränkung und Währungsreform schwer beeinträchtigten Wirtschaft des deutschen Restgebietes keine auch nur annähernd ausreichenden neuen Existenzgrundlagen finden konnte. Zugleich aber hatte das Reststaatsgebiet, das sich selbst infolge der Verluste an Ernährungsquellen nicht mehr ausreichend erhalten kann, die Versorgung der Millionen Flüchtlinge aus fremden Vorratskammern zu übernehmen. Das heißt, daß die deutsche Wirtschaft unter derartigen Umständen die Versorgungsgüter nur durch erhöhten Export hereinholen kann, während sie gleichzeitig aber in großem Umfange gedrosselt und dadurch an der Einbeziehung der Vertriebenen in den Produktionsprozeß systematisch verhindert wurde. Man geht nicht fehl in der Feststellung, daß die Überbrückung dieser widersinnig gefährlichen Lage zunächst einmal nur durch den Marshallplan ermöglicht wurde. Der kleine Mann in Amerika bezahlt — vorerst noch — mit seinen Steuergeldern, was im größten Stile in Jalta und Potsdam der Sowjetunion und ihren Satelliten geschenkt worden ist. Das eigentliche Wirkungsausmaß dieser katastrophalen Logik muß sich aber zwangsläufig dann herausstellen, wenn die Marshallplanhilfe erlischt.

Nach einer Berechnung der Prager Regierung haben allein die aus dem Sudetenland vertriebenen Deutschen Werte in Höhe von 19,44 Milliarden Dollars zurücklassen müssen. Das entspricht der Gesamtsumme der Marshallplanhilfe für Europa für den Zeitraum von vier Jahren.

Gesamtzahl der vertriebenen Sudetendeutschen, soweit sie noch leben: über 2,5 Millionen Menschen. In der Tschechei blieben zurück: 180.000 Deutsche; nach Österreich kamen: 150.000; bei der Vertreibung oder an deren Folgen kamen um: 600.000 Menschen; im Kriege gefallen oder noch in Gefangenschaft: 300.000."

2.
Ums tägliche Brot

Am 12. August 1948 schrieb ich in der „Nord-Amerika":

Es ist kein Zweifel, daß Millionen deutscher Menschen hungern mußten, Millionen buchstäblich verhungerten. Kardinal Frings hat erklärt, daß beim Einmarsch der Russen in die Stadt Immanuel Kants, Königsberg, noch 100.000 Deutsche dort lebten; von diesen seien inzwischen 75.000 verhungert. Es wurden Fälle von Kannibalismus berichtet, so z. B. meldeten die „Basler Nachrichten" am 10. November 1947, daß die Bremer Polizei einen 34jährigen Mann verhaftet hatte, der einen zwölfjährigen Knaben zu sich lockte, zerstückelte und sich dann die Leichenteile von seiner Frau zubereiten ließ. Der Mann machte zu seiner Verteidigung geltend, daß ihn Hunger zu dieser Untat angetrieben hatte.

Ehe wir uns entsetzen über Kannibalismus oder das Verhungern von Millionen — eine unangenehme Unterbrechung, wenn man gerade den letzten Best-Seller liest oder am Radio den Boxkampf Joe Louis—Walcott verfolgte! —, stellen wir wieder einmal fest: 1. daß die Lebensmittelrationen für die Besiegten durch die Sieger festgesetzt werden mit einer Schamlosigkeit, zu der sich nicht einmal die infamsten Diktaturen herbeiließen; 2. daß die offiziell zugestandenen Rationen — wie durch amerikanische Experimente festgestellt ist — nicht ausreichten, einen Menschen gesund und arbeitsfähig zu erhalten; 3. daß die am Papier zugestandenen, völlig ungenügenden Rationen in den meisten Fällen nicht oder nur zum Teil ausgegeben oder durch minderwertige Nahrungsmittel ersetzt wurden.

Es ist nichts so bezeichnend wie die Tatsache, die so demagogisch aufgebauscht wurde, daß die bayerischen Regierungsmitglieder Sonderzulagen als Schwerarbeiter erhalten müssen. Wenn man alle Teilnehmer an den wortreichen internationalen Schwätzereien oder die hochreitenden Generäle der Besatzungsarmeen auf Schwerarbeiterrationen setzen würde, niemand würde mehr nach diesen Pfründen streben, es gäbe viel weniger Konferenzen, viel eher Frieden — was ja angeblich das Ziel all dieses geschäftigen Nichtstuns ist! — Die den Ministern zugebilligte Sonderzulage kann sich jeder amerikanische Arbeiter nicht bloß in drei Monaten einmal, sondern ein- und zweimal jede Woche leisten. Was mich an dieser Frage interessierte, war nur die Begründung der Sonderzulage, die der Ernährungsminister gab, daß nämlich „einem Minister nicht zugemutet werden könne, hamstern zu gehen oder am Schwarzen Markt einzukaufen". Damit gab der Ernährungsminister zu, daß nur der sich halbwegs am Leben erhalten konnte, der entweder „hamstern ging", das heißt mit dem Rucksack von Bauernhof zu Bauernhof zog, wenn er dazu die Zeit hatte, oder am Schwarzen Markt seine letzte Habe verramschte, wenn er noch etwas entbehren konnte. Wenn Hamstern und Schwarzer Markt lebensnotwendige Einrichtungen der Befreiung geworden waren, war nicht einzusehen, warum man Hamsterer und Schwarzhändler bestrafte. Ich habe kein Verständnis für Menschen, die die Not anderer ausnützen, wohl aber kann ich verstehen, daß ein Mann sein Letztes opfert, um sein und seiner Familie Leben und Gesundheit zu erhalten. Man kann also behaupten, daß nur die Menschen noch menschenwürdig leben können, die entweder Selbstversorger waren oder von Freunden im Ausland mitversorgt wurden oder aber durch Hamstern und Schwarzen Markt sich erhielten.

Schon gibt es etliche unter den „westlichen" Staatsmännern, die einsehen, daß in der Auseinandersetzung mit dem Bolschewismus das deutsche Volk eine ausschlaggebende Rolle spielt, daß anderseits ein verhungerndes Volk sich herzlich wenig kümmert um Ideologien (wenn zwischen Bolschewismus und Morgenthauismus überhaupt ein Unterschied besteht) und nur eine Frage auf den Lippen hat: „Was werden wir essen, womit werden wir uns bekleiden?" Ich kann es sogar verstehen, daß Menschen in äußerster Not das Vertrauen auf den Vater im Himmel verlieren, der die Vögel des Himmels speist und die Lilien auf den Feldern kleidet, wenn sie täglich erleben, daß jene, die soviel von Gott reden, die Kreuzfahrer, genau so teuflisch handeln wie die Bolschewiken mit dem „alten Joe", dem „anständigen Kerl" des Herrn Truman. Es ist wenig Hoffnung, so lange aus den Gesichtern der „Befreier" und ihrer Quislinge die Teufelsfratze schaut und nicht das „Kennzeichen seiner Jünger", die Liebe. Und ich glaube, daß am Tage des Gerichtes die verirrten und verzweifelten Menschen besser fahren als die, die sie zur Verzweiflung getrieben haben.

Die Morgenthauer versuchten nun einen anderen ihrer Tricks. Ich mußte an Coué denken, der Krankheiten mit Selbsthypnose kurieren wollte, oder an den Wiener Humoristen Hermann Leopoldi, der am Klavier hämmerte: „Ich red ma ei, es geht ma guat." Aber der Hunger ist zu real, zu entsetzlich, als daß man ihn mit Flugblättern vertreiben könnte.

Vor mir liegen zwei Flugblätter, nicht Witzblätter, bitte, die man in Deutschland verbreitete, herausgegeben von den Besatzungsbehörden. Das erste zeigt im Bild die Wolkenkratzer New Yorks und eine Blechkanne mit dem ½-Liter-Zeichen: „Auch Amerika schränkt sich ein — um unsere Ernährung zu sichern. Deutscher Bauer! Hilf auch Du Deinen Landsleuten in den Städten. Bedenke: ½ Liter Milch bedeutet die Fettration für drei Städter. Gib je Kuh und Tag ½ Liter Milch mehr ab!" Ich habe nichts gegen solche Aufrufe an den deutschen Bauern. Ich weiß leider aus allzuvielen Berichten, daß manche nur an sich dachten und die Not ausnützten, darunter auch solche, die sich für „gute Christen" hielten; ich weiß aber auch von denen, die keinen Armen von der Türe weisen. Ich weiß von solchen, die schamlos die Arbeitskraft der Flüchtlinge ausbeuteten mit einem Lohn, der himmelschreiende Sünde war; aber auch von solchen, die sich in die Lage der Flüchtlinge hineindachten und ihre Last mit ihnen trugen. Ich weiß aber auch, daß der Bauer unter einer Kontrolle stand wie nicht einmal in Nazitagen; daß er um Geld einfach nichts kaufen und nachschaffen konnte, was er für seine Arbeit brauchte; daß besonders in der französischen Zone Vieh, Geflügel, Obst von den Vertretern der „grande nation" einfach geraubt wurden. Auch der Bauer hat Anspruch auf Gerechtigkeit und auf gerechte Bezahlung seiner Arbeit. — Es wirkt aber lächerlich, dem deutschen Volk einreden zu wollen, daß „Amerika sich einschränkt, um unsere, d. h. die deutsche Ernährung zu sichern". Ja, es gibt Menschen, die sich einschränken, die helfen unter eigenen Opfern, nicht bloß aus ihrem Überfluß; aber das sind nicht die Reichen, die Satten, sondern Arme, Bedürftige, Menschen, die an das Wort glauben „Was ihr dem geringsten meiner Brüder getan, das habt ihr mir getan." Daß Amerika als Ganzes sich einschränkt, um ausgerechnet Deutschland zu helfen — darüber lachen die Kühe, die den halben Liter Milch mehr geben sollen!

Das zweite Flugblatt „Ums tägliche Brot", herausgegeben von Food and Agriculture Group, Bipartite Control Office, Frankfurt, kommt mit Statistiken, Tafeln und Tabellen und rabulistischer Dialektik, ist ganze acht Seiten lang. Darin werden zunächst 1550 Kalorien als „normal" für den Normalverbraucher hingenommen, obwohl jedermann weiß, daß diese 1550 Kalorien etwa die Hälfte dessen darstellen, was ein normaler Mensch braucht, um nicht bloß vegetieren, sondern auch arbeiten zu können. Die Herren Sachverständigen, die selber natürlich für die Produktion solcher Flugblätter wohlbezahlt sind und hohe Titel führen, sind nicht beschämt und erschüttert durch die Tatsache, daß diese „Normalrationen" nicht einmal Heinrich Himmler für normal ansah und darum für Dachau und Buchenwald ablehnte.

Das Problem liegt sehr einfach: Deutschland war schon in der Vorkriegszeit nicht selbstversorgend. Nun hat man den agrarischen Osten abgetrennt, der inzwischen zur Steppe wird wie auch andere Gebiete dank der ganz unverantwortlichen Abholzung, z. B. des Schwarzwaldes durch die Franzosen. Vor dem Kriege lebten im Reich 140 Menschen auf dem Quadratkilometer, heute lebt ungefähr die gleiche Bevölkerungszahl auf wesentlich kleinerem Raume und die Wohndichte beträgt etwa 200 Menschen auf dem Quadratkilometer. Deutschland hat in den Jahren 1936 bis 1938 für 1,3 Milliarden Reichsmark Lebensmittel eingeführt. Heute wäre eine Einfuhr von etwa 3,5 Milliarden Friedensmark nötig. Für diese Einfuhr fehlen aber die Mittel, weil die Sieger — ohne einen Friedensvertrag abzuwarten, also entgegen allem internationalen Recht — alle Goldbestände und Devisen innerhalb und außerhalb des Reiches „beschlagnahmten", weil die noch vorhandene Industrie zerstört, verschleppt wurde, nicht aus der im Zeitalter der Atombombe lächerlichen Angst vor der deutschen Wiederaufrüstung, sondern um die deutsche Konkurrenz auszuschalten (damit natürlich auch den deutschen Abnehmer), weil selbst für die deutschen Ausfuhrwaren, wie Kohle, Holz, nur ein Bruchteil des wahren Wertes bezahlt wird. Man kann sich wohl keine größere Heuchelei und keine erschreckendere Unsittlichheit denken, als wenn man in dem Flugblatt liest: „Der deutsche Export muß erst der deutschen Industrie dienen und nicht dem deutschen Magen, bis er soviel einbringt, daß er ohne fremde Hilfe den deutschen Magen füllen kann. Denn jeder aufgegessene Dollar geht der deutschen Wirtschaft verloren und schiebt den ersehnten Tag hinaus, wo Deutschland sich wieder selbst ernähren kann."

Es lebe der Dollar, laßt die Menschen krepieren! Wenn das das neue Evangelium der „Kreuzfahrer" ist, dann darf sich niemand wundern, wenn die Massen in Moskau Hilfe suchen. Aber das ist das Evangelium der Plutokratie, die sich am Kriege mästet wie an der Not der Nachkriegszeit und dann wieder zu neuen Kriegen rüstet. Das ist die gottverfluchte Wirtschaftsordnung, in der einige sich die Taschen füllen, während Millionen verkommen; die Wirtschaftsordnung, die Milliarden aus dem Volk herauspreßt zum Kriegführen, aber weder Geld noch Transportmittel hat, um den Überfluß an Gütern dorthin zu schaffen, wo Millionen am Verhungern sind; die Kartoffeln und Getreide wie auch Gemüse verfaulen läßt, Kaffeeladungen ins Meer versenkt — weil dafür nicht der Preis aus den verhungernden Massen herausgepreßt werden kann. Es braucht nicht betont zu werden, daß diese Wirtschaftsordnung mit Christentum nichts gemeinsam hat, ganz im Gegenteil ein Verrat am Christentum ist und der Nährboden für Kommunismus und Anarchie. Eine Wirtschaftsordnung, die das Geld, nicht den Menschen in den Mittelpunkt stellt, muß verschwinden und je eher sie verschwindet, um so besser für die Menschheit!

Das Schlußbild des Flugblattes zeigt kleine Teufel, die die Versorgungsleitung vom Erzeuger zum Konsumenten anbohren. Warum nur die kleinen Teufel anprangern, die Schwarzhändler, die Hamsterer, wenn wir vor einem teuflischen System stehen? Die Tatsache ist nicht aus der Welt zu schaffen, daß die Aushungerung Deutschlands — nicht nur durch die gottlosen Bolschewiken — sondern durch die ach, so christlichen Kreuzfahrer geplant war. A. O. Tittmann hat diese Tatsache schon längst in einer Broschüre: The Planned Famine (P.O. Box 136, Middlebury, Vt.) nachgewiesen. Er zitiert darin einen Brief an die „Chicago Tribune" (20. Nov. 1946), in dem behauptet wird, daß ein Lt. Col. Loren Jenks unmittelbar nach seiner Heimkehr vor Studenten der Universität Iowa City erklärte, „daß die Austilgung der deutschen Nation ernstlich erwogen wurde“. Lt. Col. Jenks schrieb am 24. November im selben Blatt zur Begründung oder Entschuldigung, daß die Ausrottung nur einer von drei Plänen war, der erwogen, aber abgewiesen wurde. Plan einer Massenausrottung — genocide? Ist das nicht eines der Verbrechen gegen die Menschheit? Nürnberg muß das übersehen haben. Jenks fügt aber hinzu, daß „zeitweilig alle drei Pläne fortgesetzt wurden“. Man darf wohl daran erinnern, daß der Präsidentschaftskandidat Eisenhower sich seinerzeit in der „New York Times“ mit einem Bild als „Rattenvertilger“ vorstellte. Jedenfalls hätte Eisenhower — wäre er gewählt worden — im Weißen Hause die Roosevelt-Morgenthau-Politik fortgesetzt. Er ist ja beim Morgenthau-Plan Pate gestanden.

3.
Die deutsche Währungsreform

Die sogenannte deutsche Währungsreform vom 20. Juni 1948 wurde mit viel Propaganda und hoffnungsvollen Worten angekündigt. Im „Rheinischen Merkur“ vom 26. Juni schrieb Finanzminister a. D. Blücher: „Der arbeitende Mensch soll wieder ein ehrliches, ausreichendes Entgelt für seine Arbeit erhalten. Es muß wieder sein Wille sein, zu sparen. Die ermöglichte Bildung von Reserven in den Betrieben soll uns die Grundlage für die Wettbewerbsfähigkeit der Wirtschaft, für einen ruhigeren Geschäftsablauf und für das Überstehen von Konjunktureinbrüchen aus eigener Kraft geben. Vor allem aber wollen wir wieder ehrlich werden. Der Spuk des Schwarzhandels und der Kompensation muß aufhören. Der Egoismus soll nicht mehr sein Unwesen treiben und durch die Ausnützung der Armen und Ärmsten sich selbst das Prassen und das Anhäufen von Sachwerten ermöglichen können.“

Ausgezeichnet! Ich wünschte nur, es käme alles so, wie der „Vorsitzende des Finanzausschusses“ es hier ausmalt. Man braucht aber kein Finanzmann zu sein, um zu wissen, daß dieses Ziel nicht erreicht werden kann. Die „Reform“, so revolutionär sie ist, hat die Ursachen der deutschen Finanznot nicht beseitigt. Und die Ursache ist nicht allein der Nazismus und der verlorene Krieg.

Tatsache ist, daß die Erholung der deutschen Wirtschaft bis heute planmäßig verhindert wird, wohlgemerkt nicht der Kriegsindustrie, sondern der Friedensindustrie. Die Industriezerstörung und Verschleppung geht weiter. Ein britischer Abgeordneter hat auf den grotesken Wahnsinn hingewiesen, daß „30.000 deutsche Arbeiter damit beschäftigt sind, für 50.000 andere die Arbeitsmöglichkeit zu zerstören". Der deutschen Friedensindustrie ist die Initiative genommen; die Gauleiter in Morgenthauien fungieren mit wenig Sachkenntnis und viel Rachsucht als Experten. Die „Expropriation der Proprietäre", Moskau-Stil, blüht rechts und links der Elbe; die Schützer des Privateigentums, auf dem angeblich unser American Way of Life basiert, zerstören selbst die Idee des Privateigentums: deutsche Patente, also Privateigentum, international geschützt, dienen dem Aufbau des Beutekapitalismus wie seines angeblichen blutroten Antipoden. Mit weltgeschichtlich beispielloser Unmoral wurde dem neutralen Ausland deutsches Privateigentum — nicht das von Verbrechern! — abgepreßt. „Jede Zone entwickelte gewisse geschäftliche ‚Eigenarten' mit der in Kolonien gebotenen Vorsicht", vom Schwarzhandel kleinen und großen Stils bis zu jenen hoch in die Milliarden gehenden Mark-Dollar-Transaktionen zwischen Russen und Amerikanern, von denen das amerikanische Schatzamt berichtete. Lange nach der Kapitulation setzte die Rote Armee nochmals die Notenpresse mit den Originalplatten der Reichsbank, die von den Amerikanern (sagen wir besser: Morgenthauern, das amerikanische Volk hat mit diesem Verbrechen nichts gemein. D. V.) ausgeliefert worden waren, in Bewegung und kaufte mit den zehn gewonnenen Milliarden, was nicht niet- und nagelfest war. Wechselgeschäfte mit den Amerikanern brachten ihr dazu noch einige hundert Millionen Dollar ein. Der amerikanischen Seite flossen durch Verkäufe an Deutsche 250 Millionen „Invasionsmark" mehr zu als ausgegeben worden waren.

Es ist richtig, daß für kurze Zeit nach der „Reform" gehortete Waren auf dem Markte erschienen, übrigens ein schlagender Beweis für das Versagen der Zwangswirtschaft. Nur fehlte den „Reformierten" das Geld zum Kaufen. Und diese Scheinkonjunktur muß zwangsläufig in Kürze enden, weil die gehorteten Waren ja in keinem Verhältnis zu dem wirklichen Warenhunger des ausgeplünderten Landes stehen und weil die Lager nicht ergänzt werden können, solange die Wirtschaft gedrosselt bleibt — nach den Protokollen der Weisen von Washington, Morgenthau und Baruch. Es muß ja festgehalten werden, daß die „Reform" das ausschließliche Werk der Besatzungsmächte ist.

Dr. Blücher ist ein heilloser Optimist, wenn er wirklich glauben sollte, daß die „Reform" den „Schwarzen Markt" ausschalten würde; das ist in einer gedrosselten Wirtschaft unmöglich. Aus Augsburg melden deutsche Blätter, daß die amerikanischen MP bei einer Razzia in einem DP-Lager 300 Schweine und Ferkel sowie vier Kühe beschlagnahmten; in Nürnberg entdeckte man im Gepäckwagen eines DP-Zuges zwei Gold- und einen Silberbarren. Keiner der 450 in besonderer Fürsorge auf dem Luftwege aus Berlin entfernten DP meldete sich als Eigentümer. — In einem Münchener DP-Lager fand man gefälschte Fettmarken für etwa zwei Zentner Fett und 91 Dollar. — Wie liegen die Dinge wirklich, wenn selbst Morgenthau-lizenzierte Blätter solche Tatsachen melden dürfen!? Die „Reform" hat die Schwarzhändler nicht erfaßt, da sie ja ihren Besitz nicht in Geld, sondern in Waren angelegt haben. — Daß man den Egoismus ausschalten, „Prassen und Anhäufen von Sachwerten durch Ausnützung der Armen und Ärmsten" überwinden könnte, gehört ebenfalls ins Reich der Phantasie. Die Überwindung des Egoismus ist ein sittliches, nicht ein finanzielles Problem. Solange die Sorge ums tägliche Brot, der Kampf ums nackte Dasein im Vordergrund steht, ist der Erfolg sehr zweifelhaft, solange die Menschen nicht Engel sind. Und die selbsternannten Um-Erzieher geben wahrhaftig, privat und als Gruppen, nicht ein Beispiel der Selbstlosigkeit. Wenn man ihre Tätigkeit in ein Wort zusammenfassen müßte, so ist es nur das Wort: nackter, brutaler Egoismus.

Dr. H. Kapfinger zieht in einem Artikel „Die radikale Geldreform" eine interessante Parallele zu Österreich. „Nach der dortigen Währungsreform ist die soziale Oberschicht von vier auf ein Prozent der Bevölkerung herabgesunken. Die Masse der Besitzlosen stieg von 60 auf 77 vom Hundert. Der Mittelstand wurde buchstäblich zerrieben ... Die Mehrzahl der Arbeitslosen in Österreich sind heute Angehörige von Intelligenzberufen und sie sind die unzufriedensten und verbittertsten Proletarier. Der Großteil der Angehörigen der Intelligenzberufe vegetiert heute."

Das Ergebnis in Deutschland kann unmöglich besser sein: Jeder erhielt für 60 Mark Altgeld 40 D(emokraten)-Mark. 20 weitere D-Mark sollen später ausbezahlt werden. Der weitere Geldschnitt 10 : 1 betrifft alle Geldkonten, ob sie bei Banken, Sparkassen oder Kreditgenossenschaften bestehen. Die Preise blieben dieselben, auch für Postporti und Eisenbahn. Was soll man mit 40 D-Mark kaufen, wenn 1 kg Butter 4 DM, 1 kg Schmalz 8 DM, ein Paar Damenstrümpfe 4 DM, Hosenträger 4 DM, Damenregenmäntel 30 DM, Herrenregenmäntel 50 DM kosten, um nur etliche Beispiele zu nennen. Viele Betriebe kündigten ihre Belegschaft; manche Bauern lassen ihre Sklaven nur ums Essen roboten. Man kann wohl sagen, daß 90 Prozent des deutschen Volkes durch die Morgenthau-Reform zu Bettlern wurden.

Besonders hart trifft die „Reform" die Ärmsten der Armen, die Ausgebombten, die Potsdamvertriebenen Christen, aber auch kirchliche und karitative Institute. Ich könnte ein Buch füllen mit Schilderungen der Betroffenen.

Nur wenige Andeutungen: Ein Caritasdirektor klagt, daß die Mittel so zusammengeschrumpft seien, daß der ganze Apparat zum Stillstand zu kommen drohe. Die bescheidenen Gehälter der Angestellten könnten nur noch für kurze Zeit getragen werden. Kommende Spenden werden wohl recht bescheiden sein. — Eine kirchliche Hilfsstelle berichtet, daß sie „nicht nur in der Arbeit, sondern im Bestande gefährdet sei. Alle Angestellten haben die Kündigung erhalten. Es ist ganz unsicher, ob wir für die Zeit ab September Geld auftreiben werden". — Der Leiter einer Kirchenmusikschule schreibt: „Die Geldumwertung ... hat unsere ganzen katholischen Unternehmungen — man darf das heute schon sagen — restlos erledigt ... Ich weiß nicht, womit ich meine Sekretärin und die Singlehrer meiner Schola bezahlen soll. Ich habe schon mit dem Verkauf meiner Bücher begonnen, um etwas Geld hereinzubringen." — Die Heimatvertriebenen, die sich etliche Groschen erspart hatten, um sich — die bisher nicht erhältlichen — Kleider, Wäsche oder die primitivste Einrichtung anzuschaffen oder zu sichern, sahen, daß ihr sauer erarbeitetes Geld über Nacht dahingeschwunden war, daß sie, die beraubt um alles ins Reich kamen, neuerdings durch die Potsdamer beraubt wurden.

Man vertröstet die Proleten von Morgenthaus Rache auf den kommenden „Lastenausgleich", der im Gegensatz zur Geldreform nicht von den Besatzungsmächten, sondern von den deutschen „Behörden" durchgeführt werden soll. Der Lastenausgleich aber kann — wenn er nicht entschädigungslose Enteignung sein soll — keineswegs das Sachvermögen im selben Maße belasten wie das in Bankguthaben oder Wertpapieren angelegte Vermögen. Zudem ist viel Sachvermögen, wie etwa das der Schwarzhändler, gar nicht greifbar. Eine Überbelastung des Sachvermögens erstickt völlig jede wirtschaftliche Tätigkeit. So bleibt der Lastenausgleich entweder leere Hoffnung wie der Zukunftsstaat der Sozialisten oder ein schnellerer Weg ins Chaos.

Es soll mit diesen Ausführungen nicht gesagt werden, daß eine Währungsreform nicht nötig war; sie war lange überfällig. Nur hätte man erwarten müssen, daß die Menschen, die von Humanismus und Sozialismus geradezu triefen, nicht unterschiedslos ehrliches, mühsam in Generationen erspartes Vermögen den wucherischen Gewinnen der Schieber und Konjunkturritter gleichsetzen und dabei doch Rücksicht nehmen auf kirchliche und karitative Institute, auf Alte, Kranke, und auf die Opfer der Nazis wie ihrer eigenen Rachsucht. Konnte man das nach den Erfahrungen der letzten Jahre noch erwarten?

Die Währungsreform, wie sie vorliegt, treibt zum Radikalismus. Dr. Kapfinger schreibt in dem genannten Aufsatz: „Bleibt der Lastenausgleich hinter den Erwartungen der Besitzlosen zurück, dann werden gefährliche soziale Strömungen unvermeidlich sein und man wird rückblickend feststellen können, daß die erlassene Geldreform die Grundlage für einen radikalen Nationalismus der Entrechteten gelegt hat." Der Arbeiter, der die Morgenthau-Mark mit dem Ruf übernahm: Heil Moskau! hat klarer gesehen. Die Währungsreform arbeitet Stalin in die Hände. „Man kann sich des Eindrucks nicht erwehren, daß die Westmächte für Stalin arbeiten", schreibt ein Opfer der Potsdamer; „dieser braucht nichts zu tun, als zu warten — und das trifft er, wie die Berliner Ereignisse zeigen, meisterlich." — „Morgenthau hat sein Ziel bald erreicht", schreibt ein anderer, „Verwahrlosung der Familien: ein langsames Hinabgleiten zum Kommunismus." Dabei hat Stalin noch den Trumpf, daß seine „Reform" wenigstens anscheinend den kleinen Mann und den kleinen Sparer begünstigt und nur die „Kapitalisten" beraubt.

4.
Das äußere Bild Deutschlands

Zur sozialen Not im KZ Deutschland schreibt der apostolische Visitator für Deutschland, Exzellenz Bischof Muench, im Hirtenbrief „The Times challenge us“:

„In Berlin gibt es kein einziges Haus, kein Gebäude, das nicht Spuren des Krieges trägt. Köln, Würzburg und Dresden sind praktisch dem Erdboden gleichgemacht. Nichts wurde verschont. Blockbusters und Feuerbomben wurden abgeworfen auf Fabriken und Bahnhöfe — unbestreitbar militärische Objekte —, aber auch, genau so wie von den Nazis in etlichen Städten Englands und Polens, „auf Arbeiterheime, Schulen, Kirchen, Spitäler, Altersheime, Waisenhäuser, alte und neue Kulturdenkmäler. Große, geisterhafte Ruinen starren einem in großen und kleinen Städten ins Gesicht. Ziegel und Steine, Zement, Wasserrohre, Heizkörper bilden wirre Trümmerhaufen.“ Das ist das äußere Bild Deutschlands nach dem totalen Kriege. „In den öden Fensterhöhlen wohnt das Grauen und des Himmels Wolken schauen hoch hinein.“ (Schiller.)

Und wie leben diese Menschen? „Es ist unerklärlich, wie sie in den Ruinen leben können. Und doch leben sie, aber ihr Leben ist kaum das menschlicher Wesen, es ist mehr das der Ratten in ihren Löchern. Sie können nirgends anders hingehen. Die Wohnungen am Lande sind überfüllt mit etwa zwölf Millionen Flüchtlingen und Ausgewiesenen aus dem Osten Deutschlands.“ Fügen wir noch hinzu, daß die besten Wohnungen für die Besatzungsarmee und selbst für deren Familien zwangsweise beschlagnahmt wurden. Man kann sich wohl in die Lage des Bürgermeisters in der Nähe von Aachen hineindenken, der mitten im Winter etliche hundert deutscher Familien auf die Straße setzen sollte, sich aber weigerte mit der Begründung: Die Angeklagten von Nürnberg sind verurteilt worden, weil sie gegen besseres Wissen unsinnige und unmenschliche Befehle ausführten. Also mache ich mich strafbar, wenn ich ihn ausführe („Weltwoche“, 7. Febr. 1947).

Der Bischof behandelt besonders eingehend das Los der Displaced Persons. „Sie sind in Deutschland nicht erwünscht, weil das zerstörte, verarmte Reich, aufgeteilt in Zonen, diese zusätzliche Bürde zu seiner Wirtschaft nicht ertragen kann. Sie sind unerwünscht bei anderen Nationen, die Schranken gegen die Einwanderung aufrichteten.“ Das Problem wäre leicht zu lösen durch organisierte Auswanderung. Aber es fehlt der Wille dazu. Und so lange dieser Wille fehlt, alle an den Gütern der Erde teilnehmen zu lassen, solange diese „skandalösen Einwanderungs-Beschränkungen" bestehen, „sind alle feierlichen Erklärungen über Menschenrechte leere, heuchlerische Phrasen". „Die Welt ist noch nicht reif gemacht für Menschenrechte. Beweis dafür ist die schreckliche Entweihung der Menschenwürde." War es nicht eines der Kriegsziele, die Welt „safe for the rights of man" zu machen, wie früher einmal „safe for democracy"?

Es ist ein weitverbreiteter Irrtum, daß z. B. die Deutsch-Rußländer, die Sudetendeutschen, die Deutschen aus Ungarn und den von Polen „verwalteten" Gebieten zu den „Displaced Persons" gerechnet werden. Würde man den Worten ihren Sinn lassen, so sind sie natürlich genau so aus ihrer Umgebung herausgerissen, verschleppt wie jene, die Hitler verschickte oder die vor Stalin fliehen. Aber man nennt sie fälschlich „Flüchtlinge", als wären sie freiwillig aus ihrer jahrhundertealten Heimat geflohen, vielleicht „Ausgewiesene", als ob ihre Lage in eigenem Verschulden begründet wäre. Der einzig berechtigte Name für diese Gruppe ist Potsdam Displaced Persons, oder, wenn man die Namen der Unterzeichner dieses Schanddokumentes und damit die Schuld festlegen will: Attlee-Stalin-Truman-Displaced Persons.

Bischof Muench betont diesen Unterschied sehr scharf und hebt hervor, daß die Lage der Potsdam Displaced Persons unendlich schlimmer ist als die der ersten Gruppe. Der Bischof zerstört ein für alle Mal die Legende von der „geordneten und menschlichen" Umsiedlung. Seine Schilderung „dieser lebendigen Leichen, gekleidet in Fetzen, voll Schmutz und bedeckt mit Geschwüren", der Menschen, die „unterwegs sterben und begraben werden, wo eben der Zug gerade anhält", liest sich wie ein Kapitel aus Franz Werfels „Vierzig Tage von Musah Dagh".

Ein dreiundsiebzigjähriger Priestergreis aus Westfalen schreibt: „Das Elend ist über die Maßen groß und wird noch größer, weil man es so will. Wir brauchten keine Liebesgaben, wenn man uns ‚Brot' gäbe für die Werte, die fast restlos aus Deutschland geholt werden: Kohlen, Holz usw. Noch einige Jahre so und Deutschland wird zur Steppe mit anderem Klima: Wüstenland."

Beweisen nicht die jüngsten politischen Ereignisse des Jahres 1950, wie sehr sich die West-Alliierten mit ihrer Haltung Deutschland gegenüber in gefährlicher Weise auch politisch in Nachteile setzen?

5.
Hunger!

„The International Teamster", dessen Herausgeber Daniel J. Tobin ein intimer Freund des verstorbenen Präsidenten Roosevelt war, schreibt: „Manche sentimentalen Leute machen sich Sorge, daß Japaner, Deutsche und Italiener diesen Winter frieren, wohl auch Hunger leiden. Sentimentalisten klagen darüber. Sie denken wohl, wir sollten ihnen das Frühstück im Bett servieren. Ganz nüchtern betrachtet, wäre es sehr gut für den Frieden in der Welt, wenn die Bewohner der Feindesländer diesen Winter und für eine lange Zeit hernach zu leiden hätten. Je mehr sie jetzt leiden, umso länger werden sie sich der Schrecken des Krieges erinnern — den sie ohne Herausforderung der übrigen Welt erklärten." Damit auch die Frauen zu Worte kommen, schreibt Mrs. Roosevelt, unsere Vertreterin der UNO: „Im kommenden Winter werden die Deutschen einige der Härten verkosten, die sie anderen während des Krieges zufügten. Das soll so sein, und ich mache mir wenig Sorge um das, was in Deutschland während eines harten Jahres geschieht."

Die „normale" Ration in der amerikanischen Zone betrug bis Mitte November 1947 — auf dem Papier — 1262 Kalorien. Sie wurde in der ersten Jännerwoche 1948 auf 1550 Kalorien erhöht. Senator Capehart zeigte im Senat Bilder verhungernder deutscher Kinder, die von einem polnischen Juden, Victor Gollancz — einem der wenig großen Menschen unserer unmenschlichen Zeit — veröffentlicht worden waren. Im Spital von Frankfurt am Main hat man je fünfundzwanzig Kinder aus hundert ausgewählt, die man am Leben halten will, „weil es besser ist, fünfundwanzig genügend zu ernähren und fünfundsiebzig sterben zu lassen, als hundert für kurze Zeit zu ernähren und dann alle sterben zu lassen".

Soweit die Berichte. Ich habe mich absichtlich jedes Kommentars enthalten, weil jedes Wort diese schaudervollen Tatsachen abschwächen müßte. Nun etliche nüchterne Betrachtungen: 1500 Kalorien werden als das Minimum zur Erhaltung des bloßen Lebens betrachtet, oder zur Fernehaltung von Seuchen. Unter tausend Kalorien verhungern die Menschen. Zweitausend Kalorien genügen für einen Müßiggänger. Arbeitende Menschen brauchen je nach der Arbeit vierundzwanzighundert bis viertausend Kalorien. In dem sehr eingeschränkten England betragen die Kalorien zwischen achtundzwanzig- und fünfunddreißighundert.

Wie ist solche Barbarei möglich? Die Kopisten Hitlers schieben die Schuld auf ihr Vorbild. Man kann aber nun einmal nicht alles mit Hitler erklären. Es gab Teufel vor ihm und es wird sie geben, solange es Menschen gibt. Und wir haben diese Teufel mitten unter uns. Denken wir an den systematischen Haß gegen das deutsche Volk, der bis heute in Presse und Radio verbreitet wird. Braucht es Beweise? Schrieb Ilja Ehrenburg: „Die Deutschen sind professionsmäßige Schänder, Lüstlinge von beträchtlicher Erfahrung, erblich belastete Sinnlichkeitsmenschen ... Ihre Frauen erwecken nur ein Gefühl: Abscheu. Wir verachten sie, weil sie die Mütter, Frauen und Schwestern von Mördern (hangmen) sind." Es ist nicht überraschend, daß ein Ilja Ehrenburg das schreibt; überraschend ist, daß dies in Amerika nachgedruckt wird („Information Bulletin", Embassy of USSR., 12. Dezember 1944). Wenn jemand statt Deutsche die Rassegenossen Ehrenburgs so pauschaliter beschimpfen und verleumden würde — —??

Diese Entwicklung im Reich kam nicht über Nacht. Wer sehen wollte, hat lange gesehen, was kommen mußte. Aber die Wahrheit wurde bewußt geheim gehalten, so wie Hitler seine Verbrechen in den Konzentrationslagern zu vertuschen suchte. Wir wurden mit den Berichten von Sidney Hillmann und Frau Roosevelt gefüttert. Es gibt keinen Greuelfilm aus u n s e r e m Austilgungslager Deutschland. Man muß sich um Bilder nach England, an Victor Gollancz, wenden. Bei uns laufen noch die längst abgespielten Greuelfilme. Wann zeigt man uns die Bilder der Greuel, die, wie David Lawrence schrieb, „durch die alliierte Politik der Gleichgültigkeit, irregeleiteter Rachsucht oder offener Dummheit verursacht sind"?

General MacArthur hat mit Berufung auf die Potsdam-Erklärung, welche „Respekt für die grundlegenden Menschenrechte" fordert, den Verkauf von japanischen Mädchen in die Prostitution abgeschafft. Bravo! — Leider scheint die Potsdam-Erklärung in Berlin-Potsdam selber unbekannt geblieben zu sein, so wie unlängst der deutsche Hirtenbrief in Fulda. Damals las ich in der Schweizer „Weltwoche" (11. Januar) einen Bericht über einen Theaterabend in Berlin. Drei Freunde, ein Amerikaner, ein Russe und ein Deutscher, besuchen in der Hauptpause den Star des Abends in ihrem Ankleideraum. „Verzeih, daß ich so schlecht aussehe", sagt sie, „aber ich bin zweimal vergewaltigt worden und da hatte ich eben einen Nervenzusammenbruch." Und der Berichterstatter fügt ohne ein Wort der Kritik oder Mißbilligung hinzu: „Man hat sich in Berlin längst daran gewöhnt, daß Frauen erzählen, wie oft sie vergewaltigt worden sind, und man findet darin kaum mehr etwas Außergewöhnliches." Wiederholen wir das langsam: „längst daran gewöhnt", „kaum mehr etwas Außergewöhnliches". Es ist ja wirklich so: Hunderttausend Frauen in Wien geschändet ... Hunderttausende im Osten des Reiches ... Hunderttausende im Sudetenland ... Hunderttausende in der Slowakei ... Greisinnen, Kinder, Nonnen in der Klausur. Ja, wenn das die Nazis getan hätten — dann hörten wir den Sturm über alle Radiostationen und den Donner der „Kreuzzugsprediger" von allen Kanzeln. Aber so — das ist ja u n s e r e neue Ordnung. Das ist das neue Gesetz von Potsdam ... Ob sich nicht doch manche Frau und manches Mädchen noch die Frage stellt: Mußten wir wirklich dazu all die Opfer an Gut und Blut bringen, daß die Schändung von Frauen und Kindern „kaum mehr etwas Außergewöhnliches" darstellt ... ?

In einem Interview mit einem Schweizer protestantischen Theologen, Professor Fritz Lieb, berichtet dieser („Weltwoche"): „Mir wurde von einem Mädchen in Berlin-Dahlem erzählt, das den unerwünschten Besuch einer Horde betrunkener Soldaten erhielt. Am nächsten Morgen kam einer davon auf einem Damenfahrrad und entschuldigte sich mit den Ausdrücken höchsten Bedauerns für die Gewalttätigkeiten des vergangenen Abends. Sie hätten, sagte er schließlich, ein Fahrrad ‚organisiert' — dies ist der Ausdruck für ‚gestohlen' —, das sie ihr als Schmerzensgeld zum Geschenk machten möchten." Dazu bemerkt der „Theologe": „Der Russe ist eben direkter, kruder, offener und willkürlicher als wir Westeuropäer: er ist von uns durch eine geschichtliche Entwicklung getrennt, die zu einer ganz anderen Fassung des Persönlichkeits- und Freiheitsbegriffes geführt hat." — Man muß auch diesen Bericht aus dem Potsdamer Himmelreich nochmals lesen: Eine Horde — betrunkener Soldaten — betrunkener — vergewaltigt ein Mädel (das heißt ja: sie erhielt unerwünschten Besuch). Als Schmerzensgeld — vielleicht um für ein zu erwartendes Kind zu zahlen, oder die Kosten für eine Syphilisbehandlung, wenn ein Arzt überhaupt noch Deutsche behandeln darf, was bekanntlich in der Tschechei verboten ist — als Schmerzensgeld bringt einer der Banditen — ein gestohlenes Fahrrad, d. h. zum

Verbrechen der Schändung kommt noch das Verbrechen des Diebstahls oder Raubes. Das ist die neue Form der Buße und Wiedergutmachung. Wenn jemand die Frau oder Kinder dieses Theologen geschändet hätte und sein Verbrechen mit einem gestohlenen Fahrrad gutmachen wollte? Was wartet auf Frauen und Mädchen in aller Welt, wenn dieser Geist von Potsdam weitergreift? Schließlich: warum sollte in USA Unrecht sein, was in Deutschland „erlaubt" und „nichts Außergewöhnliches" ist? Wenn unsere Soldaten heimkämen und sie fänden ihre Frauen geschändet, dafür ein Fahrrad im Haus? — Und was hat ein Theologe dazu zu sagen? Nur, daß der Russe „direkter, kruder, offener und willkürlicher ist als wir Westeuropäer". Jeder Gangster ist krude. Ist das eine Entschuldigung für Verbrechen? Gilt für die „Kruden" nicht Gottes Gesetz? Ist der Persönlichkeits- und Freiheitsbegriff der Willkür und Krudheit zur Auslegung überlassen? Oder gilt für die Christen aller Zeiten und aller Zonen der christliche Persönlichkeitsbegriff, nach dem wir Kinder Gottes Erben des Himmels sind? Gibt es eine andere Freiheit als die Freiheit der Kinder Gottes? — Es ist entsetzlich und von unausdenkbaren Folgen, wenn ein Theologe die „sittlichen" Begriffe einer betrunkenen Soldateska unwidersprochen übernimmt. Dieser religiös-sittliche Subjektivismus hat zur heutigen Katastrophe geführt und kann nur im Chaos enden. — Ich kann nur eine Entschuldigung für den Theologen finden: Die Potsdamer Luft hat ihn angesteckt. Das Potsdamer Diktat ist grundsätzlich und praktisch amoralisch, obwohl nicht alle seine Väter den Zusammenhang mit dem christlichen Abendland verloren hatten — oder doch —?

6.
Staatsbürgerschaft

Menschen deutscher Abstammung, die nach Deutschland transferiert wurden, verloren die Staatsbürgerschaft ihres Heimatlandes. Erst zweieinhalb Jahre nach Potsdam besann man sich darauf, diesen Millionen Vertriebener die deutsche Bürgerschaft zuzuerkennen: Es soll auch das Programm einer „Umsiedlung" (resettlement) entworfen werden: Also neuerdings Wanderschaft. Aber Staatsbürgerrecht und Umsiedlung schaffen noch keine Lebensmöglichkeit.

Eine ganz unglaubliche Bestimmung enthält Abschnittt 13 g des Potsdamer Dokumentes. Der General kann „erlauben", daß Deutsche ihren Wohnsitz aus einer der drei anderen mit der amerikanischen Zone austauschen on a reciprocal basis, das heißt also: Wenn die 750.000 Sudetenländer, die in die russische Zone verschickt wurden, in die amerikanische Zone wollen, dann werden dafür 750.000 andere Deutsche in die russische Zone geschickt. Ohne Gegenseitigkeit keine Zulassung in die amerikanische Zone, auch wenn es sich um Familien handelt, die seit Jahren zerrissen sind, weil etwa der Mann eben erst aus französischer oder englischer Sklaverei zurückkam und inzwischen durch Potsdam Heim und Heimat verloren hatte. Der General kennt wohl seine Pappenheimer; so meldete N.Y.T. (14. Juli), daß bereits am 3. Juli 1200 wieder in die russische Zone zurückgeschickt wurden. Es meldeten sich wohl keine Freiwilligen für die russische Zone. Man darf wohl fragen, wieso es möglich ist, daß die Juden in den DP-Lagern sich von Anfang 1946 von 85.000 auf 250.000 im Jahre 1947 vermehren konnten, wie es in dem UJA (N.Y.T., 18. Februar) heißt. Wer wurde für diese 165.000 in die russische Zone geschickt? Und warum erhielten diese — zweifellos unglücklichen — Menschen die Anerkennung als Displaced Persons? Sie wurden doch nicht von Hitler displaced, sondern von Stalin und seinen polnischen Genossen? Noch eine Mitteilung in diesem Zusammenhang: Die „Basler Nachrichten" meldeten (24. Mai), daß Schweden sich bereit erklärte, sudetendeutsche Arbeiter aus Österreich aufzunehmen, ebenso habe Schweden mit der amerikanischen Behörde über den Transfer von Sudetendeutschen aus der amerikanischen Zone verhandelt. „Von amerikanischer Seite sei aber verlangt worden, daß Schweden sich bereit erkläre, neben den sudetendeutschen Arbeitern eine gleich große Zahl von ‚Displaced Persons' aufzunehmen." Das ist wohl ein neuer Tiefpunkt der Brutalität: Wir reden hier seit Monaten über die Stratton Bill und niemand findet sich, diesen privilegierten DP ein Heim zu bieten — nun kommt ein neutrales Land, das noch Menschenrechte respektiert, zudem sudetendeutsche Arbeit zu schätzen weiß, und Amerika hat den traurigen Ruhm, diesen Akt der Menschlichkeit durch eine unmögliche Forderung zu sabotieren?

7.
Patente

Früher einmal suchten die britischen Imperialisten deutsche Waren mit der Marke: Made in Germany zu stigmatisieren, genau so wie heute die britischen Sozialisten mit den schamlosesten Mitteln deutsche Konkurrenz ausschalten wollen. Die Briten sind nun einmal ein geborenes Herrenvolk, ob Tory oder Sozialist; die Welt ist ihre Kolonie. Zu den bezeichnendsten Mitteln, die deutsche Konkurrenz niederzumachen, gehört der Raub der deutschen Patente, also ureigensten Privateigentums. Es handelt sich dabei um Milliardenwerte. So groß war das Raubgut, daß ein Hr. Green, der Direktor des amerikanischen Büros für technische Dienste, mitteilte, er lasse 2400 Waggons deutscher Patentschriften und Industriegeheimnisse vernichten, da er weder Geld noch Personal habe, um das Material zu sichten, und die Lagerhäuser anderwärts benötigte. Ist das wirklich der Grund? Es will mir scheinen, daß die Patente vorübergehend verschwinden, um eines Tages als neueste Erfindungen der Morgenthaus, Greens, Ellenbogen usw. usw. wieder aufzutauchen, natürlich mit amerikanischem Patent und dem Stempel: „Made in USA." Wir begegnen ja überall deutschen Erfindungen auf technischem, optischem, chemischem Gebiet — von Televisionsapparaten, Wire Recorders bis zu Farben, Chemikalien und Drogen —, deren deutscher Ursprung verleugnet wird. Der „Rheinische Merkur" schrieb unlängst: „Wir prophezeien Hrn. Green, daß (er) . . . nicht imstande sein wird, diesen geistigen Diebstahl aus dem Gewissen der Schuldigen und dem Andenken der Zeitgenossen verschwinden zu machen. Im Gegenteil: Hr. Green und seine Auftraggeber . . . werden ihren bedenklichen Ruhm mit jenen zu teilen haben, die vor zweitausend Jahren die Brandfackel in die Bibliothek von Alexandria warfen. Wir beneiden sie nicht darum . . ." Wenn jedoch die Kommunisten vor etlicher Zeit den Westlern vorwarfen, daß sie Nazi-Erfindungen stehlen, so spricht da nur der Fuchs, dem die Trauben zu hoch hängen. Aber die Behauptung steht: Diebstahl, besser gesagt Raub, an Menschen ohne Menschenrechte.

Nebenbei sei noch bemerkt, daß man anscheinend nicht genügend fähige Menschen hat, das Raubgut auszuwerten. Darum muß man auch die Erfinder und Techniker dazu stehlen. Den Russen gegenüber spricht man in diesen Fällen von Sklaverei;

wenn die Erfinder nach Amerika verfrachtet werden, geschieht das im Zeichen der Vier Freiheiten, d. h. die Leute haben keine Wahl, als zu kommen oder zu verhungern oder Landsberger Methoden zu erleben, bis sie mürbe werden. Und merkwürdig, kein Geschrei in Presse und kein Geschrei am Radio, daß diese Techniker und Wissenschaftler „Nazis“ waren oder für Hitler arbeiteten — im Gegensatz zu dem Skandal um Gieseking und Furtwängler. Auf den geradezu triumphalen Empfang von Menachem Beigin, Leiter der jüdischen Terrororganisation der Irgun Zvai Leumi, mit Festessen zu 50 Dollar per Gedeck, Begrüßung durch den Bürgermeister von New York sei nur nebenbei hingewiesen. Ob sich die Ehrengäste schon erholt haben von dem Schrecken, daß dieser Menachem Beigin ein deutscher Kommunist ist, der früher Freimann hieß, in Rußland geschult wurde und im spanischen und chinesischen Bürgerkrieg sehr aktiv war? Und wo blieb das „Screening“ durch die Einwanderungsbehörden?

8.

Gedanken eines jungen Heimatvertriebenen

Lieber Herr Father Reichenberger!

Ich selbst erlebte die Ausweisung als 16jähriger Junge und unterhalte mich gerne mit meinen jungen Leidensgenossen über das, was hinter uns liegt. Gestatten Sie mir, bitte, wenn ich Ihnen ein paar Eindrücke über unsere Lage mitteile.

Es heißt so oft, die Jugend wird sich ja schneller in die neuen Verhältnisse einleben. Sie vergißt ja viel schneller alles. Ich glaube es nicht. Die Jugend wird sich wohl der Lage schneller anvertrauen, aber damit ist das Unrecht noch lange nicht gutgemacht. Die Jugend wird das Anrecht auf ihre Heimat nie aufgeben: mag alles noch so verschönt und humanisiert werden. Jedes Kind wird seiner Mutter Worte für heilig halten, die die wahre Schilderung unseres Schicksals bezeugen. Nur diesen Mutterworten wird vertraut werden. Sie werden jedem Kind das mitgeben, was sie erlebten, und damit einen schwarzen Fleck auf dieses Zeitalter und dessen Staatsmänner werfen, welche die Erlaubnis zu diesem Verbrechen an der Menschheit gaben. Der Jugend schönste Aufgabe wird es wohl sein, den müden Eltern den Kampf um die Heimat abzunehmen und ihn weiterzuführen, bis das Unrecht wieder gutgemacht ist. Es würde an der Zeit liegen, uns das Verbrechen mitzuteilen, das wir verschuldeten, und wann eigentlich ein Mensch Anrecht auf seine Heimat besitzt.

Mein Heimatort wurde im 12. Jahrhundert das erste Mal genannt. Es gibt keinen Zweifel darüber, daß die Gründer meines Heimatortes unsere Vorfahren sind. Ein Staat, der im 15. Jahrhundert erst entdeckt wurde und dessen Bevölkerung sich das Land zu eigen machte, gibt die Erlaubnis, daß ein Volk seiner Heimat beraubt wird, in dessen Land schon Blüte und Wohlstand herrschte, als der vorgenannte Staat noch nicht existierte.

Man kann von uns (der Jugend) sehr schlecht verlangen, zu einem solchen Regime Vertrauen zu bekommen. Sie waren es ja, die die Not und das Elend durch ihre Unterzeichnung zu Potsdam über uns brachten, sie waren es ja, die mit ansahen, wie man mordete, versklavte und Millionen von Menschen um Hab und Gut beraubte und nach dem übervölkerten Deutschland verschickte. Man kann sehr schlecht eine Jugend eines Besseren belehren, wenn man viel Schlimmeres bietet.

Was wir bis jetzt erlebten, wirkt sehr vernebelnd, wenn man auf der einen Seite Fabriken demontiert und somit Deutschland als Konkurrenten aus dem Weltmarkt ausschließt, was eine immer größer werdende Arbeitslosigkeit hervorruft und die wirtschaftliche Lage Deutschlands nicht verbessert, auf der anderen Seite aber durch großzügige Hilfsmaßnahmen dem deutschen Volk unter die Arme greifen will.

Es gehört viel Selbstdisziplin dazu, nach dem, was wir alles hinter uns haben, noch ein halbwegs gerader Mensch zu sein.

Wir wohnen in Elendslöchern, meist mit Eltern und Geschwistern in einem Raum, eine existenzlose Zukunft vor uns. Die meisten jungen Menschen können nicht schnell genug die Stelle als Hilfsarbeiter annehmen, da sie die Eltern unterstützen müssen. Studieren oder einen Beruf erlernen, dazu reicht der Verdienst der Eltern nicht aus. Er reicht nicht einmal zum Lebensunterhalt, geschweige, daß man sich die nötigsten Anschaffungen, wie Tisch, Bett und was sonst der Mensch zum Leben braucht, erwerben kann. Eines bleibt uns, — das Zusehen, wie sich andere frei bewegen können und jeglichem Vergnügen nachgehen. Uns bleibt die Not und die harte Arbeit. Ich glaube, daß wir uns auf derselben Stufe bewegen könnten wie die übrige Jugend der ganzen Welt.

Eins steht felsenfest, daß wir auf diesen Wegen, auf denen wir geführt werden, dem Abgrund entgegengehen und zu dem erzogen werden, das meiner Ansicht nach unsere Erzieher auch nicht wollen. Einer Jugend, der man keinen Weg zum Recht und zur Gerechtigkeit zeigt, einer Jugend, der keine Existenzmöglichkeit geboten wird, einer Jugend, die heimatlos, besitzlos und staatenlos dasteht und auf diesem wankenden Untergrund kein neues gesundes Familienleben gründen kann, darf man keinen Vorwurf machen, wenn sie durch diese Zustände auf die schiefe Bahn getrieben wird.

Es würde an der Zeit sein, daß man uns den Weg des Rechtes öffnet, den Weg in unsere liebe Heimat, damit wieder das Vaterhaus neu erblühen kann und in uns wieder das zum Vorschein bringt, das tief in unserem Innersten verankert ist, „den Glauben an eine Gerechtigkeit, die Liebe zum Nächsten und der ganzen Welt".

Diese Faktoren würden die Grundsteine sein, die sie waren. Nicht Rache, sondern Friede. Diese Tradition haben unsere Vorfahren schon hochgehalten; auf ihr baut sich eine friedensliebende und gottesfürchtige Menschheit auf.

Gestern abend sah, nein, erlebte ich einen Film „The Refugee Problem" in einem geschlossenen deutschen Kreis, in dem nur englisch gesprochen wurde. Der Film ist als Zeitdokument der britischen Besatzungsmacht herausgegeben. Er behandelt die Potsdam-vertriebenen Christen, die man dem „guten, alten Joe", dem Musterdemokraten und Ehrenkreuzfahrer jüngst vergangener Jahre, verschrieben hatte. Bei Nacht und Nebel fliehen sie ins Westreich, in Fetzen gekleidet, mit armseligen Bündeln auf dem Rücken, gehetzt von volksdemokratischen Wächtern, empfangen von westlichen Demokraten in deutschen Landen. Man erlebt die grauenhaften Bilder von den Lagern, den überfüllten, fensterlosen Bunkern, Kinder und Greise durcheinander, schwangere Mütter mit Kindern an der Hand, ausgemergelte, unterernährte, vor Müdigkeit zusammenbrechende Menschen, die man oftmals wieder zurückjagt, weil sie den „Bestimmungen" nicht entsprechen ...

Die Tränen standen mir in den Augen: ich zitterte vor Erregung, vor Zorn und Scham. Der Film müßte in jedem Kino Amerikas vorgeführt werden, meinetwegen gleichzeitig mit einem der Greuelfilme, mit denen uns (das heute über Moskau so schweigsame) Hollywood bis heute überreichlich versorgt. Jeder

Amerikaner soll wissen, wie man deutsche Menschen in deutschen Landen vier, fünf Jahre nach dem Kriege behandelt. Jeder soll selber herausfinden, wie turmhoch die Potsdamer Kreuzfahrer über den Nazis von ehedem stehen — oder umgekehrt. Waren Gaskammern schrecklicher als diese Teufelei des 20. Jahrhunderts? Und jeder wird zugeben, daß diese Menschen, diese in untermenschlichen Zuständen hausenden Menschentiere, diese verwahrloste, verkommende Jugend dem Bolschewismus und der Anarchie verfallen müssen, weil man das Problem totschwieg, nicht sehen wollte und bis heute nur darüber „plaudert". — Ehre, wem Ehre gebührt. Es ist eine moralische Großtat, daß England den Film herausbrachte! Man verbinde damit einen anderen Streifen über die Zerstörungen deutscher Städte, Kirchen und Kunstdenkmäler, die Tiefflieger, die deutsche Menschen jagten, und die bis heute weitergehenden Demontagen, die gerade diesen Menschen Arbeit und Existenzmöglichkeiten rauben, und wir haben ein monumentales Dokumentarwerk, das künftige Kempners der Arbeit enthebt, Zeugen zu suchen gegen die Verbrechen an der Menschlichkeit.

Alle mit Zahlen und Statistiken belegbaren Tatsachen, die ein erschütterndes Bild der materiellen Not der Vertriebenen geben, sind nichts im Verhältnis zur Unsumme seelischen Leides, das alle Etappen der Verjagung von Haus und Heim begleitet.

9.

Aus dem Brief an einen Sozialisten

Viele unserer Vertriebenen sind durch das Unglück im Glauben vollständig irre geworden.

Vom Glaubenszweifel ist aber nur ein Schritt zum Unglauben und von da zur Verzweiflung oder zum Bolschewismus. Da aber der Mensch doch sehr am Leben hängt, macht er meist den Schritt zum Bolschewismus. Der Boden ist reif dafür. Nur Blinde sehen das nicht. Wenn man in unseren Zeitungen in Artikeln, die von der Besatzungsbehörde inspiziert sind, liest, der Westen habe sich vom Bolschewismus abgewandt, kann einem nur ein grimmiges Lachen kommen. Die Not ist zu groß, zu lange anhaltend, zu hoffnungslos. Nicht alle denken wie ein Freund, der mir eben schrieb: „Ich bin glücklich, die Not in jeder Form kennengelernt zu haben. Nicht als halber Mensch gehe ich ins Grab.“

Du schreibst vom Wiederaufleben des Nazismus; ich verfolge das mit ernster Sorge. Nicht ohne hinreichende Ursache: der Nazismus und der Bolschewismus sind nicht vom Himmel gefallen, sondern haben sehr greifbare und begreifbare Ursachen. Die Nazis waren nach dem Kriege tot wie ersoffene Mäuse. Sie verdanken ihr Wiederaufleben der sadistischen, verbrecherischen Politik der Sieger. Wodurch unterscheiden sich denn die „Kreuzfahrer“ von den Nazis, es sei denn durch größere Verlogenheit und Heuchelei; sicherlich nicht durch Ideale und eine höhere Ethik. Rechts- und Linksradikalismus sind die gerade zwangsläufige Antwort auf vier Jahre „Frieden“. Es würde in keinem Volke anders sein. Churchill sprach dieser Tage von den Fehlern von Versailles; er vergaß zu unterstreichen, daß er der Mitverantwortliche ist für die Quebec, Yalta, Teheran und Potsdam. Lies nur unsere Presse und vor allem die Stimmen gewisser Emigranten, verfolge das Verhalten gewisser DP.s und Du wirst verstehen, warum der Nazismus wieder lebendig wird.

Du irrst, wenn Du glaubst, ich sei „nach rechts gedrängt“ worden. Ich lasse mich nicht so leicht drängen und beeinflussen. Ich bin in den Hochtagen der Nazis gegen den Strom geschwommen; ich tue es noch heute. Ich habe mir persönlich viele Chancen verbaut, die man nur mit „Klugheit“, besser gesagt: Feigheit und Charakterlosigkeit (Gleichschaltung sagten die Nazis), erkaufen kann. Und was heißt denn „links“ oder „rechts“. Schlagworte können mir nicht imponieren. Vielleicht scheine ich deshalb so weit rechts zu stehen, weil ich so weit links stehe. Als junger Priester war ich der „rote Kaplan“ — ich wußte mich aber in der Gefolgschaft Kettelers, Kolpings, Leos XIII. Ich habe mein ganzes Priesterleben daran festgehalten, daß der Priester zum armen, arbeitenden Volke gehört, wie Papst Pius XI. in „Divini Redemptoris“ betonte. Die Millionen Arbeitsheere würden nicht hinter den blutroten Bannern marschieren, hätten wir diese Aufgabe immer gesehen und erfüllt. Vielleicht sind manche erschrocken, als unlängst die Nachricht durch die Presse ging, in Spanien sei eine zum Tod verurteilte Kommunistin mit dem Ruf gestorben: Es lebe Rußland!, und noch mehr über die Erklärung Bischof Herreras: „Im Todesschrei der Frau lag nur das dramatische und tiefe Verlangen all der Armen Spaniens für bessere Gesetze sozialer Gerechtigkeit. Die Frau hatte von falschen, schlauen Propheten gelernt, daß Rußland das Heil bringe. Nicht sie hat geirrt. Wir wenden uns ab von den Armen und den Soziallehren des Evangeliums... Es ist unsere Pflicht, dafür zu sorgen, daß im Spanien von morgen die soziale Gerechtigkeit christliche Gerechtigkeit genannt wird." (Time, 28. Februar.) Ich habe mich gefreut über dieses Wort und wünschte nur, wir hörten es öfter und überall, besonders den Heimatvertriebenen gegenüber.

Und rechts? Ich habe den Kampf gegen die Nazis nie als Kampf gegen das deutsche Volk betrachtet; im Exil habe ich zudem erfahren und erlebt, daß der Kampf mit den Nazis überhaupt nichts zu tun hatte, sondern wirklich nur gegen das deutsche Volk, vor allem den deutschen Konkurrenten am Weltmarkt ging. Bei dem herrschenden Terror war die Unterscheidung manchesmal schwer, so wie heute in der Tschechei, in Polen, Ungarn. Mein — und unser — Kampf gegen den Nazismus hätte aber keinen Sinn gehabt, würden wir heute zu den Verbrechen schweigen, die von maskierten Nazis — welche Namen, Farben oder Parteiabzeichen sie tragen mögen — gegen das deutsche Volk in seiner Gesamtheit — die schärfsten Nazigegner nicht ausgenommen — begangen werden. Ich kämpfe gegen die Nazis — und aus denselben Gründen; ich will mich nicht an ihren Verbrechen mitschuldig machen. Jüdische Nazis sind nicht besser als arische. Ich kämpfe gegen die Unterzeichner von Potsdam: Wenn es ein unteilbares Recht und eine allgemein verpflichtende Sittlichkeit gibt, dann sind sie des Rassenmordes schuldig und nach ihrem eigenen Gesetz würden sie an den Galgen von Nürnberg, Landsberg, Prag und Warschau hängen — wie ihre Vorbilder. Es zeugt für die ganze Heuchelei der „Demokratien", daß die Urheber dieser Friedensverbrechen gefeiert werden, Staatsmänner spielen dürfen und sich zur Um-Erziehung berufen fühlen. Mein lieber Freund, die Namen der Genossen Bevin und Attlee wird niemand mehr ausradieren von dem Schanddokument von Potsdam; sie schweigen zu den Verbrechen der Austreibung; sie haben nichts getan, das Massenelend zu lindern, im Gegenteil, sie zerstören weiter die deutsche Friedensindustrie und nehmen also ihren und Deinen Genossen Arbeit und Brot, die Grundlage der Existenz, genau so wie Deine Genossen in Frankreich und die „fortschrittlich-liberale" Clique um Morgenthau. Der internationale Sozialismus ist tot; es gibt nur nationale Sozialisten, oder soll ich sagen Nationalsozialisten? Es ist doch bezeichnend, wenn das hiesige Sozialistenblatt „Die Neue Volkszeitung“ jedes gesunde nationale Empfinden vergißt und zur Versklavung der Ruhr schreibt: „Die Frage sollte nicht gestellt werden: Haben Deutsche oder Franzosen die entscheidende Gewalt, sondern Unternehmer oder Arbeiter die entscheidenden Bestimmungen zu treffen? Man kann mit guten Gründen sagen, daß französische Gewerkschaftler deutschen Unternehmern à la Thyssen und Klöckner vorzuziehen sind.“ Wäre solche Würdelosigkeit in Frankreich und England möglich? Noch etwas: Du weißt, wie viele Menschen einst hätten vor den Nazis gerettet werden können; so gut wie nichts geschah. Tschechische Verbrecher waren wenige Tage, nachdem ihr Pulverfaß explodierte, in Paris, London und Washington und werden als „Demokraten“ gefeiert und tragen sich mit Plänen für eine dritte Exilregierung. Da kann ich nicht mit. Wenn wir nicht den Mut haben, diese „demokratischen“ Friedensverbrechen anzuprangern, auch auf die Gefahr neuer KZ und Galgen, dann war unser Kampf gegen die Nazis Lüge und Grundsatzlosigkeit. Ich kenne Dich als Idealisten und ehrlichen Kämpfer: Bitte, sage den Heimatvertriebenen offen und rückhaltslos, daß sie vom Sozialismus nichts, gar nichts zu erwarten haben. Betrüge nicht Dich selber und verzweifelte Menschen!

Wenn Du also den Kampf für Leben, Freiheit und Existenz des deutschen Volkes, besonders der Heimatvertriebenen und der Arbeiter unter ihnen, „rechts“ nennst, dann stehe ich ganz rechts. Ich habe mit einer Schwindeldemokratie, die dem Bolschewismus den Weg bereitet und den Nazismus wieder erweckt, nichts gemeinsam. Ich verzichte darauf, eine jüdische Urgroßmutter zu suchen — wie in den Nazitagen die Juden eine arische — um als „Demokrat“ anerkannt zu werden. Die Phrasen von Liberalismus und Humanität imponieren mir nicht, solange Brutalität und Bestialität im Leben herrschen. Für mich steht eine Demokratie, die Menschenrechte mit Füßen tritt, wenn es sich um Deutsche handelt, auf derselben Stufe wie der Nazismus. Christopher Dawson, dem Du vielleicht im Exil begegnet bist, hat ganz klar gesehen, wenn er erklärte, daß ein Liberalismus, der nur eine christliche Fassade aufrecht hält und christliche Werte zu Phrasen herabwertet, bei irgend einem Totalitarismus landen muß. Das ist der tiefste Grund meines Pessimismus: Ich fürchte, daß der Bolschewismus unaufhaltsam ist, weil niemand mehr da ist, das Erbe des Abendlandes aufrecht zu halten. Dollars und

Atombomben sind kein geistiges Gegengewicht, um diese zielbewußte diabolische „Religion" zu überwinden. Um gerecht zu sein, will ich hinzufügen, daß auch sehr viele Christen versagen; wir denken nur noch in Nationalismen und Winkelkirchen; allzuviele haben sich schon mit dem Ghetto abgefunden. Es fehlt das Kennzeichen Seiner Jünger."

Was mir mehr Sorge macht als ein Aufleben des Nazismus, ist die Neubelebung des Freidenkertums, des tragischen Erbes des kontinentalen Sozialismus. Der Atheismus ist der Zwilling des Nazismus und des Kommunismus, die ja beide auf dem Materialismus basieren. Wer heute besonders den Heimatvertriebenen die Religion nimmt, beraubt sie um den letzten Halt, überliefert sie der Verzweiflung und Anarchie. Und gibt es denn heute wirklich keine dringenderen Fragen als religiöse Verhetzung? Lasse die glücklich werden, die stolz darüber sind, daß ihre Ahnen einst in den Dschungeln Afrikas auf den Bäumen herumkletterten! Aber lasset denen ihre Überzeugung, die — trotz der Inhumaniät, die sie erlebten — noch daran festhalten, daß der Mensch ein Kind Gottes ist, mit Christi Blut erlöst und zur Anschauung Gottes berufen! Vor mir liegt ein infames Hetzblatt gegen Kardinal Faulhaber und die bayerische Regierung, basierend auf einer Nachricht des Radio München (also der unter amerikanischer Aufsicht stehenden Stelle!), daß man angeblich n u r in der Auswanderung eine Lösung des Vertriebenenproblems finde. Der greise Kirchenfürst blieb die Antwort nicht schuldig. Er und die übrigen Bischöfe sahen drei Wege zur Lösung: 1. Rückkehr in die Heimat; 2. Ansiedlung und Einbürgerung auf deutschem Boden; und erst in dritter Reihe: Auswanderung. Wenn meine ganze Korrespondenz nicht trügt, dann sehe ich daraus nur, daß viele, sehr viele nur noch in der Auswanderung eine Lösung sehen, so gering die Hoffnungen dafür derzeit — und wohl auf absehbare Zeit — sind. Der Kardinal hätte also, hätte er wirklich so gesagt, nur dem Denken und dem Wunsche der Vertriebenen Ausdruck verliehen. Du und ich, die wir das letzte Jahrzehnt außerhalb des Reiches verbrachten, wissen um alle die enormen Schwierigkeiten des Problems, wir wissen, daß es von Deutschland a l l e i n nicht gelöst werden kann wie in keinem Lande, wir wissen, daß die Verantwortlichen sich um ihre Verpflichtung, die rechtliche, sittliche und menschliche Verpflichtung drücken, wir wissen, daß die Vertriebenen ausnahmslos verkommen wären, hätten nicht deutsche Regierungen, die Kirchen und viele Private übermenschliche Anstrengungen gemacht, die beim allerbesten Willen hinter den Erwartungen zurückbleiben müssen. Wir wissen natürlich auch um die Wege der Bürokratie wie um jene, die gleichgültig an denen vorübergehen, die auf der Gleichschaltungsstraße von Potsdam unter demokratische Mörder fielen. Das Problem ist zu ernst für Demagogie und zur Aufwärmung von Parteisuppen. Bitte, stoppe diese verbrecherischen Narren, die durch Hetze ihre dunklen Geschäfte besorgen. Sage den Ärmsten aller Armen die Wahrheit!

Dir geht es um die Förderung der sozialistischen Partei. Ich bin sehr an der Politik interessiert; für die hundert Parteien, die wie Pilze nach einem warmen Regen aus dem Boden schießen, habe ich kein Verständnis; Parteispielerei ist heute lächerlich und gefährlich, wo es um den Bestand des ganzen deutschen Volkes geht. Es stört mich nicht, daß manche mich früher nicht verstanden und bekämpften. Vielleicht haben sie die Tschechen besser gekannt als wir, die wir den Betrügern Benesch und Masaryk vertrauten.

Lieber Freund, Du lebst mit Millionen Vertriebener und praktisch allen Deutschen in einem KZ. Es fehlen nicht die Gangster und Folterknechte und nicht die teilnahmslosen Zuschauer — in der ganzen Welt. Sollen wirklich Parteien und Postenjäger dieses KZ. zur Hölle machen? Versteh mich nicht falsch — ich lehne wirkliche Verbrecher nach wie vor ab: mit ihnen gibt es keine Zusammenarbeit; auch dann nicht, wenn Verbrechen unter dem Mantel der Demokratie straflos bleibt. Ich höre am Radio einen Auszug aus dem letzten Nürnberger Scheinprozeß: Jedes Wort, das der Ankläger gegen die Nazis sagte, kann man hundertprozentig auf die Väter von Potsdam und ihre Spießgesellen anwenden. Ich glaube aber, daß andere aus ehrlicher Überzeugung handeln, solange nicht das Gegenteil bewiesen ist; ich glaube dies, weil ich sonst für meine Überzeugung keine Achtung fordern könnte, die ja ebenfalls von vielen nicht geteilt wird. Ich hielte es für Wahnsinn, wenn sich jemand anmaßte, mich „umzuerziehen“, zu „entchristianisieren“, als Hohn aus Demokratie, als Nazismus in Umkehrung. Wir müssen anständige, aufrechte Menschen, die anders dachten als wir, die andere Parteikarten trugen, nicht abstoßen, sondern wieder gewinnen. Wir müssen wieder Menschen werden; ich möchte sagen: Wir müssen (wieder) Christen sein. Nur auf dieser Basis sehe ich Möglichkeiten einer Zusammenarbeit zwischen Sozialismus und Christentum.

10.
Umerzieher

Das Rezept der Potsdamer für die „Umerziehung“ lautet: Durch Dummheit zur Demokratie.

Ich sah eine Karikatur: Hitlers Buch „Mein Kampf“ mit dem Untertitel: Resurgent Nazism, aufgehängt am Galgen. Darüber der Titel: Can't hang an idea. Man konnte Hitlers Armeen auf dem Schlachtfeld überwinden, man konnte führende Nazis hängen, aber man kann eine Idee nicht erschießen und nicht aufhängen. Ideen trotzen der Gewalt. (Das gilt übrigens ebenso vom Kommunismus, der für viele seiner Anhänger eben eine Art Religion, eine Weltanschauung, eine Idee ist.) Ideen werden nur durch größere, lebensträchtigere, opferwilligere Ideen überwunden.

Wo ist diese Idee? Man darf sich nicht wundern, wenn überzeugte Nazis, ja selbst Nazigegner, jeden neuen Bewerber mit den Nazis vergleichen. Das ist der Maßstab, an den sie gewöhnt wurden. Zumindest haben diese Menschen das Recht, Programme und Wirklichkeit kritisch zu untersuchen. „Man soll den Baum an seinen Früchten erkennen.“ Wenn es je zu einem Wiederaufleben des Nazismus kommen sollte, so liegt die psychologische Erklärung allein darin, daß in den Augen des Vergleichenden der Vergleich zugunsten der Nazis ausfiel oder zumindest ihnen die Waage hielt. Darin liegt die ungeheure Aufgabe, aber auch die unendliche Verantwortung der Besatzungsarmee. Hitlers Armeen haben die eroberten Länder nicht gewonnen; bis heute hat unsere Armee die Besiegten wohl durch Gewalt in Schach halten, nicht aber seelisch gewinnen können. Wenn in Italien der Leichnam des von Räubern und der Beute wegen ermordeten Mussolini gestohlen wurde, wenn wir hören von geheimen Trauerfeiern für die Gehängten von Nürnberg, wenn wir wieder Maueranschläge finden: „Nürnberg nicht Gerechtigkeit, sondern Mord“, „Deutschland, erwache!“ — dann sollte man nicht bloß nach den „Nazis“ suchen, sondern die Methoden der Besatzung ernstlich überprüfen. Mit Haß kann man nicht Liebe und Vertrauen wecken. Wie oft haben wir gehört, daß der Krieg nicht gegen das deutsche Volk, sondern gegen die Nazis geführt werde, daß man die Deutschen befreien wolle. Wer erinnert sich nicht an die Lockworte Roosevelts? Hitler hat im Januar 1943 in einer Reichstagsrede erklärt: „Wenn heute englische und amerikanische Juden verkünden, daß es die Absicht der Allierten sei, das deutsche Volk seiner Kinder zu berauben, Millionen junger Männer abzuschlachten, das Reich aufzuteilen und für alle Zeit zum wehrlosen Objekt der Ausbeutung seiner kapitalistischen und bolschewistischen Umgebung zu machen — so brauchen sie uns das nicht erst zu sagen: wir wissen es bereits." Wenn ein Deutscher heute, e i n e i n h a l b J a h r e nach Kriegsbeendigung, Roosevelts und Hitlers Worte vergleicht: Wer hat recht behalten? Saxa loquuntur, die Trümmer und Leichen reden . . . H i t l e r. Die Demokratie hat ihre Werbekraft eingebüßt, weil ihr die Seele fehlt, die Achtung vor der menschlichen Freiheit und Persönlichkeit.

Nicht irgend welche humanitäre Anwandlungen haben eine Änderung herbeigeführt, sondern die ganz nüchterne Erkenntnis, daß Europa auf absehbare Zeit in zwei Lager gespalten ist, daß der industrialisierte Westen nicht leben kann ohne Brotkammern des Ostens, die man aus Blindheit und Rachsucht den Bolschewiken überließ, daß Europa nicht leben kann, wenn das Herz Europas, Deutschland, stirbt, daß schließlich amerikanische Steuerzahler die Kosten für diese Politik des Wahnsinns tragen müssen. Aus diesen Gedanken entstand der „M a r s h a l l p l a n", der übrigens noch gar kein Plan ist, sondern lediglich ein Versuch, der seine Feuerprobe erst durch den Nachweis bestehen muß, daß es noch Staatsmänner gibt, die europäisch, nicht nationalchauvinistisch denken, und daß man im Kongreß einsieht, daß Europa verloren ist, wenn der Plan nicht realisiert wird, Europa als Import- und Exportland, Europa als Demokratie, Europa als Träger abendländischen Ideengutes, Europa als Stützpunkt des Friedens.

11.

„. . . u n d n i c h t v e r z a g e n !"

Dipl.-Ing. O. N., ein vorbildlicher Lebenskünstler, schildert seinen Einzug ins KZ Deutschland:

Endlich, endlich in W. angekommen, wurden uns nach Begrüßung durch den Bürgermeister die Wohnungen zugewiesen. Männer besorgten das Gepäck und ich ging voraus zur Besichtigung unseres neuen Heimes. Ein Zimmerchen im zweiten Stock im Ausmaße von kaum 10 Quadratmetern. Meine Frau sträubte sich gegen diese Zumutung, zumal dasselbe höchst mangelhaft möbliert war, doch verwies ich auf die Zusage der Funktionäre, Unzulänglichkeiten abzustellen und das Zimmerchen sei ja nur provisorisch.

Es begann ein Leben wie im Wohnwagen des Zigeuners. Unter der Hast des nachdrängenden Zuzugs war vorerst an eine andere Wohnung nicht zu denken. Und so blieb es bis heute trotz aller eingeleiteten Schritte. Unser Sohn nahm nach einigen Tagen Abschied und wir waren allein in fremder Welt.

Ich bin 68, meine Frau 66 Jahre alt. Ihr Alter, meinte sie, hätte ich verschweigen können, denn bei den maßlos wirbeligen Zeiten könnte man immerhin nicht wissen... Ich wendete dagegen ein, daß sich doch ein Einsichtiger erhalten haben könnte, der ihr ansähe, daß sie dem Jungfrauenalter reichlich entflohen wäre und dann wäre sie ja doch der von mir verpönte „Flüchtling". Oh, schlau wie ein Fuchs und vorsichtig wie ein Leittier ist sie schon, die Meine, und klug wie ein geschulter Diplomat, aber auch boshaft kann sie sein. Beispiel: Wir nannten drei Söhnchen unser eigen. Feierabendstimmung. Die junge Brut spielte und tollte wie Füchslein vor dem Malepartus unter Aufsicht der gestrengen Eltern. Dem Spiele nachdenklich zusehend, konnte ich mich nicht enthalten, vorsichtig anzudeuten, daß der eine Junge mir verdächtig vorkäme, da er so gar nichts von mir hätte usw. „Und gerade der ist von dir", sprach sie und ließ mich zur Salzsäule erstarren. Ich vermied es, mein geistreiches Antlitz im Spiegel zu besehen. Dies in Parenthese.

Also wir versuchen, unser Zimmer nach Tunlichkeit wohnlich zu gestalten. Situation: Tür gegenüber Fenster, zu beiden Seiten Bett und Diwan, dazwischen vor dem Fenster das Nachtkästchen. Dem Diwan folgt auf der einen Seite ein kleines Tischchen, dann der Waschtisch, auf der anderen Seite ein kleiner Zimmerofen, dann ein 2 m hoher Kleiderkasten und zwei Sessel. Schluß. Der übrige Aufenthaltsraum schließt jede Verirrung und die leiseste Regung zum Tanze aus. Unter dem Bett, Diwan und Tisch ist die Speis als Aufbewahrungsort für alle nötigen Gebrauchsgegenstände für Tag und Nacht und für Lebensmittelüberreste. Demzufolge genügt es, sich auf den Bauch zu legen und dort einige Schwimmübungen zu machen und man bekommt, hat man Glück und Geduld, das in die Hände, was man gerade will. Dabei gibt es oft Scherben. Aber die bedeuten ja Glück. Das Bett ist gut und der Diwan schmal.

Der zwischen Bett und Diwan sich ergebende 50 cm breite, d. h. schmale Gang bildet einen sogenannten Zwangswechsel. Frühmorgens benützt ihn meine Frau, sie ist Frühaufsteherin wie alle Aufgeweckten, in kniender Stellung zur Vorbereitung für das Mittagsmahl, wie Erdäpfelschälen, Rüben putzen, Kraut schneiden, Kürbis herrichten usw., weil sie da vom Nachtkästchen her, als einziger Lichtquelle, bessere Sicht hat, sagt sie.

Am Tage dient mir das rückwärtige Ende des Sofas als Aufenthaltsort. Da sitz ich wie die Spinne im Netz und habe hinlänglich Zeit zum „Spinnen". Sintemal nun einmal die hohle Gasse zur größten Verkehrsader im Zimmer gehört und der tückische Zufall es will, daß einer hinaus, der andere hinein will, so ergeben sich nach der Wahrscheinlichkeitsrechnung unzählige Varianten. Entweder — und das kommt selten vor — wir kommen, uns die Schmalseiten zuwendend, anstandslos aneinander vorbei, dann mag es dem unbeeinflußten Beobachter erscheinen, als wollten wir zu einer Quadrille antreten, oder einer tritt auf einen, aus dem Bett oder Diwan hervortretenden Gegenstand, so ruft dies ja nach der Stärke der Detonation die verschiedensten Körperwendungen hervor, die ihrerseits wieder bewirken, daß es den Anschein hat, als wollten wir uns in einen Boxkampf einlassen, oder wir treten beide auf etwas — doch das ist ja gar nicht auszudenken. Phantasiebegabte werden es sich ausmalen können. Das Tischchen ist nur auf einer etwa 70 cm langen Seite zu benützen. Daran verzehren wir unser frugales Mahl. Doch heute ist Sonntag und ein besonderes Mittagessen, meine Leibspeise mit 50 g Fleisch ziert die Tafel. Der Teller kommt raummangels etwas über den Rand des Tischchens zu stehen, bekommt beim Schneiden des Fleisches Übergewicht und die Köstlichkeiten wälzen sich im Staube, deutliche Spuren ihres Weges auf meiner Hose zurücklassend. Daß ich allen Urhebern meines Mißgeschickes bis ins zehnte Glied ein elendes Ende an den Hals wünsche, wird mir niemand verübeln dürfen. Auf dem 2 m hohen Kleiderkasten stehen malerisch in stiller Beschaulichkeit an- und übereinander gereiht wichtige Gebrauchsgegenstände. Hat sich meine Frau nach kurzem Schwung und Anlauf mit einem Bein auf den Sessel geschwungen, für das andere ist darauf kein Platz und es wird zur Seite gespreizt, dann macht sie von meiner Spinnecke gesehen immer auf mich den Eindruck einer Siegesgöttin auf der Weltkugel stehend.

Meine Kanzlei nebst Registratur ist im Schublädchen des

Nachtkästchens untergebracht. Schreibunterlage ist ein Buch auf den Knien. Der Tisch ist ständig in anderweitigem Betrieb.

Das Betreten des Zimmers geschieht am besten, wenn man die Tür recht vorsichtig öffnet und, hat man Glück, den Kopf durch den Türspalt steckt, kleine Umschau hält und dann langsam den übrigen Körper nachzieht. Die Tür schließt sich von selbst, weil die davor liegenden Gegenstände das Bestreben haben, sich in ihre ursprüngliche Lage zurückzuversetzen. Beim Zu- und Aufbetten werde ich einigermaßen zurückgedrängt. Mein Standort beim Aufbetten ist dann an der Tür, bis aus den Betten zu Tage geförderte Utensilien auf den Stühlen Platz genommen haben. Wenn wir es uns so angewöhnt haben, den Körper in alle nur denkbaren Stellungen zu zwingen, sind wir doch in der Ansicht einig, daß unsere Ausbildung zu professionellen Schlangenmensch-Künstlern reichlich verspätet ist.

Fluchtartig dreht sich das Zeitenrad. Am Himmel hängen wie an der Zukunft graue, undurchdringliche, düstere Novemberwolken. Im Stübchen ist es traulich warm und... still. Wir Alten haben uns nicht mehr viel zu sagen. Und so sinnieren wir vor uns hin, ein jeder für sich. Und wollen uns nicht eingestehen, daß es immer wieder die Heimat ist, der wir unser ganzes Denken weihen, der Heimat grüne Berge, aus denen wir erbarmungslos vertrieben, verstoßen wurden. Doch wir preisen Gottes Güte im stillen Dankgebet, daß er unsere Kinder erhielt über die furchtbarste aller Zeiten. Wir wollen nicht unbescheiden sein und nicht verzagen, Nackensteife zeigen, und sind wir auch alt und matt, uns nicht unterkriegen lassen. Gott verläßt einen guten Deutschen nicht. Aus den lebensfrohen, freudeglänzenden Augen unserer Kinder erblüht uns — so Gott will — an unserem Lebensabend ein neues Leben, ein neues Glück, eine neue Heimat.

Heimat

Die Welle weiß, wohin sie geht,
Der Sturm, wohin sein Atem weht,
Die Saat fühlt ihren Bodenstand,
Der Wald, die Flur, das Wurzelland,
Und alles Tier hat Rast und Statt
Und wird noch seines Friedens satt,

Uns aber ist der Heimat Recht
Geschändet und geraubt.
Wir lebten alle recht und schlecht
Und haben treu geglaubt,
Geglaubt, daß Heimat heilig sei
Und frei vor Raub, vor Schändung frei.

Gott sei's geklagt: die tiefste Not
War nicht der Krieg, war nicht der Brand.
Die Heimat war uns Wort und Brot,
Fremd klingt das Wort im fremden Land,
Und fremdes Brot ist hart und schwer.
Weit ist es von der Heimat her.

Nur eines wird der bösen Lust
Zu Raub nicht und zu Mord:
Wir trugen tief in unsrer Brust
Die Heimat mit uns fort;
So bettelarm und vogelfrei
Wir sind, die Heimat steht uns bei.

Die Welle weiß, wohin sie geht,
Der Sturm, wohin sein Atem weht,
Die Saat fühlt ihren Bodenstand,
Der Wald, die Flur, das Wurzelland,
Und alles Tier hat Rast und Statt
Und wird noch seines Friedens satt.

Wir haben nur das Herzensgut,
In dem die alte Heimat ruht,
Aus ihm blüht Liebe uns und Rat,
Es hält uns hoch, ruft uns zur Tat.

E. G. Kolbenheyer.

VII

ZWEIERLEI RECHT

1.

Gerechtigkeit ist eine feine Sache...

Iustitia Fundamentum Regnorum
(Gerechtigkeit ist die Grundlage der Staaten)

Inschrift auf dem Wiener Burgtor

Ums Jahr 1620 schrieb der Stadtrichter von Aussig a. d. Elbe in das Gerichtsbuch:

„Ein solches merket euch sowohl,
ihr Richter aller Ehren vol,
die ihr nach des Gesetzes Bahn
solt richten zwischen Man und Mann:
Schaut nicht nach Gunst und Haß
das Miedlein zu kiellen was,
kein selbstgespunnen Urttel sprecht,
das doch ist wider Gott und Recht,
sondern bedenckt in Hertzen frey,
daß das Gericht nicht euwer sei,
sondern des Herrn, der alle Frist
bey großen und kleinen Handeln ist . . .
Den welcher Recht zu Unrecht macht,
den Schöpffer aller Weldt vöracht,
und spottedt der Gerechtigkeit,
wan sie von ihm geschendet leit."

Der mittelalterliche sudetendeutsche Richter hat damit die Rechtsauffassung der christlichen Welt zusammengefaßt: Oberste Norm der Sittlichkeit ist der ewige Weltplan Gottes, durch den alles geschöpfliche Tun von Ewigkeit her auf Gott als das höchste Ziel hingeordnet wird. Gott hat in der Zeit seinen Willen kundgemacht durch das natürliche Sittengesetz, das Naturrecht, das allen Menschen aller Zeiten in Herz und Gewissen geschrieben ist, und durch das positiv göttliche Gesetz, die am Sinai geoffenbarten und formulierten Gebote. Mittelbar tut Gott seinen Willen kund durch das menschliche Gesetz, das von der Kirche oder vom Staat erlassen werden kann, im Einklang mit dem Willen Gottes und kraft göttlicher Autorität. Non est potestas nisi a Deo, „es gibt keine Gewalt, die nicht von Gott stammt. Wo eine Gewalt besteht, ist sie von Gott angeordnet. Wer sich daher gegen die Gewalt auflehnt, lehnt sich gegen die Anordnung Gottes auf; wer sich aber gegen diese auflehnt, zieht sich das Gericht zu.“ (Röm. 13, 1 und 2.) Die Obrigkeit ist „Gottes Dienerin“. (Ebd. 13, 4.)

Das Naturrecht besteht vor jedem menschlichen Gesetz; alle positiven Gesetze verlieren ihre Gültigkeit und im Gewissen bindende Kraft, sobald sie mit dem gottgewollten Naturrecht in Widerspruch stehen. Die Kirche hat keine Autorität, Gottes Gesetz abzuschaffen oder abzuändern. Wenn ein Konflikt entsteht zwischen einem staatlichen Gesetz und dem Naturrecht, hat das Naturrecht den Vorzug und es gilt das Apostelwort: „Man muß Gott mehr gehorchen als den Menschen.“ (Apg. 5, 20.)

Pius IX. hat im vielverleumdeten Syllabus den Satz verurteilt: „Der Staat besitzt als der Ursprung und die Quelle aller Rechte ein schrankenloses Recht.“ Gott ist Quelle und Ursprung aller Rechte; das Volk kann wohl der Träger der Gewalt sein; die Behauptung aber, daß „alle obrigkeitliche Gewalt vom Volke ausgehe“, widerspricht der geoffenbarten Glaubenswahrheit. Das Volk und der Staat können mit ihrer Gewalt nicht Recht schaffen; Gewalt geht nicht vor Recht; die Gewalt ist dem Staat nur als eine Zutat zum Recht, zum Schutze des göttlichen Weltplanes, übertragen.

In einem Radiovortrag verwies Thomas F. Woodlock auf die hierzulande sich vollziehende Änderung der Rechtsauffassung, „die unheilvollste Möglichkeiten für die kommende Sicherheit der Gesellschaft bietet, nämlich das Erscheinen einer Rechtsphilosophie in der modernen Rechtspflege, die einen fundamentalen

Bruch mit der Vergangenheit bedeutet. Diese neue Philosophie bestreitet formell und in toto die Existenz eines Naturrechtes von Gut und Böse, welches das Christentum ... als Basis menschlicher Gesetzgebung betrachtet hat. Diese neue Rechtspflege anerkennt keine feststehende und bleibende ‚Wahrheit' religiöser oder metaphysischer (übernatürlicher) Natur. Alles, was die gesetzgebende Autorität als Gesetz übernimmt, wird damit ‚Wahrheit'. Diese Philosophie trifft direkt das Herz der Gesellschaft ... Die Gesellschaft von der Verankerung im Naturgesetz losreißen, ist gleichbedeutend mit Ersetzung des Rechtes durch Anarchie und der Kultur mit etwas wie moralischem, wenn nicht physischem Chaos." (Secularism and Society. Cath. Hour, June 11, 1944.) Es ist wichtig zu wissen, daß — wie ebenfalls Woodlock in seinem Buch „Thinking it over", S. 124 ff. nachweist — der Nürnberger Richter Robert H. Jackson, einer der Hauptvertreter dieser modernen Rechtsauffassung, einer der — wie er selbst sagt — „fortschrittlichen" Rechtsvertreter ist.

Die englische Sprache gebraucht bisweilen für Recht und Richter dasselbe Wort „justice". Der Richter ist gleichsam die Personifizierung des Rechtes. Wenn nun das ewige, eherne Recht durch die Launen, die Willkür, die durch Propaganda und Verhetzung beeinflußten Stimmungen des Volkswillens dauernd Schwankungen unterworfen ist — nicht anders als durch die Willkür eines Diktators —, warum sollte der „Richter" diese Schwankungen nicht fördern durch seine persönlichen Stimmungen, Launen, willkürlichen Interpretationen, warum sollte er nicht, wie der mittelalterliche Richter sagt, „selbstspunnen Urttel" sprechen? Das ist gemeint mit dem Wort, das über diesem Artikel steht: Gerechtigkeit ist eine feine Sache, doch gibt es leider auch Justiz.

Dieses Wort fiel mir ein, als die ersten Dokumente über die verschiedenen Vereinbarungen zwischen Nazis und Kozis im Jahre 1939 bekanntgemacht wurden, durch Amerika allein, nicht einmal durch die Westmächte gemeinsam. Nehmen wir an, daß die Dokumente echt sind, nicht durch die Übersetzung wesentlich verändert. Was besagen sie? Um nicht meinerseits einer irreführenden Zusammenfassung beschuldigt zu werden, folge ich dem Leitartikel der „New York Times" (Jan. 23, 1948): „Diese Dokumente entfalten ein Märchen von geheimen Intrigen und von rivalisierender Schamlosigkeit, von nackter Eroberungssucht und zynischer Mißachtung der Weltmeinung und der Rechte fremder Völker, bei dem Rußland nicht nur Teilhaber, sondern die treibende Kraft war. Was noch wichtiger ist, sie erbringen den Nachweis, daß die heutige russische Expansionspolitik nichts Neues an sich ist, sondern lediglich ein starres Verfolgen der Ziele, die Stalin ... zuerst mit Hitler, dann gegen ihn, dann mit den Westmächten und heute gegen sie verfolgt ... Wie die Dokumente dartun, ging die Initiative für die Verschwörung nicht von den Nazis, sondern von Moskau aus ... Ja, die Deutschen selber waren davon überrascht ... Erst als sie sahen, daß es den Russen ernst war, ergriffen sie gierig die Chance, ihre eigenen Eroberungspläne zu verwirklichen ... Es ist ebenso bezeichnend, daß Hitler schon frühzeitig klar machte, daß sein Ziel bei den Verhandlungen Krieg mit Polen war, ja, der Plan wäre sonst überhaupt unmöglich gewesen. Die Russen hatten dagegen keinen Einwand, sondern bereiteten sich vor, ihren Anteil an der Beute zu sichern ... Molotow gratulierte herzlich, als Warschau fiel. Überdies geht aus den Dokumenten hervor, daß Stalin selber nahelegte, es sei in Osteuropa kein Raum für einen polnischen Rumpfstaat, und die Frage nach einer vollständigen Aufteilung unter den Siegern aufwarf ... Moskau fuhr fort, zu den Eroberungen Hitlers in Skandinavien, Holland, Belgien und Frankreich zu applaudieren, ja, seine Haltung durch umfangreiche Material- und Getreidelieferungen und eine Basis an der Murmanküste zu unterstützen ... Die Partnerschaft kühlte sich erst ab, als die Deutschen am Balkan vorandrangen ... und Hitler die neue Grenze Rumäniens garantierte ... Diese Entwicklung führte Molotow nach Berlin zu der schicksalsvollen Konferenz im November 1940 ... Hitler wollte Rußland in einen Viermächtepakt mit Deutschland, Italien und Japan einschließen und legte einen Entwurf vor, die Welt unter sich aufzuteilen ... Dieser Pakt wurde von den Russen nur unter den heute bekannten Bedingungen angenommen, die man während und seit dem Kriege wiederholte ... Stalin hat heute in Osteuropa und im Fernosten mehr gewonnen, als er damals forderte; aber diese Forderungen waren Hitler zu viel, der sich dadurch in seinem eigenen Eroberungsmarsch behindert sah. Innerhalb eines Monats gab er Order an seine Armeen, sich für die Niederschlagung Rußlands bereitzumachen ... Die einzelnen Manöver, die in diesen Dokumenten festgehalten sind, sind inzwischen Geschichte geworden. Sie entschuldigen Hitler nicht, aber sie bergen eine Warnung an den Westen, die er nur auf eigene Gefahr ignorieren kann."

Soweit die Zusammenfassung der „N. Y. Times". Und nun wieder zur Frage der Gerechtigkeit. Die Dokumente wurden nicht erst in diesen Tagen zufällig aufgefunden, sondern bereits im April 1945 von amerikanischen Truppen erbeutet. Auch ohne diese Dokumente wußte man, daß Rußland es war, das Polen und Finnland überfiel; aber die Schützer der kleinen Nationen, die soviel Geschrei über den Naziangriff auf Polen machten, haben nie an Rußland den Krieg erklärt, obwohl sie doch aus den Verhandlungen in Moskau wußten, was Stalin wollte und daß nur das Bündnis Stalin-Hitler den Krieg ermöglichte. Die Veröffentlichung der Verhandlungen London-Moskau wäre eine unbedingt notwendige Ergänzung zum Stalin-Hitler-Pakt, damit die Welt erfährt, was Stalin forderte und wieviel England an Grundsätzen und fremdem Land zu verschenken bereit war. Es besteht heute für Stalin kein Grund mehr zum Schweigen. Er ist entlarvt, die Welt wartet auf die Demaskierung Englands. In London ist die Veröffentlichung dieser Dokumente nicht expedient.

Die Westmächte kennen den Inhalt der Dokumente, wie gesagt, seit April 1945. Sie wußten also um die „geheimen Intrigen, die rivalisierende Schamlosigkeit, die nackte Eroberungssucht und zynische Mißachtung der Weltmeinung und der Rechte fremder Völker", sie wußten, daß Stalin an diesen Verbrechen „nicht bloß Teilhaber, sondern die treibende Kraft war". Trotzdem war man schamlos genug, in Nürnberg die Bolschewiken nicht bloß nicht unter Anklage zu stellen, sondern die Teilhaber und treibenden Kräfte der Verbrechen als Richter zuzulassen. Die aufgefundenen Dokumente wurden nicht erwähnt. Damit steht Nürnberg vor der ganzen Kulturwelt entlarvt als die größte Justizkomödie, als die zynischeste Rechtsschändung aller Zeiten. Es ist unfaßbar, daß amerikanische Richter, denen die Dokumente zweifellos bekannt waren, sich zu solchem Handwerk hergaben und sich auf eine Stufe mit den Mördern aus dem Kreml stellen ließen. Wahrhaftig, die Richter, die sich zu Rechtsbeugern Hitlers machten, haben sich nicht mehr entwürdigt. In beiden Fällen wurde das Naturrecht und das göttliche Recht zugunsten der Staatsmacht mit Füßen getreten.

Es ist nicht überraschend, daß Menschen, die objektive Wahrheit und objektives Recht leugnen, die „selbstspunnen Urttel" sprechen oder der Majestät eines Diktators, einer Machtgruppe oder des fälschlich so genannten Volkswillens sich beugen —

aber wir sollten darüber ernstlich nachdenken, daß unsere eigene Rechtssicherheit, daß die Grundrechte unserer Verfassung ernstlich bedroht sind. Was in Nürnberg möglich war und als Recht hingestellt wurde, ist in Amerika nicht unmöglich, und es finden sich Richter, die Unrecht zum Recht erheben. — Wenn man heute die Dokumente in alle Welt hinausschreit, so trifft man damit nicht die Russen, die sich als Tugendhelden präsentierten oder als Kreuzfahrer maskierten — die Welt erfährt nur, wie sehr auch die Westmächte „zynisch die Weltmeinung — was immer das sein mag — und die Rechte fremder Völker — und Menschen — mißachten".

Nürnberg hat, wie gesagt, diese Dokumente totgeschwiegen: Ribbentrop mußte gehängt werden, Molotow ist still Ehrengast bei den Westmächten. „Guilty as planned" schrieb die N. Y. T. (12. Nov.) über das Urteil an Maniu. „Schuldig wie geplant" steht auch über Nürnberg. Unser Rechtswesen ist in Nürnberg balkanisiert worden — wie die Dokumente beweisen. Schon im November 1946 schrieb Eugen Lyons in „Plain Talk" einen Artikel („Was Nürnberg geheim hielt"): „Es ist Tatsache, daß die Veranstalter des Nürnberger Schauspiels ebenso hart an der Arbeit waren, Beweise (evidence) zu verbergen wie aufzudecken. Wenn sie die verstaubten Schränke öffneten, überzeugten sie sich erst, daß die vorgefundenen Skelette für etliche der Ankläger peinlicher waren als für die Angeklagten. Wenn man in Betracht zieht, daß so viele führende Nazis auf der Anklagebank saßen, die meist nur zu gerne aus der Schule geschwätzt hätten, so waren die alliierten Richter auffallend diskret in ihren Fragestellungen." Lyons erwähnte in seinem Artikel, warum man z. B. das Geheimnis von „München", den Hitler-Stalin-Pakt, die Hitler-Molotow-Konferenz, die russischen Scheingerichte oder auch die Morde von Katyn nicht untersuchte. Er schließt: „Die Nürnberger Verhandlungen und das Urteil sind eine propagandistische Übervereinfachung der Geschichte. Wer zweifelt, daß sie in der Perspektive der Zeit äußerst kindisch und heuchlerisch erscheinen werden? ... Wenn Hitler und seine Anhänger schuldig sind, dann hätten Stalin und seine Verbündeten reservierte Sitze auf der Anklagebank haben müssen neben den angeklagten Nazis ... Die ruchlose Farce, daß Rot-Faschisten selbstgerecht die Braun-Faschisten aburteilen, macht einem das Blut kochen. Die Menschheit weiß, daß die, die vor dem Kriege ihre Augen von den Nazigreueln abwandten ... so schuldig waren wie die Nazis selber. Noch mehr: Wenn unsere Unempfindlichkeit damals ein Verbrechen war, ist sie im Angesicht nicht weniger schrecklicher Verfolgungen nicht also ein Verbrechen? Bereiten wir nicht unsere Schuld am nächsten Kriege vor, wenn wir behaupten, die KZ's, die Hinmordungen und Ungerechtigkeiten in Rußland, Polen, Jugoslawien (fügen wir hinzu: der Tschechei) nicht zu bemerken?"

So nebenbei bemerkt, ging mir erst kürzlich ein Bericht eines Augenzeugen zu, der dabei war, als die Deutschen in Polen einmarschierten und als einer der ersten mit nach Katyn kam. Er bezeugt, daß dort Tausende von halbverwesten Leichen polnischer Offiziere ausgegraben wurden; deutsche Soldaten mußten es im Schutze der Gasmasken tun, weil der Geruch sonst unerträglich gewesen wäre. Der Freund, der mir den Bericht zugehen ließ, fügt hinzu: „Ich muß gestehen: Als vor Jahren Goebbels diese Untat Stalin in die Schuhe schob, habe ich es nicht geglaubt und viele Deutsche mit mir nicht. Wir haben gemeint, die Tat sei von deutschen SS-Leuten geschehen und man wolle sie jetzt auf andere abschieben. Nun bin ich eines besseren belehrt: Stalin hatte dort sein Vernichtungslager. Wenn ich nicht irre, hat diese Frage im Nürnberger Prozeß wieder eine Rolle gespielt, und zwar gegen Deutschland. Wo ist Menschlichkeit, wo gibt es eine Gerechtigkeit?"

Recht war, was der „Führer" wollte; Recht ist heute, was die Sieger wollen und tun. Hätten die Nazis die polnischen Offiziere hingemordet, Nürnberg hätte die Schuld aufgeklärt; so mußte man schweigen, um die honorable murderers nicht zu beleidigen.

Mit der Veröffentlichung der Dokumente ist eine These zusammengebrochen, die Roosevelt (der — wie Emil Ludwig, der Historiograph aller Größen von Napoleon bis Mussolini, verriet — die Deutschen haßte und ihnen Potsdam als Testament hinterließ) dem Papst aufdrängen wollte, daß nämlich „das Überleben Rußlands für die Religion, die Kirche als solche und die Menschheit im allgemeinen weniger gefährlich sei als ein Überleben der deutschen Form der Diktatur". In dieser rachegeborenen Selbsttäuschung wurde Roosevelt der erste Kollaborateur Stalins: er hat in Jalta das christliche Abendland an den Kreml verschachert; er ist der Hauptschuldige an der heutigen Lage im Osten Europas. Wenn die N. Y. T. feststellt, daß „Stalin heute in Osteuropa und im Fernosten mehr gewonnen hat, als er von

Hitler forderte", daß Stalins Forderungen selbst „Hitler zu viel waren" — wenn also Roosevelt und Churchill dem russischen „Schlächter" — wie man ihn zur Zeit des Hitler-Stalin-Vertrages nannte — mehr Zugeständnisse machten als der deutsche Diktator — welche Schlüsse muß die Welt aus unseren hochtönenden Chartern, welche Schlüsse müssen die verratenen Bundesgenossen, vor allem Polen und China, aus unserer Demokratie und Treue ziehen? Sollten Roosevelt und Churchill wirklich den brutalen Russen und seine Forderungen in Teheran und Jalta nicht kennengelernt haben? Mußten sie erst auf die Dokumente warten? Ihre wiederholten Reden, ehe sie den Bluthund im Kreml Freund und Onkel Joe nannten, beweisen, daß sie wußten, was Bolschewismus bedeutet. Gaben sie nur nach, weil sie glaubten, Stalin mit Konzessionen — auf Kosten anderer und der Menschheit — die „Hindernisse in ihren Welteroberungsplänen" abkaufen zu können? Und wenn sie wirklich so blind waren, die Potsdamer Konferenz war im August 1945 — die Dokumente waren im April 1945 aufgefunden! —, wie konnte man den Bolschewiken die von den Westmächten eroberten Gebiete ausliefern, wie konnte man sich auf die Vierteilung des Reiches und Österreichs, die vierfache Unterteilung Berlins und Wiens einlassen, auf die Verbrechen der Massenaustreibung, den Wahnsinn der Industriezerstörung, die Abtretung der landwirtschaftlichen Gebiete usw. usw.? Alle diese Fragen drängen sich auf mit der Veröffentlichung der Dokumente. Hätte man bewußt und absichtlich den Bolschewismus fördern wollen, man konnte nicht anders — unterlassen wir die Charakteristik; sie könnte zu stark ausfallen — handeln. Zusammenarbeit mit Hitler machte die Menschen verächtlich; es gab kein so bitteres Wort wie Quisling. Jedenfalls gehen Roosevelt und Churchill in die Geschichte ein als die Erzkollaboranten Stalins, von dem die N. Y. T. 1948 schreiben, daß er die treibende Kraft in Intrigen, Schamlosigkeit, Mißachtung der Rechte war. Quidquid delirunt reges, plegunter Archivi. Was immer Könige, Führer, Generalissimi, Präsidenten und Erstminister an Unheil anrichten, das arme Volk muß dafür bezahlen mit Gut und Blut. Wir wissen das. Wir werden noch mehr davon erleben.

Man hätte wohl erwarten dürfen, daß Stalins Genossen nach Kenntnis der Dokumente — wiederholen wir: seit 1945! — für

Kollaborateure Hitlers etwas mehr Verständnis, Nachsicht und Gerechtigkeit aufbringen würden; Stalin hat jedenfalls schon lange, sehr klug und mit Recht, sich mit plakatierten Aufrufen an die Masse gewendet: „Kleiner Pg., was nun? ... Wir wollen nicht Rache, sondern Aufbau Deutschlands ... Die Großen bestrafen — die Kleinen laufen lassen! Wir wissen, daß ein Teil der Mitläufer und Mitglieder unter dem Druck der Krise der NSDAP. beitraten. Manche waren gegen das Naziregime eingestellt, taten aber nichts dagegen. Die Jugend kannte nichts als die Propagandaphrasen des Dritten Reiches. Andere wieder wurden durch das Beispiel ihrer Fabrikanten, Großgrundbesitzer, ihrer Vorgesetzten ... irregeleitet. Wenn dies auch niemanden seiner Verantwortung enthebt, so sind wir doch der Ansicht, daß jeder, der Mitglied der NSDAP. nur dem Namen nach war und mit der faschistischen Ideologie gebrochen hat, durch seine Arbeit am Aufbau der Heimat die Schäden gutmachen kann, die Hitler den anderen Völkern und dem deutschen Volke zugefügt." (Vgl. Plain Talk, Juni 1947, S. 24 f.) Wäre der Aufruf im Munde der Kommunisten nicht reine Demagogie, man müßte sich darüber nur freuen, daß die Vernunft wiederkehrt.

Die Westmächte, Amerika voran, überschreien sich mit der Forderung nach Entnazifizierung: Generalpardon für Juden und Ausländer; jeder Deutsche aber muß entnazifiziert werden, ganz gleich, ob er im Kampfe gegen die Nazis sein Leben einsetzte, ob er sich der Partei anschloß, um sie von innen her zu bekämpfen oder um Schlimmeres zu verhüten wenigstens in seinem Sektor; ob er beitrat in der Sorge um die Erhaltung seiner Familie, die vor der wirtschaftlichen Vernichtung stand, oder lediglich aus menschlicher Schwäche: sie müssen entnazifiziert werden! Auch alle, denen die Gangster der Tschechei, Polens, Ungarns alles raubten, die schlimmer behandelt wurden als in einem KZ: sie müssen entnazifiziert werden! So will es die Lex Morgenthau. Jeder deutsche Richter, der sich zu diesem schmutzigen Geschäft hergibt, ist nicht minder verächtlich als Hitlers Rechtsbrecher; sogar mehr, denn er steht nicht unter demselben Druck, und jeder Deutsche muß die Verhältnisse kennen, den ungeheuren physischen, moralischen, wirtschaftlichen Druck, dem jeder ausgesetzt war, der auch nur im Verdacht stand, den Nazis zu opponieren.

Ich rede nicht von Verbrechern; die sollen und müssen bestraft werden. Daß man aber Ärzte Holz fällen läßt, weil sie die

Parteikarte trugen, während Hunderttausende an Seuchen verkommen; daß Lehrer Heimarbeit leisten oder betteln müssen aus diesem Grunde, während die Jugend verwahrlost — das ist Wahnsinn. Welche Begriffe müssen die Cliquen von Demokratie haben, die so etwas einführten? Objektiv gesehen war die NSDAP. eine staatlich anerkannte Partei, genau so wie hier die Demokraten und Republikaner; das NS-Regime war international anerkannt und mehr vom Ausland als vom Inland gefördert und an der Macht erhalten. In der Tschechei Beneschs war die Henlein-Partei staatlich anerkannt. Wie kann man jemand — post factum, d. h. nach Bekanntwerden, daß die Partei ihre Macht mißbrauchte — für den Beitritt zu einer gesetzlich anerkannten Partei bestrafen? Noch niemand hat hierzulande einen Kommunisten lediglich wegen der Zugehörigkeit zur Kommunistischen Partei bestraft. Ehe man das kann — in einem Rechtsstaat wenigstens, nicht nach Nürnberger ex post facto-Gesetzen —, müßte das Verbot der Partei ausgesprochen werden. Das ist bis heute nicht geschehen. Niemand kam auf die Idee, etwa alle Mitglieder und Wähler der Demokratischen Partei nachträglich zu bestrafen, weil die Dokumente feststellen, daß Roosevelt mit Stalin zusammenarbeitete, weil er in Geheimabmachungen von Jalta sich als Diktator gerierte, den Kongreß einfach ignorierte und nach der Rückkehr falsch informierte. Die Kommunisten haben recht, wenn sie Klage führen, daß man ihnen heute nur die Frage vorlegt, ob sie zur Partei gehören, oder daß man ihre Anhänger aus den Ämtern ausschaltet, die ihnen Stalins Freund zugänglich machte. Erst müßte man die Partei als illegal erklären; rückwirkend könnte niemand wegen bloßer Parteizugehörigkeit bestraft werden; straffällig wird nur, wer nach dem Verbot der Partei sich weiter betätigt. Und man wagt das Verbot nicht, obwohl man genau weiß, daß die Partei auf den Umsturz der Regierung aus ist, daß sie im Dienste Rußlands spioniert; man wagt es nicht, weil, trotz der Dokumente, Stalin noch immer unser Freund ist und wir seine Kollaborateure sind. Man sehe die Entnazifizierung auch einmal unter diesem Gesichtspunkt — der doppelten Moral und des doppelten Rechtes.

Nürnberg ist nun aus der NS-Kongreßstadt die scheindemokratische Prozeßstadt geworden. Die Meistersinger wurden durch die Beckmesser abgelöst. Die Deutschen interessieren sich längst nicht mehr; die Sieger unterhalten sich tagsüber im Gerichtssaal, abends in Nachtlokalen. Man stellt deutsche Industrielle vor

Gericht, weil sie Kanonen und Flugzeuge herstellten, als ob Rüstungsindustrielle wie die Skodawerke, Schneider-Creuzot Knallerbsen lieferten, als ob nicht unsere Industrie auf den Krieg umgestellt worden wäre. — Man stellt Chemiker vor Gericht, weil sie Giftgase produzierten, zur selben Zeit, da wir uns der ungeheueren „Fortschritte“ auf diesem Gebiete rühmen, da man deutsche Wissenschaftler hierherbringt, um die Jet-Bomber zu vervollkommnen. Es ist grotesk, wenn man liest, daß Dr. Eckener, der eben als Berater der Kriegsindustrie in Amerika war, bei der Rückkehr von den Franzosen „entnazifiziert“, d. h. zu 100.000 RM (10.000 Dollar) Geldstrafe verurteilt wurde. Es wurde keine besondere Beschuldigung erhoben. Er kam als Leiter eines großen Industriekonzerns automatisch unter die französischen Bestimmungen zur Ausrottung des Nazismus. Automatisch sagt alles: Warum man doch statt Richtern nicht Automaten aufstellt, die in den Saal rufen: guilty as planned! Sage man doch offen: Ausrottung der deutschen Industrie, der deutschen Intelligenz, wenn nicht der Deutschen überhaupt, à la Clemençeau! — Andere werden verurteilt, weil sie die Befehle von oben durchführten: Was wäre mit den Fliegern geschehen, die die Bombardierung Monte Cassinos oder Roms verweigert hätten?

Mich wundert nur eines: Alle Tage hören wir, daß die Atombomben noch teuflischer in ihrer Wirksamkeit, daß sie in Lagern aufgestapelt werden; daß die Giftgase und Bakterien bereitliegen; daß die Bomber neue Reichweite haben; daß alles bereit ist. Unsere Flotte macht keine Spazierfahrten ins Mittelmeer; nicht ziellos legen wir Flugplätze in Nordafrika an. Jeden Tag kann irgendwo das Pulverfaß explodieren: in Griechenland, in Palästina, im Fernen Osten. Und sollten wir den Krieg verlieren, was immerhin möglich ist, besonders wenn die Russen die Atombombe haben, wenn unsere Industrie durch Bomben und Streiks paralysiert ist? Der Sieger allein entscheidet und der Unterlegene ist immer der Angreifer: unsere Aufrüstung ist nach Nürnberger Gesetzen genügend „Beweis“, daß wir den Krieg wollten. Die Sowjetpropaganda ist heute schon darauf eingestellt: wenn man dann alle Anti-Kommunisten „ent-demokratisiert“; alle Industriellen hinter Schloß und Riegel setzt; die Generäle und die Mitglieder der Besatzung an den Galgen bringt; die Fabrikanten von Bomben und Giftgasen als gemeine Mörder aburteilt — ?? Wir können uns nicht beklagen, denn wir haben diese Farce aus der Gerechtigkeit gemacht! Sehe sich jeder beizeiten vor!

März 1948 lief der Prozeß gegen führende Beamte des Außenministeriums — des deutschen, bitte, nicht des russischen —, besonders gegen Baron von Weizsäcker, den früheren Botschafter beim Vatikan. Die „Stimme Amerikas" ist noch nicht an das Ohr und Gehirn Amerikas gedrungen; die Dokumente existieren nicht für den innerstaatlichen Bereich! Zuerst lautete die Anklage, daß Weizsäcker „eine führende Rolle bei den Judenverfolgungen spielte". Antisemitismus scheint überhaupt das größte Verbrechen unserer Zeit zu sein; jeder, der einen Juden nur Jude nennt oder gar zu kritisieren wagt, ist Antisemit. Genau dasselbe alberne Schlagwort wie — um Molotow zu zitieren — die „vulgäre antifaschistische Agitation". Nun wird — trotz Publikation der Dokumente! — die Anklage erhoben auf „Planung und Durchführung des Angriffskrieges, Verbrechen gegen den Frieden und die Menschlichkeit, Förderung der Zwangsarbeit, Plünderung und Beraubung", also genau die in Potsdam von den „Großen Drei" legalisierten Verbrechen, die im Namen der Sieger bis heute florieren! Widerliche Heuchelei!

Die hiesige Presse hat unlängst Auszüge aus Urteilen der unparteiischen Schweizer Presse gebracht, aber die wesentlichen Stellen unterdrückt. Die Schweizer Stellungnahme ist so entschieden und wichtig, daß sie in ganz Amerika bekannt werden müßte. Darum zitiere ich die angesehenen liberalen „Basler Nachrichten" vom 5. November, die im Leitartikel schreiben: „... Ankläger ist der noch in der Vorkriegszeit nach Amerika geflohene und amerikanischer Staatsbürger gewordene Berliner Rechtsanwalt Kempner. Dieser scheint in politischen Dingen ein Dilettant zu sein. Er konzentriert völlig ahnungslos seinen Angriff auf die angebliche Tätigkeit Weizsäckers als Judenverfolger und Kriegsschürer und als doloser Bearbeiter des Vatikans. In der Schweiz, wo man Weizsäcker besser kennt, weiß man eines ganz sicher, nämlich, daß er ein fast fanatischer Kämpfer für die Friedenserhaltung und nichts weniger als ein Judenfresser war ... er wird jetzt so karikiert, wie wenn er nicht Weizsäcker, sondern Ribbentrop gewesen wäre. Der ist nicht mehr greifbar, da er schon am 16. Oktober 1946 nach dem ersten Nürnberger Prozeß gehenkt wurde. An seiner Stelle muß nun im elften Nürnberger Prozeß W. für ihn den Buckel hinhalten, W., der stets eine kräftige Bremse an Ribbentrops Karren war. Aber mußte W. überhaupt diesen Karren besteigen? ... Die Antwort ist nicht leicht. W. stand vor dem gleichen sittlichen Problem wie Tausende von deutschen Beamten und Politikern der Hitlerzeit. Traten sie beiseite, so gefährdeten sie nicht nur sich selber und ihre Familien, sondern versetzten sich auch in die Unmöglichkeit, Schlimmes zu mildern oder ganz zu verhüten. Machten sie weiter mit, so übernahmen sie nach außen ungeheure Verantwortlichkeiten und riskierten vor Uneingeweihten, die Autorität der Hitlerei zu decken, auch wenn sie, wie wir gerade von W. ganz bestimmt wissen, sogar zu den Hintermännern der Verschwörung vom 20. Juli gehörten ... Für ihn ist also die Beweislast zentnerschwer, für den Menschenjäger Kempner, der ihm auf den Fersen sitzt und ihn an den Galgen Ribbentrops befördern möchte, kinderleicht." Wir haben es in der Tat mit der Nürnberger Gerechtigkeit herrlich weit gebracht, wenn die neutrale Presse den amerikanischen Richter „Menschenjäger" nennt. Menschenjäger!

Das Blatt schließt mit Sätzen, die allen zu denken geben müßten: „Mußte die Regierung Truman ein Jahr nach dem ersten Nürnberger Prozeß auch noch diesen elften erzwingen? Im eigenen Lande wird man sich — darüber wenig skandalisieren. Wohl aber in Europa, dessen zur Kriegszeit in Bern, Berlin und Rom tätiges diplomatisches Personal besser Bescheid weiß und schließlich, wenn auch nicht im Prozeß selber, so doch in Memoirenwerken zur Wahrheit selber stehen wird. Europa ist arm und verachtet. Aber ganz gleichgültig wird sein Urteil nicht auf alle Zeiten für Amerika sein. Heute schon ist es sicher kein Zufall, daß sich England und Frankreich sorgfältig vom Weizsäcker-Prozeß distanzieren ... Es ist ja grotesk, daß ein amerikanisches Militärgericht allein über sechzehn sogenannte ‚Magnaten' der Hitlerzeit urteilen soll." So urteilt man im freien Europa heute über unsere „Gerechtigkeit".

Diese Fragen gehen jeden einzelnen an: Das Recht ist unteilbar. Jede Rechtsverletzung trifft jeden von uns früher oder später. Wir müssen aus dem „fortschrittlichen Recht", das zum Kopfjägertum der Buschneger führte, wieder zurückfinden zu einem Recht, das dem göttlichen Weltplan entspricht. Schließen wir mit den Reimen des Aussiger Stadtrichters:

**„Den welcher Recht zu Unrecht macht,
den Schöpfer aller Weldt vöracht
und spottedt der Gerechtigkeidt,
wann sie von ihm geschändet leit.
Ein solchen Richter soll man schinden
und die Haut an Richtstul binden,
daß sie ein ander erinret dran,
wie auch Rambieses hatt gedan."**

Es ist beinahe unfaßbar, daß die Proteste höchster kirchlicher Stellen gegen die Justizmorde in Landsberg kein Echo fanden — zur selben Zeit, wo es expedient scheint, die Einkerkerung Mindszentys anzuprangern. Recht und Gerechtigkeit sind unteilbar, ob es sich um einen Kardinal oder einen Nazi oder einen Bolschewiken handelt.

2.

Die Gerechtigkeit bei den „Kreuzfahrern"

Am 29. Jänner 1943 schrieb ich unter „Gerechtigkeit oder Chaos" in der „Nord-Amerika":

Am 26. Jänner 1943 war im „Look Magazine" zu lesen: „What should we do with the Germans?" Man muß sich an den Kopf greifen, ob die Menschen, die solche Vorschläge machen, noch normal sind oder ob sie bewußt schon jetzt den nächsten Krieg vorbereiten. Wer Haß sät und den Haß verewigt, wird nur wieder Haß ernten. Das sollte man schließlich von Versailles gelernt haben, wenn schon nichts anderes.

Der Bericht, den Jakob S. Klein im „Herold" vom 15. Januar brachte, ist einfach erschütternd: Kanadische Bürger sind unter Ausnahmegesetz und unter Polizeiaufsicht gestellt, nur deshalb, weil sie deutscher oder italienischer Abstammung sind und erst 1922, also vor mehr als 20 Jahren ins Land kamen. Aber sie dürfen und müssen ihre Pflicht erfüllen wie jeder andere, Steuern zahlen, Kriegsanleihe zeichnen, alle Kriegsopfer bringen und ihre Söhne und Töchter in den Krieg schicken! Niemand kann ihnen nachsagen noch weniger nachweisen, daß sie ihre Pflicht nicht erfüllt hätten. Trotzdem beugt sich die Regierung der Hetze! Es gibt kein gleiches Recht und keine Freiheit für Bürger deutscher und italienischer Abstammung. (Das Gesetz wurde später abgeändert.)

Kanada steht leider nicht allein mit seiner Schande. England hat Zehntausende von Refugees aus dem Reich und den von Hitler besetzten Gebieten interniert, darunter viele Priester und Ordensfrauen. Die Behandlung unterschied sich nach Berichten von Augenzeugen und vernünftigen Engländern von Hitlers Konzentrationslagern und Stalins GPU nur dadurch, daß die Menschen nicht bei jeder Gelegenheit geschlagen wurden. Der Skandal anläßlich der Versenkung der „Andora Star" ist wohl noch in aller Erinnerung. England hat langsam zur Vernunft zurückgefunden und viele der Refugees arbeiten heute in privaten und selbst amtlichen Stellen.

Vor wenigen Tagen erhielt ich einen Brief aus England. Darin heißt es: „Ein Brief von unseren Missionären in Tanganyika (Südafrika) vom 15. Juli 1942 berichtet, daß alle deutschen Missionäre, Laienbrüder und sogar die Schwestern, zusammen einige hundert, wieder einmal deportiert und interniert wurden. Der Brief erreichte mich an dem Tage, da Smuts im Parlament sprach, und Sie können sich vorstellen, wie diese Nachricht aus Tanganyika für mich den Charakter dieses Krieges als ‚Kreuzzug' (Crusade) unterstrich. Natürlich, gebildete Leute verstehen den kleinen Unterschied zwischen Taten und Worten, die ‚Wilden' aber dürften einige Schwierigkeiten haben, hier zu folgen."

Mit welchem Recht können wir uns empören, wenn etwa die Japaner unsere Missionäre internieren? Wodurch unterscheiden sich manche Demokratien noch von Hitler, der die Juden nicht als gleichberechtigte Bürger anerkennt? Um es klar zu sagen: Hier wie dort geschieht Unrecht, und so lange wir das Recht und die Freiheit haben, ist es unsere Pflicht, gegen Unrecht zu protestieren, so wie unser Radio jeden Tag die Unterdrückten Europas auffordert zum Protest und nicht zum Protest allein. Recht ist Recht für alle, oder es wird Unrecht.

Warum denn eigentlich der Haß gegen das deutsche Volk? Wenn man so die verschiedenen Kommentatoren sich anhört oder gewisse Zeitungen liest, dann müßte man meinen, das deutsche Volk sei das einzige, das je Krieg führte oder je einen Diktator hatte oder je die Religion verfolgte. Das kann man doch nur den ganz Dummen erzählen, den Gedankenlosen und Unwissenden.

Hat denn England keinen Krieg geführt in seiner Geschichte, kam sein Empire etwa durch das Singen von Liebesliedern und Hirtenflöten zustande — herauf bis zum Burenkrieg? Warum hat sich denn eigentlich Amerika von England unabhängig gemacht? Wie oft hat Frankreich das Rheinland überfallen?

Ist Hitler wirklich der erste Diktator der Weltgeschichte? Die Griechen waren einmal freiheitsliebend und verabscheuten eine Verherrlichung einer Person, obwohl sie dem Staat gegenüber nicht weniger Sklaven waren als die Perser oder Ägypter. Als sich aber die Allgewalt in einem Diktator vereinigt hatte, da finden wir bei ihnen die gleiche Erscheinung wie im Orient und sie huldigten Alexander dem „Großen" als Herrn der Welt. Das berauschende Gefühl, über eine Welt zu herrschen, raubte einem Nero und Caligula alle Selbstbesinnung, sie forderten und erhielten göttliche Verehrung. Die Christen, die sich weigerten, waren „Hochverräter" und gingen in den Tod. Und wie war es in Frankreich, etwa Ludwigs XIV., des Sonnenkönigs, im Frankreich Napoleons? Und wer immer in Paris war, wird bestätigen, daß dort nichts so lebendig war als die Erinnerung an den „großen" Napoleon. Alles, was an ihn erinnert, von der Krone bis zum armseligen Feldstuhl, auf dem er starb, ist gesammelt in Museen. — Und wie ist es in Rußland, wo angeblich das Proletariat regiert, in Wirklichkeit Stalin diktiert und Zehntausende in den Tod schickte, die diese „Demokratie" nicht freiwillig annahmen.

Was die Kirchenverfolgung anlangt, so ist Hitler nur in Stalins Schule gegangen oder vielleicht in die seiner Vorfahren. Wenn man etwa William Corbetts Buch „A History of the Reformation in England and Ireland" liest und überlegt, was etwa Heinrich VIII. sich an Beraubung der Kirche, an Schändung der Heiligtümer und Reliquien leistete, dann kann Hitler sogar — trotz aller Barbarei der Konzentrationslager — noch zulernen, oder auch von dem heute noch in England gefeierten Cromwell in seinem Kampf gegen das katholische Irland. (Vgl. Belloc, Cromwell.) — Merkwürdig bleibt nur immer, daß es niemand einfiel, einen „Kreuzzug" zu unternehmen, als die Christen in Rußland, Spanien, Mexiko hingeschlachtet wurden. Ja, es waren „nur" Christen, vielfach sogar „nur" Katholiken!

Wenn heute wieder eine Haßwelle gegen das deutsche Volk durch die Welt geht, weil es in der Verzweiflung von Versailles, angesichts der Verständnislosigkeit eitler Weltmächte (etwa einem Brüning und Wirth im Reich, einem Dollfuß und Schuschnigg in Österreich gegenüber) sich von Hitler täuschen ließ, wie ihn andere (etwa Chamberlain), die in ihm den Hüter ihrer Geldsäcke sahen, bewußt förderten, dann kann man nur immer wieder sagen: Hitler hat das deutsche Volk versklavt, aber Hitler ist nicht das deutsche Volk. Kein Volk kann hochmütig auf das andere herabschauen. Die Geschichte sagt, daß kein Volk von Verirrungen frei blieb, keines davor für die Zukunft geschützt ist. Niemand weiß heute, was die Zeit nach dem Kriege bringt. Der Kommunismus, den viele erwarten, ist doch nichts anderes als eine Diktatur mit anderem Vorzeichen. — Man dürfte doch die großen Leistungen des deutschen Volkes für die abendländische

Kultur nicht vergessen. Es ist tragisch, wenn man am Radio oft nach einer Hetzrede deutsche Opern und deutsche Musik hört. — Man dürfe nicht vergessen, was gerade die Deutschen für den Aufbau Amerikas und Kanadas geleistet haben; wie man gerade in diesem Kriege ihre Erfindungen und Patente ausnützt.

Ausnahmegesetze gegen die Deutschen und Italiener als solche — also nicht wegen wirklicher Vergehen — werfen ihre Schatten voraus auf den kommenden Frieden. Aus Unrecht wird nie Recht werden. Diese Ausnahmegesetze sind die beste Propaganda für Hitler, der immer wieder sagen kann: „Da seht ihr, die Deutschen in Kanada haben alles getan und geopfert für dieses Land; das ist nun der Dank. Der Kampf geht nicht gegen uns Nationalsozialisten, sondern gegen das deutsche Volk."

3.

„... kann ... erklärt werden"

Der Tod Bischof Kallers von Ermeland hat weite Kreise erstmalig mit der Tatsache vertraut gemacht, daß unter den Opfern von Potsdam, vertrieben von den „katholischen" Polen, auch ein Bischof war. Er ist nicht der einzige. Unter den Vertriebenen befindet sich auch ein Breslauer Weihbischof und der Prager Weihbischof Dr. Remiger, der in einem kleinen Dorf bei München sein Leben fristet. Unter den Ausgewiesenen befinden sich alle deutschen Mitglieder der Domkapitel von Prag, Leitmeritz und Königgrätz, die Generalvikare von den Diözesen. Die Zeitschrift ‚Christus unterwegs' — die nach der Nummer 3 wegen Papiermangels (!) das Erscheinen einstellen mußte — brachte bisher zwei Listen von Namen der ausgewiesenen Priester: 628 nach dem Stand vom 2. Jänner 1947. Viele mir bekannte Namen fehlen, darunter die meisten in der russischen Zone. Unter den Priestern sind alle Altersstufen vertreten, jeglicher Rang: es macht keinen Unterschied, ob einer Apostolischer Protonotar oder Kaplan an einer Dorfkirche war, ob Weltpriester oder Mitglied eines Ordens; er ist deutschen Blutes — das genügt. Und wie sie leben? Wer fragt doch darnach? Sie haben kein Einkommen, kaum irgendwelche Meßstipendien, sie hausen in denselben Löchern wie ihre vertriebenen Landsleute, sie haben nicht anständige Kleider, nicht das nötige Schuhwerk, keine warmen

Betten, keine Leibwäsche: sie leben wie Bettler, gekleidet in Fetzen, dankbar für jedes Stückchen trockenen Brotes. So schreibt mir Prälat R.: „Sie werden sich, lieber Freund, eine Vorstellung machen von meiner Existenz — ohne Kleider, Wäsche und Schuhe, nur was ich am 4. September 1945 am Leibe hatte und was in einem gewöhnlichen Reisekoffer und einer Handtasche untergebracht werden kann, sonst nichts."

Wenn Hitler alle polnischen Priester aus Polen, oder alle tschechischen aus der Tschechei vertrieben hätte: das wäre als die größte Kirchenverfolgung aller Zeiten hingestellt worden. Wenn unsere — nunmehr endgültig als Quislinge Stalins festgelegten — Bundesgenossen, ermächtigt durch Potsdam, tausend Priester — die Zahl ist wohl noch viel höher — und tausende Ordensfrauen brutal vertreiben, so wird die Tatsache selbst vor Katholiken geheimgehalten. Und die achtzehn Millionen Christen, die zum Tode verurteilt wurden; denn die Ausweisung ist doch nichts anderes als der geplante Rassenmord am deutschen Volk? Wir haben es erlebt, daß ein kirchliches Organ der Tschechei den Raub am sudetendeutschen Vermögen rechtfertigte, das sich zumindest auf 4 Milliarden Dollar beziffert. Im Oktober 1945 entschuldigte das katholische tschechische Blatt ‚Obzory' selbst den Mord: „Wir haben einzelne Personen am 9. Mai 1945 in den Straßen Prags verbrannt, andere an einem Fuß an Laternen aufgehängt, andere, die zur Entfernung der Barrikaden bestimmt waren, zu Tode geprügelt. Das alles kann mit revolutionärer Entrüstung erklärt werden. Noch im Juni wurden deutsche Frauen in den Straßen Prags erschossen durch die frühere revolutionäre Garde, die sie in ein anderes Lager überführen sollte. Auch das kann mit dem ‚Abflauen der Revolution' entschuldigt werden ..." Das ist wohl der sittlichste Tiefstand, den ein „katholisches" Organ erreichen kann. Ich zweifle, ob Streicher und Himmler tiefer sanken.

Und wir? Wir erleben es, daß alle Stellen mobilisiert werden, um vierhunderttausend „displaced persons" nach Amerika zu bringen. Robert S. Markus schreibt in der „New York Times" (24. Juli), von „General Eisenhower bis General Clay bestand echtes Verständnis für die tragische und schwierige Lage der Überbleibsel europäischen Judentums". Wo bleibt das Verständnis für die zwanzig Millionen europäischer Christen, die durch Potsdam in eine Lage versetzt wurden, die jedenfalls weit schlechter und hoffnungsloser ist als die der „displaced Persons"? Es wird einmal im Jahre eine Sammlung gemacht, aus der vielleicht unter hunderten einer „etwas“ erhält; es gibt einzelne, die heroisch helfen und darum in ihrer Umgebung als nicht ganz normal gelten. Sie praktizieren Christi Gebot und hören nicht auf die Racherufe: Let them starve! Es ist erschütternd, wenn ich von Nichtkatholiken Briefe bekomme, die um Gaben bitten für Angehörige von Mitgliedern religiöser Häuser, weil diese selber nicht helfen dürfen. Haben wir je eine Kommission zur Untersuchung besonders der Frage der Potsdam-Opfer entsendet? Haben wir die Aussiedlungsmöglichkeiten in andere Länder untersucht; haben wir uns für ihre Zulassung nach Amerika eingesetzt? Haben wir wenigstens um ihre menschenwürdige und christliche Behandlung uns bemüht? Nein, wir haben es nicht — von einzelnen abgesehen. Wundern wir uns, wenn diese Menschen am Christentum verzweifeln, weil sie das „Kennzeichen Seiner Jünger“, die „Früchte des Baumes“ nicht sehen? ... Der Boden wird reif für Anarchie und Nihilismus. Es gibt keinen Frieden in Europa, wenn die größte Christenverfolgung, das Verbrechen von Potsdam an zwanzig Millionen deutscher Christen, nicht gutgemacht wird. Und wenn wir das nicht als Verbrechen und Christenverfolgung empfinden, dann sollten wir nachdenken über das Wort des hl. Paulus: „Leidet ein Glied, so leiden alle anderen Glieder mit ... Ihr seid der Leib Christi und, als Teile betrachtet, seine Glieder.“ (1. Kor. 12, 26 f.)

4.

„Schicken Sie die Vasen sofort zurück!“

Senator William Langer hat im Kongreß den Atlantik-Pakt kritisiert, der mit denselben Halbwahrheiten und bewußten Täuschungen eingeschmuggelt werde, wie alle die Geheimabmachungen und „Verträge“ des letzten Jahrzehnts (Congressional Record, 26. April 1948). Er verwies dabei auf die Beute, die England aus dem Reich herausholte, dasselbe England, das (ebenso wie Frankreich) einen Nichtangriffspakt mit Rußland hat, sein halbkommunistisches Sozialisierungsprogramm mit amerikanischen Dollars finanziert, sich durch ECA aushalten läßt und zur selben Zeit für etwa drei Milliarden Dollar Waren hinter den Eisernen Vorhang sendet!

Ich will Senator Langers Ausführungen ergänzen mit Angaben, die ich einem Artikel Dr. Hans Kapfingers in der Neujahrsnummer der „Passauer Zeitung" — herausgegeben mit amerikanischer Lizenz! — entnehme: „Nicht bloß der Osten Deutschlands, auch der Westen wird, wie eine schweizerische Zeitung schrieb, ‚ausgeraubt vom Steinhäger bis zum Damenhemd'." Aus der Denkschrift des nordrheinisch-westfälischen Finanzministeriums wurde bekannt, daß die Besatzungskosten von 195 Millionen Reichsmark im Jahre 1945, über 347 Millionen 1946 auf 1141 Millionen für 1947, das sind 32 Prozent des gesamten Steueraufkommens, gestiegen waren. Nach der Währungsreform entwickelte sich das Verhältnis noch ungünstiger. Im August 1948 betrugen die Ausgaben 41.1 Prozent des Steueraufkommens. In detaillierten und oft geradezu peinlich anmutenden Angaben wird ... vorgerechnet, wie die britische Besatzungsbehörde auf Kosten der Deutschen einkauft ... über eine Million Möbelstücke, darunter 42.000 Sessel mit losen Kissen, 361.000 Polsterstühle, 30.000 Doppelschlafzimmer, 6100 Bridgetische, 28.000 Klubtische und 13.000 Damenschreibtische. An Teppichen lieferten allein der Regierungsbezirk Düsseldorf und der Kreis Herford 13.000 Stück. Die ... Badeteppiche ergaben die respektable Länge von 200 Kilometer. An Schuhen wurden geliefert: 122.000 Paar Herrenschuhe, 48.000 Paar Kinderschuhe und 31.000 Paar Damenschuhe, aber nur 15.000 Paar Soldatenschuhe. An Spirituosen (!) mußten geliefert werden über dreieinhalb Millionen Flaschen Steinhäger (Schnaps!), fast 700.000 Liter Steinhäger und über 910.000 Flaschen Gin ... Aus den riesenhaften Ziffern der Textilindustrie ... seien erwähnt: 1.1 Millionen Meter Gardinenstoff, 12.000 Kindermäntel, 20.000 Damenschlüpfer, 30.000 Damenhemden, 75.000 Damenpullover, auch annähernd tausend elektrische Kindereisenbahnen ... Dr. Weitz hat darauf hingewiesen, daß es sich nicht nur um Verfehlungen einzelner Beamter, sondern um ein System der Besatzungsmacht handeln müsse. Der frühere Berliner Universitätsprofessor Dr. Pallyi, der 1933 nach den Vereinigten Staaten emigrierte, hat an den Kongreß ein Memorandum gerichtet, in dem es wörtlich heißt: „Die Morgenthau-Boys, Amerikaner und Engländer, grasen die bizonalen Weidegründe ab, und tun dies nicht nur zum großen Schaden Deutschlands, sondern ganz Europas wie auch der Vereinigten Staaten. Tatsächlich holen sie aus diesem zerstörten Land direkt und indirekt weit mehr heraus, als der amerikanische Steuerzahler hineintut. Drei Jahre lang ist Deutschland im Zustand eines Währungschaos gehalten worden, das die Stadtbevölkerung an die Hungergrenze führte und jeden Versuch eines wirtschaftlichen Wiederaufbaues erstickte, während es auf der anderen Seite Schiebern aller Nationalitäten beispiellose Profitmöglichkeiten durch den Schwarzen Markt und durch Währungstransaktionen bot." Aus den weiteren Ausführungen Dr. Pallyis sei noch herausgegriffen: „... Die Besatzungskosten, direkte wie indirekte, sind der Kern der Finanznöte Trizoniens. Die Besatzungskosten werden im Finanzjahr auf 5.5 Milliarden DM geschätzt, wovon nahezu 20 Prozent auf die kleine französische Zone entfallen... Jeder ernsthafte Versuch von General Clay zur Rehabilitierung des Feindes wurde behindert, wenn nicht sabotiert, nicht nur durch ein offen feindliches Moskau, sondern ebenso sehr durch unsere guten Freunde in London und Paris. Wenn es jemals ein Finanzsystem gegeben hat, um die unternehmerische Initiative eines Volkes, seine Arbeit und Sparkraft zu lähmen, seine Steuermoral zu untergraben, seine Verwaltung zum Bankrott zu führen — und alles dieses in einem geschlagenen und unvorstellbar verarmten Lande —, so können die Westalliierten die Ehre für sich in Anspruch nehmen, dies vollbracht zu haben. Was die Sache besonders widerwärtig macht, ist die Tatsache, daß die maßgebenden Persönlichkeiten ihre negative Einstellung bemänteln, und zwar mit unaufhörlichen Versicherungen ihrer Absicht, das westliche Deutschland zu beleben, wieder aufzubauen und zu demokratisieren." Soweit Prof. Pallyi und die „Passauer Zeitung".

Das also ist Roosevelts „Freiheit von Not", die er den Besiegten gebracht hat! Die ägyptische Heuschreckenplage, losgelassen von den Morgenthauern auf das gesamte deutsche Volk. In diesen zuerst planmäßig zerbombten, dann systematisch beraubten Raum trieb man 18 Millionen deutscher Christen! Während die „Kreuzfahrer" Kind und Kegel mit Raubgut versorgen und sich selber an „Steinhäger" und Rheinwein gütlich tun, haben die Ausgebombten und Heimatvertriebenen keinen menschenwürdigen Raum, keinen Tisch und Stuhl, kein Bett, Fetzen als Kleider und Wassersuppe ohne Fett zum Essen! Und so will man zur „Demokratie" erziehen!?

Noch eine Bemerkung zur Währungsreform. Es sollte nicht vergessen werden, daß das Währungschaos vor der Reform wesentlich dadurch gefördert wurde, daß die Morgenthauer den

Russen amerikanische Originalplatten zum Drucken des Geldes überließen. Man muß doch auch den Bolschewiken gefällig sein, nachdem die britische Zustimmung zum Morgenthau-Plan mit sechs Milliarden Dollar-„Anleihe“ erkauft wurde! Der Bremer „Roland“ berichtete in Nr. 18/1948, daß der französische General König vier Tage vor der Reform einen Geheimbefehl erlassen hatte, der vorsah, daß jeder Franzose, der Reichsmark erworben hatte, diese im Verhältnis 1 : 1 umtauschen könne. Die deutsche Umtauschrate war 1 : 10. Wer für 2160 Francs 100 RM getauscht hatte, sie gegen 100 DM eintauschte, erhielt nach der „Reform“ dafür 6400 Francs! Die meisten Franzosen aber hatten mehr Vertrauen in Schweizer Valuta und schmuggelten hunderttausende DM in die Schweiz. So wurde der Kurs der neuen Mark von Anfang an sabotiert, und wir wissen, daß man hier in Amerika die DM für sechs und drei Viertel kaufen konnte statt zum offiziellen Kurz von 33 Cents. Die amerikanische Armee mußte ein Defizit von 225 Millionen Dollar abschreiben, das sich aus dem Verkauf von Uhren, Zigaretten und so weiter ergeben hatte!

Zu Anfang des Zweiten Weltkrieges erklärte der damalige Außenminister Hull: „Es ist wichtig ..., daß Amerika in keiner Weise von seiner traditionellen Haltung in bezug auf Privateigentum innerhalb unseres Gebietes abweicht, gleichgültig ob es Angehörigen früherer Feindstaaten oder freundlicher Mächte gehört. Die ... Übernahme solchen Eigentums, es sei denn für öffentliche Zwecke und mit der Verpflichtung einer gerechten Entschädigung, würde mit unheilvollen Folgen belastet sein.“ Amerikanische Tradition! Wer lacht da?! Bereits im Mai 1948 kam die ganze Einrichtung der deutschen Botschaft in Washington unter den Hammer — ein in der Geschichte der Kulturvölker unerhörter Vorgang. Es wurde sogar ein Gesetz eingebracht, daß kein Eigentum und keine Eigentumsinteressen, die von Deutschland oder Japan oder ihren Staatsangehörigen nach dem 17. Dezember 1941 einer Regierungsstelle übertragen worden sind, zurückgegeben werden dürfen. Für das so beschlagnahmte Eigentum ist keine Vergütung zu leisten. Das heißt also, daß Legate oder Versicherungsprämien, die nach dem 17. Dezember 1941 fällig sind, einfach der Staatskasse „verfallen“. Ich kann momentan nicht feststellen, ob der Antrag Gesetz wurde; jedenfalls, der Wille zu stehlen, war vorhanden! Man wollte doch dem Edeldemokraten Benesch und seinen Raubgesetzen nicht nachstehen

— drei Jahre nach Kriegsende, und wohlgemerkt — nur Deutschen und Japanern gegenüber.

Wie der Herr, so's G'scherr, sagt ein altes Wort. Wenn Stehlen von Staats wegen erlaubt und geboten ist, warum soll man sich privatim nichts „um die Ecke machen"? Das siebente Gebot gilt auch für den Staat — oder es gilt überhaupt nicht. Es ist nicht einzusehen, warum der Diebstahl von hundert Dollar ein Verbrechen, der Raub von Milliarden nationale Tugend sein sollte! Warum sollten wir erst reden von den 69 Kisten, die ein einziger Leutnant „heimschickte", von den hessischen Kronjuwelen, von den 462 Rassehengsten, vom Silber der Hohenzollern, von den Bildern, die wir „schützen" müssen (so wie die östlichen Freunde die Sixtinische Madonna) usw. Bagatellen! Der amerikanische Militärgouverneur verfügte, daß Kunstwerke, die in den Jahren 1932 bis 1942 auf dem italienischen Kunstmarkt erworben wurden, in ganz legaler Weise an den italienischen Staat zurückgegeben werden müssen! („Die Zeit", 2. Dezember 1948.) Deutschland ist eben rechtlos — aber das faschistische Italien, Hitlers Vorbild, ist unser „Freund". Macht euch Freunde mit dem ungerechten Reichtum und mit der Macht, die das Recht ersetzt!

Alle diese vorerwähnten Beraubungen geschahen und geschehen im Feindesland oder an Mitgliedern der ehemaligen Feindstaaten, die sich nicht wehren konnten und können. Ein Novum in der Kulturgeschichte ist der erpresserische Raub deutschen Eigentums in den neutralen Staaten, besonders in der Schweiz. Diese Kulturschande erfuhr man bisher nur in der neutralen Presse. In Nr. 17 vom 27. April hat nun „Human Events" diesen Weltskandal dem nicht durch Morgenthau infizierten Teil Amerikas mitgeteilt. Die Schweiz wurde durch alle möglichen Erpressungen, „Schwarze Listen" usw. einfach gezwungen, das schandvolle Raubdokument vom 25. Mai 1946 zu unterzeichnen — von den Vätern der Nürnberger Gesetze! Alles deutsche Privateigentum — nicht etwa allein das führender Nationalsozialisten — wurde einfach beschlagnahmt, zumeist zugunsten der Morgenthauer. Deutsche können es nicht einmal zurückkaufen. Es handelt sich auch nicht um etwaige Nazibeute, deren Herausgabe die Schweizer Regierung lange vorher zugesichert hatte. Redet man sich darauf aus, daß wir uns noch im Kriege befinden, so stehen wir vor einer Verletzung der Schweizer Neutralität, die ein Hitler nicht riskierte. Haben wir bereits Frieden, so haben wir es mit einem Fall von Bankräuberei zu tun, an dem sich alle Gangster in New York und Chikago ein Vorbild nehmen können.

Die Folgen aus allen den genannten Handlungen sind unabsehbar. Die Idee des Privateigentums ist zerstört, zerstört durch die, die da behaupten, die Idee des Privateigentums sei der Grundstein amerikanischen Lebens — im Gegensatz zur Zwangswirtschaft Sowjetrußlands.

Als ein Offizier dem alten Kaiser Franz Joseph nach dem Boxeraufstand zwei wertvolle chinesische Vasen als „Souvenir" anbot, erhielt er die Antwort: „Ich bin Soldat, aber kein Räuber; schicken Sie die Vasen sofort zurück!"

5.
Einerlei Mord — zweierlei Gerechtigkeit

Ein zwanzigjähriges Mädel aus dem Sudetenland, vertrieben mit ihrer Mutter von den Benesch-Gangstern, um alles bestohlen, in bitterster Not wie ihre Leidensgenossen. Sie läßt sich mit einem amerikanischen Soldaten ein — vielleicht für ein Stück Schokolade — vielleicht für ein warmes Mittagessen — vielleicht, um nur für eine Stunde wieder als Mensch zu leben. Der Soldat sagt ihr, daß er frei und ledig ist. Sie will nicht spielen und nicht als Spielzeug behandelt sein. Er verspricht ihr wohl die Ehe. Sie trägt ein Kind von ihm unter dem Herzen. Da erfährt sie, daß er in Amerika verheiratet ist. Als sie zurückkommt, geht eben ein anderes Mädel aus dem Zimmer — eine andere Verführte, Betrogene — eine unter vielen. Da greift sie zum Revolver und erschießt den Verführer. An eine Freundin hatte sie vorher geschrieben: „Ich bin nicht verrückt und nicht betrunken. Er muß mit mir sterben, weil er mein Leben zerbrochen hat. Ich habe Bob oft gesagt, nicht mit mir zu spielen, aber er kümmerte sich nicht darum. Ich kannte ihn elf Monate und liebte ihn mehr als mein Leben. Ich war töricht die ganze Zeit, aber ich bin nicht zu dumm, Schluß zu machen. *Ich bedauere nicht*, was ich vorhabe. Es ist meine Angelegenheit, ich hoffe aber, es wird ein Beispiel für andere sein." Der Ankläger forderte die Todesstrafe, der aus fünf Mitgliedern bestehende Militärgerichtshof verurteilte sie in zehn Minuten zu lebenslänglichem Zuchthaus. — Das ist der Fall Erika Krebs.

Nun ein Gegenstück: Ein amerikanischer Hauptmann, der sich schuldig bekannte, einen anderen Offizier, den er in unerlaubten Beziehungen mit seiner Frau antraf, erschossen zu haben, wurde in New York freigesprochen. Sagte der Richter: „Das Problem ist, ob Sie Strafe nötig haben oder nicht. Die Strafe soll eine Warnung für die Gesellschaft sein. Ich denke es ist überflüssig, Sie zum Beispiel für die Gesellschaft zu machen. Es ist ein trüber Tag für einen liebenden Gatten mit rotem Blut in den Adern, nichts zu unternehmen, wenn er bei der Rückkehr sein Heim verletzt findet. Ich verstehe die Provokation ... Ich gebe Ihnen Bewährungsfrist ... Vergessen Sie den Vorfall (incident), gehen Sie heim und nehmen Sie Ihren Platz in der Gesellschaft."

Die Parallele drängt sich auf. Ich will sie nicht ausmalen: In beiden Fällen Mord — in beiden Fällen Rache — in beiden Fällen ähnliche Motive — in beiden Fällen offenbar mildernde Umstände — in beiden Fällen „ein Leben zerbrochen" — nur das Urteil ist verschieden: Freispruch für den 28jährigen amerikanischen Offizier — lebenslängliches Zuchthaus für die 20jährige Sudetendeutsche.

6.

„Tausend Morde machen Weltgeschichte"

Ja, ein Mord ist ein Verbrechen. Wir jagen nach dem Mörder Suzanne Degnans; wir alarmieren die Öffentlichkeit, auf der Hut zu sein vor den Mördern, die dem Gefängnis entflohen, bezeichnenderweise junge Menschen, denen man zuerst den Mord am Feind als Ideal hinstellte, denen nur die haarspaltenden Unterschiede zwischen Mord als Ideal und Mord als Verbrechen nicht einleuchten; das Bild des Farmers von Jowa, der im „Auftrag Gottes" seine Frau und drei Kinder mit einer Hacke erschlug, geht mit Entsetzen durch die Presse. Wir werden mit Statistiken über jugendliche Verwahrlosung gefüttert, während die letzten Ursachen der Verkommenheit weiter wuchern, wenn nicht bewußt gefördert werden. So erklärte unlängst Attorney General Mr. Th. C. Clark bei einem Town Meeting of the Air (21. Februar): „Die Verhaftung von Mädchen unter 18 Jahren hat sich zwischen 1939 und 1945 um 198 Prozent gesteigert ... Seit 1939 haben die Verhaftungen (von Jungen unter 18 Jahren) um 39 Prozent für Raub, 48 Prozent für Mord, 55 Prozent für Autodiebstähle,

70 Prozent für Schändung, 72 Prozent für Überfälle und 101 Prozent für Trunkenheit zugenommen." Und Mr. Clark unterstrich: „Ich wiederhole, das gilt für Jungen unter 18 Jahren." Wahrhaftig, eine Herkulesaufgabe für Umerziehung! Niemand fällt es natürlich ein zu sagen: So ist die Jugend Amerikas. Jeder bestätigt, das sind Einzelverbrechen, immerhin noch als Verbrechen gewertet ... ein Mord, ein Raub, eine Schändung, ein Verbrecher, ein Gangster, eine Verirrte.

So klar unser sittliches Urteil ist, wenn es sich um Einzelverbrechen handelt, so unklar verschwommen und charakterlos ist das Urteil der Masse, wenn es sich um Massenverbrechen handelt. Denken wir an die bewußte und planmäßige Zerbombung Europas von Monte Cassino, Rom, bis herauf nach Wien und Breslau. Ach ja, die Bombardierung Coventrys, Warschaus, Rotterdams war ein Verbrechen; auch wenn Msgr. Smith wieder feststellte, daß in Monte Cassino, Mutterkloster der abendländischen Christenheit, kein deutsches Militär war (Denver Register). Militärische Notwendigkeit — da hat das Gewissen zu schweigen. Denken wir an das planmäßige Hinmorden der Zivilbevölkerung, vom Papst eindeutig als Mord gebrandmarkt. Ein Jahr nach Beendigung der Feindseligkeiten liegen noch hunderttausende Leichen unter den Trümmern. Das Gewissen — ??? Denken wir an Hiroshima und Nagasaki.

Die endgültigen Zahlen über die Opfer der Atombombe über Hiroshima sind nun bekannt: 306.547, davon 78.150 Tote, und noch 13.983 Vermißte, ungezählte Krüppel und Kranke. Opfer einer einzigen Bombe, die mit voller Überlegung, im Bewußtsein der Wirkung, ohne jede Warnung, nicht auf eine Armee oder eine Flotte, sondern auf die Zivilbevölkerung abgeworfen wurde. Wenn man dafür alle, die dies geplant, finanziert und durchgeführt haben, vor ein Gericht gestellt hätte? Es gibt noch immer Leute, die glauben, diesen Akt nicht bloß militärisch, sondern auch moralisch rechtfertigen zu können. Wird die Bombe noch moralisch sein, wenn sie über uns zurückkommt? Die Frage wird nicht von der UNO entschieden, sondern allein nach Gottes Gesetz. Wir haben jedenfalls das Recht verwirkt, andere der Unmoral zu beschuldigen, wenn sie die von uns vollbrachte Tat gegen uns ausüben. Das ist eine sehr erschreckende Tatsache.

Tausende Morde machen Weltgeschichte. Es besteht schon eine ganze Literatur über die Atombombe, den letzten Triumph einer diabolischen Kultur. Aber es hat kaum jemand ihr Wesen so klar durchschaut wie ein junger Nazi, dessen „Tagebuch eines Werwolfs" kürzlich in der Schweizer „Weltwoche" (22. Februar) veröffentlicht wurde. Er schreibt: „... Es ist etwas wie Neid, was ich bei dem Gedenken an den amerikanischen Piloten empfinde, der den Partialweltuntergang über Hiroshima entfesselte. Muß er sich nicht wie ein Gott gefühlt haben, der das Leben von Hunderttausenden mit einem Hebeldruck vernichtet? Ob die Hand nicht zitterte, die den Hebel auslöste? Meine Hand würde nicht gezittert haben. Die Atombombe war eigentlich unsere (d. h. Nazi) Waffe. Nur die weibische Launenhaftigkeit und souveräne Ungerechtigkeit der Geschichte hat es ermöglicht, daß sie zuerst unseren Feinden in die Hände fiel. Ja, sie war unsere Waffe, die Waffe der Götterdämmerung, die nationalsozialistische Waffe par excellence ... Eine Gesellschaft, die die Atombombe hervorbringen und — verwenden konnte, muß sich auch zugrunde richten können. Die Menschheit hat lange in einer peinlichen Lage, zwischen dem Nichts und dem Etwas aufgehängt, geschwebt. Sie hat verzweifelt nach dem Loch ins Etwas gesucht und sie hat das ins Nichts gefunden. Die Atombombe ist das Loch ins Nichts ..."

Tausend Morde machen Weltgeschichte! Die Welt war angeblich entsetzt über Hitlers Plan zur Austilgung der Juden. Es wäre unendlich wichtig, einmal genaue Zahlen darüber zu veröffentlichen, das ganze Problem aus dem Nebel der Propaganda und Lüge herauszuholen. Das Problem ist doch einfach zu lösen: Es gab vor Hitlers Zeit etwa 9½ Millionen Juden in Europa (15 Millionen in der Welt), davon 185.000 in Deutschland, 50.000 in Österreich, 350.000 in der Tschechei, 1,250.000 in Polen usw. Wie viele sind in diesen Ländern noch am Leben, wie viele wurden in Stalins Paradies aus Polen verschleppt?? Hitler hatte den Ehrgeiz, die Juden auszurotten und seinen Platz in der Geschichte neben den Pharaonen und den Potentaten aller europäischen Länder zu finden. Er hat daraus kein Hehl gemacht. Aber, was haben die angeblich judenfreundlichen Demokratien getan, um die Verfolgten zu retten? England, Frankreich, Amerika, Kanada, Australien? Wenn Frankreich 3 Millionen Menschen braucht, warum öffnen sich nicht längst Türen und Tore? Und die Verbrechen, die wir täglich aus und um Palästina hören??

Tausend Morde machen Weltgeschichte! Über die Austilgung der Juden wird nun — bis 1939 konnte man sich in die inneren

Angelegenheiten nicht einmischen und mußte Hitler appeasen! — wenigstens geredet und geschrieben. Mit Recht! Was aber hat ein Großteil unserer Presse zu sagen über die Tatsache, daß mindestens dreimal soviel Deutsche im Reich, in Polen, in Österreich, in der Tschechei, in Ungarn zu einem nicht minder brutalen Tod verurteilt werden und zum Teil schon hingemordet und ausgehungert wurden, dreimal soviel Deutsche, als es überhaupt Juden in der ganzen Welt gibt?? Die Hinmordung der Deutschen ist so planmäßig vorbereitet und durchgeführt wie die Gangstereien von Belsen und Buchenwald.

Tausend Morde machen Weltgeschichte! Wo bleiben denn jetzt die Heroen, die 3000 Meilen vom Schuß gegen Hitler kämpften, die über alle Details der KZ mit sadistischer Lust berichteten, die von jedem Deutschen erwarteten, daß er Existenz, Familie, Leben riskierte? Wo bleiben alle die Kreuzfahrer, die sich ihrer guten Beziehungen zu höchsten Stellen rühmen und sich gelegen oder ungelegen mit ihnen photographieren lassen? Sie schweigen zum Massenmord am deutschen Volke, sie schweigen zur Schändung von hunderttausenden Frauen und Mädchen, die Not und Verzweiflung in die Arme von Lüstlingen treibt, sie schweigen, wenn man Millionen die Heimat raubt. „Jetzt scheint das Kollaborieren mit totalitären Gewaltmenschen auf einmal nicht mehr ein Verbrechen zu sein. Auch hab ich noch nicht gehört, daß sich katholische Stimmen erhoben hätten wie früher die Bekennerpriester, die in Deutschland unter Hitler ins KZ kamen, um gegen die unchristlichen, unmenschlichen Roheiten und Gewaltakte zu protestieren. Es tut wirklich not, daß dies in unserer amerikanischen Presse deutlich gesagt wird. Ab und zu liest man davon etwas in der katholischen Presse und auch in der deutschsprachigen, aber nur selten, und dann versteckt, in der Provinzpresse." So schreibt ein Leser aus New York. Hat er, unrecht? Und warum ist das so — ???

7.

Unbewiesene Beschuldigungen?

Der Zustrom von politischen Flüchtlingen nach Westdeutschland, der mit der Prager Februarrevolution einsetzte, geht trotz schärfer gewordener Grenzbewachung noch immer fort. Auf Anordnung der Besatzungsmacht darf den flüchtigen Tschechen das

Asylrecht nicht versagt werden. Sie kommen ungehindert ins Land, während viele aus der Sowjetzone flüchtende Deutsche mühsam um Erlangung der Aufenthaltsgenehmigung kämpfen müssen. Es ergibt sich der ungewöhnliche Zustand, daß deutsche Behörden für ausländische Flüchtlinge besser sorgen müssen, als es ihnen für deutsche Flüchtlinge möglich ist, daß sie aber nicht einmal das Recht haben, diese Ausländer für erwiesene Verbrechen zur Verantwortung zu ziehen. Wenn deutsche Stellen gegen die Belegung der freigemachten IRO-Kasernen in Nürnberg und Regensburg Vorstellungen erhoben und darauf hinwiesen, welche Zumutung es für die deutschen Flüchtlinge bedeute, ihre Folterknechte dort einziehen zu sehen, wurde von den Vertretern der Besatzungsmächte erwidert, daß es sich um unbewiesene Kollektivbeschuldigungen gegen die Nationaltschechen handle.

Dieser Argumentation kann nicht scharf genug entgegengetreten werden. Wir wollen keineswegs gegen das tschechische Volk den Vorwurf der Kollektivschuld erheben, wir glauben aber, daß, abgesehen von den bereits festgestellten Verbrechen einzelner Personen, noch viel mehr solcher Untaten aufgedeckt werden könnten, wenn man uns die Möglichkeit dazu geben würde. Zwei ungeheuerliche Fälle sind in der Öffentlichkeit bereits bekannt geworden.

*

Der erste ist der Fall Kroupa. Frantisek Kroupa war bekanntlich wegen seiner als „Bürgermeister“ von Joachimsthal im Jahre 1945 an Sudetendeutschen verübten Folterungen und Morde im September 1949 in Bayern festgenommen worden. Er mußte auf Anordnung der Besatzungsmacht wieder entlassen werden, weil deutsche Gerichte zur Aburteilung von Ausländern nicht zuständig seien und amerikanische Stellen Verbrechen, die außerhalb ihres Bereiches begangen worden seien, nicht verfolgen könnten.

Kroupa versuchte, sich den lästigen Untersuchungen durch Übersiedlung in das DP-Auswandererlager Augsburg zu entziehen, in der Hoffnung auf baldige Einschiffung nach Australien. Dank der Wachsamkeit der Heimatvertriebenen schlug dieser Versuch fehl. Die bayrische Landesregierung beantragte bei den Besatzungsmächten die Einleitung eines Strafverfahrens gegen Kroupa. Nach einer Meldung der „Neuen Zeitung“ vom 7. November hat sich zu dieser Zeit die amerikanische CIC der Sache angenommen und alle Zeugen in Deutschland aufgefordert, ihr Beweismaterial zu unterbreiten. Man möchte hoffen, daß dieser Appell überall gehört worden ist und daß die Kriegsgerichtsbarkeit der Besatzungsmächte sich entschlossen zeigt, Verbrechen gegen die Menschlichkeit ohne Unterschied der Nationalität ihrer Strafe zuzuführen.

Bis heute aber hält noch die IRO ihren schützenden Mantel über Kroupa gebreitet. Sie erklärt, ihre Untersuchung sei dadurch erschwert, daß sie in der Tschechoslowakei keine Erkundigungen einziehen dürfe; und so lange kein Schuldbeweis gegen Kroupa vorliege, unterstehe er ihrem Schutz. Der Fall sei somit „vorläufig klar", sagte der Leiter der IRO-Informationsabteilung; Kroupas DP-Status sei bestätigt, und wenn kein weiteres Beweismaterial beigebracht werde, stehe seiner Auswanderung nichts im Wege. Wenn auch die IRO bis heute die 12 Millionen deutscher Heimatvertriebener grundsätzlich ignoriert hat, so dürfte ihr doch nicht unbekannt sein, daß es im Sudetenland so gut wie keine Deutschen mehr gibt, so daß Ermittlungsversuche dort absolut zwecklos wären. Die Ermordeten können nicht mehr reden und die Henker und Mithenker werden zu schweigen wissen. Die überlebenden Angehörigen der Opfer aber befinden sich in Deutschland, und es ist verwunderlich, daß die IRO nicht den Weg zu ihnen findet. Es besteht somit die Gefahr, daß noch vor Abschluß der anscheinend etwas langwierigen CIC-Untersuchung der „DP" und Massenmörder Kroupa unter IRO-Schutz den Weg ins Ausland findet.

*

Beim zweiten Fall handelt es sich um den Tschechen Antonin Homolka. Dieser wird beschuldigt, am 9. Mai 1945 in Lobositz an der Elbe einen deutschen Polizisten, der ahnungslos seines Weges ging, ermordet zu haben. Am gleichen Tage habe er sich am Überfall eines durch Lobositz ziehenden schlesischen Flüchtlingstrecks beteiligt, wobei es zu furchtbaren Mißhandlungen kam. Nach Angabe der großen Flüchtlingszeitung „Ost-West-Kurier" (Nr. 40 vom 15. Oktober 1949), die den Vorfall auf Grund von Augenzeugenberichten ausführlich schilderte, hat Homolka hierbei u. a. einer mit ihrem Kinderwagen im Flüchtlingstreck fahrenden Schlesierin ihren einige Monate alten Säugling genommen, das Kind mit dem Kopf zwischen die Knie geklemmt, beide Beine gepackt und bis zum Kopf in der Mitte auseinandergerissen. Homolka wurde auf Grund mehrerer Zeugenaussagen am 1. Oktober 1949 von der Stuttgarter Polizei festgenommen. Aber auch er mußte auf Veranlassung amerikanischer Stellen wieder entlassen werden und befindet sich heute im DP-Lager Ulm.

Kroupa und Homolka sind nicht die einzigen Tschechen, die auf deutschem Boden Asyl suchen, obwohl sie es durch ihre Taten verwirkt haben. Beide Verbrecher wurden durch Zufall identifiziert. Sie hatten Pech, daß sie Deutschen in den Weg liefen, die sie wieder erkannten. Wieviel mehr solcher Kroupas würde man finden, wenn es möglich wäre, die Tschechenlager planmäßig zu überprüfen und Personalien und Lichtbilder der Insassen den aus dem Sudetenland Vertriebenen zur Kenntnis zu bringen! Wenn die Aufdeckung von Verbrechen auf solche Weise, wie hier geschehen, unmöglich gemacht wird, kann man sich dann wundern, wenn unter den Vertriebenen das letzte bißchen Glauben an die Gerechtigkeit verlorengeht?

•

Angesichts der furchtbaren Untaten und der Art und Weise, in der ihre Aufklärung erschwert wird, fragen wir die maßgeblichen Stellen des In- und Auslandes:

1. Warum werden einwandfrei als Mörder identifizierte Tschechen nicht sofort hinter Schloß und Riegel gebracht, wie man es mit all jenen Deutschen tat, die begangener Kriegsverbrechen auch nur verdächtig waren?

2. Wie verträgt es sich mit der Souveränität der Westdeutschen Bundesrepublik, daß Männer wie Kroupa und Homolka, obwohl gegen sie schwerstwiegende Anschuldigungen vorliegen, auf Anordnung der Besatzungsmächte aus der Haft wieder entlassen werden mußten?

3. Warum wird von der Bundesregierung kein Gerichtsverfahren gegen diese Mörder gefordert und von der Besatzungsmacht eingeleitet?

4. Warum wird seitens anständiger Nationaltschechen nichts unternommen, um diese Verbrecher zur Rechenschaft zu ziehen?

Hier böte sich die Möglichkeit, der Weltöffentlichkeit die furchtbaren, an Deutschen begangenen Verbrechen vor Augen zu führen. Man wird die tschechischen Untaten mit all ihren grausigen Einzelheiten nicht weniger offen zu behandeln und nicht weniger schwer zu strafen haben als die Greuel in den KZ's.

8.
Nötig, um den Krieg zu gewinnen

Es gibt keinen Lebensbereich und keine menschliche Tätigkeit, die vom Gesetz Gottes und dem Naturrecht ausgenommen wäre. Die Gebote Gottes: „Du sollst nicht töten! Du sollst nicht Unkeuschheit treiben! Du sollst nicht stehlen! Du sollst nicht lügen!" gelten für das öffentliche Leben so gut wie für das private, für den Berufspolitiker wie für den Wähler. Was moralisch falsch und unsittlich ist, kann nicht politisch richtig und sittlich sein. Wenn ein Franzose, ich glaube es war Cavour, gesagt hat: Man würde uns für Schurken halten, wenn wir privatim das tun würden, was wir in der Politik für erlaubt halten, so kann man nur sagen, daß auch der Politiker ein Schurke ist, der gegen Gottes Gesetz frevelt, auch wenn es sich um „Feinde" handelt. Bei einem der Nürnberger Prozesse fragte man Pg. Erich Naumann, ob er nichts Unrechtes darin sah, schutzlose Leute niederzuschießen, und er gab die Antwort: „Nein, es war nötig, um den Krieg zu gewinnen." Gewisse Pharisäer haben sich über diese, für die Staatsvergötterung bezeichnende Antwort aufgeregt. Sie nahmen aber seelenruhig zur Kenntnis, daß eine führende „demokratische" Persönlichkeit auf die Frage, ob das Abwerfen der Atombomben über der wehrlosen Bevölkerung Hiroshimas und Nagasakis erlaubt war, fast wörtlich dieselbe Antwort gab, es sei nötig gewesen, um den Krieg zu gewinnen. In beiden Fällen dieselbe Mentalität: Der Zweck heiligt die Mittel. Im Kriege gelten keine Gebote Gottes. Nur das Resultat war verschieden: Der eine wurde gehängt, der andere spielt Staatsmann, weil er „Sieger" ist.

9.
Das neue Gesellschaftsspiel

Am 3. November 1948 erreichte mich ein Brief, der am 11. September aufgegeben war. Die Mutter eines zum Tode durch den Strang verurteilten SS-Unteroffiziers wandte sich an eine befreundete Familie um Rat und Hilfe und meine Freunde baten mich, die Frage in der Presse aufzugreifen. Es kann nicht meine Aufgabe sein, Recht oder Unrecht im Falle des zum Tode Verurteilten zu entscheiden. Der Verurteilte soll angeblich Häftlingen im KZ Benzinspritzen verabreicht haben. Entlastungszeugen, die zur Zeit der angeblichen Tat mit ihm in Rußland kämpften, selbst solche, die vor dem Gerichtssaal standen, wurden nicht zugelassen. Die Schlußplädoyers der Anklage wie der Verteidigung wurden nicht ins Deutsche übersetzt; Fragen an die Anklagezeugen waren nicht gestattet. Erst am zweiten Verhandlungstage erfuhr er, warum er überhaupt vor Gericht stand. Der Verurteilte schwört seiner Mutter, daß er die Verbrechen niemals beging, daß er im Gegenteil die mit dem schwarzen Kreuz Gezeichneten in andere Zellen verschob, um sie zu retten. Wie betont, ich kann das weder bestätigen noch verneinen. Unparteiische Gerechtigkeit würde sich zum mindesten die Mühe nehmen, die Wahrheit zu finden. *Aber das Hängen scheint nun einmal das neue Gesellschaftsspiel zu sein...*

Dem Briefe lag aber auch eine 24 Seiten lange Abschrift einer Eingabe eines Nürnberger Rechtsanwaltes vom 30. Juli 1948 an General Clay — pardon, an Seine Exzellenz, General Clay — bei. Ich habe sie mit brennender Scham über den Tiefstand unserer Justiz, mit Entrüstung über die als Justiz maskierten Verbrechen und im Gefühl der Ohnmacht gelesen, wie einen Appell von den Nazi-Volksgerichtshöfen an Adolf Hitler. Da sich ein Anwalt in der Kronkolonie der Morgenthauer wohl überlegt, was er sagt und schreibt, damit er nicht selber zum Angeklagten wird, ist wohl kein Zweifel an den Ausführungen. Und da es bei der Frage nicht bloß um das Hängen etlicher Deutscher mehr oder weniger geht, sondern um die Ehre Amerikas und um Gerechtigkeit überhaupt, will ich etliche Stellen herausgreifen.

„Wie aus nahezu allen eidlichen Versicherungen hervorgeht. befanden sich die Verurteilten ... in monatelanger Vorhaft, bei vielfach unzureichender Verpflegung, Bekleidung und Unterkunft ... Mißhandlungen und Brutalitäten ... jedem Menschengefühl widersprechende Behandlung ... Nichtbeachtung von Verwundungen ... Einzelhaft, Schreibverbot ... machten diese Menschen physisch und moralisch mürbe. Drohungen erreichten ihren Zweck: die Abgabe von belastenden Erklärungen, die später als Dokumente vorgelegt wurden. Seelisch und körperlich gemartert und in ihrer Gedächtniskraft geschwächt, wurden die Beschuldigten zur Verhandlung gebracht."

„Die Anklageschrift wurde nur in den wenigsten Fällen rechtzeitig bekanntgegeben ... oft nur in einem 24 Schreibmaschinenzeilen umfassenden Satz, der Kriegsverbrechen im allgemeinen aufzählte. Genaue Bezeichnung der Tat, des Tatortes, des Zeitpunktes, des verletzten Rechtsgutes (Gesundheit, Leben, Freiheit) unterließ die Anklagebehörde .... Der Beschuldigte konnte also die gegen ihn im einzelnen erhobenen Beschuldigungen nicht ersehen ... Er erfuhr erst aus dem Munde der Belastungszeugen, wessen er beschuldigt war ... Zustellungen (an die Entlastungszeugen) kamen häufig als ‚unbestellbar' zurück, selbst wenn der Zeuge sich im Lager Dachau befand ... Vielfach wagten diese nicht, eine Aussage zu machen, weil sie im Falle einer Entlastung des Beschuldigten selber mit einer Anklage bedroht wären oder den Terror der Belastungszeugen fürchteten ..."

„Die amerikanischen Verteidiger waren meist nicht Juristen ... Verständigung mit ihnen zum Teil über unfähige Dolmetscher ... Die Angeklagten waren in ihrer Verteidigung außerordentlich eingeschränkt, wenn nicht völlig rechtlos ... Die Anklage konnte Zeugen aus ganz Europa kommen lassen ... Die Vereinigung der Verfolgten des Naziregimes arbeitete für die amerikanische Anklagebehörde ... Die Unterkunft und Tagegeld ... Daneben lockten Tabak, Zigaretten, also Artikel, die die Organisierung eines umfangreichen Schwarzhandels ermöglichten ... Die Meldungen waren vor allem aus den Kreisen der Häftlinge, die wegen einer kriminellen Tat im KZ waren, vor allem aus dem DP-Lager Arten bei Linz ..."

„So kam es 1946/47 zu einem neuen Stand sogenannter ‚Berufszeugen', die professionell zur Abgabe unwahrer eidlicher Aussagen bereit waren ... Sie wurden die Kronzeugen der Anklage, nachweisbare Mörder, Totschläger, Räuber, Betrüger, die nun ihren Verbrechenslisten Meineid und Anstiftung zum Meineid hinzufügten. Der überwiegende Teil dieser kriminellen Häftlinge erfreut sich heute trotz ihrer Schandtaten in den KZ und der noch größeren in den Kriegsverbrecherprozessen ihrer Freiheit ... Einige sollen bis zu 80 Prozent als ‚Zeugen' aufgetreten sein ... Einige Namen amerikanischer Ermittlungsbeamter treten immer wieder in Erscheinung: Mr. Kirschbaum, Mr. Entress, Mr. Meyer."

„Die Vertreter der Anklage, Kirschbaum, Meyer und andere, ersannen auch die ‚Bühnenschau' ... Die (genannte verbrecherische) Belastungsclique nahm im verdunkelten Zuschauerraum der Dachauer Theaterbaracken Platz. Die Opfer wurden einzeln, hell angestrahlt von großen Bühnenscheinwerfern, auf die Bühne gestellt, so daß sie niemanden im Zuschauerraum erkennen konnten. Neben ihnen stand Kirschbaum, bzw. Meyer als Vernehmer. Man kann sich des Eindrucks nicht erwehren, daß die Vertreter der Anklagebehörde nach Abschluß der ‚Bühnenvorstellung' sich mit den im Auditorium anwesenden Berufszeugen, ihren Helfershelfern und anderen gekauften Subjekten eine Konspiration herausgebildet haben mit dem Ziele, minderbelastete Personen zu belasten, um deren Verurteilung zum Tode oder zu lebenslänglicher Haft zu erwirken."

„In Dachau gab es keine Urteilsbegründung, weder mündlich noch schriftlich... Die amerikanischen Verteidiger sahen ihr Pflichtamt in der Regel mit der Verkündigung des Urteils als beendigt an..."

Soweit knappe, doch wesenhafte Auszüge des Nürnberger Anwalts an Seine Exzellenz, General Clay: „Die Klarstellung dieser Verhältnisse wird den USA und damit Ew. Exzellenz die endgültige Entscheidung gegenüber den Verurteilten nicht schwer machen; denn Gerechtigkeit und Menschlichkeit sind noch immer die Attribute gewesen, die die Achtung der Menschheit vor der Rechtsprechung amerikanischer Gerichte begründet haben."

Unterstreichen wir „gewesen" und „haben".

Es ist schon so, wie Mr. Poullada sagt: „Wir verpaßten eine einzigartige Gelegenheit, dem deutschen Volke das beste Beispiel einer unserer stolzesten amerikanischen Traditionen vor Augen zu führen — ordentliche, würdige und gerechte Pflege der Justiz."

10.

Prozesse gegen deutsche Truppenführer

„Europa-Briefe" vom 6. Mai 1950.

Nach dem Nürnberger Hauptprozeß erklärte General Eisenhower: „Ich war etwas verwundert, daß man es so leicht fand, einen Soldaten abzuurteilen. Ich hatte geglaubt, daß die Soldaten ein Spezialproblem bildeten." Die nachfolgenden Prozesse gegen deutsche Heerführer, zuletzt der gegen den Feldmarschall v. Manstein, haben in den Worten des britischen Verteidigers Paget eine lapidare Kennzeichnung erfahren: „Ich bezweifle mehr und mehr, ob irgendein General, der jemals eine Armee im Kriege befehligt hat, auf einen Freispruch durch seine Besieger rechnen kann." Führende Militärs der Westalliierten äußerten sich dahin, daß die Nürnberger Justiz eine noch größere Brutalität künftiger Kriegführung zur Folge haben würde, da nunmehr jeder militärische Führer mit allen Mitteln nach dem Sieg streben müsse, um nicht im Falle einer Niederlage gehenkt oder ins Gefängnis geworfen zu werden.

Als Beispielsfall für die kriegsrechtliche Fragwürdigkeit der Nürnberger Urteile gegen deutsche Truppenführer kann das Urteil des amerikanischen Tribunalgerichtshofes V zu Nürnberg vom 27./28. Oktober 1948 gegen den ehemaligen Chef der Heeresgruppe Mitte, Generaloberst Reinhardt, gelten. Das Urteil lautete auf fünfzehn Jahre Haft. Das Verfahren wurde von Zivilrichtern durchgeführt und verstieß daher gegen die Genfer Konvention.

Es betraf unter anderem die Verantwortlichkeit des damaligen Oberbefehlshabers der 3. Panzerarmee (Frühjahr 1942 bis August 1943) für die Durchführung von Hitlerbefehlen über die Aushebung russischer Arbeitskräfte zu einer Zeit, da das angloamerikanische Militärrecht noch eigens die Straffreiheit bei Handlungen auf höheren Befehl als völkerrechtlich gültigen Grundsatz in Anspruch nahm. Erst am 15. November 1944, in deutlicher Zeitfolge auf die alliierten Beschlußfassungen über die geplante Kriegsverbrecherjustiz gegen Deutschland, änderten die angloamerikanischen Instanzen diese ihre eigenen Vorschriften ab und führten außerhalb des gültigen Völkerrechtes einseitig einen Grundsatz ein, der mit rückwirkender Kraft und nach dem Stand der Kriegsentwicklung und der politischen Kriegsziele der Alliierten praktisch nur gegen den voraussichtlichen Verlierer bedeutsam werden konnte. Zur Zeit des Verfahrens selbst aber hatten die Alliierten die Genfer und Haager Bestimmungen über die Rechte der Zivilbevölkerung durch das Kontrollratsgesetz Nr. 2 vom 20. September 1945 und das Kontrollratsgesetz Nr. 3 vom 17. Januar 1946 umgestoßen, in denen Deutschland zur Abstellung von Arbeitskräften nach alliierten Anordnungen innerhalb und außerhalb des Landes verpflichtet und die Dienstpflicht aller deutschen Männer vom 14. bis 65. Lebensjahr sowie aller deutschen Frauen vom 15. bis 50. Lebensjahr angeordnet wurde. Auf Grund dieser Kontrollratsgesetze hatte die Sowjetunion ihre Zwangsaushebungen von Arbeitskräften in Deutschland vorgenommen und im Oktober 1946 die Einwendungen der Westmächte hiergegen zurückgewiesen. Beide Gesetze entsprachen den Plänen der Quebec-Konferenz und dem Geheimprotokoll der Jalta-Konferenz. Sie waren in der Tat ein programmatischer Akt der

Alliierten, der schon deshalb völkerrechtlich abnorm war, weil er nach erreichtem Kriegszweck noch das Kriegsausnahmerecht beanspruchte.

11.
Richter nach russischem Geschmack

In der „Encyclopedia Americana" von 1946, Bd. 8, S. 199, wird über den öffentlichen Rechtsschutz in den USA festgestellt: „Der Staat oder eine Gemeinde kann im allgemeinen beleidigt werden durch Rechtsverletzungen durch Meineid oder die Fälschung von Urkunden, oder die Zurückhaltung oder Inhaftnahme von Verteidigern usw.", Gesichtspunkte, die zu den integrierenden Merkmalen jedes echten Rechtsverfahrens gehören, in vielen Fällen aber bei der Tribunaljustiz der vergangenen Jahre unberücksichtigt blieben. Im Frühjahr 1948 überprüften im Auftrage des damaligen US-Kriegsministers die beiden Richter Gordon Simpson und van Roden zusammen mit Generalleutnant Ch. Lawrence eine Anzahl von Tribunalverfahren in Deutschland. Im Dezember 1948 erklärte van Roden in einer öffentlichen Veranstaltung vor amerikanischen Rotariern: „Unsere besondere Aufgabe war nicht nur, die Klagen des Obersten Everett (im Malmedyverfahren) zu prüfen, sondern auch die Fälle der 139 Todesurteile zu prüfen, welche zur Zeit noch nicht vollstreckt waren. 152 sind schon vollstreckt worden. Wir ließen außer Betracht die übrigen 1672 Fälle, die von den amerikanischen Gerichten in Dachau behandelt wurden. Ich habe gesagt, daß von den 1672 Verhandlungsfällen 1416 für schuldig befunden wurden. Das ist ein ungewöhnlich hoher Prozentsatz. Es könnte anzeigen, daß die Schuld vorausgesetzt war. — Es gab keine Geschworenen. Der Gerichtshof bestand im Malmedyfall aus zehn Offizieren, die in der Eigenschaft als Richter und Geschworene tätig waren, und einem Rechtsanwalt, der einzigen Person mit gerichtlicher Schulung, dessen Anordnungen betreffs der Annehmbarkeit des Beweismaterials endgültig waren."

In dem Revisionsantrag der amerikanischen Offizialverteidiger im Malmedyprozeß, Oberstleutnant Everett und Oberstleutnant Dwinell, an die obersten amerikanischen Behörden hieß es: „Schwindel und Betrug herrschten während des Verfahrens von seiten der Anklagebehörde vor. — Wenn aber ein Anklage-Zeuge durch die Verteidigung wieder in den Zeugenstuhl gebracht wurde und die Wahrheit seiner ersten Aussage ableugnete, wurde er sofort und völlig daran gehindert, die Ursache für seine erste Aussage zu erklären. Nur wenige Worte über das Schlagen und Mißhandeln (von Zeugen) durch die Mitglieder des Anklagestabes kamen je in die Prozeß-Protokolle. Nach einer vorsichtig zurückhaltenden Schätzung bestehen 80 bis 90 Prozent der im Verfahren verwendeten Beweismittel aus solchen gesetzwidrigen, betrügerisch besorgten Geständnissen. Es scheint sehr klar, daß dieser Prozeß keine gerechte, maßvolle Vergeltung ist, sondern eine gedankenlose Forderung nach Rache, die aus der Furcht vor dem Kriege und dem Haß einer jetzt beendeten Rassenverfolgung beruht. Man darf niemals vergessen, daß der Maßstab, nach dem wir endgültig diese Angeklagten beurteilen, der sein wird, nach dem uns morgen die Geschichte beurteilen wird. — Dieser Prozeß und die sich aus ihm ergebenden Verurteilungen beruhten ausschließlich auf zufälligen technischen Überschreitungen internationaler Abmachungen ohne Vorausplanung und ohne Vernachlässigungen, die eine sichtliche Schlechtigkeit einschließen."

Nach angelsächsischem Rechtsgrundsatz hat jeder Angeklagte bis zum prozeßmäßigen Erweis des Gegenteiles als unschuldig zu gelten. In der Tribunaljustiz wurde dieser Grundsatz praktisch vielfach umgekehrt. In der Revisionsklage der amerikanischen Verteidiger im Malmedyfalle wurde nachgewiesen, wie die Rechtslage der Angeklagten durch Aberkennung des Kriegsgefangenenstatuts verschlechtert, gegen die Bestimmungen des Genfer Abkommens von 1929 verstoßen wurde und Verbrechen gegen die Menschlichkeit durch die Untersuchungsbehörde gegen die Angeklagten begangen wurden.

Diese Klage warf die entscheidende Frage nach der Revisionsmöglichkeit von Urteilen auf, die durch offensichtliche Rechtsbeugungen, Fälschungen, Irrtümer oder Fehlauslegungen zustandegekommen sind.

Der zuständige Bundesrichter Jackson, der an der Ausarbeitung der fehlerhaften Regeln für die Tribunale führenden Anteil hatte, erklärte, der Oberste Gerichtshof der USA könne nicht als Revisionsinstanz fungieren, da die Tribunale internationalen Charakter gehabt hätten.

Der Richter van Roden erklärte in seiner Rede vor den Rotariern: „Weil die Russen darauf bestanden, konnten die

Amerikaner diese Leute nicht noch einmal verhandeln. Wir haben die Regel der Russen angenommen, wonach es keine Wiederverhandlung geben soll."

Im Mansteinprozeß ein Jahr später hat der Verteidiger Paget festgestellt: „Dieser Prozeß hier wird das Recht für England festlegen, er wird das nicht für irgendjemand anderen tun. Die Russen wird er nicht interessieren." — Heute steht für die westliche Welt zur Debatte, ob sie sich noch mit der Koppelung ihres Rechtsansehens an die bolschewistischen Rechtsauffassungen in einer Rechtsfrage von so hoher internationaler Bedeutung wie der einer Revision von rechtswidrigen Urteilen zufrieden geben darf. Es ist zweifellos die schlechteste Begründung, die sich angesichts der weltentscheidenden Fragestellung zwischen einer freiheitlichen Welt des Rechtes und der bolschewistischen Welt der Gewalt finden ließe.

Der Richter van Roden war an Hand seiner Untersuchungen zu dem Ergebnis gelangt, daß „aus der Führung dieses (Malmedy-) Prozesses unmöglich ermittelt werden kann, ob die Männer, die gehenkt werden sollen, schuldig oder unschuldig seien".

Auf Grund der Everett-Petition und der Feststellungen van Rodens und Simpsons wurde ein Senatsausschuß unter Senator Baldwin zur Überprüfung des Malmedyverfahrens nach Deutschland gesandt. Dieser Ausschuß erledigte seine Aufgabe in einer Weise, die den Senator McCarthy in einer Rede vor dem amerikanischen Kongreß am 26. Juli 1949 zu folgenden Feststellungen veranlaßte:

„Ich habe die Überzeugung gewonnen,

1. daß der Unterausschuß in seinen Ermittlungen nicht aufrichtig ist,
2. daß er in der Aufdeckung der Tatsachen nicht gewissenhaft ist. — Ich klage ihn der Furcht vor den Tatsachen an. Ich klage ihn an, die Verfolgung eines Unrechtes niederzuschlagen."

Der Baldwin-Ausschuß hatte erklärt, nennenswerte Verstöße der Vernehmungsbeamten gegen die rechtlichen Grundsätze eines strafrechtlichen Ermittlungsverfahrens seien nicht festgestellt worden. Der Verdacht derartiger Verstöße werde ausgeschlossen durch die eidlichen Aussagen der Vernehmungsbeamten, das Ergebnis der ärztlichen Untersuchung und die Unglaubwürdigkeit unbeteiligter deutscher Augenzeugen. Alles deute darauf hin, daß es sich bei den Vorwürfen der Verteidigung um einen planmäßigen Versuch handele, die Kriegsverbrecherjustiz als solche zu diskriminieren. Darüber hinaus wurde gesagt, es lägen Anhaltspunkte dafür vor, daß nationalistische Kreise diesem Versuch Vorschub geleistet hätten in dem Bestreben, Deutschland in engere Verbindung mit der Sowjetunion zu bringen.

Die Beweisführung für diese Behauptung war so zweifelhaft wie die Feststellung, das Prozeßverfahren sei korrekt gewesen. Der Senator McCarthy und Oberstleutnant Everett erschütterten die eidlichen Versicherungen der Vernehmungsbeamten durch präzise Gegenbeweise. Im Bericht des Baldwin-Ausschusses wurden unter anderem die Aussagen des 1921 geborenen Zeugen Dietrich Schnell zum Beispiel damit abgetan, daß Schnell „Nazikreisleiter in der Nähe von Göppingen und wegen seiner Nazi-Bindungen ein äußerst befangener Zeuge gewesen sei". Dieser Zeuge hat in einer eidesstattlichen Erklärung versichert, daß er niemals Kreisleiter gewesen ist, daß diese Tatsache aus dem Vernehmungsprotokoll klar ersichtlich und außerdem durch behördliche Nachprüfung jederzeit feststellbar gewesen sei.

Senator McCarthy wies auf die Fälle der Angeklagten Max Rieder und Rudolf Pletz hin, die durch einen Armeeausschuß aufgeklärt und in denen trotz dessen Empfehlungen von der letzten Überprüfungsinstanz im Büro des Judge Advocat in Deutschland ohne Erörterung der Tatsachen die Rechtmäßigkeit Dachauer Verurteilungen — Todesurteile — als gegeben aufrechterhalten wurde.

Rieder hatte auf Grund der gesetzwidrigen Vernehmungsmethoden in Schwäbisch-Hall ein Geständnis abgelegt, eine unbewaffnete Frau in der belgischen Ortschaft Büllingen niedergeschossen zu haben. Das Geständnis enthielt eine bis ins einzelne gehende Schilderung des Vorganges. Ein amerikanischer Armee-Ausschuß ermittelte in Büllingen, daß dieses Geständnis falsch und die Frau — die einzige Gefallene dieses Ortes — durch einen Granateneinschlag getötet worden war. Die Überprüfungsinstanz ging, wie McCarthy erklärte, über diese Feststellung mit der Anmerkung hinweg, „der Angeklagte sei alt genug gewesen, um zu wissen, daß es unrecht sei, belgische Zivilisten zu töten".

Der Angeklagte Rudolf Pletz war zum Tode verurteilt worden, weil er angeblich in einem genau beschriebenen belgischen Ort als Maschinengewehrschütze eines Panzers 25 oder 30 waffenlose amerikanische Kriegsgefangene im Vorüberfahren niedergeschossen habe. Die Ermittlungen des Armee-Ausschusses ergaben, daß in der behaupteten Ortschaft keine amerikanischen Gefangenen erschossen worden waren. Der Senator McCarthy erklärte: „Meines Erachtens überschreitet die Entscheidung der die Revision vornehmenden Schlußinstanz jedes Begriffsvermögen. Sie schob die Ermittlungen des Armee-Ausschusses beiseite mit der schlichten Anmerkung, seiner Jugend wegen würde die Strafe für den Angeklagten auf 20 Jahre herabgesetzt. Entweder war nun dieser junge Mensch des vorsätzlichen Mordes schuldig, oder aber, wenn er dieser Tat nicht schuldig war, so war er eben überhaupt unschuldig. Wäre er eines solchen Mordes schuldig gewesen, dann hätte er gehenkt werden müssen. War er aber nicht schuldig, dann sollte er ganz gewiß nicht 20 Jahre absitzen. Man multipliziere diese Beispiele mit einigen hundert — und die Herren Senatoren werden eine Vorstellung davon haben, wie amerikanische Rechtsprechung gegenüber einem geschlagenen Feinde gehandhabt wird, über dessen Leben oder Tod wir Gewalt haben."

Da es hier um die Frage der Zuverlässigkeit der Verfahren geht und von dieser Zuverlässigkeit Recht oder Unrecht bei der Urteilsfindung abhingen, müssen in der Tat diese Beispiele multipliziert werden; denn sie spielten leider auch außerhalb des Malmedyprozesses eine bedenkliche Rolle.

12.
Dachau bleibt Dachau

Der ehemalige deutsche Angestellte beim Dachauer Tribunal, v. Posern, berichtete über die Rolle sogenannter „Berufszeugen" in Dachauer Prozessen. Sie rekrutierten sich zum Teil aus kriminell vorbelasteten deutschen Elementen, zum Teil aus den jüdischen DP-Lagern Linz-Bindermichel, Feldafing, St. Ottilien, Landsberg und dem Jugoslawenlager Linz-Asten. Danach wurden insbesondere aus dem jugoslawischen Lager unter der Führung des ehemaligen jugoslawischen Generalstabsmajors Miladino Zeugen mit falschen Papieren nach Dachau entsandt. Nach der Rückkehr tauchten sie unter ihren richtigen Namen unter und waren damit allen Rückfragen oder möglichen Rechtsfolgen wegen etwaigen

Meineides entzogen. Berufszeugen dieser Art sind nach Schätzung dieses Berichters in rund 80 Prozessen als Kronzeugen für schwere Belastungen aufgetreten.

Der Bericht beschreibt, wie durch einen Teil dieser Zeugen die Belastung oder Entlastung von Angeklagten auf geschäftlicher Grundlage betrieben worden sei, wobei als Preis die Lieferung von Gold und Edelsteinen oder Frauen und Mädchen ausgehandelt worden sei. Als Beispiel für die letztere Art des Zeugnismißbrauches nannte v. Posern einen ihm bekannt gewordenen Fall, wo die Tochter des inzwischen hingerichteten Angeklagten als Entlastungspreis gefordert worden sei. Das offen erklärte Interesse einzelner Anklageinstanzen habe darin bestanden, „möglichst viele von diesen Burschen (den Angeklagten) an den Galgen zu bringen". Häufig seien die Berufszeugen durch die Anklagebeamten aufgefordert worden, ihr „Gedächtnis zu revidieren, ob nicht doch dieser oder jener Angeklagte diesen oder jenen Mord begangen habe", wobei zugleich versichert worden sei, daß der Zeuge im Falle von Schwierigkeiten die „absolute Deckung der Anklagebehörde besitze".

Eine ähnliche Mentalität illustrierte der Nürnberger Verteidiger Dr. Aschenauer in einer Schrift zur Frage einer Revision von Kriegsverbrecherprozessen: im Büro einer Anklagebehörde wurde eine Tafel zur Aufzeichnung der „Rennergebnisse" aufgestellt. In der ersten Zeile — „Erster Preis Todestrafe" — wurden die Todesurteile vermerkt, in der zweiten — „Zweiter Preis lebenslänglich" —, schließlich am Ende „Ferner liefen". Jede Eintragung unter die Rubrik 1 wurde freudig begrüßt. Aschenauer berichtete von Zeugen, die niemals in dem KZ-Lager, über das sie aussagten, gewesen waren, aber dennoch genaue Angaben über Vorfälle in diesem Lager machten. Es war solchen „Berufszeugen" möglich, vor den verschiedenen Gerichten widersprechende Aussagen zu machen, ohne damit aufzufallen. Einige von diesen Zeugen bezeichnet der Verteidiger als amtsbekannte Verbrecher.

VIII.

KOLLEKTIVSCHULD

„Es ist unrecht, jemanden als schuldig zu behandeln, dem nicht eine persönliche Schuld nachgewiesen ist, nur deshalb, weil er einer bestimmten Gemeinschaft angehört hat. Es heißt in die Vorrechte Gottes eingreifen, wenn man einem ganzen Volk eine Kollektivschuld zuschreibt und es demgemäß behandeln will. Jeder Mensch hat ein Recht auf seine angestammte Heimat und es ist unrecht, ihn von dort zu vertreiben, wenn er nicht durch persönliche Schuld sich der Heimatrechte unwürdig gemacht hat.“

Der Heilige Vater an Kardinal Frings

Heute wird nicht mehr zwischen Schuld und Unschuld abgewogen, nicht mehr zwischen Verbrechern und Heroen: Im Ausland wird bewußt die These von der Gesamtschuld des deutschen Volkes aufrecht erhalten; gewisse Emigranten tragen ihren reichlichen Teil bei zur Verewigung dieser Lüge und Ungerechtigkeit. Darum wütet blind und rücksichtslos das Schwert.

Thomas Mann, den gewisse Kreise als den repräsentativen Deutschen feiern, hat 1947 in London allen Deutschenhassern ein neues Schlagwort gegeben. Er erklärte, daß „Deutschland schon wieder Freiheit und Demokratie mißbraucht“. Es kam ihm gar nicht zum Bewußtsein, daß er selber die beste Illustration dieser neuen deutschen Freiheit und Demokratie gab, wenn er damals meinte, er ginge nicht zu Besuch nach Deutschland, „weil es für ihn und seine Freunde peinlich sei, wenn er mit einem amerikanischen MP (Militärpolizei) oder Begleitoffizier herumreisen müsse", d. h. also ein Besuch im Reich ist so etwas wie ein Besuch in Sing-Sing.

Herr Mann, der „repräsentative Deutsche", der seit 1933 in Amerika lebt, behauptete dann: „Deutschland weigert sich anzuerkennen, daß Elend und Tragödie es nicht allein betrafen, obwohl es diese verursachte ... Es gibt Leid in England und Frankreich, aber das deutsche Volk weigert sich, das Leid anderer zuzugeben. Deutschland setzt einen krankhaften Stolz in seine Tragödie und glaubt, daß sie ganz einzigartig dastehe. Es ist dieses Selbstbemitleiden ein Teil des nationalen Egoismus, der Deutschland verhindert, mit den Alliierten zu seinem Wiederaufbau (revival) zusammenzuarbeiten ... (Die Alliierten) wurden durch die krankhafte Haltung der Deutschen nach dem Zusammenbruch irregeleitet und haben die wesenhafte Abneigung der Deutschen, ihr Bestes zu tun und mit den Siegern zusammenzuarbeiten, nicht erkannt." Der amerikanische Oberherr von Hessen sei „absolut im Recht" mit seiner Drohung (des Belagerungszustandes und der Erklärung: Die Vereinigten Staaten haben keine Verpflichtung, absolut keine, die Versorgung des geschlagenen Landes zu übernehmen. — „New York Times", 19. Mai 1947).

Ich weiß nicht, woher Herr Mann seine Kenntnis des deutschen Volkes bezieht; jedenfalls scheint er keine Beziehungen zum wirklichen Volk zu haben, geschweige denn zum religiösen Volk. Derselbe Mann hat ja seinerzeit Franz Werfel angegriffen, daß er im „Lied der Bernadette" eine „Geschichte für Hinterwäldler" schreiben konnte. Ich habe nie Wert auf Beziehungen zu Asphaltliteraten gelegt, die so unendlich beitrugen zur Demoralisierung des deutschen Volkes und der Welt; aber ich habe innigste Verbindung zu den „Hinterwäldlern", zum schlichten, einfachen, unverbildeten Volk. Ich weiß, daß dieses deutsche Volk immer Verständnis für fremde Not hatte: Kaum ein Land hat in besseren Tagen so viel getan für die Missionen; hier in Amerika begegnen wir auf Schritt und Tritt Spuren dieses deutschen Opferwillens — auch wenn man sie gerne übersehen oder ableugnen möchte.

Von einer deutschen Selbstbemitleidung als Massenerscheinung, wie sie der „repräsentative Deutsche" Thomas Mann findet, kann keine Rede sein. Die Klagemauer, die seine dichterische Phantasie sieht, besteht nicht.

In Thomas Manns Erklärungen findet sich aber eine andere Behauptung, die gründlichere Untersuchung verdient: „Deutschland weigert sich anzuerkennen, daß es dieses Elend und diese Tragödie nicht allein betrafen, obwohl es selber die Ursache davon ist." Ich bestreite immer wieder, daß man die derzeitige Weltkatastrophe a l l e i n mit dem Nazismus erklären kann. Kein vernünftig und gerecht denkender Mensch, der die katholische Lehre von der persönlichen Willensfreiheit anerkennt, wird die Schuld der verantwortlichen Nazis bestreiten oder beschönigen. Aber, wo der Wille nicht frei ist, gibt es keine persönliche Verantwortung und keine Schuld; darum versuchen doch die Freidenker überall, Schuld als Krankheit hinzustellen; darum fordern sie die Abschaffung der Todesstrafe; darum wollen sie Gefängnisse in Erziehungsanstalten umwandeln und sehen nicht, daß man unfreie Geschöpfe nur dressieren, nicht aber erziehen kann; mit derselben Unlogik gefallen sich dieselben Humanisten dem deutschen Volke gegenüber in der Rolle des Henkers; ihre Ideale sind eben nicht ewig, sondern zeit- oder, besser gesagt, machtbedingt; wie Hitler-Stalin glauben sie nur an das Recht der Macht, nicht an die Macht des Rechtes; gerecht ist, was den Machthabern, den Siegern nützt oder nützlich scheint.

Es ist falsch, für die Verbrechen einzelner eine Gesamtschuld des ganzen deutschen Volkes zu konstruieren, genau so, wie es falsch wäre, die Verbrechen jüdischer Terroristen in Palästina dem gesamten jüdischen Volke anzukreiden oder ganz Amerika für das Verbrechen von Potsdam verantwortlich zu machen. Der Terror in Palästina bleibt die Schuld der Verbrecher, die ihn betreiben, der polnischen, jugoslawischen Gangster, die sich in ihrer Not dafür verkaufen, derer, die — besonders in Amerika — diesen Terror finanzieren. Nach meiner Logik und meiner Auffassung von Gerechtigkeit ist das für die Deutschen recht, was für die Juden in Palästina billig ist. Noch weniger ist es sittlich, moralisch, gerecht, die Nazi-Verbrechen am ganzen deutschen Volke zu wiederholen, sollen wir nicht vor der ganzen gesitteten Welt — soferne es so etwas noch gibt — als Heuchler dastehen. Heute ist Deutschland ein einziges Ghetto, ein Konzentrationslager von riesenhaften Ausmaßen für ein Volk.

Wenn das ganze Volk nach der Auffassung dieser rassischen Rächer schuldig ist, dann natürlich jeder, der irgendwann einmal die Parteikarte in der Tasche trug. Man versteht sehr wohl, daß die Vertreter des mächtigsten Landes der Welt, die Präsidenten Roosevelt und Truman, mit dem Erzverbrecher Stalin zusammenarbeiten „mußten, weil sie eben nicht anders konnten". Man versteht sehr wohl, daß sie ihre Bundesgenossen von Polen bis China und das ganze christliche Abendland verkaufen „mußten". Man versteht sehr wohl, daß die westlichen Demokratien sich zu Werkzeugen Morgenthaus, zu Teilhabern am größten Verbrechen in der Geschichte der Kulturmenschheit, der Massenausrottung von 18 Millionen Christen machen „mußten". Man versteht, daß Tschechen und Polen die Parteikarte der Kommunisten annehmen „müssen" und keinen Widerstand leisten „können". Daß ein deutscher Kurzwarenhändler oder Bergarbeiter die Nazikarte annehmen mußte, um Leben und Existenz für sich und seine Familie zu retten, das verstehen die Morgenthaus und Kempners und Rosenfields natürlich nicht. Das bleibt ein unsühnbares Verbrechen. Aber den Kempnern in Nürnberg ist es noch nicht in den Sinn gekommen, alle Mitglieder der Demokratischen Partei oder der britischen Labour Party oder alle Zionisten für die Verbrechen in Israel bis herauf zur Ermordung Graf Bernadottes verantwortlich zu machen, geschweige denn zu bestrafen und zeitlebens zu ächten. Wahrhaftig, Hitler könnte von diesen Rassisten noch lernen.

Um es für eine gewisse Sorte von Radio-Idioten zu wiederholen: Ich bestreite nicht die ungeheuerliche Schuld der Naziführer und habe mich mit keinem Worte einer gerechten Bestrafung der wirklich Schuldigen entgegengesetzt. Ich bin überzeugt, daß die Mehrzahl der in Nürnberg Verurteilten wirklich schuldig war vor Gott und der Menschheit; gerade darum bedauere ich, daß man Nürnberg zu einer Justizkomödie machte. Aber ist wirklich Deutschland oder das deutsche Volk allein Schuld an der heutigen Weltkatastrophe?

Es ist sehr wichtig, die Gedankengänge und Ziele der englischen Labour Party zu verfolgen, die in einem entscheidenden Wahlsieg das Erbe Winston Churchills übernahm. Harald Laski, der Vorsitzende der Nationalexekutive, der als der führende Kopf der Partei gilt, der auch in Amerika durch seine Vorlesungen und Bücher weit bekannt ist, hat bei verschiedenen Anlässen Erklärungen gemacht, die zu ernstem Nachdenken, wenn schon nicht zu entschiedenem Handeln anregen müßten. So bezeichnete er es in einem Artikel in „New York Time Magazine", 5. August, als Aufgabe der neuen Regierung, die demokratischen Kräfte Europas „von den Feinden zu befreien, die im Schatten warten, wie König Leopold von Belgien, Georg von Griechenland, Peter von Jugoslawien; und nachdrücklichst zu verstehen zu geben, daß sie den ‚großen christlichen Gentleman' Franco als ein Hindernis zum Frieden und zur Demokratie betrachtet". An anderer Stelle erklärte er:

„... Ich bin überzeugt, daß man keinen tragischeren Irrtum begehen könnte, als unsere Nachkriegspolitik auf der Annahme einer Gesamtschuld des deutschen Volkes aufzubauen... Wir müssen den Nazismus zerstören; aber wir dürfen nicht aus Haß oder Revanchedurst ein neues Deutschland aufbauen, in dem die Wunden schwären, die Menschen fähig machen, ihr Geschick Menschen à la Hitler anzuvertrauen. Wir sind berechtigt, Sicherungen gegen deutsche Angriffe zu verlangen. Suchen wir sie aber zu erreichen durch eine Demütigung Deutschlands, sobald die heutige Agonie schwindet, so verurteilen wir eine dritte Generation zum Tode. Ehe wir Geist und Herz erlauben, in solchen Bahnen zu denken, sollten wir uns wohl vor Augen halten, daß Mr. Amery nichts Tadelnswertes im japanischen Angriff gegen China sah, daß Mr. Chamberlain sich wenig Sorge um das Schicksal der Tschechoslowakei machte, daß Lord Halifax ein großer Bewunderer des faschistischen Italien war und daß sogar Mr. Churchill erst zu spät Einsicht in die wahre Natur des spanischen Bürgerkrieges hatte.

Aufreizung zum Haß ist in Kriegszeiten immer volkstümlicher als die Forderung zum Verstehen. Es gibt auch in der britischen Labour Party vielsagende Anzeichen, daß der Rachegedanke Grund gewinnt. Haß ist das nächstliegende Ventil für rohe Gefühle, und er braucht weniger Geistesanstrengung. Er verfügt über Geldmittel, kann organisieren und ist allzeit billiger und bereitwilliger Zustimmung sicher. Wenn Mr. Braunthals Buch jene, die durch seine schrille Gewalt sich verführen lassen, bestimmen kann, ein zweitesmal zu denken, ehe sie sich dem Haß ergeben, so hat er sich ein Verdienst erworben um das Volk, das ihm Gastfreundschaft gewährte, denn er hat mitgeholfen, jene Stimmung besinnlicher Nachdenklichkeit zu schaffen, ohne deren volle Wirkung wir, die wir die Zukunft der Kultur verteidigen, zu Teilhabern an ihrer Zerstörung werden."

Soweit Professor Laski. Seine Mahnung zur Vernunft spricht für sich selber, soweit wir noch selbständiges Denken uns bewahrten und nicht der Haßpropaganda erlegen sind. Die Labour Party hat am 9. Februar 1940 bei der Bournemouth Conference sich ähnlich geäußert: „Die Geschichte lehrt, daß jeder Versuch, Deutschland nach dem Krieg als geächtet (outcast) zu behandeln oder es einer Sicherheit zu berauben, die seine Nachbarn für sich fordern, versagen muß. Die weitestschauende und am wenigsten gefahrvolle Politik ist es, die Zusammenarbeit zu erreichen auf Grundlage der Gleichheit mit einem Deutschland, das von einem politischen System regiert wird, dessen Ziele und Bedürfnisse den unseren parallel laufen." Mr. Attlee, der Parteivorsitzende und heutige Prime Minister, erklärte beim selben Anlaß: „... es solle keinen diktierten Frieden geben. Wir haben kein Verlangen, die deutsche Nation zu verdemütigen, zu zerschlagen oder aufzuteilen. Die Opfer des Angriffs müssen entschädigt werden, aber alle Gedanken von Rache und Bestrafung müssen ausgeschlossen bleiben. Wenn der Friede bleibend sein soll, so muß er das Ergebnis allgemeiner Zustimmung sein, nicht das Diktat weniger Nationen. Das Versagen der Verträge am Ende des letzten Krieges, einen dauernden Frieden zu bringen, geht hauptsächlich auf die Nichtbeachtung dieses Grundsatzes zurück."

Soweit führende Menschen der derzeitigen britischen Regierungspartei. In Potsdam las man es anders, und die Erklärung von Potsdam trägt die Unterschrift Mr. Attlees. Es ist ein diktierter Friede mit der Absicht, die deutsche Nation zu verdemütigen, zu zerschlagen und aufzuteilen. Rache und Bestrafung waren die treibenden Motive. Und dieses Diktat erfolgte nicht seitens etlicher Nationen, sondern im Namen dreier Männer. Mr. Scandrett hat vor seiner Abreise nach Moskau am 16. Mai 1945 noch weit mehr gesagt als die Potsdamer Erklärungen. Leider werden seine Mitteilungen, die durch Mrs. Clare Botth Luce dem Congressional Record einverleibt wurden, einfach totgeschwiegen. Upton Close bringt in seinem Closer-Ups (Aug. 13) neue erschreckende Mitteilungen über die „religiöse Strategie" des Kreml, die durch Dr. Benesch ausgearbeitet wurde. Ob die Katholiken aufwachen, so lange es noch Zeit ist? Ob Mr. Attlee und Laski sich zu den obigen Erklärungen bekennen oder sie mit der Atlantic Charta begraben werden? Upton Close meint, daß man die Atombombe gegen die Deutschen nicht verwendete, weil sie schließlich und endlich zur selben Rasse gehören, „obwohl es menschlicher wäre, sie umzubringen, als sie zu versklaven und verhungern zu lassen".

Herr Bevin erklärte in Moskau: „Die Deutschen waren es, die Hitler wählten." Ist das wirklich so? Ein britischer Außenminister sollte doch nicht mit Propagandaphrasen arbeiten. Hier sind die Tatsachen: Bei den Reichstagswahlen vom November

1932, drei Monate, ehe Hindenburg — unter dem Einfluß übler Ratgeber — Hitler zum Reichskanzler bestimmte, wurden folgende Stimmen abgegeben: Nationalsozialisten 11,737.185, Sozialisten 7,215.410, Kommunisten 5,278.888, christliche Parteien 5,257.444, Rechtsparteien 3,235.896. Bei den letzten freien Wahlen stimmten also von 33,760.823 Wählern nur etwas über ein Drittel für Hitler und seine Partei, was keineswegs gleichbedeutend war — in den Augen der Wähler wenigstens — mit einer Stimme für Krieg, Terror und Konzentrationslager. Auch Hitler versprach eben „again and again and again", Frieden, Arbeit und Brot, ein Ende der Schmach von Versailles und einen neuen Aufstieg des Reiches. Wenn ein Churchill noch 1935 Hitler pries als „genius born of the miseries of Germany" (zitiert bei W. Churchill von J. McCabe, S. 76), wie kann man sich wundern, daß der Mann auf der Straße im Reich Genie und Irrsinn verwechselte und von einem Narren und Verbrecher Rettung aus seiner — wirklichen — Not erwartete? Niemand hat bis jetzt daran gedacht, etwa Herrn Churchill wegen seiner politischen Blindheit zu entnazifizieren!

*

Es gab in der Tschechoslowakei keinen Bischof, der offen dem Nationalsozialismus entgegengetreten wäre. Im Gegenteil, zur Zeit offener Christenverfolgung im Reich hat Kardinal Kaspar jedesmal ein Huldigungstelegramm an Hitler gesandt, so oft er zu Firmungsreisen ins Glatzer Land fuhr — ein tschechischer Kirchenfürst eines damals noch unabhängigen Landes. Was hätte der „kleine Mann" tun können, wollte er nicht Existenz und Familie aufs Spiel setzen?

Kann man das ganze deutsche Volk für die Verbrechen in Dachau, Buchenwald, Belsen verantwortlich machen? Schuschnigg und Niemöller, die etwas wissen sollten, sagen: „Nein! Das deutsche Volk war ein Opfer der Nazis so gut wie die anderen." G. Seymor berichtet, daß man Verbrecher aus den Gefängnissen heranzog zu den Teufeleien in Dachau, weil die SS sich dafür nicht hergab (Minneapoliser „Morning Tribune"). F. S. Campbell schreibt in der „Catholic World", daß nicht einmal ein Prozent der Deutschen an den Greueln beteiligt war. Der

Realist Stalin ist auch hier weitschauender, er weiß warum. Es wäre nicht das erste Mal in der Geschichte, daß der Feind von heute der Freund von morgen ist. Während des Krieges war der russische Jude Ilya Ehrenburg gut genug, in der infamsten Weise zu hetzen und die Leidenschaften aufzureizen. Jetzt weist ihn die „Pravda" zurecht: *„Comrade Ehrenburg oversimplifies."* Sie verweist ihn auf Stalins Wort: „Es wäre lächerlich, die Hitler-Clique mit dem deutschen Volk zu identifizieren. Die Geschichte beweist, daß die Hitler kommen und gehen, das deutsche Volk und der deutsche Staat bleiben."

Ich sah einen Film von den Greueln mit der Leiche Mussolinis in Italien. Dieselben Leute, die früher den Duce umjubelten, trampelten auf seiner Leiche herum. Ich hatte das Gefühl, daß dieser Pöbel zu jeder Barbarei in jedem KZ fähig wäre. Diese Propaganda kann allzu leicht zum Bumerang werden. Ich halte es für gefährlich, daß man die Deutschen zwingt, diese Filme zu sehen, ganz abgesehen davon, daß man damit beweist, daß das deutsche Volk von den Greueln nichts wußte.

•

Es kamen die Wahlen vom März 1933. Die Staatsmacht lag bereits in den Händen Hitlers und Görings (für Preußen); der Reichstagsbrand führte zur Verhaftung der Kommunisten; SA und SS terrorisierten die Opposition in Stadt und Land; Hitler versprach den mehr als sechs Millionen Arbeitslosen und ihren Familien Arbeit und Brot, politische Ruhe durch Ausschaltung der etwa zwanzig rivalisierenden Parteien, materielle Sicherheit und Frieden, religiöse Freiheit. Und was war das Ergebnis der mit allen Mitteln der Propaganda und des Terrors, etwa nach russischem, ungarischem oder jugoslawischem Muster durchgeführten „freien" Wahlen? Nationalsozialisten 17,269.629 Stimmen, Sozialisten 7,177.294, Kommunisten 4,845.651, christliche Parteien 5,497.134, Rechtsparteien 3,133.938 Stimmen.

Also trotz allen Terrors und trotz aller Versprechungen, die Deutschen, die „chose Hitler", waren noch immer in der Minderheit. Es würde sich lohnen, zu untersuchen, woher der Stimmenzuwachs von fünfeinhalb Millionen für die Nazis kam. Zum allergeringsten Teil waren es Deserteure ihrer früheren Partei; der Großteil waren unpolitische Menschen, Verzweifelte, die alles auf die letzte Karte setzten, so wie manche auf den Kommunismus. (Soll sich jeder ausrechnen, was die Folge der heutigen Zustände sein muß, wenn Demokratie sich als Phrase enthüllt und der Kommunismus den Rattenfänger von Hameln spielt!) Eine Tatsache drängt sich besonders auf, auch wenn sie dauernd totgeschwiegen, und vor allem in der heutigen Politik der Besatzungsmächte übersehen wird: die Tatsache, daß die christlichen Parteien, d. h. vor allem das Zentum und die Bayerische Volkspartei trotz des ungeheuerlichen Terrors nicht nur ihre Stimmenzahl von November 1932 bis März 1933 beibehielten, sondern um 239.690 vermehrten!

Die Tatsache bleibt bestehen: Solange das deutsche Volk die Möglichkeit hatte, durch den Stimmzettel sich für oder gegen Hitler auszusprechen, hat die Mehrheit sich gegen Hitler entschieden. Die späteren 99,9-Prozent-Abstimmungen zugunsten Hitlers liegen auf derselben Linie wie die „Wahlen“ in Rußland und werden nur von denen ernst genommen, die auch Rußland für eine Demokratie halten.

Merkwürdig, daß niemand vom russischen Volke verlangt, daß es sich hundertprozentig gegen Stalin ausspricht! Und was wäre das Ergebnis von Wahlen unter ähnlichem Terror hier in den Vereinigten Staaten? — Für jeden, der den Naziterror am eigenen Leibe miterlebte — nicht aus sicherem Hinterhalt oder als konjunkturbewußter Beobachter —, ist es mehr als überraschend, daß die Majorität dem Terror Trotz bot und gegen die Nazis stimmte. Das verlangte etwas mehr als ein Betreten der Wahlzelle — wie viele bleiben doch hierzulande ferne, weil das Wetter schlecht, der Weg weit oder eine andere Unbequemlichkeit damit verbunden ist! Stimmenabgabe gegen Hitler verlangte Mut und Charakter, bedeutete Verlust der Existenz, Nahrungssorgen für die Familie, Konzentrationslager, vielleicht Tod. Und Mut ist nicht jedermanns Stärke. Nur Feiglinge haben noch heute den traurigen Mut, das g a n z e deutsche Volk für das Aufkommen der Nazis verantwortlich zu machen. Und Antinazis werden genau so wie Nazis behandelt; Antinazis, die ihr Leben riskierten, werden in der Tschechei genau so verfolgt, beraubt, verjagt wie Menschen, die sich irgendwelcher Verbrechen schuldig machten. Dazu braucht man wohl die Geschichtsfälschung, daß „die“ Deutschen allein Hitler zur Macht verhalfen, d. h. ihn wählten.

Viele tun und handeln, als hätten die Vertriebenen Hitler großgezogen und allein den Krieg verloren, und denken nicht daran, ihr Vermögen, ihre Wohnung, ihr Lebensglück mit den Vertriebenen zu teilen (von rühmlichen Ausnahmen abgesehen). Das wird und muß sich rächen! 18 Millionen Menschen in Verzweiflung sind eine Weltgefahr, erst recht eine Gefahr für Deutschland. — Die meisten der Ostflüchtlinge sind arbeitsame, tüchtige, tiefreligiöse Menschen, viele sind geradezu unter der Not zu Heiligen herangereift.

Neben der Tatsache, daß die Mehrzahl der Deutschen gegen Hitler stimmte, steht die andere, daß europäische Großmächte mit Hitler zusammenarbeiteten, ihn hochbrachten und im Sattel hielten. Warum haben diese Mächte nicht eingegriffen, als Hitler ins Rheinland marschierte? Was ist geschehen, als Dollfuß ermordet wurde, als Österreich überfallen wurde? ... Das fand man in den großen Staatskanzleien doch ganz natürlich! Und muß man immer wieder erinnern an die Tragödie von München, an die Tatsache, daß Chamberlain und Daladier, die das Sudetenland ins Reich eingliederten, wie Heroen von Volk und Parlament empfangen wurden? Wir, die wir damals gegen Hitler kämpften und die Katastrophe voraussahen, waren suspekt. Wir wurden unseren eigenen Volksgenossen als „Volksverräter" präsentiert. Bei den Demokratien waren wir höchst unwillkommene Gäste. Aus diesen Tatsachen konnten doch die Deutschen im In- und Ausland nur zur Überzeugung kommen, daß der innerpolitische Widerstand gegen Hitler sinnlos sei, weil eben die Weltmächte Hitler gegen die Demokraten im Reich stützten und an der Macht hielten. Ich darf wohl auch nochmals auf die — natürlich totgeschwiegene — Rede Altkanzlers Brüning hinweisen. Darin wird die tragische Schuld der Weltmächte nachgewiesen, die es in der Hand hatten, das Hitler-Regime zu stürzen, aber dazu eben nicht bereit waren — im Gegenteil, alle Vorschläge Brünings brüsk ablehnten.

Eine kommende Geschichtsschreibung wird diese Tatsache klar herausarbeiten.

Die deutsche Demokratie hatte keine Chancen, die Chancen kamen mit Hitler. Warum gab man der Deutschen Republik keine Chancen? Ich erinnere mich einer Unterredung mit Reichskanzler Wirth in Paris, in der er erklärte: „Hätten mir die Westmächte nur einen Bruchteil dessen gegeben, was Hitler bereits genommen hat (es war dies vor dem Krieg) — es gäbe keinen Hitler." Doch politische Unsterblichkeit ist sehr vom politischen Wetter abhängig.

Überdies bietet ein Brief eines amerikanischen Offiziers im Brooklyner „Tablet" (11. November 1945) der Wahrheit eine

Gasse. Darin wurde ausgeführt, daß „eine höhere Stelle den Auftrag gab, alle Nachforschungen über die deutsche Untergrundbewegung einzustellen und keinerlei statistisches Material zu veröffentlichen ..., weil in Nürnberg der ‚Beweis' geführt werden müsse, daß alle Deutschen, jeder einzelne von ihnen, Kriegsverbrecher und darum an den Naziverbrechen schuldig sei". Wenn mehr als 2 Millionen Opfer der Konzentrationslager — deutscher Opfer — kein Beweis sind, daß eine ganz gewaltige deutsche Gruppe den Nazis widerstand, dann gibt es keinen Beweis. Jeder, der aus dem KZ entlassen wurde, mußte eine Erklärung unterschreiben, die ihn zu absolutem Schweigen verpflichtete. Jedes unüberlegte Wort konnte ihn in derselben Stunde ins KZ zurückbringen. Das Ausland wußte vielleicht mehr (von Menschen, die sich in Sicherheit gebracht und die für ihre Angehörigen nichts zu besorgen hatten) als die Menschen im Reich. Und wie war die Reaktion? Als der englische Sozialist Victor Gollancz 1933 ein Buch über „Hitler-Terror" schrieb, meinte der Kritiker der konservativen „Morning Post": „A bloodcurdling compendium of ‚atrocities' alleged to have been committed under the Nazi regime ... the sane reader will be predisposed to sympathize rather with Hitler than with his accusers." (Also nur Narren waren gegen Hitler, nach Meinung der „Morning Post"!)

In G. Ward Price: „I know these Dictators", S. 32/33, ist zu lesen, daß der Mann, der heute jeden Tag drei Deutsche zum Gabelfrühstück braucht und drei vor dem Schlafengehen, sich Hitlers Gala-Dinner nicht entgehen ließ, mit Rudolf Heß lachte und Witze machte und sogar für seine Lady keine diplomatische Entschuldigung zum Fernbleiben fand, die den Ehrenplatz zu Hitlers Rechten hatte: Lord Vansittard. Wie sich doch die Zeiten und die Menschen ändern! Wäre Hitler siegreich geblieben, dann fände „I know these Dictators" viele Fortsetzungen, so werden sie seinem ehemaligen Bundesgenossen Stalin gewidmet.

In den Tagen 1938 um München bereitete das britische Parlament Herrn Chamberlain einen geradezu triumphalen Empfang. M. Daladier, der sich vor der Heimkehr fürchtete — so schlecht kannte er seine Franzosen —, war der Held des Tages. Die Franzosen leiteten sogar eine Sammlung ein, um Chamberlain einen Landsitz und Fischereibesitz anzubieten; Leon Blum wurde in der Kammer niedergeschrien mit dem Ruf: „Zurück nach Jerusalem!" Roosevelt kabelte vor München an Hitler: „Fortdauernde

Verhandlungen sind der einzige Weg, auf dem die unmittelbaren Probleme auf dauernder Grundlage geregelt werden können. Sollten Sie einer friedvollen Lösung zustimmen, bin ich überzeugt, daß hunderte Millionen in aller Welt Ihre Aktion als hervorragende geschichtliche Leistung für die gesamte Menschheit preisen werden." „Als das Resultat von München bekannt wurde, herrschte in Washington tiefste Befriedigung ... Die tschechische Anregung, daß Roosevelt eventuelle Differenzen ausgleiche, die sich in der Auslegung ergeben, fand nur taube Ohren." So berichtete Arthur Krock in der „New York Times" am 17. Oktober; er hielte es sogar für möglich, daß eines Tages ein Glückwunschtelegramm an Chamberlain auftaucht und, fügen wir hinzu, an Adolf Hitler.

Am 12. Juli 1842 schrieb Heinrich Heine aus Paris: „Was wäre das Ende der Bewegung, wozu Paris wieder, wie immer, das Signal gegeben? Es wäre der Krieg, der gräßlichste Zerstörungskrieg, der leider die beiden edelsten Völker der Zivilisation in die Arena riefe zu beider Verderben; ich meine Deutschland und Frankreich. England, die große Wasserschlange, die immer in ihr ungeheures Wassernest zurückkriechen kann, und Rußland, das in seinen ungeheuren Föhren-, Steppen- und Eisgefilden ebenfalls die sichersten Verstecke hat, diese beiden können in einem gewöhnlichen politischen Kriege selbst durch die entschiedensten Niederlagen nicht zugrunde gerichtet werden; — aber Deutschland ist in solchen Fällen weit schlimmer bedroht, und gar Frankreich könnte in der kläglichsten Weise seine politische Existenz einbüßen. Das wäre nur der erste Akt des großen Spektakelstückes, gleichsam das Vorspiel." Heines Voraussage fand im Ersten und Zweiten Weltkriege ihre Erfüllung.

Viel weitreichender aber ist seine Zukunftsschau: „Der zweite Akt ist die europäische, die Weltrevolution, der große Zweikampf der Besitzlosen mit der Aristokratie des Besitzes, und da wird weder von Nationalität noch von Religion die Rede sein: nur ein Vaterland wird es geben, nämlich die Erde, und nur einen Glauben, nämlich das Glück auf Erden. Werden die religiösen Doktrinen der Vergangenheit in allen Landen sich zu einem verzweiflungsvollen Widerstand erheben und wird etwa dieser Versuch den dritten Akt bilden? Wird gar die alte, absolute Tradition nochmal auf die Bühne treten, aber in einem neuen Kostüm und mit neuen Stich- und Schlagwörtern? Wie würde dieses Schauspiel schließen? Ich weiß nicht, aber ich denke, daß man der großen Wasserschlange am Ende das Haupt zertreten und dem Bären des Nordens das Fell über die Ohren ziehen wird. Es wird vielleicht dann nur einen Hirten und eine Herde geben, ein freier Hirt mit einem eisernen Hirtenstabe und eine gleichgeschorene, gleichblökende Menschenherde! Wilde, düstere Zeiten dröhnen heran, und der Prophet, der eine neue Apokalypse schreiben wollte, müßte ganz neue Bestien erfinden, und zwar so schreckliche, daß die älteren johanneischen Tiersymbole dagegen nur sanfte Täubchen und Amoretten wären. Die Götter verhüllen ihr Antlitz aus Mitleid mit den Menschenkindern, ihren langjährigen Pfleglingen, und vielleicht zugleich auch aus Besorgnis über das eigene Schicksal. Die Zukunft riecht nach Juchten, nach Blut, nach Gottlosigkeit und nach sehr vielen Prügeln. Ich rate unseren Enkeln, mit einer sehr dicken Rückenhaut zur Welt zu kommen." (Sämtl. Werke, 10. Bd., S. 25 f., Ausg. Max Hesse, Leipzig.)

IX.

AUSLANDSSTIMMEN DES HASSES UND DER LIEBE

1.

Mit Haß und Rache baut man keine Welt.

Ein Mann, dessen Namen ich vorerst nicht nennen will, sandte mir Material einer Society for the Prevention of World War III zu, wohl weil er mich zum Heidentum und zum rassischen Haß der Morgenthauer bekehren will. Ich habe den Eindruck, diese „Gesellschaft" sollte sich umtaufen lassen, ich meine nicht zum Christentum bekehren — das scheint fast hoffnungslos —, sondern wenigstens unter ehrlicher Flagge segeln: Gesellschaft zur Förderung des Rassenhasses und zur Vorbereitung von World War III. Dann wüßte wenigstens jeder, womit er es zu tun hat.

Hier nur etliche Punkte aus dem Haß- und Racheprogramm: 5. Dauernde Trennung des Ruhr- und Rheinlandes von Deutschland. 9. Rücksendung aller Deutschen aus „neutralen" Ländern, mit Ausnahme der Flüchtlinge... Dies ist um so nötiger, als deutsche Wissenschaftler in verschiedenen Ländern ihre atomischen Forschungen fortsetzen. (Wie steht es mit den 130 importierten Wissenschaftlern in USA, die unsere Waffen unmenschlicher machen sollen??) 10. Überprüfung des Bürgerrechtes aller Deutschen, die seit dem Ersten Weltkrieg naturalisiert wurden. 11. Keine Visa für amerikanische Geschäftsleute zum Besuch Deutschlands. 12. Kein Deutscher soll für die nächsten 25 Jahre Eintritt in ein Land der Alliierten erhalten. 13. Das Eheverbot für deutsche Mädchen soll dauernd bleiben, deutsche Frauen sollen keine Einreise nach USA erhalten. 14. Veröffentlichung der Namen aller derer, die mit den Nazis verbunden waren. (Wie steht es um Emil Ludwigs Verherrlichung Mussolinis?) 15. Untersuchung der deutschen Presse und der deutschen Organisationen in USA. 17. Die Post mit Deutschland soll nicht wieder aufgenommen werden, weil es die zahlreichen prodeutschen Gruppen instand setzen würde, ihre antiamerikanische Propaganda aufzunehmen.

Man kann angesichts von soviel Haß, Gemeinheit und Nazismus nur sagen: Tiefer hängen! Diese „Gesellschaft" weiß natürlich nichts über die Gefahren des Bolschewismus und seine Quislinge, die gerade derzeit durch einen Herrn Langer (der bekehrt mit Father Orlemanski von Moskau zurückkam) exemplifiziert werden.

Einige der Namen erklären alles: F. W. Foerster, Julius Goldstein, Isidor Lipschütz, Emil Ludwig, Erich Mann, Cedrik Foster, E. Amsel Mowrer, Guy Emery Shipler, Will L. Shirer, Louis Nizer usw. usw.

Hier ist ein Gegenstück: Ein jüdischer Konvertit, früherer Landgerichtsrat im Rheinland, Flüchtling in England, wo er als Fabriksarbeiter sich durchbrachte, schrieb mir am 16. März aus London um Hilfe, nicht für sich, sondern für die deutschen Kriegsgefangenen, denen vor allem Bücher fehlen. Die Theologiestudenten haben keine Missalien, keine Textbücher für ihre Studien, sie ersehnen die Texte der päpstlichen Enzykliken für Diskussionen. — Dieser Mann, ein Opfer der Nazityrannei, der nicht Geschäfte machte mit den Diktatoren, wie etwa Emil Ludwig mit Mussolini, sammelt Kleider, die an den Karitasverband in Köln gehen. Er schreibt: „Wenn ich sehe, wie jedes unserer Pakete begeistert empfangen wird, anderseits ein Brief des Kölner Karitasdirektors mir eine Notlage schildert, die selbst über das Schlimmste, was wir im gebombten London uns träumen ließen, weit hinausgeht, dann bin ich noch einmal so bettelwillig."

*

William Henry Chamberlin brachte einen bedeutsamen Artikel in „Human Events“ (22. März) über unsere Januspolitik in Deutschland. Darin faßt er die Anschauungen, die die maßgebende Presse Amerikanern aufdrängt, die weithin unsere Politik beherrschen, in folgende Sätze zusammen: „Die Deutschen sind ein durch und durch unvertrauenswürdiges Volk; Nationalismus und Nazismus wuchern unter ihnen. Die Entnazifizierung war ein Versager; dasselbe gilt von der Umerziehung. Die Besatzungsmacht traf keine Strafmaßnahmen und behandelte die Deutschen viel zu milde. Es wäre die größte Gefahr Europas, ‚den Hunnen Gewehre in die Hand zu geben‘. Alle Deutschen sind ziemlich schlecht; jeder Deutsche aber, der mit Erfolg ein Geschäft führte, ist ein Schurke dunkelster Couleur. Verhängnisvolle Kartelle blühen an der Ruhr und anderswo und sind wirklich eine größere Gefahr als die Rote Armee oder die Kominform.“

Das ist leider nicht eine Karikatur, sondern realste Wirklichkeit, fünf Jahre nach Beendigung der Feindseligkeiten — Amerika befindet sich ja formell noch im Kriegszustande mit Deutschland! Es kommt wohl auch vor dem nächsten Kriege zu keinem Friedensschluß. — Es hat sich also gesinnungsgemäß am Sadismus Morgenthaus nichts geändert; übrigens hat ja auch General Clay erklärt, er habe noch nie einen anständigen Deutschen getroffen; General Eisenhower, der ritterliche Gentleman, der lustig mit den Russen tafelte, aber gefangene deutsche Offiziere sehr unritterlich behandelte und es mit seinem „Kreuzfahrergeist“ unvereinbar fand, mit einem deutschen General zu sprechen (vgl. Crusade in Europa, S. 156/157), hat erklärt, man solle die Deutschen „im eigenen Fett schmoren lassen“; ein Walter Winchell, anscheinend der Favorit der Kommentatoren für geistig Minderbemittelte, riet: „Laßt sie Arsenik fressen!“

*

US.-Senator Peppers Plan: „Deutschland soll zu einem Lande von der Größe Frankreichs hinsichtlich der Bevölkerung zugeschnitten werden.“

„New York Times“, 4. September 1945.

*

Der Russe Gromyko antwortet erregt dem Vertreter Uruguays in der UNO, als dieser den Vorschlag der Milde für deutsche Kriegsverbrecher macht: Die Deutschen „are going to pay with their lives wether defended or not" — er hat sogar noch den Mut hinzuzufügen, daß der Vorschlag für Milde „a deep wound inflicted on the conscience of Europe" sei.

*

Samuel Untermeyer fordert im August 1933 den „heiligen Krieg" gegen das Reich, den „wirtschaftlichen Boykott gegen alle deutsche Gütererzeugung, Schiffahrt und andere Dienste". Und es führt ein gerader Weg von Untermeyer zu Morgenthau. Emil Ludwig darf das deutsche Volk mit einer Dirne vergleichen; Amsel Mowrer die Ehre deutscher Frauen und Mädchen in den Kot ziehen; Leopold Schwarzschild fordert die Besetzung des Reiches für 50 Jahre; in einer Besprechung von Louis Nizers Machwerk fragt der Kritiker: „Wie behandelt man widerstrebende Tiere?"; Dr. Margoshes hofft, daß die Alliierten die Deutschen „zu Brei zerquetschen würden"; Baruch fährt eigens nach London, um „den Stock über die big boys zu halten und sich zu versichern, daß sie den Frieden nicht verwässern", d. h. das alte „Auge um Auge, Zahn um Zahn" verewigen; Dr. David M. Levy, ein Psychiater, studiert inzwischen die geistige Haltung des deutschen Volkes für die amerikanische Besatzungsbehörde; Herr Bernstein darf Kardinal Faulhaber schmähen; Herr Finkelstein arbeitet an der „Umerziehung" der deutschen Bischöfe.

Die Liste kann ellenlang ausgedehnt werden.

Für uns soll es genügen, die „Pläne" in ein Wort zusammenzufassen, das der ehrenwerte Herr McNutt für die Japaner vorschlug: „Ausrotten!", wobei er ausdrücklich erklärte: „Das ganze japanische Volk ausrotten!"

*

Ostern 1950 machte Prof. Dr. Reut-Nicolussi auf dem Kongreß des „Verbandes der Hörer und ehemaligen Hörer der Akademie für Internationales Recht in Den Haag" in Salzburg die bedeutsame Erklärung, daß zum erstenmal innerhalb der Staatengemeinschaft der Boden des allgemeingültigen Völkerrechts während des Ersten Weltkrieges verlassen wurde, als von Großbritannien, Frankreich und den USA die polnische und tschechische Emigrantenregierung anerkannt wurde.

„Heimat", 30. April 1950.

*

Im N. Y. Journal Amer., 28. November 1948, heißt es: „Seit den Tagen des heidnischen Rom vor 2000 Jahren gab es keinen Krieg, in dem die Sieger in solcher Rachsucht schwelgten gegenüber den unterlegenen Staatsmännern, Marschällen und Generälen, wie in dieser sogenannten christlichen Ära. Es wurde ein Präzedenzfall geschaffen, daß die Sieger über die Besiegten zu Gericht sitzen. Amerika sollte das nicht vergessen."

*

Antisemitismus ist der Fluch der Jahrtausende. Kein Land ist davon frei geblieben. Ich erinnere mich, daß man einem Jesuitenpater (der mir selber davon berichtete) bei einem Vortrag in Cambridge die Frage vorlegte, was er von den Judenverfolgungen der Nazis halte. Als er meinte, sie seien eine Schande, antwortete ihm der Sprecher der Studenten: „Im Gegenteil, Hitler sollte sie alle ausrotten!" Das war in England, kurz vor Kriegsbeginn.

*

Aus Berichten der kirchlichen Hilfsstelle in Frankfurt am Main:

„Leider machen auch kirchliche Stellen, sogar Geistliche, keine Ausnahme in der chauvinistischen Einstellung gegen die Deutschen.

Msgr. Stasek, der schon in der Ersten Republik in der Lidova strana, der tschechischen Volkspartei, tätig war, sagte am 24. Juni 1945 in Liben in einer öffentlichen Versammlung: ‚Das Gebot der Nächstenliebe ist gegen Deutsche aufgehoben!'

Der Karitasdirektor Oliva, ein Geistlicher, ist Mitglied des Volksgerichtshofes und wirkt an oft ungerechten Urteilen mit.

In Kaaden, Sudetengau, ist ein Altersheim und Krankenhaus der Elisabeth-Schwestern. Es waren immer 15 bis 18 deutsche Schwestern dort. Vor kurzem wurde eine tschechische Oberin dorthin geschickt, um die abgesetzte deutsche zu vertreten. Ihre erste Tat war es, die deutsche Abendandacht in der Klosterkirche zu verbieten. Einige Tage später verbot sie den Sonntagsgottesdienst in deutscher Sprache. Der Hausgeistliche sagte ihr, daß dies ganz ausgeschlossen sei, denn es seien doch noch zirka 6000 Deutsche in Kaaden, der deutsche Kaplan sei verschleppt worden, er arbeite in Kladno in den Kohlengruben, der deutsche Guardian des Franziskanerklosters sei eingesperrt, der Katechet sei von der Wehrmacht noch nicht zurückgekehrt und der Dechant sei kränklich und nicht genügend einsatzfähig, um den großen seelsorglichen Aufgaben, die jetzt an ihn herantreten, gewachsen zu sein. Trotz all dieser Gründe beharrte die Oberin Agnes Pitlik auf ihrem Verbot. Da sagte der deutsche Geistliche: ‚Sogar der neue tschechische Franziskaner hält am Sonntag eine deutsche Messe mit Predigt.' Die Oberin antwortete: ‚Das ist etwas ganz anderes, der ist bei der Regierung gut angeschrieben, denn er hat den deutschen Guardian ins Gefängnis gebracht, da kann er es sich auch leisten, einen deutschen Gottesdienst anzusetzen. Ich habe keine so gute Legitimation und deshalb verbiete ich den deutschen Gottesdienst in meiner Kirche!' "

*

Im „Swobodne Slowo", der Tageszeitung des Herrn Benesch, schreibt der Leitartikler, Iwan Herban, am 2. September 1945 in seinem Aufsatz „Der Teufel spricht Deutsch": „Das tschechische Volk, das während der Okkupationszeit daheim und auf allen Schlachtfeldern der Welt in der Emigration geblutet hat, hat in den ersten Tagen seines blutigen Aufstandes und nachher mit den Okkupanten in unmittelbarer Nähe abgerechnet und will heute ruhig leben ... Wenn es noch an einigen Orten der Republik zu einer Abrechnung mit revolutionären Mitteln kommt, dann liegt die Schuld nicht auf tschechischer Seite, sondern auf der deutschen.

... Jedes Volk muß gemessen und gerichtet werden, nicht nur darnach, was es Gutes getan, sondern auch darnach, was es Schlechtes verbrochen. Die Pflicht unserer Generation ist es vornehmlich, die Sicherheit des Grenzgebietes sicherzustellen und die Wahrheit über das deutsche Volk in die Seele unserer Jugend hineinzuimpfen. Der tschechische Vater, der sein Kind nicht zum Haß gegen das deutsche Volk erzieht, ist nicht nur ein schlechter Patriot, sondern auch ein schlechter Vater. Gleich schlecht, als würde er sein Kind nicht lehren, das Böse und die Lüge zu hassen. Aber das ist eine Aufgabe auf Jahre hinaus, während die Sicherung der Ruhe in unserem Grenzgebiete die Aufgabe der nächsten Tage ist. Eine um so dringendere Pflicht und Aufgabe, als wir nicht wissen, wann sich die Großmächte der Vereinten Nationen mit uns (!) einig werden über die organisierte Umsiedlung der Deutschen nach Deutschland. Bei uns wird niemand tschechoslowakische Gestapomethoden propagieren, wir dürfen aber auch nicht vergessen, mit welchen Mitteln die Deutschen einen solchen Vorfall, wie in Aussig, bestraft hätten, wenn sie

Herren des Landes gewesen wären. Mit den Deutschen muß man in jener Sprache reden, die sie verstehen, und mit jenen Mitteln mit ihnen umgehen, die ihrem Charakter angeboren sind... Die Deutschen sind kein Herrenvolk, sie wollen es nur sein. Im Grunde sind sie bestialische, grausame Feiglinge."

So spricht Herr Iwan Herban, einer der führenden tschechischen Journalisten aus dem Reiche weiland Benesch! Ob Herr Herban noch die Genüsse seiner tschechischen, mit Blut getränkten Erde genießt oder es auch schon vorgezogen hat, nach seiner Flucht aus dem entlarvten Kominformparadies das Gastrecht in Westdeutschland zu beanspruchen, weiß ich nicht. Seine Sprache ist sehr bezeichnend für die tschechische Ideologie — wenn man von so etwas hier überhaupt sprechen kann — so typisch, daß sie für alle Zeit festgehalten sein soll.

*

Am Vysehrad haben wir gestanden und sahen uns die Stadt an, die vor unseren Füßen lag, schauten Hunderte von Türmen, und unser Blick wandte sich nach der Burg. Die Geschichte zog an uns vorüber, urdeutsche Geschichte. Neben uns standen Tschechen aus der Provinz. Da spricht auf einmal der Ältere zu dem Jüngeren: „Vidis, Peter Parler byl ponemceny Cech a ten vystavel nas Svaty Vit!" (Siehst du, Peter Parler war ein verdeutschter Tscheche und dieser hat unseren St.-Veits-Dom erbaut!) Ich glaubte kaum, meinen Ohren zu trauen, und bescheiden fragte ich, ob das stimmt. Da übergab mir der Tscheche eine Broschüre „Nase zlata Praha!" (Unser goldenes Prag!), verfaßt von Prof. Habza! Ich las und staunte! Die Prager Baudenkmäler sind alle von verdeutschten Tschechen errichtet, Prag eine tschechische Stadt, wo kein Deutscher einen Stein auf den andern legte. Ich konnte es nicht fassen: so weit ist ein Volk gesunken, daß es die Geschichte fälschen muß, um seine Untaten zu begründen.

In das Hotel zurückgekehrt, habe ich mir dann durch den Zimmerkellner noch andere Broschüren beschaffen lassen und war sehr erstaunt, festzustellen, daß ich umsonst in die Schule gegangen war. Denn hier hatte ich für 3 Kronen die wahre und unverfälschte Geschichte Böhmens und Mährens: Die Deutschen sind nur Eindringlinge gewesen, die sich das brave tschechische Grenzland angeeignet, die tschechische Bevölkerung verdrängt hatten und dergleichen mehr. Am Schluß aller Broschüren aber standen immer dieselben Worte: „Der Tschechen Gebet ist ein

Rachegebet: Räche uns, du Gott aller Slawen, vernichte die Germanen und laß die größten Germanen, das sind die Deutschen, grausam verderben!"

*

J. A. Marcus forderte gelegentlich im „Life Magazine" zur Ausrottung der „barbarischen Hunnen", der „deutschen Mörder" auf: „Wir brauchen nicht 70 Millionen Deutsche. Wir haben von ihnen nicht verlangt, sich wie Ratten zu vermehren und dann ihre Nachbarn zu morden, um Raum zu schaffen für ihre überflüssige Bevölkerung." Ich habe nur etliche Nummern von Julius Streichers „Stürmer" in der Hand gehabt, aber ich glaube nicht, daß Streicher den sittlichen und menschlichen Tiefstand des Herrn Marcus unterbieten konnte. Und wurde er dafür nicht nach dem neuen internationalen Gesetz verurteilt und gehenkt? Aber den 40 Millionen Nachkommen dieser deutschen Ratten, die nicht so klug waren, Kindermord zu begehen, die darum am Aufbau Amerikas entscheidend mitwirken konnten, darf ein Herr Marcus das sagen, ohne daß auch nur eine Stimme des Protestes sich regt. Niemand findet darin Intoleranz, Aufforderung zum Rassenmord... Wir schwätzen weiter von der „einen Welt" und halten Bruderschaftswochen.

*

Der Norweger Jan Jölstad berichtet in der Zeitung „Dagbladet" über eine Reise durch die Tschechoslowakei:

„Wer in der Tschechoslowakei reist, wird bald entdecken, daß auf den meisten Neubauten Frauen arbeiten. Sie mauern, betonieren und graben Baugrund aus. Spricht man mit ihnen, erzählen sie, daß sie Sudetendeutsche sind. In den Soldatenheimen und in den Kasernen werden deutsche Frauen zum Reinemachen verwendet. Alle Sudetendeutschen müssen 59 Prozent ihres Lohnes an die tschechischen Gewerkschaften abführen. Außerdem verlangt der Staat Steuern und Abgaben von ihnen. Sie sind nicht versichert, sie sind Staatenlose und Sklavenarbeiter in einem Staat, wo die Arbeit ‚adelt'. Nach einer Reise durch das Sudetengebiet, während welcher der Zug viele Meilen durch öde Gemeinden fuhr, ließ mir das Propagandabüro durch einen seiner ‚volksdemokratischen' Intellektuellen, Dr. Tvrdon, die Sache erklären. An einem Abend sollten wir uns in einem Restaurant treffen, um das sudetendeutsche Problem ‚klarzulegen'.

Dr. Tvrdon geht direkt auf die Sache los:

‚So, Sie sind der Herr, der solch unmittelbares Interesse an dem sudetendeutschen Problem hat? Es schmerzt mich, Ihnen diese Information deutsch geben zu müssen. Deutsch ist eine Sprache, die wir hassen, aber wir haben ja keine andere Möglichkeit, uns zu verständigen.

Das sudetendeutsche Problem ... Wie Sie wissen, hat dieses deutsche Pack uns jahrhundertelang ausgesaugt und germanisiert. Aber jetzt ist Schluß damit. In unseren Tagen wird Geschichte gemacht, mein Herr! Die Rollen sind vertauscht. Fast 3 Millionen von ihnen haben wir ‚heim ins Reich' geschickt; das war das, was sie wollten.' — Er lachte kalt. — ‚Nur ein Teil der Facharbeiter und Antifaschisten hat hier bleiben dürfen.'

‚Dürfen diese ausreisen, wenn sie wollen?'

‚Ja, das können sie. Wir sind ein demokratisches Volk!'

‚Aber ich habe mit Sudetendeutschen gesprochen, die mehrere Male um die Ausreiseerlaubnis aus der Tschechoslowakei angesucht hatten. Sie sind jedesmal abgewiesen worden.'

‚So, wer war das?' (Pause.) ‚Nun, Sie wollen es nicht sagen? Mißtrauen also? Aber hier können Sie frei sprechen. Wir sind ein demokratisches Volk! Vielleicht ist es schwieriger geworden nach der Umwälzung. Übrigens spielt das keine Rolle. Hier haben sie Arbeit genug, Essen bekommen sie auch.'

‚Welches Interesse hat die Republik daran, Menschen zurückzuhalten, die nicht wünschen, hier zu bleiben?'

‚Wünschten wir vielleicht in Deutschland zu sein? Und warum ließen uns die Deutschen nicht verschwinden, als wir in das Großdeutsche Reich einverleibt wurden? Es hat keinen Zweck, Blindekuh miteinander zu spielen, mein Herr. Also: Wir machten schmerzliche Erfahrungen mit den Facharbeitern, die nach Deutschland gingen. Sie bauen heute dort Betriebe auf, die versuchen, uns auf dem Weltmarkt zu verdrängen.'

‚Sie müssen uns verstehen. Es scheint mir, als ob Sie dieses Problem mit den humanistischen Augen des Westeuropäers betrachten. Aber das sudetendeutsche Problem können nur wir verstehen. Hitler gebrauchte die Sudetendeutschen als Vorwand, um uns unserer Freiheit zu berauben. Um zu verhindern, daß sich etwas derartiges wiederholt, mußten wir sie fortjagen. Verstehen Sie?'

Er raucht seine Zigarre an und leert das Glas.

‚Die Deutschen sind keine Menschen!'

‚Das ist stark!'

‚Nein, das ist nicht stark. Ich werde Ihnen etwas sagen, was Sie später einmal verstehen werden: Unsere Propaganda muß diesen Weg gehen. Wir müssen den Deutschenhaß und die Angst vor Deutschland jedem unserer Bürger einprägen, denn Deutschland ist ein Übel, das sie alle aus eigener Erfahrung kennen. Wir müssen etwas haben, um das wir uns sammeln können. Das ist Realpolitik, mein Herr!'

Es entsteht eine Pause, während der Dr. Tvrdon einige Gläser Wein leert. ‚Wir sind eine junge Nation', sagt er nachdenklich, ‚und der Nationalismus bindet uns zusammen. Aber Nationalismus ist Haß gegen den Nächsten und Eigenliebe, nicht wahr?'

Er starrt durch den Rauch auf die Bilder Beneschs und Gottwalds, während er spricht.

„Masaryk und Benesch machten den Fehler, an den Einzelmenschen zu glauben. Aber nur die homogene Masse macht Geschichte. Merken Sie sich das für den Fall, daß Sie das sudetendeutsche Problem einmal diskutieren wollen. Verlieren Sie sich nicht in humanistischen Bagatellen, sondern sehen Sie die Sache als ein Ganzes!' "

*

Das Wochenblatt „The Tablet", das Diözesanblatt für Brooklyn, N. Y., schreibt in der Ausgabe vom 8. Oktober 1949 unter dem Titel „Not Our Spokesmen" (Nicht unsere Sprecher):

„Die Politik und Praxis der amerikanischen Regierung in einigen fremden Ländern und in ihren Beziehungen zu anderen sind allzu oft im Widerspruch zum Willen des amerikanischen Volkes gewesen. Man wundert sich, wie die, welche offiziell in unserem Namen handeln, eigentlich das Wort ‚Demokratie' definieren.

Es gab zum Beispiel die Geheimverhandlungen von Teheran, Jalta und Potsdam und die Durchführung der katastrophalen Versprechungen an Stalin, dem kein unterrichteter, intelligenter Amerikaner getraut hätte. Wir erinnern an die Strategie des Staatsdepartements bei der Hinausschiebung der Hilfe für China, das offenkundig das Hindernis für die Ausbreitung des Kommunismus in Asien bildete. Es gab andere Fälle, viele sogar; in dieser Nummer lenken wir die Aufmerksamkeit auf den teuflischsten und unmenschlichsten von allen: die Hinopferung von Millionen friedliebender, guter Männer und Frauen, die wir ‚Vertriebene' nennen.

Wir bitten jeden unserer Leser, den Artikel von Msgr. Swanstrom zu beachten. Dann mögen sie folgende Tatsachen zur Kenntnis nehmen: Die Verantwortlichkeit für die Lage dieser Millionen lastet auf uns. Trotz unserer Verantwortlichkeit haben wir nicht ein Wort des Protestes gegen die Vertreibung von ihrem Heim und ihren Höfen erhoben. Wir haben offiziell ihre Existenz nicht anerkannt, indem wir ihnen unseren Beistand anboten oder Vorsorge trafen für das deutsche Volk, ihnen zu helfen. Wir sind teilnahmslos ihrer Zukunft gegenüber und lassen sie sterben und verfaulen, wenn es so sein soll.

Jawohl, wir sind schuldig an diesem Verbrechen gegen die Menschlichkeit und gegen Gottes Gebot in den Augen der Völker der Welt, weil dieses Verbrechen den offiziellen Stempel der Zustimmung der amerikanischen Regierung trägt — und wir haben es ihnen ins Ohr geschrien, daß unser Land eine Demokratie ist und daß die amerikanische Regierung uns repräsentiert.

Es ist an der Zeit, und zwar dringendst, daß das amerikanische Volk und seine gewählten Vertreter im Kongreß eine Untersuchung anstellen über die Männer und Frauen, die nicht erwählt, sondern ernannt sind als Sprecher Amerikas. Jene, die dafür verantwortlich sind, daß unser Land in ein Verbrechen einbezogen wurde, wie das gegen die Vertriebenen, haben keinen Platz im Gefüge unserer Regierung. Sie sollten ihrer Stellen enthoben und durch Männer und Frauen ersetzt werden, die wirklich das Volk Amerikas repräsentieren."

*

Der Quellenforscher Vischinsky entdeckte in der „New York Times" vom 24. Juni 1941, ein halbes Jahr vor Kriegsausbruch, folgende interessante Stelle:

„Wenn wir sehen, daß Deutschland gewinnt, sollten wir den Russen helfen, wenn Rußland gewinnt, sollten wir Deutschland helfen — und so sollen sie so viele als möglich umbringen, obwohl ich Hitler unter keinen Umständen siegreich sehen möchte."

Der damalige Senator Truman fügte seinem Gefühlsausbruch noch hinzu: „Keiner von beiden hält etwas von seinem gegebenen Wort."

*

In der in Wien von Staatskanzler Dr. Karl Renner herausgegebenen Broschüre „Drei Monate Aufbauarbeit der provisorischen

Staatsregierung der Republik Österreich" heißt es in dem Kapitel „Das Staatsgebiet, Überflutung durch Fremde" (Seite 10) u. a.:

„Von Norden her, aus der Tschechoslowakei, sollen laut Bericht der Sicherheitsdirektion nach Niederösterreich allein an die 300.000 deutschsprechende Tschechoslowaken in primitivster Kleidung, ohne Geld, ohne Nahrungsmittel, kurz als Bettler, ins Land gekommen sein.

Dem Vernehmen nach sind auch nach Oberösterreich nicht weniger deutschsprechende Tschechoslowaken eingebrochen. Nach Wien haben sich rund 18.000 eingeschlichen."

2.
Wie du die Welt liebst

Wie du die Welt liebst,
liebt sie dich zurück.

Emil Gött.

Bischof Muench:

„Wenn wir Christen nicht unsere Stimme im Namen des Mitgefühls, der Sympathie und der Nächstenliebe erheben, werden es die Heiden in unserer Mitte tun? Der Krieg war total und ebenso seine Schrecken, aber unter dem Schleier der Geheimhaltung werden seine Grausamkeiten fortgesetzt. Tausende von Frauen und Kindern sind noch von einander getrennt. In Bergwerken und Fabriken werden Kriegsgefangene gezwungen, Sklavenarbeit zu verrichten, die sich nur wenig von jener Zwangsarbeit unterscheidet, die die Römer ihren Gefangenen auferlegten. Laßt uns nicht Teilnehmer an Hitlers Verbrechen werden, indem wir dieselben Dinge tun, die wir einst verdammten und bekämpften. Daß diese Zwangsarbeit als Reparation bezeichnet wird, ändert nichts daran, daß sie Sklaverei ist. Fast noch schlimmer als die Sklavenarbeit ist die Massendeportation von 20 Millionen Polen, Ungarn, Balten und Deutschen. Wir würden Heuchler sein, wenn wir das nicht als Verbrechen betrachten, was wir ohne Zögern Verbrechen nannten, als unsere Feinde es taten. Wahre Gerechtigkeit kennt keinen unterschiedlichen Maßstab für Freund und Feind. Manchmal macht man sich unbeliebt, wenn man um Mitgefühl wirbt, aber wir tun es trotzdem, da wir wissen, daß es Christi Gesetz ist. Es mag schwerfallen, den Heiden in uns zu überwinden, dessen grausames Gesetz Auge um Auge, Zahn um Zahn lautet. Doch wir haben nur eine Wahl: Wir müssen entweder für oder gegen Christus sein. Wir wollen die Welt in Liebe aufbauen!"

Senator William Langer

Senator William Langer hielt im April 1950 unter anderem folgende Rede im US-Senat:

„Die Massenaustreibung ist", so sagte er u. a., „eines der größten Verbrechen, an welchem wir direkt Anteil nahmen (gemeint sind die Beschlüsse von Potsdam. Anm. d. Verf.). Es ist unglaublich, daß amerikanische Vertreter an diesen gewaltsamen Massenwanderungen beharrenden Anteil haben sollten. In der gesamten Geschichte findet sich nirgends ein so scheußliches Verbrechen aufgezeichnet, wie in den Berichten über die Begebenheiten in Ost- und Mitteleuropa. Schon 15 bis 20 Millionen wurden von den tausendjährigen Stätten ihrer Vorfahren entwurzelt, in die Qual einer lebendigen Hölle geworfen oder wie Vieh über die Verwüstungen Osteuropas getrieben. Frauen und Kinder, Alte und Hilflose, Unschuldige und Schuldige wurden Greueltaten ausgesetzt, die noch von niemandem übertroffen wurden."

*

Wenn man einmal die Geschichte dieser barbarischen, verbrecherischen Zeit schreiben wird, dann wird man den Namen von Senator William Langer mit Ehren nennen. Senator Langer hat eine Bill, S. 605, eingebracht, die fordert, daß „Mittel zur Unterstützung und Rehabilitierung von Personen deutscher Herkunft bereitgestellt werden, die im Vollzug des Potsdamer Abkommens aus Osteuropa vertrieben und nach Deutschland und Österreich verschickt wurden". Während Senator Langer anfangs in seinem Kampf für Recht und Gerechtigkeit allein stand, bekennen sich heute auch Männer wie Taft, Williams, Wherry Eastland, Bridges, Aiken und Watkins zu seinen Ansichten.

Justice Murphy

Justice Murphy gab 1946 zum Falle Jamashita folgende grundsätzliche Erklärung ab, die treffend den abendländischen Rechtsbegriff ausdrückt:

„Die unveräußerlichen Rechte der Persönlichkeit gehören nicht nur den Siegern, sondern jedem in der Welt, ob Sieger oder Unterlegener, was immer seine Rasse, Farbe oder Glaube sei. Kein Gericht, keine Gesetzgebung oder Verwaltungsbehörde, nicht einmal die mächtigste Armee der Welt kann diese Rechte zerstören... Das Verfahren (Nürnberg) ist unwürdig unserer Tradition. Ja, mit dieser Entscheidung wurde vielleicht das Schicksal eines kommenden Präsidenten, seines Generalstabschefs und seiner militärischen Ratgeber besiegelt... Die Anklage ist ohne Vorgang im internationalen Recht oder in der Militärgeschichte."

Neville Henderson:

Neville Henderson, der britische Diplomat, schrieb zu Anfang dieses Krieges in der Londoner „Times" (11. November 1939): „Manche behaupten, es sei kein Unterschied zwischen Nazitum und den Deutschen. Ich gestehe, dies ist ein Standpunkt zum Verzweifeln. Wenn wir am Ende dieses Krieges dem deutschen Volk diesen Unterschied nicht klargemacht haben, dann ist er vergeblich geführt worden."

*

„The Christian Century" schrieb im Leitartikel vom 14. November 1945: „Sind wir Mörder?" — Hätte ich die Mittel, ich würde ihn als Flugblatt über die Welt verteilen lassen. Das ist die Sprache der Propheten.

„Es ist jetzt klar, daß Potsdam nur ein Chaos schafft an Stelle einer auch nur scheinbaren Ordnung. Unter seinen Bestimmungen werden Millionen beraubt, geschändet, aus ihren Häusern geworfen, in die Sklaverei getrieben, ausgehungert, zum Selbstmord verleitet, gemordet. Verantwortungsbewußte Beobachter warnen, da in Deutschland allein, wenn diese Politik anhält, diesen Winter wohl 10 Millionen an Unterernährung und Seuchen zugrunde gehen... nicht Nazis, sondern Greise, besonders Frauen, stillende Mütter, Kinder." Der Artikel stellt aber nicht nur die himmelschreienden Tatsachen fest, er hat den Mut, auch die Frage der Verantwortlichkeit aufzuwerfen und ohne Herumgerede zu beantworten. Gewiß, die Russen sind für vieles verantwortlich, nicht minder die Franzosen, die sich doch nicht selber befreien konnten, aber jetzt auf ihr Vetorecht pochen, die Tatsachen, die ohne Rücksicht auf das Ganze das Chaos vermehren. Aber, sagt der Verfasser: „Es muß zugegeben werden, daß Amerika mehr als jedes andere Land für Potsdam verantwortlich ist. Wenn die Politik, die nun Deutschland zerstört, Millionen hinmordet, ganz Europa mit der Aussicht auf wirtschaftliches Chaos bedroht, rachsüchtig, unmenschlich, unsittlich und unchristlich ist, so muß zugestanden werden, daß Amerika diese Politik vorschlug, dafür andere warb, dafür stimmte und die Führung übernahm, sie wirksam zu machen." „Die Katastrophe, die sich in Europa anspinnt, ist die direkte Folge der Entscheidungen, die vom verstorbenen Präsidenten auf Drängen seines Finanzministers (Morgenthau) im Herbst und Winter letzten Jahres und in diesem Frühjahr getroffen wurden." „Vom Standpunkt der Politik und Wirtschaft gesehen, ist (der derzeitige unmenschliche Kurs) Wahnsinn. Vom Standpunkt der Moral ist es ein Verrat all der hohen Ziele, für welche die Alliierten angeblich Krieg führten."

James Finucane:

Der Vorsitzende des US-Nationalrates zur Verhinderung des Krieges, James Finucane, erklärte vor dem US-Senatsausschuß für Rechtsfragen:

„Diese Deutschen wurden am Ende des Krieges hinausgeworfen in einer so grausamen und widersinnigen Massenausweisung, wie sie die Geschichte bisher nicht gesehen hat. Sie wurden im Grunde nur darum als kriminell verurteilt, weil sie deutscher Abstammung waren. Ob sie jung oder alt, gut oder böse, loyal oder illoyal waren, hatte wenig oder gar keinen Einfluß auf ihr Schicksal. Mit der gleichen unsinnigen Logik, mit der bei einem Pogrom die Juden verdammt wurden, weil sie Juden waren, wurden die Deutschen verdammt, weil sie Deutsche waren. — Wir Amerikaner können da nicht tatenlos zusehen. Wir können nicht die Vernichtung ganzer Generationen außerhalb der Gaskammern dulden, ebenso wenig wie wir sie innerhalb der Gaskammern duldeten."

Erzbischof von Cardiff (England):

Es muß doch zu denken geben, wenn der Erzbischof von Cardiff (England), sicherlich kein Nazi und kein Faschist, am Ende dieses „Kreuzzuges" erklärt, daß „die Ostgrenze des Christentums um tausend Meilen nach dem Westen gedrängt", d. h. nicht bloß örtlich, sondern auch zeitlich um tausend Jahre zurückgeworfen wurde, daß in wenigstens zehn kleineren „christlichen" Staaten (Polen, Tschechoslowakei, Ungarn usw.) „eine Sklaverei herrscht, schlimmer als der Tod".

W. H. Chamberlin hat (Human Events, 17. Dezember 1947) die ganze Verlogenheit der Politik Roosevelts in einem Aufsatz „We will accept only a consecrated world“ nachgewiesen, wenn es dessen überhaupt noch bedurfte. Er schließt seine Ausführungen: „Wilson kämpfte wenigstens für seine Vierzehn Punkte. Roosevelt gab die Atlantic Charta und die Vier Freiheiten ohne eine Spur (peep) von Protest preis. Sind wir jemals moralisch so tief gesunken, als wenn wir den Morgenthau-Plan für die Behandlung Deutschlands annahmen und zu den Massendeportationen schwiegen?“

Kardinal Faulhaber:

Kardinal Faulhaber erklärte in seinen berühmten Predigten („Judentum, Christentum, Germanentum“, S. 51): „Wir dürfen und müssen uns freimachen von den Schatten der alttestamentlichen Sittenlehre ... Los vom Pharisäismus, der am eigenen Volk nichts als Lichter und an anderen Rassen nichts als Schatten findet! Los von den Fluch- und Racheliedern des Alten Testamentes! Der Haß ist keine christliche Tugend, gleichviel gegen wen er sich richtet. Rachsucht ist Rückfall in die jüdische Vorzeit. Los von der Lügenhaftigkeit Jakobs und von der Genußsucht eines Ecclesiastes! Wir müssen uns von den Schatten der altjüdischen Sittenlehre freimachen.“

Siehe, ein wahrer Israelit!

Aus einem Brief des bekannten englischen Sozialisten und Verlegers Victor Gollancz an das Londoner „News Chronicle“ (27. August) über die Massenaustreibungen der Deutschen aus Polen, Schlesien, Sudetenland. Er erwähnt, daß er zuvor an ein anderes Blatt schrieb, das aber seinen Brief zurückwies als „nutzlose moralische Entrüstung“. „Aber“, meint V. Gollancz, „ist es nicht gerade moralische Entrüstung, die wir heute brauchen? Geht nicht die Welt zum Teufel, weil sie fehlt?“ „All die Nazigemeinheiten, gegen die wir kämpften — die Grausamkeit, die weder Greise noch Waisen schont, den egoistischen Nationalismus, die rassische Intoleranz, Haß und Rachsucht und was all dem zugrunde liegt; wir vergessen, daß nur eines entscheidend ist: der Mensch ist zuerst Mensch, lange darnach erst ein Deutscher, Tscheche oder Pole. Wir reden von internationaler Kontrolle der Atombombe. Welcher Hohn, wenn wir zur selben Zeit unverhüllter denn je zuvor nationale Selbstsucht (oder was wir dafür halten) jeder anderen Tugend und Pflicht voranstellen ... eine neue Moralität entsteht, die Barmherzigkeit und Mitleid nicht bloß als nebensächlich, sondern als direkt schändlich betrachtet ... Die Drohung der Atombombe kann nicht mit papierenen Vorschlägen internationaler Kontrolle bekämpft werden ... Wenn die Völker weiterhin nur in Begriffen von nationalem Egoismus denken, dann wird uns mit unbarmherziger Logik der Krieg austilgen ... Nur eines kann uns retten: ein Akt aufrichtiger Reue: die augenblickliche Entschlossenheit, nationalem Egoismus und nationaler Selbstgerechtigkeit im internationalen Leben den Rücken zu kehren — der Entschluß z. B., Europa diesen Winter zu speisen nicht deshalb, weil wir selber die Folgen tragen, wenn wir es nicht tun, sondern einfach deshalb, weil es recht ist, unsere sterbenden Nachbarn zu nähren. Nur wenn wir diesen neuen Weg heute betreten, können wir die Austilgung vermeiden ... wenn das Übel tiefer greift, ist eine Erholung unmöglich ... Ich rege an, daß unsere neue Regierung 1. ... allzeit für das Gesamtwohl der Welt arbeite und 2. ... die moralische Umerziehung von uns und anderen beginne, indem sie ihre Handlungen ausdrücklich nicht auf aufgeklärten Eigennutz, sondern auf die Liebe zum Nächsten wie zu uns selber gründet."

Eine Frage sei noch berührt, die Gollancz selber anschneidet: Wie kommt er als Jude dazu, Bücher zu schreiben und „Save Europe Now" zu organisieren, um Verständnis und Hilfe für die Deutschen zu bringen? Warum macht er den Austilgungsrummel Morgenthaus nicht mit? Lassen wir ihn selber antworten:

„Für mich sind drei Punkte selbstverständlich: Erstens, daß nichts die Welt retten kann außer ein allgemeiner Akt der Reue an Stelle des bisherigen selbstgerechten Verharrens auf der Schlechtigkeit der anderen. Wir haben alle gesündigt und tun es noch in der schrecklichsten Weise. Zweitens: Gute, nicht schlechte Behandlung macht gute Menschen. Drittens: Wir werden nichts erreichen, außer wir behandeln die gut, die uns schlecht behandelten; wir geben ihnen nur neuen Ansporn zum Übel und treiben der Ausrottung der Menschheit zu" (S. 19). Die Erbschaft des Hasses ist beinahe unvermeidlich. Jene, die nicht direkt gelitten haben, müssen diese Bitterkeit mit ihrer Güte ausgleichen.

Franz Werfel:

Franz Werfel schickte mir vor seinem Tode sein Buch: „Between Heaven and Earth" mit persönlicher Widmung und schrieb

u. a.: „Ich bin leider ein kranker Mann, der unter einer Arbeit keucht, der er nicht gewachsen ist. So bin ich außerstande, Ihren erschütternden Brief zu beantworten, wie er es verdient. Ihr Aufruf richtet sich an einen Juden, dessen Herz nicht nur für die Leiden seiner gemarterten Brüder offen ist, sondern um nichts weniger für das Leiden der Deutschen, die er genau so für seine Brüder hält.

Sie haben recht. Niemand könnte geeigneter sein, seine Stimme zu erheben als ich. Ich hoffe, daß dies keine Überzeugung des Hochmutes ist, denn den Ruf der Liebe ertönen zu lassen, ist eine große Verlockung. Dennoch muß ich es mir versagen, weil es zu früh ist. Ich würde niemandem anderem helfen als dem Teufel... Wenn der erste schluchzende Laut des erwachenden Schuldbewußtseins und der reuigen Bestürzung unser Ohr erreicht — vielleicht schon einige Monate von heute — dann wird die Zeit gekommen sein, Worte des Trostes und der Liebe zu sprechen." „Gegen eines habe ich immer bewußt gekämpft: mein persönliches oder mein Gruppen-Schicksal zur Richtschnur meines Fühlens und Denkens zu machen." In der Einleitung seines Briefes verwies Werfel auf seine grundsätzliche Einstellung zum Frieden, die in seinem Buch (Seite 143, Nr. 5) ausgesprochen ist:

„Nicht Rache, sondern Sühne! Nicht Strafe, sondern Buße!"

Wendell L. Willkie:

Als der verstorbene Wendell L. Willkie seinerzeit von seinem Flug um die Welt zurückkam, faßte er in seinem Buch „One World" seine Eindrücke zusammen in dem Satz: „Ich kam wieder heim, überzeugt von einer klaren und bezeichnenden Tatsache: In der heutigen Welt besteht eine gigantische Fülle guten Willens, uns, dem amerikanischen Volk gegenüber." Er schloß seinen Bericht mit den Worten: „Dieses Reservoir ist die größte politische Tatsache unserer Zeit. Keine westliche Macht kommt uns darin gleich. Wir müssen es gebrauchen, um die Menschen der Welt zu einen in ihrem Streben nach Freiheit und Gerechtigkeit. Die Erhaltung dieses Reservoirs ist eine heilige Verantwortlichkeit, nicht allein den Völkern der Erde, sondern unseren eigenen Söhnen gegenüber, die auf jedem Kontinent im Kampfe stehen. Weder Hitler, noch Mussolini oder Hirohito können diese einigende Kraft guten Willens uns rauben, so lange wir unser Bekenntnis zu den Idealen, für welche wir kämpfen, nicht zum Gespötte machen. Die Politik der Expediency wird sich als inexpedient erweisen. Sie wird uns der unschätzbaren geistigen und politischen Werte berauben, die aus dem Glauben der Völker der Welt in unsere Ideale und Methoden erwachsen. Wenn wir uns einlassen auf die Umtriebe der Intrigen, religiösen, nationalistischen und rassischen Blocks der Alten Welt, werden wir als Stümper daneben stehen. Wenn wir an unseren grundlegenden Prinzipien festhalten, werden wir als Fachleute hervorgehen für die Neuordnung der Welt, welche die Menschen allüberall erstreben."

Mr. Charles Lloyd,

Direktor der Militärregierung für den Wetzlarer und Dill-Kreis in Hessen

„Wetzlarer Neue Zeitung" vom 11. August 1949, zitiert in der „Nord-Amerika" vom 2. Februar 1950.

„Zum Problem der Heimatvertriebenen erklärt Mr. Lloyd, er begrüße es, wenn die große Masse der so hart vom Schicksal Getroffenen erkenne, daß ihre Zukunft unlösbar mit der des gesamten Volkes verbunden sei und nicht in der Isolation und auch nicht durch Demagogie gelöst werden könne. Er wisse, daß an Millionen Heimatvertriebenen großes Unrecht begangen worden sei. Zwar habe zuweilen in der Geschichte das Unrecht den Sieg davongetragen, aber nie auf die Dauer ..."

„Die Schuld daran tragen nicht die Völker Amerikas, Englands und Rußlands, in deren Namen zwar, jedoch ohne deren Zustimmung dieses Unrecht vollzogen wurde, sondern einzig und allein jene Staatsmänner und Politiker, die sich ebensowenig wie Hitler der ihnen zugefallenen menschheitsbeglückenden Aufgabe, ihrer Verantwortung vor Gott, der Menschheit und der Geschichte bewußt geblieben sind. Ohne daß hierfür wahrhaft unvermeidliche Notwendigkeiten militärischer, wirtschaftlicher, sozialer, völkerrechtlicher oder kultureller Natur vorgelegen haben, haben diese Männer kaltblütig und in sträflicher Unwissenheit über Geschichte, Leben und Bedeutung der Ost- und Auslandsdeutschen 12 Millionen Menschen ins Elend gestoßen und damit eine, sowohl ihrem Konzepte wie auch ihren scheußlichen Folgen nach so ungeheuer verwerfliche Tat vollbracht, daß man eigentlich annehmen sollte, sie selbst, als Menschen und Demokraten, hätten davon überzeugt sein müssen, daß sie eine solche Ungeheuerlichkeit nicht allein auf ihr Gewissen nehmen können, ohne vorerst ihre Völker um deren Zustimmung zu befragen. Daß sie letzteres nicht taten, dann wohl deshalb nicht, weil sie, verfallen einem Wahne, befürchteten — und was auch mit völliger Sicherheit eingetroffen wäre —, daß diese Völker aus dem auch in ihnen nicht abgestorbenen Empfinden für Ehre und Anständigkeit, für Menschlichkeit, Recht, Wahrheit und Freiheit, aus ihrer Religiosität heraus zu dem Potsdamer Abkommen nie „ja" sagen würden, um nicht ihre Geschichte, ihr Gewissen, ihren guten Namen mit dem Makel des Unrechttuns zu beschmutzen.

Odd Nansens Blick hinter die Fassade

Odd Nansen ist der Sohn Fritjof Nansens, dessen Name in der Welt nicht nur als Arktis-Forscher, sondern auch als Apostel der Menschlichkeit bekannt ist. Die sogenannten Nansen-Pässe waren und sind besonders heute, da die Diktaturen immer wieder Menschen über die Grenzen ihres Vaterlandes jagen, eine wertvolle Hilfe für jene staatenlos Gewordenen, die sich mit ihrer Hilfe eine neue Existenz aufbauen können.

Odd Nansen setzt das Erbe seines großen Vaters fort.

„Ich muß hinter die Fassade sehen", erklärte er, „um die wahren Verhältnisse kennenzulernen!" „Die Flüchtlingsfrage ist eine Frage der Menschlichkeit, sie kann nicht auf politischer Ebene gelöst werden — außer sie führt zur Rückführung der Millionen Menschen in die alte Heimat. Im Augenblick ist eine Hilfe nur auf unpolitischer Basis möglich.

Ich habe den Vorschlag gemacht, für die Flüchtlingshilfe Gelder aus dem Europäischen Hilfsprogramm abzuzweigen und die Flüchtlinge als 17. ERP-Nation anzuerkennen. Ich werde nicht eher ruhen, bis die Vereinten Nationen diesen meinen Vorschlag angenommen haben. Mit deutscher Hilfe allein läßt sich das Flüchtlingsproblem nicht lösen. Nur eine großzügige internationale Hilfe kann Entscheidendes bringen. Zu diesem Zwecke aber ist es notwendig, daß die Nationen über Größe und Umfang des Vertriebenenproblems in Deutschland Aufschluß erhalten, und die Studien, die ich jetzt in Deutschland mache, sollen dazu dienen, der Welt ein umfassendes Bild über alle Fragen des Flüchtlingsproblems zu geben.

Wir können es uns nicht leisten, im Herzen Europas ein Slum zu dulden, das in absehbarer Zeit eine Gefahr für die ganze Welt werden muß. Schon aus diesem Grunde ist das Flüchtlingsproblem kein deutsches Problem allein, und seine Lösung wird weitgehend für den Frieden der Welt beitragen."

Bischof Farelly von Cleveland

Der verstorbene Bischof Farelly von Cleveland wurde am Tage seiner Weihe gefragt, welche Zukunftspläne er habe. „Pläne? Ich habe keine Pläne; ich habe nur Grundsätze." Man möchte nur wünschen, unsere Baumeister der neuen Welt hätten weniger Pläne und mehr Grundsätze. Es wäre vieles besser in der Welt. Es soll sich niemand darüber täuschen, es ist so wie Thoreau einmal sagte: „Ich gebe meinen Kritikern zu bedenken, daß, was immer das menschliche Gesetz sein mag, kein Einzelner und keine Nation die geringste Handlung der Ungerechtigkeit gegen den letzten Unbekannten begehen kann, ohne daß sie die Strafe dafür bezahlen müssen." (Zitiert bei A. Noyes, The Edge of the Abyss. S. 33.) Viele der unterdrückten Völker der Welt halten die Atlantic Charta noch immer für etwas mehr als campaign oratory. Man hüte sich, das Vertrauen der Welt leichthin zu erschüttern. Vertrauen ist die Grundlage jeder Zusammenarbeit und Ordnung. Es ist leicht verloren, schwer wieder zu gewinnen. Der Imperialismus hat diesen Krieg geboren, er ist der Vater des nächsten. Grundsatzlosigkeit in der Außenpolitik ist nicht ohne Rückwirkungen auf die Innenpolitik. Wenn feierliche Erklärungen nur ein Fetzen Papier sind, warum sollte ein Privatvertrag, ein Manneswort heilig sein. Jawohl, wir alle werden nicht bloß zu zahlen, sondern zu büßen haben, wenn der kommende Friede wiederum nur ein Scheinfriede ist.

Walter Lippmann hat recht, wenn er sagt: „In den entscheidenden Augenblicken der Geschichte werden Begriffe wie Pflicht, Wahrheit, Gerechtigkeit und Barmherzigkeit — müde Worte im Alltag — zum Maßstab der Entscheidung. Leider handeln wir so, als hätten wir sie vergessen. Wir schämen uns anscheinend, sie zu gebrauchen, teils weil wir den Spott der Philister fürchten, hauptsächlich aber deshalb, weil sie unserem Fühlen fremd geworden sind. Und doch, das Ergebnis dieses Krieges wird das Herz der Menschen brechen, wenn wir zu niedrigerem Verhalten herabsteigen ... Die ewigen Wahrheiten allein können uns durch das Wirrsal unserer Tage führen. Der gerade und rechte Weg ist der kürzeste und sicherste."

Kardinal Hinsley

Kardinal Hinsley führte 1943 in seiner letzten Radioansprache an das amerikanische Volk aus:

„Unsere beiden großen Nationen, die amerikanische und britische, einig im Geiste und in der Wahrheit, sind in der Lage, eine entscheidende Rolle zu spielen, wenn es gilt, allen Menschen jeder Rasse die unabdingbaren Rechte zu sichern, die ihnen der Schöpfer verliehen hat: das Recht zum Leben, das Recht zur Freiheit, das Recht, nach wahrem Glück zu streben... Wir müssen die erschreckende Aufgabe sehen, eine neue Ordnung zu bauen, die uns eine Epoche der Freiheit sichert durch einen Frieden, der auf allgemeine Gerechtigkeit gegründet ist. Unter Gerechtigkeit verstehe ich nicht einen stahlkalten Opportunismus, sondern ein Gesetz der Liebe, das in unseren Mitmenschen Ebenbilder Gottes sieht. Wir sind alle Kinder eines Vaters und wie wir beten, so müssen wir handeln, nicht für selbstsüchtige Interessen, sondern für das Gemeinwohl..."

George Shuster

Der weltbekannte Gelehrte George Shuster, Präsident des Hunter Colleges, erklärte nach seiner Europareise in der Carl-Schurz-Halle in Philadelphia:

„Das größte Problem Europas ist das der 12 Millionen Heimatvertriebenen aus Ostdeutschland, Sudetenland, Polen und den Balkan-Ländern. Total beraubt, arm und heimatlos, befinden sich diese Menschen im verkleinerten, ausgebombten Deutschland und in Österreich. Es ist ein internationales Problem, das, wie das viel geringere der DPs, auf internationale Weise gelöst werden muß."

„Wir ermutigen die Verfolger..."

R. German schreibt im Dezember 1948 im Leitartikel „The Sign":

„Wir Amerikaner haben tiefes Mitleid mit den DPs. In Potsdam aber setzte unser Präsident seinen Namen unter eine Vereinbarung, die 12 bis 15 Millionen DPs schuf. Artikel XIII der Vereinbarung trägt die Überschrift ‚Geordnete Überführung deutscher Einwohner'. Das heißt, daß Millionen Deutscher, deren Familien jahrhundertlang in Polen, Tschechoslowakei und in Ungarn lebten, wie Tiere aus diesen Ländern in ein Deutschland getrieben wurden, das schon nicht mehr in der Lage war, seine eigene unglückliche Bevölkerung zu ernähren und zu kleiden. Die Bewohner Israels, einst das verfolgte Volk Europas, haben die Rolle vertauscht und 400.000 Araber — Männer, Frauen und

Kinder — aus ihren Heimen vertrieben. Sie leben in Zelten, in Höhlen oder ohne jedweden Schutz an den kalten, verregneten, windigen Hügeln Palästinas, Syriens, Transjordaniens. Und wir protestieren nicht bloß nicht dagegen, wir arbeiten zusammen und ermutigen die Verfolger..."

Kardinal Ildefonso Schuster

Der Mailänder Kardinal Ildefonso Schuster in einer Neujahrsbotschaft:

„Die Mitte Europas bildete einst eine Blütestätte der Kultur, während dort heute alle moralischen und kulturellen Werte zerstört sind. Hunderttausende von Familien leben in Ruinen. Dazwischen bewegt sich ein Heer von unterernährten, halbnackten Kindern, von denen die meisten keine Eltern mehr haben und schwindsüchtig dem sicheren Tod entgegensehen. Das weibliche Geschlecht erliegt leicht, oft durch Not getrieben, den Verlockungen der Besatzungssoldaten. Schließlich sei der Millionen von Kriegsgefangenen gedacht, die widerrechtlich noch in den Lagern festgehalten werden, sowie der Millionen Vertriebener, die Haus und Scholle verlassen mußten und die in anderen Zonen zwar nicht ein Dach und eine Arbeit zum Lebensunterhalt, wohl aber wenigstens ein Grab finden. Ich habe Angst vor Gott, der die Welt erschaffen und erlöst hat und der uns verantwortlich macht für diese ungeheuren Fehler, wenn wir nichts unternehmen, um sie zu beseitigen oder... sie wenigstens im Namen des Erlösers zu brandmarken. Ich habe Angst vor den Menschen, weil ich Europa in ein riesiges Pulverfaß umgewandelt sehe, wobei ein Funke genügt, den ein Wahnsinniger in Sarajevo oder Danzig entzündet, um eine internationale Explosion herbeizuführen, die niemand aufzuhalten imstande ist. Ich habe Angst vor der Geschichte, die unseren Nachkommen erklären wird, wie das 20. Jahrhundert freiwillig Selbstmord beging und sich wie Judas mit dem eigenen Geldsack erhängte. Das ist die Neujahrspredigt für die Mächtigen der Welt!"

Wohnbau ist Dombau

Aus dem Fastenhirtenbrief 1949 des Bischofs Dr. Josef von Eichstätt.

„Wohnraum schaffen ist zugleich eine Forderung der Vernunft. Ihr kennt alle die Unzuträglichkeiten, die aus der räumlichen Enge erwachsen. Sie schafft Mißstimmung und Erbitterung, sie steigert die Gereiztheit und führt zu Zwistigkeiten, sie gefährdet die Gesundheit und die guten Sitten, sie stört den Familienfrieden, begünstigt die Verwahrlosung der Kinder und Jugendlichen, an ihr zerbrechen bisweilen die Ehen und Familien. Die Urzelle der Gemeinschaft muß sich gesund entfalten können, sonst wird die Gemeinschaft ernsten Schaden nehmen.

Wohnraum schaffen ist eine erste Forderung des Herzens. In der Rangordnung der Werke der Barmherzigkeit ist heute das vierte an die erste Stelle vorgerückt, das Herbergbieten und Wohnraumschaffen ...

Wohnraum schaffen ist schließlich das Gebot des Herrn. Er hat die tätige Nächstenliebe der Gottesliebe gleichgesetzt und hat sie zu dem ganz neuen Gebot, zu dem kennzeichnenden Gebot seiner Jüngerschaft erhoben. Er hat uns auch im Gleichnis den Begriff des Nächsten erklärt. Wer ist mein Nächster? Wer in Not sich befindet. Wer ist nun in Not, in großer Not? Wer kein Heim mehr besitzt. — Am Wohnraumschaffen fällt die Entscheidung des Gerichtes. Nehmt jetzt einmal diese Stunde vorweg, die unausbleiblich kommt! Schaut euch vor Gottes heiligem Gericht! Er wird zu euch sagen: „Ich war obdachlos, und ihr habt Mich nicht beherbergt." Dann werdet ihr fragen: „Herr, wann bist Du obdachlos gewesen?" Er aber wird sagen: „Damals, als der Strom der Ausgebombten und der Heimatvertriebenen euer Land überschwemmte und übervölkerte, damals war Ich obdachlos. Damals, als euer Bischof sein Hirtenwort von der aufbauenden Liebe erließ; damals, als er zum Pfennigsparen und zur Bauhilfesammlung aufgerufen hat, damals stand Ich vor deiner Tür, obdachlos in Tausenden und Abertausenden von Familien. Da hast du dein Herz verhärtet, hast Mir nicht geholfen." Wollen wir nicht dem Herrn ein Haus bauen, bevor er noch erscheint in der Unerbittlichkeit des Gerichtes? Wohnbau ist Dombau."

„...entscheidend für die britische Sache..."

April 1946 schreiben „Observer" und „News Chronicle" zur Lage in Deutschland:

Der „Observer" meint: „Wenn wir die Deutschen in unserer Zone verhungern lassen, so machen wir alle Bemühungen, die Deutschen vom Nazismus zurückzugewinnen und ihnen Achtung für die Demokratie beizubringen, zum Gespötte. Sie werden uns Heuchler nennen und sie haben recht. Die Überlebenden werden sich anderwärts um Lehrer umsehen. Die britische Zone wird ein

Platz, den wir nicht länger verwalten können, von dem wir uns anderseits nicht in Sicherheit zurückziehen können."

„News Chronicle" schreibt: „In Deutschland haben wir die Aufgabe, ein lebendiges Beispiel der britischen Auffassung einer geordneten Demokratie aufzubauen. Wenn diese Auffassung jemand ansprechen — wenn sie eine überzeugende Alternative der westlichen Welt gegenüber der Dynamik des Ostens bilden soll — dann ist Deutschland der Platz, wo sie sich bewähren muß. Hier in Deutschland treffen sich die zwei Ideale von Angesicht zu Angesicht — vor den Augen der Deutschen und der Welt. Was in Deutschland vorgeht, ist entscheidend für die britische Sache in der Welt... Unsere Unterweisung ist sinnlos, wenn sie mit einem Schlag auf den Schädel mit einem stumpfen Instrument begleitet ist... Wenn die Regierung interessiert war, den sozialistischen Widerstand gegen eine Vereinigung mit den Kommunisten zu stärken, so haben diese Hoffnungen einen schweren Rückschlag erlitten. Der Zusammenbruch des britischen Experiments kann sich in wilde Flucht verwandeln.

Es kann wenig Hoffnung bestehen für die Sicherheit und Einheit Europas, ja wenig Hoffnung, die Reste unserer Kultur zu retten, wenn wir im Herzen Europas ein hungriges und zornvolles Proletariat schaffen. Ein besiegtes Volk braucht mehr als die Sieger Arbeit und Produktion, nicht bloß zur Befriedigung der Lebensnotwendigkeiten, sondern für sein seelisches und politisches Gleichgewicht."

Dorothy Thompson

„Die schwächste Position der Westmächte ist Deutschland, weil unsere Politik seit 1945 die Vorbereitung dieses Landes für den Kommunismus gefördert hat. Was nötig gewesen wäre, war die Liquidation der Nazirevolution, des Mordens, der Gewaltanwendung, der Rache-Exzesse und die Wiederherstellung von Gesetzmäßigkeit, Ordnung und Menschlichkeit. Aber wir haben in wachsendem Maße zum Nihilismus und zur Verzweiflung beigetragen... Daß wir keinen Frieden haben, kommt daher, daß der Westen nichts geschaffen hat, woran sich die Hoffnung der Menschen entzünden könnte."

„Ob wir nicht alle Flüchtlinge werden...?"

Der Amerikaner Stewart W. Hermann von der Luth. Welt-Föderation sagte z. B.: „... Die Vertreibung der Volksdeutschen aus den Ländern Osteuropas (wurde) durch das Potsdamer Abkommen vom August 1945 sanktioniert. Infolgedessen tragen die Alliierten in der Meinung vieler ihrer Mitbürger ein besonderes Maß an Verantwortung für seine unglücklichen Folgen. Als Amerikaner kann ich sagen, daß wir anscheinend die Schuld auf uns geladen haben, uns den Volkstumsbegriff der Nazis zu eigen gemacht und ganze Völker ohne Rücksicht auf elementare politische Rechte abgeurteilt haben." („Neue Heimat", 29. Jänner 1950, S. 2.) Es wurde mit Kritik nicht gespart, wobei die österreichische Regierung nicht allzugut wegkam, wenn man auch die Schwierigkeiten des ‚befreiten' Landes zugab. Österreich muß Raum haben für die Volks-Österreicher (Odd Nansen, der Sohn des berühmten Polarforschers, legte besonderen Nachdruck auf diese Bezeichnung), und es wird Raum und Arbeit finden, wenn man (wie z. B. A. Westphalen in der „Furche" betont) die Grundsätze natürlicher Gerechtigkeit beachtet und in „Generationen denkt, nicht bloß in Bilanzperioden". Es gilt wohl für Österreich mehr als für andere Länder das Wort St. W. Hermanns: „Es läßt sich mit Recht behaupten, daß die letzte Entscheidung darüber, ob wir nicht alle Flüchtlinge werden könnten, davon abhängen wird, was heute für die Flüchtlinge getan wird." („Wegwarte", Wien, 28. Jänner.) — Odd Nansen unterstrich nachdrücklich — wie übrigens die meisten Vertreter — den internationalen Charakter des Problems: „Das Problem ist international, auch wenn es zehn Potsdamabkommen der ‚Großen' gäbe, und dies allein durch die Tatsache, daß weder Deutschland noch Österreich sie alle aufnehmen können." (Ebd.)

Menschen ohne Menschenrechte?

Das „Committee Against Mass Expulsions" (112 East 19th Street, New York City) schreibt in der Einleitung der Broschüre „Men without the Rights of Men" (Menschen ohne Menschenrechte):

„... Amerikaner müssen handeln: 1. Weil es sich um eine moralische Frage handelt. Wir können uns nicht zu unabdingbaren Menschenrechten bekennen (wie in der Unabhängigkeitserklärung. E. J. R.) und gleichzeitig zusehen, wie diese Rechte durch unsere Verbündeten mit Füßen getreten werden, teilweise mit Zustimmung unserer Regierung.

2. Weil die Geschichte beweist, daß eine Verfolgung die andere erzeugt, daß ein Akt der Brutalität als Vorwand für

andere dient. So wird die gegenwärtige Ausrottungspolitik gegen deutsche Minderheiten im Balkan und in Osteuropa damit entschuldigt, daß die Nazis diese Terrorherrschaft anfingen. Wenn aber dieser circulus vitiosus nicht irgendwo durchbrochen wird, treiben wir einer endlosen Kette von Rache und Gegenrache zu. Je früher der Zirkel durchbrochen wird, umso besser. Es liegt an uns, es jetzt zu tun.

3. Weil die Existenz großer Massen entwurzelter, eigentumsloser, unbeschäftigter und verbitterter Menschen in Europa eine soziale Gefahr erster Ordnung und eine direkte Einladung an den Kommunismus ist. Die Politik der Vertreibung, die von den Alliierten seit Beendigung des Zweiten Weltkrieges praktiziert wurde, hat diese Gefahr vergrößert. Obwohl die Deutschen aus dem Balkan und aus Vorkriegs-Polen nur ein Bruchteil der vertriebenen Massen sind, so macht doch jede Million vertriebener mehr eine eventuelle Lösung des Problems noch schwieriger.

Als Amerikaner ... sollten wir darum unsere und die alliierten Regierungen dazu bringen, folgende Maßnahmen sofort zu ergreifen:

1. Dem Problem der Vertriebenen viel größere Aufmerksamkeit zu schenken als bisher, besonders den heimatvertriebenen Minderheiten Osteuropas.

2. Jeden wirtschaftlichen, diplomatischen und öffentlichen Druck zu benützen, um die Sowjet-Satellitenstaaten zur Einstellung der Vertreibungen zu bewegen, Internierungs- und Konzentrationslager aufzulösen und die Diskriminierung gegen nationale oder kulturelle Minderheiten einzustellen.

Es ist irrig anzunehmen, daß Sowjetrußland und seine Satelliten gegenüber der amerikanischen und der Weltmeinung gleichgültig sind, da ja diese Staaten einen bedeutenden Teil ihres Budgets für Auslandspropaganda verwenden, dazu bestimmt, die demokratische Meinung abzulenken, irrezuführen oder aufzuspalten. Sobald einmal die Tatsachen der Vertreibungen dem amerikanischen Volk weit bekannt sind, sollte es den Sowjetsatelliten klar sein, daß sie nicht mit wirtschaftlicher Hilfe Amerikas rechnen können, solange sie solche Unmenschlichkeiten begehen.

3. Die amerikanische Regierung müßte darauf bestehen, daß den Mitgliedern der Minderheitengruppen ihre bürgerlichen Rechte auf Basis der Gleichberechtigung wiedergegeben werden, daß die Minderheiten, die gezwungen wurden, das Land zu verlassen, wieder heimkehren und ihre alten Häuser und ihre Farmen

wieder beziehen dürfen. Ausgenommen sollten nur verurteilte Kriegsverbrecher und aktive Nazis sein, die sich ihren Ländern gegenüber unloyal verhielten. Sklavenarbeiter müssen entlassen und die Familien, soweit möglich, wieder zusammengeführt werden. Unsere Regierung sollte jegliche finanzielle und andere Hilfe von der Bedingung abhängig machen, daß die bürgerlichen Rechte der Minderheiten wieder hergestellt werden.

4. Sie sollte darauf bestehen, daß der Schaden, der diesen Minderheiten zugefügt wurde, nach bester Möglichkeit der betreffenden Staaten wieder gutgemacht wird. Unsere Regierung sollte eventuell in einem gesamteuropäischen Aufbauprogramm einen Teil der Kosten übernehmen für die Wiederansiedlung dieser Gruppen in ihrer alten Heimat.

5. Sie sollte dauernd das Problem der Minderheitsgruppen zur Aufmerksamkeit anderer Regierungen bringen und sie drängen, eine ähnliche Politik gegenüber den Sowjet-Satellitenstaaten einzunehmen.

6. Sie sollte Untersuchungskommissionen in die betreffenden Länder entsenden, um eine vollständige Übersicht über die Austreibungen zu gewinnen.

7. Sie sollte eine internationale, notfalls nur britisch-amerikanische Stelle einrichten, die sich besonders mit den Vertriebenen deutscher Abstammung befaßt, die durch die Verfassung der IRO von der Hilfe dieser Körperschaft ausgeschlossen sind.

8. Eine sorgfältige Studie aller Siedlungsmöglichkeiten für die deutschen Minderheiten aus den Balkanländern unternehmen, sei es in Europa (Deutschland oder Frankreich), oder in Übersee (Lateinamerika, Britische Dominien, Alaska), und aktiv alle Auswanderung und die Wiederansiedlung fördern, um den Bevölkerungsdruck in Europa zu erleichtern.

9. Bestehen auf einer solchen Lösung der Frage von Deutschlands Ostgrenze, daß in Deutschland genügend landwirtschaftlicher Boden bleibt für die Ansiedlung nicht nur der vertriebenen Ost- und Sudetendeutschen, sondern für die unvermeidlichen Überbleibsel der Balkandeutschen, die weder in die Heimat zurückgeführt, noch in Übersee angesiedelt werden können.

Abgesehen davon, daß wir diese Politik unserer Regierung aufdrängen, können und müssen wir private Untersuchungen anstellen über die gegenwärtige Lage dieser Vertriebenen, Geld, Lebensmittel und Kleider sammeln, um diese Menschen bis zu ihrer eventuellen Wiederansiedlung am Leben zu erhalten.

Könnten unsere amerikanischen Mitbürger einige Bilder der Vertriebenenlager in Deutschland und Österreich sehen, wir sind überzeugt, sie würden großherzig diesem Aufruf Folge leisten ... Diese Gruppen verdienen all die Förderung, die möglich ist, um den Überlebenden dieser europäischen Tragödie ihre Lage zu erleichtern."

Erklärung des Katholischen Zentralvereins von Amerika bei der Jahreshauptversammlung 1949 in San Francisco, Cal.:

„Mehr als vier Jahre sind vergangen seit dem Übereinkommen von Potsdam unter den drei führenden Nationen der Welt, das für mehr als zwölf Millionen Menschen eine tragische Lage dekretierte, die systematisch von den Regierungen und den Machern der öffentlichen Meinung ignoriert wird.

Es ist dringend geboten, daß alle ehrlichen, wohlmeinenden Menschen aufgerufen werden zur Tat, so daß sie auf die verantwortlichen Staatsmänner Einfluß nehmen, daß sie Maßnahmen treffen zur Erleichterung des Elends der Opfer einer Politik, die so unmenschlich wie ungerecht ist. Diese Opfer sind in den Ländern geboren und waren durch viele Generationen loyale Bürger verschiedener Länder, die heute hinter dem ‚Eisernen Vorhang' liegen.

Das geschlagene Deutschland und Österreich, bedeckt mit kriegsbeschädigten Städten, leidend unter sozialer und wirtschaftlicher Unsicherheit, sind wirtschaftlich nicht einmal in der Lage, für ihre eigenen verarmten Millionen zu sorgen. Es ist ihnen darum völlig unmöglich, die Vertriebenen zu assimilieren. Auch karitative Organisationen sind nicht in der Lage, mit diesem tragischen Problem Schritt zu halten. Es müsse darum seitens der Regierungen, die für die entsetzliche Vertreibung von Millionen, die man der Heimat beraubte, verantwortlich sind, den Opfern ihr gottgegebenes Recht auf wirtschaftliche, kulturelle und religiöse Selbstbestimmung zurückgegeben werden, im Einklang mit dem feierlichen Versprechen der Vier Freiheiten.

Die Vertriebenen sind wegen ihres ethnischen Ursprungs, wegen ihrer deutschen Abstammung noch immer von den Vergünstigungen der Internationalen Flüchtlingsorganisation (IRO) ausgeschlossen, gleichfalls von der Rücksicht, die in dem DP-Akt von 1948, verbessert in der 81. Sitzung des Kongresses, den Displaced Persons entgegengebracht wird.

Wir fordern unsere Mitgliedervereine sowie alle karitativen Organisationen auf, Mittel zu suchen, um die dringendste Not dieser schwergeprüften, entmutigten Menschen zu erleichtern, sie zu ermutigen und ihnen in ihren religiösen Verpflichtungen beizustehen, um sie von Verzweiflung und dem Gefühl höchster Verantwortungslosigkeit zu befreien."

X.

AN DEN GRENZEN DES ABENDLANDES

„Unsere Zukunft ist schweigendes Land,
Nicht Menschenwille es pflügt.
Jeder Tag kommt aus Gottes Hand,
Und das zu wissen genügt.

P. Lippert S.J.

Donoso Cortes, der spanische Philosoph und Staatsmann, erklärte vor hundert Jahren im Abgeordnetenhaus: „Prägen Sie es gut Ihrem Gedächtnis ein, was ich Ihnen jetzt genau sagen will! Denn die Dinge, die ich Ihnen jetzt sagen möchte, die Ereignisse, die ich Ihnen für eine nähere oder fernere Zukunft ankündigen will, werden buchstäblich in Erfüllung gehen. Schon eilt die Menschheit mit großen Schritten dem sicheren Schicksal der Despotie entgegen, und ich sage Ihnen, meine Herren, diese Despotie wird eine Kraft der Zerstörung entfalten, die wahrlich größer sein wird als alles, was wir bisher erlebt haben. Jawohl, meine Herren, die Wege sind geebnet für eine Tyrannenwirtschaft von kolossalen, von riesenhaften, von ungeheuren Ausmaßen. Heute sind die Wege geebnet für einen Tyrannen, der überall eingreift und alles an sich reißt." (Zitiert bei A. Maier, Donoso Cortes, in „Neues Abendland", Oktober 1948.)

An den Generalvikar von Nevers schrieb er am 24. April 1849: „Wir beide glauben und bekennen, daß die größte Katastrophe der Weltgeschichte im Anzuge ist. Wir wagen sogar zu sagen, daß sie bereits in greifbare und bedrohliche Nähe gerückt ist. Was kommen wird — es steht in diesem Augenblick klar und deutlich vor meinen Augen — das ist die Barbarisierung Europas, die Verwüstung und Entvölkerung seiner Länder."

Am 31. Jänner 1950 gab der Präsident Amerikas, Harry S. Truman, den Auftrag, Hydrogenbomben zu bauen, deren Zerstörungskraft tausendmal stärker sein soll als die der Atombomben, die Amerika als erste und bisher einzige Nation der Welt über Hiroshima und Nagasaki verwendete.

Ich weiß nicht, ob diese Erklärung und Entschließung nur einen abschreckenden Charakter haben soll. Denn schon am 20. April 1950 erklärte der gleiche Präsident vor der US-Gesellschaft der Zeitungsherausgeber unter anderem: „... Solange wir nicht die Wahrheit auch den Völkern anderer Länder zu vermitteln vermögen, werden wir den Kampf um den menschlichen Geist aus eigenem Verschulden verlieren."

Drei Viertel der Menschheit stehen direkt oder indirekt unter einer Tyrannei, von der nicht Hitler, sondern Franklin D. Roosevelt am 10. Februar 1940 vor einem amerikanischen Jugendkongreß erklärte: „Die Sowjetunion ist tatsächlich, wie jeder weiß, der den Mut hat, Tatsachen ins Auge zu schauen, den Tatsachen, die Ihnen und aller Welt bekannt sind, geführt von einer Diktatur, die so absolut ist wie irgendeine in der Welt."

Diese Diktatur hat ihre Filialen, ihre Spionagezentralen, ihre wissenden oder irregeleiteten Helfershelfer in der ganzen Welt. Winston S. Churchill sei Zeuge. In einer Rede vor dem britischen Unterhaus erklärte er am 5. November 1919: „... Kaum war Lenin (in Rußland) angekommen, begann er obskuren Personen zuzuwinken, die in sicheren Verstecken in New York, Glasgow, Bern und anderswo waren, und versammelte um sich die führenden Geister einer furchtbaren Sekte, ja der schrecklichsten Sekte überhaupt, deren Hoherpriester er war. Mit diesen Männern um sich, fing er an, mit dämonischer Geschicklichkeit jede Institution zu zerstören, auf der Volk und Staat in Rußland basierten. Und Rußland liegt darnieder.' Leider sagt Churchill nicht korrekt, was er mit dieser „furchtbaren Sekte" meint und wer dazugehört. Er beschreibt aber ihre Methoden und Ziele: „Die Zitadelle wird unter dem Banner der Freiheit und Demokratie gestürmt. Sobald der Machtapparat in den Händen der Bruderschaft ist, müssen alle Opposition und alle gegenteiligen Meinungen durch den Tod unterdrückt werden. Demokratie ist nur ein Werkzeug, das man gebraucht und dann wegwirft. Freiheit eine sentimentale Torheit, unwürdig logisch denkender Menschen. Diese absolute Herrschaft einer selbstbestellten Priesterschaft wird der Menschheit aufgezwungen, mitleidlos, fortschreitend und bleibend, im Einklang mit mechanisch eingelernten Dogmen." (Great Contemporaries, 1937, S. 169.)

Wie kann man es erklären, daß Männer wie Roosevelt und Churchill, die das innerlich verbrecherische Ziel des Bolschewismus so klar kannten und verurteilten, die angeblich Krieg führten, um die Diktatur der Nazis zu brechen, die Welt zu befreien, ja, um „eine internationale Ordnung aufzurichten, in der Christi Geist die Herzen regieren soll" (Roosevelt an die katholischen Bischöfe Amerikas am 24. Dezember 1941) —, wie ist es möglich, daß sie sich mit dieser Diktatur verbanden, daß sie ihr den Weg nach Europa bahnten und bombten, daß sie ihre Herrschaft in Europa und Asien, selbst unter Verrat der Bundesgenossen (Polen und China), befestigten, daß sie auf dem unsittlichen, unmenschlichen „unconditional surrender" verharrten, wenn jedes Kind sehen konnte, daß der Krieg nicht bloß Deutschland, sondern Europa zerbrechen, daß der einzige Sieger der Bolschewismus sein müsse? Waren sie nur blinde Führer von Blinden, gedankenlosen, propagandagläubigen Massen? Waren sie selber, wenn schon nicht Mitglieder, so doch Werkzeuge der „furchtbaren Sekte", von der Churchill sprach? Waren sie selber so maßlos hochmütig und gottgleich, ausgestattet mit einer Machtfülle, die der der Diktatoren nicht nachstand, ja sie materiell übertraf, daß sie glaubten, sie könnten die Teufel beschwören und Ordnung aus dem Chaos schaffen? Waren sie so vom Fortschrittsglauben erfüllt, daß sie den Rückschritt in die Barbarei nicht ahnten? Oder ist es Charakterlosigkeit und Hilflosigkeit der Westmächte, was den Ausblick für das Abendland so düster macht?

Karl von Wiegand schreibt darüber in der Hearst-Presse einen Artikel — nicht mit Unrecht aus Rom, der letzten Zitadelle des Abendlandes datiert —, worin es u. a. heißt:

„Mehr als 4 Jahre nach Kriegsende steht das ‚Problem Europa' noch völlig ungelöst vor uns und zwingt das Genie und die Fähigkeiten der Staatsmänner des Westens zu einer Lösung...

Man sollte meinen, daß die Riesenfehler der vierjährigen Nachkriegszeit die Männer in Washington und sonstwo endlich davon überzeugt hätten, daß der bisher begangene Weg nie zu einer Lösung der europäischen Probleme führen kann. Diese Fehler umfassen die UNO, den Marshallplan, die jüngste Pariser Konferenz, das Fehlen von Friedensverträgen vier Jahre nach Kriegsende und den sogenannten Europarat von Straßburg...

Durch den Ausschluß von Deutschland und Spanien, den beiden strategisch wichtigsten Ländern auf diesem Kontinent, entstehen zwei tödliche Löcher in dem ‚Vereinten Europa'...

Europa ist noch immer ein Durcheinander ungelöster Gegensätze und wird es noch auf lange Zeit hinaus bleiben, wenn nicht endlich Männer und Frauen mit offenem Herzen und einem weiten Blick und mit Seelen ohne Haß und ohne Vorurteil auf der Bildfläche erscheinen...

Europäische Einigung und Zusammenarbeit kann nicht auf der verlogenen Grundlage moralischer Überlegenheit auf der einen Seite und pariahafter Unterdrückung auf der anderen Seite aufgebaut werden, die man notdürftig mit amerikanischen Dollars zusammenpflastert...

Im Entscheidenden ist das Problem Europa ein geistiges, kein militärisches... Mehr als vier Nachkriegsjahre haben überzeugend dargetan, daß hinter den gewaltigen materiellen Kräften Amerikas, Englands und Frankreichs keinerlei konstruktive Idee steht, kein schöpferischer Gedanke — nur in Rußland...

So lange aber keine wirklich revolutionäre, schöpferische, neue Idee zur Lösung erscheint, so lange bleibt das Problem Europa ungelöst."

Unverständlich noch bleibt die Haltung gewisser berufener Wächter, die nicht bloß zu allen Verbrechen im eigenen Lager schwiegen, so laut sie über wirkliche und angebliche Greuel der „Feinde" schrien, sondern die ganze Vernebelung und Verschmierung der Geister über Pläne und Ziele des Bolschewismus mitmachten, und jene, die zu reden wagten, aufs tote Geleise schoben und diffamierten. Muß man Patriotismus wirklich durch Feigheit, Grundsatzlosigkeit und Preisgabe der Dinge Gottes an den Cäsar beweisen? „Wir können nichts machen; es gibt gewisse geheime Zirkel in Washington", habe ich mehr als einmal während des Krieges aus berufenem Munde gehört. Freilich, man kann oftmals nicht gleichzeitig in der Gunst Gottes und Cäsars bleiben, besonders wenn die Cäsaren göttliche Rechte usurpieren. Dann ist die Stunde der Entscheidung und sie ist in „Demokratien" nicht leichter, als sie für Christi Nachfolger war, von den Tagen der Apostel bis herauf zu den Kardinälen von Galen und Mindszenty. Und wird man diesen Führern heute glauben, wenn sie den Bolschewismus als den Erzfeind und Stalin als den leibhaftigen Gottseibeiuns hinstellen? Wer in weltanschaulichen Fragen Kompromisse macht, kompromittiert sich und die Weltanschauung, die er zu vertreten vorgibt.

Gibt es überhaupt keine menschliche, natürliche Erklärung für das Geschehen und die Entwicklungen der letzten Jahre? Es ist jedenfalls auffallend, wie oft man heute vom Teufel redet und über ihn schreibt. Ich will mich nicht in die Gefilde der Mystik oder theologischer Spekulationen versteigen. Nur zwei Gedanken: Der Teufel ist der „Affe Gottes". Die Schöpfung ist das Werk göttlicher Allmacht. Es ist der Wissenschaft gelungen, mehr und mehr die Geheimnisse Gottes in der Natur zu erforschen und zu ergründen. Eine gottgebundene Wissenschaft hätte die neuen Entdeckungen und Erfindungen zum Segen der Menschheit angewendet; eine gottferne Wissenschaft, frei von Bindungen an das Naturrecht und den Dekalog, stellt sie in den Dienst des Meisters der Zerstörung. Die Satanologie liefert die Begründungen und Entschuldigungen: „Andere würden dieselben Waffen verwenden, hätten sie die Entdeckung vorher gemacht." „Wir können den Krieg dadurch abkürzen." „Wir retten tausende Menschenleben unserer Soldaten." Ein kanadischer Wissenschaftler redet bereits davon, daß der Maschinenmensch, das mechanische Gehirn, die ferngelenkte Hand im nächsten Kriege den Soldaten ersetzen und für die Zerstörung von Wohnvierteln, Kirchen, Schulen, Waisenhäusern, für die Vernichtung von Menschenleben eingesetzt wird. (Vgl. E. Griffin, Chicago Tribune, 29. Jänner 1950.) Der Affe Gottes ist im Begriff, das Werk Gottes zu vernichten.

Manche Theologen sind der Anschauung, der Sündenfall der Engel bestehe darin, daß sie sich weigerten, das Geheimnis der Menschwerdung des Sohnes Gottes aus einer Jungfrau, das ihnen geoffenbart wurde, anzuerkennen und anzubeten. Der „Affe Gottes" ist im Begriff, auch dieses Geheimnis zu kopieren. Ein deutscher Schriftsteller, Dr. F. Spiesser, schrieb einen satirischen Roman über Lenins Wort, „daß die ganze Welt eine einzige große Fabrik würde". Darin schreibt er, die Wissenschaft habe entdeckt, die menschliche Fortpflanzung chemisch zu bewerkstelligen, in den verschiedensten Weltteilen würden unter Aufsicht von Gelehrten „Brutanstalten" eingerichtet; von einer Frau geboren zu sein, sei in Zukunft ein soziales Verbrechen. (Vgl. K. v. Wiegand, Predicts Communist Fate, Chicago Herald American, 23. Jänner 1950.)

Ida Friederike Goerres berichtet: „Die Berliner Zeitschrift ‚Sie' brachte unlängst einen höchst kuriosen Artikel des Inhalts: daß ‚naturwissenschaftlich' eine jungfräuliche Geburt durchaus im Bereich des Möglichen läge — das weibliche Ei könne auch anders als durch männliche Befruchtung, z. B. durch Bestrahlung, ‚in Gang gesetzt' werden, zur Entwicklung auf eine vollständige Frucht hin ... Nachdem ja die Greuel der künstlichen Erzeugung schon längst in Übung sind und in England und Amerika sogar große Mode ..., kann man schwerlich zweifeln, daß es auch noch irgendwie und -wo ausprobiert wird, z. B. bei den Russen. Solche Leute meinen dann, sie hätten den Mythos von der wunderbaren Jungfrauengeburt ‚damit ganz natürlich erklärt' — und merken gar nicht, daß sie diesem Dogma viel eher einen Dienst erwiesen haben, — indem der Vorgang tatsächlich innerhalb des ‚wissenschaftlich Denkbaren' eingeordnet wird, — ohne daß dabei das größere, ausschlaggebende Wunder seiner Verursachung irgendwie berührt wird. Wichtig ist mir daran noch etwas anderes: das unheimlich Apokalyptische. Die Schreiber dieser Zeilen haben wohl keine Ahnung, daß alte Prophezeiungen den Antichrist als den ‚Sohn einer Jungfrau vom Teufel' bezeichnen. Jetzt rückt das durchaus in den Bereich des Glaubwürdigen: solche Experimente stammen wirklich aus satanischem ‚Geist' und Impuls. Wenn es gelänge, müßte das Produkt wirklich der ‚Un-Mensch' sein, dem wesentlich menschliche Elemente einfach fehlen. Es sähe sozusagen dem Teufel ähnlich, eine solche abscheuliche Nachäffung der Menschwerdung durch menschliche Hybris zu probieren — und das Erzeugnis wäre wirklich in gewissem Sinne ‚sein Sohn' und eine grauenvolle ‚Inkarnation' des Dämons.

Der bekannte Gelehrte Dr. P. Alois Mager, OSB., schrieb in einem beachtenswerten Artikel „Der Dämonismus unserer Zeit": „Im Nationalsozialismus greift der Dämonismus auf eine ganze menschliche Gesellschaft über mit dem ausgesprochenen Anspruch, ein ganzes Volk und durch dieses die ganze Welt in seinen Bannkreis zu ziehen. Der Dämonismus wird Massenerscheinung.

Das Medium, durch das die Dämonen alle bisher von Natur und Offenbarung geltenden und trotz aller Entchristlichung doch öffentlich immer noch anerkannten Normen des Rechtes und der Sittlichkeit zerstören und ihr Reich aufrichten wollten, war Adolf

Hitler. Es gibt keine kürzere, schärfere und zutreffendere Begriffsbestimmung Hitlers als: Dämonisches Medium. Wer sich nicht von gleißnerischem Schein trügen läßt, konnte und kann niemals in Hitler eine sittlich und charakteristisch große Persönlichkeit erblicken. Feldmarschall Jodl sagte von ihm im Nürnberger Prozeß: ‚Er war eine Größe, aber eine infernalische Größe.' Dämonische Größe ist immer Scheingröße. Für die Phantasie, die dem dämonischen Einfluß zugänglich ist, tauchen Riesendimensionen auf, für das nüchterne Denken aber schrumpfen sie zur erbärmlichen Karikatur zusammen."

Ich habe gewiß keinen sachlichen oder persönlichen Grund, Hitler und seine Tyrannei zu verteidigen; ich habe sie immer bekämpft und trage bis heute die Konsequenzen dieses Kampfes. Trotzdem enthalten Professor Magers Ausführungen nicht die volle Wahrheit. Mag sein, daß Hitler ein Medium der Dämonen war: so war es vor ihm und ist es bis heute Stalin, der eine dämonische Welt- und Menschheitsordnung aufrichten will, ja viel weiter als Hitler bereits aufgerichtet hat. Hitler roch den Teufel, mit dem er sich zuerst verbündet hatte, und zog aus, ihn zu vernichten, und gerade daran ging er selber zu Grunde. Und wer half und hilft dem Dämonen bis heute, das Ziel zu erreichen, das Hitler nicht erreichte, die ganze Macht und Herrlichkeit, wer sind des Teufels Generale, Bankiers und Propagandisten?

Die Entscheidungen fallen nicht in Rom, sondern im obersten Rat der Logen. Es gilt noch immer das Wort des protestantischen Forschers Ed. Eckert: „Kein Staatsmann kann die gegenwärtige Periode, die Motive, die internationalen Ereignissen zugrunde liegen, die Entwicklungen im politischen und sozialen Leben der Völker oder auch nur die richtige Bedeutung gewisser üblicher Phrasen und Begriffe verstehen, kurz gesagt, er sieht nur Tatsachen, aber er kann ihre Bedeutung nicht ermessen, er weiß nicht, wie er sich dazu stellen soll — es sei denn, er macht eine gründliche Studie der Freimaurerei und er versteht völlig ihr Wesen und ihre Tätigkeit." (Übersetzt nach Cahill, „Freemasonry and the Anti-Christian Movement", Dublin 1930, S. 12.)

Es ist zu einfach, den Dämonismus unserer Tage nur mit Hitler erklären zu wollen. Denis de Rougemont schreibt in seinem gescheiten Buch „The Devils Share": „Seit 1933 verführte uns der Teufel zur Annahme, daß er selber Adolf Hitler sei und sonst niemand. Das war des Teufels zweiter Trick ... Vergessen wir nicht, daß der Teufel Legion ist. Es wird leider nicht genügen, einen Diktator zu unterdrücken, um unsere Zeit von den tiefsitzenden Übeln zu befreien, die sie befallen haben... Die Bewegung, die Hitler im 20. Jahrhundert zu entzünden imstande war, bestand potentiell in der menschlichen Gesellschaft seit der Bildung der ersten Gesellschaft und sie wird zweifellos bis zum Ende der Geschichte unseres Geschlechtes bestehen."

Dr. Mager schreibt weiter: „Es gibt einen unfehlbaren Maßstab, an dem wir alles Dämonische bestimmen können. Christus selber gab ihn uns. Denn so sagte er einmal den Juden ins Gesicht: ‚Ihr habt den Teufel zum Vater und wollet nach den Gelüsten eures Vaters tun. Dieser war ein Menschenmörder von Anbeginn und ist in der Wahrheit nicht bestanden. Denn die Wahrheit ist nicht in ihm. Wenn er Lüge redet, so redet er aus Eigenem; denn er ist ein Lügner und der Vater der Lüge.' (Joh. 8, 44.) Zwei Merkmale kennzeichnen unfehlbar das Dämonische: Lüge und Mord. Nie sind Lüge und Mord in zielbewußtem Anstreben so zum Lebensnerv und Lebenszweck eines Volkes gemacht worden wie im Nationalsozialismus.

Lüge sprach aus Zeitungsberichten und Radiomeldungen. Was der Nationalsozialismus dachte, redete, schrieb und tat, war mit Lüge durchsetzt."

Wiederum wage ich zu behaupten: das alles ist wahr, aber es ist einseitig gesehen. Hätte Professor Mager den Krieg im Ausland erlebt, als Angehöriger einer „feindlichen Nation", hätte er hinter die papierenen, seidenen, eisernen Vorhänge schauen können; er hätte auch hier den Vater der Lüge am Werke gesehen.

Kardinal Verdier, den sicherlich niemand des Faschismus beschuldigen kann, sagte einmal: Der Hoffnungsstern der Menschheit „ist die Internationale der Liebe durch die Gemeinschaft der Seelen".

Unlängst noch machte Senator Brewster eine bedeutsame Mitteilung: „Man hört insgeheim immer wieder, daß die Alternative zu Kommunismus Katholizismus ist. Wir wissen, daß das Wort immer wieder fällt in den Lauben des Kongresses, obwohl die Senatoren sich hüten, es vor das Plenum des Kongresses zu bringen. Man sagt sogar, daß sehr einflußreiche Mitglieder der amerikanischen Delegation (zur UNO) es sind, die der Anerkennung Spaniens am meisten widerstreben, weil Spanien ein katholisches Land ist." (Father Gillis, The Tablet, 28. Jänner 1950.)

Wenn Lüge und Mord Kennzeichen des Dämonischen sind, dann kann jeder, der sehen will, diese Merkmale bei den Siegern ebenso finden wie bei den Besiegten, bei Nazis ebenso wie bei ihren Nachfolgern. All die feierlichen Erklärungen und Charten waren Lügen, um im Innern Anhänger für den „Kreuzzug" zu gewinnen und andererseits den Feind zu zermürben und zu zersetzen: die Atlantic Charta, die Vier Freiheiten, die Charta von San Francisco, die Neuformulierungen der Menschenrechte. Keiner der Väter dieser Propagandadokumente hat auch nur ernstlich daran gedacht, sie in die Wirklichkeit umzusetzen, zunächst einmal im eigenen Bereich. Keine Lüge war plump genug, keine Verleumdung, wenn es galt den „Feind" zu treffen. Das typische Beispiel bleibt die Behandlung Stalins und des Bolschewismus, als es ‚expedient' war, ihn brüderlich zu umarmen.

Der Jugoslawe Constantine Fotitch erhebt eine leidenschaftliche Anklage gegen den Verrat seiner Heimat unter dem Titel: Der verlorene Krieg. „Um die russische Zusammenarbeit zu gewinnen, wurden mehr als 90 Millionen kultivierter Europäer und ihre Selbstachtung den Sowjets geopfert." „Der Terror des neuen (Tito-) Regimes übertrifft bei weitem den Naziterror!", eine Feststellung, die übrigens auch Dr. Zenkl, der Prager Bürgermeister, für seine verlorene Heimat machte. Worüber sich Fotitch wundert? Daß Churchill erwartete, der kommunistische Diktator würde nicht die Hand beißen, die ihn füttert. Churchill hat doch erklärt, er ginge selbst mit dem Teufel, wenn er England damit retten könne, und er meinte den Teufel des Bolschewismus. Aber der Teufel ist mit dem kleinen Finger nicht zufrieden; er will die ganze Hand.

Es war pikant, den Fabelkrieg zu verfolgen, in dem sich unlängst der Engländer McNeil und der Russe Vishinsky bekämpften. McNeil erinnerte an die Fabel Krylovs von der Schlange, die die Nachtigall imitierte, aber die Vögel nicht täuschen konnte, weil man immer den Stachel sah. Vishinsky antwortete mit der Fabel von der Schlange und dem Verleumder, die miteinander um den Vorrang stritten. Beelzebub traf die Entscheidung: „Du bist übel", sagte er zur Schlange, „tödlich ist dein Gift. Aber du kannst nicht aus der Ferne verwunden wie die tödliche Zunge des Verleumders. Ihm gebührt der Vorrang." Seitdem sind Verleumder mehr geehrt als Schlangen. Es ist gut zu wissen, was die Herren, die die Geschicke der Welt entscheiden wollen, voneinander denken. Ist es zufällig, daß sie die Symbole des Teufels verwenden?

Wenn Gott die Liebe ist, dann ist der Haß Merkmal des Teufels; Hitlers Rassengesetz und sein Plan zur Ausrottung der Juden und der Morgenthau-Plan, der doch letzten Endes, vielleicht brutaler als Hitlers Gaskammern, zur Auspowerung Deutschlands, zum Raub der deutschen Substanz, letzten Endes zum Rassenmord an Millionen deutscher Menschen führen muß — liegen auf derselben Ebene. Wer Hitlers Rassengesetze verurteilt, kann nicht den Morgenthau-Plan widerspruchslos akzeptieren, er sei denn ein schamloser Heuchler. Wer den Morgenthau-Plan annimmt und durchführt, verliert das moralische Recht, Nazis derselben Verbrechen anzuklagen. Wenn das Nürnberger ex-post-facto-Gesetz Rassenmord als Verbrechen gegen die Menschlichkeit bezeichnet — mit Recht —, so wird es zur Farce, wenn man Mörder zu Richtern bestellt und der Rassenmord verewigt wird. Die Gerechtigkeit wird geschändet, das Vertrauen in die Gerechtigkeit — das Fundament gesellschaftlichen Zusammenlebens — untergraben. Vor Gott gibt es nur ein Recht und eine Gerechtigkeit; auch der Sieger hat kein Recht zum Mord an den Besiegten; vor Gott hat jede menschliche Seele und darum auch jedes menschliche Leben denselben Wert, ein deutsches wie ein jüdisches oder amerikanisches.

Professor Mager schreibt weiter: „Haufenweise hingemordete Menschen bezeichnen den Weg, den der Nationalsozialismus ging. Feststeht für ewige Zeiten das Urteil der Geschichte: An diesem Krieg mit seinen Millionen Gefallenen und Umgebrachten ist nur einer schuld: Adolf Hitler mit seinen engeren Parteigenossen." Es scheint etwas voreilig, das Urteil der Geschichte für ewige Zeiten festzulegen; der Friedensvertrag von Versailles erzwang ebenfalls die Klausel von der Alleinschuld, und die Klausel wurde sehr bald revidiert. Schon heute hören wir Stimmen, die zumindest von Mitschuld am Aufkommen Hitlers und damit am Kriege reden, genau so wie es heute schon Stimmen gibt, die nicht Hitler, sondern einen bisher legendenhaft vergötterten amerikanischen „Staatsmann" für die heutige Weltlage, für den Verrat des Abendlandes an seinen Erzfeind verantwortlich machen. Niemand kann die ungeheuerliche Schuld der Nazis leugnen; das deutsche Volk hatte keinen schlimmeren Feind in seiner Geschichte. Aber nil sine causa sufficiente; es gäbe keinen Hitler ohne Versailles, ohne die Zertrümmerung Österreichs, ohne das Massenelend der Nachkriegsjahre, ohne das Versagen des Völkerbundes, ohne die moralische, politische und finanzielle

Förderung Hitlers durch das Ausland, auch wenn man diese Dinge heute lieber vergißt oder totschweigt, damit man umso leichter die These nicht von der „Schuld Hitlers und seiner Parteigenossen", sondern von der Gesamtschuld des deutschen Volkes rechtfertigen und aufrechthalten kann.

Und wenn Professor Mager schreibt, daß haufenweise hingemordete Menschen den Weg des Nationalsozialismus bezeichnen, so ist das zwar richtig, aber wiederum unvollständig: auch am Wege der Sieger liegen massenhaft hingemordete Menschen. Der Krieg wurde in beiden Lagern ohne Rücksicht auf Menschenrechte und Gottes Gesetz geführt. Die Frauen, Kinder und Greise in den Wohnvierteln von Dresden, Nürnberg, Pirmasens, Würzburg, Hamburg etc. sind nicht „gefallen", sie sind gemordet worden. Die größte Barbarei des ganzen Krieges, ein Bumerang, der nun drohend über uns und der Welt liegt, ist die Verwendung der Atombombe über Nagasaki und Hiroshima. Heute ist es zu spät, ihre Anwendung seitens der Gegner als unmoralisch oder unmenschlich zu bezeichnen. Der Feind richtet sich nach unserer Moral; nur sind wir unter den künftigen Opfern. Ein englischer Pastor, W. Roland Jones, sagte schon zu Kriegsbeginn: „Der Versuch, im Einklang mit dem Christentum Krieg zu führen, ist wie der Versuch, einen Mann zu hängen, ohne ihn zu töten." Man denkt an das Wort Hamlets: „Die Zeit ist außer Rand und Band."

Die Zeit? O nein, die Menschen! Nicht die Zeiten sind schlechter geworden: Gottes Sonne leuchtet still über die Welt; die Erde trüge überreichlich Frucht, um alle Menschen zu ernähren, aber weite Gebiete verwildern, weil man die Arbeiter von Heim und Hof vertrieb; anderswo werden schonungslos die Wälder abgeholzt, weil man die Wüste plant; dort werden Kartoffeln, Obst, Milch verwüstet, weil der Gewinn zu gering erscheint, weil man die Transportmittel zerstört; Sklaven der Sieger können nicht mehr in den Bergwerken schaffen, weil ihnen die physische Kraft fehlt oder weil das Ergebnis ihrer Arbeit weggeschafft wird; Millionen haben nicht Kleider und Schuhe, obwohl unsere Fabriken jedem menschenwürdige Kleider geben würden, weil Rachsucht die Fabriken zerstört und verschleppt, um Konkurrenten auszuschalten. Nicht die Zeiten sind schlechter geworden, sondern die Menschen.

Rassenmord ist die Abtrennung lebensnotwendiger landwirtschaftlicher Gebiete von Deutschland; die Versteppung Europas, die durch die wilde Abholzung ohne nachfolgende Aufforstung zwangsläufig kommen muß, die Versteppung in der Ostzone, in dem von den Polen besetzten Gebiet, im Sudetenland, wo die nötigen Arbeitskräfte fehlen. Rassenmord ist die Demontage der Friedensindustrie und die irrsinnige Zerstörung selbst der Fabriksgebäude in einer Zeit, da Millionen in Löchern wohnen. Rassenmord ist die Wiedereinführung der Sklaverei. Wer den Menschen Arbeit und Brot und Lebensmöglichkeit nimmt, mordet sie.

Das größte Verbrechen aber ist die brutale, unmenschliche Austreibung von 18 Millionen Menschen, von denen 6 Millionen in der Zwischenzeit verkamen oder verschwanden.

Es ist nur eines festzuhalten: Verbrecher unter den Nazis wurden nach alttestamentlichem Siegerrecht bestraft. General Clay gibt zu, daß er 299 Todesurteile unterzeichnete und durchführen ließ. Es ist geradezu frivol, wenn er sagt, er habe in jedem Falle die Akten durchgesehen, „um sein Gewissen zu befriedigen, daß das Urteil verdient sei". Wie könnte ein Mann diese Arbeit leisten, auch wenn er sonst nichts zu tun hätte? Wie kann er sicher sein, wenn die Tatsache von schwindelhaften Berufsverhandlungen festliegt? Was würde eine wirklich überparteiische, gerechte Untersuchung feststellen? Und man hat General Clay noch den Vorwurf der Milde gemacht! — Und die Verbrechen der Sieger? Sie bleiben irdischer Gerechtigkeit — vorerst — entzogen. Wer die Macht hat, hat eben recht und der Besiegte unrecht, mit oder ohne Schau- und Scheinprozesse. Und die Sieger maßen sich an, Völker nicht bloß pauschal zu bestrafen, sondern umerziehen zu können. — Im deutschen Volk spürte man weithin ein Schuldgefühl, ja, manche, die den Anschluß an die neuen Herren nicht verpassen oder vielleicht ihre Vergangenheit vergessen machen wollten, wiederholten die Phrase von der Gesamtschuld. Wo bleibt das Bekenntnis der Schuld, der Mitschuld, von der Gesamtschuld gar nicht zu reden, auf Seiten der Sieger?

Nur bei oberflächlicher Betrachtung der Entwicklung kann man Hitler als Alleinursache der heutigen Zustände oder gar als Alibi verwenden. Man muß tiefer graben und man wird zur selben Erkenntnis kommen, wie Donoso Cortes, der in dem genannten Briefe an den Generalvikar von Nevers schrieb: „Denn die Völker, die dem Hochmut einer gottentfremdeten Philosophie Einlaß gewährt haben, sind dem Verderben geweiht. Ein fluchbeladenes Schicksal wird über sie dahinfahren, wird ihre Dörfer und Städte mit Elend erfüllen und ihre Straßen mit Blut überschwemmen." Chesterton sah nicht minder klar: „Die Arbeit der Skeptiker in den letzten hundert Jahren glich mehr dem sinnlosen Wüten eines vorzeitlichen Ungeheuers, augenlos, sinnlos, nur zerstörend und verzehrend, ein Riesenwurm, der eine Welt zerfrißt, die er nicht einmal sehen kann, ein tierisches Leben, das weder seine Ursache noch seine Folgen kennt." — Klarer und eindrucksvoller noch hat F. W. Nietzsche, der sich selbst den Antichrist nannte, die kommende Entwicklung vorausgesehen. „Der tolle Mensch" will den Leuten begreiflich machen, was sie verloren haben. „Wohin ist Gott? Ich will es euch sagen: wir haben ihn getötet. Ihr und ich. Wir alle sind seine Mörder!" — Als ihn die Umgebung verwundert ansieht, fragt er weiter: „Wie konnten wir das machen? ... Wie konnten wir das Meer austrinken? Wer gab uns den Schwamm, daß wir die Horizonte wegwischten? Wie konnten wir die Erde von der Sonne losketten? Wohin bewegt sie sich nun? Wir? Wohin? — Fort von allen Sonnen? Stürzen wir nicht ständig nach rückwärts, nach vorwärts, seitwärts, nach allen Seiten? Gibt es noch ein Oben, Unten? Irren wir nicht durch ein unendliches Nichts? Haucht uns nicht der leere Raum an? Ist es nicht kälter geworden? Kommt nicht immerfort die Nacht und immer mehr Nacht? Müssen wir nicht schon am Vormittag die Laternen anzünden? Hört ihr nichts vom Lärm der Totengräber, die ihre Toten begraben?" — Und wieder schwiegen die Leute. Sie verstanden den Sinn seiner Worte nicht. Da warf er die Laterne zu Boden, daß sie erlosch und in Stücke sprang. „Ich komme noch zu früh", sagte er, „ich bin noch nicht an der Zeit. Das ungeheure Ereignis ist noch unterwegs."

Ob wir am Ende der Zeiten stehen? Ob eine tolle Menschheit die neuen Erkenntnisse zur Selbstvernichtung verwendet? Der gläubige Mensch weiß nicht den Tag und die Stunde, der Blick in die Zukunft ist ihm verwehrt; er weiß aber, daß sein Wandern über die Erde mehr als ein „Unterwegs" sei; daß seine Reise nicht eine „Fahrt ins Blaue" ist, sondern ein bestimmtes Ziel hat; daß seine Pilgerfahrt nicht vom Zufall abhängig ist, sondern von einer allweisen, allgütigen Vorsehung gelenkt und geleitet wird; daß Gott der Herr das Ziel der einzelnen, der Völker und der Geschichte ist.

Wir stehen an den Grenzen des Abendlandes. Abendland ist ja nicht ein geographischer, noch weniger ein politischer Begriff.

Abendland ist dort, wo die Kräfte lebendig sind, die es einmal geformt haben: Antike und Christentum. Abendland ist dort, wo die Fahne Christi weht, wo der Geist Christi lebendig ist. Abendland ist dort, wo man in jedem Menschen das Kind Gottes, den Bruder Christi, den Erlösten sieht. Abendland ist dort, wo man Gewissensfreiheit achtet und gelten läßt. Abendland ist dort, wo man das Naturrecht und den Dekalog anerkennt. Wir kamen von der Nationalität über eine phrasenhafte Humanität zur Bestialität, weil wir zuerst kirchenfrei, dann Christus-frei und heute gottfrei geworden sind. Schauen wir nicht pharisäerhaft zurück auf die Nazis vergangener Tage oder auf die schlimmen Bolschewiken; sie sind Kinder und Ausdruck dieser Zeit. Es braucht nur Anlaß und Führung und wir werden dieselbe Barbarei in jedem Lande erleben. Glauben wir nicht, daß wir Christen seien, weil wir noch diesen Namen führen. Vielleicht steht der Atheismus, die Gottesfeindschaft dem Herrgott näher als der Pharisäismus, der Bibelworte zitiert und von Bruderschaft redet und gleichzeitig Teufelswerk vollbringt und Menschenrechte rassisch umzäunt und mit Füßen tritt.

Niemand braucht mehr nach Rom oder nach Athen zu gehen: der moderne, der fortschrittliche Mensch hat den Hunnen und Barbaren den Rang abgelaufen. Vielleicht kann man die gegenwärtige Lage der westlichen Welt nicht besser umschreiben, als mit einigen Buchtiteln der jüngsten Zeit, weit aktueller, wahrheitsnäher, zukunftweisender als die Selbstverteidigungen und das Eigenlob der Churchill und Eisenhower, für die sich der Krieg nachträglich in Millionen-Dollar-Honoraren bezahlt macht. Ich meine Stanislaus Mikolajczyks „Die Schändung Polens", in dem wir von der tragischen Verblendung Roosevelts lesen, der dem Autor sagte: „Über eines bin ich sicher: Stalin ist kein Imperialist. Machen Sie sich keine Sorge, Stalin hat nicht die Absicht, Polens Freiheit zu rauben. Er würde es nicht wagen, weil er weiß, daß die amerikanische Regierung geschlossen hinter Ihnen steht. Ich werde dafür sorgen, daß Polen ungeschädigt aus dem Krieg hervorgeht." Ach ja, und wie väterlich er in Teheran und Jalta sorgte, so daß Mikolajczyk zu dem Schluß kommt, daß nur ein weiterer Krieg, ein unvermeidlicher Krieg Polen befreien kann. Der Stoßseufzer „Nur Narren und Idealisten können das Übel des Kommunismus annehmen, die nie unter seiner Herrschaft gestanden haben", dieser Stoßseufzer ist wohl verständlich, aber kein Kompliment für unsere Außenpolitik.

Die Tragödie der befreiten Ungarn beschreibt Ferenz Nagy in „Der Kampf hinter dem Eisernen Vorhang". Es ist ein Kampf auf Leben und Tod mit ungleichen Waffen. Es liest sich wie ein Bericht aus den Tagen der Urkirche, wenn der bekannte Journalist Michele Maurois unlängst schrieb: „Die Kirche hat den Kampf um die Erziehung der ungarischen Jugend verloren. Sie kämpfte allerdings mit untauglichen (??) Mitteln: hob sie das Kreuz und rief das Lob Gottes, hoben die Kommunisten die Pistole und schrien das Lob des Teufels. Dennoch demonstriert der Ungar unentwegt seine Abneigung gegen die Diktatur der Kirchenstürmer. Es ist ein stummer Protest: die Menge schlägt beim Vorübergehen an den Kirchen ernst das Kreuz, Männer und Frauen knien auf den Stufen vor den Gotteshäusern und singen alte, uralte heilige Lieder. Als einen Tag nach der Hinrichtung eines Zweiundzwanzigjährigen (er hatte antikommunistische Plakate angeklebt) ein Parteiredner vor einigen hundert Leuten auf offenem Platze gegen den Frevel wetterte, den der Jüngling begangen hatte, unterbrach dumpfes Gemurmel seine Rede. Erst hatten einige wenige das Gebet geflüstert, dann war es durch die Reihen gegangen und schließlich klang es wie ein Bekenntnis: Vater unser ..." David gegen Goliath. Aber David kommt im Namen des Herrn!

Ein bekannter Schriftsteller erzählte mir dieser Tage ein Wort einer kirchlichen Persönlichkeit, das einen zuerst entsetzen kann, das aber, richtig verstanden, wohl erklärlich ist: „Ich bete alle Tage, daß die Bolschewisten marschieren. Dieses Christentum muß ausgerottet werden!" Ja, das Christentum der Lüge, der Phrase, der Gewohnheit, das Christentum, das an den Hungernden, Darbenden, Frierenden herzlos vorübergeht; das Christentum, das sich durch Kompromisse mit dem Cäsar oder dem Teufel retten will; das Christentum, das über Leichen geht, weil es Leichen der „Feinde" sind, die Cäsar zu morden befahl.

Man kann nicht sagen, daß sich allzu viele des Ernstes der Stunde bewußt sind; es ist nur ein dunkles Ahnen, daß die Nacht immer näher rückt, daß die Totengräber um unsere Häuser lärmen.

Im 37. Kapitel des Buches Ezechiel finden wir eine grandiose prophetische Schau: Die Hand des Herrn kam über mich. Der Herr führte mich im Geiste hinaus und ließ mich mitten in einem Tale nieder, das voll von Totengebeinen war. Sie waren ganz verdorrt. Und der Herr fragte mich: Menschensohn, können diese Gebeine wieder lebendig werden? Ich antwortete: Herrgott! Du allein weißt es. Da sagte er zu mir: Weissage über diese Gebeine und sprich zu ihnen: Ihr verdorrten Gebeine, höret das Wort des Herrn! Siehe, ich werde Geist in euch bringen, daß ihr lebendig werdet... Und ich weissagte. Und es entstand ein Getöse und die Gebeine fügten sich zusammen, eines ans andere. Ich sah, wie Sehnen und Fleisch über sie wuchsen und sie sich mit Haut überzogen. Aber es war kein Geist in ihnen... Und Gott sprach zu mir: Weissage dem Geiste, Menschensohn, weissage: Komme, Geist, von den vier Winden herbei, hauche diese Getöteten, daß sie wieder lebendig werden... Als ich nun weissagte, kam Geist in sie. Sie wurden lebendig und stellten sich auf die Füße, ein gewaltig großes Heer (Ez. 37, 1—10).

Heute ist die Welt das Tal, angefüllt mit Totengebeinen. Die Millionen, die in dem teuflischsten aller Kriege ums Leben kamen, die Toten im Atlantik und Pazifik, die Toten von Nagasaki und Hiroshima, von Warschau und Coventry, von Monte Cassino, von Nürnberg, Dresden und Berlin, wird kein Gebet der Mütter, keine Sehnsucht der Geliebten, keine Not der Kinder mehr ins Leben zurückrufen. Nur wenn die Posaunen des Gerichtes ertönen, werden die Gräber und Grüfte, die Tiefen des Ozeans und die Abgründe der Gebirge ihre Opfer herausgeben, die nach dem Sinn ihres Sterbens die Überlebenden fragen werden.

Quacksalber versuchen, das sterbende Abendland zu kurieren. Glaubt denn wirklich noch jemand, daß man es mit Dollars und Atombomben retten kann, oder durch die Verschiebung von Grenzpfählen und Massenvertreibungen, mit der Übertragung der imperialistischen Fahnen von Asien nach Afrika? Wie könnten Menschen ein neues Europa aufbauen, die Totengräber des alten sind, Menschen, die nur in Imperien und Rohstoffen leben, die nicht erfaßt haben, daß Kleinstaaterei und Grenzpfähle Dinge der Vergangenheit sind, Menschen, die von der Geschichte, Tradition, Kultur, von der Seele Europas keine Ahnung haben, letzten Endes Materialisten wie die Gegner des Abendlandes? Die Rettung kommt nicht aus der Politik, aus Friedens- und Handelsverträgen, noch weniger aus den Geheimkonventikeln dieser „furchtbaren Sekte“ Churchills, nur aus einer Neuerung des Geistes und der Menschen.

Denis de Rougemont schreibt: „Die Moral des Erfolges, die

für ein Jahrhundert die Moral Amerikas war, erschien mir immer teuflisch. Ihre äußeren Zeichen können leicht täuschen: Optimismus, Herzlichkeit, Selbstvertrauen, der offene, kräftige Händedruck, und das breite Lächeln zum Willkomm, das glänzende Zähne zeigt. Wie könnte dieser Geist und dieses Verlangen nach einem besseren Leben teuflich sein? ... Ihr hofft, die Welt zu gewinnen mit Dollars, die Nazis wollten es mit Gewehren erreichen. Ihr glaubt, die erste Methode ist wenigstens hygienischer. Mag sein. Ist sie gefahrlos für die Seele? ... Erfolg oder Mißerfolg bedeuten nichts in sich selber. Alles hängt von dem Ziel ab, das man sich gesteckt hat. Man muß sich aber erinnern, daß der größte Erfolg der Geschichte Christi schmachvoller Kreuzestod war. Dieses Opfer brach den Pakt zwischen dem Teufel und der Menschheit, dieses Blut erlöste die Seele der Welt, die wir für etwas Vergnügen verkauft hatten."

Papst Pius XII. hat am 12. November 1948 in einer Ansprache vor den Vertretern des Zweiten Kongresses der Europäischen Union einige Grundvoraussetzungen für den Neubau Europas festgelegt, die von allen beachtet werden müßten, die wirklich dieses Ziel: Neubau Europas, Rettung des Abendlandes verfolgen. Die Frage ist brennend, manche glauben sogar, die Lösung käme schon zu spät. Ein großes Hindernis ist der Mißbrauch der politischen Überlegenheit der Nachkriegszeit, um wirtschaftlichen Wettbewerb auszuschalten. „Niemand kann Unserer Meinung nach die Feststellung ablehnen, daß ein einiges Europa, um die Balance zu erhalten und Schwierigkeiten innerhalb seiner Grenzen zu regeln — ganz abgesehen von der Sicherheit des Weltfriedens — auf einer moralischen Basis beruhen muß. Wo kann diese Basis gefunden werden? Lassen wir die Geschichte antworten. Es gab eine Zeit, da Europa einheitlich und ein solides Ganzes war, trotz aller Schwächen und menschlichen Unzulänglichkeiten, und darin lag seine Stärke ... Die Seele dieser Einheit war die Religion, die die ganze Gesellschaft mit christlichem Glauben durchdrang. Sobald sich die Kultur von der Religion loslöste, zerfiel diese Einheit. Im Verlaufe der Zeit drang Irr-Religion ein, sich ausbreitend wie ein Ölfleck, und durchzog mehr und mehr das öffentliche Leben. Dieser Entwicklung verdankt dieser Kontinent mehr als einem anderen Umstand seine Zerreißung, Krankheit und Unruhe. — Wenn sich darum Europa wieder erholen soll, muß es dann das Band zwischen Religion und Kultur wieder herstellen! Darum haben Wir Uns gefreut, an der Spitze Ihrer Erklärung das Wort von dem „gemeinsamen Erbe der christlichen Kultur“ zu lesen. Das ist freilich bei weitem nicht genug, so lange eine offene Anerkennung der Rechte Gottes und Seines Gesetzes oder zumindest des Naturrechtes fehlt, auf deren sicherem Grunde die Menschenrechte verankert sind. Wie können all diese Rechte und Freiheiten Einheit, Ordnung und Frieden sichern, solange sie von der Religion losgelöst sind? Und soll die Menschheit wiederum vergessen, zu den Menschenrechten auch die Rechte der Familie, der Eltern und der Kinder zu zählen? Ein einiges Europa kann nicht auf abstrakten Ideen aufgebaut werden. Es braucht lebendige Menschen zu seiner Unterstützung. Wer sollen sie sein? Kaum die früheren Führer der alten europäischen Mächte; sie sind verschwunden oder haben keinen Einfluß mehr. Noch weniger die Glieder einer Masse, wie Wir sie in Unserer Weihnachtsbotschaft von 1944 beschrieben; wahre Demokratie mit dem Ideal einer gesunden Freiheit und Gleichheit hat keine zweifelhafteren Gegner. Bleibt also die Frage: Von wem soll der dringendste Aufruf zu europäischer Einigung kommen? Er wird kommen von Menschen, die aufrichtig Frieden suchen, von Männern der Ordnung und ruhigen Überlegung, von Männern, die wenigstens in ihren Absichten und Wünschen nicht „entwurzelt“ sind, die in einem ehrenhaften, glücklichen Familienleben das erste Ziel ihrer Gedanken und Freuden finden. Sie werden auf ihren Schultern das Gebäude des Neuen Europa tragen. Solange sie taube Ohren finden, wird nichts Bleibendes erreicht, nichts, das die gegenwärtige Krise meistern könnte. Wird unter diesen Umständen, so fragen Wir Uns, die notwendige Verständigung gefunden werden, ohne die alle Versuche fehlschlagen müssen? Das ist das große Problem: Es verlangt nach einer Lösung, wenn die Einheit Europas erzielt werden soll ... Wir geben die Hoffnung nicht auf, daß schließlich doch das wahre Heilmittel für die Erkrankung dieses Kontinents gefunden wird.“ (The Tablet, 11. Dezember 1948.)

XI.

PAPSTWORTE

Es ist nicht schwer, aus päpstlichen Rundschreiben der letzten hundert Jahre nachzuweisen, daß der Wächter am Leuchtturm der Kirche rechtzeitig und eindringlich die heraufziehenden Stürme signalisierte.

Papst Pius IX.

„Da die ganze Welt gegen Gott und seine Kirche ist, ist es klar, daß Er sich selber den Sieg über Seine Feinde vorbehalten hat. Das ist um so natürlicher, wenn man bedenkt, daß die Wurzel aller Zeitübel in der Tatsache besteht, daß Menschen mit Talent und Kraft nur nach irdischen Gütern streben; sie wenden sich nicht nur von Gott ab, sondern geben Ihn völlig preis. Darum scheint es, daß sie auf keinem anderen Weg zu Gott zurückgeführt werden können, als durch einen Akt, der nicht einer sekundären Ursache zugeschrieben werden kann. So werden alle gezwungen sein, zum Übernatürlichen aufzuschauen und zu rufen: ‚Das kam vom Herrn, und es ist wunderbar in unseren Augen!' ... Es wird ein großes Wunder geschehen, das die Welt mit Erstaunen erfüllt. Dem Wunder wird der Triumph der Revolten vorangehen. Die Kirche wird unendlich leiden. Ihre Diener und ihr Oberhaupt werden verspottet, gegeißelt und gemartert werden."

Papst Pius XI.

schrieb, als er noch Nuntius von Warschau war, an den Heiligen Stuhl in seinem Briefe um Reiseerlaubnis nach Moskau:

„Ich glaube, daß es mehr als Gebet braucht, dieses unermeßliche Gebiet zu retten; es braucht das Blut der Katholiken, das Blut der Priester."

Aufruf Papst Benedikts XV. an die kriegführenden Völker am 1. August 1917

Am 1. August 1917 richtete der damalige Papst Benedikt XV. einen ergreifenden Aufruf an die kriegführenden Nationen, der menschenunwürdigen Schlächterei ein Ende zu machen. Er entwarf ein großzügiges Programm, das der Welt einen dauernden Frieden gesichert hätte. Darin steht der Satz: „Niemand soll behaupten, daß dieser gewaltige Konflikt nicht ohne die Gewalttätigkeit des Krieges beigelegt werden könnte. Gebt die Absicht gegenseitiger Vernichtung auf. Denkt daran, daß Völker nicht sterben. Gedemütigt und unterdrückt, toben sie unter dem ihnen aufgezwungenen Joch. Sie rüsten für die Wiederaufnahme des Kampfes. Von Geschlecht zu Geschlecht geben sie das traurige Erbe des Hasses und der Rachsucht weiter. Warum sollten wir nicht in diesem Augenblick ernsten Sinnes die rechtmäßigen und gesetzlichen Ansprüche der Völker überprüfen? Warum nicht guten Willens den Austausch unserer Anschauungen direkt oder indirekt beginnen, mit dem Ziele, Wünsche und Ansprüche im Rahmen des Möglichen zu berücksichtigen und so dem ungeheuerlichen Kampfe ein Ende machen, wie es unter Umständen geschehen ist. Selig, der zuerst den Ölzweig des Friedens erhebt und dem Feinde die rechte Hand mit vernünftigen Friedensvorschlägen bietet." — Wir wissen, was geschah. England, Frankreich und Rußland hatten in einem Geheimvertrag Italien die Zusicherung gegeben, sie „würden nicht erlauben, daß Vertreter des Hl. Stuhles irgend welche diplomatische Schritte unternähmen mit dem Ziele, den Frieden herbeizuführen". Im Reich wollte der Kanzler Michaelis keinen Papstfrieden im Jubiläumsjahr der Reformation. Unvernunft, Gier, Machtrausch und Haß siegten in Versailles. Und so kam es, wie der Papst prophezeite: Völker sterben nicht... Sie rüsten zu neuen Kriegen... Das Erbe des Hasses und der Rachsucht geht von Geschlecht zu Geschlecht... Der Zweite Weltkrieg wurde in Versailles geboren.

Papst Pius XII.

Ein Jahr nachher hat der Nachfolger Benedikts wiederum zur Welt gesprochen. Eine spätere Zeit, die frei von Leidenschaft und Vorurteilen die Rede beurteilt, wird sie in einem Atemzug mit der Botschaft von 1917 nennen.

Der Papst nimmt einen Vorwurf vorweg, den gewisse Kreise sofort gegen ihn erheben werden. daß er nämlich jetzt redet, da Italien, sein Heimatland, der besondere Kriegsschauplatz wurde. Demgegenüber kann der Hl. Vater darauf verweisen, daß er vor Ausbruch des Krieges alles versuchte, diesen neuen Wahnsinnsausbruch zu verhindern und die Welt warnte: Nichts ist verloren, wenn der Friede erhalten bleibt. Alles kann durch Krieg verlorengehen. Seitdem verging kein Tag, an dem er nicht den Opfern des Krieges geholfen, kein Tag, an dem er nicht zum Frieden gemahnt hätte.

Heute, kann der Papst mit leidgequältem Herzen feststellen, ist sein prophetisches Wort Wirklichkeit geworden: Die letzten Reste abendländischer Kultur gehen zugrunde. Europa wird zur Wüste. Menschentum wird zertreten. Der Unmensch hat die Regierung angetreten.

Die Kirche hat grundsätzlich den gerechten Krieg anerkannt wie das Recht der Notwehr für den einzelnen. Der gerechte Krieg hat aber seine Grenzen an den Grundsätzen der Moral und der Zehn Gebote. Diese Grenze ist erreicht und überschritten durch „die brutalen Methoden des totalen Krieges". Die Hinmordung von Geiseln, die Bombardierung der Zivilbevölkerung, die Aushungerung ganzer Länder, die Zerstörung ganzer Länder, die Zerstörung von Kirchen und Kulturdenkmälern sind Beispiele. Der Papst kennt das Wort von „militärischer Notwendigkeit" nicht. Er hat keinen doppelten Maßstab für verschiedene Parteien. Warschau, Rotterdam, Coventry, Hamburg, die Vernichtung der Eiderdämme, die Bombardierung ungezählter Kirchen Italiens liegen auf einer Linie, außerhalb der „Grenzen der Gerechtigkeit und der Normen göttlichen und menschlichen Gesetzes“.

Es ist wahr, manchen scheinen der Greuel noch zu wenige, ihre Rachsucht und ihr untermenschlicher Haß fordern neue Opfer. Ihre Kriegsbegeisterung wächst mit ihrer eigenen Sicherheit. Sie hüten sich sorgfältig, selber Waffen in die Hand zu nehmen. Sie predigen anderen Opfer und trinken selber Wein. Ich möchte gerne eine Statistik sehen, wieviel die Nutznießer des Krieges im Verhältnis zu den überbürdeten Familien zu den „Warbonds“ beitragen. Die Massen des Volkes aber stellen sich häufiger denn je mit dem Papst die Frage: *Hat das alles noch einen Sinn? Kann der Krieg, der uns alle verarmt, geistig, sittlich, materiell, auch nur unserem Lande nützen? Kann man als Christ den totalen Krieg rechtfertigen?*

In dieser Stunde ruft der Papst den Verantwortlichen zu: „Laßt euch warnen, ihr Richter auf Erden!“ Im Angesicht der Katastrophe, die die kultivierte Menschheit bedroht, klagt der Papst wie einst der Heiland beim Anblick Jerusalems: „Daß du es doch erkannt hättest, was dir zum Frieden dient! So aber ist es vor deinen Augen verborgen.“ In einem sechsfachen „Selig“ beschwört er die Welt, endlich Frieden zu machen, eingedenk des Stromes von Blut und Tränen, der alles überschwemmte, eingedenk der Mütter, die den Kindern das Leben schenkten, damit sie als Menschen und Christen durchs Leben gehen, „nicht daß sie morden oder gemordet werden“. Eingedenk des gequälten Volkes, das nichts anderes will „als Frieden, Brot und Arbeit“. Eingedenk der Völkerwanderung, die Millionen von Familien zerriß und zermürbt.

Der Papst kennt die Stimmung des Volkes in der Welt, ohne Ausnahme. Er weiß, daß *das Volk — unbeeinflußt und unverhetzt — keinen Krieg wollte und keinen Krieg will.* Aber das Volk wurde nicht gefragt, niemals, nirgends, wie zu Kriegsbeginn der irische Kardinal Mac Rory feststellte: „Ich bin fest überzeugt, daß es auf Erden kein zivilisiertes Volk gibt, das Krieg will. Sie kennen alle genug von dem Schrecken und den Verwüstungen des modernen Krieges, um ihn zu fürchten und zu verabscheuen. Sie wissen, daß selbst jene, die den Krieg gewinnen, auf lange Sicht verlieren. Wie ist es da möglich, daß wenige Staatsmänner und eine Handvoll Politiker in verschiedenen Ländern, unterstüzt von der internationalen Finanz und zu oft von der Presse, den Frieden bedrohen und aufs Spiel setzen können? Ich gestehe, daß ich keine Antwort weiß. Ich weiß nur, daß diese Lage absurd ist. Das arme, einfache Volk, das immer die Hitze des Kampfes und das Leid der nachfolgenden Armut, Not und Arbeitslosigkeit zu tragen hat — die so sicher kommen, wie die Nacht dem Tage folgt — sollte eine Stimme, eine entscheidende Stimme für oder gegen den Krieg haben." (Some Elements of European Disorder. By J. M. O'Sullivan. Dublin 1939.)

Der Papst formuliert eine Reihe von Voraussetzungen für den kommenden Frieden: „Eure Handlungen müssen mit Euren Erklärungen für einen gerechten Frieden übereinstimmen." — Jedes Volk muß mit Vertrauen in die Zukunft schauen können, daß „sein Überleben, die Unversehrheit und die Ehre des Heimatlandes gewahrt bleibt". — Die Staatsmänner, die der Welt den Frieden bringen sollen, brauchen „Sinn für internationale Ehrlichkeit und Gerechtigkeit", „unparteiischen Wirklichkeitssinn", „Weisheit, Mäßigung, Entschlossenheit und Güte", sie müssen frei sein von „Vorurteilen und vorgefaßten Meinungen, von ungezügelter Leidenschaft, von einem unrechtmäßigen Machtrausch".

„Grundvoraussetzung für eine neue Ordnung, die diesen Namen verdient, ist und bleibt aber die Anerkennung Gottes, der die Quelle, der Hüter und Richter aller Gerechtigkeit und allen Rechtes ist." Anders gesagt, jede kommende Neuordnung muß sich auf das Naturrecht und das göttliche Recht stützen. Der Friede muß mit der Lehre des Christentums in Einklang stehen.

Wieder erhebt sich die Frage, an wen die Ansprache des Papstes eigentlich gerichtet ist. An die Nazis? Ganz gewiß. Manche Sätze sind wie eine direkte Antwort an Hitler, seinen Hochmut, der mit einem Blitzkrieg und Blitzsieg rechnete, an die Methoden seiner Kriegführung und an seine Zielsetzung. Aber die Kundgebung ist zu ernst, als daß wir die Pharisäer spielen dürften. Es bleibt genug Stoff für unsere Betrachtung und Gewissenserforschung. Führten die Alliierten denn den Krieg, vor allem den Luftkrieg, mit anderen Mitteln und Methoden als einst die Nazis? Wer das glaubt, der lese einmal den Artikel „Abschied von unersetzlichen Kulturdenkmälern“ (Herold, 9. September) nach oder die Angaben über die Zerstörung italienischer Kirchen (Our Sunday Visitor) oder die Mitteilungen über unsere dank der Blockade verhungernden Alliierten in den besetzten Gebieten. — Gilt das Wehe des Papstes für die Apostel des Hasses und der Zwietracht nur den „anderen“? Wer das annimmt, hat wohl nie eine Zeitung oder ein Magazin in der Hand gehabt oder nie einen der Hetzfilme gesehen und nie einen der ungezählten Radiokommentatoren gehört. Dieser Tage las ich einen Brief: „Wer die Feinde nicht haßt, ist ein Verräter an den Toten, die von Pearl Harbour bis heute gefallen sind.“ Der Papst sagt das Gegenteil. W e r d i e F e i n d e h a ß t, i s t e i n V e r r ä t e r a m C h r i s t e n t u m u n d a n d e r Z u k u n f t s e i n e r H e i m a t. — Können wir wirklich behaupten, daß unsere Grundsätze und Handlungen übereinstimmen oder gar im Einklang mit dem Christentum sind? Im Augenblick, da wir bereit sind, Polen, Finnland, das Baltikum den Bolschewiken zu opfern? Warum waren Gandhi und Nehru im Gefängnis? Warum klagt der Chinese Dr. Lin (in Between Tears and Laugther), man habe den „Eindruck, die Alliierten seien völlig selbstsüchtig, und daß Churchill und Roosevelt die Natur der Probleme des Pazifik nicht zu verstehen scheinen“? — Geben wir allen Völkern Hoffnung, daß ihr Überleben, der Bestand und die Ehre ihres Landes gesichert bleiben? Nein, wir treiben die verzweifelten Völker in die Arme des Bolschewismus mit der sturen Forderung des „unconditional surrender“. Man lese doch die Flut von Büchern, die sich mit der Aufteilung Deutschlands, mit der Austilgung des deutschen Volkes, mit dem Raub an deutschem Vermögen befassen. Man betrachte das unwürdige Spiel mit Italien. In Quebec erklärte Churchills Freund, der englische Propagandaminister Bracken — wahrhaftig ein Gentleman: „Ich möchte nicht Lebensversicherungen in Italien verkaufen ... Deutschland wird in den nächsten sechs Monaten eine solche Dosis bekommen, daß viele Deutsche fühlen werden, daß die Religion der Quäker viel Gesundes an sich hat ... Wenn irgend jemand eine Milde in unseren Operationen gegen die Japaner erwartet, täuscht er sich.“ (Time Mag., 6. September 1943.) Weisheit, Mäßigkeit, Güte, Gerechtigkeit? Nur ein hartgesottener Heuchler kann glauben, daß wir oder daß unsere Staatsmänner nichts aus der Papstrede zu lernen hätten. Wenn Worte noch einen Sinn haben sollen, dann kann niemand herauslesen, daß die Erklärung des Papstes mit unserem derzeitigen Friedensziel oder gar mit dem „Unconditional surrender“ identisch sei, wie „N. Y. World Telegramm“ herausgefunden hat. Und die Hinwendung und Unterordnung unter Gott? Anrufung Gottes für Propagandazwecke genügt nicht. Die Entwicklung unseres öffentlichen Lebens zeigt, daß wir uns immer weiter von Gott entfernen. Man lese, was Bischof Noll im „Sunday Visitor“ schreibt (12. September). Es wäre vieles besser, wenn wir uns mehr um die Gunst Gottes als um die Gunst Stalins bemühen wollten. Gottes Gnade kann uns einen dauernden Frieden bringen, Stalins Freundschaft die Versklavung Europas und später unser Sklaventum.

Der Papst scheint anzudeuten, daß der Friede noch dieses Jahr kommen könnte, wenn die Voraussetzungen geschaffen werden. Sind wir so weit? Sind wir dafür gerüstet? Ich weiß es nicht. Ich weiß nicht einmal, ob wir genug beten. Ich sah noch niemanden in Sack und Asche Buße tun. Es ist wie in den Tagen vor der Sintflut. Und die Propheten werden gesteinigt wie in alter Zeit. Wird die Welt auf den Papst hören oder ist es wie in den Tagen Benedikts? Davon hängt das Schicksal der Welt ab.

Drei Programmpunkte aus der Weihnachtsrede Papst Pius' XII., 1945

Papst Pius fordert erstens „Zusammenarbeit, guten Willen, gegenseitiges Vertrauen unter allen Völkern“. Hier ist die Wirklichkeit: Die Welt ist gespalten in Sieger und Besiegte, feindliche und „friedliebende“ (d. h. bis an die Zähne bewaffnete) Nationen, Herrenrassen und rückständige Völker, ausbeuterische Imperialisten und Ausbeutungsobjekte ohne Menschenwürde. Das Mißtrauen unter den Siegern ist größer, als es je Feinden gegenüber sein könnte: Wer wird das Rennen um die Atombombe gewinnen; wer wird sie zuerst abwerfen? — „Die Motive des Hasses, der Rachsucht, Antagonismus, unfairer, unehrlicher Wettbewerb müssen aus den politischen und wirtschaftlichen Verhandlungen und Entscheidungen ausgeschaltet werden.“ Und Morgenthau beherrscht die Stunde; Haß und Rachsucht dominieren in Presse, Radio und Politik. Wer übervorteilt und betrügt wen? ist die Parole im Kampf um Öl, Kohle, Gummi und die Absatzmärkte. Daß die Atlantic Charta auch den Besiegten Zugang zu den Rohstoffen und zu den Weltmärkten „on equal terms“ versprochen hatte — wer wird denn noch sein Wort halten?

Eine Frage wird den Weltpharisäern nicht gefallen: „Wer darf sagen: Ich habe ein reines Herz; ich bin frei von der Sünde? Zweierlei Gewicht und zweierlei Maß: dem Herrn sind sie ein Greuel.“ (Spr. 20, 9 f.) Altmodische Bibelsprüche im Zeitalter der Atombombe! Wir sind zu „busy“, den „anderen“ das Gewissen zu erforschen, damit die Abgründe der Naziseelen unsere Engelsreinheit in hellerem Lichte erstrahlen lassen. Ach ja, wir bekehren derzeit die Indonesier und andere Hinterwäldler mit holländischen, britischen und sogar japanischen Soldaten und USA-Flugzeugen und Tanks zu den „Vier Freiheiten“, wir verbrennen ihre Dörfer wie Lidice, schießen sie zu Krüppeln, räuchern sie aus aus ihren Lehmhütten und lassen sie an Hunger und Seuchen verkommen. Wir tun das doch auch in Europa. Wir müssen doch die Welt umerziehen und vom Segen der Demokratie überzeugen! „Mein Herz ist rein; ich bin frei von Schuld und Fehl, o Gott, ich danke Dir“ ... Der Papst kennt keine Doppelmoral und hat keinen doppelten Maßstab für Verbrechen.

Wer denkt nicht an Nürnberg, wenn er weiter liest: „Jeder, der Sühne fordert durch gerechte Bestrafung wirklicher Verbrecher, sollte gut aufpassen, daß er nicht selber begeht, was er bei anderen als Untat oder Verbrechen verurteilt.“ Das ist klar. Schade, daß es die Stalin und Benesch nicht lesen und die Imperialisten nicht beachten. Der japanische Admiral Sakaibara erklärte vor dem USA-Militärgericht: „Im Augenblick, da wir das Urteil des amerikanischen Gerichtes hören, möchte ich die Forderung stellen, daß jene, die die Abwerfung der Atombombe auf Japan planten und durchführten, im selben Lichte gesehen werden wie wir.“ Armer Narr! Die Sieger machen Gesetze, aber sie halten sie nicht. Macht ist Recht! Und doch, aus dem Heiden sprach die „anima naturaliter christiana“, das Naturrecht, das jede Doppelmoral ablehnt. Sieger und Besiegte bekennen sich zu sittlicher Anarchie. Unsere Missionäre werden das noch erfahren. (So nebenbei erwähnt: Es tat sich was in Nürnberg! Ich meine nicht unter seinen von Ratten angefressenen, einarmigen, blinden, ausgehungerten Höhlenbewohnern. Schreibt der bolschewistische Jude Ilja Ehrenburg: „Ein Literat, der Vorliebe für Exotisches hat, kann manches Kuriosum in

Nürnberg finden ... Jeden Abend ist die Bar (des Hotels) gefüllt mit einer vielsprachigen, Cocktail trinkenden Menge; halbnackte Mädels singen mit auffallendem deutschem Akzent englische Songs, indes ‚Arier' verschiedener Geschlechter Negertänze aufführen!" — Der hohe Gerichtshof amüsiert sich! Ein würdiger Hintergrund. Das sechste Gebot gilt nur für die „anderen". Schändung deutscher Frauen und Mädchen ist neueste Mode. Wir haben doch gesiegt; wir müssen die Deutschen umerziehen.)

Der Papst weist dann nachdrücklich darauf hin, daß „unconditional surrender" nicht Preisgabe „unverletzlicher, natürlicher Rechte" der Besiegten bedeutet. Es ist freilich schon lange her, daß die Unabhängigkeitserklärung feststellte: „All men are created equal. They are endowed by their Creator with certain inalienable rights, including life, liberty, and the pursuit of happiness." Hört sich gut an, macht guten Eindruck in Weihnachtsreden, sich auf Jefferson zu berufen. „Unter uns" wissen wir natürlich, daß der Mensch vom Affen abstammt; der Schöpfer ist so eine Erfindung der Pfaffen, Opium für das Volk, meint der Meister im Kreml. So eine Verrücktheit: Gleichheit aller Menschen. Wir haben das nie praktiziert gegen Neger, Chinesen, Japaner, warum sollten wir jetzt? Wir sind daran, das Ebenbild Gottes in Millionen auszulöschen, wir, die autonomen, atombombengesicherten Fortschrittler!

Punkt 2 des Papstprogramms läßt sich kurz zusammenfassen. Pius XII. stellt die künstlich geschaffene „öffentliche Meinung, die Denken und Wollen der Wählermassen umhertreibt wie Schilfrohre im Wind", die Aufpeitschung der Instinkte, die Erzeugung der Massenpsychose der wahren Vox Populi, die noch immer Vox Dei ist, gegenüber. Der Papst warnt vor den Goebbels und ihren Nachfolgern. Es kann einem wirklich bange werden, wenn man (in „Molders auf Opinion") liest, daß der Sixth Grade Graduate W. Winchell sich rühmen kann, daß er in unseren Colleges mehr gelesen wird als Shakespeare, daß er 25,000.000 Leser und Millionen Hörer am Radio hat. Drew Pearson 20 Millionen Leser und ein Einkommen von 90.000 Dollar im Jahr. Müssen denn gerade diese und keine anderen Leute öffentliche Meinung machen? Goebbels hatte wenigstens noch Geist und Witz; er war ein genialer Verbrecher. Was wird geschehen, wenn hier einmal ein Goebbels auftaucht, wenn geistlose Schwätzer schon Millionen erobern? Der Papst fordert Rücksicht auf die wahre Volksstimme, nicht die der Nachtklubfalter und Schlüssellochpiraten, auf die Stimme jener, die „ehrlich und friedlich im Kreise ihrer Familien schaffen und Gottes Willen tun wollen". Diese Menschen streiten nicht um Grenzen und irdische Güter; sie wollen nicht Krieg und Katastrophen. Sie wollen ihre Kinder beschützen gegen den allmächtigen Staat... Hätte man sie befragt in allgemeiner Abstimmung, es wäre nie zum Krieg gekommen, nirgends in der Welt.

Der dritte Punkt ist eine ganz eindeutige Verurteilung der Politik von Potsdam: „Ein Friede, der dem Totalitarismus nicht ein Ende macht, würde auf schwankender, immer bedrohter Grundlage beruhen." Und worin besteht diese Tyrannei? Sagt der Papst: „Sie erniedrigt den Menschen zur Schachfigur im Spiel der Politik, zu einer Nummer in wirtschaftlichen Berechnungen. Mit einem Federstrich ändert sie Staatsgrenzen, beraubt die Volkswirtschaft ihrer natürlichen, lebenswichtigen Absatzgebiete; mit schlechtverhüllter Grausamkeit treibt sie Millionen von Menschen, Hunderte von Familien in armseligstes Elend, fort von ihrem Land und ihrer Heimat, entwurzelt sie und reißt sie los von einer Kultur und Zivilisation, die sie für Generationen entwickelten." Verurteilung des Nazismus? Gewiß. Es ist aber auch gerichtet an Hitlers Erben und Nachfolger in der Bestialität, an die Stalin und Benesch und an jene, die sie in ihren Verbrechen fördern und unterstützen. In all den Verhandlungen von Jalta, Potsdam, London und Moskau ist der Mensch nur Schachfigur, Ziffer. Entscheidend sind Macht, Reichtum, Imperialismus. Jahrhunderte alte Grenzen werden ausgelöscht. Dem Rassismus ist ein Freibrief gegeben. Millionen sind auf dem Weg ins Chaos. Die Besatzungsarmee übernimmt die Rolle der Edelmenschen von Dachau und Belsen und hält die verhungerten, verzweifelten Frauen und Kinder nieder mit Bajonetten und Handgranaten! Das ist Potsdam! Und es ist ein Hohn auf den Geist des Weihnachtsfestes, wenn ausgerechnet am Heiligen Abend die staatlich kontrollierten BBC und CBC einem Benesch das Wort geben, um die Verbrechen an 3½ Millionen Sudetendeutschen als „Akt höchster Gerechtigkeit" zu feiern.

Der Papst wendet sich gegen die „willkürlichen Beschränkungen der Notwendigkeit und des Rechtes, zu wandern und zu siedeln". Vielleicht hat er an die 100.000 Juden gedacht, die nach Palästina wollen. Sie könnten morgen untergebracht sein, wenn wirklich der Wille vorhanden wäre, wenn schon nicht in Palästina. Aber sie sind ein Schacherobjekt der Politik wie die 70 Millionen Deutschen. Es geht nicht um Palästina, sondern um Öl, Zufahrtswege, Imperien. Immerhin, von den Juden wird noch geredet, geschrieben; von den 20 Millionen Deutschen — nicht Nazis, bitte, sondern zumeist Frauen, Kinder, Greise —, die man ins Chaos hetzt, denen man Heimat und Vermögen raubt, die man mit einer Brutalität, von der Hitlers Gangster lernen könnten, langsam hinmordet, redet kaum jemand, die Weltpresse schweigt, die Politiker sind feige, es gibt selbst Christen, die erst fragen müssen, ob sie durch die Übung des Grundgesetzes der Liebe nicht irgendwo anstoßen... Wenn die Herren, die in Teufels Namen die Welt neu verteilen, 20 Millionen die Heimat und Existenz rauben, dann übernehmen sie die ungeheure Pflicht, diesen Menschen ohne Raum und Brot eine neue Heimat und neue Lebensmöglichkeit zu geben, sonst sind sie des Mordes schuldig. Wenn man diese Millionen ins Rumpfreich preßt, das in Friedenszeiten nicht selbstgenügend war, dem man die besten Agrargebiete wegnahm (die jetzt zu Experimenten in Bolschewismus dienen), wenn man die Industrie zerstört und so Tauschhandel unmöglich macht, so ist kein Wort zu scharf, eine so dumme und verbrecherische Politik zu verurteilen. Wir alle werden dafür die Folgen tragen, wie Karl Brandt am 11. Oktober in Chicago ausführte. (Ich möchte wirklich allen empfehlen, seinen Vortrag: „The Rehabilitation of Germany" gründlichst zu studieren.)

Welche Ironie: der Ultra-Chauvinist de Gaulle forderte 3 Millionen ausländische Arbeiter zur Dauersiedlung in Frankreich, weil das moralisch verseuchte Land der Ein- und Kein-Kind-Familie sich nicht erhalten kann. Auf der anderen Seite wird die Jugend in Uniformen gepreßt, Milliarden Francs verschwinden im Rachen des Militarismus, deutsche Sklaven werden in das Verbrecherkorps der Fremdenlegion gezwungen. Benesch, der den Sudetendeutschen alles raubte bis aufs Hemd, ruft nach Arbeitskräften — für die gestohlene deutsche Industrie — und muß deutsche Sklaven zurückhalten „because of their technical and industrial skill". Wahrhaftig, „diese Verbrechen gegen die Menschheit können nur noch durch direktes Eingreifen der Geister der Finsternis erklärt werden", wie der Erzbischof von Cardiff meinte. Und die Christen schauen zu, feige, untätig wie Nazigangster durch die Gasluken von Belsen... Die Formel für Teufelsbeschwörungen steht noch immer im Rituale, wenn schon die „Großen Gebote" vergessen sind.

Es fehlt der Raum für weitere Erwägungen. Jeder Katholik müßte das Papstprogramm gründlichst durchstudieren. Es müßte in weiteste Kreise getragen werden. Wir brauchen so etwas wie ein „Catholic Town Meeting of the Air", wo man nicht bloß Grundsätze darlegt, sondern sie auf konkrete Fragen anwendet. Die Grundsätze müssen ins Leben übertragen werden. Eben, da ich diese Zeilen schreibe, kommt ein Brief eines wohlbekannten Autors: „Wenn ich an die Austreibung der Deutschen, den Raub ihres Eigentums, und vor allem an die Schändung der Frauen denke, macht es mich krank. Noch vor zwei Jahren hätte ich es nicht geglaubt, daß unsere Kriegs-Humanisten, die Atlantic-Charta-Heuchler, je solcher Grausamkeiten sich schuldig machen konnten. Unausdenkbare Barbareien — im Vergleich zu welchen sogar die ärgsten Verbrechen verblassen. Wenn ich denke, wie unsere Verbrechen im Sudetenland und anderswo in Europa mir geistigen Zorn bereiten, wieviel größer muß Ihrer sein — der Sie diese Leiden aus Erfahrung kennen. Wenn nur auch andere, die wahrscheinlich wie Sie empfinden oder doch empfinden müßten, sich rühren würden! Wenn nur tausende Menschen deutscher Abstammung an Zeitungen und Regierungsstellen schreiben würden, die entsetzliche Morgenthau-Politik wäre bald geändert."

Pius XII. an die Bauindustrie

Niemand hat klarer gesprochen als Papst Pius XII. in seiner an die Mitglieder der Kommission für die Bauindustrie und öffentlichen Arbeiten beim Internationalen Arbeitsamt gerichteten Ansprache. Der Papst erklärte den Vertretern von 21 Nationen und fünf Erdteilen:

Wir haben schon häufig Unsere Besorgnis über die dringende Notwendigkeit geäußert, Tausenden, ja Millionen von Einzelpersonen und Familien Wohnungen zu verschaffen, die ihnen ein Minimum von Hygiene und Wohlstand, an Würde und Moral sichern. Das bedeutet, daß der Wohnungsbau in Unseren Augen ein Werk von allergrößter Wichtigkeit ist.

Andererseits brauchen Wir an dieser Stelle die Schwierigkeiten, die sich dieser Aufgabe entgegenstellen, nicht zu erörtern; sie sind Ihnen allen wohlbekannt; um sie drehen sich Ihre Verhandlungen. Aber schließlich sind diese Schwierigkeiten auf das Mißverhältnis zwischen Gläubigern und Schuldnern unter den Völkern zurückzuführen. Die Folgen des Krieges und der Nachkriegszeit haben sich derartig ausgewirkt, daß die meisten Nationen sich in der Zukunft gezwungen sehen werden, ihre Produktion, die Arbeit, die Nutzung des Bodens, die Investierung des Kapitals nach einem mehr oder weniger exklusiven Plan auszurichten.

Wer wird aber an den Folgen dieser Einschränkung am meisten zu leiden haben, wenn nicht die große Masse der Bevölkerung? Sie bedarf der Wohnung, wie sie der Kleidung und der Nahrung bedarf. Es ist dies ein gemeinsames Bedürfnis aller Menschen, ohne Unterschied des Einkommens oder der Stellung; eine normale und auf das ihr eigentümliche Ziel gerichtete Wirtschaft muß ihm in diesem Hauptpunkte gerecht werden.

Die moderne Wirtschaft, die so viel gerühmt wird, die so stolz darauf ist, immer bessere, immer preiswertere Erzeugnisse herzustellen, hat es jedoch noch nicht erreicht, diesem wirklichen Bedürfnis der Menschen, besonders der Familie, nachzukommen, diesem tatsächlichen, nicht wie man zuweilen vorzugeben scheint, künstlichen Bedürfnis. Die Familie kann sich weder mit einer primitiven Nomadenunterkunft behelfen noch sich mit einer eleganten Kleinwohnung begnügen, die zwar mit allem Komfort ausgestattet ist, aber keinen Platz für Kinder hat. Wenn das Baugewerbe also die moderne Wirtschaft auf eine Produktion hinlenkt, die diesem ursprünglichen Bedürfnis des Menschen nachkommt, anstatt sich von der Preisfrage bestimmen zu lassen, dann wird es sich den Titel eines sozialen Werkes verdienen; denn es hätte dann die Wirtschaft von dem falschen Weg des Konkurrenzkampfes auf die ebene Bahn der Zusammenarbeit einer wirklich sozialen Ordnung zurückgeführt.

Sicherlich fehlt bei der schwierigen augenblicklichen Lage viel, um alles in der gewünschten Richtung zu verwirklichen. Etwas ist jedoch schon vorhanden, und jedenfalls wird nichts geduldet, was dem Blick den Weg zu dem verfolgten Ziel verschließen könnte.

Die Kirche, deren Soziallehre die Interessen der Familie vertritt, muß sich daher auch mit der Frage einer angemessenen Wohnung befassen. Welchen Anreiz bietet diese Wohnungsfrage dem Fortschritt der Wirtschaft und der Technik? Eine Wirtschaft, eine Technik, die sich nach den ursprünglichen Bedürfnissen des Menschen richtet, braucht nicht um die zu große oder zu kleine Anzahl der Bewohner besorgt zu sein.

Sicherlich ist die Wohnungsfrage nicht die einzige Frage, für die Sie zuständig sind; sie ist jedoch die, die am meisten zur

Tat drängt, da sie eng mit den elementarsten Bedürfnissen des Menschen verbunden ist. Ihre übrigen Interessengebiete, die auf den ersten Blick vielleicht noch wichtiger erscheinen, gewinnen erst durch die Tatsache Bedeutung, daß sie Produktionsmittel sind, dazu bestimmt, diese Bedürfnisse zu befriedigen.

Allerdings kann das Ausmaß der Ziele Ihrer Produktion die Bedeutung Ihrer Aufgabe im allgemeinen Rahmen der Wirtschaft nur ins rechte Licht setzen. Bei Lesung des Berichtes Ihrer Kommission hat Uns dies besonders interessiert.

Wir haben Uns besonders gefreut, darin den Beweis für Ihre eifrigen Bestrebungen nach einer inneren Konsolidierung Ihrer Institution zu finden. Die Vervollkommnung der Technik und der Organisation Ihrer Arbeit, die persönlichen Beziehungen zwischen den verschiedenen Vertretern Ihres Gewerbes, das Wecken des Verantwortungsgefühls des einzelnen für die Durchführung der gemeinsamen Arbeit, das befriedigende Ergebnis der Arbeit für alle, die Fachausbildung, die Dauerbeschäftigung für die Arbeiter und Angestellten, die Einstellung von Lehrlingen, all dies sind Fragen, die, soweit sie die christliche Soziallehre berühren, Unserer größten Aufmerksamkeit wert sind.

Wir können Sie nur beglückwünschen, daß Sie alle diese Probleme mit solchem Eifer erörtert haben. Wir danken Ihnen gleichzeitig aus ganzem Herzen für Ihren Besuch und erflehen — überzeugt von der Bedeutung und Wichtigkeit der Aufgabe, der Sie Ihre größte Aufmerksamkeit zuwenden und an deren Lösung Sie mit der größten Gewissenhaftigkeit herangehen — durch Unsere Gebete die Erleuchtung und den Beistand der göttlichen Vorsehung.

Aus der Weihnachtsansprache Papst Pius' XII. 1947

Im zweiten Hauptteil seiner Weihnachtsrede 1947 griff der Papst besonders zwei Verbrechen an, die die „Friedensstifter" in der Synagoge des Satans der Menschheit bescherten: die Massenaustreibung von Millionen und die Sklavenarbeit der Kriegsgefangenen und Menschen deutscher Herkunft. Es ist ganz falsch, Stalin als den Urheber der Massenaustreibungen hinzustellen. Der Urheber dieses größten Verbrechens der Geschichte ist und bleibt Benesch. Es ist ebenso falsch, daß Roosevelt sich dem Plan widersetzte, ganz im Gegenteil, unsere Armee mußte dabei mithelfen, genau so wie wir den Sklavenmarkt mit Kriegsgefangenen beliefern. Der Papst ist sehr eindeutig in seinem Urteil: „Wir haben kein Recht, unsere moralische ‚Überlegenheit' der Entartung der Nazis gegenüberzustellen; die Geschichte der Sieger in der Nachkriegszeit ist kein Ruhmesblatt; ein Dante hätte sich gesträubt, die „Repressalien an Unschuldigen darzustellen". „Zwangsaustreibungen und Zwangsarbeit verleugnen die elementarsten Menschheitsgesetze und Geist und Buchstaben des Völkerrechtes." ... „Wer kann ermessen, welche weiteren moralischen, internen, sozialen Übel, welcher Schaden für die kulturelle und wirtschaftliche Stabilität Europas der zwangsweisen unterschiedslosen Vertreibung von Völkern folgen müssen? Welches Leid in der Gegenwart, welche Pein für die Zukunft! Nur ein weiterer Blick, eine weisere, urteilsfähigere Politik derer, die das Geschick der Welt in Händen halten, kann eine tragbare Lösung für ein sonst unlösbares Problem finden." Das ist nicht allein nach Moskau gerichtet, sondern ebensosehr an die sozialistischen Sklavenhalter in Paris und London und an einen unmenschlichen „Kapitalismus" in Washington, die „brüderlich" für diese Verbrechen die Verantwortung tragen.

Die drei Forderungen

Der Papst fordert drei Dinge von den Leitern der Völker, praktisch von den „Big Three": 1. Ehesten Abschluß bestimmter Friedensverträge. Die Widerstandskraft von Millionen ist am Ende; die Menschen wollen wieder hoffen, eine Zukunft vor sich sehen. Nur die Rückkehr zu normalen wirtschaftlichen, rechtlichen und kulturellen Beziehungen kann die Welt vor unsagbaren Erschütterungen bewahren, welche nur den „dunklen Mächten des Bösen" helfen würden.

2. Der Papst fordert einen Frieden, der das Siegel wahrer Gerechtigkeit, weitsehender Weisheit, aufrichtigen Dienstes an der ganzen Menschheitsfamilie trägt. Der Papst anerkennt besonders jene Staatsmänner, die sich den „heimtückischen Stimmen des Hasses und der Rachsucht" entgegenstemmen und für dieses große Ideal arbeiten. Bis heute aber fehlt ein klarer Plan, der allen Völkern Vertrauen in eine ruhige und gerechte Zukunft geben würde. Weiterer Aufschub schadet den Siegern nicht weniger als den Besiegten. Neue Waffen, „infernal creations", hängen drohend über der Welt, die keinen gerechten Frieden schafft.

3. Da der kommende Friede voraussichtlich ein „unvollkom-

menes Werk" sein wird, das mit „wahren und gerechten Begriffen von Recht und Gleichheit und mit dem menschlichen Fühlen und der Klugheit" selbst mancher Unterzeichner nicht übereinstimmt, muß der Weg zu Änderungen der Verträge offen bleiben, die zu erfolgen haben, „sobald die Mehrheit der Völker, die Stimme der Vernunft und Billigkeit zeigen, daß diese Verbesserungen zeitgemäß oder wünschenswert sind oder auch nur verlangt werden". Es gibt keinen sichereren Weg zu wahrem Frieden als die „Umerziehung der Menschheit" im Geiste brüderlicher Solidarität. Der Papst hält also offenbar nicht bloß die Umerziehung der Deutschen und Japaner für nötig!

Rom 1943 — Potsdam 1945

Der Papst erklärte in seiner Weihnachtsansprache 1943 das Wort Christi: „Verlange von keinem Mitglied einer Familie oder eines Volkes, wie klein und schwach es sein mag, den Verzicht auf wesentliche Rechte oder Lebensnotwendigkeiten, den du selber, würde er von deinem Volke verlangt, für undurchführbar halten würdest." Potsdam hat das verlangt, unendlich mehr als das, es verewigt die größten Verbrechen: „Alles was ihr wollt ... das tut ihnen!" Nach diesem Maßstab ist die alliierte Politik wie die der Verbündeten verurteilt ... von Christus ... verurteilt.

Im Schreiben vom 1. März 1948 erklärt Papst Pius XII. u. a. wörtlich:

„Besondere Berücksichtigung werden immer die Ostflüchtlinge verdienen, die aus ihrer Heimat im Osten zwangsweise und unter entschädigungsloser Enteignung ausgewiesen und in die deutschen Zonengebiete überführt wurden. Wenn Wir auf sie zu sprechen kommen, so beschäftigt Uns hier nicht so sehr der rechtliche, wirtschaftliche und politische Gesichtspunkt jenes in der Vergangenheit Europas beispiellosen Vorgehens. Über die genannten Gesichtspunkte wird die Geschichte urteilen. Wir fürchten freilich, daß ihr Urteil streng ausfallen wird. Wir glauben zu wissen, was sich während der Kriegsjahre in den weiten Räumen von der Weichsel bis zur Wolga abgespielt hat. War es jedoch erlaubt, im Gegenschlag zwölf Millionen Menschen von Haus und Hof zu vertreiben und der Verelendung preiszugeben? Sind die Opfer jenes Gegenschlages nicht in der ganz überwiegenden Mehrzahl Menschen, die an den angedeuteten Ereignissen und Untaten unbeteiligt waren, die ohne Einfluß auf sie gewesen sind? Und war eine Maßnahme politisch vernünftig und wirtschaftlich verantwortbar, wenn man an die Lebensnotwendigkeiten des deutschen Volkes und darüber hinaus an den gesicherten Wohlstand von ganz Europa denkt? Ist es wirklichkeitsfremd, wenn Wir wünschen und hoffen, es möchten alle Beteiligten zu ruhiger Einsicht kommen und das Geschehene rückgängig machen, soweit es sich noch rückgängig machen läßt?"

Der Heilige Vater hat erklärt: „Gott hat die Schicksale der schwergeprüften Menschheit in die Hände Amerikas gelegt." Wir können die Aufgabe, die der Stellvertreter Christi uns hier stellt, nicht im Geiste von Potsdam lösen, sondern nur nach dem Vorbild des barmherzigen Samaritans. Schreibt Emil Fiedler, dessen Bücher leider nicht englisch übersetzt sind: „Wo Menschen hungern, frieren, in elenden Wohnungen verkommen, ist eines der großen Kriterien echten Christentums: Helfen sie oder gehen sie vorüber? Das rechte Glaubensbekenntnis ist ganz gut; aber ohne echte, hilfsbereite Liebe nur etwas Halbes." „Der Heiland läßt keinen Zweifel darüber, daß ihm der Mann mit dem falschen Glaubensbekenntnis und der rechten Liebe und Hilfsbereitschaft lieber ist als selbst die Menschen, die dem Heiligtum Gottes am nächsten stehen, diese Liebe aber nicht haben." „Man darf sich vom Tempeldienst nicht dispensieren. Wer sich aber vom Menschendienst dispensiert, dem nützt auch der Tempeldienst nichts. Schärfer als Christus kann man es nicht sagen." (Allerhand Volk in Gottes Reich, p. 183 ff.)

XII.

DER DEKALOG, DIE CHARTA DER VERTRIEBENEN

Die Lösung — eine Verpflichtung

Es gäbe eine beste Herrschaft —
Die Herrschaft der Besten!
Maria von Ebner-Eschenbach.

Die durch das Potsdamer Haßdokument geschaffene unerträgliche Lage muß auch in bezug auf ihre Lösungsmöglichkeit mit wirklichkeitsnahem Sinn betrachtet werden.

Die Entstehung dieses Problems verdanken wir Hitlers Politik und der Art seiner Kriegführung. Die grauenvolle Form, in der es sich uns heute bietet, verdanken wir den Alliierten.

Damit, daß ein gesamtdeutscher Krieg geführt wurde, sind auch die Folgeerscheinungen dieses Krieges eine gesamtdeutsche Angelegenheit.

Die Ausgewiesenen stehen also nicht als Bettler vor den Türen der Habenden, vom Schicksal zufällig Verschonten oder durch Kriegskonjunktur Hochgekommenen, sondern als deren Gläubiger. Mit ihnen die tausende Kriegsversehrten, Ausgebombten, Kriegswitwen und -waisen, durch Demontage, Besetzung oder Beschlagnahme um alles Gekommenen.

Daraus ergibt sich für Deutschland und Österreich eine sittliche Verpflichtung, alles zu unternehmen, um das Los der Vertriebenen erträglich zu gestalten. Es bleibt einem Wunder gleich, daß trotz chaotischer Jahre die Vertriebenen dem Nihilismus bisher nicht verfallen sind.

Trotz aller von mir in den einzelnen Kapiteln geschilderten Not, trotz aller seelischen, an Verzweiflung grenzenden Kämpfe, haben die Vertriebenen ihre abendländische Verpflichtung nie vergessen. Ausschließlich ihr Lebenswille hielt sie über alle Schrecken und Not und ließ sie über ihre Kraft hinaus stark bleiben und das Banner des Abendlandes mitten im Chaos hochhalten. Für sie wäre es leichter gewesen, an die „Nichtshabenden" der großen Massen Anschluß zu suchen. Sie können es aber einfach nicht, weil ihr stets aufbauendes Lebenswerk, das durch Jahrhunderte zurückreicht, ihr inneres Wesen bedeutet.

In Dankbarkeit müssen wir vor so vielem Heldentum unsere ganzen Kräfte sammeln, mit besonderer Liebe und Verständnis ihren heroischen Glauben an Recht und Gerechtigkeit zu bestätigen.

Die einzige Lösung, die der Vernunft, der Gerechtigkeit, dem Naturrecht, dem Christentum und selbst dem gesunden wirtschaftlichen Denken entspricht, ist: Rückkehr in die Heimat. Jede andere Lösung ist halb, ungenügend, unvernünftig und unchristlich.

Stellen wir fest: Den Kampf um die Heimat werden die Vertriebenen niemals, niemals und unter keinen Umständen aufgeben. In dem Verlangen nach Wiederherstellung dieses Rechtes kann sie niemand behindern. Sie wollen sich auch nicht zum Lamm machen lassen, damit sie schließlich die Wölfe fressen.

Verschiedene Kultur- und Arbeitsgemeinschaften, kirchliche Stellen, große Männer vieler Nationen und Rassen haben bereits Resolutionen gefaßt, die an verantwortliche Regierungsstellen, an die Hoch- und Oberkommissare, an die „Kommission für Menschenrechte" bei der UNO und an den amerikanischen Kongreß geleitet wurden.

Wie die „Europa-Briefe" in einer ihrer letzten Folgen mitteilen, hat die zahlenmäßig größte Volksgruppe der Ausgewiesenen, die der Deutschen aus Böhmen-Mähren, an die UNO folgenden Text gerichtet:

„Im Namen von 2,8 Millionen aus der Heimat Vertriebener sowie im Namen von 200.000 noch in der Tschechei zurückgehaltenen sudetendeutschen Menschen stellen wir fest: Wir Sudetendeutschen sind seit 1918 das Objekt internationaler Politik. Mehr als 700 Jahre lebten wir in unserem Heimatland und dienten dem Frieden. 23 Generationen von Bauern, Kaufleuten und Künstlern bildeten ein wichtiges Glied der zentraleuropäischen Kultur. 1918 wurden wir entgegen dem von Präsident Wilson verkündeten Selbstbestimmungsrecht der Völker und gegen unseren eigenen Willen in die neu gebildete Tschechoslowakische Republik, zusammen mit 2 Millionen Slowaken, 1 Million Magyaren und 600.000 Karpato-Ukrainern eingegliedert. Der Senat der USA hat diese Friedensverträge nicht gebilligt und damit seine Mißbilligung ausgesprochen. Unsere Hilferufe von 1918 bis 1938 an den Völkerbund wurden nicht gehört. Durch den Münchener Vertrag wurde das Sudetenland ohne Volksabstimmung von der Tschechoslowakei getrennt und Deutschland einverleibt. So wurden wir in den Zweiten Weltkrieg und die Niederlage Deutschlands hineingerissen. Die Konferenzen von Jalta und Potsdam besiegelten unser Schicksal, wieder einmal gegen unseren eigenen Willen von unserer angestammten Heimat vertrieben zu werden.

Die Austreibung aus unserer Heimat erfolgte unter unmenschlichen Umständen und widersprach allen humanitären Anschauungen, den Grundsätzen der Atlantik-Charta und der UN, dem Geiste der Haager Landkriegsordnung, der amerikanischen Verfassung und der englischen und französischen Rechtsauffassung. Sie stand auch in Widerspruch zu den Zusicherungen, die dem amerikanischen Volk vor dem Eintritt in den Krieg gemacht wurden, die es bewogen haben, für Freiheit, Menschenwürde und Demokratie und gegen Tyrannei in die Schranken zu treten. Vier Jahre nach dem Ende des Weltkrieges sehen wir die Folgen dieser unrechtlichen Entscheidungen:

500.000 Sudetendeutsche fanden den Tod. Millionen vegetieren in einem übervölkerten Deutschland, ohne Heim, Beruf und bei kärglicher Nahrung. Zur gleichen Zeit gehen ihre Heimstätten, ihre Straßen, Wälder und Felder zugrunde, weil niemand sich ihrer annimmt. In Anbetracht der Gefahren, die dieser Umstand für den Wiederaufbau Europas bedeutet, wenden wir uns an die Vereinten Nationen und die verantwortlichen Staatsmänner der Welt:

‚Laßt nicht ein Volk untergehen, das so groß ist wie die Bevölkerung der Schweiz! Rettet diese 200.000 Sudetendeutschen, die in der Tschechoslowakei Sklavenarbeit tun! Gebt uns unser natürliches Recht, unsere eigenen Angelegenheiten selbst zu entscheiden. Gebt uns unsere geraubte Heimat wieder!' "

Die „Kommission für Menschenrechte" bei der UN teilte darauf der Arbeitsgemeinschaft mit, daß „das ganze Problem der Ausgewiesenen bei ihrer nächsten Sitzung behandelt werde". Entschlüsse zur Wiederherstellung des Menschen- und Völkerrechtes für die Vertriebenen wurden bisher nicht gefaßt.

Ebenfalls unbeantwortet blieb eine schon lange vorher eingebrachte Resolution des Priesterreferates aus Königstein im Taunus:

„Die offiziellen Vertreter von 2300 heimatvertriebenen römisch-katholischen Priestern aus Ostdeutschland, dem Sudetenland und dem Südosten erbitten von den maßgebenden Autoritäten für sich und die von ihnen betreuten, aus der angestammten Heimat vertriebenen Deutschen im Namen der Gerechtigkeit, der Religion und der Humanität die Rückgabe der jahrhundertealten Heimat und die Sicherung von Religionsfreiheit, Muttersprache und einem menschenwürdigen Dasein.

Wir berufen uns dabei auf das gottgegebene Naturrecht, das jedem Menschen und jeder Familie mit dem Leben auch das unantastbare Recht auf die ererbte und die erarbeitete Heimat gibt.

Wir berufen uns dabei auf Religion und Pietät, weil die Ausgewiesenen durch die Vertreibung in größte moralische und religiöse Not gestürzt und ihnen nicht nur ihre Gotteshäuser, sondern auch die Friedhöfe mit den Gräbern ihrer Eltern und Voreltern genommen wurden.

Wir berufen uns dabei auf das christliche Sittengesetz, welches nicht nur den einzelnen, sondern auch Völkern und Staaten Haß und Rache, Gewalttat und Raub verbietet.

Wir berufen uns dabei auf die Menschlichkeit, da durch das, was humane Aussiedlung genannt wurde, die natürlichen Lebensgemeinschaften der Familie, der Nachbarschaft und des Berufes grausam zerrissen, die Vertriebenen in unvorstellbares Elend gestürzt wurden und sie in dem so weitgehend zerstörten Rest-Deutschland aus Mangel an Wohnraum, Arbeitsmöglichkeit und Nahrung nicht menschenwürdig leben können und der Verzweiflung und Anarchie in die Arme getrieben werden.

Wir berufen uns dabei auf die unverlierbaren Menschenrechte, die auch einem besiegten Volke noch zukommen.

Wir erbitten die Rückgabe unserer Heimat im Interesse eines

wahren und dauerhaften Friedens in Europa, weil dieser nie auf einem so schreienden Unrecht, wie es die Vertreibung von 18 Millionen aus ihrer angestammten Heimat ist, zustande kommen kann."

Diese Entschließung wurde durch Kardinal Frings von Köln an den Alliierten Kontrollrat und andere Stellen weitergeleitet.

Aber Menschen in Verzweiflung können nicht warten, bis die Gesetzesmaschine in Gang kommt und die Büros sich erinnern, daß es sich um Menschen, nicht um Akten und Nummern handelt. Was wir als Christen und besonders als Menschen deutscher Abstammung für die Potsdam Displaced Christians sofort unternehmen können und müßten, ist:

1. daß wir das Problem mit demselben Nachdruck in die Öffentlichkeit tragen wie das der DPs und daß wir endlich allen klarmachen, daß bis heute die Potsdam Displaced Christians nicht als „Displaced" gelten;

2. daß eine große Sonderhilfsaktion für die Opfer der Rache, besonders die in der russischen Zone, aufgezogen wird.

Die diesbezüglichen Forderungen an den US-Kongreß gehen dahin:

1. Gleichstellung der Potsdam Displaced Christians mit den anderen DPs, was Hilfe durch IRO, Besatzungsmächte und Auswanderungsmöglichkeiten anlangt. Die rassische Diskriminierung muß aufhören.

2. Ausdrückliche Nichtanerkennung der gegen das Naturrecht und das Christentum verstoßenden Potsdamer Bestimmungen, Ablehnung eines Friedensvertrages, der die Menschenrechte nicht anerkennt.

3. Untersuchung der an den Vertriebenen begangenen Verbrechen und Bestrafung der Verantwortlichen durch ein neutrales, überparteiisches Gericht.

4. Kardinalforderung für den Friedensvertrag: „Gebt den Vertriebenen die geraubte Heimat wieder!"

Im „News Week" vom 2. Jänner 1950 findet sich eine bezeichnende Mitteilung:

„In aller Stille übt Moskau einen Druck auf Prag aus, die Sudetendeutschen zurückzunehmen, die so formlos hinausgeworfen wurden. Die Sudetendeutschen wären die besten Arbeiter für die Skoda-Werke und andere industrielle Anlagen. Die Sowjets sind mehr interessiert an Produktion als die Tschechen an rassischem Disput."

Der letzte Gesandte der Schweiz in Berlin und Vorstandsmitglied des Roten Kreuzes, Paul Dinnichert, erklärte nach einem Besuch in Deutschland, er sehe kaum eine andere Lösung als die, daß wenigstens einem Teil der „Flüchtlinge" — wann wird man endlich das korrekte Wort „Vertriebene" verwenden? — die alte Heimat zurückgegeben werde. Und nun kommt eine ganz ungeheuerliche Anschauung: „Vielleicht wäre Rußland bereit, gegen eine Dollaranleihe die Rückkehr der Flüchtlinge zu ermöglichen und vielleicht wären die so ausgegebenen Dollars besser angelegt, als wenn man sie den Flüchtlingen zur Unterstützung gibt."

Richtig ist, daß die Rückkehr in die Heimat die einzige rechte, vernünftige und sittliche Lösung ist, für alle, nicht nur für einen Teil, wahrscheinlich den gesunden, arbeitsfähigen Teil. Ungeheuerlich ist es, daß ein Minister eines demokratischen Landes die Vertriebenen auf die Hilfe Moskaus verweist. Hat der Minister die Hoffnung auf die Vernunft, die Sittlichkeit, die Menschlichkeit der christlichen Nationen, der „Kreuzfahrer" schon abgeschrieben? Wie naiv, zu glauben, daß sich Stalin um Dollars kaufen ließe! Hat er das überhaupt notwendig? Er hat doch Handelsverträge mit den Patent-Demokraten, ich denke dabei nicht an die gestohlenen deutschen Patente, sondern an die patentierte Morgenthau-Demokratie. Stalin ist kein Churchill, der sich in Quebec für den Morgenthau-Plan mit Dollars „überzeugen" ließ. Stalin verfaßt zwar keine geschwätzigen Dokumente über Menschenrechte, aber er braucht Menschen, Sklaven; sie sind ihm wichtiger als Dollars, und wenn er sie braucht, dann läßt er Polen und die Tschechei, einschließlich der Herren Śramek und Petr, fallen und ruft die Sklaven zurück, Menschen, mit denen er — wie die Westmächte — seine Kriegsrüstung vervollkommnen kann.

Und er ruft sie bereits zurück, wenn die Nachricht der amerikanischen „Neuen Zeitung", München, vom 27. Dezember 1949, zutrifft: „Nach Berichten aus dem ehemaligen deutschen Ostgebiet haben die dort ansässigen Deutschen die Möglichkeit, unter bestimmten Bedingungen für Polen zu optieren und damit gleichberechtigte (‚polnische') Staatsbürger zu werden. Die Optionswilligen müssen folgende Erklärung abgeben:

1. Ich schäme mich, Deutscher zu sein.

2. Ich breche jeden Verkehr mit deutschen Verwandten und Bekannten in Westdeutschland ab.

3. Ich erkenne die Oder-Neisse-Linie als Grenze zwischen Polen und Deutschland an.

4. Ich bin bereit, nach Innerpolen umgesiedelt zu werden.

5. Ich erkläre mich bereit, aus der Kirche auszutreten."

Man erspare mir den Kommentar dazu.

Wir alle kennen Menschen, die sich schämen, Deutsche zu sein, die jeden Verkehr mit Deutschen aufgaben, die sich mit jener Grenzregulierung und jedem Verbrechen abfinden, um ihren „Patriotismus" glaubwürdig zu machen. Austritt aus der Kirche? Der war bereits in dem Plan des „Kreuzfahrers" Roosevelt festgelegt, wie man in den totgeschwiegenen Skandrett-Erklärungen nachlesen kann.

Stalins Pläne nehmen greifbare Formen an. Wie reagieren die Vertriebenen? Eine tiefreligiöse Frau, die unendliches Leid ertragen hat, schreibt mir:

„In meinem tiefsten Innern hege ich manchmal die Befürchtung, Rußland könnte einmal mit teuflischer Schläue versuchen, unsere Menschen in die alte Heimat zurückzulocken, um sie dann zu mißbrauchen, wie jeden; der ihnen ausgeliefert ist. Es gäbe so und so viele Tausende, die diesen Lockungen folgen."

Nun kommt Dinnichert auf die Idee, den Russen die Vernichtung der Rückkehrer — und Rückkehr ist in diesem Falle gleichbedeutend mit Vernichtung — mit Dollars zu belohnen!

Bei der Salzburger Weltkirchenkonferenz wurde der Vorschlag einer Charta für Flüchtlinge gemacht. Man verwendet leider noch immer das absolut unzutreffende Wort „Flüchtlinge" statt Heimatvertriebene, im Englischen Refugees statt Expellees. Ich weiß aus eigener Erfahrung, wieviel Unheil die Anwendung dieser falschen Terminologie angerichtet hat. Der Gedanke der Weltkirchenkonferenz ist sehr zu begrüßen. Liegt ihm ja eine sittlichreligiöse Untermauerung zugrunde, im Gegensatz zu all den Charten von Wilsons 14 Punkten, der Atlantic Charta und der Erklärung von San Franzisko, die kaum mehr als Fetzen Papier waren. Charten können ja nicht neue Rechte erfinden oder garantieren. Sie können höchstenfalls Menschenrechte zeitgemäß formulieren und auf die gegebenen Verhältnisse anwenden.

Alle Menschheitsrechte sind ein für allemal und endgültig festgelegt für die Menschen aller Farben, aller Rassen, aller Zonen im Dekalog, im „göttlichen Gesetzbuch für Gewissen, Volks- und Völkerleben", wie Kardinal Faulhaber in einem Hirtenbrief zum Ausdruck brachte. „Die kranken Völker des 20. Jahrhunderts könnten an diesen Heilquellen Gottes sittlich gesunden.“ Es wäre Aufgabe der Fachtheologen, die 10 Gebote Gottes zeitgemäß und in besonderer Anwendung auf die Vertriebenen zu interpretieren. Ich will nur etliche flüchtige Andeutungen machen:

Das 4. Gebot von Sinai schützt die Autorität, ohne die es nun einmal kein Gemeinschaftsleben gibt, weder in der Familie, der Gemeinde, dem Staate, noch in einer übernationalen Organisation. Vielleicht ist es heute angesichts der Staatsvergötzung wichtiger, zu betonen, daß Staatsrecht nicht Gottes Recht bricht, sondern Gottes Recht Staatsrecht. ‚Wo immer ein menschliches Gesetz mit einem der 10 Gebote Gottes in Widerspruch steht, hat es für unsere Gewissen keine verpflichtende Kraft, weil man Gott mehr gehorchen muß als dem Menschen‘“ (Faulhaber). Es gibt kaum ein Gebot Gottes, mit dem das Diktat von Potsdam nicht in Widerspruch stünde. Die Signatare wären somit ihren Mitunterzeichnern gegenüber nicht im Gewissen verpflichtet, den Potsdamer Vertrag beizubehalten, sie wären vielmehr verpflichtet, zum Dekalog zurückzukehren.

Das 5. Gebot Gottes garantiert das Recht auf das Leben, jedes menschliche Leben, darum logischerweise auch auf alles Lebensnotwendige. Dazu gehört das Recht auf die Heimat, das Recht auf Arbeit und das Recht auf eine gerechte Entlohnung der Arbeit. Wer den Fisch aus dem Wasser nimmt, tötet ihn. Wer dem Menschen die Heimat, den Wirkkreis, den Beruf nimmt, mordet ihn geistig, seelisch und oftmals physisch. Wer einem Menschen, und erst recht einem Volke, die Existenzgrundlage, die Arbeitsmöglichkeit nimmt, etwa durch Wegnahme des Ackerbodens und Industriezerstörung und Verschleppung, durch Verhinderung der Ausfuhr, versündigt sich gegen das 5. Gebot. „Demontage ist Rassenmord“, schrieb kürzlich ein bekannter amerikanischer Journalist. Wenn es das Christentum als himmelschreiende Sünde ansieht, einem Arbeiter den gerechten Lohn vorzuenthalten, um wieviel verwerflicher ist die Zerstörung der Existenzgrundlagen! Das deutsche Volk und die Heimatvertriebenen unter und mit ihnen sind nun einmal kein Riesenspielzeug für Siegermächte. Es bleibt eine Schande, daß man mit fadenscheinigen Ausreden, aus denen doch der nackte Egoismus spricht, ein altes Kulturvolk, das mindestens so viel wie jedes andere der Welt gegeben hat, auf das Niveau einer afrikanischen Negerkolonie herabdrückt, während man zur selben Zeit Sorge um die „rückständigen“ Völker der Welt heuchelt.

Die Entziehung der Arbeitsmöglichkeit birgt unabsehbare soziale Gefahren. „Müßiggang ist aller Laster Anfang“, sagt das alte Wort. Vor kurzem las ich, daß in St. Augustine in Florida Seemöven nach Abzug der Fischerflotille verhungerten, von der sie bisher gefüttert wurden. Sie hatten den Instinkt verloren, sich selber ihr Futter zu suchen. Ich brauche die Parallele nicht auszuführen. Ein Millionenproletariat im Herzen Europas ist der Nährboden der Anarchie, nicht aber für eine Neuordnung Europas. Mir ist es unverständlich, wie man Arbeitslosigkeit züchten und gleichzeitig Anarchie verhindern könnte.

Das 6. Gebot Gottes schützt Ehe und Familie, die Grundlagen der Gesellschaft. Der Handel mit Kriegsgefangenen, die jahrelange Zurückhaltung derselben, die Verunmöglichung der Eheschließung, die teilweise noch immer himmelschreienden Wohnungsverhältnisse, die Zerreißung und zwangsweise Auseinanderhaltung von Familien sind Sünden gegen das 6. Gebot. In vielen Lagern ist ein normales, sittliches, christliches oder auch naturgetreues Leben und Eheleben nur durch ein Gnadenwunder Gottes möglich. Was muß aus dieser Jugend werden, die in diesem Milieu heranwächst!? Es ist so leicht, Steine auf die „Veronikas“ zu werfen. Werfen wir sie auf die, die solche Zustände schufen oder dulden, auch dort, wo sie bei etwas mehr Verständnis und gutem Willen zu ändern wären. Mir kam immer wieder das Wort meines verewigten Freundes Dr. Carl Sonnenschein in den Sinn: „Ich schäme mich, die 10 Gebote Gottes zu predigen, wenn ich nicht mithelfe, daß sie auch erfüllt werden können.“

Das 7. Gebot schützt das Recht auf das Eigentum. Auch das „Eigentum“ des „Feindes“ steht unter Gottes Schutz. Der Sieg hebt die Eigentumsrechte der Besiegten nicht auf, es sei denn, der Sieger bekennt sich zu Anschauungen barbarischer Zeiten und stellt sich außerhalb der christlichen Kulturordnung. Kein Diktat oder Dekret kann die Massenberaubung ganzer Volksgruppen anordnen, kein Diktat, das sittliche Geltung haben könnte. Jegliche Verletzung des Eigentumsrechtes, Diebstahl, Raub, Betrug, fordert Restitution. Wenn man die Opfer des Nazismus entschädigt, müssen auch die Opfer von Potsdam entschädigt werden.

Das 8. Gebot nimmt die Ehre unter seinen Schutz, die Ehre des einzelnen wie einer Volksgruppe. Man kann nicht ein ganzes Volk einzelner Verbrecher wegen diffamieren. Es gibt in jedem

Volk Verbrecher, aber auch Heilige. Man kann das Christentum nicht nach Judas beurteilen und Amerika nicht nach den Gangstern. Das gilt auch für das deutsche Volk. Die Zugehörigkeit zu einer Partei oder Gruppe ist kein Beweis für eine verbrecherische Gesinnung oder Tat. Es sind im Namen der Demokratie mindestens ebensoviele Verbrechen begangen worden wie im Namen der Diktaturen. Man muß doch jedem Menschen eine ehrliche Gesinnung und gute Absichten zubilligen, solange nicht das Gegenteil feststeht. Nur wer keine Gesinnung hat, zweifelt an den ehrlichen Absichten des Gegners; wenn er schon seine Anschauungen nicht teilen kann, Achtung für fremde Überzeugung ist eine Grundvoraussetzung der Demokratie.

Hinter der Charta von Sinai, die zur Grundlage unserer Kultur wurde, steht die Autorität Gottes. Die menschengebundenen Charten unserer Tage haben Autorität nur soweit, als sie auf dem Naturrecht und dem Dekalog gründen. Sie haben versagt und mußten versagen, weil man diese Autorität ablehnte. Es fehlt ihnen die sittliche Begründung und die verpflichtende Kraft.

Das Kennzeichen des Christen ist und bleibt die Liebe. „Daran sollen alle erkennen, daß ihr Meine Jünger seid, daß ihr einander liebt.“

Die Vertriebenen müssen sich bis zu einer Gesamtlösung in die gegebenen Verhältnisse eingliedern, alle Lebenskraft mobilisieren und sich, so gut es nur geht, über Wasser halten und einig sein. Nur dann besteht die berechtigte Hoffnung, daß das realistisch denkende amerikanische Volk, aus einer verlogen antideutschen Propaganda herausgehoben, schließlich mit Leidenschaft sich dem großen Ruf nach Recht und Gerechtigkeit, als dem einzigen Fundament einer gesicherten Zukunft, anschließen wird. Von den 33 Millionen deutschstämmiger Amerikaner sind bereits viele zu dieser Überzeugung gekommen.

In der Auswanderung sehe ich keine Lösung. Wenn man aus Deutschland und Österreich die gesunden, arbeitsfähigen Menschen herausreißt — und nur sie kommen in Frage —, nimmt man nicht bloß mancher Familie den Ernährer, sondern macht aus Deutschland und Österreich vollends ein Armen-, Kranken- und Siechenhaus. So würde das Problem nie gelöst, sondern nur verschärft.

Von in- und ausländischer Seite, von kirchlichen und privaten Stellen wurde unglaublich vieles für die Vertriebenen getan. Allen diesen Menschen tätiger Liebe will ich im Namen der

Ärmsten den besonderen Dank aussprechen. Sie haben weit mehr getan, als Armen Dach und Brot zur Verfügung gestellt.

Sie haben einer leichtlebigen Welt gegenüber die Grundsätze des Abendlandes vertreten. Carl Sonnenschein sagte einmal in Berlin: „Ich schäme mich, im Norden der Stadt von den zehn Geboten Gottes zu predigen, wenn ich nicht mithelfe, daß sie auch erfüllt werden."

Peter Rosegger, der steirische Dichter, erzählt uns eine tiefe Legende:

„Der Ewige saß auf dem Richterstuhl und ließ die Großen der Menschheit an sich vorüberschreiten.

Er sagte zu Moses: ‚Was hast du deinem Volke gegeben?' — ‚Das Gesetz.' — „Was hat es daraus gemacht?' — ‚Die Sünde!'

Dann fragte er Karl den Großen: ‚Was hast du deinem Volk gegeben?' — ‚Den Altar.' — ‚Was hat es daraus gemacht?' — ‚Den Scheiterhaufen.'

Dann fragte er Napoleon Bonaparte: ‚Was hast du deinem Volk gegeben?' — ‚Den Ruhm.' — ‚Was hat es daraus gemacht?' — ‚Die Schande.'

So fragte er viele Führer und jeder führte Klage darüber, daß seine Gabe vom Volke entwürdigt worden sei. Endlich fragte der Ewige auch seinen Eingeborenen: ‚Mein lieber Sohn, was hast du den Menschen gegeben?' — ‚Den Frieden!' — ‚Und was haben sie daraus gemacht?' — Christus antwortete nicht. Mit durchstochenen Händen verhüllte er sein Angesicht und weinte."

Und Christus weint noch immer, so wie damals, im Anblick Jerusalems: „Wenn du es doch an diesem, deinem Tage erkannt hättest, was dir den Frieden bringt!" (Lukas 19, 41).

Das Vertrauen auf Gott enthebt uns nicht von der Verpflichtung, Lösungen zu suchen.

Wenn wir Christen versagen, der Kommunismus wird zumindest eine Lösung versprechen. Es ist ja nichts leichter, als Millionen in äußerster Not, um nicht zu sagen: am Rande der Verzweiflung, zu radikalisieren.

Hätten diese Millionen den Kommunismus nicht am eigenen Leibe verspürt, Europa wäre längst kommunistisch.

Ich kann nur immer wieder staunen und mich erbauen, mit welchem Heroismus Tausende ihr Kreuz tragen, im Geiste eines Franziskus und einer Elisabeth. Ich glaube fest, daß heute nirgends in der Welt so viel Heiligkeit wächst wie unter den Vertriebenen.

Dem Naturrecht, dem Christentum und der Hoffnung der Vertriebenen entspricht nur eine Losung:

Rückkehr in die Heimat!

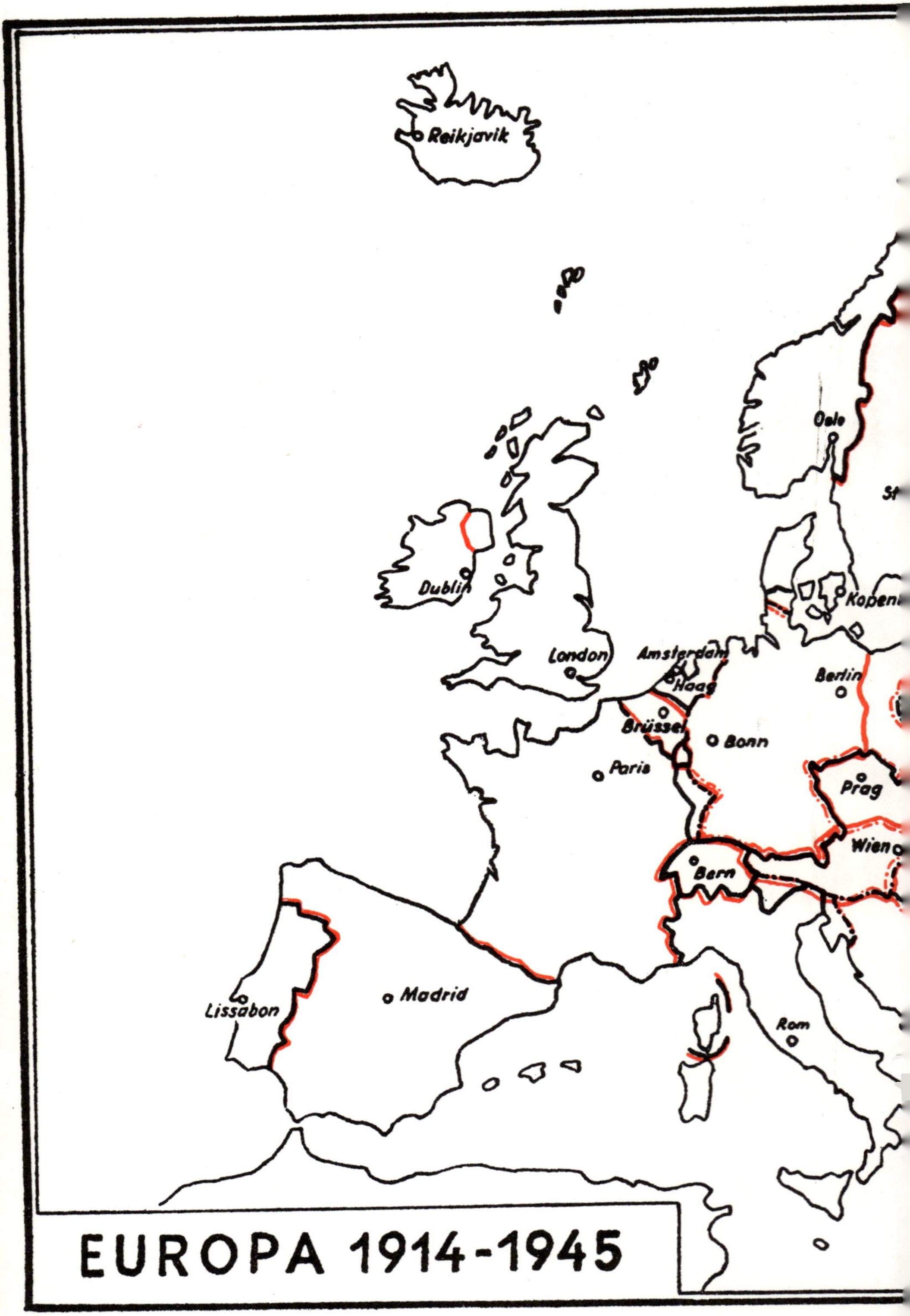
Reikjavik
Oslo
Dublin
London
Amsterdam
Haag
Brüssel
Bonn
Berlin
Paris
Prag
Wien
Bern
Madrid
Lissabon
Rom
EUROPA 1914-1945